Qualifikationsphase Niedersachsen

Qualifikationsphase Niedersachsen

Herausgeber: Prof. Dr. Anke Meisert, Hannover

Beraterin: Dr. Tanja Brüning, Düsseldorf

Autorinnen und Autoren: Ulrike Austenfeld, Münster; Joachim Becker, Dormagen; Anke Brennecke, Langerwehe; Christian Gröne, Lünen; Birgit Krämer, Leverkusen; Prof. Dr. Anke Meisert, Hannover; Delia Nixdorf, Velbert; Martin Post, Arnsberg; Hans-Peter Schörner, Meschede

Teile dieses Buches sind anderen Ausgaben der Lehrwerksreihe Biosphäre entnommen.

Autorinnen und Autoren dieser Ausgaben sind: Robert Felch, Prof. Dr. Jorge Groß, Daniela Jatzwauk, Michael Jütte, Jens Kloppenburg, Hansjörg Küster, Raimund Leibold, Dr. Karl-Wilhelm Leienbach, Michael Linkwitz, André Linnert, Monika Pohlmann, Harald Seufert, Volker Wiechern

Redaktion: Dr. Ilka Noß

Technische Umsetzung der Gefahren- und Gebotszeichen: Atelier G, SOFAROBOTNIK GbR, Augsburg & München
Designberatung: Britta Scharffenberg
Umschlaggestaltung: Klein & Halm Grafikdesign; SOFAROBOTNIK GbR, Augsburg & München
Layoutkonzept und Layout: Klein & Halm Grafikdesign
Technische Umsetzung: Reemers Publishing Services
Titelbild: Kronensifaka (Propithecus coronatus) stock.adobe.com/lifeonwhite.com/Eric Isselée

Begleitmaterialien zum Lehrwerk:

Schulbuch als E-Book	1100030404
Lösungen zum Schulbuch	978-3-06-011342-2
Unterrichtsmanager Plus online inkl. E-Book als Zugabe und Begleitmaterialien auf cornelsen.de	1100030410
Unterrichtsmanager Plus Kollegiumslizenz	1100030411
Kopiervorlagen zu den Themen Zellbiologie und Stoffwechsel	978-3-06-015787-7
Kopiervorlagen zu den Themen Genetik und Ökologie	978-3-06-015780-8
Kopiervorlagen zu den Themen Neurobiologie und Evolution	978-3-06-015788-4

www.cornelsen.de

1. Auflage, 1. Druck 2023

Alle Drucke dieser Auflage sind inhaltlich unverändert und können im Unterricht nebeneinander verwendet werden.

© 2023 Cornelsen Verlag GmbH, Berlin

Das Werk und seine Teile sind urheberrechtlich geschützt. Jede Nutzung in anderen als den gesetzlich zugelassenen Fällen bedarf der vorherigen schriftlichen Einwilligung des Verlages. Hinweis zu §§ 60 a, 60 b UrhG: Weder das Werk noch seine Teile dürfen ohne eine solche Einwilligung an Schulen oder in Unterrichts- und Lehrmedien (§ 60 b Abs. 3 UrhG) vervielfältigt, insbesondere kopiert oder eingescannt, verbreitet oder in ein Netzwerk eingestellt oder sonst öffentlich zugänglich gemacht oder wiedergegeben werden. Dies gilt auch für Intranets von Schulen.

Soweit in diesem Lehrwerk Personen fotografisch abgebildet sind und ihnen von der Redaktion fiktive Namen, Berufe, Dialoge und Ähnliches zugeordnet oder diese Personen in bestimmte Kontexte gesetzt werden, dienen diese Zuordnungen und Darstellungen ausschließlich der Veranschaulichung und dem besseren Verständnis des Inhalts.

Dieses Werk enthält Vorschläge und Anleitungen für Untersuchungen und Experimente. Vor jedem Experiment sind mögliche Gefahrenquellen zu besprechen. Beim Experimentieren sind die Richtlinien zur Sicherheit im Unterricht einzuhalten.

Für die Nutzung des kostenlosen Internetangebots zum Buch gelten die allgemeinen Geschäftsbedingungen (AGB) des Internetportals www.cornelsen.de, die jederzeit unter dem entsprechenden Eintrag abgerufen werden können.

Druck: Mohn Media Mohndruck, Gütersloh

ISBN 978-3-06-011341-5

PEFC zertifiziert
Dieses Produkt stammt aus nachhaltig bewirtschafteten Wäldern und kontrollierten Quellen.
www.pefc.de

Inhalt

Arbeiten mit dem Buch 8
Basiskonzepte 10
Aufgaben richtig verstehen – Operatoren 12
Methode Protokollieren von Versuchen 16

1 Leben und Energie

Stoffwechselprozesse

1.1 Energiebereitstellung in der Zelle 20
　　　Blickpunkt Kohlenhydrate 24
1.2 Glykolyse 26
1.3 Citratzyklus und Atmungskette 30
1.4 Zellatmung im Stoffwechsel 36
1.5 Gärung 42
1.6 Überblick Stoffwechselwege 46
1.7 Laubblätter 48
1.8 Chromatografie 52
　　　Blickpunkt Tracermethoden 56
1.9 Grundlagen der Fotosynthese 58
1.10 Ablauf der Fotosynthese 66
1.11 Einfluss von Außenfaktoren 68

　　Auf einen Blick Leben und Energie 70
　　Check-up Leben und Energie 72
　　Klausurtraining 74
　　Glossar Leben und Energie 76

Inhalt

2

Lebewesen in ihrer Umwelt

Abiotische Umweltfaktoren
- 2.1 Ökologie – Keiner lebt für sich allein 80
- 2.2 Lebewesen und Temperatur 82
- 2.3 Lebewesen und Wasser 86

Biotische Umweltfaktoren
- 2.4 Größe von Populationen 92
- 2.5 Interspezifische Konkurrenz und Koexistenz 96
- 2.6 Nahrungsbeziehungen 100
- 2.7 Räuber-Beute-Beziehungen 104
- 2.8 Symbiose und Parasitismus 108
- 2.9 Ökologische Nische als Wirkungsgefüge 112

Ausgewählte Ökosysteme
- 2.10 Ökosystem Wald 116
  - Blickpunkt Wandel im Ökosystem Wald 122
  - Praktikum Untersuchung eines Waldökosystems 124
- 2.11 Ökosystem See 128
- 2.12 Nahrungsbeziehungen und Stoffkreisläufe im Ökosystem See 132
  - Praktikum Untersuchung eines stehenden Gewässers 138
- 2.13 Stoffkreisläufe in Ökosystemen 142

Weltbevölkerung und Nachhaltigkeit
- 2.14 Bevölkerungswachstum und Nutzung der natürlichen Ressourcen 146
- 2.15 Hormonartig wirkende Stoffe in der Umwelt 150
- 2.16 Wasser 154
- 2.17 Globale Klimaveränderungen 158
- 2.18 Biodiversität 162

- Auf einen Blick Lebewesen in ihrer Umwelt 166
- Check-up Lebewesen in ihrer Umwelt 168
- Klausurtraining 170
- Glossar Lebewesen in ihrer Umwelt 172

3 Vielfalt des Lebens

Grundlagen der Genetik
3.1 DNA – Träger der Erbinformation 178
3.2 DNA-Doppelhelix 182
    Blickpunkt Entdeckung der Doppelhelix 183
3.3 Chromosomen und DNA 188
    Blickpunkt Der Genbegriff 192

Vom Gen zum Genprodukt
3.4 Transkription und der genetische Code 194
3.5 Translation bei Prokaryoten 298
3.6 Proteinbiosynthese bei Eukaryoten 202

Mutationen
3.7 Genommutationen 206
3.8 Chromosomenmutationen 210
3.9 Genmutationen 214

Regulation der Genaktivität
3.10 Genregulation bei Prokaryoten 218
3.11 Genregulation bei Eukaryoten 220
3.12 Epigenetik 224
3.13 Embryonale Stammzellforschung 228

Gentechnik
3.14 Künstliche DNA-Rekombination 232
3.15 Polymerasekettenreaktion und
     DNA-Sequenzierung 236
3.16 CRISPR/Cas9 – die Genschere 240
3.17 Genetischer Fingerabdruck 244
3.18 „Grüne" Gentechnik 248

Humangenetik
3.19 Stammbaumanalyse 252
3.20 Molekulare Untersuchungsmethoden 258
3.21 Krebs – Entstehung und Therapie 262

Belege für die Evolution
3.22 Molekularbiologische Methoden 266
3.23 Homologie und Konvergenz 270
    Methode Stammbäume verstehen 276
3.24 Molekulare Verwandtschaft 278
    Methode Stammbäume beurteilen und
    konstruieren 282

Inhalt

Vielfalt des Lebens

Evolutionsmechanismen
3.25 Variabilität und Selektion 284
3.26 Auswirkungen auf den Genpool 290
3.27 Artkonzept und Artbildung 294
    Blickpunkt Funktionale Erklärungen
    am Beispiel 300

Entstehung und Entwicklung des Lebens
3.28 Entwicklung des Evolutionsgedankens 302
3.29 Synthetische Theorie der Evolution 306
    Blickpunkt Schöpfungsglaube 310

Entstehung und Entwicklung des Lebens
3.30 Feindabwehr und Jagderfolg 312
3.31 Nutzen und Kosten der Brutpflege 316
3.32 Untersuchung von Verhalten 320
    Blickpunkt Verhaltensbiologie Gestern
    und Heute 324

Evolution des Menschen
3.33 Der Mensch ist ein Primat 326
3.34 Die frühen Hominiden 330
3.35 Homo erobert die Erde 336
    Blickpunkt Neandertaler und Denisova-Mensch 342
3.36 Evolution der Sozialsysteme 344
3.37 Evolution der Kultur 348
    Blickpunkt Es gibt keine menschlichen Rassen 352
3.38 Überblick Das System der Lebewesen 354

    Auf einen Blick Vielfalt des Lebens 356
    Check-up Vielfalt des Lebens 358
    Klausurtraining 360
    Glossar Vielfalt des Lebens 364

4 Informationsverarbeitung in Lebewesen

Struktur und Funktion des Nervensystems
4.1 Nervensysteme 372
4.2 Überblick Gehirn 376
4.3 Neuronen und Gliazellen 378

Grundlagen der Informationsverarbeitung
4.4 Entstehung des Membranpotenzials 382
    Blickpunkt Elektrische Stromstärke 383
    Blickpunkt Elektrische Spannung 383
4.5 Vom Ruhe- zum Aktionspotenzial 386
4.6 Erregungsleitung 392
4.7 Informationsübertragung an Synapsen 396
    Blickpunkt Neurotransmitter 400
4.8 Erregende und hemmende Synapsen 402
4.9 Synapsengifte 406
4.10 Aufnahme und Verarbeitung von Sinnesreizen 410
4.11 Struktur und Funktion des Auges 414
4.12 Vom Reiz zur Wahrnehmung 418
4.13 Neuronale Störungen 422
    Blickpunkt Alzheimer 426
4.14 Kontraktion von Muskeln 428

Endogene und Exogene Stoffe
4.15 Hormone regeln Lebensfunktionen 432
4.16 Steuerung der Organe 436
4.17 Schmerz- und Rauschmittel 442

Neuronale Plastizität

4.18 Lernen und Gedächtnis 446
4.19 Molekulare Grundlagen des Lernens 450

Auf einen Blick Informationsverarbeitung
in Lebewesen 454
Check-up Informationsverarbeitung in Lebewesen 456
Klausurtraining 458
Glossar Informationsverarbeitung in Lebewesen 460

Anhang

Gefahren- und Sicherheitshinweise 464
Check-up Lösungen 466
Register 474
Bild- und Textquellenverzeichnis 482

Die Arbeit mit dem Schulbuch

Kapiteleinstieg
Jedes Kapitel beginnt mit einem großen Bild und einer Übersicht. Die Inhalte des Kapitels werden kurz beschrieben.

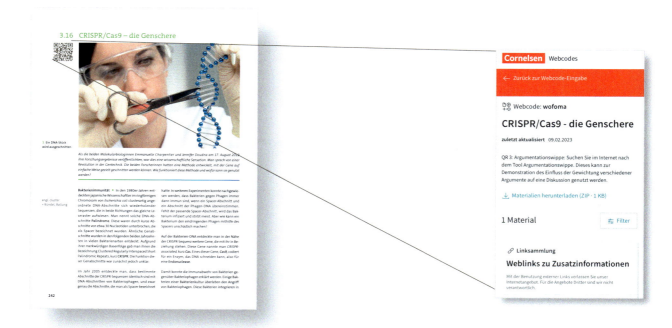

Inhaltsseiten

Ein Bild und eine Frage leiten jedes Unterkapitel ein. Auf den Inhaltsseiten werden die Grundlagen vermittelt und die Eingangsfrage wird beantwortet. Die Aufgaben unterstützen beim Lernen und Üben. Auf der ersten Seite kann sich ein QR-Code befinden. Dieser enthält zusätzliche Materialien. Nach dem Scannen des QR-Codes öffnet sich eine Seite mit den Materialien, die sich dort angesehen werden können.

Hinter dem QR-Code auf dieser Seite findet sich eine Gesamtübersicht über alle digitalen Materialien zu diesem Buch.

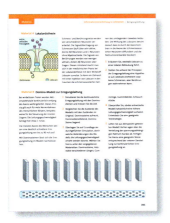 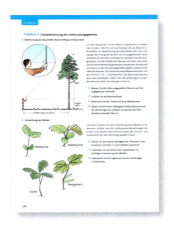 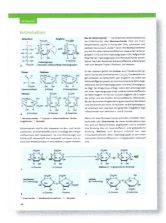

Material Zu jedem Unterkapitel gehört eine Materialseite. Dort sind Aufgaben zu finden, die mithilfe verschiedener Materialien wie Abbildungen, Tabellen und Diagrammen gelöst werden können.

Praktikum Auf den Praktikumsseiten werden experimentelle Fachmethoden vorgestellt. Die Praktika können unterrichtsbegleitend geplant, durchgeführt und ausgewertet werden.

Blickpunkt Auf den Blickpunktseiten werden interessante Informationen aus anderen Fachgebieten vorgestellt oder es wird auf vertiefende Informationen zu einem Thema eingegangen.

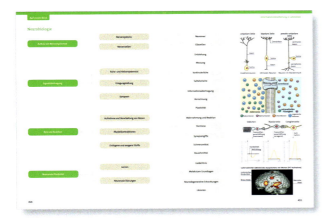

Auf einen Blick
Jedes Kapitel schließt mit einer Übersicht ab, die die wichtigsten Themen und Begriffe enthält. Dieser Überblick über das Gelernte hilft dabei die Inhalte zu wiederholen.

Check-up Am Ende eines jeden Kapitel finden Sie Aufgaben, mit denen Sie überprüfen können, ob Sie die Inhalte verstanden haben. Im Anhang des Buches finden Sie die Lösungen zu diesen Aufgaben.

 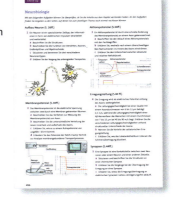

Klausurtraining
Das Klausurtraining unterstützt bei der Vorbereitung auf Klausuren und auf das Abitur. Es sind weitere materialgebundene Aufgaben, die nach prüfungsdidaktischen Vorgaben erstellt wurden.

Basiskonzepte

Die Biologie beschreibt und erklärt Eigenschaften von Lebewesen. Aufgrund der großen Vielfalt und Komplexität von Organismen ist es nicht einfach, ihre wesentlichen Organisationmerkmale zu erkennen und zu verstehen. So scheinen eine Grünalge und ein Elefant zunächst kaum Gemeinsamkeiten aufzuweisen. Untersucht man diese jedoch genauer, wird deutlich, dass in beiden Organismen Signalstoffe mit spezifischer Passung zu einem Rezeptor existieren und hierdurch gezielt Informationen von Zelle zu Zelle oder auch innerhalb einer Zelle weitergegeben werden. Die Spezifität dieser Informationsweitergabe ist durch die räumliche Passung zwischen Signalstoffen wie Adrenalin und ihren Rezeptoren gewährleistet und wird als *Schlüssel-Schloss-Prinzip* bezeichnet. Dieses Prinzip räumlicher Passung findet sich nicht nur bei Signalstoffen, sondern auch zwischen Antigenen und Antikörpern einer Immunreaktion sowie zwischen Enzymen und ihren Substraten bei der Biokatalyse von Reaktionen.

Solche Erklärungen, die ein Verständnis für ähnliche Zusammenhänge ganz unterschiedlicher Merkmale und Lebewesen ermöglichen, bezeichnet man als **biologische Prinzipien**. Auch das *Prinzip der Oberflächenvergrößerung*, das die Funktionalität großer Oberflächen bei relativ geringem Volumen durch die hohe Effizienz für passive Transportprozesse erklärt, lässt sich auf verschiedenste Strukturen wie die menschliche Lunge, die Wurzelhaare von Pflanzen oder den Aufbau von Chloroplasten anwenden. Vergleicht man die Prinzipien *wie Schlüssel-Schloss* und *Oberflächenvergrößerung*, fällt ein ähnliches Erklärungsmuster auf: Sie interpretieren biologische Strukturen jeweils im Zusammenhang mit ihrer Funktion. Solch übergeordnete Erklärungsmuster wie den Struktur-Funktions-Zusammenhang nennen wir im Biologieunterricht **Basiskonzepte**.

Zusammen mit den Basiskonzepten **Stoff- und Energiewandlung, Regelung, Information und Kommunikation** sowie **individuelle und evolutive Entwicklung** stehen mit dem Basiskonzept **Struktur und Funktion** fünf Basiskonzepte als *übergeordnete Erklärungsansätze* zur Verfügung. Sie ermöglichen ein Wiedererkennen biologietypischer Zusammenhänge und helfen dabei, diese trotz der immensen biologischen Vielfalt besser zu verstehen. Darüber hinaus können Basiskonzepte auch als *Strukturierungsansätze* genutzt werden, um in neuen Phänomenen biologietypische Zusammenhänge systematisch zu identifizieren.

Basiskonzept Struktur und Funktion

Über die Nahrung aufgenommene Stärkemoleküle müssen zu kleinen Zuckermolekülen abgebaut werden, um aus dem Darminneren in die Blutgefäße transportiert zu werden. Diesen Abbau vollzieht unter anderem das Enzym Amylase, das ausschließlich an Stärkemoleküle bindet. Diese Substratspezifität beruht auf der räumlichen Passung zwischen Enzym und Substrat in Verbindung mit den entsprechenden chemischen Eigenschaften der Bindungsstelle des Enzyms. Diese Passung wird auch als Schlüssel-Schloss-Prinzip bezeichnet und ist ein Beispiel für den engen **Zusammenhang zwischen den biologischen Strukturen und ihrer Funktion**.

Basiskonzept Stoff- und Energieumwandlung

Fressen Mäuse Weizenkörner, werden die enthaltenen Kohlenhydrate durch Verdauungsenzyme in Ein- und Zweifachzucker abgebaut. Gelangen diese über den Blutkreislauf zu Körperzellen, können sie dort über den Prozess der Zellatmung abgebaut werden. Mithilfe der hierbei freigesetzten Energie können dann Prozesse wie Muskelarbeit ausgeführt werden. Dies ist ein Beispiel für den engen Zusammenhang zwischen Prozessen der **Stoff- und Energieumwandlung**.

Basiskonzepte

Basiskonzept Steuerung und Regelung

Von der Samenkeimung aus durchlaufen Sonnenblumen über die Phase des Wachstums sowie der späten Blüten- und Samenbildung eine Abfolge festgelegter Entwicklungsschritte. Diese genetisch festgelegte Merkmalsausbildung bezeichnet man als **Steuerung**. Auch Außenfaktoren können die Steuerung einer Merkmalsausprägung wie das Ausrichten aller Sonnenblumenblüten zum Sonnenstand beeinflussen. Die Ausprägung anderer Merkmale ist auf den Erhalt konstanter Bedingungen ausgerichtet. So verengt sich die Pupille in unserem Auge, wenn von außen einfallendes Licht stärker wird und weitet sich wieder, wenn die Lichtintensität abnimmt. So wird die Menge des einfallenden Lichts auf einem für das Sehen geeigneten Niveau konstant gehalten. Das Erhalten einen solchen Sollwerts erfolgt auch bei der Kohlenstoffkonzentration in Blättern und wird als **Regelung** bezeichnet. Das Basiskonzept **Steuerung und Regelung** unterscheidet zwischen diesen Formen der Merkmalsausprägung.

Basiskonzept Information und Kommunikation

Die Sprossspitzen von Pflanzen richten sich zum Licht aus. Dies wird durch das Hormon Auxin gesteuert. Auxin wird in der Sprossspitze produziert und reichert sich in den Zellen der lichtabgewandten Seite an. Dort löst es ein verstärktes Streckenwachstum aus, der Spross beugt sich zum Licht. Die Auxinkonzentration dient dabei als Information, die in den Zellen das Streckenwachstum auslöst. Der Transport der Auxinmoleküle stellt eine Übertragung von Informationen dar und wird als Kommunikation bezeichnet. Es ist ein Beispiel für das Basiskonzept **Information und Kommunikation**.

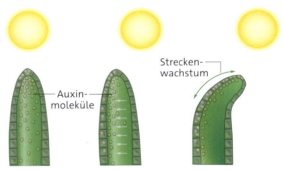

Basiskonzept individuelle und evolutiver Entwicklung

 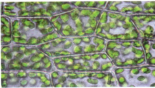 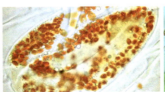 

Tomaten verfärben sich im Laufe ihrer Entwicklung von weiß, über grün zu rot. Die grünen Chloroplasten entwickeln sich aus farblosen Vorstufen, den Proplastiden. In der letzten Entwicklungsphase, wandeln sich die Chloroplasten in rotfarbige Chromoplasten um. So können die Tomatenfrüchte weiter Fotosynthese betreiben, bevor die Fruchtreife einsetzt und sie von Tieren gefressen werden, die ihre Samen verbreiten. Veränderungen während der individuellen Entwicklung treten in vielen Varianten auf. Auch die Pubertät bei Menschen oder die Metamorphose bei Fröschen verläuft nach einem festgelegten genetisch Programm. Entwicklungen wie die Bräunung der Haut durch Sonnenstrahlung oder der Muskelaufbau durch Beanspruchung sind abhängig von äußeren Einflüssen. Alle Merkmale von Lebewesen lassen sich als Resultat ihrer individuellen Entwicklung erklären. Darüberhinaus können Merkmale auch als Ergebnis einer Evolution verstanden werden. So sind Chloroplasten durch das Aufnehmen früher Blaualgen in ursprüngliche Zellen entstanden. Diese Unterscheidung zwischen individueller und evolutiver Entwicklung wird durch das Basiskonzept **individuelle und evolutiver Entwicklung** beschrieben

Aufgaben verstehen und lösen – Operatoren

Um Aufgaben entsprechend ihren Anforderungen lösen zu können, muss man zunächst verstehen, was die Operatoren – die Verben, die zu Beginn einer Aufgabenstellung stehen – bedeuten und fordern. Dies ist nicht nur für die Arbeit mit dem Schulbuch wichtig, sondern auch für die Klausuren und Abiturprüfungen relevant. Im Folgenden finden Sie eine Übersicht über häufig genutzte Operatoren mit jeweils einer kurzen Erklärung, einer Beispielaufgabe und einer passenden Beispiellösung.

1) Nennen, Angeben • Der Operator „nennen" fordert, dass (Fach-)Begriffe oder auch Sachverhalte ohne Erklärungen oder Erläuterungen aufgezählt werden.

Beispielaufgabe: Nennen Sie die Fachbegriffe zum Bau eines Wirbeltierneurons.

bzgl. ihrer relevanten Merkmale strukturiert, unter Verwendung der korrekten Fachsprache und in der Regel umfassend wiedergibt.

Beispielaufgabe: Beschreiben Sie den in der Abbildung gezeigten Aufbau eines Skelettmuskels.

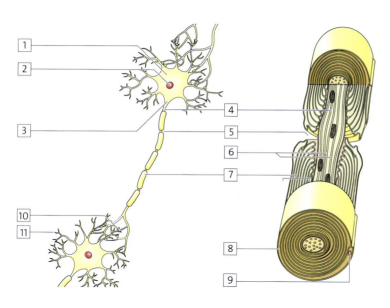

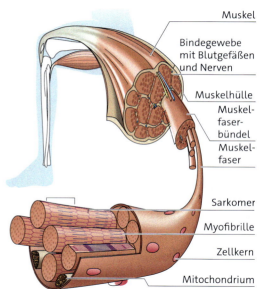

Beispiellösung:
- 1 – Soma
- 2 – Zellkern
- 3 – Axonhügel
- 4 – Axon
- 5 – Ranvier-Schnürring
- 6 – Mikrotubuli
- 7 – Myelinscheide
- 8 – Schwann-Zelle
- 9 – Zellkern (der Schwann-Zelle)
- 10 – Synapsenendknöpfchen
- 11 – Dendrit

2) Beschreiben • Der Operator „Beschreiben" fordert, dass man Sachverhalte oder Zusammenhänge

Beispiellösung: Ein Skelettmuskel besteht aus vielen Muskelfaserbündeln. Diese sind von einer Bindegewebshülle umgeben, welche Nerven und Blutgefäße beinhaltet. Die Muskelfaserbündel bestehen aus vielen Muskelfasern, die parallel zueinander liegen. Diese enthalten zudem Mitochondrien und peripher gelegene Zellkerne.
Die Muskelfasern bestehen wiederum aus vielen parallel verlaufenden Myofibrillen, in welchen sich hintereinanderliegende Sarkomere befinden.

3) Erklären • Der Operator „Erklären" fordert, dass man einen Sachverhalt in einen Zusammenhang einordnet oder ihn auf Regeln und Gesetzmäßigkeiten zurückführt und dabei verständlich darstellt.

Beispielaufgabe: Erklären Sie die Signalübertragung an einer chemischen Synapse

Beispiellösung: Am Endknöpfchen eines Neurons findet durch das Eintreffen eines Aktionspotenzials eine kurzzeitige Depolarisierung der Plasmamembran statt, die dazu führt, dass spannungsabhängige Calciumionenkanäle geöffnet werden. Hierdurch strömen Calciumionen gemäß des Ladungs- und Konzentrationsgefälles in das Neuron. Hierdurch steigt die Ca2+-Ionenkonzentration im Inneren der Zelle, was bewirkt, dass einige Vesikel mit der präsynaptischen Membran verschmelzen. Diese Vesikel enthalten Neurotransmitter, welche nach Verschmelzen der Membranen in den synaptischen Spalt freigesetzt werden. Dort diffundieren die Neurotransmitter zum postsynaptischen Neuron, wo sie an Rezeptoren binden, die Bestandteile von transmittergesteuerten Natriumionenkanälen sind, die durch die Bindung geöffnet werden. Anschließend strömen Natriumionen durch die transmittergesteuerten Kanäle an der postsynaptischen Membran ein. Dadurch wird das Neuron in diesem Bereich depolarisiert.

4) Hypothese aufstellen • Das Aufstellen einer Hypothese erfordert, dass man eine begründete Vermutung zur Erklärung eines bisher unbekannten Phänomens formuliert. Diese hypothetischen Erklärungen werden meist durch Abwandlung oder Kombination bekannter Erklärungsansätze bzw. Erfahrungen entwickelt.

Beispielaufgabe: Stellen Sie eine Hypothese auf, weshalb ein sehr leichtes Ausdauertraining bei der Heilung von Muskelkater nach einem intensiven Training helfen könnte, eine tiefe Massage jedoch nicht.

Beispiellösung: Die hohe mechanische Belastung eines intensiven Trainings führt zu Rissbildungen in den Myofibrillen und Z-Scheiben. Durch die Risse bilden sich Entzündungen, durch die Wasser in den Muskel eintritt und auf das Bindegewebe der Muskelfaser drückt. Rezeptoren innerhalb dieses Bindegewebes lösen den Schmerz aus. Ein sehr leichtes Ausdauertraining könnte helfen, den Muskelkater zu heilen, da der Stoffwechsel durch das Training angeregt wird. Der etwas erhöhte Stoffwechsel könnte dann bewirken, dass Flüssigkeiten schneller abtransportiert werden und Entzündungen schneller abklingen. Dadurch würde der Muskelkater schneller abheilen. Eine tiefe Massage würde hingegen nicht helfen, weil diese die Risse in den Z-Scheiben zusätzlich irritieren und verstärken könnte und wodurch die Entzündung noch verstärkt werden könnte. Dies würde den Heilungsprozess des Muskelkaters eher verlangsamen.

5) Erläutern • Im Vergleich zum Operator „Erklären" fordert der Operator „Erläutern", dass ein Sachverhalt durch zusätzliche Informationen verständlich gemacht wird. Dies kann z.B. durch einen Vergleich mit einem anderen Phänomen oder durch Einordnung in ein übergeordnetes Prinzip bzw. eine Theorie erfolgen.

Beispielaufgabe: Erläutern Sie den Flaschenhalseffekt.

Beispiellösung: Beim Flaschenhalseffekt geht man von einer Ausgangspopulation mit hoher genetischer Variabilität aus. Drastische äußere Einflüsse dezimieren die Ausgangspopulation. Solche Zufallsereignisse können Einwirkungen des Menschen oder Naturkatastrophen sein. Findet eine starke Dezimierung der Population statt, weist diese anschließend eine vergleichsweise geringe genetische Variabilität auf. Die Anzahl der Allele bei den Überlebenden ist verglichen mit der Ausgangspopulation verändert. Manche Allele fehlen vollständig, andere sind über- oder unterrepräsentiert. Durch den erfolgten genetischen Drift kann auch nach mehreren Generationen trotz einer wieder höheren Individuenzahl eine geringe genetische Variabilität in der Population erhalten bleiben.

6) Interpretieren/Deuten • Der Operator „Interpretieren/Deuten" verlangt das Erklären bzw. Erläutern von Ergebnissen bzw. Messdaten vor dem Hintergrund einer Fragestellung oder Hypothese.

Beispielaufgabe: Deuten Sie das Diagramm in Bezug auf eine zugrunde liegende Selektion.

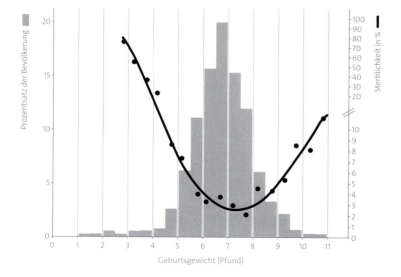

Beispiellösung: Das Diagramm zeigt die prozentuale Verteilung des Geburtsgewichts in der Bevölkerung sowie die Säuglingssterblichkeit in Abhängigkeit vom Geburtsgewicht. Die Sterblichkeit sinkt zunächst mit zunehmendem Geburtsgewicht. Die geringste Säuglingssterblichkeit wird bei einem Geburtsgewicht zwischen 3,5 und 3,75 kg erreicht. Ein schwereres Geburtsgewicht erhöht schließlich die Säuglingssterblichkeit wieder.

Der größte Selektionsdruck wirkt auf jene Säuglinge, die vom optimalen Geburtsgewicht am stärksten abweichen. Da die Überlebensrate der Säuglinge mit optimalem Geburtsgewicht am häufigsten ist, liegen gute Bedingungen für eine hohe Fortpflanzungsrate vor. Die Allele, welche ein Geburtsgewicht von rund 3,5 kg bedingen, reichern sich im Genpool der Population an, während das Auftreten eines geringen oder hohen Geburtsgewichts selektiert wird. Das Gewicht, das zu minimaler Sterblichkeit führt und somit das optimale Geburtsgewicht darstellt, stimmt nicht mit dem häufigsten Geburtsgewicht überein, sodass sich die Verhältnisse im Laufe der Zeit voraussichtlich verändern werden, bis das mittlere Geburtsgewicht dem optimalen Geburtsgewicht entspricht. Es handelt sich demnach um eine transformierende Selektion. Zu berücksichtigen ist jedoch, dass das Geburtsgewicht nicht ausschließlich genetisch bedingt ist und zudem der Fortpflanzungserfolg eines Menschen nicht unmittelbar vom Geburtsgewicht bestimmt wird. Umweltbedingungen und andere Selektionsfaktoren müssten also ebenfalls ein- bezogen werden.

7) Vergleichen • Der Operator „Vergleichen" fordert, dass man sowohl Unterschiede als auch Gemeinsamkei-ten oder Ähnlichkeiten in Bezug auf einen oder mehrere zu Aspekte, den Vergleichskriterien, herausstellt.

Beispielaufgabe: Vergleichen Sie die Osmoregulation bei Süßwasser- und Meeresfischen.

Beispiellösung: Sowohl Meeres- als auch Süß-wasserfische sind aufgrund ihrer Umgebung auf Osmoregulation angewiesen. Zudem nehmen die Fische in beiden Umgebungen sowohl Was-ser als auch Ionen beim Trinken über das Maul auf. Außerdem geben sie beides über den Urin ab. Der Anteil von Wasser und Ionen unterscheidet sich allerdings.

Süßwasserfische leben in einer hypotonischen Umgebung, was zur Folge hat, dass sie über die Haut Wasser osmotisch aufnehmen und Ionen auf dem gleichen Weg abgeben. Den Ionenver-lust gleichen die Tiere mit einer aktiven Ionen-aufnahme über die Kiemen sowie einen stark verdünnten Urin mit wenigen Ionen aus. Demgegenüber befinden sich Meeresfische in einer für sie hypertonischen Umgebung, woraus ein über die Haut stattfindender osmotischer Wasserverlust sowie eine Ionenaufnahme über jene resultieren. Im Gegensatz zu Süßwasserfischen geben Meeresfische einen ionenreichen Urin sowie Ionen aktiv über die Kiemen ab.

8) Auswerten • Der Operator „Auswerten" verlangt, dass aus Ergebnissen relevante Teildaten ausgewählt und im Zusammenhang interpretiert werden, zum Beispiel bei der Auswertung von Experimenten oder Diagrammen.

Beispielaufgabe: Werten Sie das vorliegende Diagramm im Kontext von Räuber-Beute-Beziehungen aus.

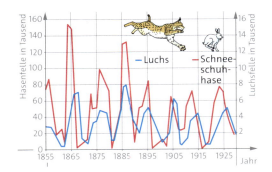

1 Von Trappern abgelieferte Felle

Beispiellösung: Die Ergebnisse machen deutlich, dass zwischen den Luchsen und den Schneeschuhhasen eine Räuber-Beute-Beziehung sowie eine daraus resultierende Abhängigkeit besteht. Auf einen Abfall oder Anstieg der Schneeschuhhasenpopulation, gemessen an den von Trappern abgelieferten Felle, folgt ein Abfall oder Anstieg der Luchspopulation. Aus dieser negativen Rückkopplung lässt sich schließen, dass der Schneeschuhhase eine wichtige Nahrungsquelle für den Luchs darstellt. Dennoch ist davon auszugehen, dass sich der Luchs auch von anderen Beutetieren ernährt, da trotz einer sehr geringen Anzahl der von Trappern abgelieferten Hasenfellen keine gleichwertig geringe Anzahl von Luchsfellen erkennbar ist.

9) Begründen • Der Operator „Begründen" fordert, dass Sachverhalte auf Regeln und Gesetzmäßigkeiten hinsichtlich der Ursache und Wirkung zurückgeführt werden.

Beispielaufgabe: Begründen Sie, warum es Licht- und Schattenblätter gibt.

Beispiellösung: Der ursprüngliche Eukaryot besteht aus DNA, Zellplasma und einer Plasmamembran. Diese weist im Laufe der Zeit Einfaltungen auf, aus denen sich das Endoplasmatische Reticulum entwickelt. In der Zelle mit Zellkern und innerem Membransystem ist zudem eine Kernhülle vorhanden. Im weiteren zeitlichen Verlauf wird ein aerober heterotropher Prokaryot in die Zelle aufgenommen. Aus diesem entwickelt sich das Mitochondrium des ursprünglichen heterotrophen Eukaryoten. In weiteren Zellen wird zusätzlich ein fotoautotropher Prokaryot aufgenommen. Aus diesem entwickelt sich der Chloroplast des ursprünglichen fotosynthetischen Eukaryoten.

10) Bewerten • Bei dem Operator „Bewerten" geht es um Entscheidungsprobleme individueller oder gesellschaftlicher Relevanz, die unter Berücksichtigung von Sachinformationen sowie individuellen Interessen bzw. gesellschaftlich anerkannten Normen und Werten begründet gelöst werden sollen.

Beispielaufgabe: Mit CRISPR/Cas werden zukünftig genetische Veränderungen in der frühen menschlichen Embryonalentwicklung möglich sein. Hierdurch könnten schwere genetische Defekte wie Chorea Huntington möglich werden, aber auch genetische Veränderungen bzgl. nicht medizinischer Ziele wie der Hautfarbe. Bewerten Sie, ob auch derartige Eingriffe ohne medizinischen Anlass erlaubt werden sollten.

Beispiellösung: Einem Verbot steht zunächst das Recht auf freie Entfaltung entgegen. Dies trifft aber nur bedingt zu, da ein genetischer Eingriff in der frühen Embryonalentwicklung stets durch die Eltern und nicht den/die Betroffene/n selbst entschieden. Dies könnte sogar zur Folge haben, dass die Eltern gezielte Veränderungen vornehmen lassen, ohne dass diese vom späteren Kind gewünscht sind. Der Eingriff würde somit eher eine potenzielle Einschränkung des Kindes auf freie Entfaltung gemäß seiner ursprünglichen genetischen Disposition bedeuten und stellt somit eher ein Gegenargument gegen genetische Eingriffe in die Keimbahn ohne medizinischen Anlass dar.

Darüber hinaus stellen Eingriffe mit CRISPR/Cas noch immer Risiken dar: Erstens können nicht intendierte Veränderungen der Nucleotidsequenz eintreten und zweitens können die intendierten Veränderungen (durch Interaktion mit anderen Genen) zu anderen Folgen führen als geplant. Diese gesundheitlichen Risiken sind in Relation zu dem potenziellen Mehrwert eines nicht medizinisch motivierten Eingriffs als zu hoch einzuschätzen, sodass das Verfahren für diese Anwendungen nicht erlaubt werden sollte.

Methode

Versuchsprotokolle schreiben

Versuchsprotokolle dienen dazu, die Zielsetzung und Durchführung sowie die Ergebnisse eines Versuchs und deren Deutung zu dokumentieren. Diese Dokumentation zielt darauf, dass der gesamte Prozess von der Fragestellung bis hin zur Deutung von anderen detailliert nachvollzogen oder sogar erneut durchgeführt werden kann. Transparenz und Reproduzierbarkeit bilden damit zentrale Qualitätskriterien für Protokolle. Um die Lesbarkeit von Protokollen zu erleichtern, existiert eine Standardgliederung, die die vielfältigen Informationen eines Versuchsprotokolls spezifischen Abschnitten zuordnet. Die Abschnitte werden in der folgenden Tabelle charakterisiert und durch Beispiele zu einem einfachen Versuch verdeutlicht.

1. Standardgliederung eines Versuchsprotokolls mit Beispielformulierungen

Abschnitt	Inhalt des Abschnitts	Beispielhafte Formulierungen bzw. Abbildungen zum Transpirationsversuch
1) Fragestellung	Phänomenbezogene Fragestellung, die durch den Versuch beantwortet werden soll.	Über welche Strukturen eines Pflanzenkörpers erfolgt die Wasserdampfabgabe (Transpiration)?
2) Vermutung*	Alternative Antworten auf die Frage	1) Die Transpiration erfolgt über die Blätter. 2) Die Transpiration erfolgt über die Sprossachse.
3) Materialien	Nennung aller Geräte, Reagenzien und Organismen (bzw. ihrer Teile), die für die Versuchsdurchführung benötigt werden.	9 möglichst gleichlange Zweige (z. B. einer Rotbuche), 12 Reagenzgläser mit Messskala in ml, Leitungswasser, Öl, Folienstift
4) Versuchsaufbau	Anordnung bzw. Kombination der Materialien während der Durchführung.	A: Zweig vollständig beblättert; B: Zweig halb beblättert; C: Zweig entblättert; D: ohne Zweig (jeweils 3x)
5) Versuchsdurchführung	Detaillierte Beschreibung der Schritte zur Vorbereitung, Durchführung und Messdatenerfassung.	Von drei Zweigen werden alle Blätter entfernt, von drei weiteren Zweigen nur die Hälfte ihrer Blätter, während drei Zweige vollständig beblättert bleiben.
6) Ergebnisse**	Präzise Wiedergabe der Messdaten, in der Regel aufbereitet (z. B. durch Mittelwertbildung) bzw. strukturiert dargestellt in Form von Tabellen oder Diagrammen	Abnahme des Wasservolumens in ml (Tabelle und Diagramm): RG1: 3,0 / 1,7 / 0,1 / 0,0; RG2: 4,1 / 2,5 / 0,0 / 0,1; RG3: 3,7 / 2,1 / 0,2 / 0,1; Mittelwert RG1-3: 3,6 / 2,1 / 0,1 / 0,07
7) Deutung***	Erklärung der Messdaten mit dem Ziel der Prüfung, ob diese mit einer der Hypothesen vereinbar sind oder diese widerlegen.	(…) Die Mittelwerte über die jeweils drei identischen Versuchsansätze zeigen einen Zusammenhang zwischen der Menge der Blätter und der Wasserreduktion: Je mehr Blätter, desto höher ist die Wasserabnahme in den Reagenzgläsern (voll beblättert: 3,5 ml, halb beblättert: 2,1 ml, ohne Blätter 0,1 ml). Dies ist vereinbar mit Hypothese 1 und bestätigt (vorläufig), dass die Transpiration über die Blätter erfolgt.

*begründete Vermutungen werden als Hypothesen bezeichnet
**werden häufig auch als Beobachtungen bezeichnet
***wird häufig auch als Auswertung, Interpretation o.ä. bezeichnet

2. Hilfreiche Ergänzungen zur Darstellung von Versuchsprotokollen

Die oben dargestellte Standardgliederung eines Versuchsprotokolls wurde ursprünglich für die Kommunikation unter Forschenden entwickelt. Weiterführende Überlegungen wie Begründungen zur Versuchsstrategie oder Verknüpfungen zwischen den Abschnitten sind nicht vorgesehen, können aber dabei helfen, einen Versuch und dessen Deutung besser zu verstehen. Daher werden im Folgenden vier Erweiterungen zu bestimmten Abschnitten des Standardprotokolls mit jeweils konkretisiertem Beispiel (kursiv) vorgestellt.

Ergänzung zu 4) Versuchsaufbau – Funktionen eines Versuchsaufbaus bestimmen: Die Teile eines Versuchsaufbaus erfüllen bestimmte Funktionen, die durch folgende Begriffe verdeutlicht werden können: Experimentalansatz, Kontrollansatz, Messvariable/abhängige Variable, Testvariable/unabhängige Variable, mögliche Störvariable.

Ergänzung zu 5) Versuchsdurchführung – Vorhersagen treffen: Um die Eignung eines Versuches zur Überprüfung alternativer Hypothesen reflektieren zu können, ist es hilfreich, die Versuchsergebnisse bei jeweiliger Gültigkeit der Hypothesen vorherzusagen. Sind je nach Gültigkeit der Hypothesen unterschiedliche Versuchsergebnisse zu erwarten, ist der Versuch geeignet. Die Vorhersage der Ergebnisse ermöglicht zudem, die Datenerfassung präzise auf die zu erwartenden Effekte auszurichten.

mögliche Hypothesen	mögliche Vorhersagen
1) Die Transpiration erfolgt über die Blätter.	Ansatz A: starke Wasserabnahme im Reagenzglas; Ansatz B: deutlich geringere Wasserabnahme; Ansatz C und Negativkontrolle: ohne Veränderung
2) Die Transpiration erfolgt nur über die Sprossachse.	Ansätze A-C: Wasserabnahme gleich stark; Negativkontrolle ohne Veränderung

Ergänzung zu 5) Versuchsdurchführung – Schritte einer Versuchsdurchführung erklären: Alle Schritte einer Versuchsdurchführung erfüllen eine bestimmte Funktion, um die Versuchsstrategie gezielt und optimiert umzusetzen. In Form einer Tabelle können diese Funktionen übersichtlich dargestellt werden.

Versuchsschritt	Funktion
Pro Versuchsansatz werden drei Reagenzgläser befüllt	– Messwiederholungen ermöglichen eine Überprüfung der Varianz (z. B. durch Unterschiede zwischen den Zweigen) und bieten dadurch eine zuverlässige Datenbasis durch Mittelwertbildung; Abweichungen vom Mittelwert können erst ab mindestens drei Messwiederholungen sinnvoll eingeschätzt werden
Alle Reagenzgläser werden mit derselben Wassermenge befüllt.	– sichert gleiche Bedingungen und dadurch Vergleichbarkeit der Messdaten.
In alle Reagenzgläser werden 5 Tropfen Öl gegeben.	– verhindert die freie Verdunstung über die Wasseroberfläche als möglicher Störfaktor.
…	–

Ergänzung zu 7) Deutung – Ergebnisse und Deutung verknüpfen: Eine Versuchsdeutung sollte eine detaillierte Interpretation der Ergebnisse vornehmen und nicht nur einen globalen Deutungssatz liefern. Hierzu ist es hilfreich, die Deutungsüberlegungen mit den Ergebnissen zu verknüpfen, so dass deutlich wird, welche Schlussfolgerungen aus welchen Daten abgeleitet werden.

Ergebnisse		Deutung		
Die durchschnittliche Abnahme der Wassermenge ist in den voll beblätterten Ansätzen am höchsten (3,6 ml), liegt bei halber Beblätterung auf mittlerem Niveau (2,1 ml) und im Ansatz ohne Beblätterung nahe Null (0,1 ml).	➡	Die Wasserabnahme in den Reagenzgläsern durch Transpiration ist proportional zur Menge der Blätter an den Zweigen.	➡	Abhängigkeit der Transpiration von der Anzahl der Blätter spricht dafür, dass die Wasserdampfabgabe über die Blätter erfolgt und bestätigt damit (vorläufig) Hypothese 1.
In den Ansätzen mit entblätterten oder ohne Zweige erfolgt nur eine ähnlich geringe Wasserreduktion von 0,1 bzw. 0,07 ml	➡	fehlende Unterschiede der Ansätze mit und ohne Zweig zeigen, dass die Sprossachse allein keine Transpiration ermöglicht und	➡	widerlegt Hypothese 2

1
Leben und Energie

▶ Der aufbauende und abbauende Stoffwechsel werden behandelt und die verschiedenen Formen der Energiebereitstellung in der Zelle miteinander verglichen. Die Zellatmung, die Fotosynthese und die Gärung werden erläutert.

▶ Stoff- und Energiebilanz werden strukturiert dargestellt und Energieentwertung sowie Energieumwandlung beschrieben.

▶ Bau und Funktion eines Muskels werden beschrieben. Sportliches Training und Doping werden in Bezug zu den Stoffwechselwegen betrachtet und diskutiert.

▶ Die energetische Anregung der Elektronen in Lichtsammelkomplexen von Fotosystemen wird erklärt. Der Zusammenhang zwischen Primär- und Sekundärreaktionen auf stofflicher und energetischer Ebene wird schematisch dargestellt.

▶ Die Anpassungen von Pflanzen und die Abhängigkeit der Fotosyntheserate von abiotischen Faktoren werden verdeutlicht.

Eichhörnchen, *Sciurus vulgaris*, sind agile Kletterkünstler, fast ununterbrochen auf Nahrungssuche oder anderweitig in Bewegung. Trotz sehr fettreicher Kost beobachtet man jedoch kaum Anzeichen von Trägheit. Sogar im Winter wird täglich die Ruhe für 1–2 h Nahrungssuche im Umfeld des Kobels unterbrochen. Einfach mal „total runterfahren" zu dieser kalten Jahreszeit ist gar nicht möglich. Soviel Energie in einem solch kleinen Tier – wie schafft der Stoffwechsel des Eichhörnchens das?

1.1 Energiebereitstellung in der Zelle

1 Energienachschub beim Marathon

Bei einem Marathonlauf müssen die Muskeln über mehrere Stunden hohe Leistung erbringen. Dazu ist eine ausreichende Versorgung mit Energie erforderlich. Viele Läuferinnen und Läufer greifen entlang der Wegstrecke zu Bananen oder nehmen kohlenhydratreiche Gele zu sich. Weshalb ist diese Energiezufuhr in Form von Kohlenhydraten für die Ausdauerleistung der Muskeln notwendig?

Energiebedarf ● Durch die Aktivität der Skelettmuskeln bewegt sich der Mensch und leistet somit äußerlich erkennbare mechanische Arbeit, für die Energie notwendig ist. Aber auch bei völliger Ruhe ist der Körper zur Aufrechterhaltung grundlegender Funktionen wie Gehirntätigkeit, Herzschlag und Atmung auf eine ausreichende Energieversorgung angewiesen. Die Zellen dieser Organe benötigen für den Auf- und Umbau von Stoffen Energie, um die beteiligten Substrate oder Enzyme reaktionsbereit zu machen. Sie leisten für den Organismus überlebenswichtige chemische Arbeit, auch ohne äußerlich sichtbare Bewegung. Ein weiteres Beispiel dafür sind Moleküle, die mithilfe von Carriern gegen ein bestehendes Konzentrationsgefälle durch die Membran transportiert werden. Die Carrier verrichten Transportarbeit.

Energieumsatz ● Die zum Erhalt der grundlegenden Funktionen umgesetzte Energie bezeichnet man als **Grundumsatz**. Jede zusätzliche körperliche Beanspruchung erhöht den Energieumsatz. Bereits die Verdauung von Nahrung benötigt zusätzliche Energie. Die Thermoregulation des Körpers zur Anpassung an verschiedene Umgebungstemperaturen erhöht den Energiebedarf um etwa 5 bis 10 %. Bei körperlicher Aktivität steigt der Energiebedarf erheblich. Die dafür zusätzlich benötigte Energiemenge bezeichnet man als **Leistungsumsatz**. Er kann zwischen 15 und 50 % des **Gesamtumsatzes** ausmachen. Der Gesamtumsatz ergibt sich aus Grundumsatz und Leistungsumsatz und in geringerem Maß aus nahrungsbedingtem und temperaturregulierendem Energieumsatz.

Bei einem Marathon beträgt der Energiebedarf eines Menschen durchschnittlich 10 500 kJ, der nur teilweise durch die Zufuhr von Nahrung während des Laufs gedeckt werden kann. Eine Banane hat einen Brennwert von 400 kJ. Demnach müsste eine Läuferin oder ein Läufer 26 Bananen verzehren, wenn keine körpereigenen Reserven vorhanden wären.

Gesamtumsatz
= Grundumsatz
+ Leistungsumsatz
+ nahrungsbedingter und temperaturregulierender Energieumsatz

Bedeutung von ATP • Zellen können durch entsprechende Stoffwechselvorgänge die in den Molekülen der Nährstoffe chemisch gebundene Energie verfügbar machen. Als Produkt dieser Abbauprozesse wird letztlich Adenosintriphosphat, kurz **ATP**, gebildet. Damit wird der Energiebedarf für verschiedene Formen der Arbeit gedeckt. ATP dient somit als universeller Energieträger der Zelle.

ATP ist ein Nucleotid aus der organischen Base Adenin, dem Zucker Ribose und drei Phosphatgruppen. Durch die drei Phosphatgruppen sind negative Ladungen dicht gedrängt, die sich abstoßen. Dadurch zerfällt ATP bei der Reaktion mit Wasser leicht in Adenosindiphosphat, kurz ADP, und anorganisches Phosphat. Das durch diese Hydrolyse freigesetzte Phosphat kann enzymatisch auf ein anderes Molekül übertragen werden, das Molekül wird phosphoryliert. Es ist dadurch bereit für Reaktionen, die es im nicht phosphorylierten Zustand nicht eingehen würde.

Da in der Zelle ein neu gebildetes ATP-Molekül durchschnittlich innerhalb 1 min. verbraucht wird, muss ATP kontinuierlich synthetisiert werden, damit eine andauernde Leistungsbereitschaft der Zellen besteht.

Energiespeicher des Körpers • Die aus der Nahrung resorbierte Glucose liegt in geringen Mengen gelöst im Blutplasma vor und kann zur Deckung des unmittelbaren Energiebedarfs der Zellen verarbeitet werden. Weitere Energiereserven in Form von Kohlenhydraten liegen als langkettige Verbindungen aus vielen Glucosemolekülen vor, das Glykogen. Diese Glykogenspeicher befinden sich vorwiegend in der Leber und in der Skelettmuskulatur. Sie sind allerdings begrenzt und reichen in Ruhe für etwa einen Tag. Bei einem Marathon ist die Person damit für maximal 60 bis 90 min. versorgt.

Ein weiterer großer Energiespeicher sind Proteine, vor allem Muskelproteine. Auch diese kann der Körper zur Energiegewinnung nutzen. Den größten Energiespeicher stellen die Lipide in Zellen des Fettgewebes dar. Da die Prozesse des Fettabbaus mehr Zeit benötigen, werden Fette vor allem bei geringer, lang andauernder Belastung zur Energiebereitstellung für die Muskelarbeit genutzt. Dieser Speicher reicht dann für Wochen, in Ruhe sogar für Monate. Eine gut trainierte Person baut allerdings auch unter hoher Belastung bei einem Marathonlauf schon anteilig Fettreserven ab. Dadurch bleibt ihr Glykogenspeicher länger verfügbar. Durch Training kann sie diese beiden Speicher also effektiver kombinieren und nutzen.

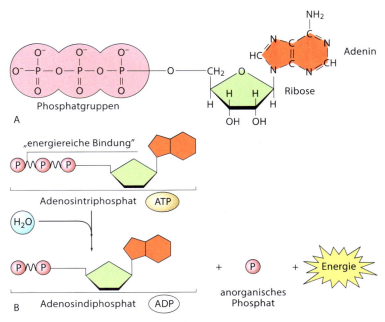

2 ATP-Molekül: **A** Struktur, **B** Hydrolyse

Organ/Gewebe	Energiespeicher		reicht in Ruhe theoretisch für ...
Blutplasma	12 g Glucose		30 Minuten
Leber, Muskel	450 g Glykogen		18–24 Stunden
Muskel	6 kg Protein		10–12 Tage
Fettgewebe	15 kg Lipide		50–60 Tage

3 Energiespeicher des Körpers

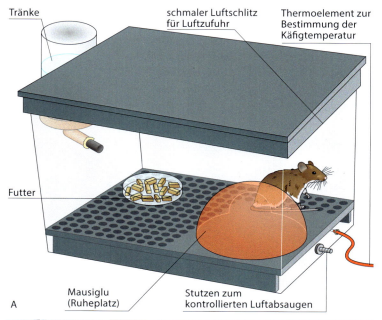

Nutzung der Energiespeicher • Wie findet man heraus, welcher Energiespeicher vom Körper genutzt wird? Aus den gemessenen Atemgasen kann das Verhältnis aus der Kohlenstoffdioxidmenge der ausgeatmeten und der Sauerstoffmenge der eingeatmeten Luft ermittelt werden, der **respiratorische Quotient**, kurz **RQ**.

Im Tierversuch hat man die Atemgase von Mäusen untersucht, die entweder kohlenhydratreich, fettreich oder proteinreich ernährt wurden. Die Ergebnisse zeigen, dass alle drei Nährstoffgruppen vom Körper zur Energiegewinnung verwertet werden können. Dazu ist in allen Ansätzen Sauerstoff erforderlich. Die benötigten Mengen an Sauerstoff variieren jedoch je nach Art der verstoffwechselten Nährstoffe. Der Tierversuch belegt, dass eine Zelle zur Energiebereitstellung nicht nur Kohlenhydrate, sondern verschiedene Ausgangsstoffe nutzen kann. Weil unabhängig von der Substratart Sauerstoff benötigt wird, lässt sich vermuten, dass der Abbau zur Energiegewinnung zumindest anteilig in gleichen Teilreaktionen passiert, die aerob ablaufen.

Auch für den menschlichen Körper lässt sich mithilfe der Atemgase der respiratorische Quotient unter Belastungsbedingungen ermitteln. Im Laufbandtest trägt die Testperson eine über Mund und Nase dicht abschließende Maske mit integrierten Sensoren. Mithilfe der Sensoren lassen sich aus dem ein- beziehungsweise ausgeatmeten Luftvolumen pro Atemzug die Differenz der beiden Gase im Vergleich zur bekannten Konzentration in der Außenluft messen. Werden ausschließlich Kohlenhydrate abgebaut, beträgt der RQ-Wert genau 1,0. Zum Fettabbau ist mehr Sauerstoff nötig, der RQ-Wert liegt deshalb bei 0,7. Der RQ-Wert für Proteine beträgt 0,8. So lassen sich bei der Muskelarbeit aus dem RQ-Wert ebenso Hinweise über die Art des genutzten Energieträgers gewinnen. Für eine Person, die sich auf einen Marathon vorbereitet, sind diese Werte bedeutsam, da sie so herausfindet, ab welcher Belastungsintensität ihre Fettverbrennung einsetzt. Mit diesen Methoden konnte eine erste Vorstellung über die Prozesse der Energiebereitstellung in der Zelle gewonnen werden.

1 Ermittlung des respiratorischen Quotienten: **A** im Tierversuch, **B** beim Menschen unter Belastung

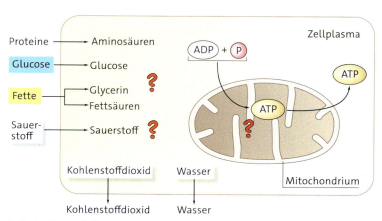

2 Gedankenmodell zur Energiebereitstellung in der Zelle

1 Beschreiben Sie, wie die Energieversorgung der Muskelzellen gewährleistet wird.

Material

Leben und Energie • Energiebereitstellung in der Zelle

Material A • Bedeutung von ATP

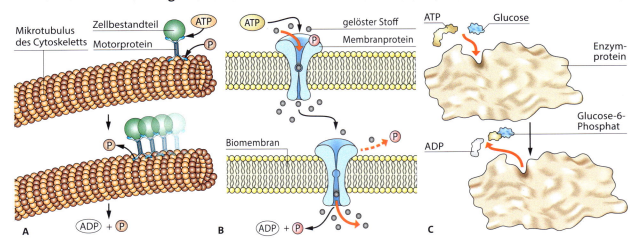

1 Erläutern Sie die biologische Bedeutung von Motorproteinen und beschreiben Sie anhand der Abbildung A die Bedeutung von ATP für zelluläre Bewegungsabläufe.

2 Erläutern Sie die Reaktion zwischen ATP und dem Membranprotein mithilfe der Abbildung B. Nennen Sie die geleistete Arbeit und beschreiben Sie deren Bedeutung für die Zelle.

3 Beschreiben Sie die enzymkatalysierte Reaktion mithilfe der Abbildung C und erläutern Sie das Prinzip der energetischen Kopplung mit ATP als Coenzym einer enzymatischen Reaktion.

Material B Hungerstoffwechsel

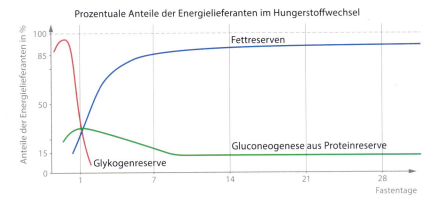

Ein Stoffwechselweg ist zum Beispiel der Umbau körpereigener Proteine, etwa Muskelproteine in Kohlenhydrate, die **Gluconeogenese**. Die Kohlenhydrate können dann zur Energiegewinnung in der Zellatmung genutzt werden.

Bei vollständigem Nahrungsmangel stellt sich der Stoffwechsel um. Man spricht dann von Hungerstoffwechsel. Der Hungerstoffwechsel ermöglicht für eine bestimmte Zeit den Erhalt der Energiebilanz und somit ein Überleben aus körpereigenen Energiespeichern.

Der Mensch kann etwa 17 bis 75 Tage ohne Nahrung überleben. Das Gehirn steuert mithilfe von Botenstoffen die Umstellung der Stoffwechselprozesse. Diese Umstellung lässt sich in verschiedene Phasen gliedern, in denen verschiedene Reserven zum Erhalt der Lebensfunktionen genutzt werden. Man unterscheidet unmittelbare Effekte bis zu 4 h nach der letzten Mahlzeit, gefolgt von einer frühen Phase bis zum vierten Tag und einer späten Hungerphase nach vier Wochen. Nur die vorhandenen Reserven sind zur Energiegewinnung nutzbar.

1 Beschreiben Sie die typischen Stoffwechselprozesse der drei Phasen des Hungerstoffwechsels als Anpassungen an die fehlende Nahrungsaufnahme.

2 Beschreiben Sie anhand der Abbildung die zeitliche Abfolge der Nutzung der körpereigenen Energiespeicher.

3 Leiten Sie die zu erwartenden RQ-Werte für die einzelnen Phasen ab. Begründen Sie, weshalb der Körper in der Anfangsphase des Hungerns stärker auf Proteine zurückgreift als auf Fette und dies erst in einer späteren Phase umgestellt wird.

Blickpunkt

Kohlenhydrate

Bau der Kohlenhydrate • Die einfachsten Kohlenhydrate sind die Einfachzucker oder **Monosaccharide**. Viele von ihnen, beispielsweise solche in Honig oder Obst, schmecken süß, weshalb man sie auch „Zucker" nennt. Ihre Moleküle bestehen aus drei bis sieben Kohlenstoffatomen sowie einer Carbonylgruppe (–C=O) und einer Hydroxylgruppe (–OH). Aufgrund der Polarität der Hydroxylgruppe sind Monosaccharide wasserlöslich. Nach der Anzahl der Kohlenstoffatome unterscheidet man zum Beispiel Triosen, Pentosen und Hexosen.

Zu den Hexosen gehört die **Glucose**, auch Traubenzucker genannt. Sie hat die Summenformel $C_6H_{12}O_6$. Die Moleküle liegen entweder als Kettenform oder Ringform vor, wobei das Kohlenstoffgerüst jeweils als durchnummerierte Kette dargestellt wird, die fünf Hydroxylgruppen und eine Carbonylgruppe trägt. Der Ringschluss erfolgt, indem die Carbonylgruppe mit einer Hydroxylgruppe eines anderen Kohlenstoffatoms der Kette reagiert. Im Fall von Glucose reagieren die Gruppen des ersten und des fünften Kohlenstoffatoms miteinander. Bei der räumlichen Ringdarstellung kennzeichnet die dickere Linie die Ansicht von vorne. Je nachdem, ob die Hydroxylgruppe unterhalb oder oberhalb der gedachten Ringebene liegt, unterscheidet man zwischen α- und β-Glucose.

Wenn sich zwei Monosaccharide verbinden, entstehen Zweifachzucker oder **Disaccharide**. Bei dieser Kondensationsreaktion wird ein Wassermolekül abgespalten und es entsteht eine Bindung über ein Sauerstoffatom, eine glykosidische Bindung. **Maltose** zum Beispiel entsteht aus zwei α-Glucosemolekülen, deren Hydroxylgruppen an den ersten und vierten Kohlenstoffatomen α-1,4-glykosidisch verknüpft sind.

1 Monosaccharide: **A** Glucose in unterschiedlichen Darstellungsformen, **B** Beispiele

Kohlenhydrate sind für alle Lebewesen als Bau- und Gerüstsubstanzen, als Reservestoffe und als Grundlage des Energiestoffwechsels sehr bedeutsam. Sie sind Verbindungen aus Kohlenstoff, Wasserstoff und Sauerstoff und lassen sich anhand ihrer Molekülstruktur in verschiedene Gruppen einteilen.

2 Disaccharide: **A** Kondensationsreaktion, **B-C** Beispiele

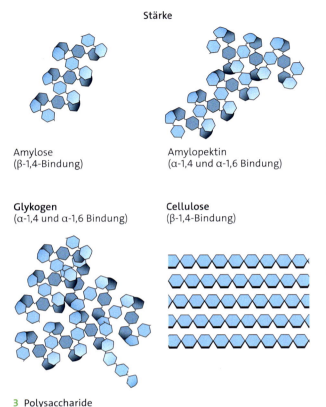

3 Polysaccharide

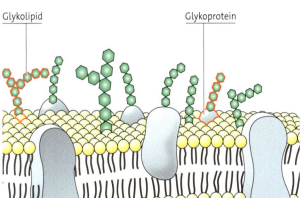

4 Schema einer Biomembran

Mehrere Monosaccharide können zu sehr langkettigen, großen Molekülen verknüpft sein. Diese Verbindungen heißen Vielfachzucker oder **Polysaccharide**.

Die meisten Polysaccharide dienen der Zelle als Baustoffe. Der wichtigste pflanzliche Baustoff ist die **Cellulose**. Sie ist Hauptbestandteil der Zellwände. Cellulosemoleküle bestehen aus β-Glucosemolekülen, die über 1,4-Bindungen zu langen, unverzweigten Ketten verbunden sind. Sie bilden lange Fasern, die zur Zellwandstabilität beitragen. Viele Säugetiere besitzen keine Enzyme zur Spaltung der Cellulosemoleküle, sodass dieser Bestandteil der pflanzlichen Nahrung unverdaut bleibt und somit ein Ballaststoff ist. Andere Polysaccharide dienen als Reservestoffe, da sich aus ihnen leicht wieder Monosaccharide gewinnen lassen. Der wichtigste pflanzliche Reservestoff ist **Stärke**. Sie besteht aus α-Glucosemolekülen, die 1,4-glykosidisch zu schraubig gewundenen Ketten verbunden sind. Unverzweigte, schraubig gewundene Glucoseketten aus mehreren Hundert Glucosemolekülen nennt man Amylose. Stärkemoleküle mit größerer Kettenlänge und mit zusätzlichen Seitenverzweigungen, die durch 1,6-Bindungen entstehen, heißen Amylopektin.

Der Reservestoff in Tierzellen, zum Beispiel in Muskel- und Leberzellen, und in Pilzzellen heißt **Glykogen**. Glykogen ist ähnlich gebaut wie Stärke, jedoch stärker verzweigt als Amylopektin.

Polysaccharide erfüllen im Stoffwechsel von Organismen wichtige Funktionen. Sie dienen zum einen als Energiespeicher, beispielhaft sind hier die Stärkeformen Amylose und Amylopektin sowie Glykogen zu nennen. Ferner geben Polysaccharide auch Struktur und Festigkeit wie beispielsweise die bei Pflanzen in Zellwänden vorkommende Cellulose, das Chitin bei Insekten und Pilzzellen und die Hyaluronsäure als Bestandteil des tierischen Bindegewebes. Erwiesen ist auch, dass bestimmte Polysaccharide positiven Einfluss auf das Immunsystem haben. Dies ist für die β-Glucane nachgewiesen.

Zellerkennung • Die Lipide und Proteine einer Biomembran sind mit Kohlenhydratketten verbunden, die man daher als Glykolipide oder Glykoproteine bezeichnet. Die Kohlenhydratketten ragen wie kleine Äste aus der Membran ins Zelläußere. Ihre Zusammensetzung ist für jedes Lebewesen spezifisch, sodass jede Zelle ihren individuellen „Zellausweis" besitzt. Dies ist bedeutsam für die Kommunikation zwischen Zellen mittels Hormonen und anderen Botenstoffe oder auch für die Erkennung durch Zellen des Immunsystems, die dadurch körpereigene von körperfremden Zellen unterscheiden können.

1 Vergleichen Sie die drei Gruppen der Kohlenhydrate in tabellarischer Form.

1.2 Glykolyse

1 Laborarbeit in den 1930er-Jahren

Mit relativ einfachen Laborgeräten hat man nach und nach herausgefunden, wie Kohlenhydrate in der Zelle zur Energiebereitstellung genutzt werden. Wie ist das möglich?

Erkenntnismethoden • Um den Kohlenhydratabbau zu untersuchen, hat man im Mörser zerkleinerte Muskelfasern mit Glucose versetzt. Messungen zeigten, dass dieser Muskelbrei genauso viel Sauerstoff verbraucht, wie er Kohlenstoffdioxid herstellt. Die Bilanz lässt sich in einer Reaktionsgleichung darstellen:

$C_6H_{12}O_6 + 6\,O_2 \rightarrow 6\,CO_2 + 6\,H_2O$.

Daraus lässt sich allerdings nicht schließen, welche Einzelreaktionen in einer Zelle ablaufen. Die Einzelreaktionen wurden in der ersten Hälfte des 20. Jahrhunderts aufgeklärt und in eine sinnvolle Reihenfolge gebracht. Dazu hat man lebende Zellen eines Gewebes mit bestimmten Stoffen versorgt und gemessen, ob die Zellen diese Stoffe aufnehmen und verbrauchen sowie eventuell andere Stoffe wieder abgeben. Bei dieser Blackbox-Methode kennt man Input und Output und versucht daraus zu erschließen, was in der Zelle chemisch geschieht.

Nachdem man einem Muskelbrei Glucose hinzugab, konnte man schon nach kurzer Zeit erhöhte Konzentrationen von Glucose-6-phosphat und Fructose-6-phosphat nachweisen. Daher hat man dann diese beiden Stoffe in weiteren Versuchen zu einem Muskelbrei gegeben. Dabei zeigte sich, dass sie den Sauerstoffverbrauch genauso steigerten wie die Glucose. Eine mögliche Hypothese ist, dass in Zellen Glucose zu Glucose-6-phosphat und dieses zu Fructose-6-phosphat umgewandelt wird. Später ent-

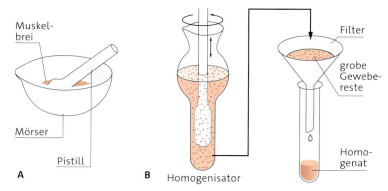

2 Herstellung des Untersuchungsmaterials: **A** Muskelbrei, **B** Zellhomogenat

Alle drei Versuchsansätze starten mit einem Sauerstoffgehalt von 10 % und werden jeweils identisch behandelt.

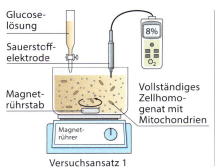
Versuchsansatz 1

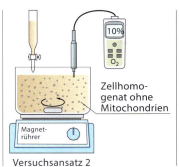
Versuchsansatz 2

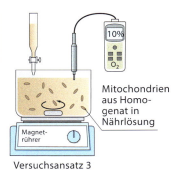
Versuchsansatz 3

3 Versuchsergebnisse zur Glucoseverwertung in Zellplasma und Mitochondrien

deckte man Enzyme, die solche Umwandlungen katalysieren. Damit wurde die Hypothese bestätigt.

In weiteren Versuchen verwendete man statt eines Muskelbreis Zellhomogenate. Weil ein Zellhomogenat sämtliche Zellbestandteile enthält, hoffte man, dass in ihm die chemischen Reaktionen genauso ablaufen wie in der lebenden Zelle.

Auch bei aus einem Zellhomogenat isolierten Mitochondrien lassen sich chemische Reaktionen beobachten, die wahrscheinlich in intakten Zellen ebenfalls in den Mitochondrien stattfinden. Wenn man zum Beispiel ein vollständiges Zellhomogenat mit Glucose versetzt, wird wie bei intakten Zellen Sauerstoff verbraucht und Kohlenstoffdioxid gebildet. Entfernt man die Mitochondrien durch Zentrifugieren vom Rest des Zellhomogenats, verbraucht dieses Zellhomogenat ohne Mitochondrien bei Glucosezugabe keinen Sauerstoff. Auch die in eine Nährlösung gegebenen Mitochondrien verbrauchen alleine keinen Sauerstoff. Zum Verarbeiten von Glucose und Sauerstoff müssen demnach in lebenden Zellen Zellplasma und Mitochondrien zusammenarbeiten.

Da der Kohlenhydratabbau in den Zellen Energie für weitere Stoffwechselprozesse liefert, indem ATP hergestellt wird, hat man in Zellhomogenaten die ATP-Bildung gemessen. Die Messungen zeigten, dass nur dann größere Mengen ATP gebildet werden, wenn Sauerstoff verbraucht wird. Daraus lässt sich schlussfolgern, dass beim Abbau von Glucose chemische Reaktionen im Zellplasma und in den Mitochondrien zur Bildung von ATP zusammenwirken müssen.

Ergebnisse • Bei der Suche nach weiteren Stoffen, die man nach der Zugabe von Glucose in einem Ho-

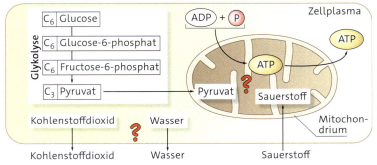

4 Gedankenmodell zur Zellatmung

mogenat findet, stößt man unter anderem auf den Stoff **Pyruvat**. Wenn man statt Glucose Pyruvat zu einer Lösung mit Mitochondrien gibt, wird Sauerstoff verbraucht und ATP gebildet. Nimmt man radioaktiv markiertes Pyruvat, kann man es in den Mitochondrien eines Zellhomogenats nachweisen. Daher nimmt man an, dass die Verwertung der Glucose in einer Zelle in zwei Teilprozessen erfolgt. Zunächst entsteht im Zellplasma nach mehreren Reaktionsschritten aus Glucose Pyruvat. Anschließend wird Pyruvat in den Mitochondrien umgesetzt, wobei Sauerstoff verbraucht wird und ATP entsteht.

Da Pyruvatmoleküle drei Kohlenstoffatome haben, Glucosemoleküle aber sechs, müssen zur Bildung von Pyruvat Glucosemoleküle „zerlegt" werden. Diesen schrittweisen Abbau von Glucose zu Pyruvat bezeichnet man als **Glykolyse**. Diese ersten Ergebnisse lassen sich in einem Gedankenmodell zusammenfassen

1 Fassen Sie die Erkenntnisse zur Zellatmung als Ergebnisse der Blackbox-Methode zusammen. Berücksichtigen Sie dabei die Untersuchungen von Muskelbrei und Zellhomogenaten.

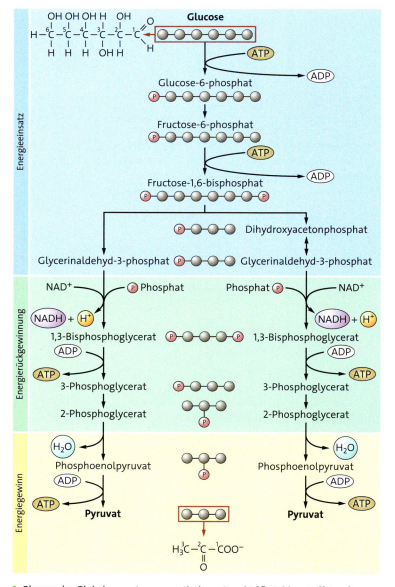

Energiebilanz der Glykolyse • Es hat etwa drei Jahrzehnte gedauert, bis die Einzelschritte der Glykolyse aufgeklärt waren. Dabei hat man festgestellt, dass die chemische Umwandlung der Glucose in vielen Zellen einem bestimmten Ablauf folgt. Dieser lässt sich unter energetischem Aspekt in drei Phasen gliedern, die die Energiebilanz der Glykolyse beschreiben.

In der ersten Phase wird zunächst ATP verbraucht und damit Energie zur Herstellung von Fructose-1,6-bisphosphat bereitgestellt. Aus seinen Molekülen werden letztlich jeweils zwei Moleküle Glycerinaldehyd-3-phosphat gebildet. Dieses wird in der zweiten Phase in 3-Phosphoglycerat umgewandelt. Dabei wird wieder ATP gebildet und somit die eingesetzte Energie zurückgewonnen. Die dritte Phase liefert Energie für die Zelle, weil beim schrittweisen Abbau zu Pyruvat ATP gebildet wird, das dann zur Energieübertragung bei anderen chemischen Reaktionen zur Verfügung steht. Die Glykolyse liefert demnach pro Molekül Glucose zwei Moleküle ATP.

Die stoffliche Umwandlung erfolgt so, dass aus einem Glucosemolekül, $C_6H_{12}O_6$, zwei Pyruvatmoleküle, $C_3H_3O_3^-$, und zwei Protonen, H^+, entstehen sowie vier Wasserstoffatome mit zwei NAD^+ zu zwei $NADH + H^+$ reagieren.

Regulation der Glykolyse • Bei der Erforschung der Glykolyse fiel schon früh auf, dass zu ihrem Ablauf NAD^+ und ADP benötigt werden. Wenn das in der Reaktion mit Glycerinaldehyd-3-phosphat gebildete NADH nicht wieder oxidiert wird, kommt die Glykolyse in der zweiten Phase und damit allgemein zum Stillstand. Wenn in einem Präparat wenig ADP vorhanden ist, weil aus ihm ATP hergestellt wurde, stoppt der Glucoseabbau in der Glykolyse in der dritten Phase.

Darüber hinaus hemmt eine hohe ATP-Konzentration das Enzym für den Reaktionsschritt zum Fructose-1,6-bisphosphat und das Enzym für den Reaktionsschritt vom Phosphoenolpyruvat zum Pyruvat. Daher verlangsamt sich in einer Zelle der Ablauf der Glykolyse, wenn kein weiteres ATP benötigt wird.

1 Phasen der Glykolyse unter energetischem Aspekt (● Kohlenstoffatom)

2 Reduktion von NAD^+ bei der Reaktion mit Glycerinaldehyd-3-phosphat

1 Erläutern Sie mithilfe der Summenformeln von Glucose und Pyruvat die Bilanz der Glykolyse.

Material

Leben und Energie • Glykolyse

Material A Versuche mit Mitochondriensuspensionen

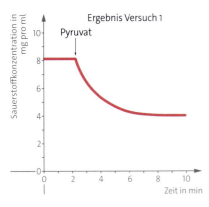
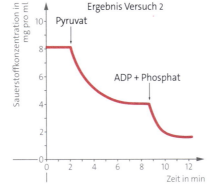

Bei zwei Versuchen hat man zu einer Flüssigkeit mit fein verteilten intakten Mitochondrien, einer Mitochondriensuspension, jeweils zu einem bestimmten Zeitpunkt Pyruvat hinzugegeben. Im zweiten Versuch wurden zu einem späteren Zeitpunkt zusätzlich noch ADP und Phosphat hinzugefügt.

1 Beschreiben und vergleichen Sie die Versuchsergebnisse.

2 Deuten Sie die Ergebnisse aus dem ersten Versuch.

3 Stellen Sie eine Hypothese dazu auf, weshalb im zweiten Versuch der Sauerstoffgehalt in der Mitochondriensuspension weiter abnimmt. Begründen Sie mithilfe dieser Hypothese das Ergebnis des ersten Versuchs.

4 Interpretieren Sie die Ergebnisse als Möglichkeit, die Glucoseverwertung in einer Zelle zu regulieren.

Material B Glykolyse bei Hefezellen

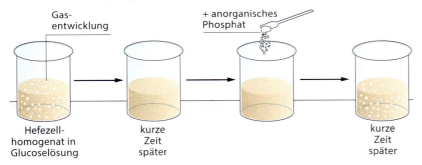

Zur Aufklärung der Glykolyse hat man neben Muskelzellen auch Hefezellen benutzt. Im Hefezellhomogenat findet die Glykolyse ohne Zellatmung statt. Dennoch wird Kohlenstoffdioxid gebildet, der entweicht. Dieser Vorgang heißt Gärung. Er ist mit der Glykolyse verknüpft.

1 Beschreiben Sie die Durchführung und das Ergebnis des Versuchs.

2 Begründen Sie das Versuchsergebnis mithilfe der Abbildung 1 auf Seite 28.

Material C Bedeutung von Enzymen und Coenzymen bei der Glykolyse

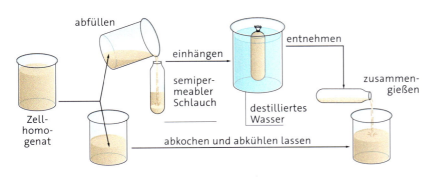

In einem Versuch wurde ein Teil eines glucosehaltigen Zellhomogenats gekocht. Alle Enzyme waren funktionsunfähig und keine Glykolyse möglich. Ein anderer Teil wurde in einen Schlauch aus einer semipermeablen Membran gegeben, sodass die kleinen Moleküle, unter anderem ADP, Phosphat, ATP und NAD$^+$ aus dem Homogenat in die Umgebung diffundierten. Auch hier kann keine Glykolyse stattfinden.

Wenn man nun dieses Homogenat mit dem abgekochten und abgekühlten Homogenat mischt, findet bei Zugabe von Glucose Glykolyse statt.

1 Interpretieren Sie das Versuchsergebnis.

1.3 Citratzyklus und Atmungskette

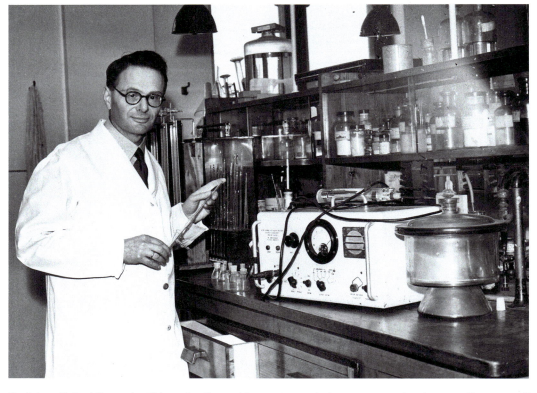

1 Erforschung des Citratzyklus: Hans Adolf Krebs im Labor

Hans Adolf Krebs (1900–1981), 1953 Nobelpreis für die Hypothese des Citratzyklus

Nachdem die Reaktionen des Abbaus der Glucose bis zum Pyruvat bekannt waren, erforschte man die Sauerstoff verbrauchenden Prozesse des Glucoseabbaus. Der deutsche Mediziner und Biochemiker Hans Adolf Krebs entwickelte dabei eine Hypothese, welche die Ergebnisse der durchgeführten Experimente schlüssig erklärt. Wie gelang ihm dies?

α-Ketoglutarat
↓
Succinat
↓
Fumarat
↓
Malat
↓
Oxalacetat

2 Erste Reaktionskette beim Glucoseabbau

Reaktionsketten • In den ersten 40 Jahren des 20. Jahrhunderts war noch nicht bekannt, dass Pyruvat in der Mitochondrienmatrix umgesetzt wird. Trotzdem gelang es den Forschern, mithilfe der Blackbox-Methode die Reaktionen zu erschließen, die im Mitochondrium stattfinden: Immer wenn man den untersuchten Präparaten Stoffe hinzugab, bei denen sich der Sauerstoffverbrauch des Präparats erhöhte, konnte man vermuten, dass diese Stoffe am Glucose- oder Pyruvatabbau beteiligt sind. Wenn man Stoffe hinzugab, die einzelne der vermuteten Reaktionen hemmten, häufte sich das zugehörige Edukt im Präparat an, der Sauerstoffverbrauch kam zum Erliegen. So vermutete man, dass in der Zelle Succinat mithilfe eines bestimmten Enzyms zu Fumarat umgesetzt wird. Das Enzym wird durch Malonat kompetitiv gehemmt. Gab man Malonat zum Präparat, reicherte sich Succinat an, es entstand kein Fumarat.

Insgesamt wurden drei Reaktionsketten in den Präparaten bestätigt: α-Ketoglutarat → Succinat → Fumarat → Malat → Oxalacetat ist die erste Reaktionskette. Bei einer zweiten Reaktionskette konnte gezeigt werden, dass das in der Glykolyse entstandene Pyruvat unter Abgabe von Kohlenstoffdioxid an der Reaktion von Oxalacetat zu Citrat beteiligt ist, die erste Kette also verlängert, und mit der Glykolyse verknüpft werden kann.

Reaktionskreislauf • Bis zum Frühjahr 1937 hatten sich alle Forscher lediglich Reaktionsketten zum Kohlenhydratabbau in der Zelle vorgestellt. Wenn man annimmt, dass Reaktionsketten ablaufen, lässt sich folgendes Versuchsergebnis nicht erklären: Nach der Zugabe von Fumarat zu einem Präparat wird deutlich mehr Sauerstoff verbraucht, als zu seiner chemischen Oxidation nötig ist. Fumarat wird darüber hinaus nur teilweise umgesetzt. Also fördert

Fumarat weitere Reaktionen mit Sauerstoff. Welche Reaktionen das sind und wie diese Förderung zustande kommt, konnte nicht bestimmt werden. Die von den deutschen Chemikern Carl Martius und Franz Knoop entdeckte dritte Reaktionskette brachte Krebs auf eine neue Idee. Weil Citrat im Präparat über die Zwischenstufen cis-Aconitat, Isocitrat und Oxalsuccinat zu α-Ketoglutarat umgesetzt wird, beschreiben die drei erforschten Einzelketten einen möglichen Reaktionskreislauf: Oxalacetat reagiert unter Beteiligung von Pyruvat zu Citrat. Aus diesem wird über Zwischenstufen wieder Oxalacetat.

Wenn man einen Reaktionskreislauf annimmt, dann lässt sich das Versuchsergebnis erklären: Wenn man Fumarat zu einem Präparat gibt, erhöhen sich nach und nach alle Stoffkonzentrationen im Kreislauf, wobei die zunächst erhöhte Konzentration des Fumarats leicht sinkt. Wegen der nun erhöhten Konzentration von Oxalacetat kann mehr Pyruvat umgesetzt werden. Somit wird im Präparat mehr Sauerstoff verbraucht.

Krebs nannte den von ihm vorgeschlagenen Reaktionskreislauf **Citratzyklus**. Heute weiß man, dass seine Reaktionen in der Mitochondrienmatrix stattfinden. Der Citratzyklus ist ein Gedankenmodell. Einzelne Moleküle werden nicht, wie das Schema suggeriert, von einer Reaktion zur nächsten weitergereicht. Sie bilden eine Reaktionsfolge, weil sie irgendwo in der Mitochondrienmatrix einen Reaktionspartner finden.

Abbau der Glucosemoleküle • Während der Glykolyse entstehen im Zellplasma aus einem Molekül Glucose mit sechs Kohlenstoffatomen zwei Moleküle Pyruvat mit drei Kohlenstoffatomen. In der Mitochondrienmatrix reagiert Pyruvat zunächst mit einem Coenzym, dem Coenzym A, sodass Kohlenstoffdioxid mit einem Kohlenstoffatom und ein an das Coenzym gebundener Essigsäurerest mit zwei Kohlenstoffatomen, das Acetyl-CoA, entstehen. Bei dieser Reaktion wird NAD^+ reduziert und Pyruvat oxidiert. Diesen Vorgang nennt man daher **oxidative Decarboxylierung** des Pyruvats. Wie anschließend Kohlenstoffdioxid entsteht, hat man durch Vergleichen der Summen- und Strukturformeln von Edukten und Produkten erkannt. Zum Beispiel wird aus Oxalsuccinat mit der Summenformel $C_6H_3O_7^{3-}$ im

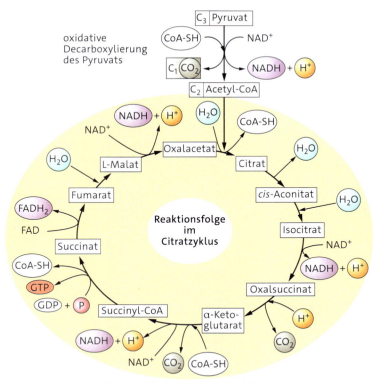

3 Schema zum Gedankenmodell Citratzyklus innerhalb der Mitochondrienmatrix

untersuchten Muskelzellbrei α-Ketoglutarat mit der Summenformel $C_5H_4O_5^{2-}$ und, wie der Vergleich mit der Summenformeln bestätigt, wird Kohlenstoffdioxid, CO_2, gebildet. Aus einem Pyruvatmolekül werden insgesamt drei Moleküle CO_2 gebildet. Zudem entstehen bei einigen Reaktionen $NADH + H^+$. Wasserstoffatome aus Pyruvat- und Wassermolekülen werden hier verwertet, zwei weitere bei der Bildung von Flavin-Adenin-Dinucleotid, $FADH_2$. Außerdem wird Guanosintriphosphat, GTP, gebildet, das anschließend zur Herstellung von ATP genutzt wird.

Der Blick auf die Summenformel der Zellatmung, $C_6H_{12}O_6 + 6\ O_2 \rightarrow 6\ CO_2 + 6\ H_2O$, zeigt, dass bisher erklärt wurde, wie das Kohlenstoffdioxid gebildet, aber nicht, wie der Sauerstoff verarbeitet wird und Wasser entsteht. Dies geschieht in Folgereaktionen, bei denen die bei der Glykolyse und dem Citratzyklus gebildeten Stoffe $NADH + H^+$ und $FADH_2$ genutzt werden.

1 Beschreiben Sie Forschungsschritte und Ergebnisse zum Modell des Citratzyklus

Carl Martius (1906–1993)

Georg Franz Knoop (1875–1946)

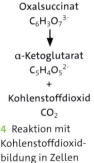

4 Reaktion mit Kohlenstoffdioxidbildung in Zellen

GTP reagiert mit ADP zu ATP und GDP.

ATP-Lieferant Mitochondrium • Bei der Glykolyse im Zellplasma entstehen pro Molekül Glucose zwei Moleküle ATP, beim Abbau von Pyruvat im Citratzyklus zwei Moleküle GTP. Gemessen am Energiegehalt der Glucose ist das sehr wenig. So zeigten weitere Untersuchungen, dass insgesamt etwa 32 Moleküle ATP gebildet werden. Die zugehörigen Reaktionen laufen im Mitochondrium ab, sind aber anders als der Citratzyklus im Wesentlichen an die innere Mitochondrienmembran gebunden. Diese ist an vielen Stellen in das Innere des Mitochondriums eingestülpt und hat so im Vergleich zur äußeren Membran eine sehr große Oberfläche. Die eingestülpten Bereiche nennt man **Cristae**. Die innere Membran ist nur für Stoffe durchlässig, die durch Carrier transportiert werden. Das ist für die ATP-Synthese entscheidend: Protonen, H^+-Ionen, werden durch die drei Proteinkomplexe I, III und IV aus der Matrix in den Intermembranraum gepumpt. So entsteht zwischen dem Intermembranraum und der Matrix des Mitochondriums ein Konzentrationsgefälle für Protonen, ein **Protonengradient**. Durch spezielle Enzyme in der Membran, die **ATP-Synthasen**, strömen die Protonen wieder in die Matrix zurück. Dabei wird die Energie des Konzentrationsgefälles für die Bildung von ATP aus ADP und Phosphat genutzt.

Wenn ein Transportvorgang an einer Membran mit einer chemischen Reaktion gekoppelt ist, nennt man das Chemiosmose. Die Hypothese, dass die ATP-Bildung im Mitochondrium als Chemiosmose abläuft, veröffentlichte der britische Biochemiker Peter D. Mitchell im Jahr 1961. Sie war zu diesem Zeitpunkt revolutionär, denn bisher kannte man Reaktionen mit ADP als Coenzym, bei denen ATP gebildet wird, wie zum Beispiel bei zwei Schritten der Glykolyse. Mitchells Hypothese kann mit folgendem Experiment geprüft werden: Aus einem Zellhomogenat werden Mitochondrien isoliert. Sie werden in eine Pufferlösung mit einem pH-Wert von 8, also geringer Protonenkonzentration, gegeben. Nach einiger Zeit stellt sich in der Mitochondrienmatrix ebenfalls der pH-Wert 8 ein. Es wird kein ATP gebildet. Gibt man nun die isolierten Mitochondrien in eine Pufferlösung mit niedrigem pH-Wert, also einer hohen Protonenkonzentration, produzieren die Mitochondrien aus ADP und Phosphat ATP.

Das Ergebnis des Experiments lässt sich mit Mitchells Hypothese erklären. Im ersten Schritt des Experiments befördern die Protonenpumpen Protonen aus der Matrix, was den pH-Wert in der Matrix erhöht. Die Pufferlösung behält ihren pH-Wert. Weil kein Konzentrationsgefälle zwischen außen und innen besteht, kann kein ATP gebildet werden. Im zweiten Schritt lassen die ATP-Synthasen Protonen, dem Konzentrationsgefälle folgend, wieder durch die Membran in die Matrix wandern. Dies treibt die ATP-Bildung an. Damit ist die Hypothese bestätigt.

Redoxreaktionen • Die Protonenpumpen transportieren Protonen gegen ein Konzentrationsgefälle. Die hierzu notwendige Energie wird in einer Reaktionskette, der **Atmungskette**, freigesetzt. Diese läuft in der Mitochondrienmembran ab. Die in der Glykolyse und im Citratzyklus gebildeten Produkte $NADH + H^+$ und $FADH_2$ werden an zwei verschiedenen Anfängen der Atmungskette oxidiert. Sie geben jeweils zwei Elektronen und zwei Protonen ab. Die Elektronen werden durch die Proteinkomplexe I bis IV unter Beteiligung der Elektronenakzeptoren Ubichinon und Cytochrom c weitergereicht. Bei diesen Reaktionen werden also von einem Reaktionspartner Elektronen auf den nächsten übergeben. Weil man Elektronenabgabe als Oxidation und Elektronenaufnahme als Reduktion auffasst, laufen hier mehrere **Redoxreaktionen** nacheinander ab. Die Protonen verbleiben zunächst in der Matrix. Sie können durch die Proteinkomplexe I, III und IV in den Intermembranraum gepumpt werden. Bei der letzten Redoxreaktion in der Atmungskette werden die Elektronen auf das Sauerstoffmolekül übertragen, von dem nun ein Atom mit zwei Protonen zu einem Wassermolekül reagieren kann.

Peter Dennis Mitchell (1920–1992) 1978 Nobelpreis für Chemie für die Hypothese zur chemiosmotischen Kopplung

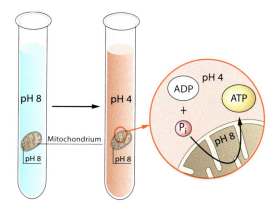

1 Versuch zur Bestätigung von Mitchells Hypothese

Weil die Redoxreaktionen die Energie für den Protonentransport und damit für die ATP-Bildung liefern, spricht man von **oxidativer Phosphorylierung** des ADP zu ATP.

Bilanz der Zellatmung • Die Bilanz der Stoffumwandlungen während der Glykolyse und des Citratzyklus ergibt, dass pro Molekül Glucose 24 Elektronen aus NADH und FADH$_2$ sowie 12 mal 2 Wasserstoffatome mit 12 Sauerstoffatomen zu 12 Molekülen Wasser reagieren. Die bisher benutzte Summenformel zur Zellatmung muss daher abgeändert werden:
$C_6H_{12}O_6 + 6\,O_2 + 6\,H_2O \rightarrow 6\,CO_2 + 12\,H_2O$.
Diese Summenformel berücksichtigt nicht die Einzelreaktionen sowie die ATP-Bildung. Sie bleibt daher ein Modell, das die Bilanz der Zellatmung wiedergibt.

1 Beschreiben Sie ausgehend von Abbildung 2 C die Mechanismen der ATP-Bildung im Mitochondrium.

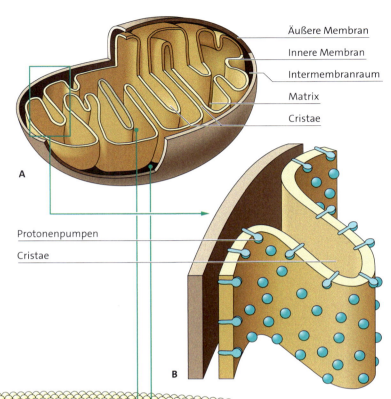

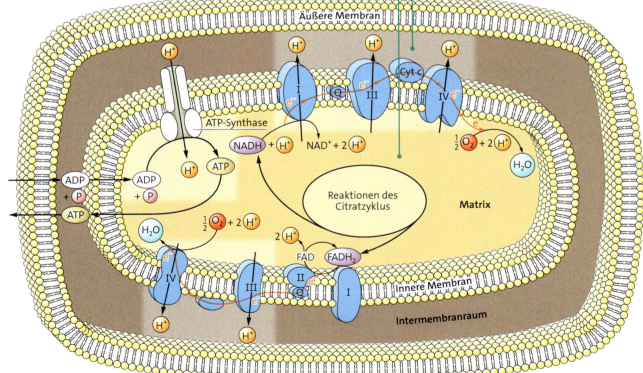

C I - IV: Proteinkomplexe; Q = Ubichinon, Cyt c = Cytochrom c: Redoxsysteme der inneren Mitochondrienmembran
2 Mitochondrium (Schema): **A** Bau, **B** Lage der Protonenpumpen, **C** ATP-Bildung

Material

Material A Kompetitive Hemmung der Succinatdehydrogenase

Anfangskonzentration des Succinats (in relativen Einheiten)	5	10	50	100	150	200	250
Konzentration des reduzierten Methylenblaus (in relativen Einheiten) ohne Anwesenheit von Malonat		14	24	47	58	62	63	63
Konzentration des reduzierten Methylenblaus (in relativen Einheiten) bei Anwesenheit von Malonat	0	0	8	43	55	58	61

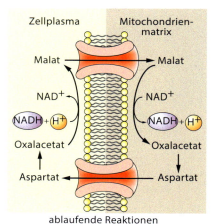

In einem Vorversuch wurde geklärt, dass man die Reaktion von Succinat zu Fumarat verfolgen kann, wenn man dem Versuchsgefäß eine definierte Menge Methylenblau hinzugibt. Dieses reagiert mit dem gebildeten Wasserstoff, wird also reduziert, und entfärbt sich immer mehr, je länger die Reaktion läuft. Im eigentlichen Versuch wurde der Abbau von Succinat mithilfe des Enzyms Succinatdehydrogenase untersucht. Es wurden zwei Versuchsreihen mit unterschiedlichen Konzentrationen von Succinat hergestellt. Zu jedem Ansatz wurden dieselbe Menge Enzym und Methylenblau gegeben. Bei der einen Versuchsreihe wurde in jedes Gefäß dieselbe Menge Malonat gegeben. In die Gefäße der anderen Versuchsreihe wurde kein Malonat gegeben.

1 Stellen Sie die Versuchsergebnisse grafisch dar und vergleichen Sie diese.

2 Begründen Sie, dass Malonat die Reaktion kompetitiv hemmt.

3 Erläutern Sie, wie man die Hemmung des Enzyms durch Malonat zur Klärung eines Stoffwechselschritts nutzen kann. Nehmen Sie Seite 30 zu Hilfe.

Material B Sauerstoffverbrauch von Mitochondrien

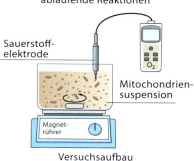

Im Zellplasma und in der Mitochondrienmatrix gibt es miteinander verknüpfte Reaktionen. Diese bewirken, dass im Plasma vorhandenes NADH zu NAD^+ oxidiert wird und in der Matrix vorhandenes NAD^+ zu NADH reduziert wird. Im Zellplasma entsteht dabei Malat aus Aspartat, in der Matrix Aspartat aus Malat. Diese beiden Stoffe werden wechselseitig mithilfe von verschiedenen Carriern durch die innere Mitochondrienmembran geschleust und damit ausgetauscht. Auch für Succinat und Malonat gibt es eine Transportmöglichkeit aus dem Plasma in die Mitochondrienmatrix.

Zu einer Mitochondriensuspension wurden folgende Stoffe gegeben:
- Ansatz 1: NADH
- Ansatz 2: Succinat
- Ansatz 3: Malonat
- Ansatz 4: NADH + Succinat
- Ansatz 5: NADH + Malonat
- Ansatz 6: Succinat + Malonat
- Ansatz 7: Succinat + Malonat + NADH

Für jeden Ansatz wurde der Sauerstoffgehalt über eine bestimmte Zeit gemessen.

1 Erläutern Sie, wie man mithilfe von radioaktiv markiertem Malat den beschriebenen Kreislauf zwischen Zellplasma und Mitochondrienmatrix nachweisen kann.

2 Begründen Sie für jeden der sieben Ansätze, ob Sauerstoff verbraucht wird oder nicht. Gehen Sie dabei auf einzelne Schritte des Citratzyklus und der Atmungskette ein.

3 Begründen Sie mithilfe der zu erwartenden Ergebnisse für die Zugabe von NADH, dass die Glykolyse und die Atmungskette im Stoffwechsel miteinander gekoppelt sind.

Material C ATP-Synthase in künstlichen Lipidvesikeln

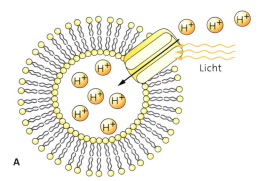

A

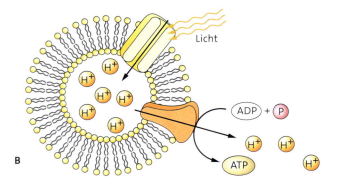

B

In einem Experiment ist es gelungen, künstliche Lipidvesikel, Liposomen, herzustellen. Dazu hat man das Phospholipid Lecithin in Wasser gegeben und kräftig umgerührt. Auf diese Weise entstehen Liposomen, die eine Membran aus einer Lipiddoppelschicht haben.

Darüber hinaus hat man aus Bakterienzellen Proteine isoliert, die in der Bakterienmembran als Protonenpumpen arbeiten. Die Energie für den Protonentransport durch die Membran erhalten diese Pumpen durch das Licht. Ihre Moleküloberfläche ist so beschaffen, dass sie sich bei Zugabe zu einer Liposomensuspension selbstständig in die Lipidschicht integrieren. Wenn man solche Liposomen beleuchtet, reichern sie im Inneren Protonen an.

In einem zweiten Schritt ist es gelungen, in die Liposomenmembran zusätzlich zu den Protonenpumpen ATP-Synthase-Moleküle zu integrieren.

Wenn solche Liposomen belichtet werden, stellen sie aus ADP und Phosphat ATP her.

1 Erläutern Sie, weshalb sich Phospholipide selbstständig zu Liposomen formen können.

2 Begründen Sie, unter welchen Bedingungen der beschriebene Versuch Mitchells Hypothese der ATP-Synthese bestätigt.

Material D Wärmebildung, Thermogenese, mithilfe chemischer Reaktionen

Der Dsungarische Zwerghamster lebt in den zentralasiatischen Steppen und ist etwa 85 mm groß. Seine Körpermasse schwankt von 19 bis 45 g, im Winter ist sie am geringsten. In seinem Lebensraum sinken die Temperaturen im Winter bis unter −40 °C. Auch dann suchen die Tiere an der Erdoberfläche nach Nahrung. Derart kleine Tiere verlieren bei dieser Kälte viel Körperwärme. Einige Besonderheiten sichern ihr Überleben. Der Energiebedarf sinkt bei geringerer Körpermasse, da weniger Körpermasse beheizt wird. Gleichzeitig ist die Fellisolation gut, auch die Fußsohlen sind behaart. Die Tiere fallen täglich in eine Tagesschlaflethargie, bei der sie den Energieumsatz stark absenken. In Aktivitätsphasen haben die Hamster eine hohe Körpertemperatur. Im Winter steigern sie die Zahl der Mitochondrien in den Zellen des braunen Fettgewebes.

Diese enthalten in der inneren Membran Proteine, die Protonen vom Intermembranraum an den ATPasen vorbei in die Matrix lassen. Es entsteht Wärme durch den Ablauf chemischer Reaktionen. Beim Abbau von Fettsäuren in diesen Zellen werden Acetyl-CoA, NADH + H^+ und $FADH_2$ gebildet.

1 Erklären Sie die Merkmale und Eigenschaften des Zwerghamsters unter energetischen Aspekten.

2 Erläutern Sie die Wärmebildung im braunen Fettgewebe. Nehmen Sie die Abbildungen 3, S. 31 und 2, S. 33 zu Hilfe.

3 Beschreiben Sie die Funktion der Thermogenese und erklären Sie sie soweit wie möglich ursächlich.

1.4 Die Zellatmung im Zellstoffwechsel

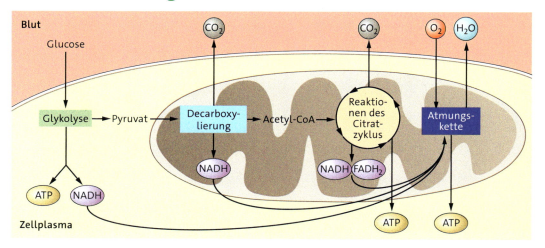

1 Orte und Schritte der Zellatmung

Eine Zelle baut aufgenommene Glucose schrittweise ab. Freiwerdende Energie wird zur Bildung von ATP genutzt, das im weiteren Zellstoffwechselprozessen verwendet wird. Die Zellatmung ist also kein isolierter Vorgang. Wie ist er mit weiteren Vorgängen im Zellstoffwechsel verbunden?

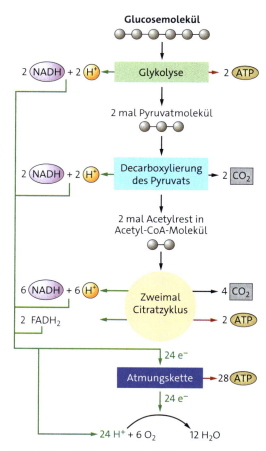

2 Schritte und Bilanzen bei der Zellatmung (⬤ Kohlenstoffatom)

Bilanzen der Zellatmung • Die Bruttogleichung der Zellatmung verdeutlicht die Gesamtbilanz:

$C_6H_{12}O_6 + 6\ O_2 + 6\ H_2O \rightarrow 6\ CO_2 + 12\ H_2O$ + Energie.

In der Zelle verläuft die Zellatmung in kleinen Schritten. Diese lassen sich vier Abschnitten zuordnen. Der erste, die Glykolyse, findet im Zellplasma statt, die drei folgenden Abschnitte laufen in den Mitochondrien ab. Die freigesetzten Reaktionsenergien einzelner Reaktionen werden zum Teil für die Bildung von ATP genutzt. Pro Mol Glucose entstehen so 32 Mol ATP, die bei ihrem Abbau zu ADP + P ihrerseits 1033,6 kJ Reaktionsenergie liefern. Im Labor dagegen ergibt die Verbrennung von Glucose 2880 kJ pro Mol. Im Zuge der Zellatmung werden also lediglich 36 % der möglichen Reaktionsenergie von Glucose für weitere endergonische Reaktionen verwendet. Der Rest wird als Wärme frei. Ein Teil der Wärme wird an die Umgebung abgegeben. Wärme ist von Lebewesen nicht vollständig nutzbar. Der nicht nutzbare Anteil wird als **entwertete Energie** bezeichnet. Die Endprodukte der Zellatmung sind Kohlenstoffdioxid, Wasser und ATP. Wesentliche Zwischenprodukte des Glucoseabbaus sind Pyruvat und Acetylrest. Die 12 Wasserstoffatome eines Glucosemoleküls bewirken zusammen mit 12 weiteren Wasserstoffatomen aus 6 Wassermolekülen nach und nach die Reduktion von NAD^+- oder FAD-Molekülen. Die entstandenen NADH- und $FADH_2$-Moleküle werden zu Beginn der Atmungskette oxidiert. Die dabei übertragenen Elektronen werden bei weiteren Redoxreaktionen in der Atmungskette weitergegeben und die frei werdenden Protonen reagieren, wie die schon vorab entstandenen, mit Sauerstoff zu Wasser. Die Elektronen werden für die Reaktion von Sauerstoff mit den Protonen benötigt. Die Redoxreaktionen liefern die Energie für die ATP-Bildung.

Umschlagplatz Mitochondrienmatrix • Bei Menschen und Tieren liefert die Zellatmung die Hauptmenge an ATP. Zellen können aber nicht nur Glucose und andere Kohlenhydrate zur ATP-Produktion nutzen, sondern auch Fette und Proteine, sowohl körpereigene als auch durch Nahrung zugeführte. In Gegenwart von Sauerstoff wird jeder dieser Stoffe zunächst zu Acetyl-CoA abgebaut, das im Citratzyklus weiterverarbeitet wird. Daher ist die Mitochondrienmatrix die zentrale Stelle für diese **Abbauwege**. Als Resultat wird ATP gebildet, das an alle weiteren Orte in der Zelle exportiert wird.

Auch für den **Aufbau von Stoffen** mit größeren Molekülen sind einige Stoffe des Citratzyklus wichtig. Oxalacetat kann beispielsweise zur Produktion von DNA-Bausteinen, den Nucleotiden, verwendet werden. Dadurch verringert sich seine Konzentration in der Mitochondrienmatrix. Dann laufen im Mitochondrium Auffüllreaktionen ab, bei denen Oxalacetat nachgeliefert wird, zum Beispiel aus durch Glykolyse gebildetes Pyruvat. Sein Vorrat in der Mitochondrienmatrix wird wieder ergänzt.

Die in der Matrix vorhandenen Stoffe verknüpfen die Reaktionen des Citratzyklus mit wichtigen Stoffwechselwegen für den Aufbau und Abbau von Zellbausteinen. Man kann die Mitochondrienmatrix daher als **Stoffumschlagplatz** ansehen.

Wenn mehr Kohlenhydrate in die Zelle aufgenommen werden, als zur ATP-Bildung nötig sind, steigt die Konzentration des durch Glykolyse gebildeten Acetyl-CoA. Daraufhin wird Citrat im Überschuss gebildet und aus der Mitochondrienmatrix ins Zellplasma transportiert. Hier wird es zur Synthese von Fettsäuren genutzt, aus denen Reservefett gebildet wird. Weil unsere Nahrung meistens genügend Fette für den Betriebs- und Baustoffwechsel enthält, führt übermäßiger Zuckergenuss zwangsläufig zur Einlagerung von Reservefett.

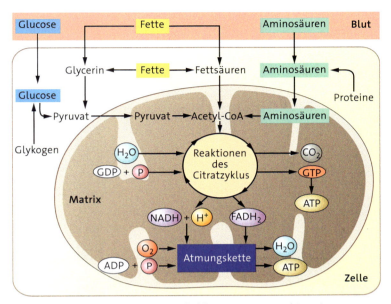

3 Verschränkung von Zellatmung und Abbau von Fetten und Proteinen

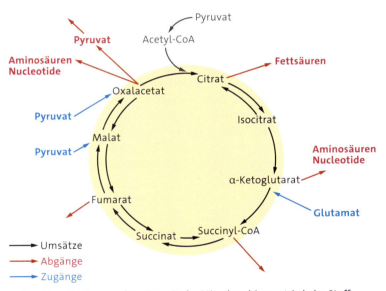

4 Umsätze, Abgänge und Zugänge in der Mitochondrienmatrix beim Stoffvorrat für den Citratzyklus, eine Auswahl, einige Reaktionen des Citratzyklus sind umkehrbar

1 Erstellen Sie aus Abbildung 2 für die vier Schritte der Zellatmung je eine Bruttogleichung. Ergänzen Sie Wassermoleküle, wo es nötig ist.

2 Erklären Sie an Beispielen, dass die Mitochondrienmatrix ein wichtiger Stoffumschlagplatz im Zellstoffwechsel ist.

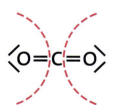

1 CO_2-Molekül, Bindungselektronen werden Sauerstoff zugesprochen

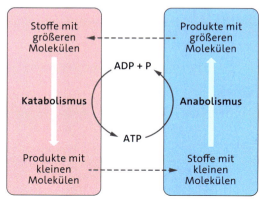

2 Zusammenhang von Katabolismus und Anabolismus, gestrichelt: fakultative Verwendung

Aufbau und Abbau • Die Zwischenprodukte der Zellatmung sind in weitere Stoffwechselwege eingebunden. Pyruvat, Citrat und Oxalacetat können zum Beispiel zum Aufbau von größeren Molekülen verwendet werden. Sie sind damit Teil des Baustoffwechsels, des **Anabolismus.**

Der abbauende Stoffwechsel, der **Katabolismus,** beinhaltet neben der Zellatmung auch den Abbau anderer Stoffe. Die so gebildeten kleinen Moleküle können im Anabolismus genutzt werden. Wichtigste Funktion ist jedoch die Lieferung von Energie für den Anabolismus: Über Reaktionen zur Bildung von ATP beziehungsweise ADP sind Katabolismus und Anabolismus energetisch gekoppelt.

Blickpunkt

Redoxreaktionen

Man klassifiziert chemische Reaktionen zur Unterscheidung und Erklärung. Eine wichtige Art ist die Redoxreaktion.

Redoxreaktionen • Reaktionen mit Sauerstoff kommen häufig vor und sind häufig exergonisch. Man nennt sie Oxidationen. Die umgekehrten Reaktionen, bei denen Sauerstoff wieder frei wird, heißen Reduktionen.
Zink reagiert mit Sauerstoff zu Zinkoxid.
$2\ Zn + O_2 \rightarrow 2\ ZnO$ Oxidation von Zink
Bei stärkerem Erhitzen zerfällt das Oxid wieder zu Zink und Sauerstoff.
$2\ ZnO \rightarrow 2\ Zn + O_2$ Reduktion von Zinkoxid

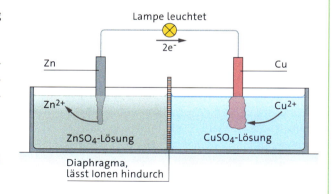

Wenn man die Reaktionen auf der Teilchenebene betrachtet, erkennt man eine weitere Eigenschaft von Oxidations- und Reduktionsreaktionen: Zinkoxid bildet Kristalle, die aus Zn^{2+}-Ionen und O^{2-}-Ionen aufgebaut sind. Also haben bei der Reaktion zu Zinkoxid die Zinkatome Elektronen abgegeben und die Sauerstoffatome Elektronen aufgenommen. Bei der Reduktion von Zinkoxid erhalten die Zinkionen die Elektronen zurück. Oxidation bedeutet also Elektronenabgabe, Reduktion Elektronenaufnahme. Das heißt, dass der Sauerstoff in der ersten Reaktion reduziert wird, in der zweiten oxidiert. Da Oxidation und Reduktion voneinander abhängen, bezeichnet man die zugehörigen Reaktionen als **Redoxreaktionen.**
Weil es viele Redoxreaktionen gibt, bei denen der Sauerstoff nicht Reaktionspartner ist, sind diese Begriffe zur Oxidation und Reduktion allgemeiner.

Anwendung der Definition • Wenn bei Redoxreaktionen Ionen beteiligt sind, ist die Elektronenabgabe und -aufnahme einfach zu erkennen.
Elektronenabgabe und Elektronenaufnahme können dabei auch an verschiedenen Stellen stattfinden. Für den elektrischen Ausgleich diffundieren in dem gezeigten Aufbau negativ geladene Sulfationen durch das Diaphragma.

Kovalent gebundene Atome ziehen die Bindungselektronen unterschiedlich stark an. Denjenigen, die sie stärker anziehen als andere, spricht man diese Elektronen zu. Damit wird festgelegt, welche Atome Elektronen abgeben oder aufnehmen. Wenn Kohlenstoff mit Sauerstoff verbrennt, entsteht Kohlenstoffdioxid, CO_2. Sauerstoffatome ziehen die Bindungselektronen stärker an als Kohlenstoffatome, Sauerstoff wird also reduziert. Kohlenstoff wird oxidiert (▶**1**).

Redoxreaktionen bei der Zellatmung • Die Reaktion von Glucose mit Sauerstoff zu Kohlenstoffdioxid und Wasser ist eine Redoxreaktion: Glucose wird oxidiert und Sauerstoff reduziert.

Bei der Zellatmung reagieren Glucose und Sauerstoff allerdings nicht direkt miteinander. Zunächst wird in der Glykolyse Glucose zu Pyruvat oxidiert und NAD^+ wird zu NADH reduziert. Pyruvat wird bei der Decarboxylierung zu Kohlenstoffdioxid und Acetylrest oxidiert, und weiteres NAD^+ wird reduziert. Im Citratzyklus wird schließlich der Acetylrest zu Kohlenstoffdioxid oxidiert, und NAD^+ und FAD werden reduziert, letzteres zu $FADH_2$. Hierzu muss der Acetylrest allerdings vorab mit Oxalacetat zu Citrat reagieren.

In der Atmungskette folgen dann mehrere Redoxreaktionen aufeinander, an deren Anfang NADH und $FADH_2$ oxidiert werden und an deren Ende Sauerstoff reduziert wird (▶ S. 33). Eine Folge von Redoxreaktionen wird allgemein als **Redoxkette** bezeichnet. Die Redoxreaktionen der Zellatmung sind exergon.

1 Erklären Sie mithilfe der Abbildungen 3 und 4 von Seite 37, wie der Katabolismus und der Anabolismus zusammenhängen. Beachten Sie auch Abbildung 1 auf Seite 36.

Blickpunkt

Funktionale Beschreibungen und kausale Erklärungen

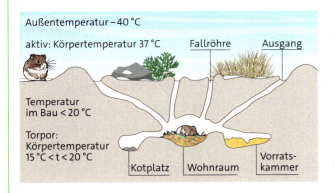

Der Dsungarische Zwerghamster (▶ S. 35) lebt in zentralasiatischen Steppen. Dort ist es im Winter sehr kalt. Er wiegt im Winter etwa 20 Gramm. Ausgerechnet dann wiegt er weniger als im Sommer. Wegen des schlechten Verhältnisses von Körpermasse zur Körperoberfläche verliert er im Winter besonders schnell Wärme. Dennoch muss er außerhalb des Baus Futter suchen. Wie überlebt er unter diesen Bedingungen? Er bildet im Winter ein sehr dichtes Fell aus, und in den Zellen seines braunen Fettgewebes vermehrt sich die Anzahl der Mitochondrien. Diese sind auf Wärmebildung spezialisiert. Er frisst fast nur energiereiche Samen. Im Bau verlangsamt er seinen Stoffwechsel und seine Körpertemperatur sinkt. Er verharrt an einer Stelle. Diesen Zustand nennt man Torpor. Der Energieverbrauch ist dann besonders gering. Vor der Futtersuche muss der Hamster seinen Körper aufheizen. Weil er klein ist, benötigt er dazu relativ wenig Energie.

Die genannten Eigenschaften des Hamsters erfüllen gemeinsam die **Funktion**, die Körperwärme trotz der kalten Umwelt langfristig etwa konstant zu halten. Biologische Funktionen benennt man zur Beantwortung der Fragen ‚Wozu dient etwas? Welche biologische Bedeutung hat es?' Bei solchen **funktionalen Beschreibungen** vermeidet man den Eindruck, dass eine Funktion absichtlich eingerichtet sei, wie es zum Beispiel bei von Menschen hergestellten Werkzeugen der Fall ist. Zellen, Organe und viele Lebewesen haben keine erkennbare Absicht. Wärmebildung ist statt mit braunem Fettgewebe zum Beispiel auch mit Muskelzittern möglich. Beides kann die Funktion Wärmebildung erfüllen. Beides funktioniert und bildet dabei Wärme. Es funktioniert aber nicht, **um** Wärme **zu** bilden. Deshalb vermeidet man solche Finalsätze.

Wenn man Ursachen und Wirkungen nennt, also Kausalzusammenhänge darstellt, spricht man in der Naturwissenschaft von **kausalen Erklärungen.** Die Antwort auf die Frage ‚Wie funktioniert im Winter die Wärmebildung im braunen Fettgewebe?' kann folgendermaßen beantwortet werden. Kürzere Tageslichtphasen sind die Ursache dafür, dass der Hamster den Torpor nutzt und die Mitochondrienanzahl im braunen Fettgewebe erhöht. Der Torpor ist die Ursache dafür, dass der Hamster weniger Energie benötigt als im normalen Stoffwechsel. In den speziellen Mitochondrien gibt es ein Membranprotein, das Protonen unter Wärmebildung in ihre Matrix leitet. Dies ist die Ursache für Wärmebildung statt ATP-Bildung. (▶ 🖵)

Material

Material A Modell Redoxkette

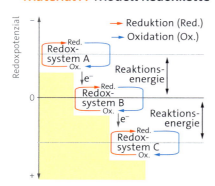

Bei der im Blickpunkt dargestellten Redoxreaktion reagieren Zn zu Zn^{2+} und Cu^{2+} zu Cu. Zn und Zn^{2+} sowie Cu und Cu^{2+} werden als Redoxpaare oder auch als Redoxsysteme bezeichnet, bei denen die reduzierte Form zur oxidierten wechselt oder umgekehrt.
Das Redoxpotential, gemessen in Volt, ist ein durch Versuche ermitteltes Maß dafür, ob ein Redoxpaar in einer Redoxreaktion Elektronen an einen anderes abgeben kann. Paare mit negativerem Potential können Elektronen an Paare mit positiverem Potential abgeben. Die Hochachse im Diagramm ist an die mit den Reaktionen gekoppelten Energieabgaben angepasst. Daher sind negative Redoxpotentiale nach oben und positive nach unten abgetragen. Das Redoxpotential von Zn/Zn^{2+} beträgt -0,76V und das von Cu/Cu^{2+} +0,35V.

Ein mechanisches Modell zeigt den jeweils möglichen Effekt der Reaktionsenergie bei einer einschrittigen und einer mehrschrittigen Reaktion. Im einschrittigen Fall wird die gesamte Lageenergie einer Eisenkugel in Verformungsenergie für eine Glasscheibe übertragen. Die Scheibe bricht.

1 Stellen Sie die im Diagramm veranschaulichten Aussagen zusammen.

2 Vergleichen Sie das Modell mit den Aussagen aus dem Diagramm.

3 Vergleichen Sie das Modell mit den Vorgängen bei der Zellatmung.

Material B Blue Bottle – chemisches Modell zur Zellatmung

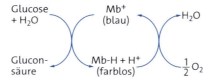

Versuch • Glucose wird in einem Rundkolben in Wasser gelöst, Methylenblaulösung wird hinzugegeben. Das Gefäß wird verschlossen. Beim Stehenlassen entfärbt sich die Lösung. Schüttelt man nun kräftig, kehrt die blaue Farbe zurück. Nach einiger Zeit des Stehenlassens entfärbt sich die Lösung wieder. Erneutes Schütteln regeneriert die blaue Farbe aufs Neue.

Erklärung • In dem Gefäß laufen Redoxreaktionen ab:

Glucose ($C_6H_{12}O_6$) wird durch Methylenblau zu Gluconsäure ($C_6H_{12}O_7$) oxidiert. Sowohl das Oxidieren als auch das Reduzieren von Methylenblau ist unter den gegebenen Voraussetzungen möglich. Die Oxidation der Glucose durch Methylenblau und die Reduktion von Sauerstoff durch farbloses Methylenblau sind im Versuch jedoch nicht umkehrbar.
Insgesamt werden Glucose und Sauerstoff verbraucht. Es entstehen Gluconsäure und Wasser.
Durch das Schütteln löst sich im verschlossenen Kolben Luftsauerstoff in der Lösung. Nach etlichen Wiederholungen färbt sie sich nicht mehr blau.

1 Schreiben Sie zu jeder Reaktion eine Reaktionsgleichung auf.

2 Erklären Sie, wie Entfärbung und Färbung der Lösung zustande kommen.

3 Begründen Sie, weshalb nach einigen Wiederholungen das Schütteln nicht wieder zur Blaufärbung führt.

4 Vergleichen Sie die Reaktionen im Rundkolben mit der Bruttogleichung der Zellatmung.

5 Vergleichen Sie die Reaktionen im Rundkolben mit der Reaktion von GAP mit NAD^+ (▶ 1, S. 28) sowie mit der Oxidation von $NADH + H^+$ und der Reduktion von Sauerstoff (▶ 2, S. 33).

6 Erläutern Sie, inwiefern der Modellversuch die Regulation der Glykolyse verdeutlicht (▶ S. 28).

Versuchsanleitung sowie elektrochemisches Modell zur Atmungskette (▶ 🔲).

Leben und Energie • Die Zellatmung im Zellstoffwechsel

Material C Thermogenese

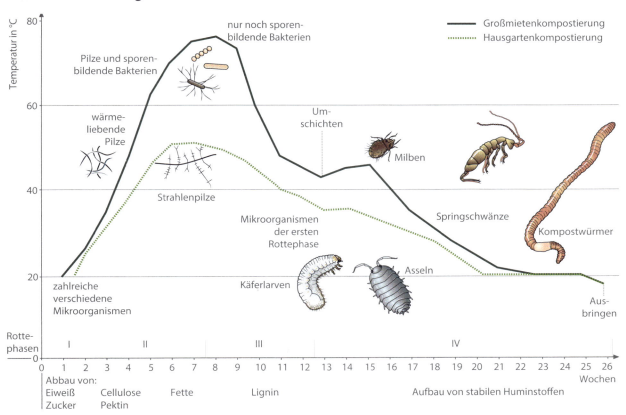

Dampfender Kompost

Ein richtig zusammengestellter Komposthaufen enthält abgestorbene Pflanzenteile in einer Zusammensetzung, die das Wachstum aerob lebender Mikroorganismen fördert. Zur Durchlüftung wird er locker aufgeschichtet.
Huminstoffe sind zwar chemisch unterschiedlich, haben aber insgesamt einen positiven Einfluss auf das Pflanzenwachstum. Sie haben große Moleküle.

Die Vorgänge im Komposthaufen lassen sich in vier Phasen einteilen, die bei optimalem Verlauf jeweils eine bestimmte Zeit dauern. Nach etwa 12 Wochen schichtet man den Haufen um, so dass äußeres Material ins Zentrum kommt. Die Temperaturen in Abbildung 1 wurden jeweils in der Mitte des Haufens gemessen.
Mit steigenden Temperaturen sterben die Mikroorganismen der ersten Phase ab und neue Mikroorganismen treten auf. Bei Temperaturen zwischen 50°C und 65°C siedeln sich wärmeliebende Pilze, Bakterien und Strahlenpilze an. Bei Temperaturen über 65°C treten sporenbildende Bakterien auf. Die Bakteriensporen überdauern widrige Umstände, insbesondere auch sehr hohe Temperaturen.
Auch andere Bakterienarten und Pilze bilden Dauer- und Vermehrungseinheiten, die an andere Stellen verdriften oder transportiert werden können. Die Lebewesen im Kompost ertragen oder benötigen bestimmte Werte bestimmter Umweltfaktoren und erscheinen entsprechend zu bestimmten Phasen der Kompostierung.

1 Beschreiben Sie den Temperaturverlauf.

2 Erstellen Sie Hypothesen zu einer kausalen Erklärung des Temperaturverlaufs. Beachten Sie katabole und anabole Prozesse sowie das Auftreten unterschiedlicher Mikroorganismen.

3 Diskutieren Sie, ob eine funktionale Beschreibung des Temperaturverlaufs möglich ist. Beachten Sie dabei die Abhängigkeit der Reaktionsgeschwindigkeit von der Temperatur.

1.5 Gärung

1 Karausche überlebt im zugefrorenen See in Finnland

In einem zugefrorenen Gewässer nimmt die Sauerstoffkonzentration im Winter rasch ab. Die Karausche gehört zu den karpfenartigen Fischen. Unter der Eisdecke sieht sie leblos aus, doch sie übersteht den Winter monatelang in dem sauerstoffarmen Wasser. Wie ist das zu erklären?

aerob von gr. aer, Luft

Lactat: das Anion der Milchsäure. Milchsäure dissoziiert in Lactat und ein Proton H⁺

Stoffwechselwege ohne Verbrauch von Sauerstoff • Fische sind aerobe Lebewesen, sie sind auf Sauerstoff angewiesen. Sinkt der Sauerstoffgehalt in einem Gewässer im Winter oder auch bei sommerlicher Hitze, so reduzieren die Fische ihre Aktivität. Dadurch verringert sich ihr Energiebedarf. Außerdem erhöht sich ihre Atemfrequenz. Die Karauschen oder Moorkarpfen schnappen manchmal sogar an der Wasseroberfläche nach Luft, sodass die Sauerstoffkonzentration an den Kiemen verbessert wird. Ist das Gewässer zugefroren, reicht die verfügbare Sauerstoffmenge nicht aus. Trotzdem können Karauschen mehr als 100 Tage in einem sauerstoffarmen Gewässer überleben. Vergleicht man den Zellstoffwechsel der Karausche unter sauerstoffreichen und sauerstoffarmen Bedingungen, so lassen sich Unterschiede feststellen. Bei ausreichendem Sauerstoffangebot wird in den Zellen Glucose zu Wasser und Kohlenstoffdioxid abgebaut und pro Molekül Glucose werden 32–34 Moleküle ATP synthetisiert. Man nennt diesen Stoffwechselweg auch aerobe Dissimilation oder Zellatmung, da für den vollständigen Abbau der Glucose in den Mitochondrien Sauerstoff als Elektronenakzeptor notwendig ist (▶ Seite 33, 2). Unter sauerstoffarmen Bedingungen wird ebenfalls Glucose abgebaut, allerdings lässt sich im Blut der Karauschen nun eine Konzentrationszunahme von Lactat und Ethanol messen. Lactat und Ethanol sind Stoffwechselprodukte eines anaeroben Glucoseabbaus, bei dem kein Sauerstoff verbraucht wird. Man bezeichnet dies als **Gärung**. Entsteht beim anaeroben Abbau von Glucose Lactat, so handelt es sich um Milchsäuregärung. Ist Ethanol das Endprodukt des Stoffwechselprozesses, so spricht man von alkoholischer Gärung. Gärungsprozesse sind vor allem bei Mikroorganismen wie Milchsäurebakterien und Hefen bekannt. Sie kommt aber auch als Alternative zur aeroben Zellatmung in den Geweben von vielzelligen Organismen vor, sodass sie kürzere Phasen geringer Sauerstoffverfügbarkeit überstehen können. So können die Karauschen aus dem anaeroben Abbau von Glucose pro Molekül 2 Moleküle ATP gewinnen und den Winter auch bei Sauerstoffmangel überstehen. Allerdings ist die Bereitstellung von verfügbarer Energie in Form von ATP bei der Gärung fast 16–18-mal geringer im Vergleich zur aeroben Dissimilation. Ihre Lebensprozesse sind deshalb stark reduziert.

MILCHSÄUREGÄRUNG • Der anaerobe Abbau der Glucose beginnt bei der Milchsäuregärung mit der Glykolyse. Glucose wird dabei über mehrere Schritte im Cytoplasma zu Pyruvat oxidiert. Bei diesem Prozess werden zwei ATP-Moleküle gebildet (▶ 🔲) Bei der schrittweisen Oxidation werden 2 H⁺-Ionen auf 2 Moleküle NAD^+ übertragen, es wird zu 2 NADH+2H⁺ reduziert. Ist Sauerstoff verfügbar, wird der Wasserstoffakzeptor in den Mitochondrien zur Synthese von ATP in der Atmungskette genutzt, NAD^+ wird frei und steht für die Glykolyse zur Verfügung. Wenn das verbrauchte NAD^+ aufgrund von Sauerstoffmangel nicht regeneriert wird, reichert es sich an und hemmt die Glykolyse. Bei der Milchsäuregärung wird das Pyruvat zu Lactat reduziert und gleichzeitig die NADH+H⁺ zu NAD^+ oxidiert und zurückgewonnen. Das Lactat wird in die umgebende Flüssigkeit ausgeschieden.

Beim Menschen findet Milchsäuregärung in den Erythrocyten statt, sie enthalten keine Mitochondrien. Aber auch in Muskelzellen kann für wenige Minuten der Energiebedarf anaerob gedeckt werden, wenn zum Beispiel durch eine sehr starke, kurzfristige Belastung ein lokaler Sauerstoffmangel entsteht. In der Folge steigt die Lactatkonzentration im Muskel und im Blut. Höhere Lactatkonzentrationen sind ein Hinweis auf eine ungünstige pH-Wertveränderung. Nach der körperlichen Aktivität wird das Lactat wieder abgebaut: es wird entweder in den Muskelzellen zur aeroben ATP-Gewinnung genutzt oder dient in der Leber zur Synthese von Glykogen als Reservestoff.

Alkoholische Gärung • Die alkoholische Gärung beginnt ebenfalls mit dem Abbau der Glucose zu Pyruvat. Auch hier werden 2 ATP gebildet. Das zu NADH⁺ + H⁺ reduzierte NAD^+ wird in zwei Schritten zurückgewonnen. In einem ersten Reaktionsschritt wird von den beiden gebildeten Pyruvatmolekülen je ein Kohlenstoffdioxidmolekül abgespalten, das Pyruvat wird zu Acetaldehyd decarboxyliert. In einem zweiten Schritt wird Acetaldehyd zu Ethanol reduziert. Je Molekül Glucose werden 2 Moleküle Ethanol, 2 Moleküle Kohlenstoffdioxid und 2 ATP gebildet sowie 2 NAD^+ zurückgewonnen. Ethanol ist ein Zellgift, das die Zellmembranen schädigt und die Zellen abtötet; es wird ausgeschieden.

Hefen gehören zu den Lebewesen, die Enzyme für alkoholische Gärung besitzen. Aber auch Pflanzen-

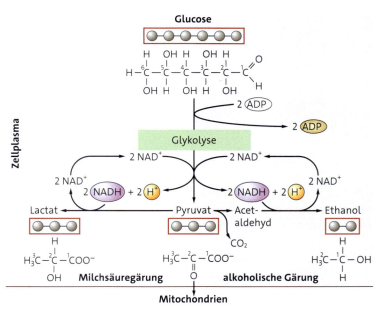

2 Anaerober Abbau von Glucose ohne Verbrauch von Sauerstoff

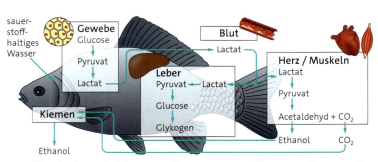

3 Stoffwechselwege bei der Karausche unter sauerstoffarmen Bedingungen im Winter

wurzeln, die bei Starkregen überflutet werden, können Ethanol produzieren und eine Weile Sauerstoffmangel überstehen. Alkoholbildung durch Wirbeltiere ist bislang nur bei karpfenartigen Fischen wie den Karauschen nachgewiesen. Bei Sauerstoffarmut wird Lactat zu Pyruvat umgewandelt und dieses dann zu Ethanol reduziert und über die Kiemen ausgeschieden.

1 Vergleichen Sie die Schritte des Glucoseabbaus unter aeroben und anaeroben Bedingungen und erläutern Sie sie hinsichtlich Stoffumwandlung und Energiebereitstellung.

2 Erläutern Sie die Bedeutung des anaeroben Abbaus von Glucose für das Überleben der Karauschen funktional.

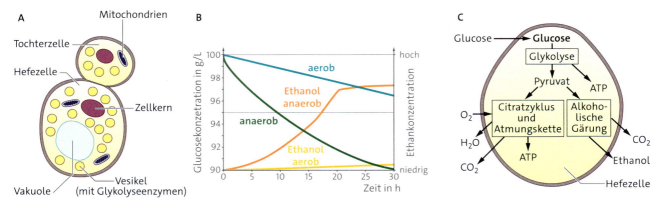

1 Stoffwechsel der Bäckerhefe unter verschiedenen Bedingungen: **A** Hefezelle (Schema), **B** Hefeexperiment unter sauerstoffreichen und armen Bedingungen, **C** Modell der Stoffwechselprozesse

Stoffwechselanpassung • Die einzellige Hefe *Saccharomyces cerevisiae*, die Bäckerhefe, wird zum Brotbacken und Bierbrauen eingesetzt. Ist Sauerstoff verfügbar, so baut sie Glucose aerob ab und gewinnt 36 ATP pro Glucosemolekül. Sie kann Glucose auch anaerob zu Kohlenstoffdioxid und Ethanol vergären. Dabei gewinnt sie zwei ATP pro Molekül Glucose. Die Produkte der alkoholischen Gärung scheidet sie ins Umgebungsmedium aus. Das machen sich Menschen zunutze: Kohlenstoffdioxid bewirkt die Teiglockerung beim Brotbacken, Ethanol wird zur Herstellung von alkoholischen Getränken und Bioethanol eingesetzt.

Organismen wie die Hefe, die sowohl aerobe Dissimilation als auch anaerob Gärung betreiben können, verhalten sich **fakultativ anaerob.** Louis Pasteur untersuchte bereits im 19. Jahrhundert, welche Einflüsse den jeweils eingeschlagenen Stoffwechselweg bedingen. Er beobachtete an zuckerhaltigem Traubensaft, dass die Gärung der dort vorkommenden Hefen durch Luftsauerstoff gehemmt wird. Die Hefen verbrauchen unter diesen aeroben Bedingungen deutlich weniger Glucose. Dieses Phänomen wird als **Pasteur-Effekt** bezeichnet. Wie man heute weiß, beruht er auf der Regulation von Enzymen. Besonders zwei Enzyme spielen eine wichtige Rolle, die Phosphofructokinase, PFK, im Zellplasma und die Pyruvatdehydrogenase, PDH, die in der Matrix der Mitochondrien vorkommt. Eine gute Versorgung mit ATP wirkt hemmend auf beide Enzyme. Die Glykolyse wird verlangsamt, die Bildung von Glykolyseenzymen und die Produktion von Pyruvat und NADH+H$^+$ wird reduziert. Herrscht jedoch ATP-Mangel, wird die Glykolyse beschleunigt, zudem werden mehr Glykolyseenzyme produziert, die Pyruvatmenge steigt. In der Glykolyse wird NAD$^+$ verbraucht. Fehlt Sauerstoff, dann können Pyruvat und NADH+H$^+$ nicht aerob weiterverarbeitet werden, der Citratzyklus und die Atmungskette kommen zum Erliegen. NADH+H$^+$ reichert sich an und hemmt die Pyruvatdehydrogenase. Unter diesen Bedingungen findet Gärung statt, NAD$^+$ wird zurückgewonnen. Wird Sauerstoff zugeführt, fördert das Substrat Pyruvat die Aktivität der Pyruvatdehydrogenase, die aerobe Dissimilation mit ihrer hohen ATP-Ausbeute wird gesteigert. Im 20. Jahrhundert konnten Forschende nachweisen, dass Hefe auch bei guter Sauerstoffversorgung gärt, wenn ihr viel Zucker zur Verfügung steht. Dann reicht die Kapazität der Enzyme, vor allem der Pyruvatdehydrogenase nicht aus, um alles anfallende Pyruvat zu verarbeiten. Somit werden die Stoffwechselwege je nach Versorgungssituation durch Hemmung und Aktivierung von Enzymen reguliert, der Verbrauch an Glucose effektiv angepasst und die Bildung von ATP weitgehend konstant gehalten.

Louis Pasteur (1822–1895), französischer Biochemiker und Mitbegründer der medizinischen Mikrobiologie

1 Werten Sie die Abbildung 1 B aus und erklären Sie die Versuchsergebnisse.

2 Erläutern Sie die Regulation der Stoffwechselwege der Hefe als Angepasstheit an verschiedene Umgebungsbedingungen. Nutzen Sie dazu auch Abbildung 1 A und C.

3 Recherchieren Sie verschiedene gärende Mikroorganismen, die vom Menschen genutzt werden (▶ [◉]).

Material

Leben und Energie • Gärung

Material A Wann geht der Hefeteig optimal?

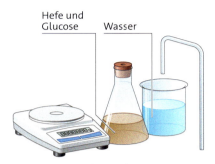

A1 Hier Materialbeispiel 1

A2 Hier Materialbeispiel 2

Bei der Herstellung von Brot nutzt man die Fähigkeit der Hefen, auch unter anaeroben Bedingungen Stoffwechsel zu betreiben. Die Bäckerhefe wird dazu mit etwas Wasser und Zucker und Mehl zu einem Vorteig verarbeitet und stehen gelassen. Das bei der Gärung entstehende CO_2 lockert den Teig, das Volumen nimmt zu.

In Experimenten soll untersucht werden, welche Temperaturbedingungen für die Teiggärung optimal sind. Mischen Sie eine bestimmte Menge Trockenhefe mit warmem Wasser und geben etwas Zucker und evtl. etwas Mehl hinzu, sodass der Stoffwechsel der Hefe in Gang kommt und ein flüssiger oder festerer Teig entsteht.

In den Versuchen können Indikatoren eingesetzt werden, um die Aktivität der Dehydrogenasen während der aeroben und anaeroben Dissimilation zu bestimmen. Methylenblau oder DCPIP sind Wasserstoffakzeptoren. Sie übernehmen im Experiment statt des NAD^+ die Wasserstoffionen und werden reduziert. Dabei wechseln sie die Farbe von blau zu farblos.

1 Erläutern Sie die Bedeutung von Enzymen für die Gärung. Stellen Sie mithilfe Ihres Wissens zu Enzymen Hypothesen zur Abhängigkeit der Gärung von verschiedenen Temperaturen auf.

2 Planen Sie mithilfe der vorgegebenen Geräte und Materialien Experimente zur Temperaturabhängigkeit – zunächst ohne den Einsatz von Indikatoren.

3 Entwickeln Sie Ideen, wie Sie mithilfe der Materialien die Messvariable und die Testvariable bestimmen können. Planen Sie notwendige Kontrollbedingungen.

4 Notieren die Durchführung und erläutern Sie die einzelnen Schritte Ihres methodischen Vorgehen in einer Funktionstabelle (▶ [◻]).

5 Führen Sie die Experimente durch und protokollieren Sie die Ergebnisse.

6 Werten Sie die Daten mit Bezug zu Ihren Kenntnissen zu enzymatisch katalysierten Reaktionen aus. Reflektieren Sie Ihr Experiment kritisch.

7 Leiten Sie – wenn möglich – eine Empfehlung für eine günstige oder optimale Temperatur der Teiggärung ab.

8 Entwickeln Sie begründete Vermutungen über die Veränderung der Farbe des Indikators während der Gärung in Abhängigkeit von der Temperatur und deuten Sie auf Enzymebene.

9 Ermitteln Sie mithilfe der Experimente die Vergärbarkeit von verschiedenen Kohlenhydraten durch die Hefe. Nutzen Sie zur Hypothesenbildung die Schemazeichnung im QR-Code.

Material B Untersuchung von Gärungsbedingungen

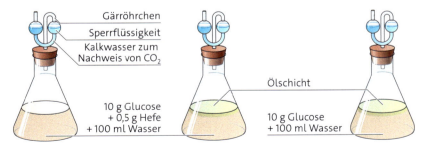

Schülerinnen und Schülern haben mithilfe von drei Erlenmeyerkolben und Gärröhrchen die abgebildete Versuchsanordnung geplant, um aerobe und anaerobe Stoffwechselwege der Hefe zu untersuchen.

1 Beschreiben Sie anhand des ersten Erlenmeyerkolbens den abgebildeten Versuchsaufbau und erläutern Sie die Funktion eines Gärröhrchens.

2 Formulieren Sie mögliche Versuchsfragen und Hypothesen, die die Gruppe überprüfen wollte.

3 Diskutieren Sie den abgebildeten Versuchsaufbau kritisch.

1.6 Überblick Stoffwechselwege

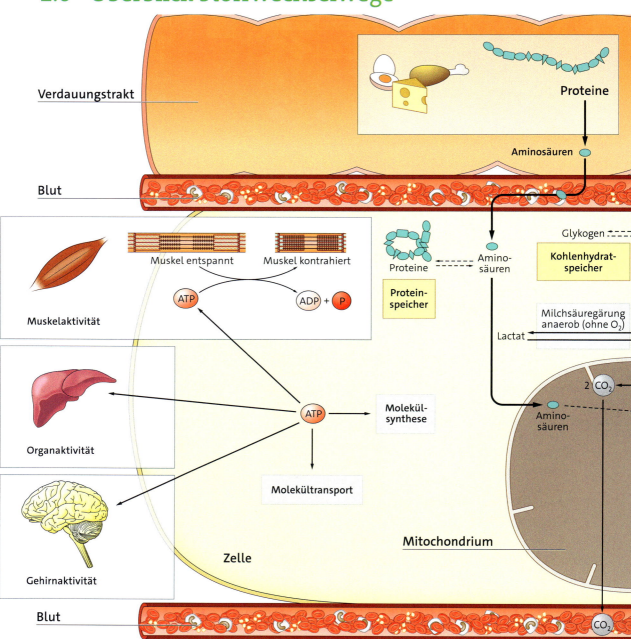

Leben und Energie • Stoffwechselwege

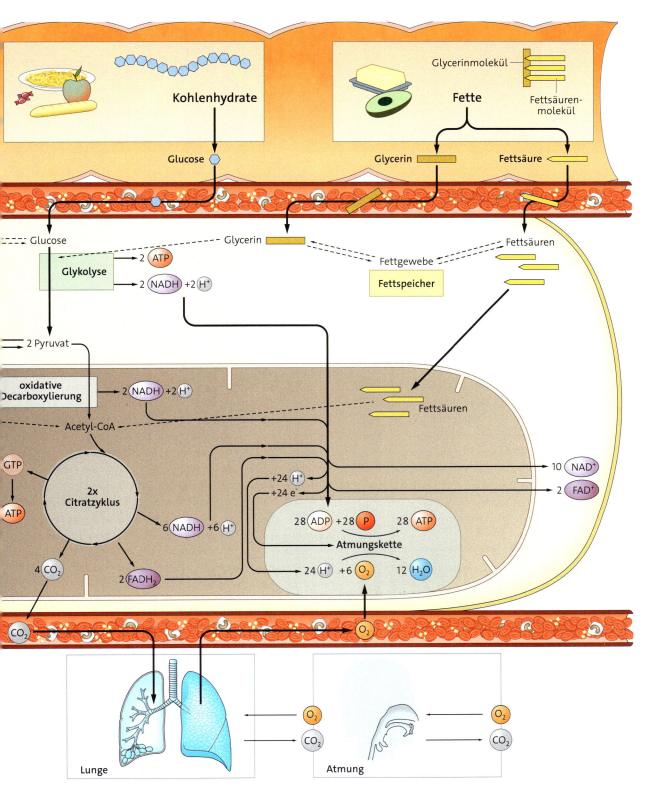

47

1.7 Laubblätter

1 Buchenblätter im Gegenlicht

Das Blatt einer Buche ist dicht von Blattadern durchzogen. Die dazwischen liegenden Felder nennt man Interkostalfelder.

Aufbau und Funktion eines Buchenblattes • Betrachtet man ein Laubblatt von außen, erkennt man seine Morphologie. Das Laubblatt der Buche zum Beispiel besteht aus der Blattspreite mit den Blattadern, dem Blattstiel und dem Blattgrund. Die Oberseite des Buchenblattes unterscheidet sich deutlich von der Unterseite. Blätter mit diesem Aufbau nennt man **bifazial**. Der Begriff deutet aber auch auf die Entwicklung des Blattes aus den Blattanlagen hin.

2 Querschnitt eines Laubblattes: **A** Lichtmikroskopisches Bild, **B** Schema

Im mikroskopischen Bild erkennt man im Querschnitt den inneren Aufbau, die Anatomie des Blattes. (▶ 2) Es besteht aus der oberen Epidermis, dem Palisadengewebe, dem Schwammgewebe und der unteren Epidermis. Die Zellen der oberen Epidermis sind von einer Wachsschicht überzogen, der **Cuticula**. Die Wachsschicht ist wasserabweisend und verringert den Wasserverlust. Durch die lückenlose Aneinanderreihung der Zellen der Epidermiszellen sind die inneren Gewebe gegen äußere Einflüsse geschützt und stabilisiert. Die Zellen der oberen Epidermis enthalten keine Chloroplasten, sodass das Licht in das darunter liegende Gewebe eindringen kann. Die verdickten Zellwände des Abschlussgewebes verleihen dem Blatt Stabilität.

Unter der oberen Epidermis erkennt man lang gestreckte Zellen mit vielen Chloroplasten, die Zellen des Palisadengewebes. In den Chloroplasten findet die Fotosynthese statt. Hier wird die Energie der Sonne genutzt, um aus energiearmen, anorganischen Stoffen energiereiche organische Stoffe herzustellen. Die unregelmäßig geformten Zellen unterhalb des Palisadengewebes sind zu einem lockeren Verband angeordnet und enthalten ebenfalls Chloroplasten. Es handelt sich um die Zellen des Schwammgewebes. Zwischen den Zellen befinden sich viele miteinander verbundene gasgefüllte Hohlräume, die **Interzellularen**. Die fotosynthetisch aktiven Gewebe nehmen Kohlenstoffdioxid aus diesen Interzellularen auf und geben Sauerstoff und Wasserdampf an die Interzellularen ab. In der unteren Epidermis befinden sich Spaltöffnungen, die **Stomata**. Sie können unterschiedlich aufgebaut sein. Meist wird die Pore von zwei bohnenförmig angeordneten Zellen umgeben, den **Schließzellen**. Sie enthalten als einzige Zellen der Epidermis Chloroplasten. Sie bilden die Verbindung der Interzellularen mit der Außenluft. Über die Stomata gelangt Kohlenstoffdioxid in das Blatt und der in der Fotosynthese anfallende Sauerstoff wird an die Umgebung abgegeben. Auch die Abgabe des Wasserdampfes, die **Transpiration**, erfolgt über die Spaltöffnungen. Die Aufnahme von Kohlenstoffdioxid und die Abgabe von Sauerstoff und Wasserdampf wird Gasaustausch genannt. Die Pflanze steuert die Öffnungsweite der Stomata aktiv. Wenn Kaliumionen aus den Schließzellen heraustransportiert werden, verringert sich der Zellinnendruck und die Poren schließen sich. Dadurch wird der Wasserverlust eingeschränkt und es wird weniger Kohlenstoffdioxid für die Fotosynthese aufgenommen. Der Öffnungszustand der Stomata ist daher immer ein Kompromiss zwischen Fotosynthese betreiben und Wasser sparen. Bei den feinen Adern, die auf der Mittellinie des Blattes und von dort ausgehend zum Blattrand verlaufen, handelt es sich um Festigungsgewebe und **Leitbündel**. Sie stabilisieren das Blatt und dienen dem Stofftransport. Wasser wird in die Blätter transportiert und die energiereichen organischen Substanzen, die

3 Spaltöffnung von *Tradescantia zebrina*

in der Fotosynthese gebildet werden, die **Assimilate**, werden über die Leitbündel in der Pflanze verteilt.

Einfluss von Umweltfaktoren • Obwohl die Blätter eines Baumes alle zur selben Pflanze gehören, also genetisch gesehen gleich sind, sehen sie nicht alle gleich aus. Zum Beispiel unterscheiden sich Blätter, die im äußeren Bereich eines Baumes einer hohen Sonnenlichtintensität ausgesetzt sind, von Blättern, die im Inneren des Baumes wachsen und daher einer geringeren Lichtintensität ausgesetzt sind. Umwelteinflüsse wie zum Beispiel Licht und Wasserverfügbarkeit nehmen Einfluss auf die Morphologie und die Eigenschaften eines Lebewesens. Diese durch Umweltfaktoren hervorgerufene Veränderung des Phänotyps nennt man **Modifikation**. Die einzelne Pflanze ist dadurch an die Umweltbedingungen des Standorts angepasst. Modifikationen sind nicht vererbbar, weil die Gene nicht verändert werden.

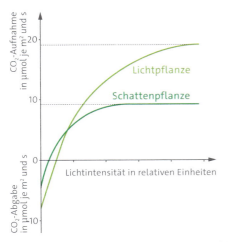

4 Einfluss verschiedener Lichtintensitäten auf die Fotosyntheseleistung bei Sonnen- und Schattenpflanzen

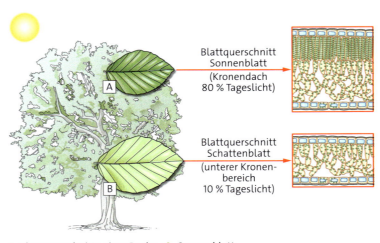

5 Blattquerschnitte einer Buche: **A** Sonnenblatt, **B** Schattenblatt

Sonnen- und Schattenblätter • Je nach den Lichtbedingungen an der Wuchsstelle entwickelt die Pflanze entweder **Sonnenblätter**, die den Sonnenstrahlen direkt ausgesetzt sind, oder **Schattenblätter**, die weniger Licht erhalten. Der Aufbau und die Versorgung des Blattgewebes verursachen für die Pflanze Kosten in Form von Material und Energie. Die Investition in diese Strukturen ist für die Pflanze nur dann biologisch sinnvoll, wenn sie sie auch funktionell nutzen kann. Das ist von den jeweiligen Umweltbedingungen abhängig. In Sonnenblättern wird ein mehrschichtiges Palisadengewebe mit einer großen Zahl an Chloroplasten ausgebildet. Damit erzielt das Blatt bei hohen Lichtintensitäten fotosynthetisch hohe Energiegewinne (▶4) Das ist ein Vorteil für die Pflanze. Bei niedrigen Lichtintensitäten verbrauchen die Sonnenblätter aber auch viel Energie für die Aufrechterhaltung des Zellstoffwechsels. Schattenblätter können bei hohen Lichtintensitäten nicht so umfangreich Fotosynthese betreiben, brauchen aber aufgrund ihrer geringeren Anzahl an Zellen auch weniger Energie für den Zellstoffwechsel. An Wuchsorten mit niedrigen Lichtintensitäten ist es also vorteilhaft für die Pflanze, Schattenblätter auszubilden. Auch weitere strukturelle Unterschiede zeigen diese Angepasstheit der Blätter an die Lichtintensität des Wuchsortes. Bei Sonnenblättern ist das Schwammgewebe mehrschichtig und hat zahlreiche Interzellularen. Außerdem weisen Sonnenblätter eine größere Anzahl an Stomata pro Blattflächeneinheit auf als Schattenblätter. Dadurch ist ein intensiverer Gasaustausch der fotosynthetisch aktiven Zellen gewährleistet. Insgesamt fixieren Sonnenblätter bei höheren Lichtintensitäten mehr Kohlenstoffdioxid, benötigen bei niedrigen Lichtintensitäten aber auch mehr Energie als die Schattenblätter. Diese Fähigkeit der Pflanze, auf gegebene Umweltbedingungen innerhalb einer bestimmten Spannbreite mit einer Veränderung des Phänotyps reagieren zu können, ist genetisch festgelegt. Die Fähigkeit, bei gleichem Genotyp den Phänotyp in einer bestimmten Variationsbreite ausbilden zu können, bietet evolutionäre Vorteile gegenüber Pflanzen, die ihren Phänotyp nicht so flexibel gestalten können.

Mesophyten • Die in Mitteleuropa verbreitete Buche (▶5) verträgt hohe Sommertemperaturen, aber auch Wintertemperaturen bis zu −30 °C. Bevorzugt wächst sie an mäßig feuchten und geschützten Lagen. Pflanzen, die an mäßig feuchte Standorte angepasst sind, bezeichnet man als **Mesophyten**. Die Epidermen von Mesophyten weisen eine dünne Cuticula auf und sind nicht behaart. Die Spaltöffnungen an den Unterseiten der Blätter weisen keine besonderen Vorrichtungen für einen ausgeprägten Verdunstungsschutz auf. Da die Pflanzen durch die Transpiration ständig Wasser verlieren, werden im Herbst die Blätter abgeworfen. Dadurch wird bei Bodenfrost ein Austrocknen der Bäume verhindert. Bäume, die den Mesophyten zugeordnet werden, wurzeln tief. Das sichert auch in trockeneren Zeiten die Wasserversorgung.

Xerophyten • Der Oleander kann an Standorten mit wenig Wasser und hoher Sonneneinstrahlung wachsen. Pflanzen, die solche Standorte besiedeln, nennt man **Xerophyten**. Die wirksamste Angepasstheit zur Verringerung des Wasserverlustes ist die Einschränkung der Transpiration. Xerophyten besitzen kleine behaarte Blätter mit einer mehrschichtigen Epidermis, einer dicken Cuticula und eingesenkten Stomata. Hinzu kommt ein oft stark verzweigtes Wurzelwerk, das die geringen Wasservorräte im Boden erreichen kann. Viele Xerophyten speichern zudem Wasser in Blättern oder Sprossen. In diesem Fall spricht man von **Sukkulenz**.

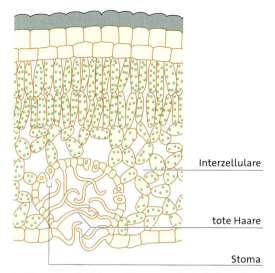

1 Oleander: A Foto, B Blattquerschnitt (Schema)

1 Erläutern Sie die Aussage: „Xerophyten sind Pflanzen zwischen Hunger und Durst."

Material

Material A Modifikationen bei Blättern der Hainbuche

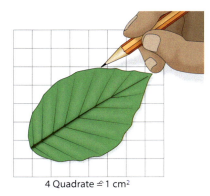

4 Quadrate $\triangleq$ 1 cm²

$$SLA = \frac{\text{Fläche in cm}^2}{\text{Masse in g}}$$

A1 Flächenbestimmung eines Blattes

Eine Möglichkeit, die Unterschiede zwischen Sonnen- und Schattenblätterblättern zu bestimmen, ist die Ermittlung des SLA-Wertes. Der SLA-Wert (SLA: specific leaf area) errechnet sich aus dem Verhältnis von Blattfläche zu Trockenmasse. Der SLA-Wert gibt Auskunft über die Blattentwicklung in Abhängigkeit von verschiedenen Umweltfaktoren. Die Varianten zeigen Modifikationen der Blätter.

1. Entnehmen Sie von der Südseite einer Hainbuchenhecke Sonnenblätter von außen und aus dem Inneren der Hecke Schattenblätter.
2. Entfernen Sie die Blattstiele. Bestimmen Sie die Blattfläche, indem Sie das Blatt auf Kästchenpapier legen, mit einem Stift umranden und dann die Kästchen auszählen. (▶ A1)
3. Trocknen Sie die Blätter in einer Petrischale im Trockenschrank 1–2 Tage bei 65° Celsius und bestimmen Sie die Trockenmasse eines Blattes in Gramm auf zwei Stellen nach dem Komma genau.
4. Berechnen Sie den SLA-Wert der beiden Blatttypen. Vergleichen Sie die beiden Werte und erklären Sie den Unterschied mit der Anatomie der Blätter. (▶ A1)
5. Geben Sie an, auf welche Umweltfaktoren die Modifikationen wahrscheinlich zurückzuführen sind.
6. Stellen Sie Hypothesen auf, welchen Einfluss mehr Licht und höhere Temperatur auf den SLA-Wert nehmen könnte.
7. Erklären Sie, welchen Einfluss eine Erhöhung der Kohlenstoffdioxidkonzentration und damit einhergehend ein verstärkter Einbau von Kohlenhydraten bei gleichbleibender Blattfläche auf den SLA-Wert hat.
8. Erklären Sie, wieso es biologisch sinnvoll ist, dass Umweltfaktoren modifikatorisch Einfluss auf die Ausbildung der Blätter nehmen.

Material B Verhungern oder Verdursten

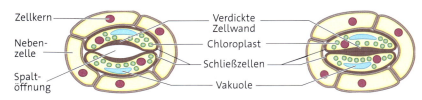

B1 Stoma, Aufsicht

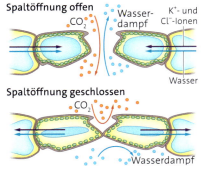

B2 Spaltöffnung, quer

Die Spaltöffnungen in der Blattepidermis werden von Schließzellen, Stoma, umgeben (▶ B1). Spaltöffnungen und Schließzellen zusammen werden auch manchmal als Stoma bezeichnet. Die Verdickung der zur Spaltöffnung liegenden Wände der Schließzellen ermöglicht das Öffnen und Schließen (▶ B2). Von den Nebenzellen werden aktiv Kaliumionen in die Schließzellen transportiert. Turgor baut sich durch das nachströmende Wasser auf und öffnet die Schließzellen, ein Rückstrom führt zum Verschließen. Die Öffnungsweite wird über die Umweltfaktoren Wasser, Licht, und die CO2-Konzentration in den Blättern gesteuert. Bei guter Wasserversorgung sind die Spaltöffnungen geöffnet. Licht und ein niedriger CO2-Gehalt im Blattinneren führen auch zu einer Öffnung. Bei Wasserstress wird das Phytohormon Abscisinsäure gebildet, welches zum Verschließen der Spaltöffnungen führt.

1. Beschreiben Sie den Aufbau eines Spaltöffnungsapparates.
2. Beschreiben Sie die Veränderung der Ionenkonzentrationen in den Schließzellen, die zum Öffnen beziehungsweise Schließen der Spaltöffnungen führen. (▶ B1)
3. Erklären Sie, wieso es biologisch sinnvoll ist, dass die Umweltfaktoren Licht, Wasser und CO2 Einfluss auf die Öffnungsbewegungen der Spaltöffnungen nehmen.

1.8 Chromatografie

1 Wandelröschen mit Hummel

Blüten leuchten in verschiedenen Farben. Blütenfarben dienen als Locksignal für bestäubende Insekten. Auch Laubblätter enthalten Farbstoffe. Wie können wir verschiedene Farbstoffe in Pflanzen untersuchen?

Farbstoffe • Die verschiedenen für uns sichtbaren Farben der Blüten, Blätter und Früchte entstehen durch Farbstoffe, die Pigmente. Diese Farbstoffe haben unterschiedliche Funktionen. Blütenfarbstoffe dienen als Locksignal für bestäubende Insekten. Die Pigmente der Laubblätter haben wichtige Aufgaben bei der Fotosynthese. Bei Früchten stehen die Farbstoffe oft im Dienst der Verbreitung.

Bei Farbstoffen der Blüten und Früchte handelt es sich meist um **Anthocyane** (▶ 2). Es gibt über 100 verschiedene Anthocyane, die zu unterschiedlichen Farbabstufungen bei Blüten und Früchten führen. Anthocyane sind wasserlösliche Pigmente, die rote und blaue Farbeindrücke erzeugen. Sie sind im Cytoplasma und in der Vakuole lokalisiert.

In den Blättern der grünen Pflanzen sind die **Chlorophylle**, **Carotine** und **Xanthophylle** enthalten (▶ 4). Diese Pigmente sind mehr oder weniger lipophil und in kleinen von einer Doppelmembran umgebenen Zellorganellen lokalisiert. Die wichtigsten Pigmente sind die Chlorophylle. Sie können die Energie des Sonnenlichts in chemische Energie umwandeln. Wenn die Chlorophylle im Herbst abgebaut werden, werden die Blätter bunt. Bei der Herbstfärbung treten die Xanthophylle und Carotine hervor und Anthocyane werden neu gebildet.

2 Anthocyane in verschiedenen Früchten

Chromatografie • Pigmente kommen oft als Gemisch vor. In den Zellen eines Laubblattes findet man viele verschiedene Pigmente. Man kann ihre unterschiedlichen chemischen Eigenschaften nutzen, um sie voneinander zu trennen. Dazu muss man die Pigmente mit einem geeigneten Verfahren aus dem Laubblatt gewinnen und sie dann mit dem Verfahren der **Chromatografie** voneinander trennen (▶3). Die Lösung wird mit den Pigmenten auf ein **Trägermaterial** aufgetragen. Mithilfe eines Lösungsmittels, dem **Laufmittel**, wird das Stoffgemisch durch das Trägermaterial transportiert. Als Laufmittel wird meist ein unpolares Lösungsmittel im Gemisch mit einem mäßig polaren Lösungsmittel benutzt. Die Wechselwirkungen der Pigmente mit dem Trägermaterial und dem Laufmittel führen dazu, dass die einzelnen Stoffe des Gemisches unterschiedlich schnell durch das Trägermaterial bewegt werden (▶4). Dadurch werden sie voneinander getrennt.

Die Auftrennung erfolgt entweder durch unterschiedlich starke Bindung der zu trennenden Substanzen an das Trägermaterial, dann handelt es sich um eine **Adsorptionschromatografie** oder durch unterschiedlich starke Löslichkeit der Pigmente im Laufmittel, dann spricht man von **Verteilungschromatografie**. In vielen Fällen wirken beide Prinzipien gleichzeitig. Die Chromatografie (gr. chromos Farbe; graphein schreiben) ist ein physikalisches-chemisches Trennverfahren. Heute kennt man verschiedene Verfahren, die aber alle nach dem gleichen Prinzip arbeiten.

Papierchromatografie • Ein einfaches Verfahren zur Trennung kleiner Stoffmengen ist die **Papierchromatografie**. Damit kann man zum Beispiel nachweisen, dass die schwarzen wasserlöslichen Filzstiftfarben aus verschiedenen Farbstoffen zusammengesetzt sind. Trägt man auf dem Filterpapier die Farbstoffe verschiedener Stifte auf einer Startlinie auf und hängt das Filterpapier dann in ein Wasser-Spiritus-Gemisch, wandert das Laufmittel kapillar nach oben durch das Papier und nimmt die verschiedenen Farbstoffe unterschiedlich weit mit. (▶3)

Man kann mit diesem Verfahren auch Pflanzenfarbstoffe auftrennen.

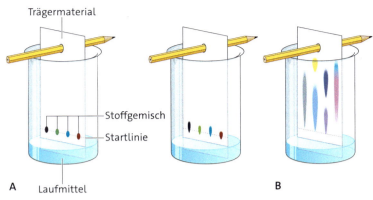

3 A Schema Papierchromatografie, **B** Ergebnis

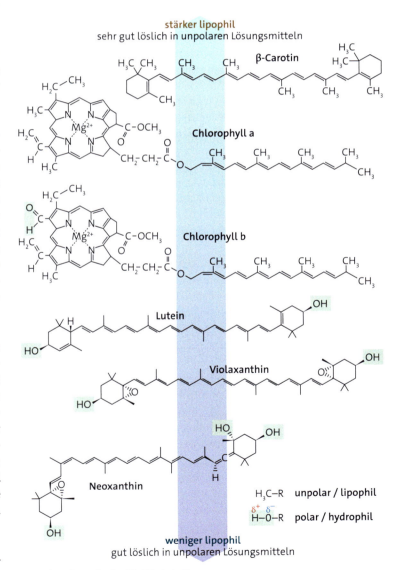

4 Strukturformeln der Blattfarbstoffe

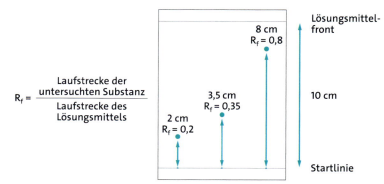

1 Berechnung des R_f-Wertes

$$R_f = \frac{\text{Laufstrecke der untersuchten Substanz}}{\text{Laufstrecke des Lösungsmittels}}$$

Dünnschichtchromatografie • Ein gängiges Verfahren ist die **Dünnschichtchromatografie** (▶ ▣) Man benutzt als Trägermaterial ein feinkörniges Material, wie Kieselgel oder Cellulose. Dieses Material befindet sich in einer dünnen Schicht auf einer Kunststoffplatte oder Metallfolie. Das Trägermaterial ist dünner und feiner strukturiert als das Filterpapier bei der Papierchromatografie. Dadurch kann man mit kleineren Substanzmengen arbeiten und die Trennung erfolgt schneller und genauer. Der Zellextrakt wird hergestellt, indem man klein geschnittene Blätter mit etwas Quarzsand, Calciumcarbonat und Aceton im Mörser zerreibt. Anschließend wird er gefiltert und auf die Startlinie der Dünnschichtplatte aufgetragen. Der Zellextrakt wird getrocknet. Die Platte wird mit dem unteren Rand in das Laufmittel gestellt. Die Startlinie muss sich oberhalb des Laufmittels befinden. Das Laufmittel steigt durch das Trägermaterial nach oben und nimmt die verschiedenen Pigmente des Stoffgemisches mit. Für die Trennung von Blattfarbstoffen wird meist ein organisches Lösungsmittel benutzt. Da die einzelnen Pigmente unterschiedliche Eigenschaften haben, binden sie unterschiedlich stark am Trägermaterial und werden auch unterschiedlich weit mit dem Laufmittel mitgenommen.

Als Ergebnis erhält man ein **Chromatogramm**. Die Blattpigmente sind nach der Chromatografie direkt sichtbar, verblassen aber sehr schnell, sodass man das Ergebnis fotografisch sichern sollte. Manche Stoffe muss man durch chemische Reaktionen oder die Bestrahlung mit UV-Licht sichtbar machen. Man kann die einzelnen Pigmente gewinnen, indem man die Farbstoffbande des gewünschten Pigmentes mit dem Kieselgel von der Dünnschichtplatte ablöst und in einem organischen Lösungsmittel aufnimmt.

Aus dem Verhältnis der Laufstrecke der Substanz zur Laufstrecke des Laufmittels berechnet man den **R_f-Wert**. Jede Substanz besitzt einen charakteristischen R_f-Wert. Allerdings ist er von den jeweiligen Versuchsbedingungen abhängig, deswegen lässt man auch oft zur Auswertung eines Chromatogramms eine bekannte Substanz als Referenz auf derselben Platte mitlaufen.

Zweidimensionale Chromatografie • Wenn man Substanzgemische nicht hinreichend in einem ersten Schritt mittels Chromatografie trennen kann, kann man die Trennung verbessern, indem man das Substanzgemisch punktförmig aufträgt, einmal chromatografiert, dann die Platte um 90° dreht und ein zweites Mal mit einem anderen Lösungsmittel die Chromatografie durchführt. Da die Stoffe in verschiedenen Lösungsmitteln unterschiedliche Fließeigenschaften haben, erreicht man dadurch eine optimale Trennung.

Hochdruckflüssigkeitschromatografie • Ein besonders effizientes Verfahren ist die **Hochdruckflüssigkeitschromatografie**, abgekürzt **HPLC** (high pressure liquid chromatography). Bei dieser Chromatografie werden die zu untersuchenden, gelösten Substanzen mit hohem Druck durch eine Trennkapillare gepresst, die mit einer stationären Phase belegt ist. Das Verfahren wird zum Beispiel in der Arzneimittelanalyse, der Umweltanalytik und bei Trennung von Proteinen und Nukleinsäuren angewendet.

Gaschromatografie • Bei der **Gaschromatografie**, GC, sind das Laufmittel und die zu trennenden Substanzen gasförmig. Mit dieser Methode kann man sehr viele Stoffe gleichzeitig identifizieren. Sie wird zum Beispiel angewendet, um Schadstoffe oder Inhaltsstoffe von Früchten zu bestimmen.

1 Erklären Sie die Bedeutung der Farbstoffe in der Natur.

2 Erläutern Sie das Grundprinzip der Chromatografie.

3 Erläutern Sie, weshalb Carotin unter den angegebenen Bedingungen weiterläuft, also einen größeren R_f-Wert hat als Chlorophyll a oder Chlorophyll b.

Material

Leben und Energie • Chromatografie

Material A Dünnschichtchromatografie

Die Chromatografie ist ein wichtiges Verfahren zur Trennung von Stoffgemischen. Auch die in grünen Blättern enthaltenen Pigmente kann man chromatografisch trennen.

1 Rohchlorophylllösung herstellen
Zerkleinern Sie etwa 5 g grüne Blätter wie Efeu.
Mörsern Sie die Blattstücke mit etwas Quarzsand und 20 ml Aceton. Filtern Sie den Extrakt durch einen Faltenfilter. Sie haben eine Rohchlorophylllösung hergestellt.

2 Dünnschichtfolie vorbereiten
Bereiten Sie die Dünnschichtfolie vor, indem Sie mit einem weichen Bleistift etwa 1 cm vom unteren Rand eine dünne Startlinie einzeichnen. Tragen Sie portionsweise die zu untersuchende Pigmentlösung mithilfe der Glaskapillare auf der Startlinie auf. Lassen Sie dabei 5 mm Rand nach rechts und links frei. Lassen Sie die Farbstoffpunkte trocknen und wiederholen Sie das Auftragen der Farbstofflösung bis eine konzentrierte farbige Linie entstanden ist.

3 Chromatogramm entwickeln
Gießen Sie das Laufmittel: Petroleumbenzin (Siedebereich 100-140 °C), Propan-2-ol und demineralisiertes Wasser im Volumenverhältnis 100 : 10 : 0,25 in das Chromatografiegefäß. Stellen Sie die vorbereitete Dünnschichtfolie in das Lösungsmittel. Achten Sie darauf, dass die Folie nur so tief im Laufmittel steht, dass die Farbstofflinie nicht eintaucht. Verschließen Sie die Kammer. Warten Sie, bis das Laufmittel ungefähr 1 cm unter dem oberen Rand der Folie angekommen ist.

4 Ergebnisse festhalten
Entnehmen Sie die Folie mit einer Pinzette. Markieren Sie die Laufmittelfront. Lassen Sie die Dünnschichtfolie unter dem Abzug trocknen. Fotografieren Sie das Bandenmuster oder zeichnen Sie es ab. Notieren Sie die Farben und die Reihenfolge der Banden. Messen Sie den Abstand der Farbstoffbanden von der Startlinie, sowie den Abstand zwischen Starlinie und Laufmittefront.

5 Chromatogramm auswerten
Bestimmen Sie die Pigmente der Farbstoffbanden durch Vergleich mit dem Chromatogramm unten. Bestimmen Sie die R_f-Werte für die einzelnen Pigmente.

$$R_f\text{-Wert} = \frac{\text{Laufstrecke der untersuchten Substanz}}{\text{Laufstecke des Lösungsmittels}}$$

1 Erstellen Sie eine Materialliste. Führen Sie den Versuch durch und fertigen Sie ein Versuchsprotokoll an.

2 Erklären Sie, wieso Carotin fast bis zur Laufmittelfront transportiert wird.

3 Erklären Sie, wieso bei der Verwendung von Wasser als Laufmittel keine Auftrennung der Blattfarbstoffe erfolgt.

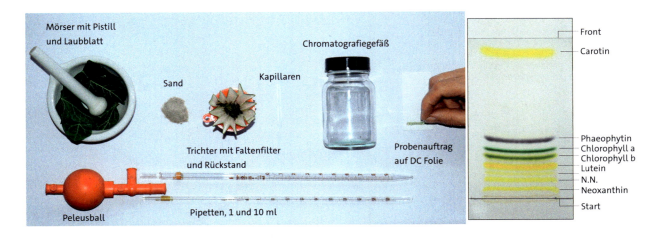

55

Blickpunkt

Erforschen von Stoffwechselprozessen mit Tracern

Das mikroskopische Bild einer Zelle liefert für sich alleine keine Informationen über die in der Zelle ablaufenden Stoffwechselvorgänge. Um diese zu erforschen, werden die zu untersuchenden Moleküle markiert und so ihre Verteilung in der Zelle und ihr Weg durch die Zellbestandteile sichtbar gemacht. Auf diese Weise lässt sich die Spur der Moleküle im Stoffwechsel einer Zelle oder eines Organismus verfolgen. Solche *Aufspürsubstanzen* heißen **Tracer**. Tracer können mit verschiedenen Methoden in der Zelle oder dem Organismus aufgespürt und bildlich dargestellt werden. Solche Untersuchungsmethoden nennt man in der Medizin *bildgebende Verfahren*.

Isotopen als Tracer • Viele chemische Elemente kommen in der Natur in verschiedenen Varianten vor, die sich in ihren chemischen Eigenschaften gleichen, aber aufgrund der Anzahl an Neutronen in ihrer Atommasse und damit in ihren physikalischen Eigenschaften unterscheiden. Solche Elemente heißen *Isotope*. Das Element Stickstoff zum Beispiel kommt als leichtes Stickstoffisotop ^{14}N und schweres Stickstoffisotop ^{15}N vor.

Isotope eignen sich zur Herstellung von Tracer-Molekülen. Das Stickstoffisotop ^{15}N verwendet man zum Beispiel bei der Erforschung der DNA-Replikation. Andere Isotope sind instabil und geben spontan Beta- oder Gammastrahlung ab. Solche strahlenden Isotope bezeichnet man als *radioaktiv*. Dazu gehören die schwach radioaktiven Isotope des Kohlenstoffs, ^{14}C, das Tritium, ^{3}H, und der Phosphor, ^{32}P. Im Labor können sie genutzt werden, um zum Beispiel radioaktiv markierte Aminosäuren oder DNA-Bausteine herzustellen.

Sichtbarmachen mit Autoradiografie • Lebewesen können zwischen den verschiedenen Isotopen nicht unterscheiden, sie nehmen ohne Unterschied an den Stoffwechselprozessen teil. Wenn man in Zellen kurzzeitig für Sekunden oder Minuten radioaktiv markierte Aminosäuren einbringt, nutzen sie diese für den Aufbau von Proteinen. Untersucht man anschließend die Zellen zu verschiedenen Zeiten, kann man erkennen, wo in den Zellen zuerst vermehrt Strahlung auftaucht und welche Wege die hergestellten Moleküle durch die Zelle nehmen.

Mithilfe der Autoradiografie konnte bereits 1967 die Beteiligung der verschiedenen Zellorganellen an der Synthese von Insulin in Bauchspeicheldrüsenzellen aufgeklärt werden. Die von den Zellen für die Insulinsynthese genutzte Aminosäure ^{3}H-Leucin wurde radioaktiv markiert. Anschließend wurden die Bauchspeicheldrüsenzellen in verschiedenen zeitlichen Abständen tiefgefroren und für die elektronenmikroskopische Untersuchung präpariert. Radioaktive Strahlung hinterlässt auf Fotofilmen körnige Schwärzungen. Hat man das Präparat mit einer entsprechenden Fotoemulsion überschichtet, so erscheinen die Stellen, an denen sich radioaktiv markierte Aminosäuren befinden, im elektronenmikroskopischen Bild schwarz. Diese körnigen Schwärzungen lassen sich zählen und Zellbestandteilen zuordnen. Auf diese Weise konnte anhand der zeitlichen Abfolge der auftretenden Radioaktivität in den Zellbestandteilen die Insulinsynthese rekonstruiert werden.

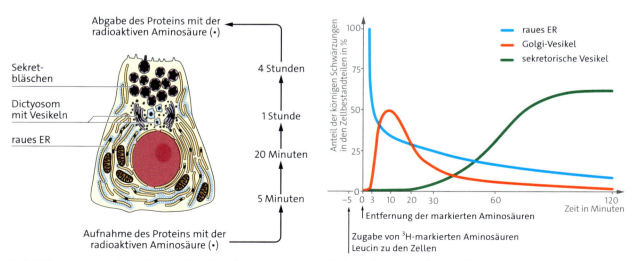

1 Aufklärung der Proteinsynthese und des Proteintransports in einer Drüsenzelle der Bauchspeicheldrüse: **A** Schema einer Pankreaszelle nach Isoptopenmarkierung mit ^{3}H-Leucin, **B** prozentualer Anteil der autoradiografischen Schwärzungen in den verschiedenen Zellorganellen

Nutzung von Tracern zur Aufklärung der Fotosynthese • Mithilfe eines Tracerversuchs konnte in der Mitte des letzten Jahrhunderts eine entscheidende Erkenntnis zur Fotosynthese gemacht werden. Bis dahin war unklar, ob der bei der Fotosynthese von Pflanzen freigesetzte Sauerstoff aus dem Kohlenstoffdioxid oder aus dem Wasser stammt. Um die Hypothese zu prüfen, ob der Sauerstoff aus dem aufgenommenen Kohlenstoffdioxid stammt, nutzten die Forscher das natürlich vorkommende Sauerstoffisotop ^{18}O, das sich von dem sehr viel häufiger vorkommenden Sauerstoffisotop ^{16}O durch ein etwas höheres Atommasse auszeichnet. In einem Versuch gaben sie zu einer Suspension von Chlorellaalgen Wasser, das mit ^{18}O markiert wurde, $H_2^{18}O$, und versorgten die Algen mit Kohlenstoffdioxid der $^{16}O_2$ enthielt, $C^{16}O_2$. In einem zweiten Versuch versorgte man die Pflanzen mit ^{18}O-markiertem Kohlenstoffdioxid, während das aufgenommene Wasser ^{16}O enthielt. Mithilfe eines Massenspektrometers, das kleinste Unterschiede in der Masse von Atomen zeigt, untersuchten sie nach einiger Zeit der Belichtung das Verhältnis der beiden Isotopen zueinander in der Luft. Nur im ersten Versuchsansatz konnte nachgewiesen werden, dass die Menge an ^{18}O gegenüber ^{16}O in der Luft zunahm. Dadurch wurde die ursprüngliche Hypothese über die Herkunft des Sauerstoffs falsifiziert. Dieser Nachweis führte zur Korrektur der Bilanzgleichung der Fotosynthese und zur intensiven Erforschung der Spaltung des Wassers mithilfe von Sonnenlicht, (▶ S. 62). Calvin gelang es dann in ausgeklügelten Tracerexperimenten mit radioaktiv markiertem $^{14}CO_2$ die Nutzung des CO_2 während der Fotosynthese zu verfolgen und autoradiografisch in einem Chromatogramm sichtbar zu machen (▶ S. 61). So konnte er systematisch einen der wichtigsten Stoffwechselkreisläufe aufklären, der nach ihm Calvin-Zyklus genannt wird.

Antikörper als Tracer • Antikörper lassen sich als Tracer nutzen, da sie sehr spezifisch an bestimmte Merkmale von Krankheitserregern, Zellen und Fremdstoffe binden. Dazu werden passende Antikörper im Labor von antikörperproduzierenden Immunzellen hergestellt und mit einer fluoreszierenden oder radioaktiven Substanz verknüpft. Mithilfe der so hergestellten Tracer lassen sich zum Beispiel das Vorkommen von Tumorzellen in einem Gewebe oder die Bindungsstellen von Stoffen und Erregern sichtbar machen.

Leuchtproteine als Tracer • Die zufällige Entdeckung eines grün fluoreszierenden Proteins, kurz GFP, in der Tiefseequelle *Aequorea* hat eine Revolution in der Erforschung lebender Zellen mit Hilfe von Leuchtproteinen ausgelöst. Mit gentechnischen Methoden stellen Forschende die genetische Bauanleitung für das GFP her und schleusen es gekoppelt mit Genen, deren Wirkung untersucht werden soll, in den Organismus ein. Wird das zu untersuchende, eingeschleuste Gen aktiviert, führt das auch zur Aktivierung des gekoppelten GFP-Gens. Das wird durch ein grünes Aufleuchten unter geeigneter Beleuchtung erkennbar.

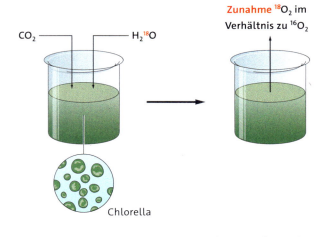
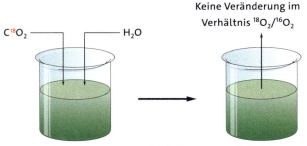

2 Nachweisexperiment zur Herkunft des Sauerstoffs bei der Fotosynthese.

1 Beschreiben Sie wesentliche Merkmale, Prinzipien und Vorteile der dargestellten Tracermethoden für die Erforschung von Stoffwechselvorgängen.

2 Erläutern Sie die Vorgehensweise und die Ergebnisse der eingesetzten Tracermethode bei der Erforschung der Funktion von Zellorganellen anhand der Abbildung 1.

3 Werten Sie das Tracerexperiment zur Fotosynthese (▶ 2) aus und erläutern Sie die Bedeutung des Tracers für den Nachweis des Verbleibs eines Stoffes im Stoffwechsel. Vergleichen Sie mit dem Experiment, das Calvin zur Aufklärung der Fixierung von Kohlenstoffdioxid in der Fotosynthese durchführte (▶ S. 61)

4 Erläutern Sie die Notwendigkeit des Einsatzes von verschiedenen Methoden zum Sichtbarmachen der eingesetzten Tracer.

1.9 Grundlagen der Fotosynthese

1 Krone einer Rotbuche im Gegenlicht

Sonnenlicht fällt auf das Blätterdach einer Rotbuche. Es erscheint grün und nur wenig Licht kommt auf dem Boden an. Was geschieht mit dem Licht auf dem Weg durch die Blätter?

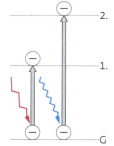

2 Elektronen „springen" aus dem Grundzustand in angeregte Zustände

lat. assimilare = nachahmen, angleichen

Licht und Absorption • Licht, das auf einen Gegenstand trifft, wird entweder hindurchgelassen, reflektiert oder aufgenommen. Welcher dieser Vorgänge eintritt, hängt von der Wellenlänge des Lichts und von der Struktur des Gegenstands ab, auf den das Licht fällt. Die Lichtaufnahme bezeichnet man als **Absorption**. Fällt weißes Licht auf bestimmte Moleküle, wird aus dem Spektrum ein bestimmter Wellenlängenbereich absorbiert. Die nicht absorbierten Farben werden reflektiert und lassen die Stoffe farbig aussehen. Licht trifft also nicht auf grüne Blätter. Vielmehr lässt es Blätter grün erscheinen, weil sie Stoffe enthalten, deren Moleküle bestimmte Wellenlängen aus dem weißen Licht absorbieren und den Grünanteil des Lichtes reflektieren.

Anhand des Atommodells lässt sich beschreiben, was dabei passiert: Die Elektronen in der Hülle von Atomen können nur bestimmte Energiezustände annehmen. Den niedrigsten Energiezustand nennt man **Grundzustand**. Durch die Aufnahme von Energie können die Elektronen in einen **angeregten Zustand** übergehen. Da der Abstand zwischen Grundzustand und angeregtem Zustand nur bestimmte Energiewerte annehmen kann, die sich je nach Atom- und Molekülart unterscheiden, ist auch zum „Anheben" des Elektrons genau diese Energiemenge notwendig. Die Energie kann durch die Absorption von Licht bestimmter Wellenlängen aufgenommen werden. Da angeregte Atome oder Moleküle energetisch ungünstig sind, wird die Energie nach kurzer Zeit wieder in Form von Wärme oder Licht abgegeben. Dabei fällt das Elektron direkt oder über mehrere Stufen wieder zurück in den Grundzustand. Im Fall von Chlorophyll jedoch können Elektronen auf benachbarte Verbindungen übertragen werden. Diese Elektronenübertragung setzt eine Kette von Folgereaktionen in Gang, bei denen aufgenommenes Wasser und Kohlenstoffdioxid in organische, körpereigene Stoffe umgewandelt werden. Diese **Assimilation** unter Nutzung von Licht bezeichnet man als **Fotosynthese**.

Leben und Energie • Grundlagen der Fotosynthese

Ort der Fotosynthese • Alle grünen Pflanzenteile besitzen Zellen, in denen bis zu einhundert Chloroplasten enthalten sein können. Die Chloroplasten in den Zellen des Palisadengewebes von Laubblättern sind linsenförmig aufgebaut und haben eine Größe von etwa 5 bis 10 μm.

Elektronenmikroskopische Untersuchungen zeigen, dass die Chloroplasten von einer Doppelmembran umgeben sind, die einen als **Stroma** bezeichneten Bereich einschließt. Die innere der beiden Membranen des Chloroplasten geht in ein zusammenhängendes und in sich geschlossenes Membransystem über. Diese **Thylakoidmembran** durchzieht das Stroma als Stromathylakoid. Die Thylakoidmembran weist aber auch Abschnitte auf, die geldrollenartig gestapelt aussehen und Grana heißen. Die Thylakoidmembranen bestehen aus einer etwa 6 nm dicken Lipiddoppelschicht. Von anderen Membranen unterscheiden sie sich durch einen überdurchschnittlich hohen Proteinanteil und den hohen Gehalt an Blattpigmenten.

Die Blattpigmente sind an spezielle Proteinkomplexe gebunden. Sie durchdringen die innere Thylakoidmembran und werden als **Fotosysteme** bezeichnet. Höhere Pflanzen besitzen zwei Fotosysteme, Fotosystem I und II. Neben den verschiedenen lichtabsorbierenden Pigmenten befinden sich im Zentrum der Fotosysteme jeweils zwei besondere Moleküle. Auf sie wird die gesamte Energie der angeregten Elektronen übertragen. Diese besonderen Moleküle werden als **spezielles Paar** bezeichnet und haben eine spezifische Funktion in der Fotosynthese.

Die Chlorophylle und Carotinoide sind in die umgebenden Proteinkomplexe (▶ 3C) eingebettet. Dadurch werden sie in ihrer Position gehalten. Nur durch den engen Kontakt kann die Energie von einem Pigment zum nächsten übertragen werden. Dadurch wirken sie als Lichtsammelkomplex. Die Blattpigmente im Lichtsammelkomplex geben keine Elektronen weiter. Das erfolgt jeweils durch die speziellen Paare. Das spezielle Paar im Fotosystem II hat ein Absorptionsmaximum bei 680 nm. Deswegen wird es auch **P680** genannt. Das spezielle Paar im Fotosystem I bezeichnet man als **P700**. Nur vom P680 und P700 können angeregte Elektronen von Nichtpigmentmolekülen übernommen werden.

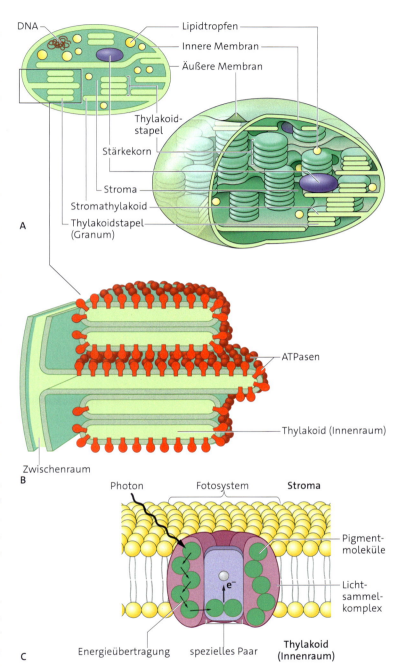

3 **A** Chloroplast Aufbau, **B** Ausschnitt aus der Chloroplastenmembran mit ATPasen, **C** Fotosystem in der Thylakoidmembran

1 Erklären Sie mithilfe des Modells, weshalb Laubblätter grün, Tomaten rot oder Bananen gelb gefärbt sind.

2 Beschreiben Sie die Struktur der Thylakoidmembran und erläutern Sie die Funktionsweise der Fotosysteme.

Wirkungsspektren • Um herauszufinden, bei welchen Wellenlängen des Lichts Fotosynthese besonders gut abläuft, führte Theodor Wilhelm Engelmann bereits in den 1880er-Jahren einen klassischen Versuch durch: Er zerlegte weißes Licht mithilfe eines Prismas in die Spektralfarben und bestrahlte damit einen Algenfaden der Gattung *Spirogyra spec.*. Danach konnte er beobachten, dass sich Bakterien, die Sauerstoff zum Leben benötigen, besonders an den Stellen der Alge aufhielten, auf die blaues und rotes Licht fiel. Auch wenn man zum Beispiel Filter, die nur blaues, gelbes, grünes oder rotes Licht durchlassen, in den Lichtstrahl einer starken Lampe hält und damit Wasserpestsprosse belichtet, kann man anhand der jeweils entstehenden Gasbläschen auf die Sauerstoffproduktion bei der Fotosynthese schließen. Wertet man diese Versuche grafisch aus, erhält man das Wirkungsspektrum der Fotosynthese. Daraus geht hervor, dass blaues und rotes Licht für die Fotosynthese besonders wirksam ist.

Absorptionsspektren • Die lichtabsorbierenden Farbstoffe in den Laubblättern nennt man **Blattpigmente**. Beispiele hierfür sind Chlorophyll a und b und Carotin. Man kann sie aus den Blättern extrahieren und durch chromatografische Verfahren isolieren. Bestrahlt man die Lösung eines isolierten Blattpigments mit Licht einer bestimmten Wellenlänge, kann man messen, wie viel des eingestrahlten Lichts von der Probe durchgelassen wird. Das Verhältnis der Intensität des eingestrahlten Lichts zu der Intensität des austretenden Lichts ist die **Extinktion**. Die Extinktion ist ein Maß für die Schwächung der Lichtintensität. Sie wird durch Absorption, Streuung und Reflexion verursacht.

Ein Apparat, mit dem man die Extinktion messen kann, ist das **Spektralfotometer**. Wird die Pigmentlösung in einer Küvette mit Licht verschiedener Wellenlängen bestrahlt, kann man das Absorptionsspektrum des jeweiligen Pigments bestimmen. Die Werte kann man dann grafisch darstellen. Die Absorptionsspektren der Blattpigmente zeigen, dass sie vor allem im roten und blauen Spektralbereich absorbieren.

Misst man die Fotosyntheserate in Abhängigkeit von der Wellenlänge des Lichtes, stellt man fest, dass die Fotosynthese vor allem bei denjenigen Wellenlängen stattfindet, bei denen die Blattpigmente Chlorophyll a und b und Carotin Licht absorbieren.

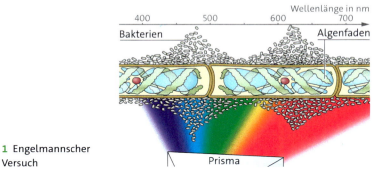

1 Engelmannscher Versuch

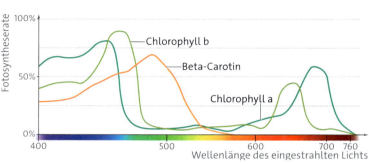

2 Absorptionsspektren verschiedener Blattfarbstoffe

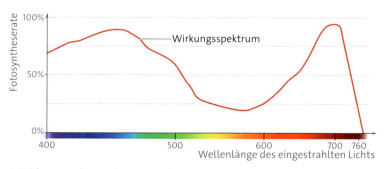

3 Wirkungsspektrum der Fotosynthese

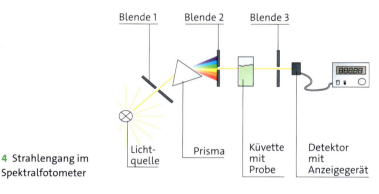

4 Strahlengang im Spektralfotometer

1 Erläutern Sie, worauf man beim Kauf einer Gewächshausbeleuchtung achten sollte.

Material

Leben und Energie • Grundlagen der Fotosynthese

Material A Fotosyntheserate bei Starklicht und Schwachlicht

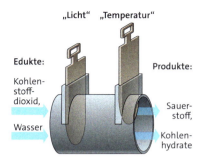
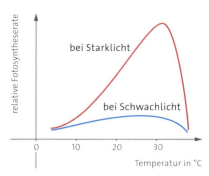

Die Abbildung zeigt modellhaft ein Reaktionsrohr, welches die Fotosyntheserate bei Starklicht und Schwachlicht sowie bei unterschiedlichen Temperaturen veranschaulichen soll. Mithilfe von zwei Schiebern kann die Lichtintensität und Temperaturintensität kontinuierlich geregelt werden.

1. Beschreiben und vergleichen Sie die Ergebnisse der Fotosynthesemessung bei Starklicht und Schwachlicht.

2. Erläutern Sie die modellhafte Abbildung, indem Sie erklären, welche Konsequenzen verschiedene Positionen der Verschlusseinrichtungen auf den Durchfluss der Stoffe haben.

3. Erläutern Sie den Einfluss von Licht und Temperatur auf die Fotosyntheserate und vergleichen Sie diese mit den Aussagen des Gedankenexperimentes im Modell.

Material B Tracer Experimente zur Aufklärung der lichtunabhängigen Reaktion

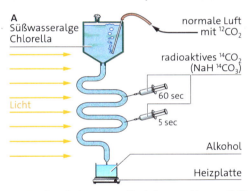

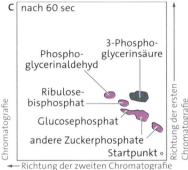

B1 **A** Algenkultur mit radioaktivem Kohlenstoff, **B** Autoradiogramm 5 s nach Zugabe von $^{14}CO_2$, **C** Autoradiogramm 60 s nach Zugabe von $^{14}CO_2$

Zur Aufklärung der Vorgänge während der lichtunabhängigen Reaktion der Fotosynthese wurde mit radioaktiv markiertem Kohlenstoff $^{14}CO_2$ in Form von $NaH^{14}CO_3$ gearbeitet. Die Algen fließen durch einen transparenten Schlauch nach unten in siedenden Alkohol. Dort werden sie abgetötet und man kann die Inhaltsstoffe untersuchen. Die Algen betreiben zunächst Fotosynthese mit nicht-radioaktivem $^{12}CO_2$. Im Schlauch wird zu einem bestimmten Zeitpunkt $^{14}CO_2$ zugeführt. Die Algen bauen das radioaktive Isotop $^{14}CO_2$ genauso ein wie $^{12}CO_2$. Mithilfe des radioaktiven $^{14}CO_2$ - Tracers kann man daher den Weg des Kohlenstoffs vom Kohlenstoffdioxid bis in das Endprodukt Glucose verfolgen. Das Verfahren nennt man Autoradiografie. Die abgetötete Algenprobe wird mit zwei verschiedenen Laufmitteln nacheinander in zwei Richtungen chromatografiert. Dadurch erfolgt eine gute Auftrennung der Stoffe.

1. Beschreiben Sie den Versuchsablauf und erläutern Sie, auf welche Weise die verschiedene Reaktionszeiten für den Einbau des $^{14}CO_2$ bestimmt werden. (▶**A**)

2. Beschreiben Sie die Ergebnisse, die man aus Abbildung B und C gewinnen kann, und erläutern Sie das experimentelle Verfahren.

3. Erläutern Sie anhand des durchgeführten Versuchs den Begriff „Tracer Experiment", indem Sie von der Wortbedeutung (engl, trace = Spur) ausgehen.

4. Erläutern Sie, wie mithilfe der Autoradiogramme die Reihenfolge der Bildung von Stoffen im Calvin-Zyklus abgeleitet werden kann. (▶**B** und **C**)

1.10 Ablauf der Fotosynthese

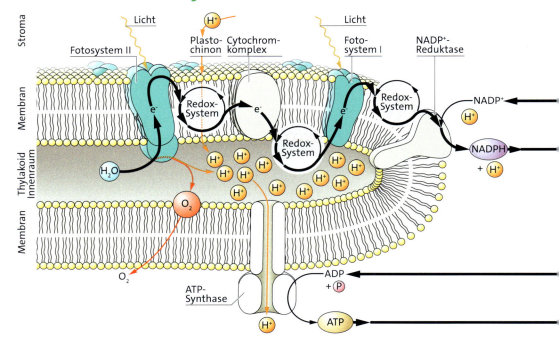

1 Fotoreaktion (Schema mit Elektronentransport und Protonenfluss)

Bei der Fotosynthese nutzt die Pflanze das Sonnenlicht zur Produktion von Glucose. Welche Vorgänge laufen in den Chloroplasten ab?

Fotoreaktion • Bei der Fotosynthese werden Kohlenstoffdioxid und Wasser in den Chloroplasten unter Einwirkung von Licht in Kohlenstoffdioxid und Sauerstoff umgewandelt.

Dies erfolgt innerhalb der Chloroplasten in zwei verschiedenen Kompartimenten. Untersuchungen belegten, dass die Fotoreaktion an die Thylakoide gebunden ist, während die Synthesereaktion im Stroma abläuft. In den 1950er-Jahren wurde durch Experimente bewiesen, dass in der Fotoreaktion die zelleigenen Stoffe $NADP^+$ zu $NADPH + H^+$ reduziert und ADP + P in ATP umgewandelt werden. $NADP^+$/$NADPH + H^+$ ist ein Redoxsystem, das Elektronen aufnimmt oder abgibt. $NADPH + H^+$ und ATP werden in der Synthesereaktion benutzt um Kohlenhydrate aufzubauen. In der Fotoreaktion werden Elektronen aus dem Wassermolekül auf $NADP^+$ übertragen. Das $NADP+$ wird zu $NADPH^+ + H^+$ reduziert. Die dafür benötigte Energie stammt aus dem Licht. Zwei hintereinandergeschaltete Fotosysteme werden durch Licht in den angeregten Zustand überführt. Durch die Absorption der Lichtenergie wird das Redoxpotenzial des Chlorophyllmoleküls so in den negativen Bereich verschoben, dass es zwei Elektronen an das Redoxsystem abgibt. Erst diese von dem US-amerikanischen Biologen Robert Emerson im Jahr 1957 herausgefundene zweifache Energieaufnahme reicht für die Reduktion des $NADP^+$ aus.

Neben den beiden Fotosystemen sind weitere Redoxsysteme beteiligt. Die Redoxsysteme sind über eine zweistufige Elektronentransportkette miteinander verbunden. Die auf das $NADP^+$ übertragenen Elektronen stammen aus dem Wasser. Das angeregte Chlorophyllmolekül entreißt dem Wasser die Elektronen und füllt damit seine Elektronenlücke. Dabei wird das Wasser gespalten:

$$H_2O \rightarrow 2H^+ + O_2 + 2e^-$$

Diesen Vorgang nennt man **Fotolyse** des Wassers. Bei der Spaltung des Wassers mithilfe eines Enzymkomplexes werden außerdem H^+-Ionen, also Protonen, und elementarer Sauerstoff freigesetzt.

Die Elektronen werden in der Elektronentransportkette weitergegeben. Der Sauerstoff wird nach außen abgegeben und die Protonen reichern sich im Thylakoid Innenraum an. Zusätzlich werden H^+-Ionen über die Membran vom Stroma in den Thylakoid-

Die Fotoreaktion wird manchmal auch als Lichtreaktion oder Primärreaktion bezeichnet.

Die Synthesereaktion wird manchmal auch als Dunkelreaktion oder Sekundärreaktion bezeichnet.

Leben und Energie • Ablauf der Fotosynthese

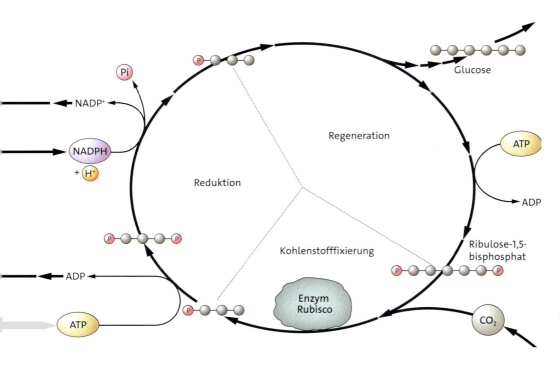

2 Synthesereaktion (Calvin-Zyklus) stark vereinfacht

innenraum transportiert. Durch beide Vorgänge entsteht ein Protonengradient zwischen Thylakoid Innenraum und Stroma. Die ATP-Synthase nutzt diesen Protonengradienten zur ATP-Synthese. Der Prozess heißt Fotophosphorylierung. In der Fotoreaktion entstehen neben Sauerstoff also NADPH+H$^+$ und der Energieträger ATP. NADPH + H$^+$ und ATP sind Ausgangsstoffe für die Synthesereaktion.

Das **chemiosmotische Modell** von Peter Mitchell erklärt das Prinzip der ATP-Synthese in lebenden Zellen. Mithilfe von Lichtenergie werden Elektronen angeregt. Die Energie wird genutzt, um Protonen vom Stroma in den Thylakoidinnenraum zu transportieren. Dadurch baut sich ein Protonengradient auf. Der Gradient wird von einer ATP-Synthase genutzt, genutzt, um ATP aus ADP und P$_i$ aufzubauen. (▶3)

Synthesereaktion • Kern der Synthesereaktion ist ein zyklischer Reaktionsablauf, der Calvin-Zyklus. Dieser Zyklus kommt ohne Licht aus. Für die hier ablaufenden Prozesse werden die vorab in der Fotoreaktion gebildeten Reduktionsmittel NADPH + H$^+$ und ATP als Energiequelle benötigt. Dabei wird Glucose gebildet. Sein Reaktionsablauf lässt sich in drei Phasen gliedern: Bei der CO$_2$-Fixierung reagiert Kohlenstoffdioxid unter Wirkung des Schlüsselenzyms

Ribu**l**ose-1,5-**bis**phosphat-**c**arb**o**xylase/-**o**xygenase, kurz RuBisCO, mit dem C$_5$-Zucker Ribulose-1,5-bisphosphat. Das entstehende Produkt zerfällt sofort in zwei C$_3$-Körper. Die folgende Reduktion wird mithilfe von ATP eingeleitet. Der energiereiche C$_3$-Körper kann nun von dem in der Fotoreaktion gebildeten NADPH + H$^+$ reduziert werden. Das dabei entstehende NADP$^+$ und das ADP stehen für die Fotoreaktion wieder zur Verfügung. Wenn hinreichend reduzierte C$_3$-Körper entstanden sind, findet in einer komplexen Reaktionsfolge die Regeneration des C$_5$-Körpers statt, der wieder Kohlenstoffdioxid fixieren kann. Aus insgesamt 12 C$_3$-Körpern entsteht ein Glucosemolekül, also ein C$_6$-Körper, und es werden 6 C5-Körper regeneriert. Für die Energie- und Stoffbilanz der Fotosynthese lässt sich folgende Summengleichung formulieren:

$$12\ H_2O + 6\ CO_2 + 12\ NADPH + H^+ + 18\ ATP \rightarrow$$
$$C_6H_{12}O_6 + 6\ H_2O + 6\ O_2 + 12\ NADP^+ + 18\ ADP + P$$

1 Stellen Sie den Zusammenhang zwischen Fotoreaktion und Synthesereaktion zeichnerisch dar. Berücksichtigen Sie in Ihrer Darstellung die beiden Fotosysteme, die Energieaufnahme und alle Stoffe, die jeweils aufgenommen und abgegeben werden.

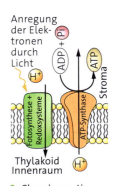

3 Chemiosmotisches Modell

C4-Pflanzen • Die Kulturpflanze Mais ist an heiße und trockene Standorte angepasst. An trockenen Standorten verengen Pflanzen tagsüber die Spaltöffnungen in den Blättern, sodass die Verdunstung verringert wird. Dadurch gelangt nur sehr wenig Kohlenstoffdioxid in ihre Zellen. Der Mais kann trotzdem noch CO_2 fixieren. Das Grundgewebe der Blätter zwischen oberer und unterer Epidermis wird als Mesophyll bezeichnet. Die Leitbündelzellen werden nicht dazu gerechnet. In den Mesophyllzellen kommt ein Enzym vor, welches schon bei sehr geringen Kohlenstoffdioxidkonzentrationen arbeitet. Es bindet Kohlenstoffdioxid an Phosphoenolpyruvat, kurz PEP. Dabei entsteht zuerst Oxalacetat und dann Malat. Das Malat enthält vier Kohlenstoffatome, deswegen werden diese Pflanzen als C4-Pflanzen bezeichnet. Das Malat gelangt in die Leitbündelscheidenzellen. Hier wird das Kohlenstoffdioxid wieder freigesetzt. Es liegt jetzt in den Leitbündelscheidenzellen in so hoher Konzentration vor, dass es in den Calvin-Zyklus eingeschleust werden kann. Durch die räumliche Trennung von CO_2-Fixierung und Weiterverarbeitung im Calvin-Zyklus zeigen C4-Pflanzen auch bei schlechterer Wasserversorgung ein gutes Wachstum. C4-Pflanzen können also im Vergleich zu C3-Pflanzen auch bei niedrigen Kohlenstoffdioxidkonzentrationen effektiv Fotosynthese betreiben.

CAM-Pflanzen • Einige Pflanzen, die an trockenen Standorten leben, wie die Ananas, halten ihre Spaltöffnungen tagsüber geschlossen und öffnen sie nur nachts. Dies verhindert größere Wasserverluste durch Transpiration. Das Kohlenstoffdioxid wird nachts aufgenommen. Wie C4-Pflanzen binden sie das Kohlenstoffdioxid unter Bildung von Oxalacetat, welches zu Malat reduziert wird. Das Malat wird in den Vakuolen gespeichert. Dadurch wird der pH-Wert des Vakuolensaftes sauer. Er kann bis auf einen pH-Wert von 3 sinken. Trotz tagsüber geschlossener Spaltöffnungen kann die Fotosynthese aber ablaufen. Wenn die Fotoreaktion anläuft, verlässt das gespeicherte Malat die Vakuole. Es wird abgebaut und Kohlenstoffdioxid freigesetzt. Dieses kann dann im Calvin-Zyklus fixiert werden. Da dieser Stoffwechsel zunächst bei Dickblattgewächsen, Crassulaceen, beobachtet wurde, nennt man ihn englisch Crassulacean Acid Metabolism, CAM. CAM-Pflanzen wachsen sehr langsam. Sie kommen aber mit einem Zehntel der von C3-Pflanzen benötigten Wassermenge aus. Das verschafft ihnen an Standorten mit extremem Wassermangel einen ökologischen Konkurrenzvorteil.

1 Vergleichen Sie die Fotosynthese von C3-, C4- und CAM-Pflanzen.

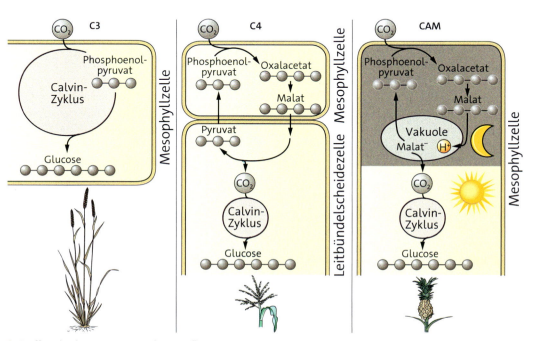

1 Stoffwechsel von C3-, C4- und CAM-Pflanzen

Material

Leben und Energie • Ablauf der Fotosynthese

Material A ATP-Synthese

1. Erläutern Sie, an welchen weiteren Stellen in der Fotoreaktion der Fotosynthese der Protonengradient erhöht bzw. erniedrigt wird.

2. Ordnen Sie die pH-Werte 5 und 8 begründet den beiden Kompartimenten Stroma und Thylakoid Innenraum zu.

3. Beschreiben Sie die Struktur und Funktion der ATP-Synthase. Berücksichtigen Sie dabei insbesondere den Weg der Protonen. Sehen Sie sich hierzu auch die Animation an.

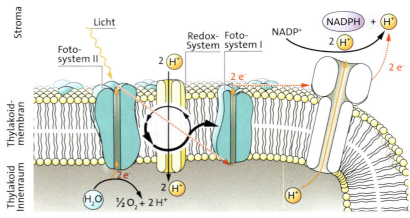

A1 Die Elektronentransportkette und ATP-Synthase

Material B Modell der Hill-Reaktion

Die fotolytische Wasserspaltung kann man mithilfe eines Modellversuchs nachstellen.

Material: 1 % Lösung Rotes Blutlaugensalz/ Kaliumhexacyanoferrat (III) 1 % Lösung Gelbes Blutlaugensalz/ Kaliumhexacyanoferrat (II), 0,1 % Lösung Eisen (III)-chlorid- Hexahydrat, 2 g Petersilie, Mörser und Pistill, Schere, Filter, Trichter, Petrischalen, Aluminiumfolie, 3 Pasteurpipetten, Lichtquelle

Durchführung:
1. Zerkleinern Sie die Petersilie im Mörser und fügen Sie 20 ml demineralisiertes Wasser zu, bis ein dunkelgrüner Blattextrakt entsteht.
2. Filtern Sie den Extrakt, verteilen Sie ihn auf die beiden Reagenzgläser. Schützen Sie ein Reagenzglas mit Aluminiumfolie vor Lichteinfall.
3. Warten Sie 5 Minuten und geben Sie dann jeweils 10 Tropfen rotes Blutlaugensalz hinzu.
4. Geben Sie jeweils 3 Tropfen der Lösungen wie in der Tabelle angegeben auf eine Petrischale. Die Belichtung erfolgt für 15 Minuten mit einer starken Lichtquelle.

$$2\,H_2O + 2\,NADP^+ \xrightarrow[\text{Chloroplasten}]{\text{Licht}} 2\,NADPH + H^+ + O_2$$

Mit künstlichem Elektronenakzeptor (Blutlaugensalz):

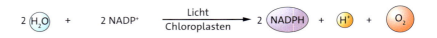

oxidiert → reduziert

gelbes Blutlaugensalz reduziert → Eisen(III)-Chlorid → Berliner Blau (unlöslicher Niederschlag)

	Ansatz 1	Ansatz 2	Ansatz 3	Ansatz 4
Chlorophyll	+	+		
Rotes Blutlaugensalz	+	+	+	
Gelbes Blutlaugensalz				+
Licht	+			
Eisen(III)-chlorid	+	+	+	+
Ergebnis	blau	rot	rot	blau

1. Erklären Sie, was ein Farbumschlag zu Blau anzeigt.

2. Erklären Sie, was es bedeutet, wenn kein Farbumschlag von Rot nach Blau stattgefunden hat.

3. Beschreiben Sie den Unterschied in den beiden Versuchsansätzen mit Chlorophyll und erklären Sie ihn.

1.11 Einfluss von Außenfaktoren

1 Tomatenpflanzen im Gewächshaus

Viele Hobbygärtner haben Spaß daran, im eigenen Garten Tomaten anzubauen. Der Ertrag bleibt aber oft gering. Beim gewerbsmäßigen Anbau im Gewächshaus werden dagegen hohe Ernteerträge erzielt. Worauf ist das zurückzuführen?

Produktion durch Fotosynthese • Im Prozess der Fotosynthese synthetisiert die Pflanze mithilfe von Licht organisches Material, die Biomasse. Diese dient allen anderen lebenden Organismen direkt oder indirekt als Nahrung. Die Produktivität der Fotosynthese ist daher von entscheidender Bedeutung. Ein Gärtner hat Interesse daran, einen möglich hohen Ertrag zum Beispiel an Tomaten zu erwirtschaften. Für den Gärtner ist es interessant zu wissen, welchen Einfluss verschiedene Umweltfaktoren auf die Fotosynthese nehmen. Die Geschwindigkeit, mit der die Fotosynthese abläuft, nennt man Fotosyntheserate. Will man die Fotosyntheserate überprüfen, ist die Kenntnis der Fotosyntheseformel hilfreich:

$$6\ CO_2 + 12\ H_2O \rightarrow C_6H_{12}O_6 + 6\ O_2 + 6\ H_2O$$

Die Fotosyntheserate kann man entweder dadurch ermitteln, indem man misst, was in der Fotosynthese verbraucht wird oder was in der Fotosynthese entsteht.

Fotosynthese messen • Für die Erfassung der Fotosyntheserate gibt es verschiedene Methoden. Entweder wird die Sauerstoffentwicklung oder Verbrauch an Kohlenstoffdioxid pro Zeiteinheit gemessen. Beide Stoffe werden als Gas von der Pflanze aufgenommen oder von ihr abgegeben. Dies Gase kann man bei Landpflanzen nur mit höherem apparativem Aufwand messen. Daher arbeitet man mit Wasserpflanzen wie *Elodea canadensis*. Die Sauerstoffproduktion kann hier durch Zählen der von der Pflanze freigesetzten Gasbläschen bestimmt werden. Oder aber man benutzt Elektroden, mit denen man die Veränderung der Sauerstoff- und Kohlendioxidkonzentration im Wasser bestimmt. Die Messgröße, wie die Sauerstoffproduktion, wird in Abhängigkeit von der Testvariablen, also der Größe,

Fotosyntheserate = Sauerstoffproduktion pro Blattflächen- und Zeiteinheit

die experimentell verändert wird, dargestellt. Dies könnte zum Beispiel die Lichtintensität sein.

Bei Landpflanzen bestimmt man die Fotosyntheserate auch über die Produktion von Glucose oder Stärke. Dann muss man darauf achten, dass die zuvor im Blatt vorhandene Stärke abgebaut worden ist. Ansonsten muss man den gemessenen Stärkegehalt mit der bereits vorhandenen Stärkemenge verrechnen. Die wichtigsten Faktoren, die die Fotosyntheserate beeinflussen sind Licht, Temperatur und Kohlenstoffdioxid. Welchen Einfluss nehmen sie auf die Fotosyntheserate?

Licht • Ermittelt man die Fotosyntheserate in Abhängigkeit von der Lichtintensität (▶ 2) kann man drei Abschnitte unterscheiden. In Abschnitt I erkennt man, dass die Pflanze bei niedrigen Lichtintensitäten mehr Sauerstoff verbraucht, als sie in der Fotosynthese produziert. Das ist darauf zurückzuführen, dass in der Pflanze immer auch gleichzeitig Zellatmungsprozesse stattfinden, bei der Sauerstoff aufgenommen und Kohlenstoffdioxid freigesetzt wird. Während die Sauerstoffproduktion durch die Fotosynthese mit zunehmender Lichtstärke zunimmt, ist der Sauerstoffverbrauch durch die Atmung ein konstanter Wert. Die Lichtstärke, bei der die Fotosyntheserate genauso hoch ist wie die Zellatmungsrate, ist der **Lichtkompensationspunkt**. Im Abschnitt II, bei Lichtstärken oberhalb des Lichtkompensationspunktes bildet die Pflanze mehr Glucose, als sie durch Zellatmung verbraucht und sie setzt Sauerstoff frei.

Die gesamte Fotosyntheseleistung, die von der Pflanze erbracht wird, ist die Bruttofotosynthese. Die Differenz zwischen der Bruttofotosyntheserate und dem Verbrauch durch die Zellatmungsvorgänge ist die Nettofotosynthese. Je höher die Lichtintensität ist, desto mehr wird die Möglichkeit der Chloroplasten, Fotosynthese zu betreiben, ausgenutzt. Deswegen steigt die Fotosyntheserate. Die Pflanze baut Biomasse auf. In Abschnitt III erkennt man, dass ab einer bestimmten Lichtstärke die Fotosyntheserate nicht weiter zunimmt. Diese Lichtstärke ist der **Lichtsättigungspunkt**. Bei noch höheren Lichtintensitäten begrenzen nicht mehr das Licht, sondern andere Faktoren die Fotosyntheserate. Das kann zum Beispiel der Kohlenstoffdioxidgehalt der Luft, die Temperatur oder die Aktivität der RuBisCo sein.

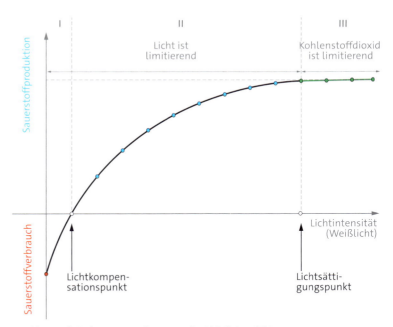

2 Abhängigkeit der Fotosynthese von der Lichtintensität

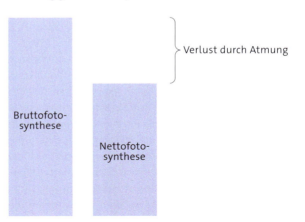

3 Brutto- und Nettofotosyntheseraten

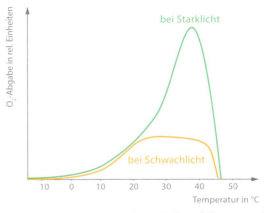

4 Einfluss von Stark- und Schwachlicht auf die Fotosynthese

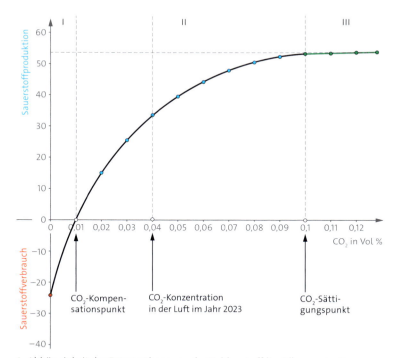

1 Abhängigkeit der Fotosynthese von der Kohlenstoffdioxidkonzentration

limitieren: eine Grenze festsetzen

Temperatur • Die Fotosyntheserate erhöht sich mit steigender Temperatur bis zu einem Optimum und verringert sich bei weiterem Temperaturanstieg. Die biochemischen Prozesse in der Synthesereaktion der Fotosynthese folgen der Reaktionsgeschwindigkeit-Temperatur-Regel, kurz **RGT-Regel**. In einem bestimmten Temperaturbereich verdoppelt sich die Geschwindigkeit enzymatisch katalysierter Reaktionen bei einer Temperaturerhöhung um 10 °C. Oberhalb dieser Temperaturen denaturieren die beteiligten Enzyme und verlangsamen die Fotosyntheserate. Außerdem nimmt die Intensität der Zellatmung bei höheren Temperaturen stark zu. Hohe Temperaturen beeinflussen aber auch den Wasserhaushalt der Pflanzen. Zum Schutz vor Austrocknung schließen Pflanzen ihre Spaltöffnungen. Dadurch gelangt weniger Kohlenstoffdioxid in die Blätter, was die Fotosyntheserate verringert. Betrachtet man die Abhängigkeit der Fotosynthese von der Temperatur bei Schwachlicht und Starklicht, kann man erkennen, dass bei geringer Lichtintensität die Erhöhung der Temperatur nur einen vergleichsweise geringen Einfluss hat. Hier begrenzt die Lichtintensität die Fotosyntheserate. Erst bei hoher Lichtintensität steigt die Fotosyntheserate mit zunehmender Temperatur deutlich an. In beiden Fällen geht die Fotosyntheserate aber gegen Null, wenn die Maximaltemperatur überschritten wird.

Kohlenstoffdioxid • Ermittelt man die Fotosyntheserate in Abhängigkeit vom Kohlenstoffdioxidgehalt kann man auch wieder drei Abschnitte unterscheiden. Bei sehr geringer Kohlenstoffdioxidkonzentration unterhalb von 0,01 Vol.-% CO_2 ist der Sauerstoffverbrauch durch die Zellatmung höher als die Sauerstoffproduktion durch die Fotosynthese. Die Pflanze nimmt daher Sauerstoff auf. Der **CO_2-Kompensationspunkt**, bei dem Sauerstoffverbrauch und Sauerstoffproduktion gleich groß sind, liegt bei ungefähr 0,01 Vol.-% CO_2.

Unter natürlichen Bedingungen liegt die Kohlenstoffdioxidkonzentration in der Luft bei 0,04 Vol.-%. Eine Erhöhung der Konzentration bis auf 0,1 Vol.-% CO_2 kann die Fotosyntheserate ungefähr um das Dreifache steigern.

Ab dem **CO_2-Sättigungspunkt** ist keine weitere Zunahme der Fotosyntheserate zu verzeichnen, was auf die Auslastung der CO_2-fixierenden Enzyme in der Synthesereaktion der Fotosynthese hinweist.

In Freilandkulturen ist bei passenden Temperaturen und Lichtintensitäten der Kohlenstoffdioxidgehalt der Luft der limitierende Faktor für die Fotosynthese. Maßnahmen zur CO_2-Düngung erhöhen den Ertrag in der landwirtschaftlichen und gärtnerischen Produktion. Im Gewächshaus kann zum Beispiel durch Begasung mit Kohlenstoffdioxid die Fotosyntheserate und damit der Ertrag gesteigert werden.

Nach dem Gesetz des Minimums von Justus Liebig wird die Fotosynthese durch den Faktor begrenzt, der am stärksten die Reaktion limitiert. Somit können Pflanzen gute Licht- und Temperaturverhältnisse nur nutzen, wenn die Kohlenstoffdioxidversorgung optimiert wird.

1 Erklären Sie, wieso bei steigenden Lichtintensitäten zunächst das Licht und dann der Kohlenstoffdioxidgehalt der limitierende Faktor für die Fotosynthese ist.

2 Erläutern Sie die Begriffe CO_2-Kompensationspunkt und CO_2-Sättigungspunkt.

3 Erklären Sie, mit welchen Maßnahmen in einem Gewächshaus der Ertrag von Tomaten gesteigert werden kann.

Material

Leben und Energie • Einfluss von Außenfaktoren

Material A Forscherauftrag

Sie nehmen an einem Wettbewerb für Schülerinnen und Schüler der Sekundarstufe II teil. Ziel ist es herauszufinden, welcher der abiotischen Faktoren, die auf die Fotosynthese Einfluss nehmen, das Wachstum der Pflanzen am stärksten unterstützt. Die Untersuchungen sollen an der Wasserpest (Elodea canadensis) durchgeführt werden, da sie als Sauerstoff produzierende Wasserpflanze gut für Fotosyntheseversuche einzusetzen ist. Die Ergebnisse sollen auf einem Symposium vorgestellt werden.

A1 Wasserpest (Elodea canadensis)

1. Überprüfen Sie mit Ihrer Forschergruppe den Einfluss eines abiotischen Faktors auf die Fotosynthese. Berücksichtigen Sie dabei den Weg der naturwissenschaftlichen Erkenntnisgewinnung.

2. Erstellen Sie ein Poster für ein Symposium, auf dem Sie das Vorgehen und die Ergebnisse der Gruppe darstellen.

3. Bereiten Sie einen Kurzvortrag für ein Fachpublikum vor. Bedenken Sie, dass das Fachpublikum kritische Fragen zu Ihrem Vorgehen, Ihren Ergebnissen sowie möglichen Fehlerquellen stellen wird. Bereiten Sie sich darauf vor.

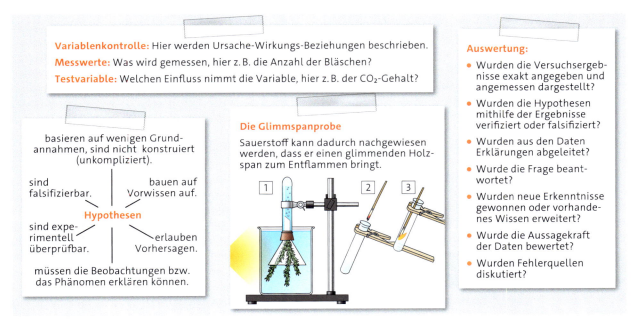

A2 Infokarten

A3 Forscherkiste

Auf einen Blick

Leben und Energie

- **Aufbauender Stoffwechsel/Anabolismus**
  - Fotosynthese
  - Baustoffwechsel

- **Energetische Kopplung**
  - Exergonische und endergonische Reaktionen

- **Abbauender Stoffwechsel/Katabolismus**
  - Glykolyse
  - Citratzyklus und Zellatmung
  - Gärung
  - Energieumwandlung

Leben und Energie

- Laubblätter
- Pflanzenfarbstoffe
- Ablauf
- Einflüsse
- Energiebilanz
- Regulation
- ATP Produktion
- Redoxreaktionen
- Bilanz
- Milchsäuregärung
- Alkoholgärung
- Muskel bei Belastung

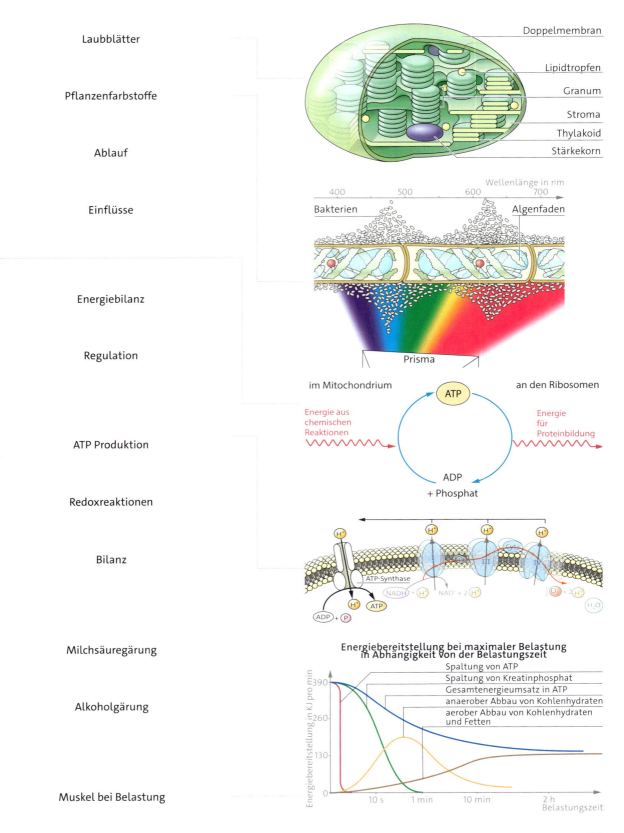

Leben und Energie

Mit Hilfe der folgenden Aufgaben können Sie überprüfen, ob Sie die Inhalte aus dem Kapitel Stoffwechsel verstanden haben. Bei den Aufgaben finden Sie Angaben zu den Seiten, auf denen Sie Informationen zum jeweiligen Thema nachlesen können.

Energiebereitstellung in der Zelle (Seite 20ff.)

1. Unter Energieumsatz versteht man die Übertragung der in der Nahrung enthaltenen Energie auf die vom Körper nutzbaren Energieformen.
   a Erklären Sie den Unterschied zwischen Grundumsatz und Leistungsumsatz.
   b Beschreiben Sie den Aufbau von ATP.
   c Skizzieren Sie die Hydrolyse von ATP und erklären Sie die Bedeutung dieses Vorganges

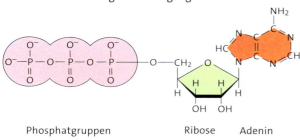

Phosphatgruppen   Ribose   Adenin

Glykolyse (Seite 26ff.)

2. Die Glykolyse ist eine Folge von chemischen Reaktionen, bei der Glucose zu Pyruvat abgebaut wird.
   a Notieren Sie die Bilanz der Glykolyse.
   b bGeben Sie die Summenformel für die Zellatmung an und notieren Sie sie auch als Wortgleichung.
   c Erklären Sie, wie die Glykolyse reguliert wird.
   d Beschreiben Sie3 was in den beiden Phasen der Glykolyse abläuft.

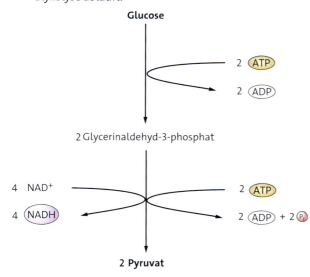

Citratzyklus und Atmungskette (Seite 30ff.)

3. In der Atmungskette wird viel ATP gebildet.
   a Beschriften Sie das Schema des Mitochondriums.
   b Benennen Sie die Teilvorgänge der Zellatmung und ordnen Sie ihnen die entsprechenden Zellkompartimente zu.
   c Beschreiben Sie die Vorgänge, die in der inneren Mitochondrienmembran ablaufen.

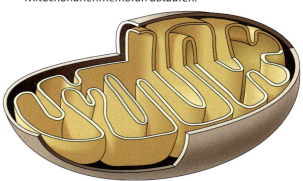

Gärung (Seite 42ff.)

4. In der Gärung wird Glucose enzymatisch zu Ethanol oder Milchsäure abgebaut.
   a Erklären Sie, an welchen Stellen oxidative Decarboxylierungen stattfinden.
   b Beschreiben Sie die Rolle der Reduktionselemente beim Abbau der Glucose.
   c Sowohl bei der alkoholischen Gärung als auch bei der Milchsäuregärung wird NADH+H$^+$ zu NAD$^+$ oxidiert. Erläutern Sie die Bedeutung der Bildung von NAD$^+$ für die Glykolyse.
   d Mikroorganismen wie Hefen und Bakterien werden in der Lebensmittelproduktion eingesetzt. Erstellen Sie eine Tabelle mit den verschiedenen Organismen und den von Ihnen erzeugten Produkten. Recherchieren Sie drei weitere Beispiele.

Laubblätter (Seite 48ff.)

5. Laubblätter sind vielgestaltige Pflanzenorgane, die der Fotosynthese dienen.
   a Beschriften Sie den Querschnitt eines Laubblattes und erstellen Sie eine Tabelle zur Struktur und Funktion der Gewebe des Laubblattes.

b Erläutern Sie den Begriff Modifikation am Beispiel der Buchenblätter.
c Erläutern Sie, wieso es energetisch sinnvoll für eine Pflanze ist, Blätter im Inneren der Krone als Schattenblätter auszubilden.

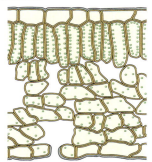

Chromatografie (Seite 52ff.)

6 Mithilfe der Chromatografie können Blattfarbstoffe aufgetrennt werden.
a Beschreiben Sie, welche beiden grundsätzlichen Typen von Farbstoffen es in Pflanzen gibt.
b Erläutern Sie die Funktion von Trägermaterial und Laufmittel im Verfahren der Chromatografie.
c Erläutern Sie die Vorteile einer zweidimensionalen Chromatografie und verdeutlichen Sie Ihre Erklärungen mithilfe einer Skizze.

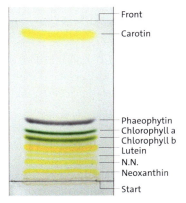

Grundlagen der Fotosynthese (Seite 60ff.)

7 Bei der Fotosynthese wird Energie der Sonne umgewandelt.
a Beschreiben Sie die Absorption von Licht durch grüne Blätter.
b Beschreiben Sie die Modellvorstellung zur Änderung der Energiezustände der Elektronen bei der Absorption von Licht.

c Erklären Sie die Funktion der als spezielles Paar beschriebenen Pigmente P700 und P680.

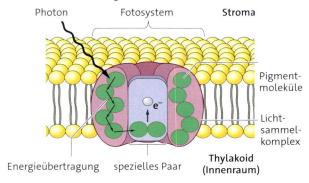

Ablauf der Fotosynthese (Seite 62ff.)

8 Die Fotosynthese ist zweigeteilt.
a Beschreiben Sie die chemiosmotische Hypothese von Peter Mitchell.
b Für die Fotoreaktion und die Synthesereaktion der Fotosynthese sind unterschiedliche Fachbegriffe im Umlauf. Diskutieren Sie Vor- und Nachteile der verschiedenen Begriffe.
c Typische Pflanzen heißer und trockener Standorte zeigen Spezialisierungen bei der Fixierung von Kohlenstoffdioxid. Beschreiben Sie die Unterschiede in der Fixierung von Kohlenstoffdioxid bei C4-Pflanzen und CAM-Pflanzen.

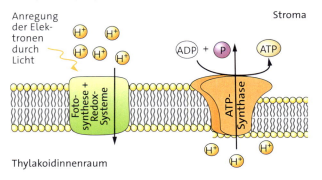

Einfluss von Außenfaktoren (Seite 66ff.)

9 Die Fotosynthese ist von verschiedenen Umweltfaktoren abhängig.
a Nennen Sie die Fotosyntheseformel.
b Erklären Sie die Begriffe Lichtkompensationspunkt und Lichtsättigungspunkt.
c Erklären Sie, wieso der Ertrag in Gewächshauskulturen durch CO_2-Begasung gesteigert werden kann.

Klausurtraining

Training A Regulierende Faktoren der Glykolyse

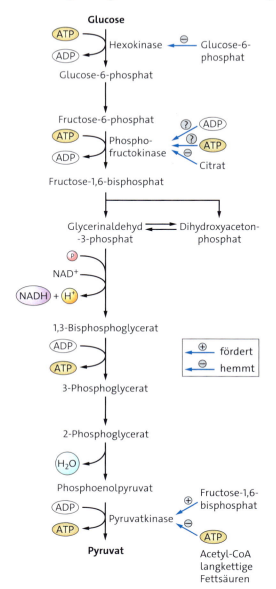

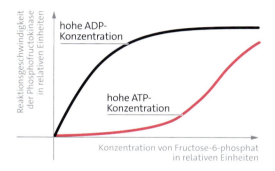

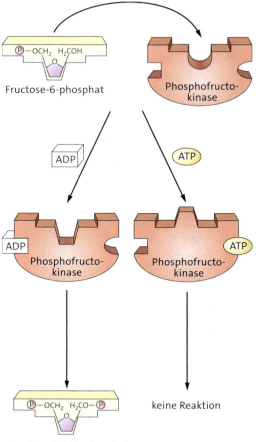

Die Zelle ist in der Lage, die Glykolyse bedarfsgerecht zu regulieren. Als Kontrollstellen für diese Regulation dienen die drei Enzyme Hexokinase, Phosphofructokinase und Pyruvatkinase.

Die Diagramme zeigen, wie ATP und ADP das Enzym Phosphofructokinase beeinflussen.

1. Beschreiben und erklären Sie, welche Stoffe den Ablauf der Glykolyse wie beeinflussen.
2. Beschreiben Sie anhand des Diagramms den Einfluss von ATP und ADP auf die Glykolyse.
3. Erklären Sie den Einfluss von ATP und ADP auf die Glykolyse.
4. Erklären Sie das im Diagramm dargestellte Ergebnis anhand der Modellvorstellung zur allosterischen Hemmung und Aktivierung.

Training B Leistungsdiagnostik und Trainingserfolge

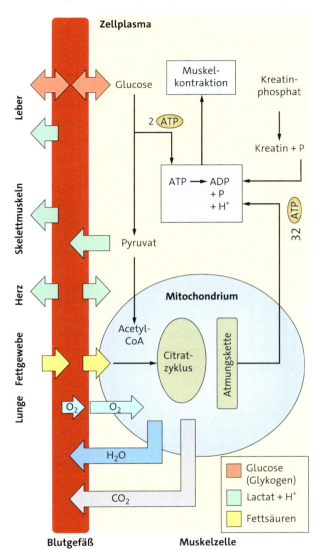

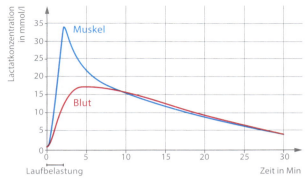

Messergebnisse des Leistungstests bei Belastungsintervallen von drei Minuten
(— Dezember 2014, — Dezember 2015)

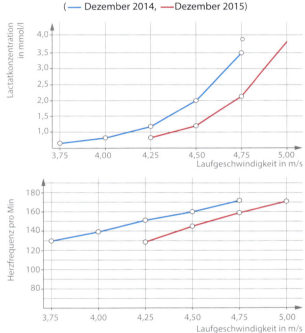

Während und nach einer intensiven körperlichen Belastung, zum Beispiel einem 400-Meter-Lauf, verändert sich die Lactatkonzentration im Blut und in den Muskeln. Mithilfe der veränderten Lactatwerte werden im Leistungssport der Trainingszustand und Trainingserfolg bestimmt.

Eine Spitzensportlerin im Mittel und Langstreckenlauf führte jährlich einen Leistungstest durch. Dazu lief die Sportlerin auf einem Laufband. Die Geschwindigkeit des Laufbands wurde stufenweise in festgesetzten Zeitinterval-len von jeweils drei Minuten erhöht, bis die Sportlerin ihre maximale Leistungsfähigkeit erreichte und die Belastung abbrach. Am Ende jeder Belastungsstufe wurden die Lactatkonzentration im Blut und die Herzfrequenz bestimmt.

1. Beschreiben Sie die Veränderungen der Lactatkonzentrationen in Blut und Muskel während und nach einem 400-Meter-Lauf.

2. Stellen Sie die im Schema gezeigten Stoffwechselwege der Energiebereitstellung für eine Muskelkontraktion dar.

3. Deuten Sie die Veränderungen der Lactatkonzentration mithilfe des Schemas.

4. Beschreiben Sie die Ergebnisse des Leistungstests der Sportlerin in den Jahren 2014 und 2015.

5. Stellen Sie Vermutungen an, welche Trainingseffekte die Veränderungen der Lactatkonzentration und der Herzfrequenz erklären könnten.

Glossar

A

Absorption: Aufnahme von Strahlungsenergie durch Anregung von Elektronen.

Absorptionsspektrum: grafische Darstellung der Absorption in Abhängigkeit von eingestrahlten Wellenlängen. Absorptionsspektren werden mit einem Spektralfotometer aufgenommen.

Adenosintriphosphat (ATP): ein Nucleotid aus der organischen Base Adenin, dem Zucker Ribose und drei Phosphatgruppen, das als universeller Energieträger der Zelle dient.

Aktinfilament: dünnes, fädiges Protein des Sarkomers.

Atmungskette: Kette von Redoxreaktionen in der inneren Mitochondrienmembran, in deren Verlauf der Wasserstoff des NADH mit dem Sauerstoff zu Wasser oxidiert wird. Diese Redoxreaktionen liefern die Energie für den Protonentransport und damit für die ATP-Bildung.

ATP-Synthase: spezielles Enzym in der Membran, durch das Protonen entlang des Konzentrationsgefälles durch eine Membran transportiert werden. Dabei wird die Energie des Konzentrationsgefälles für die Bildung von ATP aus ADP und Phosphat genutzt.

B

Blattpigmente: lichtabsorbierende Farbstoffe in Blättern, beispielsweise Chlorophyll.

Brennwert: Maß für die in einem Stoff enthaltene Wärmeenergie. Er wird in Kilojoule (kJ) oder Kilokalorie (kcal) pro Gramm Nährstoff angegeben.

C

Calvin-Zyklus: zyklischer Reaktionsablauf der lichtunabhängigen Reaktion der Fotosynthese, in dem Kohlenstoffdioxid reduziert und in organische Substanz eingebaut wird.

Chloroplasten: von zwei Membranen umschlossene Zellbestandteile von Pflanzenzellen, die für die Fotosynthese verantwortlich sind.

Chromatografie: Methode zur Trennung eines Stoffgemischs, bei der Stoffe aufgrund unterschiedlicher Löslichkeit in einem Fließmittel und unterschiedlicher Adsorption an einem Träger getrennt werden.

Citratzyklus: Reaktionskreislauf in der Mitochondrienmatrix, durch den das Pyruvat über mehrere Schritte vollständig zu Kohlenstoffdioxid oxidiert wird. Er ist der zentrale Abschnitt der Zellatmung und dient vor allem zur Bildung von NADH + H$^+$ sowie als Ausgangspunkt verschiedener Biosynthesewege.

D

Dictyosomen: stapelförmig angeordnete membranumgebene Hohlräume in der Zelle, in denen Sekrete gebildet werden. Die Gesamtheit der Dictyosomen bildet den Golgi-Apparat.

Dissimilation: abbauender Stoffwechsel, bei dem Kohlenhydrate, Fette, Aminosäuren oder andere Stoffe zur ATP-Bildung genutzt werden.

E

Elektronentransportkette: Reaktionskette von Redoxsystemen, in der Elektronen transportiert werden.

endergonische Reaktion: biochemische Reaktion, die Energie benötigt. Sie läuft nicht freiwillig ab.

Endoplasmatisches Reticulum (ER): von Membranen umschlossenes Hohlraumsystem der Zelle. Wenn es mit Ribosomen besetzt ist, wird es als raues Endoplasmatisches Reticulum bezeichnet, Bereiche ohne Ribosomen nennt man glattes Endoplasmatisches Reticulum.

Energieumsatz: Übertragung der in der Nahrung enthaltenen Energie auf die für den Körper nutzbaren, körpereigenen Energieformen, vor allem ATP.

F

Fotolyse des Wassers: fotochemische Spaltung von Wasser, bei der Elektronen, Protonen und elementarer Sauerstoff freigesetzt werden.

Fotophosphorylierung: Aufbau von ATP aus ADP und Phosphat durch Nutzung absorbierter Strahlungsenergie.

Fotosynthese: Umwandlung von Lichtenergie in chemische Energie und Aufbau von organischer Substanz aus anorganischen Stoffen. Sie besteht aus lichtabhängiger Primär- und lichtunabhängiger Sekundärreaktion.

Fotosysteme: fotosynthetisch wirksame Farbstoffe, die an Proteinkomplexe gebunden sind.

freie Enthalpie: auch Gibbs-Energie G. Die Änderung der freien Enthalpie oder Gibbs-Energie gibt an, ob eine Reaktion freiwillig ($\Delta G < 0$) oder unter Energiezufuhr abläuft ($\Delta G > 0$).

G

Gesamtumsatz: setzt sich aus Grundumsatz, Leistungsumsatz und in geringem Maße aus nahrungsbedingtem und temperaturregulierendem Energieumsatz zusammen.

Gleitfilamenttheorie: Modellvorstellung zur Muskelkontraktion, nach der Aktin- und Myosinfilamente durch die Beweglichkeit des Myosinkopfs aneinander vorbeigleiten.

Glykogen: in Tier- und Pilzzellen vorliegende Speicherform der Kohlenhydrate, die aus vielen Glucosemolekülen besteht.

Glykolyse: Folge von einzelnen chemischen Reaktionen, bei der die Glucose schrittweise zu Pyruvat abgebaut werden.

Grundumsatz: Energie, die zur Aufrechterhaltung der grundlegenden Funktionen eines Organismus bei völliger Ruhe benötigt wird.

L

Leistungsumsatz: bei körperlicher Aktivität zusätzlich benötigte Energiemenge, die über den Grundumsatz hinausgeht.

M

Mitochondrium: von zwei Membranen umhüllter Zellbestandteil, der für die Energiebereitstellung in der Zelle verantwortlich ist.

Muskelfaser: besteht aus langen, dünnen Zellen mit vielen Zellkernen und Mitochondrien, die aus der Verschmelzung von Vorläuferzellen entstanden sind. Mehrere Muskelfasern bilden ein Muskelfaserbündel.

Myofibrille: Bestandteil der Muskelfaser, der aus zahlreich hintereinanderliegenden Sarkomeren besteht.

Myosinfilament: dicker Proteinfaden, der mittig im Sarkomer liegt und über Titin mit den Z-Scheiben verbunden ist.

N

NAD+ (Nicotinamid-Adenin-Dinucleotid): Coenzym, das bei Redoxreaktionen Wasserstoffionen und Elektronen aufnimmt und dabei zu NADH + H+ reduziert wird.

O

Oxidation: Abgabe von Elektronen.

oxidative Decarboxylierung: chemische Reaktion, bei der Kohlenstoffdioxid aus Verbindungen abgespalten und das restliche Molekül oxidiert wird.

oxidative Phosphorylierung: Prozess, bei dem die Redoxreaktionen in der Atmungskette die Energie für den Protonentransport und damit für die ATP-Bildung liefern.

P

physikalischer Brennwert: gibt den Energiegehalt eines Stoffes an und wird durch den vollständigen Abbau des Stoffes ermittelt.

physiologischer Brennwert: gibt die spezifische Energie eines Stoffes an, die bei seiner Verstoffwechslung im Körper eines Organismus verfügbar gemacht werden kann. Da der Körper Stoffe nicht vollständig oxidieren kann, ist dieser Wert geringer als der physikalische Brennwert.

Proton, auch Wasserstoffion oder H+-Ion: ein stabiler, elektrisch positiv geladener Bestandteil der Atome.

Protonengradient: Konzentrationsgefälle für Protonen an einer Membran. Der Protonengradient ist die Grundlage der Energiegewinnung durch oxidative Phosphorylierung.

R

Reaktionsgeschwindigkeit-Temperatur-Regel (RGT-Regel): Faustregel, die besagt, dass eine Temperaturerhöhung um 10 °C etwa eine Verdopplung der Reaktionsgeschwindigkeit einer chemischen Reaktion zur Folge hat.

Redoxreaktion: Reaktion, bei der ein Reaktionspartner oxidiert wird, also Elektronen abgibt, und ein anderer gleichzeitig reduziert wird, also Elektronen aufnimmt.

Reduktion: Aufnahme von Elektronen.

respiratorischer Quotient (RQ): Verhältnis aus der Kohlenstoffdioxidmenge der ausgeatmeten Luft und der Sauerstoffmenge der eingeatmeten Luft.

rote Muskelfaser: Muskelfasern mit vielen Blutkapillaren, die langsamer kontrahieren, jedoch sehr ausdauernd sind.

S

Sarkomer: funktionelle Einheit einer Myofibrille und somit eines Skelettmuskels, die die Kontraktion ermöglicht.

T

Thylakoidmembranen: Membransystem der Chloroplasten.

Transmissionselektronenmikroskop: Elektronenmikroskop, bei dem die Elektronenstrahlen das Präparat durchdringen und auf einem Bildschirm unterschiedliche Schattierungen erzeugen.

U

Überkompensation: Energiereserven, die nach einer Trainingseinheit höher liegen als vor dem Training.

W

weiße Muskelfaser: Muskelfasern mit wenig Blutkapillaren, die sehr schnell kontrahieren, jedoch auch schnell ermüden.

Z

Zellatmung: aerobe Form des Energiestoffwechsels, bei dem die Glykolyse im Cytoplasma und der Citratzyklus in den Mitochondrien abläuft.

2 Lebewesen in ihrer Umwelt

▶ Einflüsse von abiotischen Faktoren auf die Lebensprozesse von Pflanzen und Tieren werden betrachtet.

▶ Wachstum von Populationen und seine Grenzen, sowie Vor- und Nachteile des Zusammenlebens von Lebewesen der gleichen Art und verschiedener Arten werden erklärt.

▶ Arttypische Eigenschaften von Lebewesen und ihre Angepasstheit an die Umweltbedingungen sowie die Nahrungsbeziehungen verschiedener Organismengruppen werden erläutert.

▶ Merkmale und Lebensbedingungen verschiedener Ökosysteme und die Bestimmung der darin lebenden Tiere oder Pflanzen werden behandelt und der Kreislauf von Kohlenstoff-, Sauerstoff- und Stickstoffatomen durch die Organismen im Ökosystem vorgestellt.

▶ Exponentielles Wachstum der Weltbevölkerung wird in Bezug gesetzt mit der Zunahme des Ressourcenverbrauchs und der Energienutzung. Die Ursachen und Folgen von Klimaveränderungen sowie mögliche Klimaschutzmaßnahmen werden erklärt.

▶ Voraussetzungen für die Entwicklung von Vielfalt an Arten und Ökosystemen werden kennengelernt und deren Bedeutung untersucht.

Koalas, *Phascolarctos cinereus*, leben in den Wäldern Australiens. Der Lebensraum wird immer kleiner und damit sinkt auch die Population der Koalas. Doch woran liegt das?

2.1 Ökologie – Keiner lebt für sich allein

1 Biber frisst an dem Ast eines Spitzahorns

Biber leben an Flüssen und Seen. Sie fressen neben Gräsern und Kräutern auch Blätter und Rinde von Bäumen. Sie nagen Baumstämme durch, sodass die Bäume umfallen. Die Äste nutzen sie beim Bau von Dämmen. Sie stauen dadurch Flüsse auf. Aus einem schnell fließenden Bach in einem Wald kann durch den Biber ein Flachgewässer mit einer vielfältig strukturierten Auenlandschaft werden. Doppelt so viele Fischarten und fünfmal so viele Libellenarten waren in einzelnen Gebieten die Folge der Besiedlung durch den Biber. Welche Auswirkungen haben Umweltbedingungen auf die Lebensmöglichkeiten von Organismen und im Gegenzug Lebewesen auf die Umwelt?

Faszination belebte Natur • Biberdämme sind auffällige tierische Bauwerke, deren weit reichenden Auswirkungen zum Staunen anregen. Nicht nur, dass das Wasser eines Baches zu einem See gestaut wird. Auch stammen die verbauten Äste von Bäumen, die der Biber in Bachnähe gefällt hat, sodass dort Licht bis auf den Boden gelangt und eine Wiese entsteht. Der Einsatz von versteckten Kameras und Unterwasserkameras ermöglicht Beobachtungen vom Familienleben in der Biberburg und dem Leben der Biber am und im Wasser. Filmaufnahmen vom Bau des Biberdammes und vom Verhältnis der Biber zu Feinden und Artgenossen interessieren viele Menschen. Naturschützer sind begeistert, weil Biber die Artenvielfalt an Bächen und Flüssen erhöhen. Selbst seltene Arten wie der Laubfrosch vermehren sich. Der Damm behindert allerdings auch Fische, die flussaufwärts zu ihren Laichplätzen schwimmen. Man nennt den Biber einen *Ökosystemingenieur*.

Der Wasserstau kann Konflikte mit der Landwirtschaft auslösen, wenn angrenzende Flächen überflutet werden. Dies kann aber auch zum Hochwasserschutz beitragen, weil sich das Wasser auf einer größeren Fläche verteilen kann.

2 Biberdamm

Fragen der Wissenschaft Ökologie • Zumeist untersucht die Wissenschaft Ökologie nicht nur einzelne Biber sondern viele Tiere der Art Europäischer Biber. Tiere einer Art gehören einer Fortpflanzungsgemeinschaft an, sind daher nahe miteinander verwandt und haben viele gemeinsame Merkmale. Sie können aber in einigen Merkmalsausprägungen unterschiedlich sein. Daher werden mehrere Individuen der Art untersucht.

Wo und wie leben Biber? Der Europäische Biber kommt von Südfrankreich bis Nordnorwegen vor. Er hält also verschiedene Klimabedingungen aus. Er lebt am und im Wasser und kann gut schwimmen und tauchen. Er erstellt einen eigenen Bau. Die Wissenschaft Ökologie fragt entsprechend, ob Lebewesen einer Art bestimmte Umgebungsfaktoren benötigen und welche Fähigkeiten sie haben bestimmte Umgebungsfaktoren zu tolerieren oder zu beeinflussen.

Welches Verhältnis haben Biber untereinander und zu Lebewesen anderer Arten? Biber wohnen in ihrem Bau in einem Familienverband aus Eltern und Jungtieren. Sie verteidigen ein Revier über 1 bis 3 Kilometer Flusslänge gegen andere Biber. Biber sind Pflanzenfresser. Sie haben verschiedene Feinde. In der Ökologie wird das Verhältnis von Lebewesen einer Art untereinander und zu denen anderer Arten erforscht.

Wie ist der Biber in das System aus Lebewesen und Umwelt eingebunden? Biber beziehen die Energie, die sie benötigen, aus der pflanzlichen Nahrung. Pflanzenwachstum hängt von Lichtenergie ab. Letztlich sind alle Lebewesen auf der Erde vom Sonnenlicht abhängig. Biber nehmen beim Fressen Stoffe auf und scheiden andere Stoffe wieder aus. Die Ökologie untersucht diese energetischen und stofflichen Zusammenhänge bei einzelnen Arten und bei Lebensgemeinschaften aus vielen Arten sowie in der gesamten Biosphäre. Dabei werden Modelle erstellt, die auf genauen Messungen und Beobachtungen aufbauen.

Methoden • Um zu wissen, wo Biber leben, muss das entsprechende Gebiet abgesucht werden. Man **untersucht** einen Lebensraum. Den Bau eines Biberdamms muss man **beobachten.** Wenn man feststellen will, welche Temperaturen Biber aushalten, muss man das **experimentell prüfen.** Um zu erfahren, wie breit und tief ein Fluss sein muss oder darf,

Feinde
Seeadler, Uhu, Hecht, Wels, Fuchs, Wolf

Nahrung
Triebe, Knospen und Blätter, Gräser und Kräuter, Rinde, Feldfrüchte

Licht
dämmerungs- und nachtaktiv

Temperatur
sehr dichtes Fell wärmedämmend mit Lufteinschluß

Ökosystemingenieur
Gestaltung des Lebensraums auch für andere Arten

Lebensraum
bevorzugt langsam fließende und stehende Gewässer mit weichen Gehölzarten in Ufernähe.

Wohnung
selbst erstellter Bau

Sozialleben
Familienverband Revierbildung

Wasser
bis zu 15 Minuten tauchen, Fell wasserabweisend, Körper stromlinienförmig

3 Biber in ihrer Umwelt

4 Biberdamm in begradigtem Bach und Biberfraßspuren auf einem Acker

in dem Biber Dämme bauen, untersucht man dies in der Landschaft und **setzt** das Vorkommen von Biberdämmen mit der Flussbreite und -tiefe **in Beziehung.** Wenn man aber die **Ursache** dafür herausfinden will, weshalb der Biber lediglich hier Dämme baut, muss man Experimente machen. Freilanduntersuchungen oder auch -experimente werden mit Laborexperimenten kombiniert. Bei allen wissenschaftlichen Methoden werden vorab **Fragen** entwickelt **und Hypothesen** aufgestellt.

Ökologie für die Praxis • Biber stehen unter Naturschutz. Wenn ein Biber nicht nur einen Bach aufstaut, sondern auch noch auf dem Acker die Feldfrüchte frisst, kann man mit ökologischem Wissen eine Entscheidungsgrundlage für den Konflikt zwischen Naturschutz und Nutzung der Natur liefern: Der Biber geht meistens nicht weiter als 50 Meter von seinem Gewässer auf Nahrungssuche und in der Nähe eines Biber-Sees bleibt das Grundwasser ganzjährig hoch. Wie man dieses Wissen nutzt, entscheidet nicht die Wissenschaft Ökologie. Die betroffenen Menschen müssen entscheiden.

2.2 Lebewesen und Temperatur

1 „Badetag" bei den Rotgesichtsmakaken

Im Norden der japanischen Insel Honshu liegt lange meterhoch Schnee. Eine Gruppe der hier lebenden Rotgesichtsmakaken überlebt in der kalten Jahreszeit auf außergewöhnliche Weise: Sie wärmen sich stundenlang in dem 35 bis 40 °C heißen Wasser der Thermalquellen von Yukanaka auf. Wie ist dieses Verhalten zu verstehen?

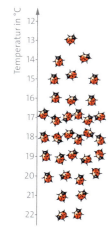

2 Temperaturpräferenz beim Marienkäfer

griech. stenos = eng
griech. eurys = breit
griech. thermos
= warm
= abweichend

Temperatur und Stoffwechsel • Tiere können bei ungünstigen Bedingungen Bereiche Ihres Lebensraums aufsuchen, in denen die jeweiligen Umweltfaktoren günstiger sind. So kann man in einem Versuch beobachten, dass sich die meisten Marienkäfer bevorzugt in einem Temperaturbereich zwischen 15 und 21 °C aufhalten, ihrem **Präferenzbereich**. (▶ 2).

Alle Lebensvorgänge sind an temperaturabhängige physikalisch-chemische Prozesse gebunden. (▶ **RGT-Regel, S. 68**). Darüber hinaus kommt es bei hohen Temperaturen kommt es zu einer Denaturierung der Proteine. Sie verlieren ihre räumliche Struktur und damit ihre Funktion. Sinkt die Temperatur unter 0 °C, gefriert Wasser in den Zellen und das Gewebe wird irreversibel geschädigt. Aufgrund der chemischen Zusammensetzung der Lebewesen laufen zudem nur in einem begrenzten Temperaturbereich Stoffwechselprozesse ab. Lebewesen können die Ausprägung einzelner Umweltfaktoren wie der Temperatur mehr oder weniger gut ertragen: Sie besitzen eine unterschiedliche **Toleranz** gegenüber einzelnen Umweltfaktoren wie beispielsweise der Temperatur.

Um festzustellen, in welchem Wirkungsbereich eines Umweltfaktors die Individuen einer Art besonders gut gedeihen, setzt man diese über einen längeren Zeitraum einem bestimmten Wert aus und misst dabei die Intensität von Lebensvorgängen. Der Wirkungsbereich eines Umweltfaktors, in dem die Individuen einer Art besonders gut gedeihen, wird als **physiologisches Optimum** bezeichnet. Je stärker die Intensität des Faktors vom Optimum abweicht, desto mehr wird die Lebensaktivität eingeschränkt. Das Wachstum kann vermindert oder die Nachkommenschaft kann verringert sein.

In der grafischen Darstellung ergeben die Daten **Toleranzkurven**, die meist den typischen Verlauf einer Optimumskurve zeigen. Die Grenzwerte stellen das Minimum oder Maximum dar, das von einem Organismus langfristig ertragen wird. Ein Über- oder Unterschreiten dieser Werte schwächt den Organismus und ist schließlich tödlich. Die Spanne zwischen Minimum und Maximum nennt man Toleranzbereich. Er kann enger oder weiter sein.

Bachforellen haben optimale Bedingungen bei einer Wassertemperatur zwischen 14 und 17 °C. Der Toleranzbereich des Karpfens reicht von 15 bis 32 °C. Die Bachforelle toleriert nur geringfügige Temperaturschwankungen und wird als **stenotherm** bezeichnet. **Eurytherme Arten** wie der Karpfen ertragen hingegen größere Temperaturschwankungen.

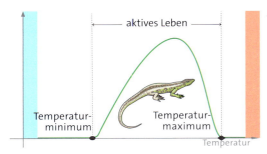

3 Temperaturtoleranzkurve von Poikilothermen

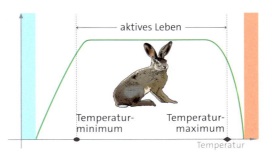

4 Temperaturtoleranzkurve von Homoiothermen

Wechselwarme • In kühlen Morgenstunden suchen Zauneidechsen sonnige Plätze auf. Dort lassen sie ihre Körper von der Sonne aufwärmen. Erreicht die Körpertemperatur etwa 35 °C, werden die Tiere aktiv. Steigt die Temperatur noch weiter an, ziehen sie sich in den Schatten zurück. Tiere wie die Zauneidechse, deren Körpertemperatur und damit auch die Aktivität passiv der Umgebungstemperatur folgen, bezeichnet man als wechselwarm oder **poikilotherm**. Poikilotherm sind alle Wirbellosen sowie Fische, Amphibien und Reptilien. Sie steuern ihre Körpertemperatur, indem sie sonnige oder schattige Bereiche aufsuchen. Liegt die Umgebungstemperatur außerhalb der unteren oder oberen Toleranzbereiche, verfallen poikilotherme Tiere in eine **Kältestarre** beziehungsweise **Wärmestarre**.

Auch Pflanzen sind poikilotherm. Da sie standortgebunden sind, können sie ihrer Umwelt und den dort herrschenden abiotischen Faktoren nicht ausweichen. Vergleicht man die Fotosyntheserate verschiedener Landpflanzen, so lassen sich große Unterschiede hinsichtlich der Temperaturoptima feststellen: Eine Pflanzenart wie das Große Alpenglöckchen, die Standorte mit niedrigen Jahresmitteltemperaturen besiedelt, weist auch ein niedriges Temperaturoptimum auf. Dies liegt für die beschriebene Art bei Werten von 15 bis 18 °C. Umgekehrt zeigen Kakteen als Bewohner heißer und trockener Lebensräume einen Optimumsbereich zwischen 30 und 45 °C. Es besteht also ein direkter Zusammenhang zwischen dem Optimumsbereich einer Pflanzenart und den Umgebungstemperaturen am Standort. Darüber hinaus schwankt das Temperaturoptimum bei vielen Pflanzen tagesperiodisch: So wie chemische Reaktionen im Allgemeinen unterliegen auch die Stoffwechselvorgänge der Zellen einer Temperaturabhängigkeit und die Temperaturbereiche, innerhalb derer sich bei einem Organismus Wachstum ereignet, werden durch biochemische, physiologische und morphologische Gegebenheiten bestimmt. Die Temperaturabhängigkeit des Wachstums folgt in der Regel einer charakteristischen Optimumkurve. Die Temperaturoptima für das Sprosswachstum ändern sich bei vielen Pflanzen oft tagesperiodisch, diese Pflanzen sind also an einen Temperaturwechsel zwischen Tag und Nacht angepasst und entwickeln sich nur bei einem solchen regelmäßigen Temperaturwechsel optimal. Eine solche Erscheinung nennt man Thermoperiodismus. Arten, die Lebensräume mit jahreszeitlich bedingten extremen Kälteperioden besiedeln, lagern Saccharose, Glucose oder Glyzerin im Gewebe ein. Diese Verbindungen wirken wie „Frostschutzmittel", wodurch der Gefrierpunkt des Zellwassers erniedrigt und somit die Bildung von Eiskristallen im Gewebe verhindert wird.

griech. poikilos = abweichend

Gleichwarme Tiere • Vögel und Säugetiere sind in der Lage, ihre Körpertemperatur weitgehend unabhängig von der Außentemperatur in einem physiologisch optimalen Bereich zwischen etwa 36 und 40 °C zu halten. Sie werden daher als gleichwarm oder **homoiotherm** bezeichnet. Auf sinkende Umgebungstemperaturen reagieren gleichwarme Tiere mit einer Erhöhung der Stoffwechselrate. Es wird also mehr chemisch gebundene Energie in Wärmeenergie umgewandelt. Die Tiere können zudem über eine Reihe von Regulationsmechanismen ihre Körpertemperatur weitgehend konstant halten. Bei zu hohen Temperaturen wirken bestimmte Kühlmechanismen wie das Schwitzen, Hecheln oder das aktive Aufsuchen von Schatten. Bei niedrigen Temperaturen helfen hingegen ein gut isolierendes Fell oder Federkleid und eine Speckschicht, die zudem als Energiespeicher dient.

griech. homoio = gleichartig

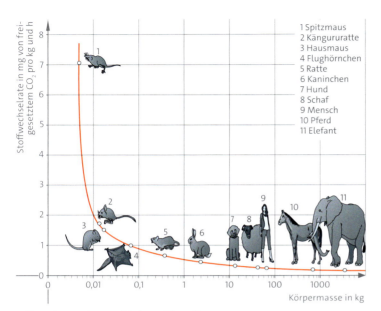

1 Energieumsatz verschiedener Säugetiere

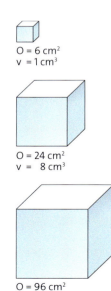

2 Zusammenhang zwischen Volumen und Oberfläche

Nutzen und Kosten der Temperaturregulation • Poikilotherme Tiere nehmen Wärmeenergie über ihre gesamte Körperoberfläche auf. Dabei ist das Verhältnis zwischen Körperoberfläche und Körpervolumen ausschlaggebend für die Aufrechterhaltung der Körpertemperatur. Somit ergibt sich also eine Obergrenze in der Körpergröße poikilothermer Tiere. Dies ist auch der Grund, weshalb das Verbreitungsgebiet größerer Poikilothermer wie Alligatoren und Anakondas im Wesentlichen auf die Tropen und Subtropen begrenzt ist.

Weiterhin haben wechselwarme Tiere eine relativ niedrige Stoffwechselrate, die weitgehend von der Umgebungstemperatur bestimmt wird. Sie benötigen daher zur Aufrechterhaltung des Wärmehaushaltes nur wenig Energie. Aus diesem Grund können einige poikilotherme Tierarten auch Lebensräume mit sehr eingeschränkten Nahrungs- und Wasserressourcen besiedeln.

Homoiotherme Tiere können ihre Körpertemperatur und damit auch die Intensität der Lebensvorgänge weitgehend unabhängig von der Außentemperatur konstant halten. Hierdurch können sie länger im Bereich ihrer höchsten Aktivität bleiben und sind leistungsfähiger bei der Nahrungssuche sowie bei der Flucht vor Räubern. Homoiothermie verursacht jedoch hohe Energiekosten, denn je weiter die Umgebungstemperatur vom Wert der Körpertemperatur entfernt ist, umso höher ist der Energiebedarf, um diese konstant zu halten. Vögel und Säuger müssen daher viel Nahrung aufnehmen. Nur ein geringfügiger Anteil der darin enthaltenen Energie wird in Wachstumsprozesse investiert, während der Großteil zur Erzeugung von Körperwärme beziehungsweise der Kühlung dient.

Auch bei Säugetieren und Vögeln hängt der Energiebedarf in erster Linie von dem Verhältnis zwischen Körpergröße und -oberfläche ab. Da bei ihnen jedoch die Körperwärme dem Stoffwechsel entstammt, stellt sich das Problem der Körpergröße anders dar: Je kleiner ein Organismus ist, desto größer wird seine relative Oberfläche, über die Wärme verloren geht. Kleinere homoiotherme Tiere wie zum Beispiel Spitzmäuse müssen daher täglich eine Nahrungsmenge aufnehmen, die etwa ihrem Eigengewicht entspricht. Nur so können sie den Wärmeverlust durch die hohe Stoffwechselaktivität ausgleichen. Spitzmäuse verbringen daher den größten Teil des Tages mit Futtersuche und Fressen. Weiterhin müssen kleine Tiere zur Erhaltung ihrer Körpertemperatur den Winter über aktiv bleiben und Nahrung aufnehmen.

Angepasstheit an die Jahreszeiten • Wenn im Spätherbst die Außentemperaturen sinken, fallen poikilotherme Tiere in eine **Winterstarre**, die sie nicht aktiv unterbrechen können. Bei Homoiothermen beobachtet man dagegen andere Strategien, die kalte Jahreszeit zu überstehen. So schützt ein isolierendes Winterfell oder Federkleid winteraktive Tiere vor Wärmeverlusten. Eichhörnchen, Dachse und Braunbären setzen zudem den Nahrungsbedarf im Winter durch lange Schlafphasen herab, die von seltenen Aktivitätsphasen unterbrochen werden. Sie halten **Winterruhe**. Beim echten **Winterschlaf** sinkt die Körpertemperatur stark, die Atmung und die Kreislaufaktivität werden reduziert, der Energiebedarf wird minimiert. Im Gegensatz zu den Poikilothermen wird die Körpertemperatur auch im Winterschlaf weiterhin reguliert und bei zu niedrigen Außentemperaturen aktiv erhöht. Typische Winterschläfer sind vor allem Insektenfresser, zum Beispiel Fledermäuse, oder Nagetiere, zum Beispiel der Siebenschläfer. Sie finden im Winter keine oder nur sehr wenig Nahrung.

Material

Lebewesen in ihrer Umwelt • Lebewesen und Temperatur

Material A Zusammenhang zwischen Körpermasse und Volumen?

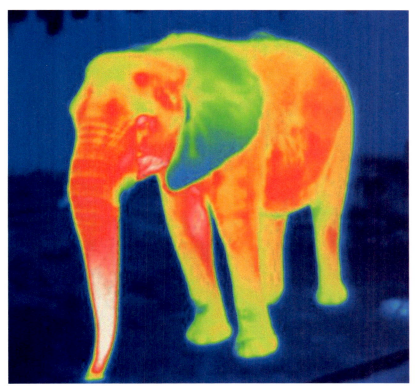

A1 Hauttemperaturen eines Elefanten (rot = hoch, blau = niedrig)

Versuchsmaterial:
- 2 verschieden große Rundkolben
- 2 passende Stopfen
- Alufolie
- Thermometer
- Watte
- Kordel oder Gummibänder
- Stative mit Klemmen und Muffen
- Wasserkocher
- Wasser

1 Entwickeln Sie mit den Materialien einen Modellversuch zur Überprüfung eines möglichen Zusammenhanges zwischen dem Energiebedarf und dem Verhältnis zwischen Körpergröße und -oberfläche bei Säugetieren.

2 Führen Sie den von Ihnen entwickelten Versuch durch und notieren Sie die Messdaten.

3 Stellen Sie die Messdaten grafisch dar.

4 Deuten Sie die Ergebnisse Ihres Versuchs und stellen Sie Bezüge zu den realen Verhältnissen dar. (▶ S. 84, 1).

5 Erläutern Sie unter Einbezug Ihrer bisherigen Arbeitsergebnisse, dass Elefanten theoretisch die hohen Tagestemperaturen in ihren Lebensräumen in Afrika und Asien nicht tolerieren können.

6 Recherchieren Sie anhand geeigneter Quellen, durch welche Angepasstheiten (physiologisch, anatomisch oder verhaltensbiologisch) Elefanten in ihren Lebensräumen dennoch überleben können.

Material B Temperaturoptima von C3-, C4- und CAM-Pflanzen

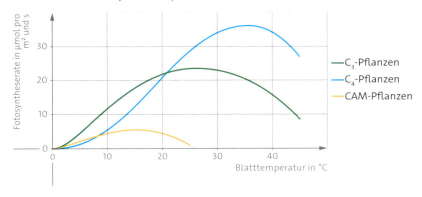

In einem Versuch wurde die Fotosyntheserate bei C3-, C4- und CAM-Pflanzen (▶ S. 68) in Abhängigkeit von der Blatttemperatur anhand der Menge der Kohlenstoffdioxidfixierung gemessen.

1 Beschreiben Sie das Versuchsergebnis mithilfe der grafisch dargestellten Daten.

2 Deuten Sie das Versuchsergebnis.

2.3 Abiotischer Faktor Wasser

1 Gnu im nahrungsreichen Kenia nach der Trockenzeit

Viele afrikanische Länder wie Tansania oder Namibia sind von monatelangen Trockenphase ohne Niederschläge und austrocknenden Grasflächen geprägt, Beginnt dann wieder die Regenzeit explodiert die Vegetation vielerorts in Form bunt blühender Wiesen. Zu diesen Orten reichhaltiger Nahrung und Wasserstellen wandern Jahr für Jahr Millionen von Gnus, Gazellen und Zebras. Danach kehren sie wieder in ihre ursprünglichen und dann auch wieder regenreichen Gebiete zurück und legen hierbei jährlich bis zu 3000 Kilometer zurück. Welche Bedeutung hat Wasser für Tiere und Pflanzen?

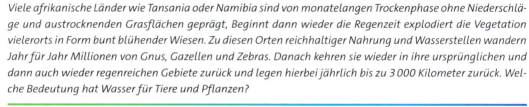

2 Wassergehalt verschiedener Lebewesen:
A Qualle,
B Landschnecke,
C Frosch,
D Mensch

Verfügbarkeit von Wasser • Der Wassergehalt tierischer und pflanzlicher Zellen liegt zwischen 75 und 95 %. Wasser und dient sowohl als Reaktionspartner als auch Medium für biochemische Reaktionen oder Abfallprodukte. Regulierte Wasserabsonderung durch Schwitzen ermöglicht die Abgabe überschüssiger Wärme. Ein hoher Wasserverlust kann schnell lebensbedrohlich werden. Beim Menschen führt ein Wasserverlust von 10 % zu motorischen Ausfällen sowie Sprachstörungen und schon nach wenigen Tagen droht der Tod durch Austrocknung. Wasserverlust muss daher durch Wasseraufnahme ausgeglichen werden: durch Trinken, Aufnahme wasserhaltiger Nahrung und durch das bei der Zellatmung entstehende Oxidationswasser.

Landtiere • Fossilien aus dem Devon belegen die Entwicklung erster Landwirbeltiere vor etwa 400 bis 350 Millionen Jahren. Der Übergang vom Wasser- zum Landleben war nur möglich nach Entwicklung von Angepasstheiten in Bau und Funktion. Sie wirken dem Wasserverlust durch Exkretion, Atmung und Wasserabgabe an der Körperoberfläche entgegen. Eine wesentliche strukturelle **Angepasstheit** gegen übermäßigen Wasserverlust ist eine wachshaltige Kutikula über dem Chitinpanzer vieler Insekten und Spinnentiere. Ihre Körperoberfläche ist daher für Wasser nahezu undurchlässig. Viele Wirbeltiere haben eine ausgeprägte Hornhaut mit Schuppen, Federn oder Haaren, die ebenfalls dem Austrocknen entgegenwirken.

Die dünne Haut von Amphibien bietet hingegen nur einen geringen Verdunstungsschutz. Mit Schleimdrüsen wird ihre Haut befeuchtet. Amphibien trinken nicht, sondern nehmen Wasser über ihre Haut auf. Kröten und andere Amphibien, die sich vorübergehend vom Wasser entfernen oder Trockenzeiten überstehen müssen, können Wasser in großen Harnblasen speichern.

Auf dem Land lebende Tiere haben eine Reihe von **physiologischen Angepasstheiten**, die den Wasserverlust bei der Exkretion reduzieren. Ein Beispiel ist die Rückresorption von Wasser aus Kot und Urin auf der Grundlage des Gegenstromprinzips. Der Mensch produziert täglich 180 l Primärharn, von dem nur 0,5 bis 2 l ausgeschieden wird. Das meiste Wasser, das in den Nieren rückresorbiert wird, gelangt zurück ins Blut. Aus Primärharn wird so ein konzentrierter Endharn, der Urin, mit dem unter anderem stickstoffhaltige Endprodukte des Proteinstoffwechsels als Harnstoff ausgeschieden werden.

3 Weinbergschnecke in Trockenstarre

Landtiere zeigen zusätzlich **verhaltensgesteuerte Angepasstheiten** zur Regulierung des Wasserhaushaltes. Amphibien als *Feuchtlufttiere* bevorzugen Ufer, feuchte Wiesen und Wälder. Zur Fortpflanzung müssen die meisten Arten das Wasser aufsuchen, denn ihre Nachkommen durchlaufen dort zunächst ein Larvenstadium. Nach einer Metamorphose führen sie dann ein Leben an Land. Viele Amphibien sind zudem *nachtaktiv* und halten so den Wasserverlust über die Haut gering. Viele Schnecken, ebenfalls Tiere feuchter Habitate, überstehen Trockenzeiten abgeschirmt in Kalkgehäusen.

4 Landschildkröte: **A** Habitus, **B** Panzer (Ausschnitt)

Wüstentiere • Säuger in der Wüste haben als **anatomische Angepasstheit** keine oder reduzierte Schweißdrüsen. Auch **physiologische Angepasstheiten** verringern den Wasserverlust. Manche können sogar überleben, ohne zu trinken. Kängururatten lassen beim Einatmen Wasser von der feuchten Naseninnenfläche verdunsten. Die trockene Luft wird dabei angefeuchtet und angewärmt. Beim Ausatmen wird der Luft an der nun kühleren Nasenschleimhaut ein Teil des Wassers durch Kondensation wieder entzogen. Der atmungsbedingte Wasserverlust der Kängururatten wird so um etwa 1,5 bis 3 l pro Tag reduziert. Kängururatten ernähren sich hauptsächlich von trockenen Samen. Das beim Abbau dieser Nahrung entstehende Oxidationswasser deckt meist den Wasserbedarf. Trampeltiere gewinnen einen großen Teil ihres Wasserbedarfs durch Abbau von Fettgewebe in ihren Höckern. Wie viele andere Wüstentiere scheiden sie einen hoch konzentrierten Urin und sehr trockenen Kot aus. Beispiele für **verhaltensgesteuerte Angepasstheiten** sind die Fernwanderungen afrikanischer Huftiere oder die Nachtaktivität kleiner Säugetiere.

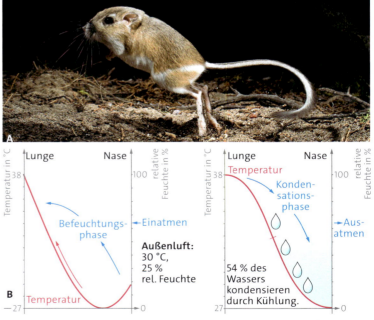

5 Kängururatte: **A** Habitus, **B** Temperatur und Feuchtigkeit der Luft beim Ein- und Ausatmen

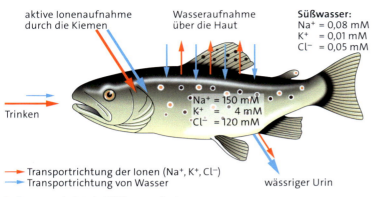

1 Osmoregulation bei Süßwasserfischen

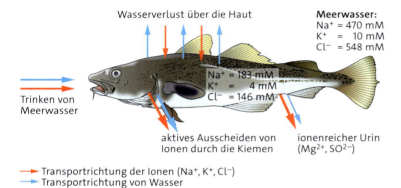

2 Osmoregulation bei Meeresfischen [mM = Millimol pro Liter]

1 mmol/l Natriumchlorid enthalten und ihre Plasmaionenkonzentration 100 mmol/l übertreffen. In Süßwasser lebende Fische und Amphibien trinken zudem kaum Wasser, sodass sich die Notwendigkeit der Ausscheidung von überflüssigem Wasser weiter reduziert.

Amöben, Pantoffeltierchen und andere Einzeller des Süßwassers besitzen kontraktile Vakuolen; die der Wasserausscheidung dienen. Süßwasserfische können über ihre Nieren große Mengen stark verdünnten Harns ausscheiden. Biologische wichtige Ionen werden aus dem Primärharn ins Blut rückresorbiert.

Marine Tiere • Bei den meisten wirbellosen Meerestieren ähnelt die Ionenkonzentration der des Umgebungswassers, mit etwa 3,5 % NaCl. Sie sind *poikiloosmotisch*. Deswegen muss der Zustand ihrer Körperflüssigkeiten nicht aktiv kontrolliert werden. Diese Tiere nennt man *Osmokonformer*. Dazu gehören zum Beispiel Stachelhäuter, Krebstiere und Knorpelfische. Je nach Salzgehalt scheiden sie Wasser aus oder nehmen Ionen auf, bis ihre Körperflüssigkeit isotonisch mit der Umgebung ist.

Knochenfische des Meeres sind hingegen *hypoosmotisch*. Das heißt, ihre Körper haben einen geringeren Salzgehalt als das Meerwasser und sie verlieren durch Osmose ständig Wasser an die Umgebung. Sie trinken daher zum Ausgleich Meerwasser und scheiden gleichzeitig die überschüssigen Ionen aktiv über das Kiemenepithel oder die Nieren aus. Sie sind *Osmoregulierer*. Auch Meeresvögel und Reptilien, die die mit dem Wasser oder der Nahrung aufgenommenen überschüssigen Ionen über spezifische Drüsen ausscheiden, sind Osmoregulierer.

Süßwassertiere • Die Körperflüssigkeit vieler im Süßwasser lebender Tiere hat normalerweise eine höhere Ionenkonzentration als das Außenmedium. Die Tiere sind somit *hyperosmotisch*. Daher diffundiert mehr Wasser in ihre Zellen als umgekehrt. Dies führt schließlich zu einer höheren Exkretion von Wasser und damit auch zu einem Verlust biologisch wertvoller Ionen. Alle Stoffwechselvorgänge sind jedoch von einem konstanten inneren Milieu abhängig, also einer bestimmten Konzentration an Natrium- oder Kaliumionen oder von anderen gelösten Stoffen. In ihrer hypotonischen Umgebung sind Süßwassertiere daher auf **Osmoregulation** angewiesen. Ein Absinken des osmotischen Drucks im Zellinneren lässt sich nur durch das Ausscheiden des überschüssigen Wassers und die aktive Aufnahme wichtiger Ionen kompensieren.

Manche Süßwasserfische können daher aktiv über spezifische Transportepithelien in ihren Kiemen Natrium- und Chloridionen aus dem Umgebungswasser aufnehmen. Dabei kann das Wasser weniger als

1 Stellen Sie Vermutungen an, weshalb in Trockengebieten lebende Schnecken oftmals helle Gehäuse mit verringerten Gehäuseöffnungen haben.

2 Erstellen Sie eine Übersicht zu Wassersparstrategien der genannten Wüstentiere und setzen Sie diese in Beziehung zum Basiskonzept Angepasstheit.

3 Erläutern Sie das Vorkommen poikiloosmotischer Tiere in Brackwasser und Gezeitenzonen.

Angepasstheit an die Wasserverfügbarkeit bei Pflanzen • Pflanzen sind ortsgebunden und daher nicht in der Lage, ihren Aufenthaltsort zu verlassen und aktiv wasserreiche Regionen aufzusuchen. Somit sind sie an die Verfügbarkeit von Wasser ihres jeweiligen Standortes angewiesen, was sich in verschiedenen Angepasstheiten widerspiegelt.

Hydrophyten, auch Wasserpflanzen genannt, leben entweder untergetaucht oder „schwimmen" mit ihren Blättern auf der Wasseroberfläche. Die Schwimmblätter der Wasserpflanzen sind wie die Laubblätter der Mesophyten gebaut, während die untergetauchten Blätter nur eine einschichtige Epidermis mit zarter Cuticula aufweisen. Spaltöffnungen finden sich zudem nur an den Blattoberseiten der Schwimmblätter. Auffällig sind auch die großen Interzellularen, die mit einem Durchlüftungsgewebe, dem Aerenchym, in Verbindung stehen. Dieses durchzieht den gesamten Spross und stellt so den Gasaustausch sicher. Wasserpflanzen können gelöstes Kohlenstoffdioxid, Sauerstoff und Mineralsalze aus dem Wasser aufnehmen. Oftmals sind die Wurzeln daher zurückgebildet.

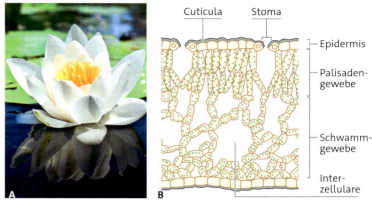

3 Weiße Seerose: A Foto, B Blattquerschnitt (Schema)

Hygrophyten, auch Feuchtpflanzen genannt, wachsen im Wald, Sümpfen und Uferzonen. Besondere Angepasstheiten ermöglichen eine ausreichende Transpiration und damit die Aufrechterhaltung des Wassertransports trotz hoher Luftfeuchtigkeit. Feuchtpflanzen besitzen dünne, große Blätter, oft mit lebenden Haaren oder herausgehobenen Stomata. Die Blattflächen sind mit zahlreichen Wasserspalten, den Hydathoden, besetzt, über die auch bei hoher Luftfeuchtigkeit Wasser ausgeschieden werden kann. Dieser Vorgang wird als *Guttation* bezeichnet.

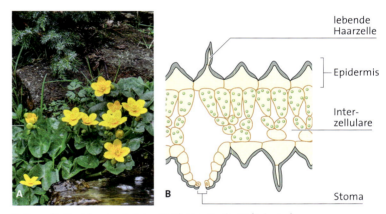

4 Sumpfdotterblume: A Foto, B Blattquerschnitt (Schema)

Xerophyten, auch Trockenpflanzen genannt, wachsen an Standorten mit starker Sonneneinstrahlung und hohem Wassermangel. Die wirksamste Angepasstheit zur Verringerung des Wasserverlustes ist die Einschränkung der Transpiration. Xerophyten besitzen kleine Blätter mit einer mehrschichtigen Epidermis, einer dicken Cuticula, eingesenkten Stomata und toten Haaren. Ein oft stark verzweigtes Wurzelwerk hilft die geringen Wasservorräte im Boden zu erreichen. Sukkulente Trockenpflanzen speichern zudem Wasser in Blättern oder Sprossen.

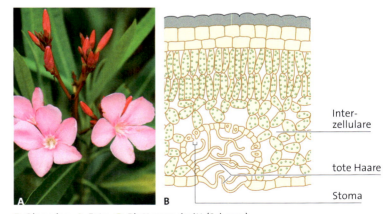

5 Oleander: A Foto, B Blattquerschnitt (Schema)

4 Vergleichen Sie die drei Gestalttypen miteinander und erklären Sie die jeweiligen Auswirkungen auf den Wasserhaushalt und den Gasaustausch.

Wasserhaushalt bei Pflanzen

Bei Blütenpflanzen wird Wasser nur von den Wurzeln aufgenommen. Die Aufnahme von Kohlenstoffdioxid und die Abgabe von Wasserdampf erfolgt über Spaltöffnungen, den *Stomata*, in der Blattoberfläche. Laubbäume wie die Rotbuche bevorzugen mäßig feuchte Standorte. Man bezeichnet sie daher als *Mesophyten*. Rotbuchen erreichen in mitteleuropäischen Breitengraden eine Stammhöhe von bis zu 40 m. Bäume dieser Höhe benötigen an einem sonnigen Sommertag etwa 400 l Wasser zur Aufrechterhaltung aller Lebensvorgänge. Das über die Wurzeln aufgenommene Wasser und die darin gelösten Mineralsalze werden über spezifische Leitungsbahnen entgegen der Schwerkraft bis zu den Blättern transportiert. Die angegebene Menge entspricht dem Inhalt von etwa 45 Mineralwasserkisten. Eine erhebliche Kraft wäre demnach notwendig, diese Menge eine Treppe von 40 m hoch zu tragen.

Wasseraufnahme

Die Aufnahme von Wasser erfolgt bei Landpflanzen über das Wurzelsystem. Dabei diffundiert das Wasser passiv entlang eines Konzentrationsgefälles aus dem Boden in die äußeren Zellen der Wurzeln, der *Rhizodermis*. Möglich ist dies, weil der Wassergehalt in den Zellen geringer ist als in den angrenzenden Bodenschichten. Das aufgenommene Wasser diffundiert schließlich über die Zellwände oder das Zellplasma der angrenzenden Schichten bis hin zur Endodermis. Hier finden ATP-verbrauchende Transportvorgänge statt, wodurch der weitere Stoffdurchtritt kontrolliert wird. Im Inneren der Wurzel, dem Zentralzylinder, gelangt das Wasser schließlich in langgestreckte, oft querwandlose Zellen des Xylems der Leitbündel, die sich durch den gesamten Pflanzenkörper ziehen.

Wasserabgabe

An einem heißen und trockenen Sommertag gibt ein frei stehender Baum bis zu 400 l Wasser über die Blattflächen ab. Diese Wasserdampfabgabe wird als **Transpiration** bezeichnet. Da an trockenen Tagen der Wassergehalt der Luft niedriger ist als in den Blattzellen, verlieren diese infolge der Transpiration stetig Wasser. In den Zellen herrscht ein Unterdruck, der dazu führt, dass Wasser aus dem umgebenden Gewebe, wie mit einem Strohhalm, gesaugt wird. So entsteht ein Transpirationssog, der die Wassersäule von den Wurzeln bis in die Blätter kontinuierlich transportiert. An warmen Tagen geschieht dies mit Geschwindigkeiten von bis zu 60 m pro h.

Die Transpiration von Wasser über die Blattoberflächen ist also die entscheidende treibende Kraft für den Wassertransport durch die Pflanze. Sie richtet sich nach Temperatur, Lichtintensität, Luftbewegungen, Kohlenstoffdioxid- und Wassergehalt der Luft, aber auch nach dem vom Wasser- und Ionengehalt abhängigen Zelldruck. Solange eine Pflanze über den Boden ausreichend Wasser aufnehmen kann, stellt der Wasserverlust über die Transpiration kein Problem dar. Trocknet der Boden jedoch aus, beginnt die Pflanze zu welken.

1 Wassertransport durch die Pflanze

Material A Abiotischer Faktor Wasser und der Klimawandel

A1 Blutbuche mit vorzeitig verbraunten und vertrockneten Blättern

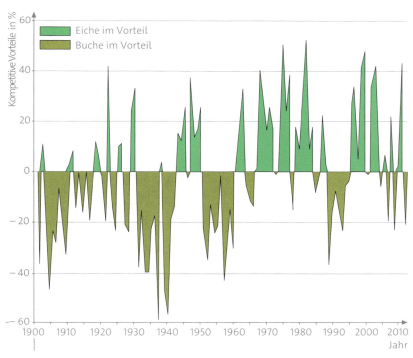

A3 Langfristiger Vergleich der jeweiligen Konkurrenzvorteile von Buche und Eiche

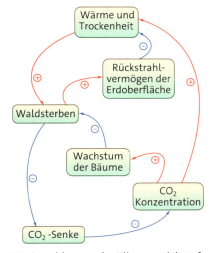

A2 Auswirkungen des Klimawandels auf Wälder

Wärme und Trockenheit in Folge des Klimawandels führen zu einem vermehrten Waldsterben. Hierdurch wird über Wälder weniger Kohlenstoff gespeichert, sodass in Folge noch mehr Kohlenstoffdioxid in die Atmosphäre gelangt (▶ A2). Zukünftige Wälder müssen daher den Herausforderungen des Klimawandels standhalten können.

Waldbäume und Klimawandel • Ohne die Eingriffe des Menschen wäre die Landfläche Deutschlands überwiegend von Rotbuchenwälder bedeckt, da Rotbuchen durch ihre hohe Schattentoleranz in Regionen mit ausreichend Wasserversorgung konkurrenzstärker sind als Fichten oder Stieleichen. Sinkt jedoch die Wasserverfügbarkeit durch Trockenheit, treten vermehrt Symptome wie Schleimaustritt aus dem Stamm oder abgestorbene Blätter (▶ A1) auf, die als Trockenstressfolgen interpretiert werden. Hierdurch wird zunehmend fraglich, ob bei Wiederaufforstung von Waldflächen die Rotbuchen als natürliche Leitart hiesiger Laubwälder noch geeignet sind. Die sinkende Konkurrenzstärke von Buchen im Vergleich zu Eichen zeigt sich auch in langfristigen Rekonstruktionen (▶ A3).

Das relativ frühe Einsetzen von Trockenstresssymptomen bei Rotbuchen ist darauf zurückzuführen, dass sie bei einsetzender Trockenheit noch relativ lange ihre Spaltöffnungen geöffnet halten und entsprechend Fotosynthese betreiben. Bleibt es länger trocken, kommt es durch den weiteren Wasserverlust dazu, dass die Wassersäulen in den Xylemgefäßen der Rotbuchen abreißen. Hierdurch treten bei Rotbuchen schneller Trockenstresssymptome auf als bei Bäumen, die bereits bei geringer Trockenheit ihre Spaltöffnungen schließen und so Trockenphasen besser überdauern können.

1 Vergleichen Sie die Gestalttypen von Seerose, Sumpfdotterblume und Oleander miteinander und erklären Sie die jeweiligen Auswirkungen auf den Wasserhaushalt und den Gasaustausch.

2 Erläutern sie die Aussage: „Xerophyten sind Pflanzen zwischen Hunger und Durst".

3 Beschreiben Sie die Folgen des Klimawandels auf einheimische Rotbuchen.

2.4 Größe von Populationen

1 Pinguinkolonie

Pinguine sind im Wasser lebende Vögel, die Fische und Krebstiere jagen. Die größte der 17 bekannten Arten ist der über 1 m große und bis zu 45 kg schwere Kaiserpinguin. Zur Fortpflanzung wandern die Tiere auf das antarktische Festland oder auf das feste Packeis. Zwei Wochen nach der Paarung legt jedes Weibchen ein Ei, das es an das Männchen übergibt. Die Weibchen kehren ins Meer zurück und suchen Nahrung, während die Männchen die Eier in einer großen Kolonie ausbrüten. Wie wird verhindert, dass die Pinguinpopulation ins Unermessliche wächst?

Populationen • Eine Gruppe artgleicher Lebewesen, die eine Fortpflanzungsgemeinschaft bilden und zur gleichen Zeit in einem bestimmten Areal leben, nennt man **Population.** Wie das Beispiel der Kaiserpinguine zeigt, heißt dies jedoch nicht, dass alle Tiere dauernd zusammen in einem Gebiet leben müssen.

Zu den Kennzeichen einer Population gehören die **Populationsgröße,** womit die Gesamtzahl aller Individuen im Siedlungsgebiet gemeint ist, und die Populationsdichte, die die Individuenzahl pro Flächeneinheit angibt. Außerdem sind für die Beschreibung einer Population die räumliche Verteilung und die Altersstruktur der Mitglieder von Bedeutung. Die **Geburtenrate** und die **Sterberate** geben an, wie viele Lebendgeburten und Sterbefälle bei zum Beispiel 1 000 Individuen pro Zeiteinheit auftreten. Die **Zuwachsrate** ergibt sich aus der Differenz dieser beiden Zahlen. Sie ist im Fall eines Geburtenüberschusses positiv und führt zu einem Populationswachstum.

Entscheidend für die Größe einer Population sind die Umweltgegebenheiten in einem Lebensraum. Diese bestimmen durch ihre An- oder Abwesenheit die **Umweltkapazität:** Sie gibt die maximale Anzahl der Individuen an, die in einem Lebensraum langfristig vorkommen kann.

Verschiedene Formen des Wachstums • Bei der Neubesiedlung von Lebensräumen gibt es zunächst keine begrenzenden Faktoren für das Wachstum der Population. Am einfachsten lässt sich dies bei Bakterien beobachten, die in einer Flüssigkultur herangezogen werden. Nach einer Phase langsamen Wachstums im frischen Nährmedium, der lag-Phase, geht die Kultur in ein **exponentielles Wachstum** über, die log-Phase. Die Populationsgröße verdoppelt sich nun in gleichen Zeitintervallen. Mit der rasant wachsenden Bakterienanzahl ist eine Nahrungsverknappung verbunden, sodass die Wachstumsrate sinkt und keine äußerlich sichtbare Vermehrung mehr stattfindet. In dieser stationären

Phase liegen Vermehren und Absterben im Gleichgewicht. Ein solches **logistisches Wachstum** entspricht der Umweltkapazität. Da das Medium jedoch allmählich erschöpft ist und Ausscheidungsstoffe die Lebensbedingungen verschlechtern, sinkt die Umweltkapazität. Mehr Bakterien sterben ab als durch Teilung neu entstehen. Diese Absterbephase führt zu einem abfallenden Kurvenverlauf.

Fortpflanzungsstrategien • Feldmäuse sind die häufigsten heimischen Säugetiere. Die 10 cm kleinen Nagetiere leben in verzweigten Gängen dicht unter der Erdoberfläche. Fünf- oder sechsmal pro Jahr bringt das Weibchen jeweils fünf bis zehn Jungtiere zur Welt, die bereits nach zwei Wochen geschlechtsreif sind.

Solche Lebewesen mit vielen Nachkommen nennt man **r-Strategen**. Für sie typisch sind hohe Vermehrungsraten sowie kurze Geburtenabstände, Individualentwicklungen und Lebensspannen. Bei einem frühen Fortpflanzungsbeginn sind die Wurfgröße und die Sterblichkeit der Jungtiere meistens hoch. Die Populationsdichte schwankt und kann schlagartig abfallen. Solche Arten können variable Umweltbedingungen gut ertragen, sich rasch ausbreiten und neue Lebensräume besiedeln. Man bezeichnet dies als opportunistische Habitatnutzung.

Weitere Beispiele für r-Strategen sind die meisten Mikroorganismen, Kleinkrebse, Blattläuse und Sperlinge sowie soziale Insekten wie Bienen und Ameisen. Zu den pflanzlichen r-Strategen zählen Pionierpflanzen auf Brachflächen.

Der Rothirsch ist das größte Wildtier Mitteleuropas. Von Kopf bis Rumpf fast 2 m lange männliche Tiere wiegen etwa 200 kg. Hirschkühe sind etwa halb so schwer. Die meiste Zeit des Jahres leben Rothirsche in Rudeln. Nach einer Tragzeit von 230 Tagen wird ein bis zu 14 kg schweres Kalb geboren, das ein halbes Jahr gesäugt wird. Männliche Rothirsche sind nach sieben, weibliche nach fünf Jahren geschlechtsreif.

Lebewesen, die wie der Rothirsch wenige Nachkommen haben, nennt man **K-Strategen**. Merkmale von K-Strategen sind eine langsame Individualentwicklung, eine lange Lebensspanne und eine geringe Vermehrungsrate. Die Geburtenabstände sind lang, Wurfgröße und Sterblichkeit der Nachkommen meistens gering. Die Populationsgröße liegt nahe der Umweltkapazität. K-Strategen leben unter weitgehend konstanten Umweltbedingungen und nutzen gegebene Ressourcen auch unter starker Konkurrenz. Unsichere Lebensräume werden eher nicht besiedelt. Diese Lebensweise wird als konsistente Habitatnutzung bezeichnet. Weitere Beispiele für K-Strategen sind Bären, Biber, Wale, Elefanten und Primaten sowie große Greifvögel wie Adler, Geier und Uhu. Zwischen den beiden unterschiedlichen Strategien gibt es viele Übergänge. So ist es für Menschen als K-Strategen auch typisch, neue Lebensräume zu erschließen.

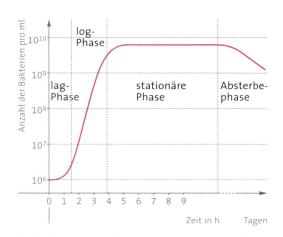

2 Wachstum in einer Bakterienkultur

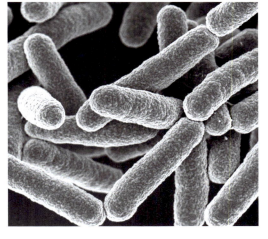

3 REM-Bild von *Escherichia coli*

1 Vergleichen Sie die beiden Fortpflanzungsstrategien und setzen Sie sie in Beziehung zu dem Begriff „Angepasstheit".

1 Tupaia (Spitzhörnchen)

Schwanzsträubwert (%)	Beobachtetes Verhalten
bis 5	harmonisches Zusammenleben
10	langsames Wachstum
20	Weibchen verhalten sich männlich
30	Weibchen fressen ihr Jungtier
50	Weibchen werden unfruchtbar
60	Weibchen wehren Männchen ab
70	Männchen werden unfruchtbar
90	Tod durch innere Vergiftung

2 Schwanzsträubwerte in % der beobachteten Zeit

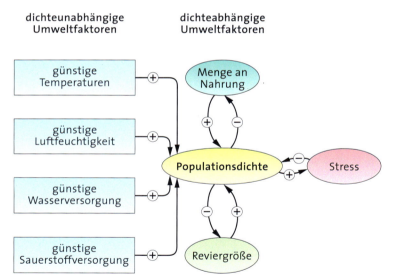

3 Zusammenwirken von dichteabhängigen und dichteunabhängigen Faktoren bei der Regulation der Populationsdichte (Modell). Es bedeuten:
- ⊕▶ beeinflusst positiv
- ⊕▶ je größer ..., desto größer / je kleiner ..., desto kleiner
- ⊖▶ je größer ..., desto kleiner / je kleiner ..., desto größer

Intraspezifische Konkurrenz • Das Angebot an Raum, Nahrung, Nist- und Ruheplätzen in einem Biotop ist begrenzt. Dies führt zur Konkurrenz innerhalb einer Art um diese **Ressourcen**. Austernfischer konkurrieren um meernahe Brutplätze, Frischlinge um die milchreichste Zitze der Bache und Vogelküken um den größten Nahrungshappen. Die **intraspezifische Konkurrenz** ist abhängig von der Populationsdichte. Bei vielen Tierarten wird intraspezifische Konkurrenz durch die Aufteilung des Lebensraums in **Reviere** reduziert. Diese **Territorialität** gibt den Inhabern der Reviere exklusive Nutzungsmöglichkeiten und vermeidet andauernde Auseinandersetzungen um knappe Ressourcen.

Bei Pflanzen ist die innerartliche Konkurrenz um Licht, Wasser und Mineralstoffe besonders hoch. In jungen Baumbeständen setzen sich die stabilsten und vitalsten Bäume durch, während weniger konkurrenzfähige absterben.

Regulation der Populationsdichte • Bei Tupaias, südostasiatischen Spitzhörnchen, sträuben sich unter Stress die sonst glatt anliegenden Schwanzhaare zu einer buschigen Bürste. Ursache dafür ist die Absonderung von Adrenalin und Corticoiden. Die Hormone steigern Herzschlag und Blutdruck, mobilisieren Energiereserven, vermindern die Durchblutung von Nieren und Darm und unterdrücken die Keimdrüsenaktivität. Stressindikatoren sind somit die „Schwanzsträubwerte", die den Zeitraum angeben, in dem der Schwanz der Tupaias aufgebauscht ist. Bei hoher Populationsdichte liegen diese Werte bei 50 % mit der Folge, dass Jungtiere nicht geschlechtsreif werden. Bei Werten ab 80 % verlieren Tupaias rasch an Gewicht und sterben an Nierenversagen.

Die Dichte von Populationen kann also auch ohne den Einfluss von Fremdlebewesen über den Hormonhaushalt reguliert werden. Hohe Individuenzahlen bewirken starke Konkurrenz, die zu Stress und einer geringen Fortpflanzung führen. Bei kleiner Populationsdichte entsteht kaum Stress und die Fortpflanzung bleibt unbehindert.

Neben diesen **dichteabhängigen Faktoren** beeinflussen auch klimatische Bedingungen und abiotische Gegebenheiten die Populationsdichte. Solche Größen nennt man **dichteunabhängige Faktoren**. Im Extremfall kann eine durch Stress geschwächte Population sogar zusammenbrechen: Einen strengen Winter oder eine lange Dürre überleben die meisten Individuen dann nicht.

1 Stellen Sie Vermutungen darüber an, wie eine Überpopulation von Kaiserpinguinen in der Antarktis verhindert werden kann.

Material

Lebewesen in ihrer Umwelt • Größe von Populationen

Material A Wachstum und Zusammenbruch einer Rentierpopulation

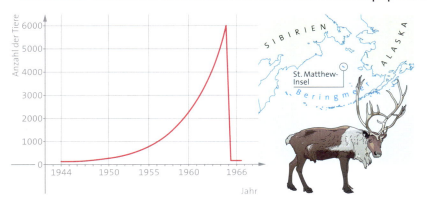

Im Zweiten Weltkrieg brachte die amerikanische Marine 24 weibliche und 5 männliche Rentiere auf die unbewohnte, etwa 360 km² große St.-Matthew-Insel in der Beringsee 300 km vor Alaska. Sie sollten als Reservenahrung für Soldaten dienen.

Nach Kriegsende zogen die Soldaten ab und ließen die Rentiere zurück. Die Population, die sich fast ausschließlich von Flechten und Gräsern ernährte, konnte sich nun mangels natürlicher Feinde ungestört vermehren. Im Jahr 1957 wurden bereits 1350 Tiere gezählt. Messungen im Jahr 1963 zeigten, dass die Wuchshöhe der Flechten von ursprünglich etwa 12 cm auf 1 cm abgenommen hatte und dass die Rentiere eine deutlich geringere Körpergröße aufwiesen. Nach dem strengen Winter 1963/64 starben nahezu alle 6000 Tiere. Im Jahr 1966 gab es nur noch 42 magere Exemplare ohne Jungtiere.

1 Erläutern Sie, weshalb sich die Rentierpopulation wie beschrieben entwickelte.

2 Diskutieren Sie Ursachen für diese „katastrophale" Entwicklung und stellen Sie Maßnahmen vor, die einen solchen Zusammenbruch verhindern könnten.

Material B Intraspezifische Konkurrenz bei der Prachtwinde (*Ipomoea tricolor*)

Nachfolgend sind die Ergebnisse einer Versuchsreihe zum Wachstum der Prachtwinde in Abhängigkeit vom Licht- und Mineralstoffangebot dargestellt. Alle anderen Parameter blieben konstant. Gemessen wurde die Trockenmasse nach gleicher Wachstumszeit (angegeben sind die prozentualen Durchschnittswerte):

a eine Pflanze, die einzeln in einem Gefäß mit einer senkrechten Stange wuchs;
b acht Pflanzen, die einzeln in einem Gefäß, aber mit nur einer Stange wuchsen;
c acht Pflanzen, die in einem Gefäß, aber mit acht getrennten Stangen wuchsen;
d acht Pflanzen, die in einem Gefäß mit nur einer Stange wuchsen.

Außerdem konnte beobachtet werden, dass die Pflanzen bei **b** sehr unterschiedlich groß waren, während die Pflanzen bei **c** und **d** alle ähnlich klein blieben.

1 Erläutern Sie den Versuchsaufbau und geben Sie an, unter welcher konkreten Fragestellung die Versuche durchgeführt wurden.

2 Deuten Sie die erhaltenen Ergebnisse. Stellen Sie Vermutungen an, weshalb die Pflanzen bei **b** unterschiedlich groß waren, während sie bei **c** ähnlich klein blieben.

Versuchsansatz	a	b	c	d
Wachstum (Trockenmasse in %)	100	75	20	20

2.5 Interspezifische Konkurrenz und Koexistenz

1 Hyänen und Geier konkurrieren um einen Kadaver

In der afrikanischen Savanne finden sich Hyänen und Geier bei einem Kadaver ein. Hyänen jagen ebenso wie Löwen in der Regel lebende Tiere. Wenn aber Aas leicht verfügbar ist, unternehmen sie keine anstrengende Jagd und konkurrieren dann mit anderen Aasfressern um die Beute. Wie können die Arten trotz der Konkurrenz um Nahrung im selben Lebensraum überleben?

---

lat. inter = zwischen
lat. intra = innerhalb

Ressource = biotischer oder abiotischer Faktor, der bei der Nutzung verbraucht wird

Interspezifische Konkurrenz • Wie das Beispiel von Löwen, Hyänen und Geiern zeigt, können auch Angehörige verschiedener Arten in Konkurrenz zueinander stehen. Eine solche interspezifische Konkurrenz kann auftreten, wenn gleiche Ressourcen beansprucht werden.
Kohlmeisen konkurrieren mit Blaumeisen zum Beispiel *direkt*, wenn die größere Kohlmeise eine Blaumeise aus einem Nistkasten vertreibt oder sogar dabei tötet. Zudem konkurrieren sie *indirekt* um begrenzte Ressourcen, wie zum Beispiel Insekten, die beide Arten auf Baumrinde suchen.

Erforschung im Labor • Mit Raubtieren an Kadavern lässt sich schwer experimentieren. Es ist deshalb kein Zufall, dass der russische Ökologe Georgi F. Gause die Konkurrenz am Beispiel von Pantoffeltierchen erforschte. Diese wenige Zehntel Millimeter langen Einzeller besiedeln Süßwasserbiotope wie Seen, Tümpel und Pfützen und lassen sich leicht im Labor halten.
Gauses erstes Ergebnis: Hält man *Paramecium aurelia* und *Paramecium caudatum* in getrennten Gefäßen, ergeben sich die erwarteten logistischen Wachstumskurven (▶ 3A). Werden beide gemeinsam in einem Gefäß gehalten, überlebt *P. caudatum* auf Dauer nicht. (▶ 3B) Dieses Ergebnis lässt sich durch die Umweltansprüche der beiden Arten erklären: *P. aurelia* und *P. caudatum* stellen gleiche Anforderungen an Nahrung, Sauerstoffgehalt, Licht und Temperatur. Dabei hat die konkurrenzstärkere Art auf Dauer mehr Nachkommen und „verdrängt" dadurch die konkurrenzschwächere.
Die Ergebnisse dieser Laborversuche ließen sich auch mittels mathematischer Modelle berechnen und so verallgemeinerte Gause sie: Arten, die die gleichen ökologischen Ansprüche stellen, können auf Dauer nicht im selben Lebensraum leben. Man nennt dies das **Konkurrenzausschlussprinzip**.

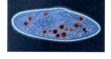

2 *Paramecium aurelia*

3 *Paramecium caudatum*

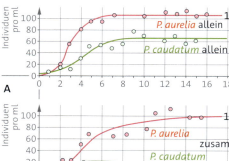

4 Experimente mit Pantoffeltierchen-Kulturen

Koexistenz • In die Wattenmeergebiete fallen im Frühjahr und Herbst ungeheure Zahlen von Zugvögeln ein. Austernfischer, Regenpfeifer, Knutts und viele mehr – alle fressen sich dort satt, um die teils tausende Kilometer langen Zugwege bewältigen zu können. Manche Vögel fressen so viel, dass sich ihr Gewicht binnen weniger Wochen verdoppelt. Die meisten fressen Muscheln, Schnecken, Würmer und Krebse. Müssten sich hier nicht auch die konkurrenzstärkeren Arten „durchsetzen"? – Dies ist nicht der Fall. Die Populationsgrößen variieren zwar von Jahr zu Jahr, aber die Arten können auf Dauer im selben Lebensraum leben. Dies nennt man **Koexistenz**. Die gängige Erklärung dafür ist die unterschiedliche Ernährungsweise – aufgrund der Schnabellänge suchen die dargestellten Arten ihre Nahrung zum Beispiel in unterschiedlichen Bodentiefen (▶5).

Auch Gause konnte solche Koexistenz im Labor beobachten: Zieht man *Paramecium aurelia* und *P. bursaria* in einem Gefäß gemeinsam heran, überleben beide Arten (▶6). Die Umweltansprüche von *P. aurelia* und *P. bursaria* sind nicht völlig gleich. Bei gemeinsamer Haltung tritt die eine Art vor allem an der Oberfläche des Nährmediums auf, während die andere in tieferen Bereichen anzutreffen ist.

Diese etwas unterschiedliche Nutzung der Ressourcen in den beiden Beispielen wird als *Konkurrenzvermeidung* bezeichnet. Da sich die Ressourcennutzung aber meist noch überschneidet, spricht man besser von **Konkurrenzverminderung**.

Alle Pflanzen konkurrieren um Licht und Mineralstoffe. Sie können hinsichtlich der Vegetationszeit und Wurzeltiefe nur begrenzt variieren. Deshalb waren Botaniker immer schon skeptisch, ob unterschiedliche Ressourcennutzung zur Erklärung der Koexistenz so vieler verschiedener Arten ausreicht.

Instabile Umwelt • In Kenia konkurrieren vier Ameisenarten mit fast identischen Umweltansprüchen um Akazienbäume. Der Wohnbaum bietet einer Ameisenkolonie Nektar als Nahrung und gute Wohnmöglichkeit. Die vier Arten bekämpfen sich, so dass ein Baum auf Dauer immer nur von einer Art besiedelt wird. Dabei zeigt sich eine klar abgestufte Konkurrenzstärke (▶8). Trotzdem lässt sich auch hier kein Konkurrenzausschluss beobachten; vielmehr kann man auf einer Fläche von 100 m² alle vier Arten finden. Wie ist das möglich? – Durch Brand, Austrocknen oder Elefanten werden immer einmal Akazien unbewohnbar. Wenn die Bäume wieder austreiben, ist eine Neubesiedlung möglich. Ein Ameisenstaat bringt mitunter geflügelte Königinnen hervor. Sie können neue Kolonien gründen. Dabei sind die Arten nun ihrer Konkurrenzstärke entgegengesetzt unterschiedlich erfolgreich (▶9).

Die Arten koexistieren offenbar, weil die Umwelt im Freiland durch wiederkehrende **Störungen** komplexer ist und auch den konkurrenzschwächeren Arten immer wieder Lebensmöglichkeiten eröffnet.

Manche Arten verändern die Lebensräume sogar so, dass sich Konkurrenten erst ansiedeln können, die sie dann verdrängen (▶Sukzession, S. 220).

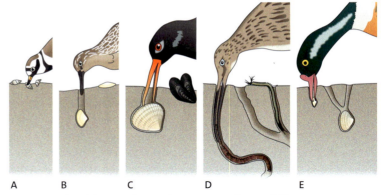

5 Wattvögel und die Orte ihrer Nahrung: **A** Sandregenpfeifer, **B** Knutt, **C** Austernfischer, **D** Brachvogel, **E** Brandente

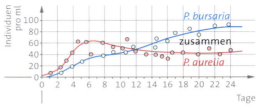

6 Koexistenz in einer Pantoffeltierchen-Kultur

7 *Paramecium bursaria*

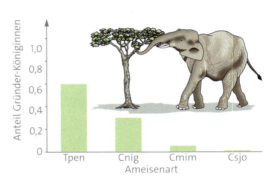

9 Anteil von Ameisenköniginnen, die auf beschädigten Akazien gefunden wurden (Artnamen ▶7)

8 Konkurrenzstärke der vier Ameisenarten

1 Seepocke beim Strudeln

lat. adultus = erwachsen

Erforschung der Konkurrenz im Freiland • Ob sich Arten tatsächlich Konkurrenz machen, ist gar nicht einfach zu bestimmen. Im Labor lassen sich zwar kontrollierte Experimente machen, aber dabei wählt man bestimmte stabile Umweltfaktoren und blendet die Dynamik der natürlichen Umwelt aus.

Darum sind aufwändigere Freilandexperimente nötig. Dabei entfernt man meist eine der beiden Arten aus dem Habitat und misst die Populationsentwicklung im Vergleich zur natürlichen Situation.

Ein Beispiel: Seepocken sind Krebse, die als Larven frei im Wasser treiben. Nach einiger Zeit setzen sie sich auf einer harten Unterlage fest. Die nun erwachsenen (adulten) Krebse können sich nicht mehr von der Stelle bewegen. Ihre Nahrung strudeln sie mit den zu einem Fangkorb geformten Beinen aus dem umgebenen Wasser (▶1). Trockenperioden überdauern sie, indem sie ihr Gehäuse mit zwei torähnlichen Klappen schließen. Sie bewachsen dicht an dicht jeden Zentimeter der Brandungszone vieler Felsen. Offenbar herrscht große Konkurrenz um Aufwuchsfläche. Seepocken wachsen sogar weit oben, wo der Fels nur mit Wasser bedeckt ist, wenn die Flut besonders hoch aufläuft. So weit oben findet man regelmäßig vor allem die Sternseepocke, weiter unten zwar Jungtiere der Sternseepocke, aber Adulte fast nur von der Gemeinen Seepocke (▶2a). Ist diese Verteilung durch Konkurrenz verursacht? – Um die Frage zu beantworten, führte der britische Forscher Joseph Connell folgendes Experiment durch: An vielen Stellen in verschiedener Höhe kratzte er auf einer Hälfte der Probefläche die an Sternseepocken angrenzenden Gemeinen Seepocken vom Felsen ab. Die andere Hälfte der Fläche blieb jeweils unverändert. Dann protokollierte Connell ein Jahr lang alle 4–6 Wochen die Besiedlung. Auf fast allen Flächen wuchsen die Sternseepocken sehr gut, wenn man die andere Art entfernt hatte (▶2b). Auf den Kontrollflächen wurden die Sternseepocken dagegen häufig von Gemeinen Seepocken überwachsen oder durch Unterwachsen vom Fels abgelöst. Die Verteilung scheint also im Überschneidungsbereich der potentiellen Verbreitung durch Konkurrenz verursacht zu sein.

Wer zuerst kommt... • Ähnliche Experimente brachten in vielen Fällen aber Hinweise dafür, dass nicht die Konkurrenzstärke entscheidet, wie ein Lebensraum besiedelt wird, sondern welches Lebewesen sich zuerst ansiedelt. Dies beruht häufig auf Zufall. Bei Rosettenpflanzen wie dem Löwenzahn ist dies besonders augenfällig, denn die fliegenden Samen landen zufällig auf einem Flecken Erde, die Keimung zulässt. Ist die Pflanze herangewachsen, verhindert die Blattrosette, dass andere Samen keimen können (▶3).

2 Erforschung der Konkurrenz zwischen Seepocken an der Nordsee

3 Blattrosette vom Löwenzahn

4 Fliegender Löwenzahnsamen

1 Erklären Sie, weshalb die Verbreitung der Seepockenarten durch Konkurrenz bestimmt ist.

2 Fassen Sie zusammen, welche Effekte dazu führen, dass man in freier Natur wohl nur selten Konkurrenzausschluss beobachten kann.

Material • Lebewesen in ihrer Umwelt • Interspezifische Konkurrenz und Koexistenz

Material A Kieselalgen im Labor

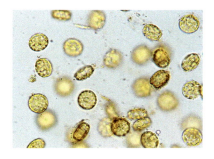
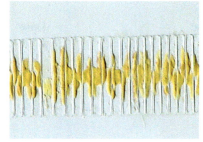

Cyclotella sp. und *Fragilaria sp.* sind zwei Kieselalgengattungen (s. Fotos). Kieselalgen sind Einzeller, die eine feste Schale besitzen. Um die Schale aufzubauen, müssen die Algen Silikat, also Kieselsäureanionen, aus dem Wasser aufnehmen. Die Algen wurden im Labor in Gefäßen gehalten.

1. Beschreiben Sie die Versuchsergebnisse bei 24 °C. Nehmen Sie die Regeln zur Diagrammbeschreibung zu Hilfe.

2. Beschreiben und erklären Sie genau, wie die Forscher den Versuch durchgeführt haben.

3. Entwickeln Sie einen Erklärungsansatz für die Ergebnisse. Berücksichtigen Sie den Text zur Instabilität von Ökosystemen auf S. 195.

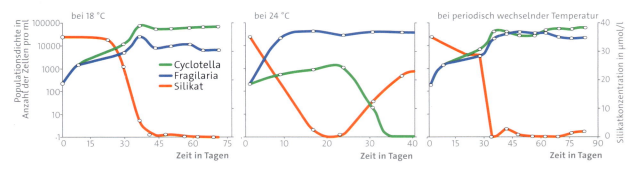

Material B Konkurrenz zwischen Unkraut und Weizen

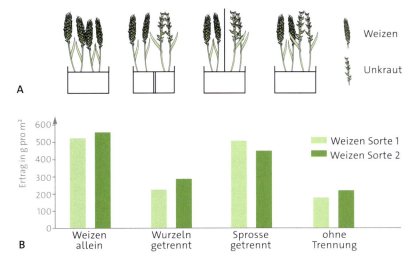

In dem Experiment säten Forscher die zwei Weizen-Sorten 1 und 2 jeweils allein oder mit dem Unkraut Italienisches Weidelgras. Dabei beschränkten sie den Kontakt zwischen den Pflanzen aber teilweise durch Trennwände in den Töpfen oder zwischen den Halmen.

1. Nennen Sie die Ressourcen, um welche die Pflanzen konkurrieren.

2. Erklären Sie die Bedeutung des ersten Versuchs (Weizen allein).

3. Beschreiben Sie die Versuchsergebnisse.

4. Werten Sie den Versuch aus. Beachten Sie auch die Fragestellung.

Das Wissen um die Konkurrenz zwischen Pflanzen macht man sich im Garten und in der Landwirtschaft zunutze. Im Biolandbau sucht man nach Pflanzenkombinationen, die sich wenig Konkurrenz machen und den Ertrag sogar positiv beeinflussen. In der konventionellen Landwirtschaft sucht man nach Sorten, die möglichst konkurrenzfähig gegenüber Unkräutern sind, auch weil man dann den Einsatz von Herbiziden vermindern kann.

2.6 Nahrungsbeziehungen

1 Fressen und gefressen werden

Der Austernfischer ist ein typischer Vogel der Nordseeküste. Anders als der Name vermuten lässt, ernährt er sich überwiegend von kleineren Muscheln, Würmern, Krebsen und Insekten. Eine beliebte Nahrung sind Miesmuscheln. Diese sind Filtrierer und ernähren sich von Kleinstlebewesen, die im Wasser schweben. Dabei handelt es sich vorwiegend um Kieselalgen, die in großen Mengen das Watt besiedeln und organische Substanz durch Fotosynthese aufbauen. In welcher Beziehung stehen diese Lebewesen zueinander?

Nahrungketten • Am Beispiel von Kieselalgen, Miesmuscheln, Austernfischern und Seeadlern, die im Ökosystem Wattenmeer leben, lässt sich die einfachste Form von Nahrungsbeziehungen zeigen. Hierbei werden analog der Vorstellung einer Kette die sich jeweils fressenden Lebewesen hintereinander aufgereiht. Deshalb nennt man solche Darstellungsformen Nahrungsketten.

Kieselalgen sind autotrophe Organismen. Im Prozess der Fotosynthese bauen sie aus anorganischen Stoffen energiereiche organische Stoffe auf. Die dazu notwendige Energie erhalten Algen durch das Sonnenlicht. Kieselalgen werden deshalb **Produzenten** genannt. Kleinkrebse wie die Wasserflöhe sind heterotrophe Organismen und ernähren sich von Algen. Sie werden als **Konsumenten 1. Ordnung** bezeichnet. Ihre Biomasse wird also aus der Biomasse von anderen Organismen produziert. Kleinkrebse werden wiederum von kleinen Fischen gefressen, die sich den **Konsumenten 2. Ordnung** zuordnen lassen. Je nach Größe des Ökosystems können weitere Konsumenten höherer Ordnung vorkommen. Am Ende einer Nahrungskette steht ein Tier wie der Seeadler, den man als **Endkonsument** bezeichnen kann, weil er im Gegensatz zum Austernfischer als erwachsenes Tier keine direkten Fressfeinde hat.

Nahrungsnetze • Im Ökosystem Wattenmeer gibt es über 450 Arten von Kieselalgen. Sie können beispielsweise von Wattschnecken gefressen werden, die wiederum Nahrung von Wattvögeln wie dem Knutt sind. Von Kieselalgen ernähren sich auch Miesmuscheln, die von Seesternen gefressen werden.

Miesmuscheln können aber auch zahlreichen Vögeln, zum Beispiel Austernfischern und Eiderenten, als Nahrung dienen. Alle diese Tiere bauen ihre eigenen Körper auf, indem sie organische Stoffe aufnehmen. Sie scheiden organische und anorganische Stoffe aus. Die in den Ausscheidungen enthaltenen organischen Verbindungen müssen weiter zersetzt und abgebaut werden, damit sie als anorganische Verbindungen für Produzenten wieder nutzbar sind. Diese Aufgabe übernehmen zu einem großen Anteil im Boden lebende Bakterien und Pilze. Sie nehmen die organischen Stoffe auf, sind also auch Konsumenten, bauen sie ab und führen für Produzenten essenzielle anorganische Stoffe wieder in das System zurück. Sie sind **Destruenten.** Die Nahrungsbeziehungen in einem Ökosystem sind also sehr verzweigt: Einzelne Nahrungsketten stehen miteinander in Verbindung und bilden Nahrungsnetze.

Trophiestufen • Lebewesen werden aufgrund ihrer Ernährungsweise bestimmten Stufen zugeordnet. Alle Organismen, die zu einem Glied der Nahrungskette gehören, fasst man zu einer Trophiestufe zusammen. Produzenten bilden die erste Stufe. Die einzelnen Stufen der Konsumenten schließen sich an. In Ökosystemen wie dem Wattenmeer sind in der Regel nur zwei oder drei Trophiestufen ausgeprägt.

Eine übliche Form der Veranschaulichung von Trophiestufen sind **ökologische Pyramiden.** Je nach gewünschter Aussage werden diese nach der kennzeichnenden Größe dargestellt. Am gängigsten sind die Darstellungen von Verhältnissen der Faktoren *Biomasse* mit Masse pro Fläche, Produktion mit Masse pro Fläche und Zeit sowie Flächenbedarf mit Fläche pro Individuum in den jeweiligen Trophiestufen. Ökologische Pyramiden sind grafische Darstellungen bestimmter ökologischer Verhältnisse zwischen den Trophiestufen.

Biomasseproduktion • Die Nahrungsbeziehungen lassen sich auf Grundlage der umgesetzten Biomasse abschätzen. Biomasse besteht aus organischen Verbindungen, in denen Energie gespeichert ist. Dabei entspricht 1 g Biomasse einem Energiegehalt von etwa 20 kJ. Der Zugewinn an Biomasse pro Fläche und Zeiteinheit wird als **Produktion** verstanden. Auf dem Weg vom Produzenten zum Endkonsumenten kann aber jeweils nur ein gewisser Teil der chemisch gebundenen Energie in neue Biomasse umgebildet werden. Grund dafür ist, dass ein großer Teil dieser Energie für die Atmung genutzt und dabei schließlich in Wärme umgewandelt wird. Außerdem werden unverdauliche Substanzen ausgeschieden und stehen zur weiteren Produktion nicht mehr zur Verfügung. Schätzungsweise verringert sich der Energiegehalt von Glied zu Glied der Nahrungskette um den Faktor 10.

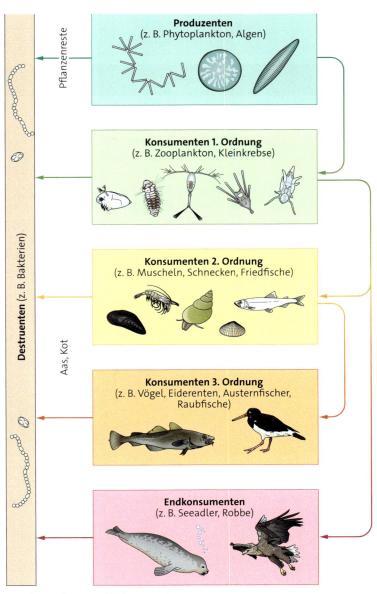

2 Nahrungskette und Nahrungsnetz

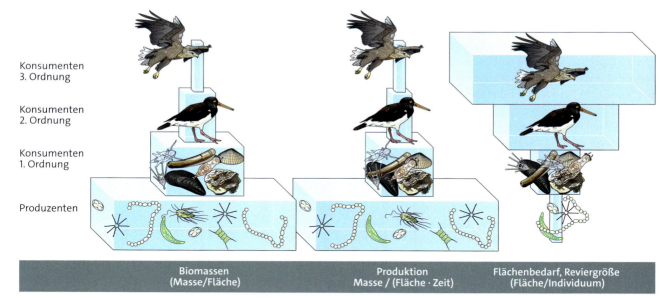

1 Beispiele für drei ökologische Pyramiden am Beispiel des Ökosystems Wattenmeer

Produktivität in Trophiestufen • Ausgehend von den Produzenten, zum Beispiel Algen, nimmt die Biomasse über die verschiedenen Stufen der Konsumenten wie Wattschnecken, Wattvögel und Seeadler ab. Biomassepyramiden verdeutlichen, dass die produzierte Masse meist geringer ist als diejenige der darunterliegenden Trophiestufe. Zellatmung, Wachstum und Reproduktion der Individuen wirken sich auf die Produktion in der jeweiligen Trophiestufe aus. So zeichnen sich Konsumenten „höherer" Ordnung oft dadurch aus, dass sie nur wenige Nachkommen hervorbringen.

Die aufgenommene Biomasse entspricht also nicht der Produktion einer höheren Trophiestufe.

Ein scheinbar anderes Bild einer ökologischen Pyramide zeigt sich gelegentlich im Ökosystem See: Denn es kann vorkommen, dass einzellige Algen als Produzenten sich zwar schnell vermehren, aber auch so rasch von Konsumenten gefressen werden, dass sich mehr Konsumenten im Ökosystem befinden als Produzenten.

Für die Beurteilung von Ökosystemen ist also weniger die Biomasse von entscheidender Bedeutung, sondern vielmehr die Produktion und vor allem die Anzahl der Individuen, die sich den Produzenten oder Konsumenten zuordnen lassen. Auch jahreszeitliche Einflüsse sind zusätzlich zu berücksichtigen. Eine typische pyramidenartige Form weisen daher nur Produktionspyramiden auf, weil Produzenten immer über eine höhere Produktion als Konsumenten verfügen.

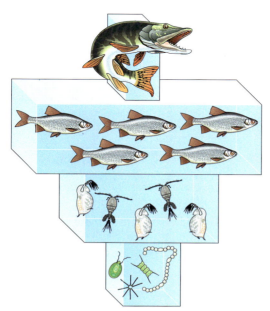

2 Biomassepyramide im Ökosystem See

1 Begründen Sie, warum in Ökosystemen in der Regel nur vier Trophiestufen ausgebildet sind.

2 Erörtern Sie mithilfe der Abbildungen 3 und 4 Vor- und Nachteile der Darstellung von ökologischen Verhältnissen in Form von Pyramiden.

Material

Lebewesen in ihrer Umwelt • Nahrungsbeziehungen

Material A Bioakkumulation

Marine Lebensräume sind durch den menschlichen Einfluss mit zahlreichen Schadstoffen und ihren Derivaten, Schwermetallen, radioaktiven Substanzen oder Krankheitskeimen belastet. Einige dieser Stoffe verteilen sich im Wasser nicht, sondern lagern sich an Partikel und kleinere Lebewesen an. Im freien Meerwasser ist deshalb ihre Konzentration so gering, dass sie für den Stoffwechsel dieser kleinen Lebewesen ungefährlich sind.

Zu den Schadstoffen zählen zum Beispiel polychlorierte Biphenyle, kurz PCB, die in vielen technischen Verfahren Anwendung finden. PCB sind lipophil und lagern sich deshalb vorwiegend in Fettgeweben ein. In höherer Konzentration blockieren sie im Organismus unter anderem die Bildung von Vitamin A und schwächen das Immunsystem. Sie haben daher negative Auswirkungen auf die Überlebensrate und die Entwicklung des Nachwuchses.

Bei Untersuchungen an gestrandeten Großen Tümmlern wurden zum Teil extrem hohe PCB-Werte gemessen. Diese sind wahrscheinlich mitverantwortlich für die gesunkene Reproduktionsrate oder sogar für den Tod der Tiere.

1 Ordnen Sie Heringe, Kieselalgen, Zooplankton, Sardinen, Große Tümmler, Meerforellen und Krill den verschiedenen Trophieebenen des Ökosystems zu.

2 Stellen Sie die Nahrungsbeziehungen dieser Lebewesen in Form eines Nahrungsnetzes als Pfeildiagramm dar.

3 Erklären Sie mithilfe des Textmaterials, wie es zu einer Bedrohung des Großen Tümmlers kommen konnte.

Material B Landnutzung und Getreideproduktion

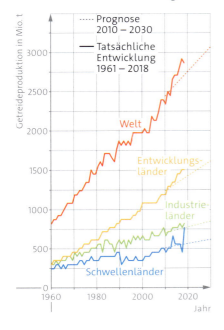

1 Beschreiben Sie die Diagramme und setzen Sie sie miteinander in Beziehung.

2 Diskutieren Sie Schlussfolgerungen über die ökologischen Folgen aus der Getreideproduktion für die Entwicklungs-, Industrie- und Schwellenländer.

2.7 Räuber-Beute-Beziehungen

1 Löwin bei der Jagd

Der Betrachter dieses Bildes ist emotional berührt, weil er weiß, dass die Löwin im nächsten Augenblick das junge Zebra zu Boden reißen und dann töten wird. Allerdings sollte er sich auch in die Situation der Löwin versetzen, die mit dieser Aktion Nahrung erwirbt und so ihr eigenes Überleben und das ihrer Nachkommen sichert. Wie kann man die Situation sachlich beschreiben?

Räuber und Beute • Zebras sind für Löwen die Beute, umgekehrt sind Löwen die Beutegreifer oder Räuber der Zebras. Eine solche zwischenartliche Beziehung heißt **Räuber-Beute-Beziehung.** Tiere wie Löwen, Hyänen und Wölfe, die sich als echte Räuber fast ausschließlich von Fleisch ernähren, sind **Fleischfresser** oder Carnivore. Rehe und Kaninchen hingegen ernähren sich rein pflanzlich und heißen demnach **Pflanzenfresser** oder Herbivore. Braunbären, Raben und Wildschweine zählen zu den **Allesfressern** oder Omnivoren, weil sie pflanzliche und fleischliche Nahrung zu sich nehmen.

Wie auf dem Bild zu sehen, töten echte Räuber ihre Beute und fressen sie. Dies hat Konsequenzen sowohl für die Räuber als auch für die Beute: Bezogen auf die Individuen sollten Beutetiere die Begegnung mit einem Räuber vermeiden, sonst könnten sie dies mit dem Leben bezahlen. Der Räuber indessen muss nicht unbedingt jedes Beutetier, das er verfolgt hat, auch erlegen. Entkommt ihm ein Beutetier, kann er in der Regel ein schwächeres finden und töten. Stark vereinfacht und nicht generell übertragbar spricht man von dem „life-dinner principle", übersetzt dem Überleben-Abendessen-Prinzip. Es besagt in etwa: Ein Hase läuft schneller als der Fuchs, weil er um sein Leben rennt, der Fuchs jedoch um sein Abendessen.

Auf der Ebene der Population jedoch hängt das Überleben der Räuber direkt von der Populationsdichte der Beute ab. Wenn viel Beute vorhanden ist, können mehr Räuber satt werden. Wenn es jedoch keine Beute mehr gibt, hat auch der Räuber keine Lebensgrundlage mehr. Räuber- und Beutepopulationen stehen also im einfachsten Fall in einem Verhältnis der **negativen Rückkopplung** zueinander: Je mehr Beute, desto mehr Räuber und je mehr Räuber, desto weniger Beute beziehungsweise je weniger Beute, desto weniger Räuber und je weniger Räuber, desto mehr Beute.

Luchs und Schneeschuhhase • Das wohl bekannteste Modell für die Beschreibung der Abhängigkeit von Räuber- und Beutepopulationen basiert auf der Analyse der Abgabemenge von Luchs- und Hasenfellen durch Trapper bei der kanadischen Hudson Bay Company zwischen 1845 und 1935. Stellt man

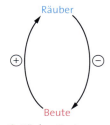

2 Räuber-Beute-Schema

diese Daten grafisch dar, ergibt sich ein Kurvenverlauf, der die negative Rückkopplung zu bestätigen scheint.

Die ermittelten Daten waren auch Grundlage für eine mathematisches Modell, das 1925/26 von A. J. Lotka und V. Volterra unabhängig voneinander formuliert wurde und als **Lotka-Volterra-Regeln** in die Literatur Eingang gefunden hat:

- *Erste Regel:* Die Zahlen von Beute- und Räuberindividuen schwanken periodisch, wobei Maxima und Minima der Räuber denen der Beute phasenverzögert folgen.
- *Zweite Regel:* Trotz der Schwankungen bleiben die Mittelwerte beider Populationen langfristig konstant, wobei die Zahlen der Beute durchschnittlich höher liegen.
- *Dritte Regel:* Werden Räuber und Beute gleich stark vermindert, so erholt sich die Population der Beute schneller als die der Räuber.

Diese Regeln gelten aber nur für idealisierte Ein-Räuber-eine-Beute-Systeme. Ihre Gültigkeit ist für jeden Einzelfall zu prüfen, denn selbst dort, wo die Luchspopulation ausgerottet war, wurden dichteabhängige Schwankungen der Hasenpopulation beobachtet. Unter natürlichen Bedingungen sind die Zusammenhänge oft weitaus komplexer. Viele Räuber wie Rotfüchse oder Wölfe haben ein breites Beutespektrum. Für solche **Nahrungsgeneralisten** besteht keine direkte Abhängigkeit, da sie auf andere Nahrung ausweichen können. Man sagt, die Dynamik von Räuber und Beute ist entkoppelt. Selbst bei **Nahrungsspezialisten** sind die Verhältnisse komplizierter. Nach Beobachtungen von B. Sittler ernähren sich Schnee-Eulen in Grönland zu 97 % von Lemmingen, die alle vier bis fünf Jahre eine spektakuläre Massenvermehrung, auch **Gradation** genannt, durchlaufen. Danach bricht die Population zusammen. Eine Gradation tritt auf, wenn es nur wenige Hermeline gibt, die auch Lemminge erbeuten. Im nächsten Sommer finden Schnee-Eulen dann leicht Nahrung und viele Brutpaare können ihre Jungtiere großziehen. Da aber auch Polarfüchse und Raubmöwen von Lemmingen leben, ist das Nahrungsangebot bald erschöpft und die Schnee-Eulen ziehen ab. Die Periodik der Schnee-Eulen-Population hat also viele Ursachen. Untersuchungen des amerikanischen Zoologen P. Errington zeigen, dass die Populationsdichte von Bisamratten nur von ihrer Territorialität und nicht von ihrem Beutegreifer Mink abhängt. Minke leben zwar vorwiegend von Bisamratten, erbeuten aber praktisch nur alte und kranke sowie junge Tiere, die noch kein Revier gefunden haben.

Die Regulation der Beutedichte kann also auch unabhängig vom Räuber erfolgen. Nur wenn die Räuberpopulation in ihrer Vermehrung an die Beutepopulation gekoppelt ist, folgt ihre Dynamik den Schwankungen der Beutepopulation.

5 Mink

6 Bisamratte

1 Erläutern Sie, inwiefern die Trapper Einfluss auf die Beziehung zwischen Luchsen und Schneeschuhhasen hatten.

3 Luchs jagt Schneeschuhhasen.

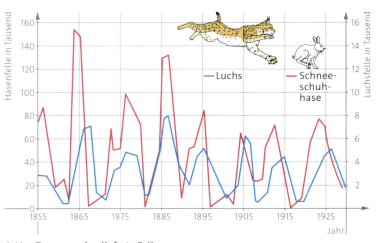

4 Von Trappern abgelieferte Felle

1 Chamäleon fängt Insekt.

2 Schützenfisch schießt Insekt ab.

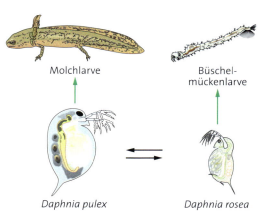

3 Einfluss eines Räubers auf die Konkurrenz zwischen Beuteorganismen

Chamäleons erbeuten Insekten mit ihrer Schleuderzunge. Netzbauende Spinnen sind Fallensteller, während Fledermäuse ihre Beute mit Ultraschall orten und im Flug fangen. Schützenfische schießen Insekten oder Spinnen auf Blättern der Uferzone mit einem scharfen Wasserstrahl ab. Solche Spezialisierungen auf bestimmte Beutefangmethoden sind Folge von Konkurrenzvermeidung und Einnischung.

Allerdings ist nicht jeder Angriff eines Räubers erfolgreich. So beträgt der Jagderfolg europäischer Greifvögel zum Beispiel nur etwa 10 %. Außerdem setzen sich die Gejagten oft zur Wehr. Zebras traktieren Verfolger mit Huftritten und Trampeltiere bespucken die Angreifer mit hochgewürgtem Magensaft. Wacholderdrosseln bespritzen Nestfeinde gezielt mit Kot, Bienen und Wespen wehren sich durch Stechen. Eine japanische Bienenart umschließt angreifende Hornissen in einer Traube und erzeugt durch Muskelkontraktion so viel Wärme, dass die Hornissen durch Überhitzung sterben.

Herabsetzung von Konkurrenz • Der Ökologe S. Dodson fand heraus, dass die Anwesenheit eines Räubers das Ökosystem eines Kleingewässers erheblich beeinflussen kann. Die Wasserflohart *Daphnia pulex* ist mit 3 mm etwa doppelt so groß wie *Daphnia rosea*. Sie wird bevorzugt von Tigerzahnmolchlarven gefressen, während die kleinere Art von Larven der Büschelmücke konsumiert wird. Es wurde beobachtet, dass in Gewässern mit Tigerzahnmolchlarven auch Büschelmückenlarven lebten und *D. pulex* in geringer und *D. rosea* in höherer Individuenzahl auftrat. Jedoch gab es in Gewässern ohne Tigermolchlarven weder *D. rosea* noch Büschelmückenlarven, während die Individuendichte von *D. pulex* hoch war. Tigerzahnmolchlarven beeinflussen also offenbar die Konkurrenz zwischen den beiden Daphnienarten.

Beuteerwerb und Feindabwehr • Löwen jagen je nach Deckung allein oder in Rudeln. Da sie keine ausdauernden Läufer sind, aber sehr gut beschleunigen können, hängt ihr Jagderfolg oft vom Überraschungseffekt ab. Andere Räuber besitzen andere spezifische Angepasstheiten an ihre Beute in Bezug auf Mundwerkzeuge, Greif- und Fangapparate, Sinnesorgane, Verdauungssysteme oder Verhaltensweisen. Bartenwale zum Beispiel filtrieren Wasser.

1 Recherchieren Sie Lebensweise, Vermehrung und Vorkommen von Daphnien.

2 Erklären Sie den Einfluss, den die Tigerzahnmolchlarven auf das Verhältnis der beiden Daphnienarten ausüben.

Material

Lebewesen in ihrer Umwelt • Räuber-Beute-Beziehungen

Material A Räuber-Beute-Beziehung zwischen Marienkäfer und Blattlaus

Der bei uns heimische Siebenpunktmarienkäfer ist als Larve und als Imago der größte Blattlausvertilger. Blattläuse bohren die Leitungsbahnen von Pflanzen an und ernähren sich von deren Zuckersaft. Da sie sich im Sommer ohne vorherige Befruchtung, also parthenogenetisch fortpflanzen, können ihre Populationen sehr schnell anwachsen.

1 Zeichnen Sie ein schematisiertes Diagramm zur Populationsentwicklung für beide Arten und begründen Sie die Kurvenverläufe.

2 Erklären Sie anhand einer zusätzlichen Skizze, welche Folgen ein Insektizideinsatz hätte, der sowohl Räuber als auch Beute zu je 95 % eliminieren würde.

3 Bewerten Sie den Insektizideinsatz.

4 Beurteilen Sie, ob der Einsatz von Marienkäfern in einem Gewächshaus zur Bekämpfung von Blattläusen empfehlenswert ist.

Material B Eicheln, Wildschweine und Eichhörnchen

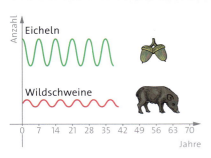

Etwa alle sieben Jahre tritt ein Mastjahr auf, in dem Eichen sehr viele Früchte produzieren. Im Jahr darauf ist die Eichelproduktion entsprechend geringer. Eicheln sind eine Hauptnahrung von Wildschweinen und Eichhörnchen. Die Abbildung zeigt schematisch die Beziehung zwischen Eicheln und Wildschweinen.

1 Vergleichen Sie die Beziehung zwischen Wildschweinen und Eicheln mit einer klassischen Räuber-Beute-Beziehung.

2 Erklären Sie das Verhältnis zwischen Wildschweinen und Eichhörnchen sowie den Einfluss eines Mastjahrs auf ihre Populationen.

Material C Pisaster und die Artenvielfalt

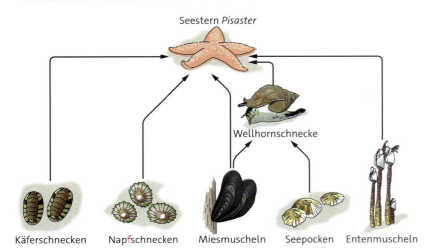

In Nordamerika ist die Gezeitenzone der felsigen Nordpazifikküste Lebensraum zahlreicher Arten. Innerhalb dieser Lebensgemeinschaft ernährt sich der Seestern Pisaster von einer Vielzahl wirbelloser Tiere. In einem Experiment entfernte man Pisaster aus den Versuchsflächen. Danach änderte sich die Zusammensetzung der Lebensgemeinschaft und die Vielfalt der Arten ging zurück. Von den anfangs 15 Arten blieben nur 8 übrig und die Miesmuschel gewann die Oberhand.

1 Erläutern Sie die Beziehungen der verschiedenen Wirbellosenarten einerseits in Anwesenheit und andererseits in Abwesenheit des Seesterns Pisaster.

2 Stellen Sie Vermutungen an, weshalb in Abwesenheit von Pisaster die Miesmuschel im Lebensraum dominiert.

2.8 Symbiose und Parasitismus

1 Blattschneiderameise

Unermüdlich tragen Abertausende von Blattschneiderameisen klein geschnittene Laubblätter in ihr Nest. Ein Volk transportiert etwa 35 t Blattmaterial pro Jahr. In manchen Regenwäldern „verschwindet" so bis zu 15 % der Blattmasse. Welche Bedeutung hat dieses Verhalten der Ameisen?

Zusammenleben von Organismen • Blattschneiderameisen kommen in tropischen und subtropischen Gebieten Amerikas vor. Alle 40 bekannten Arten schneiden Blätter ab, tragen sie ins Nest, zerkauen sie und züchten damit einen Pilz. Bis zu 29 verschiedene Gruppen von Arbeiterinnen, die Kasten, sind mit der Zucht befasst. Die von ihnen angelegten Pilzgärten werden belüftet, gepflegt, gedüngt und gesäubert. Weil die Ameisen die Enden der Pilzhyphen abbeißen, unterbleibt die Bildung der Sporen, und der Pilz ist allein nicht mehr lebensfähig. Stattdessen bilden sich proteinreiche, knollenartige Verdickungen, von denen sich die Ameisen ernähren. Dieses Zusammenleben von Lebewesen zweier Arten, das für beide Partner nützlich oder gar notwendig ist, nennt man **Symbiose**.

griech. endo = in, innerhalb

griech. sym/syn = zusammen
griech. bios = Leben

obligat = verpflichtend

Obligate Symbiosen • Es gibt zahlreiche Symbiosen auf der Welt. Rinder und andere Wiederkäuer leben zum Beispiel eng mit Bakterien und Protozoen zusammen. Wiederkäuer nehmen Pflanzen auf, deren Hauptbestandteil das Polysaccharid Cellulose ist. Sie können wie alle Tiere Cellulose aber nicht verdauen. Dies übernehmen die Kleinstlebewesen in ihrem Pansen, die nach dem Wiederkäuen als eiweißreiche Nahrung verdaut werden. Lebt ein Symbiosepartner wie die Mikroorganismen im Inneren des anderen, so spricht man von **Endosymbiose**. Dabei wird der größere Partner in der Regel als **Wirt** und der kleinere als **Symbiont** bezeichnet. Das Ausmaß ihrer Tätigkeit ist enorm, denn pflanzliche Trockenmasse besteht zu etwa 50 % aus Cellulose. Die Endosymbionten von Termiten können sogar den chemisch sehr stabilen Holzstoff Lignin abbauen.

Eine weitere enge Symbiose besteht zwischen Bakterien der Gattung *Rhizobium* und Schmetterlingsblütlern. Sie leben in den Wurzelzellen von Lupinen, Soja oder Bohnen, die eigens dafür **Wurzelknöllchen** ausbilden. Die Bakterien wandeln Luftstickstoff in Ammoniumionen um, die von den Pflanzen für den Aufbau von Eiweiß, Nukleinsäure und Chlorophyll verwendet werden. Somit sind die Pflanzen von stickstoffhaltigen Mineralstoffen des Bodens unabhängig, verbrauchen dafür jedoch etwa 12 % des von ihnen synthetisierten ATP.

Eine obligate Symbiose liegt auch bei **Flechten** vor. Eine Pilzart lebt mit einer oder mehreren Arten von Grünalgen oder Cyanobakterien zusammen. Der Pilz profitiert von den Fotosyntheseprodukten, die Algen und Cyanobakterien werden dafür mit Wasser und Mineralstoffen versorgt und vor UV-Strahlung geschützt. Beide Partner haben einen Vorteil durch die gemeinsame Vermehrung. Flechten produzieren Farbstoffe und Säuren, die die Einzelorganismen nicht herstellen können. Sie können auf bloßen Steinen leben und extreme Temperaturen tolerieren. So können Sie extreme Lebensräume häufig schneller als andere Lebewesen besiedeln.

Eine ähnlich enge Symbiose gibt es zwischen Pilzen und Pflanzenwurzeln, die **Mykorrhiza** genannt wird. Dort tragen Pilze vor allem im Frühjahr erheblich zur Wasser- und Mineralstoffversorgung der Pflanzen bei, während Pflanzen den Pilzen besonders im Herbst Glucose abgeben. Etwa 95 % aller Samen- und Farnpflanzen leben in einer solchen Symbiose. Ohne sie zeigen diese Pflanzen erhebliche Mangelerscheinungen.

Fakultative Symbiosen • In anderen Symbiosen leben die Partner weniger eng oder nur temporär zusammen. Madenhacker befreien das Fell von Büffeln oder Gnus von Maden. Putzerfische säubern das Maul größerer Fische von Speiseresten. Die größeren Tiere profitieren von den „Hygienemaßnahmen" und die kleineren finden ihre Nahrung. Weil in diesen Beziehungen beide Partner außerhalb des anderen bleiben, spricht man von **Ektosymbiose**.

Eine wichtige Ektosymbiose entwickelte sich zwischen Blütenpflanzen und Bestäubern in vielen Millionen Jahren durch Koevolution. Dabei bildeten sich bei Blüten spezielle Lockmittel wie Form, Farbe oder Duft und bei Bestäubern spezielle Mundwerkzeuge oder „Sammelkörbchen". Die Fremdbestäubung erhöht bei Pflanzen die Variabilität der Nachkommen. Die Bestäuber erhalten dafür Pollen oder Nektar als Nahrung.

1. Vergleichen Sie den Querschnitt einer Flechte mit dem Querschnitt durch ein Buchenblatt. Nehmen Sie dazu Abbildung 4 auf Seite 361 zu Hilfe.

2. Erläutern Sie, welche Eigenschaften der Mykorrhizapilze der Pflanze nützen.

2 Wurzelknöllchen bei der Bohne

griech. mykes = Pilz
griech. rhiza = Wurzel

fakultativ = freiwillig

griech. ekto = außen, außerhalb

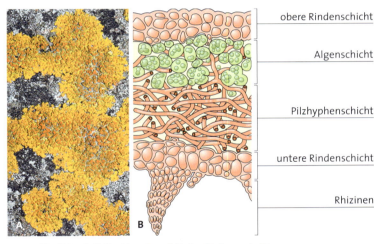

3 Gewöhnliche Gelbflechte: A auf Stein, B Querschnitt

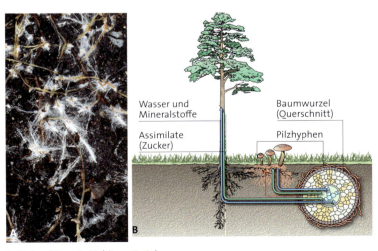

4 Mykorrhiza: A Habitus, B Schema

altgriech. para = neben
altgriech. siteo = mästen, sich ernähren

lat. mensa = Tisch

Parasitismus • Das Leben einer Art auf Kosten einer anderen nennt man **Parasitismus** oder Schmarotzertum. Der Nutznießer heißt **Parasit.** Der Wirt erleidet dabei Nachteile, wird aber in der Regel nicht getötet.

Eine einseitige Beziehung liegt bereits vor, wenn Aasfresser von Nahrungsresten anderer Tiere leben oder Kletten ihre mit Haken versehenen Samenkapseln durch Anheften an vorbeigehende Tiere verbreiten. Man nennt dies **Kommensalismus.** Dabei profitiert eine Art, ohne dass die andere einen Schaden dadurch erleidet.

Auf Bäumen lebende Misteln entziehen mit Saugorganen, den Haustorien, ihren Wirten Wasser und Mineralstoffe. Als **Halbparasiten** bauen sie aber Kohlenhydrate selbst auf. Die Nesselseide, ein wurzel- und stängelloser **Vollparasit,** entzieht seinem Wirt neben Wasser und Mineralsalzen auch noch die assimilierten Kohlenhydrate.

Bettwanzen, Flöhe oder Bremsen, die ihre Wirte nur zur Nahrungsaufnahme aufsuchen, sind **temporäre Parasiten.** Kopfläuse oder Bandwürmer die ständig in oder auf ihrem Wirt leben, sind **permanente Parasiten.** Kopfläuse sind außerhalb des Wirts lebende **Ektoparasiten,** Rinder- und Schweinebandwürmer **Endoparasiten** im Darm von Menschen. Bandwürmer sind resistent gegen Verdauungssäfte und resorbieren Nährstoffe aus dem Darm. Beim Fuchsbandwurm ist der Fuchs **Endwirt,** weil in seinem Körper die sexuelle Fortpflanzung stattfindet. Die Eier werden mit dem Kot ausgeschieden und von Nagetieren über die Nahrung aufgenommen. Dort schlüpfen die Larven und schwächen die **Zwischenwirte,** sodass sie leichte Beute sind und der Bandwurm zurück in den Darm des Fuchses gelangt. Ein **Wirtswechsel** hat stattgefunden. Der Fuchsbandwurm weist eine enge Bindung an seine Wirtstiere auf, was **Wirtsspezifität** genannt wird. Der Mensch kann Fehl-Zwischenwirt sein. Da die Larven in Leber, Lunge und Gehirn knospen und umliegendes Gewebe verdrängen, kann die Infektion zum Tod führen.

Mit **Malaria** werden jährlich Millionen von Menschen infiziert, von denen eine Million stirbt. Die Symptome ähneln anfangs denen einer Grippe, dann treten bei zwei Malaria-Formen periodische Fieberschübe, Blutarmut und Organschäden auf. Malariaerreger sind fünf *Plasmodium*-Arten, Einzeller mit Menschen als Zwischenwirten und Stechmücken der Gattung *Anopheles* als Endwirten. Mit einem Mückenstich gelangen die Erreger in menschliches Blut und vermehren sich in der Leber. Weitere Entwicklungsstadien vermehren sich in roten Blutzellen. Nach wenigen Tagen platzen die Erythrocyten nahezu gleichzeitig und weitere rote Blutzellen werden infiziert. Dieser Zyklus wird mehrfach durchlaufen, dann entstehen Vorstufen von Geschlechtszellen, die nach einem erneuten Mückenstich im Darm der Mücke zu Gameten werden. Nach der Befruchtung entstehen viele neue Erreger, die beim nächsten Mückenstich eine Neuinfektion bewirken können.

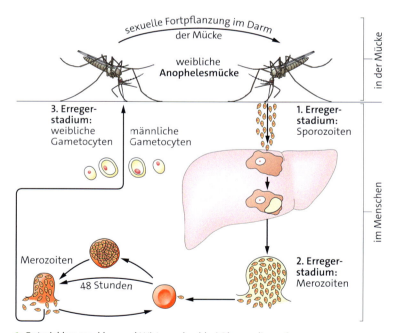

1 Entwicklungszyklus und Wirtswechsel bei *Plasmodium vivax*

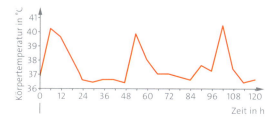

2 Fieberkurve bei Malaria tertiana, hervorgerufen durch *Plasmodium vivax*

Eine **parasitoide** Lebensweise kommt bei Grab- und Schlupfwespen vor, die ihre Eier an oder in Schmetterlingslarven legen. Dort entwickeln sich die Eier, wobei lebenswichtige Organe zunächst geschont werden. Spätestens bei der eigenen Verpuppung werden die Raupen jedoch getötet.

Material

Lebewesen in ihrer Umwelt • Symbiose und Parasitismus

Material A Steinkorallen brauchen Zooxanthellen

Korallenriff

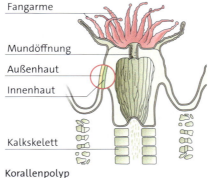
Korallenpolyp (Fangarme, Mundöffnung, Außenhaut, Innenhaut, Kalkskelett)

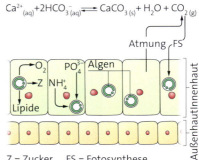

$$Ca^{2+}_{(aq)} + 2HCO_3^-{}_{(aq)} \rightleftharpoons CaCO_{3\,(s)} + H_2O + CO_{2\,(g)}$$

Z = Zucker FS = Fotosynthese
Stoffwechsel der Symbionten

Die meisten Korallen benötigen Wassertemperaturen von über 20 °C. Sie ernähren sich von Plankton, das sie mithilfe der Nesselzellen ihrer Fangarme erbeuten. Sie brauchen aber auch Sonnenlicht, da in ihren Zellen endosymbiontisch Algen leben. Diese Zooxanthellen liefern den Korallenpolypen zusätzliche Nahrung und begünstigen die Kalkabscheidung. Sie fördern also wesentlich das Wachsen der Riffe. Höhere Wassertemperaturen und andere Umwelteinflüsse können die Zooxanthellen schädigen. Sie stellen dann die Fotosynthese ein und werden darauf von den Korallenpolypen ausgestoßen, die absterben, sodass nur noch das weiße Kalkskelett als sogenannte Korallenbleiche übrig bleibt.

1 Erklären Sie das Wechselspiel zwischen Polyp und Symbiont und erläutern Sie, wie die Zooxanthellen die Kalkbildung fördern.

2 Erklären Sie die Bedeutung der Korallen für das Ökosystem Riff.

3 Diskutieren Sie die Folgen der Korallenbleiche für den Lebensraum Riff.

Material B Parasiten des Menschen

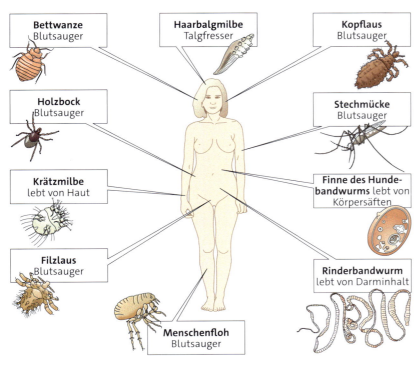

Parasiten, die den Menschen befallen können, treten vor allem dort auf, wo ungenügende hygienische Bedingungen herrschen. Man muss beispielsweise auf Fernreisen auf Parasiten achten und sich entsprechend schützen. Doch auch in hoch entwickelten Industrieländern kommen sie vor. Die meisten der Parasiten verlangen eine ärztliche Diagnose oder Behandlung.

1 Recherchieren Sie, zu welchen Stämmen und Klassen die abgebildeten Parasiten gehören.

2 Teilen Sie die Tiere in Endoparasiten und Ektoparasiten, temporäre und permanente Parasiten ein.

3 Informieren Sie sich über die Krankheiten, die von den Parasiten ausgelöst werden, und gehen Sie auf Möglichkeiten ein, diese Parasiten zu bekämpfen.

3.9 Ökologische Nische als Wirkungsgefüge

1 Eisvogel mit erbeutetem Fisch

Eisvögel sind pfeilschnelle Flieger an heimischen Gewässern: Ihr türkisblau-orange Gefieder mutet tropisch an, bei der Jagd stürzen sie kopfüber ins Wasser, im Flug glitzern sie wie Edelsteine. – Welche Ansprüche an den Lebensraum haben Eisvögel? Sind Eisvögel ihrerseits bedeutsam für ihre Umwelt?

Ansprüche an die Umwelt • Für Eisvögel als Fleischfresser spielt der Fischreichtum ihrer Gewässer, aber auch das Vorhandensein langsam fließender Abschnitte und passender Sitzwarten eine große Rolle. Sie vertragen nicht allzu tiefe Temperaturen im Winter. Für die Jungenaufzucht benötigen sie Steilufer, in die sie Bruthöhlen graben können. Will man im Rahmen von Gewässerrenaturierung eine Ansiedlung von Eisvögeln möglich machen, muss man also prüfen, ob der Biotop die genannten Ansprüche erfüllt.

Einflüsse auf die Umwelt • Umgekehrt beeinflussen Eisvögel ihre Umwelt auch: sie jagen Fische, konkurrieren mit anderen Fischjägern, sind Wirt für parasitische Federlinge, ihre Leichen dienen Aasfressern als Nahrung.

Wirkungsgefüge • Diese unvollständige Aufzählung von Ansprüchen und Einflüssen der Eisvögel zeigt, wie komplex Lebewesen in ihre Umwelt eingebunden sind. Für dieses Eingebundensein hat sich der Begriff **ökologische Nische** eingebürgert. Im Gegensatz zur Ursprungsbedeutung ist der biologische Fachbegriff Nische also metaphorisch gemeint. In der gebräuchlichsten Definition ist die ökologische Nische die *Gesamtheit* von *Beziehungen zwischen einer Art und ihrer Umwelt*. Ohne das Vorkommen der Art existiert sie demnach nicht, die Art *bildet* die ökologische Nische, die Nische ist ein Artcharakteristikum. Andere Definitionen legen andere Schwerpunkte – wie im Folgenden gezeigt.

Bedeutsamkeit von ökologischen Nischen • Ein Fehlen von Eisvögeln hat nach heutigem Wissen wenig Auswirkungen auf das Ökosystem. Bei einigen Arten ist aber bekannt, dass sie ihre abiotische Umwelt in für viele Lebewesen entscheidender Weise verändern. Bäume zum Beispiel beeinflussen Luftfeuchtigkeit, Temperatur und Bodenbildung im Wald; Regenwürmer verursachen eine ständige Nährstoffzufuhr, Durchmischung und Belüftung des Bodens. Wenn Arten wie auch der Biber (S. 176) Lebensräume für andere Arten schaffen oder erhalten, nennt man sie Ökosystemingenieure.

2 Ausschnitt der ökologischen Nische von Eisvögeln

Komplexität der Nische • Der Luzerneblattnager, ein kleiner Rüsselkäfer, benötigt eine bestimmte Luftfeuchtigkeit. Dies lässt sich zum Beispiel an der Eisterblichkeit messen. Optimal ist eine Luftfeuchte von 89–91 % bei 29 °C (▶3a), hier überleben mindestens 80 % der Eier. Allerdings ändert sich die Toleranz mit der Temperatur: Bei 24 °C (▶3b) sind 79–88 % Luftfeuchte optimal, bei über 37,5 °C (▶3c) sterben fast alle Eier.

Manche Umweltfaktoren beeinflussen sich gegenseitig, man darf sie nicht getrennt betrachten. Optimale Temperaturen sind 13–30 °C für das Überleben der Eier, aber > 31 °C für eine rasche Eientwicklung. Ob eine rasche Entwicklung für den Käfer überhaupt vorteilhaft ist, hängt von anderen Umweltbedingungen ab. Dies müsste man erst klären.

Es ist also wichtig, *woran* die Reaktion gemessen wird. Denn je nach **Messgröße** findet man mitunter unterschiedliche „Optima" und die höchsten Werte sind gar nicht unbedingt optimal.

Wegen ihrer großen Zahl ist es wohl nie möglich, alle Umweltfaktoren und Interdependenzen zu erfassen. Zudem wird die Darstellung bei mehreren Umweltfaktoren komplexer und oft ungenauer. Deshalb beschränkt man sich meist auf die Analyse eines oder weniger Umweltfaktoren.
Trotz dieser Einschränkungen erhält man durch solche Messwerte ein genaueres Bild der Nische. Manche Forschenden betrachten die ökologische Nische auf solche Weise von den Ansprüchen der Art aus und definieren sie als die Gesamtheit der Toleranzbereiche und Ansprüche einer Art.

Gesetz vom Minimum • Für das Pflanzenwachstum hat Justus von Liebig den Zusammenhang der Umweltfaktoren erforscht und als **Gesetz vom Minimum** zusammengefasst: Der Faktor, der am weitesten vom Optimum entfernt ist, limitiert das Wachstum am stärksten – so wie der Wasserstand in einem Fass durch die kürzeste Daube begrenzt wird (▶8). Sind dies wie im dargestellten Beispiel Phosphationen, so hat Phosphatdünger den größten Erntezuwachs zur Folge.

Planstellen • Im Boden wühlende Säugetiere zeigen ähnliche Merkmale wie kurze Gliedmaßen, wal-

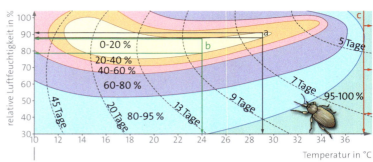

3 Mortalität der Eier und Dauer der Embryonalentwicklung beim Luzerneblattnager in Abhängigkeit von Temperatur und Luftfeuchtigkeit

zenförmige Körper guter Geruchssinn und zum Graben geeignete Vordergliedmaßen. Diese Merkmale passen zum Bodenleben, sie erleichtern das Anlegen von Gängen und die Bewegung darin.
Bodenwühler gibt es in ganz unterschiedlichen Regionen der Erde (▶4-7). Verschiedene Landschaften können also ähnliche Existenzmöglichkeiten bieten – man spricht metaphorisch von **Planstellen**. Diese müssen gar nicht besetzt sein. So fehlen auf Inseln häufig bestimmte Lebewesen, wahrscheinlich weil sie sich nicht dorthin ausgebreitet haben.

Manche Fachleute definieren die ökologische Nische aus der Sicht der Umwelt und bezeichnen solche Planstellen als ökologische Nischen.
Die drei genannten Definitionen für die ökologische Nische ergänzen sich, weil sie das eingebundensein von Arten in ihre Umwelt aus unterschiedlichen Perspektiven in den Blick nehmen.

Nischenbildung • Die Ähnlichkeit der drei Bodenwühler beruht nicht auf Verwandtschaft. Ihre Insektenfresser-, Nagetier- und Beuteltier-Vorfahren haben sich im Laufe der Evolution unabhängig auf die Planstelle hin entwickelt. Ökologische Nischen als Wirkungsgefüge bilden sich also über lange Zeiträume und entwickeln sich auch heute weiter.

4 Sternmull (Nordamerika, Insektenfresser)

5 Graumull (Südafrika, Nagetiere)

6 Beutelmull (Australien, Beuteltiere)

7 Maulwurf (Eurasien, Insektenfresser)

1 Nennen und vergleichen Sie die drei Definitionen für eine ökologische Nische.

2 Beschreiben Sie, wie die (▶3) dargestellte Wirkung der Umweltfaktoren erfasst wurde.

3 Erklären Sie ausgehend von Abbildung 3, inwiefern ökologische Nischen sich nicht ganz erfassen und schwer darstellen lässt.

8 Minimumtonne

Physiologie untersucht das Zusammenwirken aller chemischen und physikalischen Vorgänge *innerhalb eines Organismus*

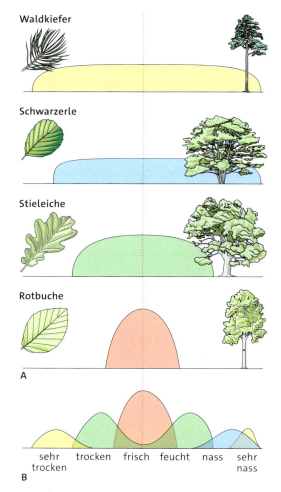

1 Wachstum von Baumarten in Abhängigkeit von der Bodenfeuchte A in Einzelkultur, B im Freiland

2 Zeigerarten: A Weidenröschen im vollen Licht, B Bärlauch im Kalkbuchenwald, C Brennnesselblüten, D Brennnesseln am Komposthaufen

Physiologische und ökologische Potenz • Untersucht man verschiedene Baumarten einzeln auf einer Versuchsfläche, so lassen sich ihre Ansprüche an Feuchtigkeit durch kontrollierte Variation der Bodenfeuchte ermitteln. Dabei zeigt sich zum Beispiel, dass Waldkiefern ausgesprochen trockene bis sehr nasse Böden tolerieren und fast über den ganzen Toleranzbereich optimal wachsen (▶1A). Im Freiland kommen sie allerdings fast nur auf sehr nassen und sehr trockenen Standorten vor (▶1B). Dieses Ergebnis lässt sich sehr wahrscheinlich durch interspezifische Konkurrenz erklären.

Sowohl der Bereich, in dem Wachstum überhaupt möglich ist, als auch der Bereich optimalen Wachstums ist im Experiment häufig anders als in freier Natur. Für alle Umweltfaktoren bezeichnet man den im Experiment ermittelten Umweltanspruch als Fundamentalnische oder **physiologische Potenz**, die Verbreitung in freier Natur als Realnische oder **ökologische Potenz**.

Zeigerarten • Schwarzerlen kommen im Freiland fast nur auf nassen und sehr nassen Standorten vor (▶1B). Also kann man aus ihrem Vorkommen mit hoher Wahrscheinlichkeit auf nassen Boden schließen. Schwarzerlen sind eine **Zeigerart** für hohe Bodenfeuchte. Dies ist erstaunlich, weil Schwarzerlen einen sehr weiten Toleranzbereich in Bezug auf die Bodenfeuchte haben und sehr nasse Böden gar nicht optimal für sie sind (▶1A). Sie können sich aber nur bei Bodennässe durchsetzen. Durch ein Wurzelbelüftungssystem sind sie an die Sauerstoffarmut nasser Böden besonders gut angepasst.

Rotbuchen zeigen dagegen frische Böden an. Sie sind dort konkurrenzstärker als andere Arten, wo auch ihr *physiologisches Optimum* liegt (▶1).

Zeigerarten zeigen also nicht immer die für sie optimalen Bedingungen an, vielmehr resultiert ihr Vorkommen aus dem Zusammenspiel aller Umweltfaktoren.

Bekannte Zeigerarten sind Weidenröschen für hohe Beleuchtungsstärke, Bärlauch für kalkhaltige und Brennnessel für stickstoffreiche Böden (▶2).

1 Stellen Sie die Fachbegriffe strukturiert dar und wenden Sie sie auf die Baumarten an.

2 Beschreiben Sie das nötige Vorgehen, um die in Abb. 1 dargestellten Daten zu erhalten.

Material

Lebewesen in ihrer Umwelt • Ökologische Nische als Wirkungsgefüge

Material A Zeigerarten an der Nordseeküste

Strandaster und Queller sind Zeigerarten für salzhaltige Böden. Beide Arten wachsen in den Salzwiesen an der Nordseeküste, wo sie immer wieder mit Salzwasser überflutet werden. Für Pflanzen ist Salz ein Stressfaktor, denn es entzieht den Zellen durch Osmose Wasser. Nordseewasser enthält ca. 2,5-3,2 % Salz, Süßwasser enthält <0,1 % Salz. Zudem sind die Salzwiesenpflanzen hoher Sonnenstrahlung ausgesetzt. Durch zersetztes Treibgut enthält der Boden viele Mineralstoffe.

Die Pflanzen dienen Weidegängern wie Gänsen und spezialisierten Insekten als Nahrung und tragen durch Festhalten von Sediment zur Bodenerhöhung bei. So können auch weniger salztolerante Arten überleben. In dem Experiment wurde die Strandaster zuvor an Salzwasser gewöhnt.

1 Beschreiben Sie den dargestellten Ausschnitt der ökologischen Nische von Strandaster und Queller als Pfeilschema (▶ 2, S.112).

2 Beschreiben Sie die Messergebnisse unter Verwendung ökologischer Fachbegriffe.

3 Erläutern Sie jeweils, warum Strandaster oder Queller salzhaltigen Boden anzeigt.

4 Entwerfen Sie jeweils eine Untersuchung, mit der man herausfindet, ob die Pflanzenart Strandflieder
  a salzhaltige Böden gut toleriert,
  b salzhaltige Böden anzeigt.

Material B Nischen von vier mitteleuropäischen Eulenarten

	Schleiereule	Steinkauz	Waldkauz	Waldohreule
Lebens-raum	halb offene Kulturlandschaft	offene Kulturlandschaft	Mischwälder bis Steppe	offene Kulturlandschaft
Haupt-nahrung	Feld- und Wühlmäuse	Mäuse, Insekten	Mäuse, Kleinsäuger	Feld- und Wühlmäuse
Nistplatz	Scheunen, Kirchtürme, Ruinen	kleinere Baumhöhlen, Gebäude	größere Baumhöhlen	verlassene Greifvogelhorste
Jagdzeit	fast nur in der Nacht	Dämmerung, Nacht	Dämmerung, Nacht	Dämmerung, Nacht
Länge (cm)	35	23	42	36
Masse (g)	350	250	600	370

In der Tabelle sind vier Nischendimensionen von vier mitteleuropäischen Eulenarten zusammengefasst. Die Daten geben nur die Hauptaspekte der jeweiligen Nischendimension an und sind, zum Beispiel bezüglich der Nahrung, nicht vollständig.

In den beiden unteren Zeilen sind die ungefähren Werte für Körperlänge (in cm) und Körpermasse (in g) der Weibchen angegeben. Männchen sind durchschnittlich etwas kleiner und leichter als Weibchen.

1 Beschreiben und vergleichen Sie anhand der Angaben die ökologischen Nischen der aufgeführten Eulenarten.

2 Zeichnen Sie für die vier Arten ein zweidimensionales Nischendiagramm für Lebensraum (Ordinate) und Jagdzeit (Abszisse) und erläutern Sie die daraus hervorgehenden Zusammenhänge. Beziehen Sie in Ihre Überlegungen die anderen Daten der Tabelle mit ein.

3 Erläutern Sie, weshalb die vier Eulenarten in Mitteleuropa nebeneinander existieren können, obwohl sie eine ähnliche Hauptnahrung besitzen.

4 Erklären Sie, weshalb in diesem Fall die Betrachtung einer einzigen Nischendimension für die Charakterisierung einer Art nicht reicht.

2.10 Ökosystem Wald

1 Moos in einem schattigen Wald

Im Schatten des Waldes entwickeln sich ausgedehnte Moospolster. Nicht nur große Bäume, sondern auch die ausgesprochen kleinen Moospflänzchen sind kennzeichnend für dieses Ökosystem. Welche Zusammenhänge bestehen zwischen ihnen und weiteren Lebewesen?

Waldbinnenklima • Wenn Bäume Laub tragen, dringt nur wenig Sonnenlicht bis zum Waldboden vor. Im Inneren des Waldes wird die Luft daher weniger stark erwärmt als außerhalb. Es verdunstet weniger Wasser, sodass es im Wald relativ feucht ist. Vom offenen Land wird bei Nacht Wärme an die Atmosphäre abgegeben. Im Wald dagegen wird wärmere und feuchte Luft unter dem Blätterdach zurückgehalten. Dadurch entsteht ein ausgeglichenes und feuchtes **Waldbinnenklima.** Luftströmungen aus dem Wald stabilisieren auch das Klima in seiner Umgebung: Wenn über dem offenen Land die von der Sonne erwärmte Luft aufsteigt, wird kühlere Luft aus dem Wald nachgesaugt.

Moos als Wasserspeicher • Das feuchte Waldbinnenklima begünstigt die Fortpflanzung vieler Moose. Sie haben nämlich einen besonderen Entwicklungszyklus. Die Spermatozoide gelangen im Wasser zu den weiblichen Fortpflanzungsorganen. Moose können sich also nur dann fortpflanzen, wenn Wasser zwischen ihren zarten Blättchen durch Adhäsion festgehalten wird.

Moose erfüllen im Wald eine besonders wichtige ökologische Funktion. Sie Sie können aus Nebel Wasser gewinnen und Wasser zurückhalten, das von den Blättern tropft. Wasser steht deshalb Pflanzen und Tieren im Wald auch lange nach einem Regen noch zur Verfügung. Es gelangt nicht sofort, sondern nur allmählich in die Bäche. Daher kommt es in einem Waldgebiet seltener zu Hochwasser als in einer waldarmen Gegend. Dieses Speichern von Wasser wird als **Retention** bezeichnet. Wenn man moosreiche Wälder aufbaut und pflegt, kann man Hochwasser verhindern. Eine zu dicke Moosdecke kann jedoch die Belüftung des Bodens und der Baumwurzeln behindern.

Aufbau des Waldbodens • Gräbt man im Wald ein Loch von etwa 1 m Tiefe, wird der Aufbau des Waldbodens sichtbar. Unter der mehr oder weniger dicken Streu mit Laubresten sind weitere, unterschiedlich gefärbte Schichten zu erkennen, die **Bodenhorizonte** genannt werden. Im Boden werden sowohl abgestorbene pflanzliche und tierische Substanz als auch Gestein abgebaut. Als Resultat davon bildet sich ein charakteristisches **Bodenprofil** heraus. Es besteht aus dem meist dunkleren Oberboden oder **A-Horizont**, dem oft helleren Unterboden oder **B-Horizont** und dem von Gesteinsbrocken durchsetzten **C-Horizont**.

Bodenbildung • Pflanzenwurzeln, die in den Boden vordringen, geben Wasserstoffionen ab. Im Austausch nehmen sie Mineralionen auf. Im Boden reichern sich dadurch Wasserstoffionen an. Infolgedessen sinkt der pH-Wert, und der Boden wird saurer. Die Säuren des Bodens greifen das Ausgangsgestein an, wodurch wiederum weitere Mineralionen werden freigesetzt. Diese stehen dann den Pflanzen zur Verfügung. Weil Wurzeln bei ihrem Wachstum weiter in den Boden vordringen, können Wasser und Mineralstoffe aus immer neuen Bereichen aufgenommen werden. Gelangen Wurzeln ausdauernder Pflanzen bis in die Risse und Spalten im Gestein, können sie dieses durch ihr Dickenwachstum sprengen und so noch tiefer ins Erdreich eindringen.

Zahlreiche kleine Bodenorganismen, die insgesamt das **Edaphon** bilden, ernähren sich von den Überresten abgestorbener Pflanzen und Tiere, die sich an der Bodenoberfläche ansammeln. Ein Teil der organischen Substanz wird dabei mineralisiert, also in anorganische Stoffe überführt. Diese Mineralstoffe können erneut von Pflanzenwurzeln aufgenommen werden und so wieder in die Nahrungskette gelangen. Beim Abbau organischer Substanz entstehen weitere Säuren, unter anderem Huminsäure. Gemeinsam mit anderen organischen und anorganischen Bestandteilen bildet sie den **Humus**.

Da sowohl durch den Ionenaustausch an den Pflanzenwurzeln als auch beim Abbau organischer Substanz Säuren entstehen, nimmt ihre Menge im Boden zu. Man sagt, dass der Boden versauert. In einem sauren Boden ist die Aktivität des Edaphons eingeschränkt. Der Abbau organischer Substanz wird dann verlangsamt, sodass sich an der Bodenoberfläche nicht oder wenig zersetzter **Rohhumus** ansammelt. Außerdem kommt es zu einer Auswaschung von Tonmineralien aus dem Ober- in den Unterboden. Im Bodenprofil ist dies daran zu erkennen, dass der A-Horizont ausbleicht, der B-Horizont aber eine dunklere Farbe annimmt.

Die Ausgangsgesteine, auf denen sich die Böden entwickeln, haben unterschiedliche Zusammensetzungen. Wenn sie ausreichend Kalk enthalten, kann die Wirkung der Säuren abgepuffert werden, sodass die Lebensbedingungen für die Organismen des Edaphons optimal bleiben. Allerdings vermindert ein hoher Kalkgehalt des Bodens die chemische Verwitterung und die Freisetzung von Mineralionen aus dem Ausgangsgestein und den Tonmineralien.

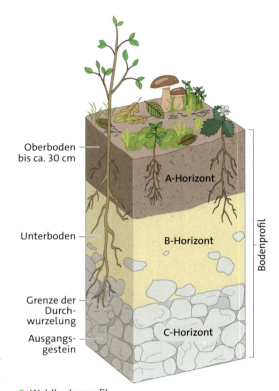

2 Waldbodenprofil

1 Erläutern Sie, warum ein leicht saurer Boden besonders günstige Bedingungen für das Edaphon und die Pflanzen bietet.

3 Beispiele für einen Austausch von Ionen an der Wurzel

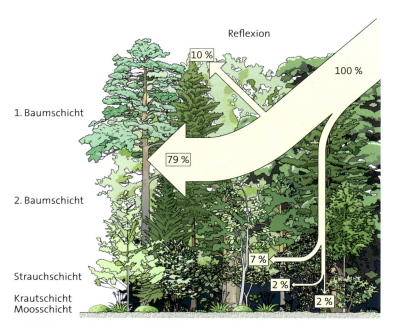

1 Schichten des Waldes und die Lichtmengen, die zu ihnen gelangen

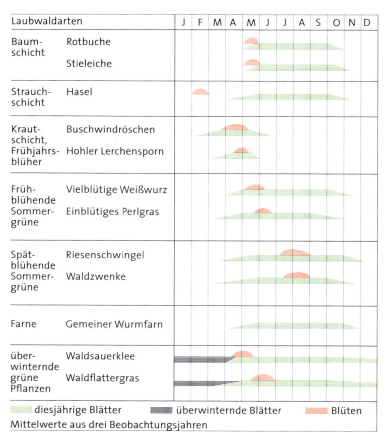

diesjährige Blätter überwinternde Blätter Blüten
Mittelwerte aus drei Beobachtungsjahren

2 Blüten- und Blattentwicklung einiger Laubwaldpflanzen

Schichtenaufbau des Waldes • Die Pflanzen eines Waldes können einzelnen Schichten oder **Stockwerken** zugeordnet werden. In der obersten **ersten Baumschicht** dominieren beispielsweise Buchen oder Eichen. In der **zweiten Baumschicht** gibt es Jungpflanzen dieser Baumarten sowie in vielen Wäldern Hainbuchen. Darunter befindet sich die **Strauchschicht** mit Haselbüschen, Holunder und Vogelbeere. Auch in der Strauchschicht stehen Jungpflanzen von allen genannten Baumarten. Weil junge Bäume jeglichen Alters allmählich nachwachsen, kann man viele von ihnen nicht klar einer bestimmten Baumschicht zuordnen. Am Boden sind schließlich die **Kraut-** und die **Moosschicht** ausgebildet.

Allen Pflanzen im Wald stehen Wasser und Mineralstoffe zur Verfügung. Die Lichtmengen, die zu ihren Blättern gelangen, sind aber sehr verschieden. Blätter in den Baumkronen erhalten viel mehr Licht als beschattete Blätter. Lange von der Sonne beschienene Blätter geben bei der Transpiration mehr Wasser ab und können eher unter Trockenschäden leiden als Blätter, die sich im Schatten befinden. Daher sind die Blätter in den Außenbereichen der Baumkronen oft schmaler als im Innenbereich, und sie haben als Außenhaut eine dickere Cuticula, die sie vor Trockenschäden bewahrt.

In Laubwäldern dringt nur dann viel Licht bis zum Waldboden vor, wenn die Bäume und Sträucher noch keine Blätter tragen. Im März und April sind in vielen Wäldern ganze Teppiche von Buschwindröschen zu finden. Auch Scharbockskraut und Lerchensporn wachsen zu dieser Zeit im Wald. Wenn es wärmer wird, treiben diese Pflanzen aus dicht an der Oberfläche liegenden Wurzelstöcken oder Zwiebeln rasch Blätter und Blüten aus. Diese oberirdische Entwicklung ist begünstigt durch das Licht und wird bereits beendet, wenn sich Buchen und Eichen belauben. Diese Waldbodenpflanzen werden Frühblüher oder gemäß ihrer Lebensform **Frühjahrsgeophyten** genannt.

Im Sommer wachsen in der Krautschicht im Wald nur solche Kräuter, die auch im Schatten Fotosynthese betreiben können. Zu ihnen zählen Perlgras, Sauerklee, Flattergras, Riesenschwingel und Waldzwenke.

Lebewesen in ihrer Umwelt • Ökosystem Wald

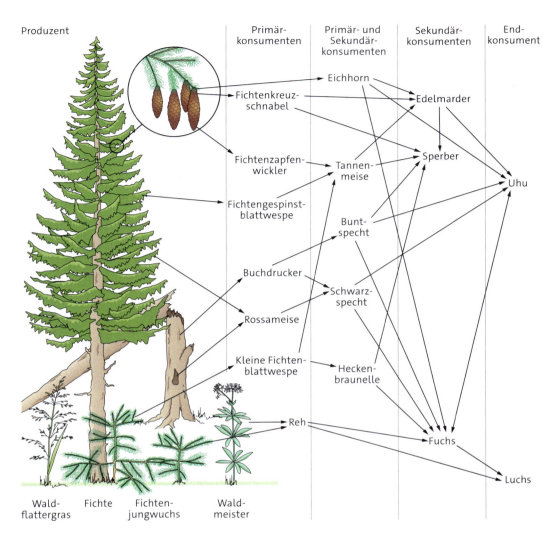

3 Nahrungsbeziehungen im Wald

Nahrungsbeziehungen • In einem dichten Wald gibt es nur wenig Nahrung für große Tiere: Wildschweine ernähren sich von Eicheln, Bucheckern, Pilzen und Insektenlarven. Viele Tiere, die wir für Waldbewohner halten, beispielsweise Hirscharten wie Damhirsche und Rehe, ernähren sich vor allem von Pflanzen, die außerhalb des Waldes wachsen. Im Wald finden diese Tiere Schutz. Außerdem verbeißen sie dort junge Gehölztriebe. Weil Knospen und junge Blätter im Vergleich zu älteren weniger Cellulose enthalten, können sie von den Tieren besser verdaut werden.

Im Wald gibt es viele kleine Tiere, die ausschließlich an bestimmten Pflanzenarten oder sogar nur an bestimmten Teilen dieser Pflanzen fressen. Die Fichtengespinstblattwespe beispielsweise ernährt sich ausschließlich von Fichtennadeln. Insekten gehören zur Nahrung zahlreicher Vogelarten des Waldes wie Meisen und Spechten. Größere Vögel und kleine Säugetiere fressen zwar auch Insekten, erbeuten aber ebenso kleinere Vögel oder deren Eier. Edelmarder sind typische Nesträuber. Uhu und Luchs, die auch größere Tiere oder deren Jungtiere erbeuten, sind ausgesprochen selten. Marder und Füchse können sich unter natürlichen Bedingungen gut entwickeln. Allerdings reicht dann häufig das Nahrungsangebot im Wald nicht mehr aus, sodass diese Tiere ebenso wie Wildschweine in Siedlungen auf Nahrungssuche gehen.

1 Erläutern Sie Konsequenzen, die sich aus dem Fehlen von Luchsen in Waldökosystemen ergeben.

4 Verbissschaden

1 Schadbild des Buchdruckers an Fichte

2 Schwammbefall an einer Buche mit sichtbaren Sporenträgern

Lebensraum • Viele kleine Tiere, die an einem Baum leben, können ihn auch derart schädigen, dass er schließlich abstirbt. Dies ist beim Buchdrucker der Fall. Dieser kleine Käfer legt seine Eier in die Leitbahnen in der Rinde von Fichten. Die Larven ernähren sich von den Assimilaten, die im Phloem von den Blättern zu den Wurzeln transportiert werden. Sie gelangen durch Gänge, die sie allmählich anlegen, an weitere Leitbahnen mit Assimilaten. Wenn nur noch wenige Kohlenhydrate in den Wurzelraum der Fichte gelangen, wird diese geschädigt und kann schließlich absterben.

Die Gänge der Buchdruckerlarven sehen wie Schriftzeichen aus. Von ihnen erhielten die Käfer ihren Namen. Spechte legen die Fraßgänge durch Klopfen mit ihren Schnäbeln frei. Die Buchdruckerlarven dienen ihnen als Nahrung. Sie werden also gefressen, bevor sie größeren Schaden anrichten. Spechte werden daher als Nützlinge bezeichnet. Verlassene Spechthöhlen können von anderen Tierarten genutzt werden, beispielsweise von bestimmten Fledermausarten, Spinnen und weiteren Wirbellosen.

Wo das Pflanzengewebe zerstört wurde, können mehrzellige Pilze zwischen dessen Zellen eindringen. Sie lösen unter anderem Lignin in den Mittellamellen zwischen einzelnen Zellen auf und bauen daraus ihre eigenen Körper auf. Mit langen Zellfäden, sogenannten Hyphen, durchziehen sie schließlich immer weitere Bereiche des Holzgewebes. Der Kontakt der Zellen wird dabei gelöst: Holz wird auf diese Weise morsch. Erst nach längerer Entwicklung bilden die Pilze Sporenträger zur Vermehrung. Wenn sie zu erkennen sind, ist der Baum meistens nicht mehr zu retten: Morsche Äste brechen ab, Bäume fallen um.

Vor allem an der Bodenoberfläche und in den obersten Bodenschichten werden die einzelnen Zellen weiter zersetzt. Mikroorganismen bauen Cellulose und Lignin ab. Sie leben entweder frei im Boden oder als Symbionten in Tieren, beispielsweise in Insekten. Sie vermehren sich im Verdauungstrakt ihrer Wirtstiere, denen sie anschließend als Nahrung dienen.

1 Erklären Sie, wie Holz morsch wird.

Material

Lebewesen in ihrer Umwelt • Ökosystem Wald

Material A Bodenfunktion

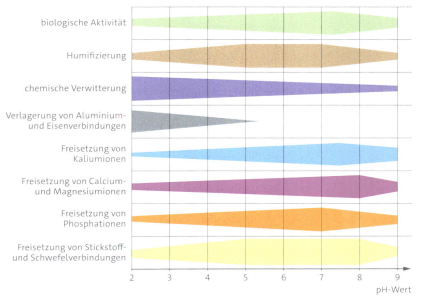

Die Abbildung zeigt den Einfluss der Bodenreaktion auf die Bodenfunktion.

1 Beschreiben Sie die in der Grafik dargestellten Messergebnisse.

2 Erläutern Sie, wie sich die Prozesse in einem Boden unter dem Einfluss der Bodenversauerung verändern.

3 Erschließen Sie, welchen Einfluss eine Kalkung auf einen Boden mit einem pH-Wert von 4 hat.

4 Begründen Sie, weshalb ein leicht saurer Boden für das Pflanzenwachstum am günstigsten ist.

Material B Fotosyntheseraten

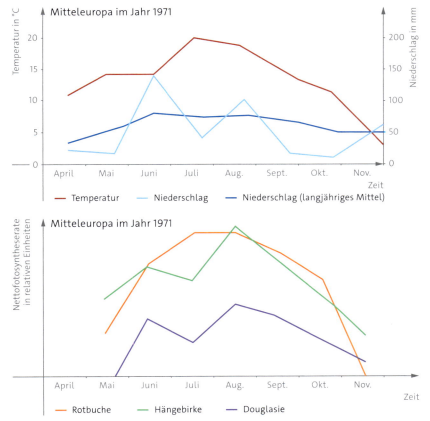

Die Nettofotosyntheseraten von Rotbuche, Hängebirke und Douglasie im Sommerhalbjahr wurden bestimmt und zu Temperaturen und Niederschlägen in Beziehung gesetzt.

1 Beschreiben Sie die in den Diagrammen dargestellten Ergebnisse.

2 Begründen Sie, für welche Baumart eher Temperatur und für welche eher Niederschläge wachstumsentscheidend sind.

3 Erläutern Sie, weshalb unter den angegebenen Verhältnissen Laubbäume langfristig den Nadelbäumen überlegen sind.

Blickpunkt

Wandel im Ökosystem Wald

1 Ablauf einer typischen Sukzession nach der Aufgabe eines Getreidefelds

Vom Offenland zum Wald • Unter den Klimabedingungen Mitteleuropas entsteht fast überall ein Wald, wenn Flächen nicht mehr genutzt werden. Solange ein Acker bewirtschaftet wird, wachsen dort nur wenige Wildkräuter. Wenn die Nutzung endet, können sie sich üppig entwickeln. Die Wildkräuter, die man auch als Unkraut bezeichnet, haben zahlreiche Nachkommen und können sich somit gut ausbreiten. Es handelt sich also um **r-Strategen**. Weil Weil sie zu den ersten Neubesiedlern bei einer solchen Entwicklung gehören, nennt man sie auch **Pionierpflanzen.**

Mehrjährige Gräser und Kräuter, Sträucher und Bäume entwickeln nach den Pionierpflanzen. Nach mehreren Jahren gewinnen sie aber die Oberhand gegenüber den Pionierpflanzen: Langlebige Holzgewächse sind **K-Strategen**, die zwar wenige Nachkommen haben, sich aber gegenüber anderen Pflanzen behaupten können, denn in ihrem Schatten wachsen nur noch wenige Pflanzen in der Krautschicht.

Beim Abbau organischer Substanz im Boden entsteht Humus, der sich während der gesamten Entwicklung im Boden ansammelt und der Säuren enthält. Diese Säuren bewirken, dass weitere Mineralstoffe aus dem Untergrund freigesetzt werden, die dann den Pflanzen zum Wachstum zur Verfügung stehen. Auch wird zwischen den Wurzeln immer mehr Wasser festgehalten als zuvor. Im Gehölz wird es stetig schattiger und das lokale Klima entwickelt sich immer stärker zu dem Klima eines Waldes. Dieses ist das Endstadium bei der Waldentstehung. Eine solche zeitliche Abfolge von Organismengruppen in so einem Bereich während eines Vegetationswandels nennt man Sukzession. Doch Wald entwickelt sich auch danach dynamisch weiter.

Wenn Wald auf ehemals genutzten Flächen neu entsteht, können sich ausbreitende Pflanzenarten schneller einen Platz in ihm finden. Wenn immer wieder Flächen gerodet und wieder aufgegeben werden, können sich auch neue Pflanzenarten in ihm ausbreiten.

Viele Tiere leben nur in bestimmten Sukzessionsstadien. Eidechsen brauchen sonnige Standorte. Bestimmte Schmetterlinge kommen nur dann vor, wenn ihre Futterpflanzen am Standort wachsen. Und der Neuntöter findet sich nur dann ein, wenn er seine Beute an stacheligen oder dornigen Gewächsen wie Weißdorn und Schlehe aufspießen kann. Schreitet die Sukzession voran, verschwindet dieser Vogel wieder. Der Neuntöter muss dann andere Gebiete finden, wo die für ihn wichtigen Sträucher wachsen.

Dynamik in Ökosystemen • Ökosysteme wie der Wald werden im Allgemeinen für stabil gehalten. Doch der Eindruck trügt. Wälder unterliegen vielmehr einem steten Wandel, auch wenn dieser zum Teil sehr langsam abläuft: Bäume wachsen, altern und brechen zusammen. An immer wieder anderen Stellen werden sie durch Sturm, Schneebruch oder Brände zerstört. Auch durch die Forstwirtschaft werden Wälder verändert.

Auf den entstehen Lichtungen kommt es anschließend zu Sukzessionen, also zu gesetzmäßig immer wieder entsprechend ablaufenden Entwicklungen, bei denen die Lichtungen wieder bewachsen werden. An solchen Stellen breiten sich zuerst raschwüchsige r-, dann längerfristig vorhandene K-Strategen aus. Auf Lichtungen wachsen zuerst Springkraut, Fingerhut und Himbeere. Man beobachtet sie ebenfalls dort, wo Wald geschlagen wurde und bezeichnet sie daher als Pflanzen der Schlagflur. Samen von Schlagflurpflanzen können Jahrzehnte im Boden überdauern, bis der Baum über ihnen abstirbt, eine Lichtung entsteht und sie eine Zeitlang wachsen können, bis sich die Baumkronen über ihnen erneut schließen.

Betrachtet man ein größeres Waldstück, so lässt sich beobachten, dass verschiedene Waldbereiche aneinandergrenzen, in denen die Sukzession unterschiedlich weit fortgeschritten ist. Sie bilden ein Mosaik. Weil dies immer wieder neu entsteht, spricht man von einem **Mosaikzyklus.** Tiere, die auf Lichtungen ein gutes Angebot an pflanzlicher Nahrung finden, müssen in Abhängigkeit von der Ausbildung bestimmter Stadien im Mosaikzyklus des Waldes immer wieder neue Nahrungsplätze finden. Auf den Lichtungen der Mosaikzyklen können sich auch neue Pflanzenarten ausbreiten. Weil die Lichtungen klein sind und selten entstehen, etablieren sich neue Pflanzenarten aber nur sehr langsam.

Stabilität und Wandel • Ökosysteme würden nur dann stabil bleiben, wenn die einzelnen Organismen, ihre Populationen und die Standortbedingungen stets gleich blieben. In der Realität gibt es diese Stabilität aber nicht. Neue Pflanzen- und Tierarten breiten sich fortwährend aus. Der menschliche Einfluss auf die Ökosysteme verändert sich. Auch das Klima ändert sich, beeinflusst die Ökosysteme und führt zu einem Wandel. Pflanzen- und Tierpopulationen werden an die sich wandelnden Standort- und Konkurrenzbedingungen angepasst. So wandelt sich jedes Ökosystem unaufhörlich, alte Lebensräume verschwinden und neue Lebensräume entstehen.

Geschlossener Wald

Lücke

Neue Bäume wachsen

Lücke

Neue Bäume wachsen

2 Mosaikzyklus im Wald

Praktikum

Praktikum A Charakterisierung des Untersuchungsgebietes

1 Bestimmung von Baumhöhe, Baumumfang und Baumalter

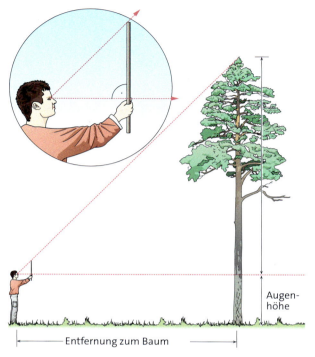

Um den Holzvorrat in einem Wald zu bestimmen, ermittelt man Anzahl, Höhe (l) und Durchmesser (d) von Bäumen in Brusthöhe. Zur Bestimmung der Baumhöhe hält man eine Stange, die so lang wie der Arm ist, mit ausgestreckter Hand senkrecht vor sich. Man sucht den Ort, von dem man die Stangenspitze und den Wipfel des Baumes auf einer Linie sieht. Die mit einem Bandmaß gemessene Strecke vom Standpunkt zum Baum, zu der man die Augenhöhe addiert, entspricht der Höhe des Baumes. Der Holzvorrat eines Waldes wird dann mit der Formel $V \approx d^2 \cdot l \cdot 0{,}8$ bestimmt. Das Alter eines Baumes kann man abschätzen, indem man die Jahresringe an einem Baumstumpf zählt, der etwa gleich dick ist.

1 Messen Sie die Höhe ausgewählter Bäume nach der angegebenen Methode.

2 Erklären Sie die Messmethode.

3 Berechnen Sie den Holzvorrat Ihres Waldstückes.

4 Zählen Sie bei einem etwa gleich dicken Baumstumpf die Jahresringe und schätzen Sie danach das Alter danebenstehender Bäume.

2 Entwicklung des Waldes

Um einen Eindruck von der Entwicklung eines Waldes zu bekommen, schätzt man die Gehölzzusammensetzungen der ersten und zweiten Baumschicht sowie der Strauch- und Krautschicht ab. Auch Keimlinge werden erfasst.

1 Stellen Sie die relative Häufigkeit der Pflanzen in den einzelnen Schichten in einer Tabelle zusammen.

2 Entwickeln Sie auf dieser Basis Hypothesen zur künftigen Entwicklung des Waldes.

3 Diskutieren Sie die Ergebnisse mit der zuständigen Forstbehörde.

Lebewesen in ihrer Umwelt • Untersuchung eines Waldökosystems

Praktikum B Untersuchung von Pflanzen am Standort

1 Untersuchung eines Transektes

B1 Transekt durch einen Pflanzenbestand

Von einem Ort, an dem eine bestimmte Pflanzenart massenhaft vorkommt, bis dort, wo sie selten ist, wird eine in Meterabschnitte unterteilte Schnur gespannt. Die abgesteckte Strecke nennt man **Transekt**. Gut geeignet für die Untersuchung sind Bestände von Brennnesseln am Waldrand oder Bärlauch.

1. Messen Sie die Lichtmengen, die auf die Blätter treffen. Vergleichen Sie die Lichtwerte auf einer Freifläche mit denen an den Blättern der Pflanzen des Transekts. Errechnen Sie, welcher Prozentanteil der vollen Lichtmenge jeden Ort des Transekts erreicht. Wiederholen Sie die Messungen mehrmals am Tag.
2. Messen Sie die Lufttemperatur und die Luftfeuchtigkeit.
3. Ermitteln Sie die Häufigkeiten der Pflanzen in den verschiedenen Abschnitten des Transekts. Berücksichtigen Sie jeweils einen Bereich von maximal 50 cm rechts und links der Schnur.
4. Stellen Sie Korrelationen zwischen den Häufigkeiten der Pflanzen und den Standortbedingungen her.

2 Reaktion auf Schwankungen abiotischer Faktoren

B2 Kleines Springkraut: **A** im Schatten, **B** in der vollen Sonne

Das Kleine Springkraut verliert viel Wasser, wenn seine Blätter von der vollen Sonne beschienen werden. Lässt die Lichteinstrahlung nach, füllen sich die Pflanzenzellen wieder mit Wasser.

1. Messen Sie mit einem Geodreieck die Winkel zwischen Sprossen und Blättern bei unterschiedlich starker Sonneneinstrahlung.
2. Vergleichen Sie Pflanzen an verschiedenen benachbarten Standorten.
3. Fassen Sie die Ergebnisse zusammen.
4. Stellen Sie Korrelationen zwischen Lichteinstrahlung und Blattstellung her.

Praktikum

3 Vegetationsaufnahme mit Zeigerwerten

Vegetationsaufnahme

1. Waldart:	Buchenwald:			
2. Fundort:	Elm-Reitlingstal, Messtischblatt 3730, Mulde am Südwesthang des Herzberges	Schicht	Höhe	Deckung
3. Funddatum:	25. 5. 1975	Bäume	28 m	75 %
4. Höhe über NN:	220 m			
5. Hanglage und Neigung:	Mulde, von Rinnsal durchzogen	Sträucher	–	–
6. Größe der Probefläche:	100 m²	Kräuter	40 cm	100 %

Artenliste:	Zeigerwerte:			
	F	R	N	L
Bärlauch	6	7	8	2
Scharbockskraut	7	7	7	4
Großblütiges Springkraut	7	7	6	4
Winkel-Segge	8	x	x	3
Ruprechtskraut	x	x	7	4
Blutroter Ampfer	8	7	7	4
Wald-Ziest	7	7	7	4
Große Brennnessel	6	6	8	x
Kriechender Hahnenfuß	7	x	x	6
Riesen-Schwingel	7	6	6	4
Busch-Windröschen	x	x	x	x
Aronstab	7	7	8	3
Wald-Segge	5	7	5	2
Gewöhnliches Hexenkraut	6	7	7	4
Esche	x	7	7	4
Rotbuche	–	–	–	–
Wald-Sauerklee	6	4	7	1
Wald-Zwenke	5	6	6	4
Frauenfarn	7	x	6	4
Hohe Schlüsselblume	6	7	7	6
Waldmeister	5	x	5	2
Summe der Zeigerwerte:	110	92	114	65
Zahl der bewerteten Arten:	17	14	17	18
Mittlere Zeigerwerte:	~6,4	~6,6	~6,7	~3,6

An feuchten und trockenen, sauren und neutralen, mineralstoffreicheren und -ärmeren, warmen und kühleren Standorten wachsen unterschiedliche Pflanzenarten. Auf der Grundlage dieser Erkenntnisse wurden neun Stufen von **Zeigerwerten** für jede Pflanzenart festgelegt: Zum Beispiel erhielten Pflanzen heller Standorte hohe Lichtzahlen, Gewächse extrem dunkler Standorte die Lichtzahl 1. Zeigerwerte sind keine Messwerte. Sie gelten nur unter aktuellen Konkurrenzverhältnissen. Wenn sich weitere Pflanzenarten an einem Standort ausbreiten, gelten die Zeigerwerte nicht mehr. Dann verändern sich die Verbreitungsschwerpunkte aller Pflanzenarten.

In einer Vegetationsaufnahme werden zunächst in der angegebenen Weise geografische Angaben zusammengestellt. Darunter werden alle nachgewiesenen Pflanzenarten aufgeschrieben. Hinzugefügt werden die Feuchtezahl F, die Stickstoffzahl N, die Lichtzahl L und die mit dem pH-Wert des Bodens zusammenhängende Reaktionszahl R.

In der hier als Beispiel präsentierten Tabelle gibt es Pflanzen dunkler Standorte (Lichtzahl 1 beim Sauerklee) und hellerer Wuchsorte (Lichtzahl 6 vom Kriechenden Hahnenfuß und von der Hohen Schlüsselblume). Auch bei anderen Zeigerwerten gibt es Abweichungen.

1 Stellen Sie in einer Tabelle zusammen, welche Pflanzenarten in dem von Ihnen untersuchten Waldstück wachsen.

2 Ermitteln Sie die Zeigerwerte der gefundenen Pflanzenarten, beispielsweise über Internetseiten des Bundesamtes für Naturschutz.

3 Bilden Sie Durchschnittswerte der Zeigerwerte und charakterisieren Sie auf diese Art und Weise den von Ihnen untersuchten Standort hinsichtlich Feuchtigkeit, Mineralstoffgehalt (Stickstoffgehalt), Helligkeit und Bodenreaktion.

4 Erklären Sie, weshalb Pflanzen mit sehr unterschiedlichen Zeigerwerten dennoch nebeneinander vorkommen können.

Praktikum C Monitoring von Tieren

1 Untersuchung der Laubstreu

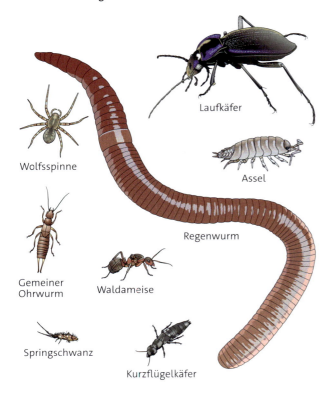

Bei der Untersuchung der Laubstreu findet man eine große Anzahl von Tieren, die an einem Waldstandort vorkommen.

1 Graben Sie Plastikbecher in die Streuschicht ein und geben Sie zerkleinerte Laubstreu in die Becher. Holen Sie sie nach einem Tag wieder aus dem Boden heraus und entleeren Sie ihren Inhalt in Plastikschalen. Bestimmen Sie alle Tiere so genau wie möglich und zählen Sie sie. Setzen Sie die Tiere nach der Untersuchung am Waldboden wieder aus.

2 Informieren Sie sich über die Ernährung der nachgewiesenen Tiere und entwerfen Sie ein Nahrungsnetz.

2 Direkte und indirekte Tierbeobachtung

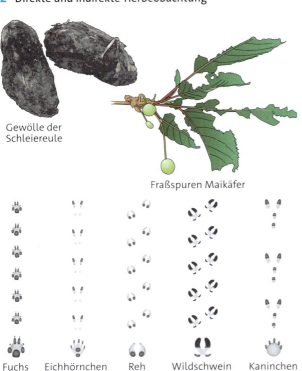

Das Monitoring oder die Erfassung von Tieren im Wald ist nur bei solchen Arten einfach, die man direkt zu Gesicht bekommt.

Viele Tiere lassen sich nur über indirekte Spuren nachweisen, zum Beispiel über Fraßspuren an Pflanzen oder Spuren im Schnee. Wildschweine durchwühlen den Boden auf der Suche nach Kleintieren und Pilzen. Vögel identifiziert man über ihren Gesang.

Zerlegt man Gewölle von Schleiereulen, kann man an den dort nachgewiesenen Knochen und anderen Resten feststellen, welche Tiere von den Eulen erbeutet wurden.

1 Protokollieren Sie die nachgewiesenen Tiere und ordnen Sie diese nach systematischen Gruppen.

2 Erläutern Sie Chancen und Grenzen des indirekten Nachweises von Tieren im Ökosystem Wald.

3 Erläutern Sie, wie sich Ihre Erfassungsdaten in einem längerfristigen Monitoring von Waldtieren verwenden lassen.

2.11 Ökosystem See

1 Badespaß

Im Sommer lädt mancher See zum Baden ein. Das warme Wasser freut die Badegäste. Beim Schwimmen stellen sie allerdings fest, dass die Wassertemperatur im See nicht überall gleich ist. Etwas entfernt vom Ufer können sie im tieferen Wasser sogar kalte Füße bekommen, während ihr Oberkörper angenehme Temperaturen verspürt. Wie entstehen solche Temperaturunterschiede?

griech. epi = auf

griech. meta = zwischen

griech. hypo = unter
griech. limnion = Tümpel

lat. stare = stehen

Schichtung und Zirkulation • Die Temperaturen im See ändern sich mit der Wassertiefe und im Jahresverlauf. An manchen Tagen im Frühjahr und Herbst beträgt die Temperatur überall im Wasser 4 °C. Im Winter und Sommer hingegen weist das Wasser eine Temperaturschichtung auf. Die oben liegende Schicht, das **Epilimnion**, ist im Sommer wärmer und im Winter kälter als darunter befindliche Schichten. Die Tiefenschicht, das **Hypolimnion**, hat ganzjährig eine Temperatur von 4 °C. Im Sommer gibt es eine zusätzliche Schicht zwischen Epilimnion und Hypolimnion, das **Metalimnion**. In dieser fällt die Temperatur in den heißen Monaten auf wenigen Metern erheblich ab. Daher bezeichnet man sie auch als **Sprungschicht**.

Ursachen für die beschriebenen Beobachtungen sind die schlechte Wärmeleitfähigkeit des Wassers und seine von der Temperatur abhängige Dichte. 4 °C warmes Wasser hat die größte Dichte, ist am schwersten und sinkt immer nach unten. Der Wärmeaustausch zwischen verschiedenen Wasserschichten erfolgt fast ausschließlich durch Strömung. Diese wird vom Wind erzeugt.

Das im Herbst und Frühjahr überall gleich warme Wasser kann vom Wind jeweils in eine **Vollzirkulation** versetzt werden. Unter einer Eisdecke ist dies nicht möglich, und das Wasser wird nicht bewegt. Es herrscht **Winterstagnation**. Wasser unterschiedlicher Dichte kann lediglich von starken Winden umgewälzt werden.

Im Sommer schwimmt leichtes, warmes Wasser oben. Dieses wird nur bis zur Sprungschicht durchmischt. Darunter steht das schwerere, kühle Wasser, das nicht erwärmt wird. Man spricht von **Sommerstagnation** des Sees. Wenn die Sprungschicht bereits in sehr geringer Wassertiefe liegt, kann man beim Baden kalte Füße bekommen.

Einfluss des Lichts • Sonnenstrahlung erwärmt das Wasser und ist für das Pflanzenwachstum notwendig. Die Wärmewirkung der Strahlung reicht zwar nicht tief, aber das an der Oberfläche erwärmte Wasser wird durch den Wind im Epilimnion verteilt.

In tiefen und trüben Seen dringt Licht nicht bis zum Boden vor. Dadurch entstehen unterschiedliche Lebensbereiche für verschiedene Organismen. Sie werden in einer Wassertiefe getrennt, in der das Licht so weit abgeschwächt ist, dass Pflanzen gerade noch leben können. Weil in dieser Tiefe der Stoffaufbau durch Fotosynthese den Stoffabbau genau ausgleicht, heißt sie **Kompensationstiefe**. Mithilfe der Fotosynthese werden oberhalb der Kompensationstiefe organische Stoffe im Überschuss gebildet. Sie sind eine wesentliche Grundlage für die Ernährung aller Lebewesen im See. Dieser Bereich wird daher als Nährschicht oder **trophogene Zone** bezeichnet. Analog nennt man die untere Schicht wegen überwiegender Zersetzung organischer Stoffe Zehrschicht oder **tropholytische Zone.**

Da am Seeboden, dem **Benthal,** und im Freiwasser, dem **Pelagial,** unterschiedliche Arten leben, unterscheidet man insgesamt vier Lebensbereiche: das obere und untere Pelagial sowie das ufernahe **Litoral** und den tiefen Seeboden, das **Profundal.**

Die Lebewesen des Pelagials schwimmen oder schweben. Diejenigen, die dies hauptsächlich passiv erreichen, bezeichnet man in ihrer Gesamtheit als **Plankton**. Man unterscheidet pflanzliches Phytoplankton und tierisches Zooplankton. Phytoplankton kommt zwar auch im Litoral vor, seine Lebensmöglichkeit wird aber durch höhere Pflanzen eingeschränkt, die das Wasser beschatten. Damit sorgt Licht indirekt für eine Trennung von Litoral und Pelagial.

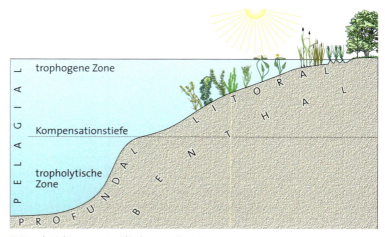

3 Durch Licht erzeugte Gliederung eines Sees

griech. plankton = das Umhergetriebene

griech. trophe = Ernährung

griech. pelagos = hohe See, Meer

lat. litus = Ufer

lat. profundus = tiefgründig

1 Erläutern Sie, weshalb im Sommer eine Sprungschicht entsteht.

2 Erläutern Sie die Lebensbedingungen für das Phytoplankton im Pelagial, wenn die Kompensationstiefe deutlich oberhalb des Metalimnions liegt.

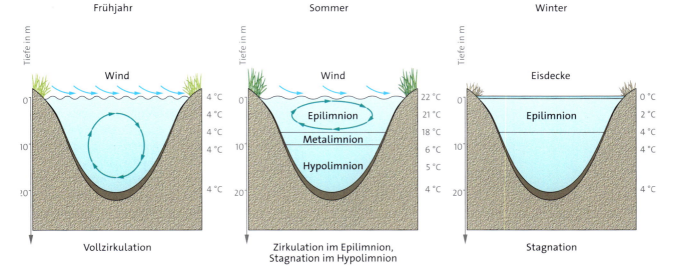

2 Durch Wind und Wassertemperatur erzeugte Gliederung eines Sees

Einfluss des Sauerstoffs • Lebensvorgänge im See bewirken, dass am Ende der Sommerstagnation eine Sauerstoffverteilung vorliegt, die deutlich unterscheidbare Lebensbereiche erzeugt. Licht und Temperaturschichtung sind dabei wesentliche Einflussfaktoren.

Während der Frühjahrszirkulation ist Sauerstoff noch gleichmäßig im See vorhanden. Nach Ausbilden des Metalimnions wird er überwiegend im Epilimnion produziert und ausschließlich hier verteilt. Dagegen wird unter der Kompensationstiefe mehr Sauerstoff verbraucht als hergestellt. In Bereichen, wo er wegen fehlender Wasserbewegung nicht transportiert wird, nimmt seine Konzentration ab. Folglich enthält das untere Hypolimnion im Sommer die geringste Sauerstoffmenge, weil es schon am längsten von der Zirkulation ausgeschlossen ist. Organismen, die viel Sauerstoff zum Leben benötigen, können hier nicht mehr leben.

Das Sauerstoffminimum im Metalimnion ist dagegen folgendermaßen zu erklären: Im Pelagial lebende Bakterien und Zooplankton sammeln sich hier an, weil sie beim Absinken aus dem Epilimnion wegen der steigenden Dichte des Wassers gebremst werden. Sie verbrauchen Sauerstoff.

Einfluss der Gewässertiefe • In einem See besiedeln Pflanzen das Litoral in Abhängigkeit von der Wassertiefe. Die Armleuchteralge *Chara* wächst nahe der Kompensationstiefe. Die dadurch gebildete, vom Pelagial aus gesehen erste Uferzone heißt entsprechend **Characeengürtel**. Die landwärts nächste Zone beginnt dort, wo höhere Pflanzen trotz hohen Wasserdrucks noch leben können, also bei maximal 8 m Tiefe. Solche Pflanzen brauchen für den Gasaustausch besonders große Interzellularen zwischen den Zellen. Bei zu hohem Druck fallen diese zusammen und können kein Gas mehr leiten. Reine Unterwasserpflanzen dringen am tiefsten vor. Sie bilden den **Laichkrautgürtel**. Auf diesen folgt uferwärts ein **Seerosengürtel** mit Schwimmblattpflanzen. Daran schließt sich der **Schilfgürtel** an. Das Schilf ist zwar an seinem Standort sehr konkurrenzstark, kann sich aber erst dort durchsetzen, wo das Wasser flacher als 1,5 m ist. Der folgende Uferbereich, der bei niedrigem Wasserstand trockenfällt, heißt **Seggengürtel**. Es kann sich noch ein Erlenbruchwald anschließen.

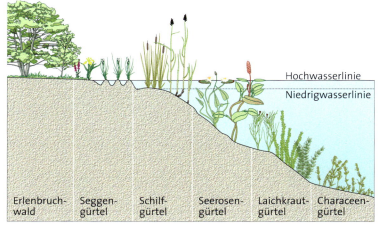

1 Sauerstoffverteilung im Sommer

2 Gliederung des Litorals durch Pflanzen

In einem flachen stehenden Gewässer, einem **Weiher** oder **Teich**, können fast überall Pflanzen wachsen. Damit ist es ein idealer Laichplatz vieler Tierarten. Besonders kleine periodische Gewässer heißen **Tümpel**. Hier überleben Arten, die an die Gefahren der Überwärmung, des Austrocknens und Einfrierens angepasst sind, wie zum Beispiel die Kreuzkröte. Ihre Kaulquappen reifen wegen der hohen Temperaturen im Sommer schnell heran. Schon winzige Kröten von unter 1 cm Länge gehen an Land.

1 Stellen Sie die sommerlichen Temperatur-, Licht- und Sauerstoffverhältnisse im Pelagial und Litoral tabellarisch gegenüber.

Material

Lebewesen in ihrer Umwelt • Ökosystem See

Material A Temperatur im Jahresverlauf

Tiefe	26.03.	19.04.	02.06.	31.08.	31.10.	06.12.
0 m	5,0 °C	14,8 °C	19,0 °C	18,2 °C	8,3 °C	4,2 °C
2 m	4,2 °C	11,0 °C	18,8 °C	18,0 °C	8,2 °C	4,2 °C
3 m	4,0 °C	7,4 °C	14,5 °C	18,0 °C	8,2 °C	4,2 °C
4 m	4,0 °C	5,7 °C	9,6 °C	16,5 °C	8,2 °C	4,2 °C
5 m	4,0 °C	5,3 °C	8,0 °C	13,0 °C	8,1 °C	4,2 °C
6 m	4,0 °C	5,1 °C	6,6 °C	9,2 °C	8,0 °C	4,2 °C
7 m	4,0 °C	5,0 °C	5,8 °C	7,2 °C	8,0 °C	4,2 °C
8 m	4,0 °C	5,0 °C	5,6 °C	6,7 °C	7,0 °C	4,2 °C

1 Veranschaulichen Sie die Daten in einem dreidimensionalen Diagramm. Benutzen Sie ein Tabellenkalkulationsprogramm.

2 Ermitteln Sie aus der Tabelle für jedes Datum die Tiefen, zwischen denen der größte Temperatursprung stattfindet.

3 Erklären Sie anhand Ihrer Ergebnisse die Entwicklung der Sprungschicht im Jahresverlauf.

In einem kleinen, flachen See kann die Temperatur am Seeboden zeitweise Werte über 4 °C erreichen, weil es Phasen gibt, in denen der Wind auch etwas wärmeres Wasser bis zum Grund durchmischt. In tiefen, großen Seen befindet sich in 8 m Tiefe das Epilimnion.

Material B Sauerstoffprofile in drei Seen

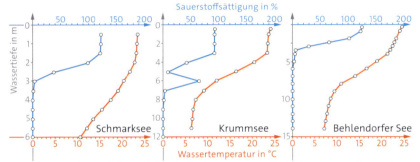

Temperatur und Sauerstoffgehalte dreier Seen am Ende der Sommerstagnation

Alle drei Seen liegen in Schleswig-Holstein, haben also eine klimatisch ähnliche Umgebung.

1 Beschreiben Sie die drei Temperatur- und Sauerstoffprofile im Vergleich. Beachten Sie die unterschiedlichen Seetiefen.

2 Erläutern Sie für jeden See, in etwa welcher Seetiefe sich die Kompensationstiefe befinden muss.

3 Entwickeln Sie Hypothesen, die den jeweiligen Verlauf der Sauerstoffkurven im Krummsee und im Behlendorfer See erklären.

Durch die Fotosyntheseleistung kann das Wasser kurzfristig mehr Sauerstoff enthalten, als es eigentlich gemäß seiner Temperatur lösen könnte. Daher erhält man Werte von über 100 % Sättigung mit Sauerstoff.

Material C Schweben

Planktonorganismen wie das Schwebesternchen *Asterionella* haben eine größere Dichte als Wasser. Obwohl Phytoplankter nicht dauerhaft unter die Kompensationstiefe geraten dürfen, sinken Schwebesternchen in unbewegtem Wasser pro Tag etwa 58 cm ab. Bezüglich ihrer Gestalt wurde folgendes Modellexperiment durchgeführt:

Aus jeweils 2,2 g Plastilin wurden eine Kugel, ein Kegel, ein Stern und ein rundes Plättchen geformt. Anschließend wurde die Sinkgeschwindigkeit in 66%iger Zuckerlösung gemessen:

Kegel → 26 cm/s
Plättchen → 7 cm/s
Stern → 9 cm/s
Kugel → 27 cm/s

1 Leiten Sie aus der Beobachtung zur Form der Plankter und der beschriebenen Versuchsdurchführung eine Frage für das Modellexperiment ab.

2 Werten Sie die Ergebnisse aus und erörtern Sie das Problem der Übertragbarkeit auf die Realsituation.

2.12 Nahrungsbeziehungen und Stoffkreisläufe im Ökosystem See

1 Algenblüte

Idyllisch gelegen ist er ja schon, aber als schön empfindet man den See trotzdem nicht. Zu viele Algen schwimmen im ufernahen Wasser. Infolge massenhafter Vermehrung ist es zu einer Algenblüte gekommen. Wie entsteht sie, und kann man sie verhindern?

Pflanzliches Wachstum im See • Algen sind Primärproduzenten, die für ihr Wachstum neben Sonnenenergie auch Mineralstoffe benötigen. Diese gelangen direkt als gelöste Stoffe über Regen oder Zuflüsse und indirekt durch organisches Material wie Falllaub oder Abwässer in einen See. Im Wasser vorhandene Cyanobakterien können Luftstickstoff in organische Moleküle einbauen. Destruenten remineralisieren die organische Substanz. Die so entstandenen Mineralstoffe stehen sowohl den höheren Pflanzen als auch dem Phytoplankton für das Wachstum zur Verfügung. Wenn insgesamt ein hoher Mineralstoffgehalt erreicht wird, kann dies zur Massenvermehrung von Algen führen, was man als **Algenblüte** bezeichnet.

Algenblüten • Bei der Frühjahrszirkulation werden alle gelösten Stoffe gleichmäßig im See verteilt. Unter diesen befinden sich auch die im Vorjahr im Hypolimnion remineralisierten Stoffe. Phosphat ist in den meisten Seen der stärkste limitierende Faktor für das Wachstum der Lebewesen, der Minimumfaktor. Durch die Zirkulation gelangt es in die trophogene Zone. Außerdem steigen im Frühjahr Wassertemperatur und Lichteinstrahlung. Diese Bedingungen fördern Algenblüten, die weitreichende Folgen haben. So führt zum Beispiel die Zersetzung großer Algenbiomasse zu starkem Sauerstoffverbrauch im See. Diese findet häufig schon im Epilimnion statt, sodass der Lebensraum für viele Tiere stark beeinträchtigt wird. Sichtbar wird der Sauerstoffmangel, wenn das Fischsterben beginnt.

Ursache für eine Algenblüte ist also eine durch intensive Fotosynthese erzeugte Primärproduktion. Einen See, in dem die Primärproduktion niedrig ist, bezeichnet man als **oligotroph**. Bei höheren Stufen möglicher Produktivität spricht man von **mesotroph** und **eutroph**. Stark eutrophe Seen neigen zu Algenblüten.

Alge
10 µm

Wasserfloh
2 mm

Rotauge
8 cm

Hecht
50 cm

2 Nahrungskette im See

Nahrungsketten • In jeden See gelangen ständig von außen Stoffe hinein. Dadurch verbessern sich mit der Zeit die Produktionsbedingungen für das Phytoplankton. Dessen gesteigerte Produktivität führt nach und nach zu einem **eutrophen** See. Der See eutrophiert. Mehr Phytoplankton kann mehr Zooplankton und Fische ernähren, so dass sich deren Biomasse erhöht. Beim Angeln und Fischen kann man daher in einem eutrophen See höhere Erträge erwarten als in einem oligotrophen See. Unter ökonomischen Gesichtspunkten wäre also ein eutropher See einem oligotrophen See vorzuziehen.

Aber man muss die Verhältnisse genauer betrachten. Das Phytoplankton vermehrt sich und wird von Wasserflöhen aus dem Zooplankton gefressen. Davon profitieren Weißfische wie die Rotaugen, die große Wasserflöhe dezimieren. Daraufhin steigt die Dichte des Phytoplanktons weiter deutlich an. Die vielen Algen sterben schließlich ab, und es setzt eine Selbstzersetzung, auch **Autolyse** genannt, ein. Nun werden kleine Zooplankter gefördert, die von den Überresten der Algen leben. Rotaugen, die lediglich kleine Zooplankter fressen, bleiben klein.

In einigen Voralpenseen führte dieser Vorgang dazu, dass Felchen oder Renken, die als wertvolle Speisefische gelten, immer mehr von kleinen Rotaugen aus dem Pelagial verdrängt wurden. Es wurde also eine Fischpopulation erzeugt, die nicht lukrativ zu vermarkten ist. Außerdem trübte das dichte Phytoplankton das Wasser, sodass der Pflanzenbestand des Litorals abnahm und Laichplätze verloren gingen. Um dieser Entwicklung entgegenzuwirken, wurde der Phosphateintrag in die Seen reduziert und dadurch eine weitere Eutrophierung verhindert.

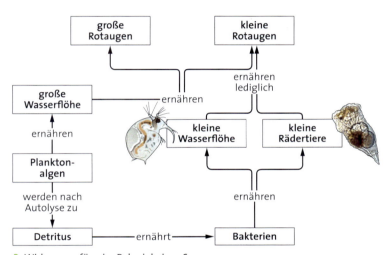

3 Wirkungsgefüge im Pelagial eines Sees

Da die erhofften Veränderungen jedoch nur langsam eintraten, versuchte man, die Nahrungsketten in den Seen zu beeinflussen. Dieses Vorgehen bezeichnet man als **Biomanipulation.** Dabei wurden vor allem erhebliche Mengen an kleinen Rotaugen entfernt. In kleineren und flachen Seen hatte man Erfolg: Es gab weniger Rotaugen, große Wasserflöhe konnten die planktischen Algen zu einem großen Teil fressen und das Wasser wurde wieder klarer. Die Felchen konnten sich vermehren und Pflanzen des Litorals breiteten sich wieder aus. Es ist damit in einigen Seen durch Eingriff in die Nahrungsketten gelungen, den Algenblüten vorzubeugen und gleichzeitig ökonomischen Erfolg zu haben.

1 Fassen Sie zusammen, welche Bedingungen in einem See eine Algenblüte begünstigen.

2 Erläutern Sie die Wirkung von Maßnahmen, die zur Vorbeugung von Algenblüten dienen können.

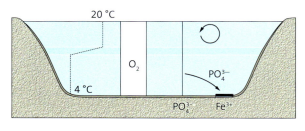
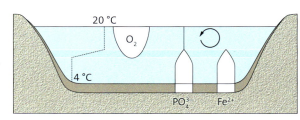
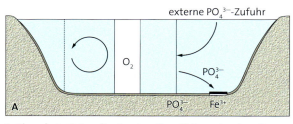
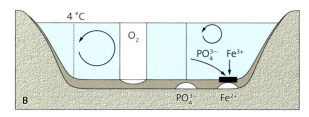

1 Phosphat: **A** im oligotrophen See, **B** im eutrophen See

Stoffkreisläufe • In einem See werden eingetragene Stoffe wie Kohlenstoff- und Stickstoffverbindungen und weitere Mineralstoffe gesammelt. Diese nehmen dann entweder an verschiedenen Stoffumsätzen teil, indem sie auf- oder abgebaut werden, oder sie werden auf dem Seeboden abgelagert. Dieser Prozess der Umwandlung chemischer Verbindungen des Stoffhaushalts wird **Stoffkreislauf** genannt.

Stoffverluste aus einem See sind meistens gering, sodass Stoffe eintreten, aber nicht mehr austreten. Beim Stickstoff entstehen sie zum Beispiel durch Denitrifikation, bei der gasförmiger Stickstoff entweicht, sowie durch Entnahme von eiweißreicher Biomasse, die als Nahrung von Tieren oder Menschen außerhalb des Sees dient. Da einige wesentliche Stoffumsätze besonders vom Sauerstoffgehalt des Wassers beeinflusst werden, sind Art und Intensität dieser Umsätze in eutrophen und oligotrophen Seen unterschiedlich.

Oligotropher See • Die meisten Seen in Mitteleuropa entstanden nach der letzten Eiszeit. Aufgrund des fortlaufenden Stoffeintrags sind viele Seen inzwischen eutroph geworden. Einige von ihnen sind jedoch immer noch oligotroph geblieben. Diese haben meist kleine Einzugsgebiete, kaum Uferbewuchs und ein tiefes Seebecken. Ihr Gehalt an Mineralstoffen im Wasser ist gering. Insbesondere der Phosphatgehalt steigt auch dann nicht an, wenn Phosphat von außen in den See gelangt. Ursache dafür ist, dass im Wasser vorhandene Eisenionen als Fe^{3+}-Ionen vorliegen, wenn das Wasser sauerstoffhaltig ist. Diese Ionen reagieren mit Phosphationen zu sehr schlecht löslichem Eisen(III)-phosphat, das sich am Seegrund sammelt. Der See fungiert damit als **Phosphatfalle.**

Da in einem oligotrophen See die Primärproduktion gering ist, können die Konsumenten und Destruenten nur wenig Biomasse umsetzen. Sie verbrauchen also ganzjährig wenig Sauerstoff. Daher ist auch das Tiefenwasser stehts sauerstoffreich. Dies verhindert in jeder Jahreszeit, dass sich Phosphat in Lösung hält oder aus dem Sediment in Lösung geht. Also bleibt Phosphat Minimumfaktor. Ein solcher See produziert keine Algenblüte.

Eutropher See • In Zirkulationsphasen ist auch im eutrophen See überall ein hoher Sauerstoffgehalt vorhanden. Dieser bewirkt, dass Phosphat genauso wie im oligotrophen See auf dem Seeboden fixiert wird. Im Sommer ist dagegen lediglich das Epilimnion sauerstoffreich, das Hypolimnion aber wegen intensiver Abbauprozesse sauerstoffarm. Herrschen im Hypolimnion und im Bodenschlamm anaerobe Bedingungen, werden Fe^{3+}-Ionen zu Fe^{2+}-Ionen reduziert. Diese können Phosphat nicht mehr binden, sodass es freigesetzt wird. Das im Hypolimnion mineralisierte Phosphat bleibt ebenfalls gelöst. Starke sommerliche Winde bringen schließlich Phosphat in die Nährschicht, sodass die Primärproduktion stark gefördert wird. In einem solchen See drohen Algenblüten.

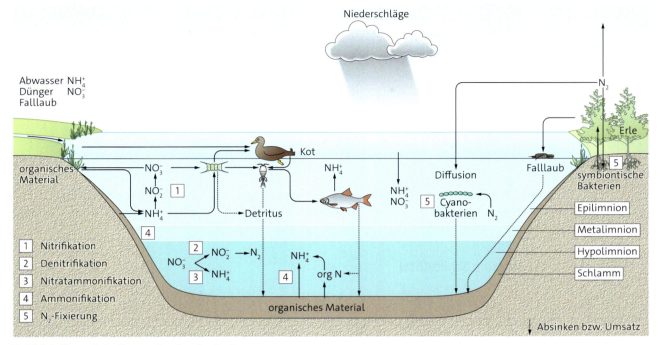

1	Nitrifikation
2	Denitrifikation
3	Nitratammonifikation
4	Ammonifikation
5	N_2-Fixierung

2 Stickstoffumsatz in einem eutrophen See im Sommer

Auch einige Stickstoffumsätze sind vom jeweiligen Sauerstoffgehalt des Wassers abhängig. In Anwesenheit von Sauerstoff wird Stickstoff oxidiert. Deshalb erfolgt im Sommer die Reaktion von Ammonium zu Nitrat, die Nitrifikation, nur im Epilimnion. Im Hypolimnion findet dann bei fehlendem Sauerstoff die Reduktion des Stickstoffs durch Bakterien statt. Diese betreiben je nach Art Denitrifikation bis zur Bildung von Stickstoff oder Nitratammonifikation, bei der Ammonium entsteht.

Es gibt für jeden Sauerstoffgehalt Bakterienarten, die als Destruenten Ammonifikation betreiben. Viele im Wasser lebende Tiere können Ammonium ausscheiden. Dies ist bemerkenswert, weil Ammonium ein Zellgift ist, das auf dem Land lebende Tiere unter Energieaufwand in organische Stoffe einbauen, weil sie es nicht direkt an die Umwelt abgeben können.

Algen und höhere Wasserpflanzen nutzen sowohl Ammonium als auch Nitrat zur Assimilation. Im Sommer ergibt sich daraus im Epilimnion ein Mangel an diesen Mineralstoffen. Der Stickstoff aus diesen Verbindungen ist jetzt in der aus Phytoplankton, Konsumenten und Destruenten gebildeten Biomasse enthalten. Viele Plankter sind im Sommer schließ-

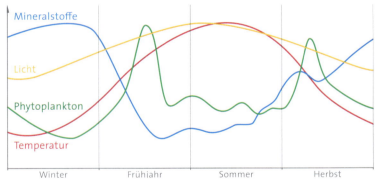

3 Phytoplankton und Mineralstoffe im Epilimnion eines eutrophen Sees

lich ins Hypolimnion abgesunken. Daher ist auch keine Remineralisierung im Epilimnion möglich.

1 Begründen Sie, warum die Phosphatfixierung im Seeboden ein Selbstreinigungsmechanismus gegenüber dem Stoffeintrag ist.

2 Beschreiben Sie den Stickstoffumsatz im See als einen auf das Jahr bezogenen Stoffkreislauf, der Einträge und Verluste einbezieht. Fertigen Sie dabei zur Veranschaulichung ein Begriffsdiagramm an.

Material

Material A Zwei Seen zur Zeit der Sommerstagnation im Vergleich

Tiefe	Parameter	See A am 24.06.					See B am 16.06.				
		O_2	CO_2	NO_3^-	NH_4^+	PO_4^{3-}	O_2	CO_2	NO_3^-	NH_4^+	PO_4^{3-}
0 m		9,30	0,50	0,16	0,00	< 0,01	9,60	1,20	0,21	0,00	< 0,01
10 m		8,50	k.A.	k.A.	0,00	< 0,01	10,30	k.A.	k.A.	0,00	< 0,01
20 m		0,60	14,00	0,21	0,20	< 0,01	10,30	2,00	0,26	0,00	< 0,01
30 m		0,00	k.A.	< 0,01	2,50	0,17	k.A.	k.A.	k.A.	k.A.	k.A.
40 m		0,00	54,80	< 0,01	4,50	0,47	k.A.	k.A.	k.A.	k.A.	k.A.
55 m							9,20	2,20	0,25	0,00	< 0,01

Alle Angaben in mg/l; k.A.= keine Angabe

1 Ordnen Sie die Seen begründet dem oligotrophen beziehungsweise eutrophen Typ zu.

2 Begründen Sie die Verteilung des Kohlenstoffdioxids in beiden Seen.

3 Erklären Sie das Vorkommen und die Verteilung der Mineralstoffe in beiden Seen.

Material B Lebensraum Schilfgürtel

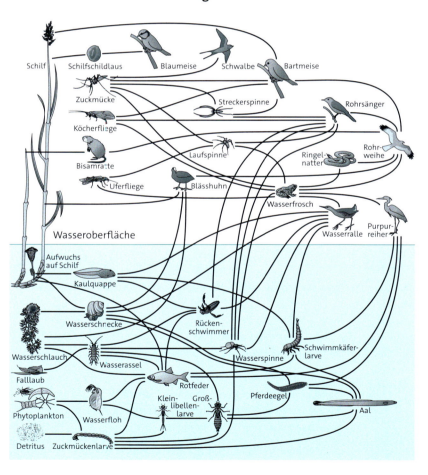

In einem See mit flachem Ufer kann das Schilf ausgedehnte Bereiche bedecken. Nur wenige Pflanzen anderer Arten wachsen zwischen dem Schilf. Der Wasserschlauch zum Beispiel schwimmt zwischen den Stängeln. Er muss jedoch nicht mit dem Schilf um Mineralstoffe konkurrieren, da er auch tierische Nahrung nutzt. Er fängt und verdaut nämlich unter anderem Wasserflöhe.

Sowohl oberhalb der Wasseroberfläche als auch darunter bilden die Schilfstängel die Grundstruktur des Lebensraums. Tiere leben in dieser Uferzone zwischen, in und auf den Schilfpflanzen.

1 Beschreiben Sie, welche Arten unmittelbar und welche mittelbar vom Schilf abhängen.

2 Vergleichen Sie, wie viele Beziehungen der Unterwasserbereich im Schilf zu den Lebensräumen seiner Umgebung hat.

3 Beurteilen Sie die Aussage, dass Pelagial und Litoral im See getrennte Lebensräume sind.

Lebewesen in ihrer Umwelt • Nahrungsbeziehungen und Stoffkreisläufe im Ökosystem See

Material C Sukzession

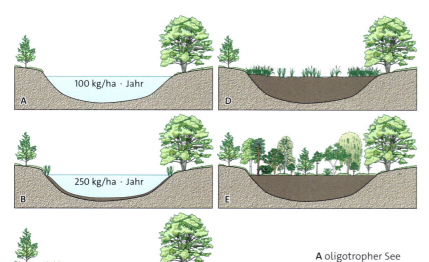

A oligotropher See
B eutropher See
C Weiherstadium
D Sumpfwiese
E Übergang zum Wald

Jeder neu entstandene See entwickelt sich natürlicherweise von einem oligotrophen zu einem eutrophen Gewässer. Diese Seenalterung führt zu einem Weiherstadium. Bei der anschließenden Verlandung des gesamten Sees können unterschiedliche Lebensräume entstehen.

Ein typischer Verlandungslebensraum ist ein Bruchwald. Es kann aber auch besonders bei kühlgemäßigten Klimabedingungen und hohen Niederschlägen ein Moor entstehen.

1 Beschreiben Sie die natürliche Alterung und Verlandung eines Sees.

2 Begründen Sie die unterschiedlichen Ablagerungsmengen in den Stadien A bis C.

3 Erläutern Sie, wie die Einleitung von Abwässern und landwirtschaftlichen Düngern die Seenalterung beschleunigt.

Material D Bakterien im See

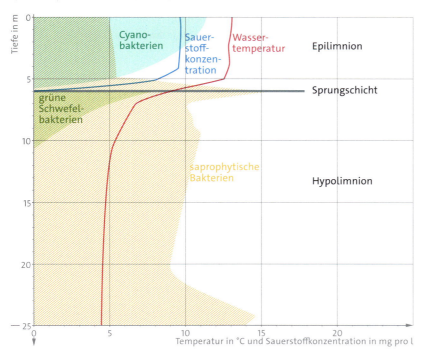

In einem eutrophen See wurde während der Sommerstagnation die Verteilung verschiedener Bakterien festgestellt.

- Cyanobakterien, die Fotosynthese betreiben
- saprophytische Bakterienarten, die organisches Material mineralisieren; sie sind also Destruenten
- grüne Schwefelbakterien, die Licht zur Energiegewinnung benötigen sie entziehen dem Schwefelwasserstoff Wasserstoffionen und leben streng anaerob

1 Beschreiben Sie die Verteilung der Bakterien in Korrelation mit dem Sauerstoffgehalt im See.

2 Begründen Sie die Verteilung der saprophytischen Bakterien und der grünen Schwefelbakterien.

Praktikum

Praktikum A Charakterisierung des Untersuchungsgewässers

1 Gliederung des Gewässers

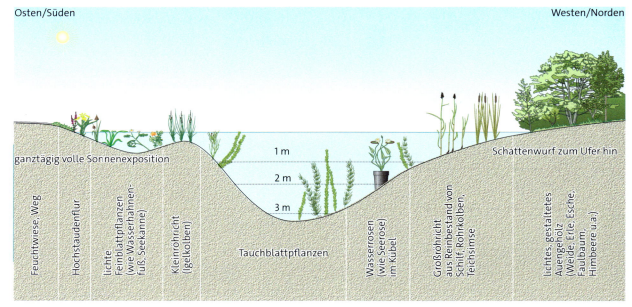

A1 Transekt durch einen Pflanzenbestand

Der Entwurf dieser Teichanlage hat die Lebensraumansprüche diverser Arten berücksichtigt.

1. Fertigen Sie eine entsprechende Querschnittzeichnung des von Ihnen untersuchten Gewässers an.
2. Vergleichen Sie Ihr untersuchtes Gewässer mit dem abgebildeten Schema in Bezug auf Gestalt und Bewuchs.
3. Entwickeln Sie aus diesem Vergleich Hypothesen zu den Ursachen der charakteristischen Ausprägung Ihres untersuchten Gewässers.
4. Führen Sie nachfolgende Untersuchungen und Experimente durch und erläutern Sie deren Bedeutung für die Charakterisierung Ihres Gewässers.

2 Wassertemperaturen im Modellaquarium

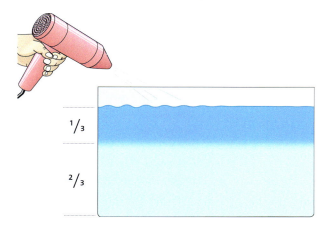

Ein Aquarium wird zu zwei Dritteln mit kaltem Leitungswasser gefüllt. Das kalte Wasser wird mit etwa 50 Grad Celsius heißem und mit Tinte angefärbtem Wasser überschichtet, indem man ein Becherglas mit heißem Wasser eintaucht und an der Oberfläche ausgießt.

1. Messen Sie die Temperaturen des Wassers in unterschiedlichen Tiefen.
2. Blasen Sie mit einem Föhn seitlich von oben auf die Wasseroberfläche und beobachten Sie die Trennschicht zwischen den Wasserkörpern. Beobachten Sie bei ausgeschaltetem Föhn weiter.
3. Messen Sie nach Ausschalten des Föhns die Wassertemperaturen erneut.
4. Deuten Sie die Versuche als Modellexperimente zur Temperaturschichtung im See.

3 Mineralstoffe im Wasser von Modellaquarien

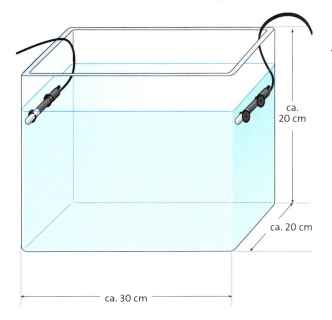
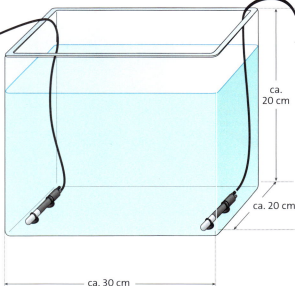

Dieser Versuch veranschaulicht die Verwendung von Mineralstoffen in einem See zur Zeit der Sommerstagnation (A) sowie in einem bis auf den Grund erwärmten flachen See (B).

Die Temperaturverhältnisse kennzeichnen dabei den jeweiligen Lebensraum. Die zu messende Leitfähigkeit zeigt den Mineralstoffgehalt an, der pH-Wert den Kohlenstoffdioxidgehalt des Wassers, der Sauerstoffgehalt die Fotosyntheseleistung der Algen und die Sichttiefe die Dichte der Algen.

Material je Aquarium:
- 2 5-Watt-Heizstäbe oder regelbare Heizstäbe
- 2 50-Watt-Halogenstrahler
- Wasser, möglichst demineralisiert
- 3 Gramm Natriumhydrogencarbonat
- 100 Milliliter einer vorbereiteten Planktonkultur
- 10 Milliliter Flüssigdünger oder 50 Gramm Langzeitdünger in Tablettenform
- Messgeräte für Temperatur, Leitfähigkeit, pH-Wert, Sauerstoffgehalt und Sichttiefe

Durchführung:
In jedes Aquarium gibt man 11 Liter demineralisiertes Wasser mit 3 Gramm darin gelöstem Natriumhydrogencarbonat. Man schaltet die Heizstäbe ein und wartet etwa 24 Stunden, bis sich die gewünschten Temperaturverhältnisse eingestellt haben.

Dann fügt man jeweils 100 Milliliter einer Planktonkultur hinzu. Diese erhält man, indem man mit einem Netz gefangenes Plankton so lange in einem Gefäß aufbewahrt, bis sich das Wasser deutlich grün färbt. Schließlich wird der Mineralstoffdünger mit einer langen Pipette oder einer langen Pinzette am Boden der Aquarien ausgebracht. Man beobachtet die Entwicklung der zu messenden Parameter. Zur Bestimmung der Sichttiefe wird ein bedrucktes Blatt Papier laminiert und eingetaucht, bis man die Schrift nicht mehr sieht.

1. Messen Sie Temperaturen, Leitfähigkeiten, Sauerstoffgehalte und pH-Werte in verschiedenen Wassertiefen, bevor Dünger zugegeben wird. Formulieren Sie Hypothesen zur Veränderung dieser Werte im weiteren Verlauf des Versuchs.

2. Fügen Sie Flüssigdünger hinzu und messen Sie über einen Zeitraum von zwei Wochen etwa alle drei Tage.

3. Wiederholen Sie den Versuch mit den Düngetabletten und stellen Sie alle Ergebnisse grafisch dar.

4. Werten Sie die Messungen mit Blick auf flache beziehungsweise tiefe Seen aus.

5. Vergleichen Sie die Messwerte mit den unter Aufgabe a erstellten Hypothesen.

Praktikum B Untersuchung des Lebensraumes See

1 Nutzung der Oberflächenspannung des Wassers

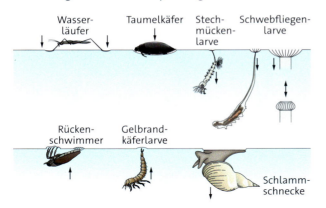

1. Fangen Sie in einem Teich einige der abgebildeten Lebewesen und beobachten Sie in einem Aquarium, wie die Tiere die Wasseroberfläche nutzen.
2. Informieren Sie sich zusätzlich in Bestimmungsbüchern über die Tiere.
3. Erläutern Sie mithilfe Ihrer Beobachtungen, der eingeholten Informationen und der Abbildung, wie das spezifische Gewicht der Lebewesen zu der jeweiligen Nutzung der Grenzschicht von Wasser und Luft passt.

2 Nutzung verschiedener Bereiche des Wasserkörpers und Einnischung

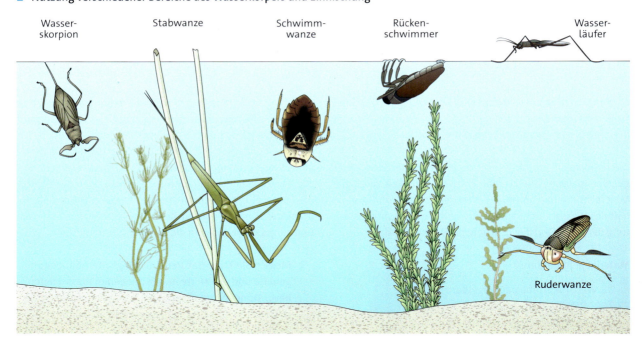

Rückenschwimmer, Ruderwanzen und Wasserläufer sind im Schulteich problemlos zu fangen. Gelegentlich lassen sich auch einzelne Wasserskorpione, Schwimmwanzen und Stabwanzen fangen. Die notwendigen Futterorganismen, beispielsweise Wasserflöhe und Büschelmückenlarven, sind im Aquarienhandel erhältlich.

1. Informieren Sie sich über Lebensraumansprüche, Ernährung und Ernährungsverhalten der abgebildeten Arten. Richten Sie ein größeres Aquarium so ein, dass die Lebensraumansprüche der abgebildeten Arten eingehalten werden!
2. Besetzen Sie das Aquarium mit einigen der abgebildeten Arten. Beobachten und protokollieren Sie deren Ernährungsverhalten.
3. Erläutern Sie auf Grundlage Ihrer Beobachtungen die Benennungen der Lebensformtypen „Lauerjäger", „Pirschjäger" und „Detritusfresser".
4. Erläutern Sie unter Einbezug der beobachteten Verhaltensweisen die Konkurrenzvermeidung der räuberischen Wanzen.

3 Planktonorganismen im Stadtparkteich und ihre möglichen Nahrungsbeziehungen

| 1,2 – 1,5 | 0,7 | 0,5 | 0,3 | 0,2 | 0,1 | 0,07 | ≤ 0,05 mm |

Die Abbildung zeigt typische Planktonorganismen eines Stadtparkteiches, nach Größenklassen geordnet, nicht immer maßstabsgerecht.

Im Zooplankton sind unter den Wasserflöhen die Großwasserflöhe 1, 2, 3 und 4 effektive Filtrierer, die man nur im Herbst findet. 5 ist ein ganzjährig vorkommender Filtrierer. 6 und 7 ernähren sich als Weidegänger und sind kleine Wasserflöhe des Uferbereiches. Der Hüpferling 8 ist ein großer Filtrierer, 9 ist seine Larve. Unter den Rädertierchen lebt 10 räuberisch. 11, 12, 13, 14 und 15 sind ebenfalls Rädertierchen, aber Filtrierer. 16, 17, 18, 19 sind einzellige Wimperntierchen, 20 und 21 einzellige Sonnentierchen.

Als Phytoplanktonarten findet man die Zieralgen 22, 23, 24 und 25, die Grünalgen 26, 27, 28, 29 und 30, die Augentierchen 31 und 32, die Feueralgen 33 und 34, die Goldalgen 35 und 36, die Kieselalgen 37, 38, 39, 40, 41, 42, 43, 44 und 45 sowie die Cyanobakterien 46, 47, 48, 49, 50.

Welches Lebewesen welche anderen Lebewesen frisst, ist häufig von den Größenverhältnissen abhängig: Große Lebewesen fressen kleinere, aber nicht zu kleine Lebewesen. Zum Beispiel fressen Weißfische große Filtrierer. Diese fressen größere Planktonalgen, aber nicht die ganz kleinen. Außerdem gibt es Nahrungsspezialisten.

1 Mikroskopieren und bestimmen Sie die Lebewesen einer Wasserprobe, die mit dem Phytoplanktonnetz aus einem flachen eutrophen See oder Teich gewonnen wurde.

2 Werten Sie Ihre Funde aus, indem Sie diese entsprechend den oben stehenden Angaben nach Größenklassen und Lebensformtypen sortieren.

3 Begründen Sie anhand Ihrer Planktonfunde, ob Weißfische im Teich vorhanden sein könnten. Überprüfen Sie Ihre Vermutung.

2.13 Stoffkreisläufe in Ökosystemen

1 Kohleabbau

Im heutigen Ruhrgebiet fand einer Sage nach vor langer Zeit ein Schweinehirt glühende schwarze Steine in einer Feuerstelle. Dies soll der erste Fund von Steinkohle gewesen sein. Inzwischen werden weltweit jährlich über 7 Milliarden t Stein- und Braunkohle abgebaut. Sie wird beim Hochofenprozess, zur Erzeugung von elektrischer Energie und zur Wärmegewinnung genutzt. Woher stammt diese Kohle?

Kreisläufe in Ökosystemen • In der Fotosynthese bauen Pflanzen Wasser und den Kohlenstoff des gasförmigen Kohlenstoffdioxids in Kohlenhydrate ein. Primärproduzenten binden also anorganische Stoffe in Biomasse ein. Alle Lebewesen setzen sie zu einem großen Teil wieder frei. Wird Biomasse jedoch nicht zersetzt, sondern langfristig im Boden gespeichert, entsteht unter Druck und anaeroben Bedingungen Kohlenstoff. Auch durch andere Prozesse können chemische Elemente, beispielsweise Stickstoff, einem Kreislauf entzogen und in Stoffspeichern wie den Ozeanen oder in Sedimenten langfristig eingelagert werden. Dies ist abhängig von biotischen und abiotischen Faktoren. So löst sich bei einem Temperaturanstieg in den Ozeanen eine geringere Menge des gasförmigen Stickstoffs aus der Atmosphäre.

An diesen Beispielen zeigt sich, dass chemische Elemente in unterschiedlichen Formen auf der Erde vorkommen. Kohlenstoff, Stickstoff und andere chemische Elemente werden bei diesen Prozessen aber nicht verbraucht. Vielmehr durchlaufen sie einen von der Sonnenenergie angetriebenen **Stoffkreislauf**.

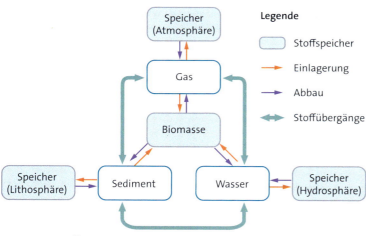

2 Kreisläufe in Ökosystemen

Kohlenstoffkreislauf • Eine 80-jährige Buche mit einer Höhe von 25 m besitzt eine Trockenmasse von etwa 12 t. Darin enthalten ist die Menge von etwa 6 t Kohlenstoff, die aus 22 t Kohlenstoffdioxid gebildet wurde. Die Biomasse der Buche und anderer Pflanzen wird aus anorganischem Kohlenstoffdioxid aus der Luft aufgebaut. Konsumenten und Destruenten bauen daraus durch Fraß oder Abbau eigene Biomasse auf oder nutzen sie als Energiequelle, wobei wieder Kohlenstoffdioxid gebildet wird. Die Aufnahme und Abgabe von Kohlenstoffdioxid entsprechen sich bei dieser Kreislaufvorstellung weitestgehend. Da diese Prozesse innerhalb von Jahrzehnten stattfinden, spricht man von einem **Kurzzeitkreislauf.**

Tatsächlich wird ein Großteil der Kohlenstoffverbindungen im Boden oder in den Ozeanen langfristig fixiert. So entstehen in langen geologischen Prozessen aus den Kohlenstoffverbindungen der abgestorbenen Organismen Torf, Kohle, Erdöl oder Erdgas. Außerdem kann Kohlenstoffdioxid auch in Kalk eingebaut werden. Insbesondere im Meer wurden etwa 80 % des Kohlenstoffs der Erde durch Bildung von Kalkgestein festgelegt. Dieser Kreislauf wird durch Verbrennen von Kohlenstoffquellen wie Erdöl oder Lösen von Kalk geschlossen. Da er Jahrmillionen dazu beansprucht, heißt er **Langzeitkreislauf.**

Innerhalb des Kohlenstoffkreislaufs stellt sich nur dann ein Fließgleichgewicht zwischen der Atmosphäre, Hydrosphäre und Lithosphäre ein, wenn sich Assimilation und Dissimilation als gegenläufige Prozesse entsprechen. Global gesehen zeigt sich aber momentan ein anderes Bild. Die Menschen verbrennen immer mehr fossile kohlenstoffhaltige Brennstoffe und auch rezente kohlenstoffhaltige Brennstoffe wie Holz. Bei diesen Verbrennungsprozessen wird mehr Kohlenstoffdioxid freigesetzt, als in der gleichen Zeit durch Fotosynthese und Lösung von Kohlenstoffdioxid im Meerwasser gebunden wird. So werden durch die Verbrennung fossiler Brennstoffe jährlich etwa 6 Gt Kohlenstoff in die Atmosphäre abgegeben. Der Gehalt an Kohlenstoffdioxid in der Atmosphäre steigt pro Jahr um etwa 3 Gt. Dieser menschliche Eingriff hat den globalen Kohlenstoffkreislauf erheblich verändert. Insbesondere mit der Verbrennung von Kohle, Öl und Erdgas wird der Langzeitkreislauf beeinflusst und erhebliche Mengen Kohlenstoffdioxid freigesetzt. Diese Veränderung ist problematisch, weil sie den Gehalt an Kohlenstoffdioxid in der Atmosphäre erhöht und damit auch eine Klimaveränderung bewirkt. Durch Fotosynthese und Aufbau von Biomasse kann ein Ökosystem diesen Kohlenstoff zurückgewinnen. Dieser Prozess benötigt aber sehr viel Zeit.

1 Erörtern Sie anhand der Abbildung 3, wie Menschen in den globalen Kohlenstoffkreislauf eingreifen.

Produzenten: Atmung/Fotosynthese
Konsumenten: Atmung/Absterben
Destruenten: Atmung/Zersetzung
langfristig fixiert in: Erde, Kohle, Erdöl, Erdgas, Ozeane

4 Langzeitkreislauf

1 Gt = 1 Gigatonne = 1 000 000 000 t

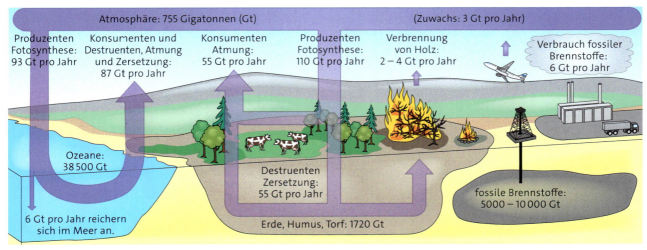

3 Globaler Kohlenstoffkreislauf

Stickstoffkreislauf • Als wesentliches Bauelement von Aminosäuren beziehungsweise Proteinen, Nucleotiden und Chlorophyll wird Stickstoff in großen Mengen von Lebewesen benötigt. 78 % der erdnahen Atmosphäre bestehen aus Stickstoff, aber dieser ist für Pflanzen und Tiere in elementarer Form aufgrund seiner chemischen Eigenschaften nicht nutzbar. Stickstofffixierende Bakterien wie Cyanobakterien können elementaren Stickstoff aus der Atmosphäre aufnehmen und ihn für andere Organismen verfügbar machen. Manche dieser Bakterien leben in Symbiose mit höheren Pflanzen. So besitzen Schmetterlingsblütler und Erlen stickstofffixierende Knöllchenbakterien (▶ S. 109).

Zugänglich für Pflanzen sind auch mineralische Stickstoffverbindungen des Bodens, die in Ausscheidungen von Tieren enthalten waren und von Bakterien abgebaut wurden. Tiere scheiden überschüssigen Stickstoff vor allem in Form von Harnstoff oder Harnsäure aus. Destruenten mineralisieren die Aminogruppe ($-NH_2^-$), dieser organischen Stickstoffverbindungen zu Ammonium. Diesen Prozess nennt man **Ammonifikation**.

In Gegenwart von Sauerstoff können bestimmte aerobe Mikroorganismen das Ammonium schrittweise über Nitrit (NO_2^-), zu Nitrat (NO_3^-), oxidieren. Diesen Prozess nennt man **Nitrifikation**. Produzenten nehmen das so gebildete Ammonium (NH_4^+), oder Nitrat (NO_3^-), aus dem Boden auf. Durch diesen Prozess werden jährlich etwa 175 Millionen t Stickstoff assimiliert.

Durch den Prozess der Nitrifikation gewinnen die nitrifizierenden Bakterien Energie und binden Kohlenstoffdioxid in organische Substanz ein. Sie betreiben also Chemosynthese. Ist aber kein Sauerstoff vorhanden, können bestimmte denitrifizierende Bakterien Nitrat- oder Nitritverbindungen für ihren eigenen Stoffwechsel benutzen. Sie reduzieren aus Nitraten wieder elementaren Stickstoff (N_2). Dieser wird schließlich an die Atmosphäre abgegeben, sodass die Biosphäre sukzessiv an für Lebewesen verfügbaren Stickstoffverbindungen verarmt. Vor allem durch die Bakterien wird der **Stickstoffkreislauf** mit der Atmosphäre verbunden.

1 Begründen Sie, weshalb Stickstoff für Pflanzen in der Regel einen Minimumfaktor darstellt, obwohl er hinreichend in der Atmosphäre vorhanden ist.

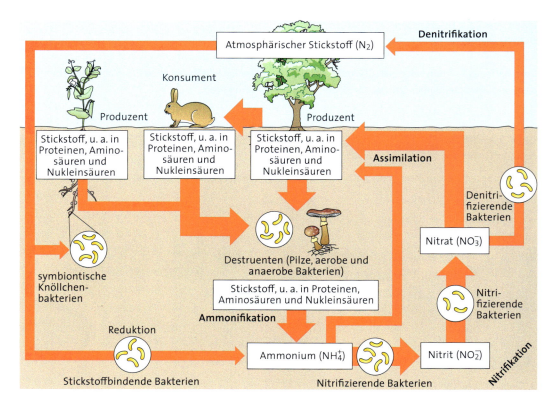

1 Stickstoffkreislauf

Material

Material A Leguminosen im Landbau

In der ökologischen Landwirtschaft wird auf Mineraldünger verzichtet. Stattdessen gibt es viele Felder, auf denen Erbsen und andere Leguminosen angebaut werden. Sie sollen insbesondere für eine Anreicherung des Bodens mit Stickstoffverbindungen sorgen.

1. Erklären Sie die Funktion der Leguminosen für die Anreicherung des Bodens mit Stickstoffverbindungen.
2. Informieren Sie sich über Möglichkeiten, Ackerböden Stickstoff zuzuführen. Nennen Sie Vor- und Nachteile der jeweiligen Methode gegenüber dem Anbau von Leguminosen.

Material B Experiment zur Anreicherung der Kohlenstoffdioxidkonzentration

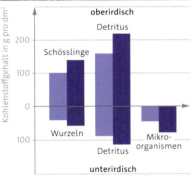

■ natürliche CO_2-Konzentration (Kontrolle)
■ erhöhte CO_2-Konzentration (Experiment)

Mithilfe von Experimenten untersuchten Forscher, wie sich eine höhere Kohlenstoffdioxidkonzentration in der Atmosphäre auf die Aufnahme und Speicherung von Kohlenstoffdioxid ober- und unterirdisch in Ökosystemen auswirkt.

Dazu wurde drei Jahre lang in einem Graslandökosystem in getrennten, oben offenen Kammern so lange kohlenstoffdioxidreiche Luft eingeleitet, bis die Konzentration 720 ppm betrug. In andere Kammern wurde als Kontrolle reine Luft eingeleitet.

Nach drei Jahren wurde in jeder Kammer die Biomasse der Schösslinge und der Streuschicht gemessen. Zusätzlich wurde aus jeder Kammer eine Bodenprobe entnommen und der Kohlenstoffgehalt der Wurzeln und des Detritus bestimmt.

1. Formulieren Sie eine Hypothese dazu, ob bei einer erhöhten Kohlenstoffdioxidkonzentration in der Atmosphäre mehr Kohlenstoff ober- und unterirdisch gespeichert wird.
2. Beschreiben Sie das Experiment und die Ergebnisse.
3. Deuten Sie die Ergebnisse des Experiments und geben Sie an, welche Erklärung sich für die Aufnahme und Speicherung von Kohlenstoffdioxid im Ökosystem finden lässt.
4. Beschreiben Sie, welche Rückschlüsse das Experiment auf den globalen Kohlenstoffkreislauf erlaubt.

Material C Phytoplankton bei verschiedenen Kohlenstoffdioxidkonzentrationen

Die im Meer lebende Kalkalge *Emiliania huxleyi* ist von Kalkplättchen aus Calcit umhüllt, die die Alge aus im Wasser gelöstem Calciumhydrogencarbonat bildet. Das Foto zeigt vorne eine Kalkalge bei normaler CO_2-Konzentration im Wasser, dahinter Kalkalgen, die bei zunehmender CO_2-Konzentration entstanden sind.

1. Beschreiben Sie Auswirkungen des globalen CO_2-Anstiegs für die Atmosphäre und die Ozeane.
2. Erläutern Sie anhand der Abbildung mögliche Effekte, die sich aus der Erhöhung der CO_2-Konzentration im Ozean ergeben.

2.14 Bevölkerungswachstum und Ressourcen

1 Erde bei Nacht

Beim Blick auf die nächtliche Erde aus dem Weltall erkennt man, wie stark sie vom Menschen verändert wurde: Eine riesige Anzahl an Lichtern ist sichtbar, die die Erde bei Nacht erleuchten. Vor allem Industrie- und Schwellenländern erstrahlen hell, wofür gewaltige Energieumsätze erforderlich sind. Was bedeuten der extreme Energiebedarf und Ressourcenverbrauch für die Menschheit?

Geschichte der Ressourcennutzung • Vor 10 000 Jahren lebten wenige Menschen als **Jäger und Sammler** auf der Erde, erbeuteten Tiere und sammelten Pflanzenteile und Pilze. Seit der Jungsteinzeit bauten Menschen als Bauern an immer mehr Orten Pflanzen an und hielten Tiere. Die sesshafte Lebensweise mit **Ackerbau und Viehhaltung** setzte sich immer weiter durch. Später wurden Metalle gewonnen und unter Verbrauch von Holz verhüttet. Im Mittelalter stieg der Bedarf an Nutzflächen stark an. Wälder wurden zurückgedrängt und Holz zum knappen Gut.

Mit der **Industrialisierung** wandelte sich die Energieversorgung grundlegend. Anstelle von Holz nutzte man die als unerschöpflich geltenden „unterirdischen Wälder" – zuerst Kohle, später Erdöl und Erdgas. Dieses **Zeitalter der Nutzung fossiler Energiequellen** hält bis heute an. Die Gewinnung von Eisen mithilfe von Steinkohle und die Erfindung der Dampfmaschine waren treibende Kräfte für die Industrielle Revolution.

Die Industrie- und Siedlungszentren wurden durch Eisenbahnen vernetzt. Weitere Innovationen waren der Verbrennungsmotor und die Erdölförderung. Die Stadtbevölkerung musste immer stärker durch das Umland mit Trinkwasser, Nahrungsmitteln und Kleidung versorgt werden. Besonders die Metropolen, deren Lichter bei Nacht ins Weltall strahlen, verdeutlichen die extreme Zunahme des Energiebedarfs. Die täglich genutzten Transportwege von Rohstoffen und Gütern sind weltumspannend. Schwellenländer wie China und Indien entwickeln sich ökonomisch, ökologisch und gesellschaftlich derzeit besonders stark.

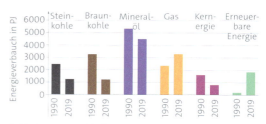

2 Nutzung verschiedener Energieträger

„Grenzen des Wachstums" • 1972 erschien der Weltbestseller „Limits to Growth", der 1992 und 2004 aktualisiert wurde. Ein Forschungsteam um Dennis Meadows untersuchte mit Computersimulationen Entwicklungsszenarien der Erde in den nächsten 100 Jahren. Fünf weltweite Trends und deren Wechselwirkungen wurden betrachtet: exponentielles Bevölkerungswachstum, beschleunigte Industrialisierung, Unterernährung, Rohstoffausbeutung und Lebensraumzerstörung. Jedes Mal deutete sich ein katastrophaler Rückgang der Weltbevölkerung und des Lebensstandards bereits vor Ablauf der 100 Jahre an. Um die Lebensbedingungen der Menschheit zu erhalten, müssten das Bevölkerungswachstum kontrolliert sowie Ressourcenverbrauch und Umweltverschmutzung reduziert werden. In den Ölkrisen des späten 20. Jahrhunderts wurde die Studie populär. Heute ist sie aktueller denn je. Nach herrschender Meinung ist der Klimawandel voll im Gang und die Erschöpfung fossiler Rohstoffe steht in wenigen Jahrzehnten bevor.

Exponentielles Bevölkerungswachstum • Die Bevölkerungsanzahl wird von zwei Regelkreisen gesteuert. Die Geburtenrate, also die jährliche Anzahl an Geburten auf 1000 Einwohner, führt als **positive Rückkopplung** zu Bevölkerungswachstum. Die Sterberate, also die jährliche Anzahl an Todesfällen auf 1000 Einwohner, bewirkt als **negative Rückkopplung** einen Rückgang der Bevölkerungszahl. Die Differenz zwischen Geburten- und Sterberate ist die Wachstumsrate der Bevölkerung. Eine konstante Wachstumsrate führt zu exponentiellem Wachstum. Die Weltbevölkerung erreichte bis Mitte des 19. Jahrhunderts 600 Millionen und bis 1965 3,3 Milliarden Menschen bei einer Wachstumsrate von 2 % und einer Verdopplung der Bevölkerung in 36 Jahren. Deren exponentielles Wachstum hält durch die Senkung der Sterberate bis heute an. Obwohl durch weniger Geburten die Wachstumsrate auf 1,2 % abnahm, stieg die Bevölkerungszahl bis zum Jahr 2000 auf mehr als 6 Milliarden. Die Verdopplungszeit verlängerte sich zwar auf 60 Jahre, aber bei der größeren Bevölkerung war der Zuwachs höher. Bald bewohnen 8 Milliarden Menschen die Erde. Jede Sekunde werden zwei bis drei Menschen geboren, vor allem in den Ländern Afrikas und den Metropolen Asiens.

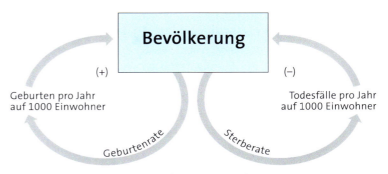

3 Regelkreis zur Weltbevölkerung (aus: MEADOWS)

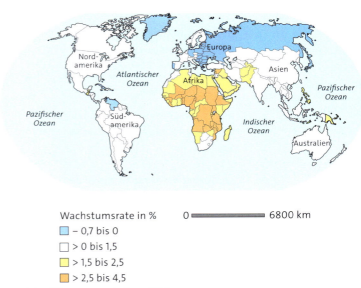

4 Weltbevölkerungswachstum 2020

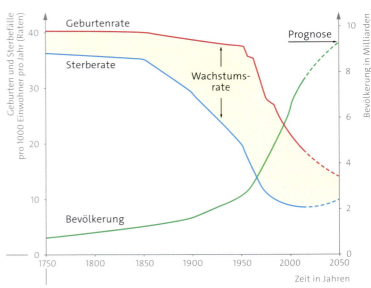

5 Demografischer Übergang der Weltbevölkerung (aus: MEADOWS)

Modell des demografischen Übergangs • In nicht industrialisierten Ländern sind die Geburten- und Sterberaten hoch. Bessere Ernährung und medizinische Versorgung lassen die Sterberate sinken. Die Geburtenrate fällt nach kurzer Verzögerung mit der Übernahme der Lebensweise von Industrieländern. Die Annäherung von Geburten- und Sterberate auf einem niedrigen Niveau wird **demografischer Übergang** genannt. Er ist die Folge der Millennium-Ziele der UN für Entwicklungsländer:

- Familienplanung mit sexueller Aufklärung und Zugang zu Verhütungsmitteln
- bessere Ausbildung, Gleichberechtigung und Berufstätigkeit von Frauen
- medizinische Grundversorgung und geringere Kindersterblichkeit
- gerechtere Einkommensverteilung, Chancengleichheit und soziale Absicherung von Familien.

Übernutzung der Umweltressourcen • Auch die Industrie, der Rohstoff- und Energiebedarf und die Schadstoffemissionen wachsen exponentiell. Trotz der Intensivierung der Nahrungsmittelproduktion in den letzten 30 Jahren hat sich die Versorgungslage pro Kopf in vielen Ländern verschlechtert. Insgesamt haben eine Milliarde Menschen zu wenig Nahrung. Mehr Menschen sterben an Hunger als an Aids, Malaria und Tuberkulose zusammen. Von der Nahrungsmittelkrise merkt man in den Industrieländern beim alltäglichen Einkauf allerdings nichts. Der enorme Fleischbedarf dort führt zu einem hohen Verbrauch von pflanzlichen Futtermitteln und Wasser sowie ethisch bedenklicher Massentierhaltung.

Mehr als eine Milliarde Menschen auf der Welt haben keinen Zugang zu sauberem Wasser. Viel Wasser wird für die Industriegüterproduktion, die Kühlung von Kraftwerken und die Massenproduktion an Gemüse und Obst eingesetzt. Grundwasserstände sinken, Seen schrumpfen, Flüsse versiegen, ganze Regionen versteppen. Das weltweit ungleich verteilte Wasser wird vielerorts verschwendet. Um Wasser drohen in naher Zukunft Konflikte wie um Öl und Erdgas.

Insgesamt verbrauchen die Einwohner der Industrieländer 85 % der Ressourcen. Menschen in Entwicklungsländern leben dagegen am oder unter dem Existenzminimum, weil ihnen nur 15 % der Ressourcen zur Verfügung stehen.

Ökologischer Fußabdruck • Ausgehend von diesen Problemen veröffentlichte der Ingenieur Mathis Wackernagel 1997 eine Methode zur Berechnung der Fläche, die notwendig ist, um alle derzeit von der Weltbevölkerung genutzten Ressourcen zu liefern. Diese Fläche nannte er **ökologischen Fußabdruck.** Der Vergleich mit der verfügbaren Fläche der Erde ergibt, dass der Fußabdruck der Menschheit im Jahr 2016 fast 69 % über der ökologischen Tragfähigkeit der Erde lag. Mittlerweile werden die Ressourcen von etwa 1,7 Erden verbraucht, was vor allem am hohen Verbrauch der reichen Industrieländer liegt.

Nachhaltige Entwicklung • Das ursprünglich aus der Forstwirtschaft stammende Prinzip nachhaltiger Entwicklung lässt sich verallgemeinern: Heutige Ansprüche nach wirtschaftlichem Wohlstand, intakter Umwelt und sozialer Gerechtigkeit sind zu befriedigen, ohne das Leben künftiger Generationen zu beschränken. Der Anteil erneuerbarer Energie und nachwachsender Rohstoffe sowie der Einsatz effizienter Technologien mit weitgehend geschlossenen Wertstoffkreisläufen müssen wachsen. Dabei gilt das Prinzip „Global denken, lokal handeln!".

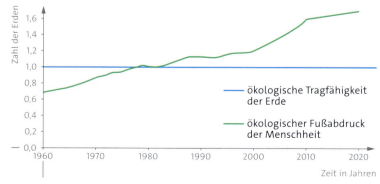

1 Ökologischer Fußabdruck

1 Fassen Sie die wesentlichen Gründe für die Übernutzung der Ressourcen durch die Menschheit zusammen.

2 Beschreiben Sie die globale Verteilung der Energienutzung nach Abbildung 1 in Relation zum Bevölkerungswachstum gemäß Abbildung 3.

Material

Lebewesen in ihrer Umwelt • Bevölkerungswachstum und Ressourcen

Material A Demografische und soziale Daten zur Weltbevölkerung

	Bevölkerung Mitte 2011 in Millionen	Bevölkerung Mitte 2019 in Millionen	Wachstumsrate 2019 in %	Geburten pro Frau 2019	Lebenserwartung in Jahren 2019	Jahreseinkommen in $ pro Person 2011	Jahreseinkommen in $ pro Person 2019
Welt	6 987	7 691	1,1	2,4	72	10 240	17 904
Afrika	1 051	1 305	2,5	4,5	63	2 720	5 186
USA	312	329	0,3	1,7	78	45 640	63 390
Europa	740	746	-0,1	1,5	78	26 390	37 982
Deutschland	82	83	-0,2	1,6	78	36 850	54 560*
Indien	1 241	1 392	1,3	2,2	68	3 280	7 680
China	1 346	1 398	0,4	1,6	77	6 890	18 140

* Zahl der Weltbank

Die Deutsche Stiftung Weltbevölkerung, kurz DSW, gibt jährlich den DSW-Datenreport heraus. Dieser liefert aktuelle Daten zu allen wichtigen Indikatoren der Bevölkerungsentwicklung für über 180 Länder und die einzelnen Regionen der Erde.
Die Ermittlung der Daten erfolgt durch internationale Zusammenarbeit, zum Beispiel mit der statistischen Abteilung der Vereinten Nationen.
Die Tabelle zeigt ausgewählte Daten aus dem DSW-Datenreport von 2011 und 2019.

1 Geben Sie zu jedem Indikator die Extremwerte an und setzen Sie diese zueinander in Beziehung.

2 Berechnen Sie die bei konstanter Wachstumsrate zu erwartende Einwohnerzahl in der Welt und in Afrika für die nächsten 15 Jahre. Stellen Sie Ihre Ergebnisse grafisch dar und vergleichen Sie diese.

3 Erläutern Sie wesentliche Gründe für das in vielen Weltgegenden anhaltende exponentielle Bevölkerungswachstum.

Material B Welchen Einfluss hat der Lebensstil auf den ökologischen Fußabdruck?

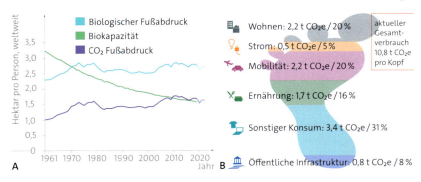

1 Werten Sie die Grafiken aus und stellen Sie Zusammenhänge her.

2 Ermitteln Sie ihren persönlichen ökologischen und CO_2-Fußabdruck mithilfe eines digitalen Tools und vergleichen Sie mit verschiedenen ökologischen Fußabdrücken ausgewählter Kontinente und Länder.

3 Bestimmen Sie mithilfe der Abbildung 2 Ansatzpunkte zur Reduktion Ihres persönlichen Fußabdrucks und ermitteln Sie die Auswirkungen dieser Lebensstilveränderung.

4 Beurteilen Sie den Verbrauch der endlichen Ressourcen dieser Welt aus verschiedenen Perspektiven. Leiten Sie daraus mögliche politische Forderungen ab, um den nachhaltigen Umgang mit den Ressourcen der Erde zu verbessern.

Der ökologische Fußabdruck gibt an, wieviel Hektar der weltweit verfügbaren produktiven Fläche der Erde einzelne Menschen, Länder und Regionen für das Aufrechterhalten ihres Lebens und ihres Lebensstils, also Wohnen, Ernährung, Konsum, Mobilität sowie Infrastruktur verbrauchen bzw. beanspruchen. Der ökologische Fußabdruck wird in globalen Hektar gha angegeben. Bei einer gerechten Verteilung der Ressourcen auf alle Menschen der Erde steht im Moment jedem Menschen ungefähr eine Fläche von 1,63 gha zur Verfügung. Der CO_2-Fußabdruck gibt an, wieviel klimawirksame Treibhausgase für verschiedene Lebensbereiche zum Beispiel für die Produktion von Waren und Dienstleistungen freigesetzt wer-den. Er wird in Tonnen CO_2-Äquivalent angegeben.

2.15 Hormonartig wirkende Stoffe in der Umwelt

1 Babyfläschchen aus Kunststoff müssen seit 2011 ohne den Weichmacher Bisphenol A sein.

Gegenstände des täglichen Gebrauchs wie Babyfläschchen, Spielzeug, Verpackungen oder Kosmetika enthalten hormonartig wirkende Stoffe, die schädlich auf den Hormonhaushalt wirken können. Lässt sich das Risiko einschätzen?

Kunststoffe mit potenziellem Gesundheitsrisiko • Im Jahr 2011 hat die EU die Verwendung des Stoffes Bisphenol A, kurz BPA, zur Herstellung von Kunststoffflaschen für Säuglinge verboten. Der Stoff steht im Verdacht gesundheitsschädlich zu sein, auch für andere Personengruppen. Daher dürfen Thermopapiere, die zum Beispiel als Kassenbelege hundertfach pro Tag durch die Hände von Kassenpersonal gehen, seit 2020 kein BPA mehr enthalten. Sie sind seither blaugrau statt weiß.

BPA wird jedoch weiterhin produziert und in Alltagsprodukten verwendet, mit denen auch Säuglinge in Kontakt kommen können. BPA ist in Kunststoffprodukten aus Polycarbonat wie Campinggeschirr oder Innenbeschichtungen von Konservendosen enthalten. Selbst Schnuller enthalten Spuren von BPA.

Störenfriede im Hormonhaushalt • Bisphenol A kann sich schädigend auf die Gesundheit auswirken, da es das körpereigene Hormonsystem, das endokrine System, stört. Man bezeichnet solche hormonartig wirkenden Stoffe als Umwelthormone oder endokrine Disruptoren. Die schädigende Wirkung kann den Menschen, insbesondere anfällige Gruppen wie Säuglinge betreffen, wenn diese durch Verzehr, Hautkontakt oder Einatmen in Kontakt mit dem Umwelthormon kommen. Tiere sind auch betroffen, wenn die Stoffe in die Umwelt gelangen. Sowohl die Stoffe als auch deren Abbauprodukte entfalten hormonartige Wirkung.

Nutzen versus Risiko • Für die Industrie ist Bisphenol A ein wertvoller Ausgangsstoff zur Herstellung von Kunststoffen oder als notwendige Beigabe, um den Härtegrad oder die Bruchfestigkeit von Kunststoffen auf ein passendes Maß einzustellen. Es ist nur ein Beispiel unter vielen Stoffen, bei denen sich der Verdacht auf eine hormonartige Nebenwirkung erst langsam erhärtet. Weitere Vertreter sowie einige Pestizide. Ein mittlerweile weltweit verbotener Stoff ist das Insektizid DDT, das nur noch zur Mückenbekämpfung in Malariagebieten eingesetzt werden darf, sowie die polychlorierten Biphenyle, kurz PBCs, bis 2001 vielfältig eingesetzte Industriechemikalien.

Viele dieser Umwelthormone können durch Bakterien nur geringfügig oder nur sehr langsam abgebaut werden. Die Umwelthormone gelangen über Abwässer aus dem häuslichen oder landwirtschaftlichen Bereich oder aus Sickerwasser aus Mülldeponien in Kläranlagen, die sie ungehindert passieren. Auf diesem Wege wirken sie vor allem auf Wasserorganismen ein.

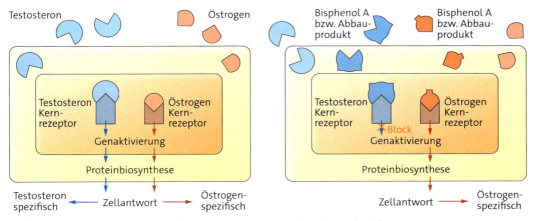

2 Körpereigene Hormone wie Steroidhormone dringen in eine Zielzelle ein (links), binden an Hormonrezeptoren und bewirken die gewünschte Zellantwort. Endokrine Disruptoren (rechts) können Hormone imitieren und wie ein Hormon die Zellantwort auslösen oder als Hemmstoff die Bindungsstelle des natürlichen Hormons blockieren. (rechts). In letzterem Fall bleibt die Zellantwort aus.

Wirkweise im Hormonsystem des Körpers • Umwelthormone beeinflussen die Hormonwirkung im Körper (▶ 2), weil sie durch ihre strukturelle Ähnlichkeit mit natürlichen Hormonen an deren Rezeptoren in der Zellmembran oder im Zellplasma binden und im Zellkern als Transkriptionsfaktor wirken. Dadurch können sie entweder deren Wirkung auslösen oder die Wirkung durch Blockade des Rezeptors hemmen. Außerdem können sie auch die Synthese, den Transport oder den Stoffwechsel von körpereigenen Hormonen beeinflussen. An Tieren sind die Wirkungen von Umwelthormonen speziell auf die Sexualentwicklung und Fortpflanzung am besten untersucht. Daraus ist bekannt, dass die Umwelthormone an die Rezeptoren der körpereigenen Steroidhormone wie Östrogen oder Testosteron binden. Geringe Konzentrationen reichen bereits aus. Dabei können vielfache Wirkungen in Gang gesetzt werden. Im Falle von Bisphenol A und dessen Abbauprodukten erfolgt sogar eine Bindung an unterschiedliche Rezeptortypen (▶ 2, re). BPA-Abbauprodukte wirken aktivierend an Rezeptoren für körpereigene Östrogene, während Testosteronrezeptoren blockiert werden. Beides hat letztlich verweiblichende Effekte wie die Verringerung der Spermienqualität zur Folge.

Auswirkungen auf Populationen • Die Verweiblichung männlicher Individuen oder eine eingeschränkte Fortpflanzungsfähigkeit aufgrund von Fehlbildungen und Anomalien der Geschlechtsorgane konnte in den letzten 50 Jahren bei verschiedenen wirbellosen Tierarten und Wirbeltieren beobachtet werden, insbesondere bei wasserlebenden Arten. Umwelthormone können so wahrscheinlich zum massiven Rückgang oder Zusammenbruch von Populationen führen. Ein entscheidender Faktor für die Wirkung ist die schlechte Abbaubarkeit vieler Umwelthormone. Sie verbleiben nach ihrer Freisetzung oft jahrzehntelang in der Umwelt und können fortlaufend von Tieren oder Menschen aufgenommen werden und dadurch ganze Populationen schädigen. Besonders nachteilig ist das für Arten am Ende der Nahrungskette. Auf jeder Trophiestufe gehen normalerweise 90 % der Biomasse durch Abbauprozesse verloren (▶ S. 102). Für die nicht abbaubaren Umwelthormone gilt das nicht. Sie reichern sich vor allem im Fettgewebe langlebiger Endkonsumenten dauerhaft an und entfalten oft mit großer Zeitverzögerung ihre schädigende Wirkung. Man spricht von Bioakkumulation. Erschreckende Schlagzeilen machten in den 1960er-Jahren Endglieder von Nahrungsketten, wie die räuberischen Säuger Robben, Eisbären und Greifvögel. Die Anreicherung dort lag 10.000 bis 100.000-fach über der Konzentration in der Umwelt.

1 Beschreiben Sie die Wirkmechanismen von Umwelthormonen

2 Beschreiben Sie den Effekt der Bioakkumulation mit Bezug auf die Biomassepyramide.

Übertragbarkeit auf den Menschen • Auch für das Hormonsystem beim Menschen ist bekannt, dass selbst winzige Störungen im hormonellen Gleichgewicht Auswirkungen auf den Organismus haben. Östrogen und Testosteron wirken nicht erst in der Pubertät, sondern regulieren bereits vorgeburtlich geschlechtsspezifische Entwicklungen. Substanzen, die natürliche Hormone imitieren, können irreversible Fehlbildungen der Fortpflanzungsorgane oder ihrer Funktion verursachen, wenn Föten im Uterus ihnen während sensibler Phasen ausgesetzt sind. Schädigende Effekte wie möglicherweise Häufung von Tumorerkrankungen oder Fortpflanzungsstörungen durch verringerte Spermienzahl zeigen sich erst viel später im Erwachsenenalter. Umwelthormone werden auch mit Schilddrüsenerkrankungen, Übergewicht und Autismus in Verbindung gebracht.

Untersuchungsergebnisse an Tieren sind nicht einfach übertragbar: Nager, Fische oder Amphibien leben deutlich kürzer als Menschen, zudem funktionieren die Hormonsysteme im Detail anders als das menschliche. Die Befunde von einer Maus, die zwei Jahre lang BPA verabreicht bekommt, sind nur sehr bedingt übertragbar auf eine Frau, die dem Schadstoff mehr als 30 Jahre ausgesetzt war, vielleicht noch über Jahrzehnte hormonhaltige Verhütungsmittel oder Medikamente nimmt.

Schwierigkeiten der Risikoabschätzung • Gesetzliche Verbote eines Stoffes erfordern eine gesicherte Risikoabschätzung durch Gesetzgeber und Gesundheitsbehörden. Diese Risikoabschätzung zielt sowohl auf den individuellen Schutz menschlicher Gesundheit als auch auf den Schutz von Tierpopulationen und damit auf den Artenschutz.

Dabei ist bereits der Nachweis der Umwelthormone oft schwierig, da sie bereits in geringen Konzentrationen von weniger als einem Nanogramm pro Liter biologisch wirksam sind. Nachweisverfahren wie hochauflösende chromatografische Methoden, zum Beispiel HPLC (▶ S. 54), gekoppelt mit Massenspektrometrie kommen dabei an ihre Grenzen.

Neben der Dosis spielt auch der Zeitpunkt des Kontakts für die Ausprägung von Schädigungen eine sensible Rolle. Des Weiteren sind Mensch und Tier meist einem Gemisch verschiedener Umwelthormone gleichzeitig ausgesetzt. Dies bedeutet, dass eine Wirkung einem Einzelstoff kaum direkt zuzuordnen ist. Andererseits kann deren Kombination dem Organismus Schäden zufügen, zu denen ein Stoff alleine nicht in der Lage ist. Hinzu kommt, dass stets auch weitere Faktoren wie der individuelle Lebensstil oder eine genetische Veranlagung (mit)verantwortlich sein können. Diese Bedingungen machen es fast unmöglich, einen Stoff eindeutig als Ursache für Schadwirkungen zu erkennen. Ein solcher Kausalzusammenhang wäre jedoch die erstrebenswerte Sachgrundlage für mögliche Verbote.

Kriterien in der Risikoabschätzung • Die Risikoabschätzung bezüglich der individuellen Gesundheitsgefährdung und umweltschädigenden Wirkung von endokrinen Disruptoren bewegt sich im Spannungsfeld zwischen lückenloser Belegbarkeit und dem sogenannten Vorsorgeprinzip (▶ 1).

1 Kriterien für die Risikoabschätzung nehmen Einfluss auf die Bewertung bzw. Entscheidung.

Entscheidungen müssen gefällt werden, trotz der schwierigen bis unmöglichen Identifikation von Ursache-Wirkungs-Beziehungen zwischen einem bestimmten Stoff und einem Effekt. Diskutiert wird, ob auch ohne Vorliegen einer belegten Kausalität zwischen eingetretenem Effekt und Verursacher bereits der begründete Verdacht auf ein Schädigungspotenzial als Grundlage für eine Gesetzgebung ausreichend sein kann oder sollte. Es gilt, verschiedene Interessenslagen zu berücksichtigen und nach Gewichtung Kompromisse zu erlangen, die Gesundheits- und Umweltschutz sicherstellen.

1 Erläutern Sie Schwierigkeiten in der eindeutigen Identifizierung von Ursache und Wirkung bei Umwelthormonen.

Material

Lebewesen in ihrer Umwelt • Hormonartig wirkende Stoffe in der Umwelt

Material A Gefährliche Substitution

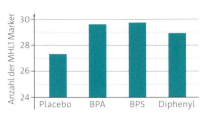

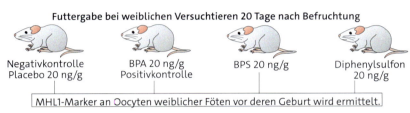

A1 Der chemische Zerfall des „BPA-freien" Käfigmaterials Polysulfon führt zu BPS, Diphenyl-Sulfon und BPA.

A3 MHL1-Zählungen an Oocyten bei weiblichen Mausföten nach entsprechender Behandlung.

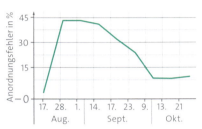

A2 Experimentelle Überprüfung der Wirkung von Bisphenol-Analoga auf die frühe Oocytenentwicklung bei Mäuseföten (pränatale Anzahl an MLH1-Markern)

A4 Anordnungsfehler der Chromosomen in Metaphase I von Oocyten vor und während des Kontaktes mit BPA-durch Austritt aus beschädig-ten Polycarbonat-Käfigen. Ende September erfolgt ein Käfigtausch.

Die Hersteller von PVC-Produkten, Thermopapier oder beschichteten Konservendosen haben seit dem EU-weiten Verbot von Bisphenol A (BPA) dieses durch chemische Varianten ersetzt, sogenannte Analoga. Bisphenol S, F oder AF bzw. Diphenyl-Sulfone kommen beispielsweise zum Einsatz. Sind die Bisphenol-Analoga risikofrei? Die Forschenden, die im Jahre 2003 als erste auf die Risiken von BPA hingewiesen hatten, untersuchten nun die Effekte der Ersatzstoffe Studienergebnisse bestätigten die für BPA bekannte hormonähnliche Wirkung mit reproduktionsstörenden Effekten bei Eizellen- und Spermienbildung in Mäusen. Um die Ursache der Keimzellenveränderungen zu ermitteln, wurde die Wirkung der Zerfallsprodukte von Polysulfon experimentell überprüft. Als Marker für Keimzellenschädigung ermittelt man die auszählbare Menge an MLH1 Markern im Erbgut der Keimzellen. Für die Auswertung gilt, je höher deren Anzahl, desto wahrscheinlicher ist eine genetische Schädigung, die auf Fehler in der meiotische Rekombination zurückzuführen ist. Als Folge davon entstehen bei der Eizellenreifung in der Meiose häufiger aneuploide Eizellen. Kommen diese zur Befruchtung, gehen solche Embryonen gewöhnlich vor der Geburt ab. Insofern zeigt sich der Effekt kaum auf der Ebene der geborenen Individuen. Die Eizellenreifung bei weiblichen Mäusen beginnt bereits als Fötus im Uterus der Mutter: alle Oocyten im Eierstock des Fötus starten die Meiose. Betrachtet man zu diesem Zeitpunkt auf der Ebene der Zellen, ist der fortpflanzungsschädigende Effekt deutlich.

Fraglich ist, inwieweit Ergebnisse aus Versuchen mit Nagern auf Menschen übertragbar sind. Die den Mäusen verabreichte Dosis von 20 ng/g liegt unter dem Grenzwert für die tolerierbare tägliche Aufnahmemenge (TDI) beim Menschen von 50 ng/g/Tag, den die US Gesundheitsbehörde EPA zurzeit der Studie in 2017 für die USA nennt, somit eine eher niedrige Dosis mit Relevanz für den Menschen. Die Europäische Behörde für Lebensmittelsicherheit (EFSA) hat im Jahre 2021 für Europa die TDI für BPA massiv korrigiert. Sie liegt nun bei 0,04 ng/kg, im Vergleich zum Vorläufergrenzwert um das 100.000-Fache niedriger. Während die Risikobewertung für BPA und Varianten noch nicht abgeschlossen ist, werden bereits mit hoher Rate neue Ersatzstoffe „designt". Die Synthese ist aus Sicht der Industrie oft kosteneffizienter als die Erforschung des Schädigungseffekts im Zuge einer nötigen Risikobewertung. Dies wird kritisch als „bedauerliche Substitution" beschrieben.

1 Beschreiben Sie den Versuchsaufbau aus **A2**. Begründen Sie die Notwendigkeit für die Positiv- und Negativkontrolle.

2 Werten Sie die Daten (**A3+4**) hinsichtlich des reproduktionsschädigenden Effekts aus.

3 Analysieren Sie die Herausforderungen einer Risikobewertung und Regulierung von Chemikalien. Diskutieren/Erörtern Sie dabei die Aussagekraft von Grenzwerten.

2.16 Wasser

1 Flussmündung an der südenglischen Küste

Die verschiedenen Formen von Wasser sind unterschiedlich nutzbar. Trinken können wir nur Süßwasser, das Salzwasser des Meeres ist aber Lebensraum von unzähligen Fischen und anderen Lebewesen. Außerdem werden Gewässer zum Beispiel von der Schifffahrt genutzt. Ist Wasser eine Ressource im Überfluss?

Wasservorräte der Erde • Etwa 71% der Erdoberfläche sind von Wasser bedeckt. Der globale Wasservorrat beträgt etwa 1,4 Milliarden km^3. Davon befinden sich 97% als Salzwasser in den Weltmeeren. Nur 3%, also etwa 42 Millionen km^3, sind Süßwasser. Von dieser Süßwassermenge sind ungefähr 69% in fester Form im Polareis oder in Gletschern gebunden, weitere 30% bilden das Grundwasser. Nur 0,3%, also 126 000 km^3, befinden sich in Flüssen oder Seen. Der Rest verteilt sich auf die Atmosphäre und die im Boden gespeicherte Feuchtigkeit.

Die Gewässer der Erde stehen über den globalen Wasserkreislauf in Verbindung: Wasser verdunstet über den Landflächen und Meeren und steigt als Dampf in die Atmosphäre. Dieser wird durch Winde über die Erde verteilt und gelangt in kondensierter Form als Niederschlag auf die Erde. Der Großteil der Niederschläge fällt über den Meeren herab. Nur ein geringer Teil der Niederschlagsmenge sammelt sich in Oberflächengewässern oder im Grundwasser und steht damit als Trinkwasserressource zur Verfügung.

Wasser als Ressource • Prinzipiell reicht die genannte Wassermenge aus, um den Verbrauch durch die Weltbevölkerung zu decken. Die Wasservorräte der Erde sind jedoch ungleichmäßig verteilt. In Ländern der ariden Zone wie Somalia oder Kenia ist Wasser allein aus klimatischen Gründen schon immer ein kostbares Gut. Weiterhin ergibt sich je nach Entwicklungsstand der Länder ein unterschiedlicher Wasserverbrauch. In Deutschland verbraucht ein Mensch pro Tag durchschnittlich 112 l Wasser für die Hygiene, die Zubereitung der Nahrung, den Haushalt oder zum Trinken. Hinzu kommen die Wassermengen, die für die Produktion von Nahrung und Konsumgütern benötigt werden. Bezieht man dieses **virtuelle Wasser** in die Berechnungen ein, so erhöht sich der tatsächliche Wasserverbrauch auf 4000 bis 5500 l pro Kopf und Tag.

Lebewesen in ihrer Umwelt • Wasser

Wasserbelastung • Wasser, das man zur Zubereitung von Speisen, zur Körperhygiene und auch zum Trinken benutzt, wird als **Trinkwasser** bezeichnet. Es wird aus dem Grundwasser, aus Quellen und Oberflächengewässern gewonnen. Gewässer sind jedoch multifunktional. Sie dienen als Verkehrswege, zur Erholung oder zur Einleitung von Abwässern. Große Mengen an organischen Verbindungen und Düngemitteln gelangen in die Gewässer, was dort zu einer verstärkten Biomasseproduktion führt. Die natürliche Eutrophierung der Gewässer wird verstärkt. In der Folge bildet sich Faulschlamm. Sauerstoffmangel im Wasser begünstigt Fäulnisprozesse, wobei anaerobe Bakterien giftige Gase wie Ammoniak, Schwefelwasserstoff und Methan bilden. Diese Prozesse können unter anderem zu einem Fischsterben führen.

Auch Pestizide aus der Landwirtschaft oder Schwermetallsalze, Säuren und Laugen aus der Industrie belasten das Wasser. Hinzu kommen weitere Probleme: die Erwärmung der Gewässer durch Einleitung von aufgeheiztem Kühlwasser aus Kraftwerken und die Versauerung durch den Eintrag von Stickoxiden und Stäuben aus der Luft.

Nachhaltige Nutzung • Jeder Eingriff in aquatische Systeme wirkt sich auf das Überleben von Menschen, Tieren und Pflanzen aus. So führt die Entnahme übermäßig großer Mengen an Trinkwasser zu einer Absenkung des Grundwasserspiegels und damit einer Austrocknung des Bodens. Pflanzen können nicht mehr ausreichend Wasser aus dem Boden aufnehmen und sterben ab. Handelt es sich dabei um Nutzpflanzen, so hat das Absenken des Grundwasserspiegels Auswirkungen auf die Versorgung der Menschen in einer Region.

Um die Wasserressourcen der Erde nachhaltig zu nutzen, muss man Belastungen und Übernutzung verhindern. In Europa trat daher Ende des Jahres 2000 die **EU-Wasserrahmenrichtlinie** als Grundlage für eine integrierte Gewässerschutzpolitik in Kraft. Ihr Ziel ist eine koordinierte Bewirtschaftung, die den guten Zustand aller Oberflächengewässer und des Grundwassers über Ländergrenzen hinweg sicherstellt. Dieser „gute Zustand" wird anhand von chemischen, physikalischen und biologischen Parametern definiert.

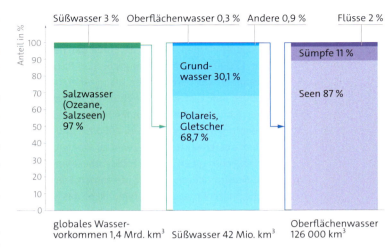

2 Wasservorräte der Erde

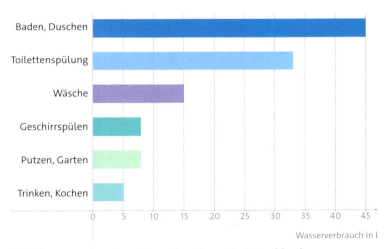

3 Trinkwasserverbrauch pro Tag und pro Person in Deutschland

Da auch Gewässerstrukturen wie Ufer und Flussbett maßgeblich Einfluss auf die Gewässergüte haben, werden sie ebenfalls zur Bewertung herangezogen. So ergibt sich eine **Gewässerstrukturgüte**, die die ökologische Funktionsfähigkeit eines Fließgewässers anzeigt. Sie dient als Grundlage für die Entwicklung von Sanierungsmaßnahmen zur Verbesserung der Wasserqualität und damit des ökologischen Zustands eines Gewässers.

1 Erläutern Sie den Begriff „virtuelles Wasser" an einem selbst gewählten Beispiel.

2 Erstellen Sie eine tabellarische Übersicht zu den verschiedenen Formen der Gewässerbelastung und ihren Folgen.

Ökosystem Meer • Das Meer weist unterschiedliche Tiefen auf, die von jeweils anderen Lebewesen besiedelt werden. Die tiefste Stelle der Tiefsee ist mit 11 000 m der Marianengraben im Pazifischen Ozean. Einige Tiere können bis in einer Tiefe von 4000 m leben, etwa der Anglerfisch, dessen Weibchen ein mit lumineszierenden Bakterien gefülltes Leuchtorgan besitzt. Auch in 1000 bis 200 m Tiefe leben ausschließlich Tiere, weil zu wenig Licht für pflanzliches Leben und die Fotosynthese vorhanden ist. Nur im oberen Teil der uferfernen Freiwasserzone, in maximal 200 m Tiefe, reicht das Licht für pflanzliches Leben aus. Fotosynthese leisten hier vor allem einzellige Algen und Cyanobakterien. Ihre Bewegungsrichtung wird von der Wasserströmung bestimmt. Solche Lebewesen bezeichnet man als **Plankton**. Das **Phytoplankton** produziert 80 % des Sauerstoffs in der Atmosphäre. Außerdem dient es als Nahrung für das **Zooplankton**.

Gefährdung des Ökosystems Meer • Kohlenstoffdioxid (CO_2), gelangt aus der Atmosphäre über Diffusion und chemische Lösungsprozesse in das Meer. Ein Teil des CO_2 wird mithilfe der Fotosynthese in organischem Material gebunden. Die Weltmeere speichern etwa 50-mal mehr Kohlenstoff, als in der Atmosphäre vorhanden ist. Daher bezeichnet man sie auch als Kohlenstoffsenken. Schätzungen zufolge nehmen sie 50 % des durch Verbrennung fossiler Brennstoffe verursachten CO_2-Ausstoßes auf. Somit reduzieren Meere die Konzentration des Treibhausgases CO_2 in der Atmosphäre beträchtlich und minimieren den von Menschen verursachten, also den **anthropogenen Treibhauseffekt**.

Jedoch ergeben sich hieraus große Probleme für das Ökosystem selbst. Das gelöste CO_2 reagiert mit Wasser zu Hydrogencarbonat- und Wasserstoffionen, was den pH-Wert der Meere senkt. Es kommt zur Versauerung der Meere. Dies hat gravierende Folgen für kalkhaltige Organismen. Zum einen ist für die Bildung von Kalkschalen und -skeletten die Löslichkeit von Kalk in den Meeren entscheidend. Kalk löst sich allerdings nur im basischen Milieu. Zum anderen beeinflusst ein erhöhter CO_2-Gehalt in den Meeren die bei der Kalkbildung ablaufende Gleichgewichtsreaktion so, dass erstens weniger Kalk gebildet wird und zweitens sich bereits gebildete Kalkstrukturen auflösen. Da das Kalkskelett der Korallenpolypen die Grundlage des Lebensraums Riff bildet, ist dieses komplexe Ökosystem stark gefährdet. Obwohl Korallenriffe nur etwa 0,2 % der globalen Meeresfläche bedecken, lebt in ihnen etwa ein Drittel aller im Meer bekannten Arten. Neben der Meeresversauerung wirkt sich auch die durch den Treibhauseffekt steigende Temperatur der Ozeane negativ auf die Riffe aus.

Jährlich gelangen rund 10 Millionen t Plastikmüll in die Weltmeere und gefährden das Ökosystem Meer. Die Menge an Abfällen aus Kunststoff hat sich innerhalb von 20 Jahren um etwa 94 % erhöht. Tiere verfangen sich im Müll, verenden dort oder verwechseln ihn mit Nahrung. Jedes Jahr sterben so etwa eine Million Seevögel und 100 000 Meeressäuger. In Form von Mikroplastik gelangen die Schadstoffe über Meeresfische auch in unsere Nahrungskette.

1 Abgestorbenes Korallenriff

2 Meeresschildkröte frisst Plastik

Material

Lebewesen in ihrer Umwelt • Wasser

Material A Das CO$_2$-Sink-Projekt

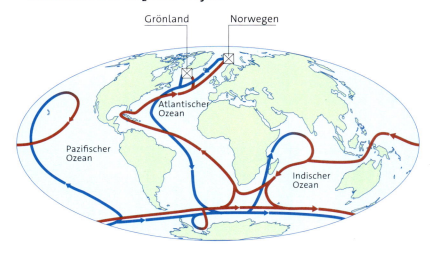

⊠ = geplante Lagerstätten für flüssiges Kohlenstoffdioxid

Kohlenstoffdioxid auffangen, verflüssigen und in der Tiefsee am Meeresgrund lagern. Wegen des dort herrschenden hohen Drucks und tiefer Temperaturen bleibt Kohlenstoffdioxid zunächst flüssig. In Tests wurde aber beobachtet, dass es sich auch in der Tiefsee allmählich löst und mit den Strömungen des „Ozeanischen Förderbands" verdriftet wird.

1 Beurteilen Sie die Maßnahmen des CO$_2$-Sink-Projekts im Hinblick auf zeitliche und räumliche Fallen.

Zur Senkung des anthropogenen Treibhauseffekts gibt es verschiedene Überlegungen, wie man die Freisetzung von Kohlenstoffdioxid aus der Verbrennung fossiler Brennstoffe in Industrieanlagen verringern kann. Man könnte

Material B Wassernutzung in Industrie- und Entwicklungsländern

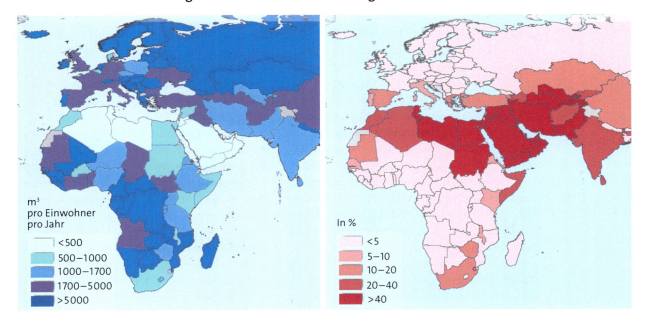

1 Beschreiben Sie die Verteilung des Süßwasservorkommens und des Wasserverbrauchs für die Landwirtschaft in den verschiedenen Regionen.

2 Erläutern Sie den Wasserverbrauch für die Landwirtschaft in Europa und Afrika.

3 Setzen Sie Vorkommen und Verbrauch von Süßwasser in Beziehung und leiten Sie mögliche Entwicklungschancen ab.

2.18 Globale Klimaveränderungen

1 Hausboot treibt auf dem Wasser

Ein Haus treibt auf dem Wasser. Könnte dieses Wohnkonzept eine Antwort auf die Erhöhung des Meeresspiegels infolge der globalen Erwärmung sein? Können wir uns also gelassen auf die drohenden Klimaveränderungen einstellen oder droht vielmehr eine Katastrophe?

Aktuelle Erderwärmung • In der zweiten Hälfte des 19. Jahrhunderts ist die Jahresmitteltemperatur weltweit durchschnittlich um etwa 1,1 °C gestiegen. Infolgedessen kommt es schon jetzt immer häufiger zu Extremwetterereignissen wie Starkregen, Stürmen oder langen Hitze- und Dürreperioden.

Das globale Klima wird durch die Strahlungsenergie der Sonne, die Eigenschaften der Erdoberfläche sowie die Atmosphäre beeinflusst. Die kurzwellige Sonnenstrahlung wird von der Erdoberfläche als langwellige Wärmestrahlung zurückgeworfen. Ein Teil dieser Wärmestrahlung wird im unteren Teil der Atmosphäre durch Wasserdampf, CO_2, Methan, Ozon und Lachgas absorbiert. Es kommt zu einer Mehrfachreflexion zwischen der Erdoberfläche und diesen Gasen, die mit denjenigen zwischen Boden und Glasdach in einem Treibhaus vergleichbar sind. Daher werden diese Gase als **Treibhausgase** bezeichnet. (▶2) Sie bedingen eine Erwärmung der Erdoberfläche, die als **natürlicher Treibhauseffekt** bezeichnet wird.

Ursache für die menschengemachten Klimaveränderungen ist die stetige Zunahme der Treibhausgase in der Atmosphäre: CO_2 aus der Verbrennung von fossilen Energieträgern und der Brandrodung, Methan und Lachgas aus der intensiven Landwirtschaft, bodennahes Ozon sowie Fluorkohlenwasserstoffe, kurz F-Gase. Die Anreicherung dieser Gase in der Atmosphäre bewirken eine zusätzlich Erwärmung der Erdoberfläche, die als **anthropogener Treibhauseffekt** bezeichnet wird. Bereits eine globale Erwärmung von 1 bis 2°C hat weitreichende Folgen: Gletscher und Meereseis schmelzen, Flüsse treten über die Ufer, extreme Wetterereignisse häufen sich und Dürrezonen weiten sich aus. Um erklären zu können, wie sich das globale Klima in Zukunft weiter entwickeln wird, ist die Betrachtung erdgeschichtlicher Erkenntnisse nützlich.

Entwicklung der Erdatmosphäre • Die Uratmosphäre bestand aus Kohlenstoffdioxid und Wasserdampf sowie in deutlich geringeren Mengen aus Stickstoff, Methan, Schwefeldioxid und weiteren Gasen. Aufgrund der Sonneneinstrahlung konnte im Verlauf der Zeit viel Wasserdampf als flüssiges Wasser kondensieren. Dadurch wurde der Atmosphäre nicht nur Wasser entzogen, sondern aufgrund der guten Löslichkeit im Wasser auch CO_2, sodass hauptsächlich freier Stickstoff übrig blieb. Das CO_2 reagierte im Urozean mit Calcium- und Magnesiumionen

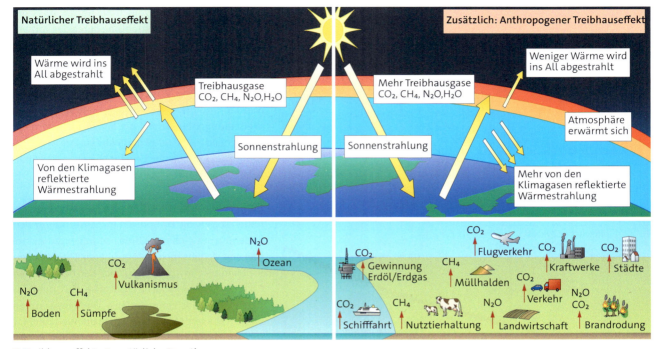

2 Treibhauseffekt: **A** natürlich, **B** anthropogen

weiter zu schwer löslichen Carbonaten. So entstehen seit vier Milliarden Jahren Kalksteinsedimente, in denen bis heute etwa 80 % des ursprünglichen CO_2 der Uratmosphäre gebunden sind. Die abnehmende Konzentration an CO_2 verminderte den Treibhauseffekt, was zu einer weiteren Abkühlung und weiteren Kondensation von Wasser führte. Diese Abkühlung war eine wichtige Voraussetzung für die Bildung organischer Stoffe und damit die Entwicklung des Lebens auf der Erde.

Die ersten Lebewesen lebten anaerob. Die große Menge an Sauerstoff in der heutigen Atmosphäre ist eine Folge der Fotosynthese, die zuerst von Cyanobakterien betrieben wurde. Fotosynthetisch aktive Organismen entziehen der Atmosphäre CO_2. Im weiteren Verlauf der Evolution entwickelten sich anaerobe Eukaryoten, die Sauerstoff für energieliefernde Stoffwechselprozesse aufnahmen und im Gegenzug Kohlenstoffdioxid freisetzen.

Vor etwa 600 Millionen Jahren war so viel Sauerstoff in der Atmosphäre, dass durch Fotooxidation Ozon entstehen konnte, das den größten Teil der lebensfeindlichen UV-Strahlung zurückhielt. Damit wurde Leben auch außerhalb des Wassers möglich. In langen geologischen Prozessen entstand zudem aus den Kohlenstoffverbindungen abgestorbener Biomasse Torf, Kohle, Erdöl und Erdgas. Diese Prozesse sowie die Entstehung der Kalksteinsedimente in den Meeren führen zu einer Reduktion des CO_2-Gehaltes in der Atmosphäre. Sie sind damit Teil des globalen Kohlenstoffkreislaufes (▶ S. 143). Durch die zunehmende Verbrennung fossilen Brennstoffe werden hingegen große Mengen an CO_2 wieder freigesetzt, was zu einer Verstärkung des Treibhauseffektes und damit zu einer Erhöhung der Temperaturen auf der Erde führt.

Den Beitrag der verschiedenen Gase zum Treibhauseffekt kann man aufgrund ihrer unterschiedlichen Absorptionsbereiche nicht einfach aus ihrem Anteil an der Atmosphäre her bewerten. Hochrechnungen zeigen, dass Wasserdampf zu einer Temperaturerhöhung um 22 °C und Kohlenstoffdioxid um weitere 5 °C zum natürlichen Treibhauseffekt beitragen. Andere Berechnungen zeigen zudem, dass die Durchschnittstemperatur auf der Erde ohne diesen Effekt bei etwa -18 °C läge. Mit ihm bleibt sie hingegen bei etwa 15 °C, was für das Leben auf der Erde viel geeigneter ist.

1 Erläutern Sie den natürlichen und den anthropogenen Treibhauseffekt. (▶ 2)

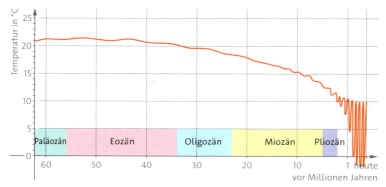

1 Temperaturverlauf in der Erdneuzeit

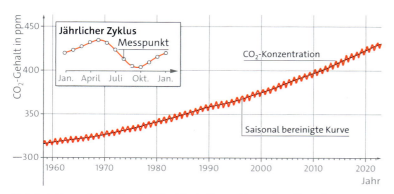

2 Entwicklung des Kohlenstoffdioxidgehalts am Mauna Loa, Hawaii

Klimavariabilität • Das globale Klima wird bedingt durch die Lage der Erde zur Sonne, die schwankende Sonnenaktivität, Vulkanausbrüche, abweichende Meeresströmungen sowie Konzentrationsschwankungen der Treibhausgase. Wie bereits beschrieben hat es in der Atmosphäre m Verlauf der Erdgeschichte immer wieder Veränderungen in der CO_2-Konzentration gegeben. Diese Schwankungen haben Einfluss auf die globalen Temperaturen. Untersuchungen haben gezeigt, dass sich seit etwa zwei Millionen Jahren Warm- und Eiszeiten abwechseln. (▶1). So weisen fossile Funde von großen Säugetieren wie das Steppennashorn in Europa darauf hin, dass vor etwa 120 00 Jahren die mittlere Temperatur um 4,5 °C höher waren als heutzutage.

Prognosen und Klimaschutz • Langzeitmessungen der meteorologischen Forschungsstation Mauna Loa auf Hawaii (▶2) zeigen, dass die CO_2-Konzentration in den letzten 65 Jahren von circa 315 ppm auf 420 ppm angestiegen ist und weiter ansteigen wird. Allerdings ist es sehr schwierig, ausgehend von diesen Daten direkte Vorhersagen zur Klimaentwicklung abzuleiten. So weiß man heute, dass die Absorption von Wärmestrahlung durch das vorhandene Kohlenstoffdioxid in der Atmosphäre bereits weitgehend gesättigt ist. Eine angenommene Verdopplung der Kohlenstoffdioxidemission führt damit nicht zu einer Verdopplung des Wärmeanteils. Methan und die F-Gase absorbieren Strahlung in Wellenlängenbereichen, die bislang von der Erde weitgehend ins All reflektiert wurden. Ihre Anreicherung in der Atmosphäre bewirkt hingegen eine deutliche Erwärmung.

Mittlerweile gibt es verschiedene Klimamodelle, die helfen sollen, die komplexen Prozesse, die zur Veränderung des globalen Klimas beitragen, zu verstehen und Vorhersagen zu formulieren. Diese Modelle liefern zwar in Abhängigkeit von den betrachteten Faktoren unterschiedliche Ergebnisse, die Grundaussage bleibt jedoch immer gleich: Die Temperaturen werden steigen. Mittlerweile geht der Weltklimarat für den Zeitraum 2030 bis 2035 von einer Erwärmung um 1,5 °C aus, welche die bereits beschriebenen Folgen mit sich ziehen.

Schutzmaßnahmen zur Stabilisierung des Klimas sind unmittelbar mit Maßnahmen zur Luftreinhaltung und zum nachhaltigen Energieumsatz verbunden. Die Nutzung von Sonnen- und Windenergie sowie die Gewinnung von Energie aus Wasserstoff spielen dabei eine Schlüsselrolle. Diskutiert wird zudem die Entwicklung von Speicher- und Verwertungstechniken für Kohlenstoffdioxid und Methan. So wird bereits in Norwegen Kohlenstoffdioxid, das bei der Produktion von Zement oder in Kohlekraftwerken entsteht, aufgefangen und unterirdisch in leeren Gas- und Ölfeldern gespeichert. Kritiker sehen hier aber massive Eingriffe in das Ökosystem. Sie weisen darauf hin, dass durch das Einpressen des Gases in den Meeresboden Erdbeben ausgelöst werden könnten, sodass das Gas aus den Lagerstätten wieder entweicht und die Meeresorganismen erheblich schadet.

1 Erläutern Sie, in welcher Weise sich der Wärmehaushalt der Erde vom Menschen beeinflussen lässt.

Material

Lebewesen in ihrer Umwelt • Globale Klimaveränderungen

Material A Klimaschutz oder Klimaanpassung?

A1 Hochwasser im Ahrtal

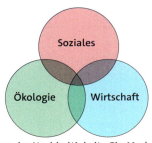

Säulen der Nachhaltigkeit – Ein Modell

- jede Säule ist gleich wichtig und gleichberechtigt
- Nachhaltigkeit kann also nur durch gleichwertige Rücksicht auf alle drei erreicht werden

A2 Säulen der Nachhaltigkeit

Klimaschutz	Klimaanpassung
• Ausbau erneuerbarer Energien • Ausstieg aus der Energiegewinnung durch fossile Brennstoffe • Ausbau der E-Mobilität • Eindämmung von Flug- und Autoverkehr • Thermische Gebäudesanierungen • Abschaffung oder Einschränkung der Nutztierhaltung • Reduktion bzw. Verzicht auf Fleischkonsum • Speicherung von CO_2 in leeren Öl- und Gasfeldern • Eisendüngung	• Anbau hitzetoleranter Nutzpflanzen • Erhöhung des Anteils an Grünflächen in besiedelten Räumen • Ausbau des Hochwasserschutzes • Renaturierung von Flüssen und Auen • Klimarobuste Wälder aufforsten • Beschränkung der Grundwasserentnahme • Energieeffiziente Sanierung von Altbauten • Dach- und Fassadenbegrünung

A3 Maßnahmen zum Klimaschutz

Der heftige Dauerregen mit Überschwemmungen, Hochwasser und Erdrutschen im Juli 2021 hatte dramatische Folgen für die Bevölkerung und die Infrastruktur in den betroffenen Gebieten in Nordrhein-Westfalen. Ereignisse wie diese zeigen erneut, wie wichtig es ist, den Klimawandels mit passenden Maßnahmen zu begegnen. Maßnahmen zur Bekämpfung der Ursachen des Klimawandels werden als Klimaschutz bezeichnet. Die Klimaanpassung beschreibt hingegen Maßnahmen zur Bewältigung der unmittelbaren Folgen des Klimawandels. Klimaschutz und Klimawandel umfassen eine große Bandbreite unterschiedlicher Aktivitäten. (▶ A3)

1 Formulieren Sie mithilfe des Modelles für eine nachhaltige Entwicklung (▶ A2) Kriterien für die Bewertung der verschiedenen Maßnahmen.

2 Wählen Sie aus den Listen jeweils zwei Maßnahmen zum Klimaschutz und zur Klimaanpassung aus und recherchieren Sie Informationen.

3 Bewerten Sie die ausgewählten Maßnahmen unter Einbezug der von Ihnen entwickelten Kriterien.

4 Erläutern Sie folgende Aussage: Klimaschutz und Klimaanpassung sind keine Gegenspieler, sondern die zwei Seiten derselben Medaille.

2.19 Biodiversität

1 Landschaft am Hintersee im Nationalpark Berchtesgaden

Die Gebirgslandschaft im Nationalpark Berchtesgaden mit einem See, Bäumen, die auf Felsen wachsen, einer kleinen Ortschaft sowie bewaldeten Bergen hat viele unterschiedliche Lebensräume. Sie sollen auch wegen ihrer jeweiligen Besonderheit geschützt werden. Weshalb ist diese Vielfalt wichtig?

2 Sumpfschwertlilie, im Wasser

3 Edelweiß auf Felsen

Phänomen Vielfalt • Im Laufe der Evolution haben sich viele verschiedene Arten von Lebewesen entwickelt. Dabei leben allerdings beispielsweise in einem See Tiere, Pflanzen, Bakterien und Pilze, die dies in der Regel nicht auf dem angrenzenden Rasen oder in dem benachbarten Wald können. Verschiedene Lebensräume haben deutlich unterschiedliche Lebensgemeinschaften.

Die Zusammensetzung der Lebensgemeinschaften ändert sich mit den klimatischen Faktoren. Verschiedene Arten tolerieren zum Beispiel unterschiedliche Temperaturen und unterschiedliche Feuchtigkeitsverhältnisse. Diese ändern sich an Land mit der Höhenlage oder auch mit der geographischen Breite. Die Dimension der Vielfalt wird erst deutlich, wenn man sämtliche Lebensräume betrachtet, sie ist also ein globales Phänomen.

In solchen Lebensräumen mit extremen Bedingungen für Lebewesen wie die Arktis, das Hochgebirge, Wüsten oder Salzseen gibt es meistens nur wenige Arten. Diese haben Eigenschaften, die zu den besonderen Werten der verschiedenen abiotischen Faktoren passen. In den immerfeuchten Tropen leben hingegen ungefähr 70 % aller bekannten Arten. Die Artenvielfalt ist also auf der Erde nicht gleichmäßig verteilt.

Im Verlauf der Erdgeschichte sind viele Arten entstanden, aber auch schon viele ausgestorben. Wie Arten neu entstehen, erklärt die Evolutionstheorie. Das Aussterben von Arten hat verschiedene Ursachen. Ein Faktor, der Aussterben begünstigt, ist eine geringe Populationsgröße mit dadurch bedingter Inzucht, die zur Verringerung von Heterozygotie führt. Diese ist aber wichtig, weil es etliche Allele gibt, die die Individuen schwächen, wenn sie homozygot auftreten. Die Vielfalt der Allele in einer Population ist neben der Vielfalt der Lebensräume und Arten ein weiteres Merkmal des Lebens auf der Erde. Der wissenschaftliche Name von Vielfalt ist **Diversität**, im politischen Kontext sagt man **Biodiversität**.

Biologischer Wert der Diversität • Wenn Inseln in einem Ozean durch Vulkanismus neu entstehen, können sie besiedelt werden. Untersuchungen zeigen, dass sich auf nahe beieinander liegenden Inseln Lebensgemeinschaften bilden, zum Beispiel zwei Wälder, die sich deutlich unterscheiden, je nachdem, welche Arten zufällig auf der Insel gelandet sind. Auf dem benachbarten Festland gehören die Arten beider Inseln aber zu einem Ökosystem. Man kann sich daher fragen, ob ein Lebensraum alle in ihm lebenden Arten benötigt.

Lebewesen in ihrer Umwelt • Biodiversität

4 Biologische Vielfalt in drei aufeinander aufbauenden Organisationsebenen

Die Forschung zu dieser Frage ist schwierig. Man nutzt Modellökosysteme, in denen unterschiedlich viele Arten zusammen leben. Unter der These, dass ein Ökosystem besser veränderte Umweltbedingungen ertragen kann, wenn die Artenzahl größer ist, wurden über 900 verschiedene Mischungen aus unterschiedlichen Zusammensetzungen von Mikroorganismen in Gefäßen unterschiedlichen Umweltbedingungen ausgesetzt. Zum einen wurden Bedingungen gewählt, die alle Arten gut vertragen, zum zweiten solche mit schlechteren Bedingungen und zum dritten stark salzhaltige Bedingungen. Die Biomasse, die die einzelnen Artengemeinschaften produzierten, war der Vergleichsmaßstab. Je höher die Artenvielfalt im Modellökosystem war, desto mehr Biomasse wurde gebildet. Dies galt unter allen drei Bedingungen. Die artenreicheren Systeme kamen mit verschiedenen Bedingungen besser zurecht. Die Artdiversität ist also zumindest in diesem Versuch eine Versicherung gegen Umweltveränderungen.

Bedeutung der Biodiversität • Für politische Entscheidungen ist der Begriff Biodiversität nach der Konferenz der UN von 1992 in Rio de Janeiro wichtig. Man hat sich 1993 darauf geeinigt, die Biodiversität zu erhalten oder wieder herzustellen. Dieses Ziel wird im ökonomischen und sozialen Zusammenhang gesehen. Daher wird auch die nachhaltige Nutzung der biologischen Vielfalt und die gerechte Verteilung ihrer genetischen Ressourcen angestrebt. Denn wir nutzen alle täglich Dienstleistungen der Natur wie frische und saubere Luft, sauberes Wasser, Bestäubung durch Insekten sowie CO_2-Speicherung, zum Beispiel in Wäldern, Mooren, Böden und Weltmeeren. Biodiversität ist Voraussetzung für diese diversen für uns unverzichtbaren Dienstleistungen. Darüber hinaus leben wir von verschiedenen Nahrungspflanzen und Tieren. Deren genetische Vielfalt ermöglicht eine regional angepasste Nutzung, die weniger anfällig ist für Schädlingsbefall.

Auf das menschliche Wohlbefinden haben Naturräume verschiedener Zusammensetzung einen meist positiven Einfluss. Längerer Aufenthalt im Wald führt zur messbaren Verringerung der Stresshormone im Körper. Daher ist nicht nur der quantitative sondern auch der qualitative Schutz der Biodiversität sinnvoll. Nationalparks, wie der im Bild (▶ 1) vorgestellte, werden dazu eingerichtet.

1 Beschreiben Sie Merkmale und biologischen Wert der biologischen Diversität.

2 Beschreiben Sie die Bedeutung von Biodiversität und erklären Sie Gründe für deren Schutz und nachhaltige Nutzung.

5 Hummel bestäubt Apfelblüte

6 Bärlauch-Wald

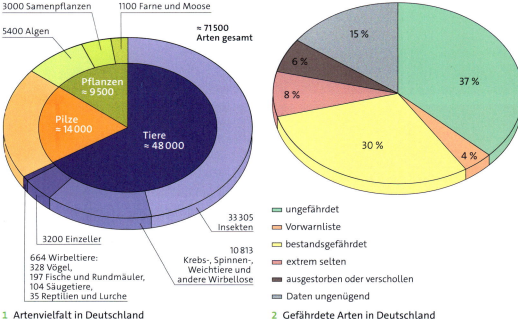

1 Artenvielfalt in Deutschland

2 Gefährdete Arten in Deutschland

Biodiversität in Deutschland • Noch bis in die 1950er-Jahre hatte die Landwirtschaft unabsichtlich viele Lebensräume geschaffen, die in einer offenen Landschaft für eine große Anzahl Arten Lebensmöglichkeiten boten. Die nachfolgende Intensivierung der Landwirtschaft führte zur Beseitigung hinderlicher Strukturen. Standorte, die nur wenig Ertrag brachten, werden nicht mehr landwirtschaftlich genutzt. Das Verwenden von Giften, die Schädlinge der Nutzpflanzen töten, nimmt vielen Tieren die Nahrungsgrundlage und tötet weitere Lebewesen. Das Ausbringen von Düngemitteln führt zur allgemeinen Eutrophierung der Landschaft, die vielen Pflanzenarten das Überleben unmöglich macht. Die Forstwirtschaft hat über viele Jahre Monokulturen von Fichte und Kiefer angepflanzt. Dadurch wurden die Lebensräume von Arten verkleinert, die in reich strukturierten Mischwäldern vorkommen. Die Holznutzung verhindert darüber hinaus, dass Bäume sterben und verrotten. Sogenanntes Totholz ist aber ein Lebensraum für viele heute gefährdete Arten.

Das Trockenlegen von Flussauen, Mooren und anderen Feuchtgebieten hat sehr viele Lebensräume zerstört. Sie wurden in landwirtschaftlich, baulich oder für den Verkehr nutzbare Flächen umgewandelt. Im Jahr 2017 wurden in Deutschland täglich 58 Hektar Landfläche für Siedlungen und Verkehr neu beansprucht. Insgesamt steht den einheimischen Arten ein deutlich geringerer Lebensraum zur Verfügung. Deshalb sind von den etwa 71500 einheimischen Arten lediglich 37% ungefährdet.

Nationale Biodiversitätsstrategie • In Folge internationaler Verträge hat auch Deutschland eine Nationale Strategie zur biologischen Vielfalt entwickelt. Sie hatte zum Ziel, bis zum Jahr 2020 den Rückgang der biologischen Vielfalt aufzuhalten und eine positive Entwicklung anzustoßen. Das wurde jedoch nicht erreicht. Insbesondere in der Land- und Forstwirtschaft ist es bisher nicht gelungen, die primär ökonomische Ausrichtung zu modifizieren. Außerdem werden die Paarhufer unter den Wildtieren nicht genügend bejagt. Das behindert die Artenvielfalt im Wald. Die Strategie musste also fortgeschrieben werden. Die Erreichung ihrer Ziele wurde neu auf 2030 terminiert.

1 Recherchieren Sie die spezifische Artenvielfalt der drei genannten extensiv genutzten Lebensräume.

2 Beschreiben Sie die Bedeutung von Biodiversität und erklären Sie Gründe für deren Schutz und nachhaltige Nutzung.

Material

Lebewesen in ihrer Umwelt • Biodiversität

Material A Bestandsentwicklungen bedrohter Insektenarten und landwirtschaftliche Folgen

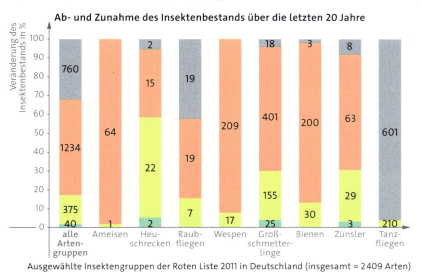

Das Bundesamt für Naturschutz hat über 20 Jahre die Bestände von 2409 gefährdeten Insektenarten untersucht und die Änderungen am Ende des Zeitraums festgehalten. Darunter befand sich auch die Gruppe der Bienen, die die Bestäubung zahlreicher Nutzpflanzen übernehmen. Sie beeinflussen dadurch regional und weltweit die landwirtschaftlichen Erträge.

1 Beschreiben Sie die Bestandsentwicklung der bedrohten Insektenarten insgesamt und in einzelnen Gruppen.

2 Recherchieren Sie mögliche Ursachen dieser Entwicklungen.

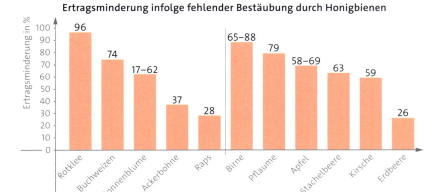

3 Formulieren Sie Hypothesen über ökonomische und ökologische Folgen, die ein Ausbleiben der Bestäubung dieser Nutzpflanzen durch Honigbienen hätte.

4 Erläutern Sie die globalen Folgen, die eine generelle Bestandsabnahme von bestäubenden Insekten hätte.

5 Beschreiben Sie geeignete Gegenmaßnahmen.

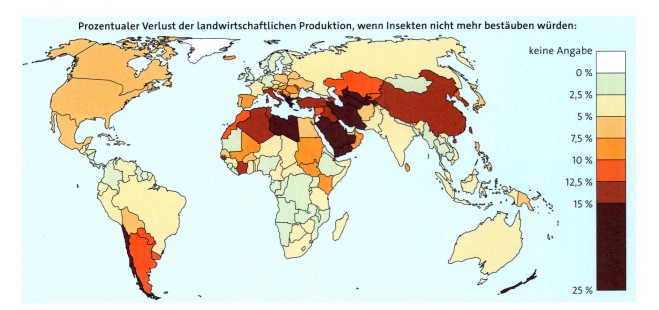

Ökologie

Lebewesen in ihrer Umwelt

Licht

Wasser

Temperatur

Beziehungen innerhalb
von Arten

Beziehungen zwischen
verschiedenen Arten

Nahrungsbeziehungen

Stoffkreisläufe

Wald

Gewässer

Ressourcen

Klima

Voraussetzung

Bedeutung

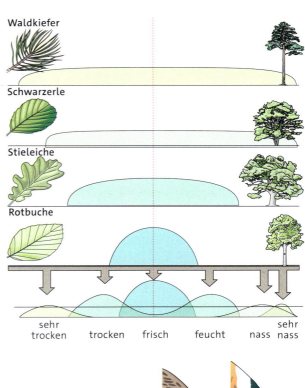

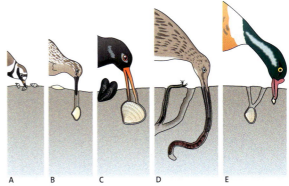

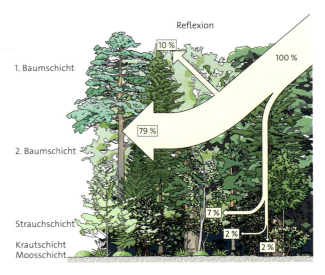

Check-Up

Ökologie

Mit den folgenden Aufgaben können Sie überprüfen, ob Sie die Inhalte aus dem Kapitel Ökologie verstanden haben. Bei den Aufgaben finden Sie Angaben zu den Seiten, auf denen Sie Informationen zum jeweiligen Thema finden.

Lebewesen und Temperatur (S. 82ff.)

1 Der Toleranzbereich ist die Spanne eines ökologischen Faktors, den ein Lebewesen längerfristig aushalten kann.
   a Stellen Sie die Aussage der RGT-Regel dar.
   b Erklären Sie die RGT-Regel am Beispiel poikilothermer Organismen.
   c Erklären Sie, durch welche Mechanismen homoiotherme Tiere ihre Körpertemperatur weitgehend konstant halten.
   d Nennen Sie Vor- und Nachteile, der Homoiothermie für die Tiere.

Größe von Populationen (S. 92ff.)

2 Eine Population ist eine Gruppe von Lebewesen, die in einem bestimmten Lebensraum eine Fortpflanzungsgemeinschaft bildet.
   a Beschriften Sie die einzelnen Phasen zum Wachstum in einer Bakterienkultur mit Fachbegriffen.
   b Erklären Sie, wieso in der Natur in der Regel kein exponentielles Wachstum zu beobachten ist
   c Erklären Sie die Begriffe r-Strategie und K-Strategie und geben Sie jeweils ein Beispiel an

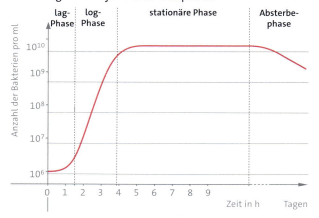

Interspezifische Konkurrenz und Koexistenz (S. 96ff.)

3 Lebewesen stehen in Konkurrenz, wenn sie die gleichen begrenzten Ressourcen nutzen.
   a Erklären Sie die Begriffe intraspezifische Konkurrenz und interspezifische Konkurrenz und ordnen Sie sie den Abbildungen A oder B zu.
   b Grenzen Sie die Begriffe Konkurrenzausschluss und Konkurrenzvermeidung voneinander ab und geben Sie jeweils ein Beispiel dafür an.

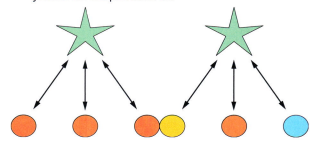

Räuber-Beute-Beziehungen (S 104ff.)

4 Die Populationsgrößen von Räubern und Beutetieren beeinflussen sich gegenseitig über einen längeren Zeitraum.
   a Beschreiben Sie die im Modell dargestellte Abhängigkeit.
   b Nennen Sie die Lotka-Volterra Regeln.
   c Diskutieren Sie die Anwendbarkeit der Regeln.

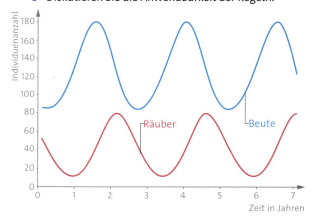

Ökosystem Wald (S. 116ff.)

5 Im Wald existiert eine Lebensgemeinschaft verschiedener Tier- und Pflanzenarten.
   a Notieren Sie eine Nahrungskette und ein Nahrungsnetz aus dem Ökosystem Wald und erklären Sie die Begriffe.
   b Skizzieren Sie eine Nahrungspyramide und ordnen Sie einige Individuen zu.
   c Markieren Sie in der Nahrungspyramide die Weitergabe von Biomasse mit einem Pfeil.

d In der Natur wird die Biomasse mithilfe von Destruenten zersetzt. Erklären Sie dies und ergänzen Sie Ihre Skizze entsprechend.
e Erklären Sie, wieso meist nicht mehr als 4 Trophieebenen ausgebildet werden (▶ 3, S. 119).

Ökosystem See (S. 128ff.)

6 Im Tiefenprofil eines Sees kann man unterschiedliche Messdaten ermitteln.
a Erklären Sie den Begriff Kompensationstiefe.
b Erklären Sie die Veränderung im Metalimnion des Sees und die sich daraus ergebenden Konsequenzen für die Zirkulationsvorgänge des Wassers im Sommer.

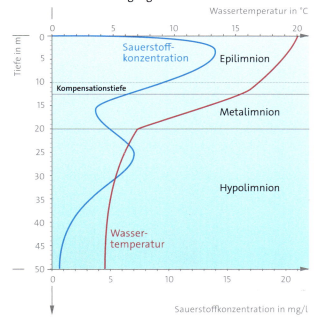

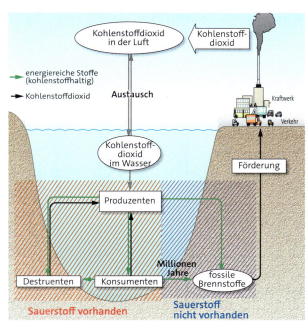

Bevölkerungswachstum und Nutzung der natürlichen Ressourcen, (S. 146ff.)

8 Es gibt nur eine Erde!
a Erklären Sie das Modell des demografischen Übergangs.
b Nennen Sie die Ziele des demografischen Übergangs für Entwicklungsländer.
c Erklären Sie, was man unter nachhaltiger Entwicklung versteht.

Stoffkreisläufe in Ökosystemen (S. 142ff.)

7 Kohlenstoff wird durch die Fotosynthese in Pflanzen festgelegt.
a Beschreiben Sie den Kohlenstoffkreislauf.
b Erklären Sie den Unterschied zwischen dem Kurzzeitkreislauf und dem Langzeitkreislauf von Kohlenstoff (▶ S. 143).
c Geben Sie an einigen Beispielen an, wo und wie der Mensch in den Kohlenstoffkreislauf eingreift.

Globale Klimaveränderungen (S. 158ff.)

9 Unter Klimawandel versteht man den Anstieg der Durchschnittstemperatur überall auf der Erde.
a Erstellen Sie einwn Concept-map zu den Folgen der steigenden Temperaturen auf der Erde. Benutzen Sie folgende Begriffe: *höhere Temperaturen, Anstieg des Meeresspiegels, mehr Wasserdampf in der Atmosphäre, Eisschichten schmelzen, Meeresspiegelanstieg, höhere Verdunstung, mehr Niederschläge, Dürren, Überschwemmungen, Erwärmung der Meere, sinkender pH-Wert des Meerwassers, Ausstoß von Treibhausgasen, verstärkter Treibhauseffekt.*

Klausurtraining

Training A Überlebenskünstler in der Wüste

Morphologische Angepasstheit

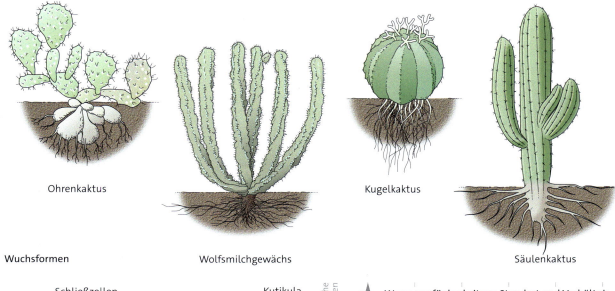

Wuchsformen — Ohrenkaktus — Wolfsmilchgewächs — Kugelkaktus — Säulenkaktus

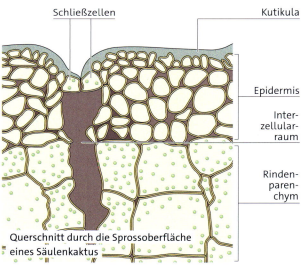

Querschnitt durch die Sprossoberfläche eines Säulenkaktus (Schließzellen, Kutikula, Epidermis, Interzellularraum, Rindenparenchym)

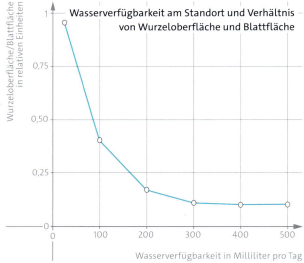

Wasserverfügbarkeit am Standort und Verhältnis von Wurzeloberfläche und Blattfläche

Trockenwüsten sind Lebensräume, die aufgrund ihres Klimas fast oder vollständig vegetationsfrei sind. Pflanzenarten, die hier gedeihen, weisen besondere Wuchsformen auf. So gibt es bei vielen Arten eine Stammsukkulenz. Auffällig ist auch eine verstärkte Wurzelbildung oder deren rübenartige Verdickung. Die Blätter sind meistens sehr klein, zu Dornen reduziert oder fehlen vollständig. Auch können weiße, tote Haare die Sprossachsen bedecken. Die Haare sind mit Luft gefüllt und reflektieren daher das Sonnenlicht vollständig. Je nach Standort können die genannten morphologischen Ausprägungen innerhalb einer Art variieren.

1. Beschreiben Sie die abiotischen Faktoren in der Trockenwüste!

2. Vergleichen Sie die verschiedenen Wuchsformen miteinander und setzen Sie diese in Beziehung zu den abiotischen Faktoren im Lebensraum Trockenwüste!

3. Erläutern Sie die Baumerkmale im Querschnitt durch die Oberfläche eines Säulenkaktus als Verdunstungsschutz!

4. Begründen Sie, weshalb tote Haare einen Spross weiß erscheinen lassen und vor übermäßiger Transpiration schützen!

5. Werten Sie das Diagramm aus!

Training B Produktionsbiologie des Waldes

1 Vergleich von Biomassen und Produktion in einem Laubwald

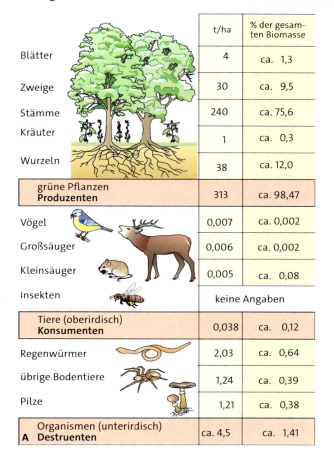

A

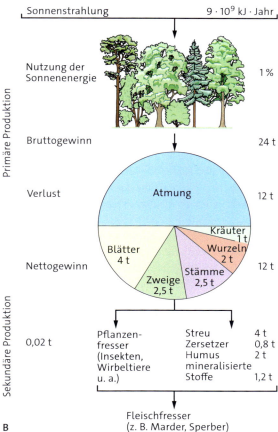

B

C Art	Ernährungstyp	Biomasse in g/ha
Erdmaus	Pflanzenfresser	4 600
Rothirsch	Pflanzenfresser	4 500
Fuchs	Allesfresser, bevorzugt Fleisch	150
Spitzmaus	Fleischfresser	30

Die Biomassen und die Produktion wurden in demselben Wald gemessen und sind auf einen Hektar und ein Jahr bezogen. In Abbildung A und B werden Trockenmassen angegeben, in Abbildung C das Lebendgewicht. In Abbildung B wird außerdem angegeben, dass die Sonnenstrahlung im Wald nur zu einem Prozent zum Aufbau von Biomasse genutzt wird.

1 Beschreiben Sie die Verteilung der Biomasse auf Produzenten, Konsumenten und Destruenten!

2 Erläutern Sie die Produktionsdaten aus Abbildung B!

3 Werten Sie die dargestellten Messergebnisse aus, indem Sie in den drei genannten Gruppen die Biomassen aus Abbildung A in Relation zur Produktion aus Abbildung B setzen!

4 Skizzieren Sie möglichst maßstabsgerecht eine Biomasse- sowie eine Produktionspyramide für den untersuchten Wald!

5 Werten Sie die Tabelle aus und ordnen Sie die Ergebnisse in die Messungen aus den Abbildungen begründet ein!

6 Leiten Sie aus den Daten den Flächenbedarf eines 30 Kilogramm schweren Luchses ab, dessen Wiedereinbürgerung geplant ist!

Glossar

A

Algenblüte: Massenvermehrung von Algen, in stehenden Gewässern vor allem im Frühjahr, wenn zahlreiche Mineralstoffe durch die Zirkulation in obere Wasserschichten gelangen und sich das Wasser stark erwärmt. Beim später folgenden Absterben der Algen wird sehr viel Sauerstoff verbraucht. Es kann zu Fischsterben kommen.

Ammonifikation: Mikroorganismen bilden beim Abbau stickstoffhaltiger organischer Stoffe Ammoniak (NH_3). Dieser wird in ihre Umgebung freigesetzt.

Angepasstheit: Ergebnis der evolutionären Anpassung an einen bestimmten Faktor oder eine bestimmte Funktion durch Mutation und Selektion. Zum Beispiel ist der Alpenstrudelwurm an niedrige Wassertemperaturen angepasst. Temperaturen über 15°C überlebt er nicht lange. Die Vogelfeder ist dagegen keine Angepasstheit an das Fliegen sondern an die Temperaturregulation. Die Feder erwies sich später als Flügelbaustein und für das Fliegen geeignet, hat aber immer noch eine Funktion bei der Temperaturregulation. Vieles, was passend ist, ist keine Angepasstheit.

B

Bioakkumulation: Ansammlung von Stoffen in Organismen oder zunehmende Ansammlung in den Gliedern von Nahrungsketten. Wenn es sich um Schadstoffe handelt, gefährden sie die Organismen, vor allem die letzten Glieder einer Nahrungskette.

Biodiversität: politischer Begriff von der Vielfalt des Lebens bezogen auf Allele, Individuen, Arten und Lebensräume sowie ihren Wert für den Menschen. ▶ Diversität

Biomasse: Die Masse organischer Substanz, die von Lebewesen hergestellt wurde. Für Vergleiche misst man die Trockenmasse, weil Lebewesen unterschiedlich viel Wasser enthalten, das keine organische Substanz ist.

Biomasseproduktion: Zugewinn oder Ertrag von organischer Substanz. Die Produktion wird als Produktionsrate angegeben, also als Produktion pro Fläche und Zeit.

Biotop: Lebensraum einer ▶ Biozönose. ▶ Habitat

Biozönose: Lebensgemeinschaft aller Individuen der unterschiedlichen Arten in einem Lebensraum. Viele Amphibienarten, die Zugvögel und weitere Arten leben in mehreren Lebensräumen und Biozönosen.

Bodenbildung: erfolgt im Wesentlichen durch Verwitterung von Gestein, Bildung von Humus und Versauerung.

Bodenhorizonte: übereinanderliegende Schichten eines Bodens.

Benthal: Lebensbereich an, auf und in dem Boden eines Gewässers.

D

Destruenten: Lebewesen, die vornehmlich tote organische Substanz zu niedermolekularer, anorganischer Substanz abbauen und daraus Energie beziehen. Für den Aufbau ihres eigenen Körpers nehmen sie organische Substanz auf und verarbeiten sie. Sie sind also ▶ Konsumenten. Zu dieser Gruppe gehören einige Tiere, Pilze und Bakterien, aber keine Pflanzen.

Diversität: Vielfalt der Arten und ihre genetische Vielfalt in einem Lebensraum, Vielfalt der Lebensräume, Vielfalt der Funktionen, z. B. Ernährungstypen wie Pflanzenfresser, sowie der Prozesse, z. B. Veränderungen der Umwelt durch einzelne Arten im Ökosystem. ▶ Biodiversität

E

Ektosymbiose: Symbiose, bei der beide Partner außerhalb des Organismus des anderen leben.

Endosymbiose: Leben von Organismen einer Art im Körper von Organismen einer anderen Art zu beider Nutzen.

Epilimnion: die obere erwärmte und vom Wind bewegte Wasserschicht in einem stehenden Gewässer.

euryök/stenök: Manche Lebewesen wie Wüsten- oder Höhlentiere sind nur unter ganz bestimmten Bedingungen anzutreffen. Man nennt sie stenök. Euryöke Organismen besitzen hingegen ein breites Standortspektrum.

eurytherm/stenotherm: Arten mit weiter oder enger Temperaturtoleranz.

eutroph: Lebensraum mit hoher Produktion von ▶ Biomasse auf Grund vieler verfügbarer Mineralstoffe. In eutrophen Gewässern kann eine ▶ Algenblüte auftreten.

exponentielles Wachstum: Verdopplung der Populationsgröße in gleichen Zeitintervallen.

F

Flechte: Symbiose von Pilzen und Algen, bei der die beteiligten Pilzarten in der Natur nicht allein vorkommen.

fotosynthetisch aktive Strahlung: von den Blattpigmenten fotosynthetisch nutzbarer Wellenlängenbereich von 380 bis 710 nm.

Frühjahrsgeophyt: Lebensform von Kräutern, die komplett unterirdisch trockene Sommer oder den Winter überdauern und sich im Frühjahr rasch entwickeln, zum Beispiel im Wald, wenn die Bäume noch nicht belaubt sind und große Lichtmengen an den Waldboden gelangen.

G

Gewässerstrukturgüte: zeigt die ökologische Qualität der Strukturen eines Fließgewässers an. In Berg- und Flachlandbächen sind jeweils andere Strukturen wichtig.

Gradation: Massenvermehrung einer Population und deren anschließender Zusammenbruch.

H

Habitat: Lebensraum eines Organismus. Er kann sich bei Tieren aus mehreren Teilräumen zusammensetzen, bei Zugvögeln sogar aus Flächen in verschiedenen Kontinenten. Bei Pflanzen spricht man vom Standort.

homoiotherme Tiere: gleichwarme Tiere, die unter Nutzung von Energie ihre Körpertemperatur auf einem nahezu konstanten Niveau halten: Vögel, Säugetiere.

Humus: beim Abbau organischer Substanz im Boden entstehende Substanz.

Hydrophyten/Hygrophyten/Xerophyten: Wasserpflanzen, beziehungsweise Pflanzen, die an feuchte beziehungsweise sehr trockene Standorte angepasst sind.

Hypolimnion: untere, wenig bewegte und kalte Wasserschicht in einem stehenden Gewässer.

I

interspezifische Konkurrenz: Konkurrenz zwischen Organismen verschiedener Arten.

intraspezifische Konkurrenz: Konkurrenz zwischen Organismen derselben Art.

K

Klimaschutz: Maßnahmen, die die anthropogene Erderwärmung begrenzen und Folgeerscheinungen der globalen Erderwärmung abmildern sollen.

Klimavariabilität: Das Klima ist nicht konstant. Es ist im Lauf der Zeit aus verschiedenen Gründen zu Phasen der Erwärmung und der Abkühlung gekommen.

Koexistenz: Individuen von Arten mit unterschiedlichen, aber oftmals auch sehr ähnlichen, ökologischen Ansprüchen können an einem Ort nebeneinander leben.

Kohlenstoffkreislauf: aus den chemischen und biochemischen Umsetzungen von Kohlenstoffverbindungen erschlossenes Modell, in dem der Verbleib des Elements Kohlenstoff global verfolgt wird: Kohlenstoff wird durch Fotosynthese in organische Substanz eingebaut und durch Atmung oder Verbrennung wieder abgebaut. Ein Teil gelangt in die Atmosphäre und steht für erneute Produktion pflanzlicher Substanz zur Verfügung. Einiger Kohlenstoff bleibt in teilweise abgebauter organischer Substanz, zum Beispiel in Humus, Torf, Kohle oder Erdöl sowie in Kalkgestein länger fixiert.

Kommensalismus: Zusammenleben von Organismen zweier Arten, bei der die Organismen der einen Art profitieren und die der anderen Art nicht geschädigt werden.

Kompensationstiefe: Gewässertiefe, in der die Primärproduktion gleich dem Abbau organischer Substanz ist. Man misst zur Erkennung der Kompensationstiefe in verschiedenen Gewässertiefen sowohl den durch Fotosynthese produzierten als auch den durch Atmung verbrauchten Sauerstoff.

Konkurrenzausschlussprinzip: In Laborversuchen ermittelter Zusammenhang, dass Arten mit identischen ökologischen Ansprüchen nicht nebeneinander leben können. *Im Freiland wurde dafür bisher kein Nachweis erbracht.*

Konsumenten: Organismen, die organische Substanz zur Energiegewinnung und als Baustoffe aufnehmen. Einige organische Stoffe bauen sie zu niedermolekularer, anorganischer Substanz ab. Sie sind daher nicht, wie man früher meinte, klar von ▶ Destruenten zu trennen.

K-Strategen: Arten, deren Populationsgröße wenig schwankt und nahe der Umweltkapazität liegt. Sie haben eine geringe Vermehrungsrate. K-Strategen und ▶ r-Strategen bilden die Pole eines Kontinuums. Die Merkmale der meisten Arten liegen dazwischen.

L

Litoral: Uferbereich eines Sees oder des Meeres, in dem es zu einer charakteristischen Zonierung von Pflanzen in Abhängigkeit von der Wasserbedeckung und der Mineralstoffversorgung kommt.

logistisches Wachstum: Wachstum einer Population bis zur Umweltkapazität. Es beginnt als exponentielles Wachstum und wird dann schwächer.

Lotka-Volterra-Modell: gegenüber Realsituationen sehr vereinfachtes Modell zu regelmäßigen Populationsdichteschwankungen bei Räuber-Beute-Beziehungen. Es gibt selten dem Modell entsprechende Verhältnisse in der Natur.

M

Metalimnion (Sprungschicht): bis zum Sommer in einem See durch Windeinwirkung ausgebildete Übergangsschicht zwischen ▶ Epilimnion und ▶ Hypolimnion.

Mosaikzyklus: Modell, das z. B. die Entwicklung eines Waldes beschreibt: An einzelnen Stellen fallen alte Bäume um, wodurch Lichtungen mit jungen Bäumen entstehen. Es gibt dann ein Mosaik mit Bereichen von verschieden alten Pflanzen. Diese entwickeln sich in einem Zyklus, in dem Wachstum und Absterben aufeinander folgen.

Mykorrhiza: Symbiose zwischen höheren Blütenpflanzen und Pilzen, bei der Pilze Wasser und Mineralstoffe an die Pflanzenwurzeln abgeben und die Pflanze organische Substanz an den Pilz abgibt.

N

nachhaltige Entwicklung: aus der Waldbewirtschaftung stammendes Konzept, nach dem einem Wald nicht mehr Holz entnommen werden darf, als zeitgleich nachwächst. Heute versteht man darunter die politisch gewünschte Entwicklung, die dazu führt, dass die Bedürfnisse der heutigen Menschen befriedigt werden, ohne dabei die Lebensmöglichkeiten künftiger Generationen zu beeinträchtigen. Sie hat daher ökologische, ökonomische und soziale Dimensionen.

Nahrungskette: Modellvorstellung, die davon ausgeht, dass Pflanzen von Pflanzenfressern als Primärkonsumenten gefressen werden, die zur Beute von Fleischfressern als Sekundärkonsumenten werden, die wiederum von anderen Fleischfressern erbeutet werden können. Das Modell erklärt eine mögliche ▶ Bioakkumulation.

Nahrungsnetz: Modell, das die vielfältigen Nahrungsbeziehungen in einer Biozönose abbildet.

Nitrifikation: Oxidation von Ammoniak (NH_3) zu Nitrat (NO_3^-) durch Bakterien.

O

ökologische Nische: Konzept, das in drei Varianten erklärt, dass Lebewesen nebeneinander existieren, weil sie unterschiedliche Ansprüche an den Lebensraum stellen: die Gesamtheit von Beziehungen zwischen einer Art und ihrer Umwelt. Ohne das Vorkommen der Art würde die ökologische Nische nicht existieren. *Die Art bildet die Nische. Verschiedene Arten bilden verschiedene Nischen.*
oder: Die ökologische Nische beschreibt alle Ansprüche und Toleranzen der Individuen einer Art. *Die in einem Lebensraum existierende Art stellt Ansprüche an eine für sie mögliche Nische, andere als andere Arten.*
oder: Ein Lebensraum bietet eine ökologische Nische an, z. B. eine *Planstelle* für Beutegreifer, die große Huftiere erlegen können. Sie muss nicht besetzt sein, wenn entsprechende Arten, z. B. Wölfe auf einer Insel, fehlen. Dies widerspricht den beiden ersten Konzepten, hilft aber beim Vergleich von Lebensräumen und beim Vergleich konvergenter Entwicklung.

ökologische Pyramide: Veranschaulichung von ▶ Trophiestufen in Landökosystemen. Entlang der Nahrungskette nimmt die Größe der Organismen zu, während deren Anzahl sich verringert. Auch die ▶ Biomasse nimmt von Trophiestufe zu Trophiestufe ab.

ökologischer Fußabdruck: Fläche auf der Erde, die gebraucht wird, um alle ▶ Ressourcen für die Versorgung der Menschheit bereitzustellen, einschließlich der Fläche für die Aufnahme von Abfällen und Emissionen.

Ökosystemingenieure: Organismen, die ihren Lebensraum schaffen, verändern, zerstören oder erhalten. Sie haben großen Einfluss auf den Artenreichtum und die Heterogenität in ihrem Lebensraum.

oligotroph: Lebensraum mit geringer Produktion von Biomasse aufgrund von wenig vorhandenen Mineralstoffen.

Osmoregulation: Regulierung der Ionengehalte in den Zellen eines Organismus, sodass nicht zu viel oder zu wenig Wasser in diese Zellen einströmt.

P

Parasitismus: einseitige Nutzung von Lebewesen der einen Art durch eine andere Art. Der Wirt hat dadurch einen Nachteil.

Pelagial: der uferferne Freiwasserbereich oberhalb der Bodenzone ▶ Benthal

physiologische und ökologische Potenz: Die physiologische Potenz gibt an, unter welchen Bedingungen eine Art vorkommen kann, wenn keine Konkurrenz zu anderen Arten besteht. Die ökologische Potenz gibt an, unter welchen Bedingungen sie trotz Konkurrenten vorkommt.

physiologisches Optimum: Bedingungen, unter denen sich die Individuen einer Art besonders gut entwickeln.

Pionierpflanzen: Pflanzen, die sich sehr schnell nach der Veränderung eines Standorts ausbreiten können und dann wieder verschwinden. Sie stehen am Anfang einer Sukzession. Sie sind häufig ▶ r-Strategen.

Plankton: Lebewesen, die im Wasser schweben und sich nicht gegen die Strömung bewegen können.

Poikilotherme: wechselwarme Lebewesen, in deren Körper ungefähr dieselbe Temperatur herrscht wie in ihrer Umwelt. Neben Reptilien, Amphibien, Fischen und wirbellosen Tieren sind Pflanzen poikilotherm.

Population: eine Fortpflanzungsgemeinschaft, Lebewesen derselben Art, die sich zur Fortpflanzung treffen können.

Populationsdichte: Anzahl Individuen einer Population pro Fläche oder Volumen. Dichtebezogene Faktoren wie die im Lebensraum verfügbare Nahrungsmenge stehen in Wechselwirkung mit der Populationsdichte.

Produzenten: Organismen, die aus einfachen anorganischen Bestandteilen komplexe organische Substanz aufbauen können. Zu ihnen gehören die meisten Pflanzen.

R

Räuber-Beute-Beziehung: gegenseitige Beeinflussung der Populationsgrößen von Räubern und ihren Beutetieren.

Zwei-Arten-Beziehungen mit regelmäßigen Schwankungen der Populationsdichten um Mittelwerte gibt es selten, werden aber gern modelliert. ▶ Lotka-Volterra-Modell.

Ressource: Lebensgrundlage für einen Organismus, die er in einem Lebensraum nutzen kann. Man unterscheidet biotische, z. B. Nahrung, Wirt, Fortpflanzungspartner und abiotische Lebensgrundlagen, z. B. Raum, Licht, Wasser.

r-Strategen: Arten von Lebewesen, deren Populationsgröße schwankt. Sie haben hohe Vermehrungsraten. ▶ K-Strategen.

S

Saprobie: Intensität des Abbaus organischer Substanz in einem Fließgewässer, ein Maß für die Gewässergüte.

Schichtenaufbau des Waldes: vertikale Einteilung des Waldes in eine erste und zweite Baumschicht, eine Strauchschicht, eine Krautschicht und eine Moosschicht.

Schichtung eines Sees: Verschieden warme Wasserschichten in einem See, die übereinanderliegen und sich nicht mischen.

Stagnation: Phase stabiler Schichtung von Wassermassen in einem See, die unterschiedliche Temperaturen aufweisen und sich daher auch bei stärkerem Wind nicht oder nur unvollständig mischen. ▶ Zirkulation

Stickstoffkreislauf: Kreislauf des Stickstoffs in unterschiedlichen chemischen Verbindungen mithilfe chemischer Reaktionen. Wichtige Reaktionen finden durch Lebewesen statt: Atmosphärischer Stickstoff wird über stickstofffixierende Bakterien für Pflanzen verfügbar gemacht, die ihn in körpereigene Stoffe einbauen. Tiere nehmen Stickstoffverbindungen aus pflanzlicher Nahrung auf. Der von Tieren ausgeschiedene Stickstoff wird von Bakterien abgebaut und steht den Pflanzen wieder zur Verfügung.

Störung: Einzelereignis wie Feuer, Überflutung oder ▶ Gradation, das in kurzer Zeit eine deutliche Wirkung zeigt. Viele Waldökosysteme sind auf regelmäßige Unterbrechungen der ▶ Sukzession angewiesen, sodass ein Neuanfang erfolgt.

Sukzession: gesetzmäßig auftretende Abfolge von Pflanzengemeinschaften an einem Standort, etwa von einem Pionierstadium zu einem geschlossenen Wald.

Symbiont: der kleinere Partner in einer Symbiose.

Symbiose: Zusammenleben von Organismen mehrerer Arten, die voneinander profitieren.

T

Territorialität: Verhalten, das zur Aufteilung des Lebensraums für mehrere Individuen einer Art in Reviere führt.

Toleranzbereich: Überlebensbereich der Individuen einer Art bei Variation eines abiotischen Faktors. Zwischen Toleranzminimum und -maximum gibt es einen Bereich optimaler Lebensäußerungen, das Toleranzoptimum.

Transpiration: von Lebewesen kontrollierbare Abgabe von Wasser als Wasserdampf. Verdunstung ist dagegen Wasserdampfabgabe von jeder Oberfläche.

Treibhauseffekt: Erwärmung der unteren Schichten der Atmosphäre durch langwellige Infrarotstrahlen.

Treibhausgase: Gase wie Kohlenstoffdioxid oder Methan, die eine Abstrahlung von Wärme verhindern und damit zu einer Erwärmung der erdnahen Atmosphäre führen.

Trophie eines Gewässers: Umfang und Umsatz der durch Fotosynthese entstandenen ▶ Biomasse im Gewässer. Je nach Mineralstoffgehalt eines Gewässers ändert sich die Fotosyntheseleistung. Bei geringem Mineralstoffgehalt zum Beispiel ist ein See oligotroph, die Trophie ist gering, bei einem mittleren Mineralstoffgehalt mesotroph und bei hohem Mineralstoffgehalt eutroph.

Trophiestufen: Aufeinanderfolge von Pflanzen und Tieren bei energetischer Betrachtung. Pflanzen beziehen ihre Energie von der Sonne. Sie bilden die erste Trophiestufe, pflanzenfressende Tiere die zweite, fleischfressende Tiere die nächsten Trophiestufen. Pflanzen produzieren organische Substanz neu und werden daher Primärproduzenten genannt. Tiere konsumieren organische Substanz und sind daher ▶ Konsumenten.

U

Umweltkapazität: maximale Anzahl an Individuen einer Art, die in einem Lebensraum dauerhaft leben kann.

W

Waldbinnenklima: besondere Form eines lokal ausgeglichenen Klimas innerhalb eines Waldes durch geringe Mengen an Sonnenlicht in seinem Inneren.

Wirt: der größere Partner in einer Symbiose oder der geschädigte Partner eines Parasiten oder Parasitoiden.

Wirtswechsel: Manche Parasiten durchlaufen Teile ihres Lebenszyklus in verschiedenen Arten. Man kann zwischen Hauptwirt und Nebenwirten unterscheiden.

Wurzelknöllchen: Auswüchse an den Wurzeln bestimmter Pflanzenarten, in denen Bakterien elementaren Stickstoff aus der Atmosphäre binden und für die Pflanze verfügbar machen.

Z

Zirkulation: Phase der Durchmischung von Wasser eines Sees, die nur bei annähernd gleicher Temperatur des gesamten Wassers möglich ist.

Zeigerart: Art, deren Individuen in der Natur nur in einem eng begrenzten Wertebereich eines bestimmten ökologischen Faktors vorkommen, z. B. auf nassem Boden.

3
Vielfalt des Lebens

▶ Der molekulare Aufbau des genetischen Materials, die Speicherung und die Realisierung der genetischen Information werden dargestellt und erläutert.

▶ Die Funktion der Gene bei der Steuerung des Stoffwechsels wird beschrieben, die Aktivierung und Inaktivierung von Genen sowie Ursachen und Folgen der Veränderung des genetischen Materials.

▶ Gentechnische Verfahren werden vorgestellt, ihre Anwendungsbereiche in der Tierzucht, der Pflanzenforschung und der Medizin sowie die Erzeugung gentechnisch veränderter Lebewesen.

▶ Die Entstehung und Entwicklung des Lebens werden dargestellt, Stammbäume und Verwandtschaft werden erklärt sowie Artbildungsprozesse und deren Ursachen.

▶ Die Entwicklung des Evolutionsgedankens wird vorgestellt und die Synthetische Evolutionstheorie wird in Abgrenzung von nicht naturwissenschaftlichen Vorstellungen erklärt.

▶ Das Sozialverhalten und Fortpflanzungsverhalten verschiedener Primaten wird erläutert.

▶ Die Evolution des Menschen und die Evolution der Kultur werden dargestellt. Seine Ursprünge, die Fossilgeschichte, die Sprachentwicklung und die Verbreitung des heutigen Menschen werden beschrieben.

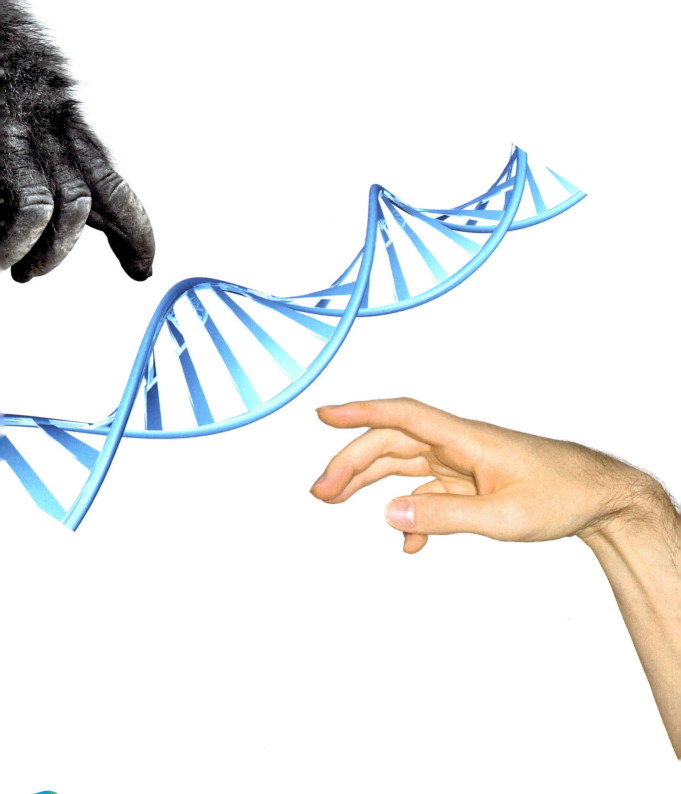

Die menschliche Hand und die des Gorillas zeigen auffällige Ähnlichkeiten. Erkenntnisse der Evolutionsbiologie belegen, dass zwischen den Arten eine enge Verwandtschaft besteht. Die Entschlüsselung des Genoms von Schimpansen und Gorillas zeigt, dass sich das Erbgut des Menschen nur zu 1,37 % von dem des Schimpansen unterscheidet und zu 1,75 % von dem des Gorillas. Somit trägt auch die Genetik dazu bei, den Ursprung des Menschen und der Menschenaffen zu erforschen und nachzuvollziehen.

3.1 DNA – Träger der Erbinformation

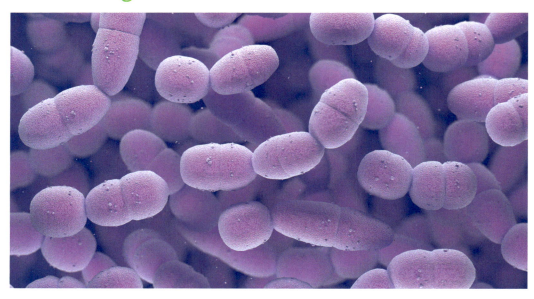

1 *Streptococcus pneumoniae*

Das Bakterium Streptococcus pneumoniae *ist eine der Ursachen für Lungenentzündung beim Menschen. Welche Rolle spielte es bei der Beantwortung der Frage, welches Molekül der Träger der Erbinformation ist?*

Transformationsexperimente • Zu Beginn des 20. Jahrhunderts war unklar, welches Molekül Träger der genetischen Information ist. Man wusste bereits, dass sowohl Proteine als auch DNA im Zellkern vorkommen und konnte beide Moleküle auch isolieren und näher untersuchen. Doch die Aufgabe der Speicherung der genetischen Information konnte noch keinem der Moleküle zugeschrieben werden. Die Experimente des britischen Mediziners Frederick Griffith aus dem Jahr 1928 ebneten der Forschung den Weg zur Klärung dieser Frage.

Griffith arbeitete daran, einen Impfstoff gegen die Lungenentzündung zu entwickeln. Er experimentierte mit zwei Stämmen des Bakteriums *Streptococcus pneumoniae*, deren Kolonien sich leicht unterscheiden lassen: Die Bakterienzellen des virulenten Stammes können eine Lungenentzündung auslösen und sind von einer Kapsel aus Polysacchariden umgeben, die sie vor den Zellen des menschlichen Immunsystems schützt. Ihre Kolonien weisen hierdurch eine glatte Oberfläche (smooth) auf. Dieser Bakterienstamm heißt S-Stamm. Dem zweiten Stamm fehlt eine solche Kapsel, sodass die Kolonien aus Bakterienzellen rau (rough) aussehen. Die Bakterien des R-Stammes lösen keine Lungenentzündung aus, sind nicht virulent.

Griffith führte Versuchsreihen durch, bei denen er Labormäuse mit Bakterien von beiden Stämmen infizierte (▸ 2). Nach der Injektion lebender Bakterien des virulenten S-Stammes starben die Mäuse an Lungenentzündung. Weiterhin konnten lebende Bakterien des S-Stammes im Blut der Maus nachgewiesen werden. Wenn hingegen die Bakterien des S-Stammes vor der Injektion erhitzt wurden, überlebten die Mäuse. Wurden Zellen des nicht-virulenten R-Stammes injiziert, überlebten die Mäuse ebenfalls und es waren im Blut keine Bakterien zu finden. Als er jedoch durch Hitze abgetötete Bakterien des S-Stammes zusammen mit lebenden Bakterien des R-Stammes injizierte, starben die Mäuse und es konnten lebende Bakterien des S-Stammes in großen Mengen im Blut nachgewiesen werden.

Griffith schlussfolgerte daraus, dass die lebenden Bakterien des R-Stammes durch eine Substanz der getöteten Bakterien des S-Stammes zu virulenten Bakterien des S-Stammes umgewandelt oder **transformiert** worden waren.

Diese zu Griffiths Zeiten noch unbekannte Substanz, die in seinen Versuchen bei den untersuchten Bakterien des R-Stammes ein genetisch vererbbares Merkmal veränderte, wurde damals als **transformierendes Prinzip** bezeichnet.

Averys Transformationsexperimente • 1944 veröffentlichte Oswald Avery zusammen mit Colin MacLeod und Maclyn McCarthy die Ergebnisse zur bahnbrechenden Identifizierung des transformierenden Prinzips. In den Versuchsreihen arbeiteten sie mit einem Zellextrakt aus Bakterien des S-Stammes. Die Bakterien wurden zunächst durch Hitze abgetötet, anschließend wurden deren Zellwände chemisch aufgebrochen, bevor nach Filtration nur noch ein Zellextrakt mit verschiedenen Makromolekülen vorlag. Anschließend entfernte man Kohlenhydrate und Lipide.

Vermischte man dieses S-Filtrat mit Bakterien des R-Stammes, konnten anschließend Zellen des S-Stammes in dem Kulturmedium nachgewiesen werden. Auch wenn man Enzyme hinzugab, die Proteine spalten, Proteasen, fand man im Kulturmedium Zellen des S-Stammes. Demnach konnten Proteine als transformierende Instanz ausgeschlossen werden. Daher blieben nur noch Nucleinsäuren übrig. Ribonucleasen bauen RNA-Moleküle ab. Als man diese Enzyme hinzugab, wurden dennoch Zellen des S-Stammes gefunden. Erst als DNA-spaltende Enzyme, Desoxyribonucleasen, hinzugefügt wurden, ging das transformierende Prinzip verloren und es konnten ausschließlich Zellen des R-Stammes im Kulturmedium nachgewiesen werden. Damit war belegt, dass die DNA die Transformation der Bakterien verursachte.

Hershy-Chase-Experiment • Da die Bakteriengenetik zu dieser Zeit noch ein sehr junges Forschungsfeld war, versuchte man die Erkenntnisse zur DNA als Träger der Erbinformation zu bestätigen. Albert Hershey und Martha Chase führten dazu Experimente mit Viren durch. Sie wollten herausfinden, ob auch hier DNA-Moleküle die Träger der Erbinformation sind. Ein Virus wie der Bakteriophage T2 (▶ S. 181) besteht ausschließlich aus einer Proteinhülle, welche DNA umschließt. Wenn ein Bakteriophage ein Bakterium infiziert, wird dieses durch die Erbinformation des Virus so transformiert, dass das Bakterium nur noch Bakteriophagen herstellt, bis es platzt. In dem Experiment konnten Hershy und Chase durch die radioaktive Markierung der Proteinhülle und der DNA nachweisen, dass nur die DNA in die Bakterien eindringt und für die Transformation verantwortlich ist.

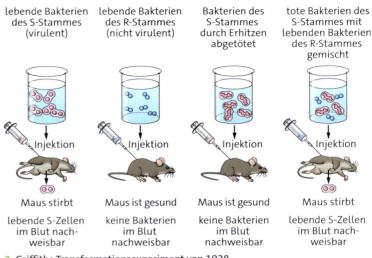

2 Griffiths Transformationsexperiment von 1928

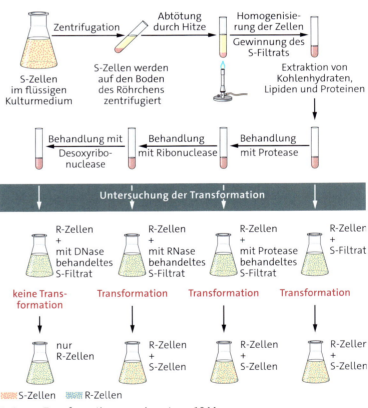

3 Averys Transformationsexperiment von 1944

1 Beschreiben Sie die Versuche von Griffith.

2 Beschreiben Sie die Durchführung der Versuche von Avery unter Berücksichtigung der Funktion der eingesetzten Enzyme.

griech. eu = gut, selbst
griech. karyon = Kern
lat. Nucleolus = kleiner Kern, Kernkörperchen

Lokalisation der DNA • Die Zellen von Pflanzen, Tieren und Pilzen besitzen einen vom Cytoplasma abgegrenzten Zellkern, den **Nucleus**. Lebewesen, die über einen solchen Zellkern verfügen, bezeichnet man als **Eukaryoten**. Der Zellkern wird von einer Doppelmembran, der Kernhülle, umgeben, welche zahlreiche Kernporen aufweist. Diese Kernporen ermöglichen einen Transport von Molekülen in beide Richtungen. Der Nucleus ist zum größten Teil durch einen Komplex aus DNA und basischen Proteinen, den Histonen, ausgefüllt. Dieser Komplex wird Chromatin genannt und liegt in Form von langen dünnen fädigen Strukturen vor. Im Inneren des Nucleus lässt sich während der Interphase des Zellzyklus ein Bereich mit einem hohen Gehalt an RNA lichtmikroskopisch erkennen. Diesen Bereich nennt man **Nucleolus**. Hier erfolgt die Synthese der beiden ribosomalen Untereinheiten.

Extranucleäre DNA • In eukaryotischen Zellen befinden sich DNA-Moleküle auch außerhalb des Zellkerns. Jedes Mitochondrium verfügt über zwei bis zehn ringförmige DNA-Moleküle. In einem Chloroplasten können bis zu 1000 DNA-Moleküle vorhanden sein. Diese extranucleäre DNA enthält spezifische Informationen für die Synthese bestimmter Proteine für die Atmungskette in Mitochondrien beziehungsweise für die Fotosynthese in Chloroplasten und stellt einen Beleg für die Endosymbiontentheorie dar. Die meisten Informationen für die Proteine der Atmungskette und der Fotosynthese sind im Zellkern gespeichert.

DNA in Prokaryoten • Die Zellen von Bakterien und Cyanobakterien besitzen keinen durch eine Membran vom Cytoplasma abgegrenzten Zellkern. Solche Organismen bezeichnet man als **Prokaryoten**. Die Erbinformation ist in einem ringförmigen, durch Auffaltung dicht gepackten DNA-Molekül gespeichert, das frei im Cytoplasma liegt. Der Bereich, in dem sich die DNA befindet, wird auch Kernäquivalent oder Nucleoid genannt. Außerdem verfügen viele Bakterien über kleine ringförmige DNA-Moleküle außerhalb der eigentlichen bakteriellen DNA, die **Plasmide**. Diese enthalten beispielsweise beim Bakterium *Escherichia coli*, kurz *E. coli*, neben anderen Genen auch die Information zur Ausbildung einer dünnen Plasmabrücke zu anderen Zellen, den Sexpilus. Über diese Brücke kann genetische Information zwischen den Bakterien ausgetauscht werden. Diesen Austausch bezeichnet man als **Konjugation**. Während sich Bakterien durch Zellteilung vermehren und daher alle daraus hervorgehenden Zellen genetisch identisch, Klone, sind, bietet die Konjugation die Möglichkeit eines horizontalen Gentransfers, durch den nur ein Teil des Genoms übertragen wird. Dies kann eine enorme Bedeutung beispielsweise bei der Weitergabe von Genen für die Resistenz gegen Antibiotika haben.

1 Zellkern

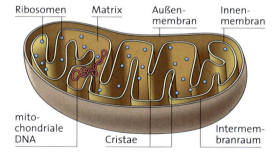

2 Mitochondrium mit DNA

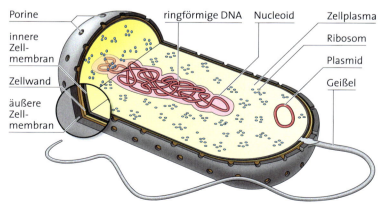

3 Bau einer *E.-coli*-Zelle

1 Erläutern Sie die Bedeutung der Konjugation für die genetische Variabilität von Bakterien.

Material | Vielfalt des Lebens • Träger der Erbinformation

Material A Transformationsexperiment

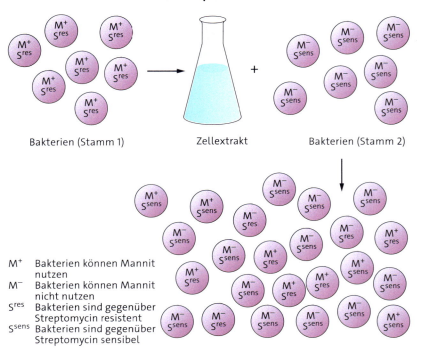

M⁺ Bakterien können Mannit nutzen
M⁻ Bakterien können Mannit nicht nutzen
S^res Bakterien sind gegenüber Streptomycin resistent
S^sens Bakterien sind gegenüber Streptomycin sensibel

Streptokokken sind Bakterien in der normalen Bakterienflora des Menschen. Es gibt verschiedene Stämme mit unterschiedlichen Eigenschaften. Bakterien vom Stamm 1 sind gegen das Antibiotikum Streptomycin resistent und nutzen den Zucker Mannit als Kohlenstoffquelle. Beide Eigenschaften sind in der DNA verankert. Ein Zellextrakt dieses Stammes wurde mit Bakterien eines zweiten Stammes gemischt.

1 Beschreiben und deuten Sie das Versuchsergebnis.

2 Stellen Sie dar, inwieweit das Versuchsergebnis die Erkenntnisse von Avery bestätigt oder widerlegt.

Material B Die Hershey-Chase-Experimente

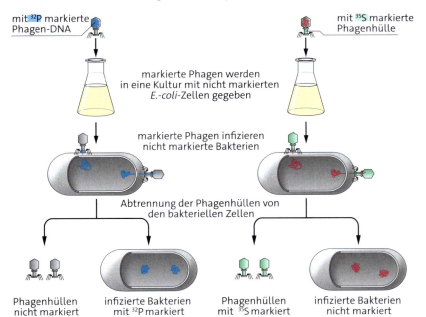

Der Bakteriophage T2 besteht aus einer Proteinhülle, die die DNA umgibt. Wenn dieses Virus ein Bakterium infiziert, dringt ein Teil des Bakteriophagen in das Bakterium ein. Dadurch wird das genetische Programm des Bakteriums allein auf die Produktion von neuen Bakteriophagen umprogrammiert. Nach etwa 20 Minuten platzt das Bakterium und setzt ungefähr 200 Bakteriophagen frei. Die Proteinhülle enthält einen bedeutsamen Anteil an Schwefel, der in der DNA nicht vorkommt. DNA enthält viel Phosphor, der in viralen Proteinen nicht vorhanden ist. Experimente mit radioaktiven Isotopen waren sehr verbreitet und ermöglichten einen leichten Nachweis.

1 Beschreiben und begründen Sie die Versuchsdurchführung.

2 Formulieren Sie das Versuchsergebnis.

3 Deuten Sie das Versuchsergebnis.

3.2 DNA-Doppelhelix

1 James D. Watson und Francis Crick 1953 vor einem Modell der DNA

Der britische Physiker Francis Crick und der US-amerikanische Biologe James Watson stellten 1953 ihr Modell der Raumstruktur der DNA vor. Sie waren der Ansicht, dass die Struktur der DNA wie eine Doppelhelix aussehe. Die wissenschaftliche Leistung von Crick und Watson bestand vor allem darin, dass sie die vorliegenden Forschungsdaten, die andere Forschende zur Aufklärung der dreidimensionalen Struktur der DNA beitrugen, nutzten und daraus ableiteten, welches der zur Diskussion stehenden Modelle am ehesten mit diesen Daten übereinstimmte. Welche Forschungsbeiträge waren maßgeblich für die Entscheidung für das vorgestellte Modell?

engl. DNA = deoxyribonucleic acid

dt. DNS = Desoxyribonucleinsäure

DNA-Bausteine • Um eine Idee zur dreidimensionalen Struktur der DNA zu entwerfen, war das Wissen um ihre chemische Zusammensetzung unerlässlich. Die DNA gehört zu den Nucleinsäuren. Diese enthalten verschiedene, sehr ähnlich aufgebaute Bausteine, die sich jeweils aus einer stickstoffhaltigen Base, einem Zucker und einer Phosphatgruppe zusammensetzen. Einen solchen Baustein bezeichnet man als **Nucleotid**.

Purin- und Pyrimidinbasen • Es kommen zwei Arten von stickstoffhaltigen Basen in der DNA vor. Besteht die Grundstruktur aus einem Doppelring mit insgesamt neun Kohlenstoff- und Stickstoffatomen, handelt es sich um eine Purinbase. Dazu gehören **Adenin** und **Guanin**. Die beiden anderen in der DNA vorkommenden Basen **Thymin** und **Cytosin** weisen einen einzigen Ring auf, der aus insgesamt sechs Kohlenstoff- und Stickstoffatomen besteht. Sie zählen zu den Pyrimidinbasen. Die vier Basen werden durch ihre Anfangsbuchstaben A, G, T und C abgekürzt.

Desoxyribose • Das Zuckermolekül in den Nucleotiden der DNA ist ein ringförmiges Molekül aus fünf Kohlenstoffatomen. Daher bezeichnet man es als Pentose. Die Kohlenstoffatome werden von 1 bis 5 nummeriert und mit einem Strich versehen, um sie als Atome des Zuckers zu kennzeichnen. Die DNA, die nach ihrem Zuckermolekül benannt wird, enthält die Pentose Desoxyribose. Diese ist zurückzuführen auf das Zuckermolekül Ribose. Im Vergleich mit einer Ribose fehlt der Desoxyribose am zweiten Kohlenstoffatom, kurz 2'-C-Atom, eine Hydroxylgruppe mit Sauerstoffatom. Stattdessen befindet sich dort nur ein Wasserstoffatom.

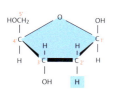

2 Desoxyribose

Phosphatgruppe • Am 5'-C-Atom der Desoxyribose wird die Phosphatgruppe gebunden. Werden zwei Nucleotide miteinander verbunden, geschieht dies ebenfalls über die Phosphatgruppe. Es entsteht eine Phosphodiesterbindung über das 5'-C-Atom des einen mit dem 3'-C-Atom des zweiten Zuckers. Das entstandene Dinucleotid verfügt ausgehend von der Desoxyribose über zwei unterschiedliche Enden. Auf der einen Seite befindet sich ein 5'-Ende mit der Phosphatgruppe, auf der anderen Seite ein 3'-Ende mit einer Hydroxylgruppe. Wird an diese Hydroxylgruppe ein weiteres Nucleotid gebunden, liegt ein Trinucleotid vor. Kurze Ketten aus etwa 20 Nucleotiden bezeichnet man als Oligonucleotide, längere Ketten als **Polynucleotide**. Weil die Aneinanderreihung immer gleich geschieht, haben auch die Ketten jeweils ein 3'- und ein 5'-Ende.

Basenpaarung • Eine weitere wichtige Erkenntnis zur Entwicklung des DNA-Modells lieferte der österreichisch-amerikanische Chemiker Erwin Chargaff. Er konnte die Menge der vier Basen in verschiedenen Lebewesen bestimmen und entdeckte, dass die Basen Adenin und Thymin stets in gleichen Anteilen vorkommen. Das gleiche gilt für die Basen Guanin und Cytosin. Daraus folgerte er, dass die Basen immer paarweise vorkommen.

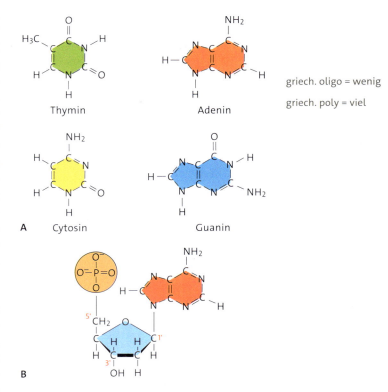

griech. oligo = wenig
griech. poly = viel

3 Bestandteile der DNA
A stickstoffhaltige Basen
B Nucleotid

Blickpunkt

Entdeckung der Doppelhelix

Erwin Chargaff (1905-2002) wurde in Wien geboren und studierte dort Chemie. 1930 wechselte er an die Friedrich-Wilhelms-Universität zu Berlin. Da er aus einer jüdischen Familie stammte, verließ er Berlin 1933 wegen der nationalsozialistischen Hetze und ging an das Pariser Pasteur-Institut, bevor er 1935 in die USA emigrierte. An der Columbia University in New York erforschte er in den 1940er-Jahren als erster die molekulare Zusammensetzung der DNA.

Rosalind Franklin (1920-1958) wurde in London geboren und studierte am Newnham College in Cambridge Chemie. Nach dem Studium erforschte sie in Paris Möglichkeiten, die Molekülstruktur eines Kristalls mithilfe gebeugter Röntgenstrahlen zu bestimmen. 1951 trat sie ihr Stipendium am King's College in London an und arbeitete mit dem

Physiker Maurice Wilkins (1916-2004), dem stellvertretenden Direktor des Biophysik-Instituts, an Röntgenstrukturanalysen zur Aufklärung der dreidimensionalen Struktur der DNA. Franklin gelang mit ihrem Team das bahnbrechende Foto #51, aus dem sie die Doppelhelixstruktur mit zwei äußeren Ketten ableitete. Ihre Forschungsergebnisse wurden ohne ihr Wissen an Watson und Crick weitergegeben. Franklin verstarb 1958 an Krebs. Für die Fotos aus seinem Labor erhielt Wilkins 1962 zusammen mit Watson und Crick den Nobelpreis für Medizin, den nur lebende Personen bekommen dürfen.

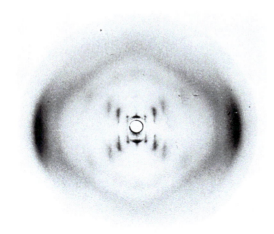

1 Röntgenbeugung an DNA (1952)

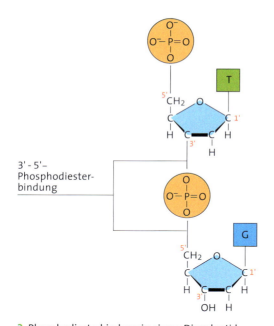

2 Phosphodiesterbindung in einem Dinucleotid

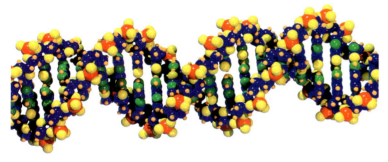

3 DNA-Kalottenmodell

Röntgenbeugungsanalyse • Wenn man Röntgenstrahlen auf ein DNA-Molekül richtet, werden diese Strahlen in charakteristischer Weise von den Atomen des Moleküls abgelenkt oder gebeugt. Das Beugungsmuster konnte in den 1950er-Jahren als Punktansammlung auf einem Röntgenfilm abgebildet werden. Aus diesem zweidimensionalen Bild konnten Informationen zum Gesamtaufbau eines Moleküls und besonders zu Regelmäßigkeiten in der dreidimensionalen Molekülstruktur abgeleitet werden. Dieses Verfahren bezeichnet man als Röntgenbeugungsanalyse. Die britische Chemikerin Rosalind Franklin verbesserte diese Analysemethode entscheidend und erzielte 1952 eine in ihrer Klarheit bislang einzigartige Aufnahme einer Röntgenbeugung hochreiner DNA. Ihre präzise Analyse des Beugungsmusters legte nahe, dass innerhalb des Moleküls wiederkehrende Elemente vorhanden sind, die exakt 0,34 nm voneinander entfernt sind. Zudem bestimmte sie einen Durchmesser des DNA-Moleküls von annähernd 2 nm. Das Kreuzmuster in der Mitte der Aufnahme ließ sie auf die Struktur einer Helix mit zwei Strängen schließen.

Raumstruktur der DNA • Watson und Crick nutzten Franklins Forschungsergebnisse und erhielten dadurch die entscheidenden Hinweise zur Fertigstellung ihres eigenen Modells einer dreidimensionalen Struktur der DNA. Demnach besteht das DNA-Molekül aus zwei langen Polynucleotidketten, die um eine gedachte zentrale Achse spiralförmig rechtsherum gedreht sind und somit eine Doppelhelix bilden. Die einzelnen Nucleotide sind über die Zucker- und Phosphatmoleküle abwechselnd miteinander verbunden. Sie bilden das hydrophile **Zucker-Phosphat-Rückgrat** an der Außenseite des Moleküls, an der beide Moleküle mit Wasser in Wechselwirkung treten können. Die hydrophoben stickstoffhaltigen Basen liegen im Inneren des Moleküls einander gegenüber und sind vom Wasser eher abgeschirmt. So wird die chemische Stabilität des DNA-Moleküls unterstützt.

Die gegenüberliegenden Basen bilden stets Paare aus je einer Purin- und Pyrimidinbase, die miteinander Wasserstoffbrücken ausbilden. Ein kovalent gebundenes Wasserstoffatom nimmt aufgrund der Elektronegativität der Stickstoff- oder Sauerstoffatome eine positive Teilladung an, während ein Stickstoff- oder Sauerstoffatom eine negative Teilladung annimmt. Die gegensätzlichen Teilladungen sind für eine schwache elektrostatische Anziehung verantwortlich. Adenin bildet mit Thymin zwei Wasserstoffbrücken aus und Guanin geht drei Wasserstoffbrücken mit Cytosin ein. Während zwei oder drei Wasserstoffbrücken energetisch relativ schwach sind, verstärken Tausende solcher Verbindungen in einem Polynucleotid die chemische Stabilität des DNA-Moleküls erheblich. Die chemische Affinität der Basen Adenin und Thymin sowie Guanin und Cytosin stellt sicher, dass immer genau diese Basenpaarungen in der DNA ausgebildet werden. Man bezeichnet sie daher als **komplementäre Basen**. Die Basenpaare sind senkrecht zur Achse ausgerichtet und wirken in einem Abstand von 0,34 nm wie übereinandergestapelt. Eine vollständige Windung der Doppelhelix umfasst 10 Basenpaare und ist 3,4 nm lang. Durch die Windungen ergeben sich entlang der Längsachse abwechselnd kleine und große Furchen. Der Durchmesser der Doppelhelix beträgt 2 nm.

Die beiden Polynucleotidketten verlaufen gegenläufig. Ein Strang ist in 5'→3'-Richtung orientiert, während der gegenüberliegende Strang in 3'→5'-Richtung verläuft. Sie sind also **antiparallel** zueinander angeordnet.

Dieses Modell der Raumstruktur der DNA wird als Watson-Crick-Modell bezeichnet. Dessen Vorstellung löste in den folgenden Jahrzehnten eine rasante Entwicklung des Fachgebietes der Molekularbiologie aus. Watson und Crick merkten bereits bei den ersten beiden Veröffentlichungen an, dass sich aus dem beschriebenen Modell bereits ein möglicher Kopiermechanismus der DNA ergibt und dass die Speicherung genetischer Information im Zusammenhang mit der Abfolge der Basenpaare stehen könnte.

1 Beschreiben Sie den Aufbau eines Nucleotids.
2 Beschreiben Sie die wesentlichen Kennzeichen des Watson-Crick-Modells.
3 Erläutern Sie, welche Erkenntnisse von Chargaff und Franklin sich im Watson-Crick-Modell wiederfinden.

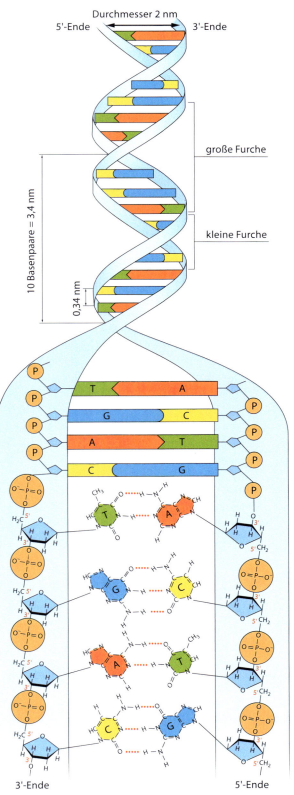

4 Raumstruktur der DNA

engl. RNA = ribonucleic acid

dt. RNS = Ribonucleinsäure

1 Ribose

2 Uracil

mRNA

3 einzelsträngiges mRNA-Molekül

Ribonucleinsäuren • Neben der DNA kommen noch weitere Nucleinsäuren in der Zelle vor. Die Struktur der Ribonucleinsäure, kurz **RNA**, unterscheidet sich von der DNA vor allem darin, dass RNA-Moleküle meistens einzelsträngig sind. Die Bausteine der RNA sind ebenfalls Nucleotide, die aus einem Zucker, einer stickstoffhaltigen Base und einer Phosphatgruppe bestehen. Da zahlreiche Nucleotide über eine 3'-5'-Phosphodiesterbindung zu einer linearen Kette miteinander verbunden sind, bezeichnet man auch RNA-Moleküle als Polynucleotid. Bei dem Zucker handelt es sich jedoch um die **Ribose**, welche am 2'-C-Atom eine Hydroxylgruppe besitzt. Am 1'-C-Atom der Ribose ist wie in der DNA eine stickstoffhaltige Base gebunden. Ebenso wie in der DNA gibt es in der RNA vier verschiedene Basen, doch an die Stelle von Thymin tritt **Uracil**, kurz U. Durch die komplementären Basenpaarungen können in den grundsätzlich einzelsträngigen RNA-Molekülen auch Doppelstrangregionen gebildet werden. Sie dienen der chemischen Stabilisierung des Moleküls. Wie bei der DNA werden zwischen den komplementären Basen Wasserstoffbrücken ausgebildet. Adenin und Uracil gehen zwei, Guanin und Cytosin drei Wasserstoffbrücken miteinander ein. Ausnahmen zum einzelsträngigen Bau der RNA gibt es nur bei einigen Viren, denn deren genetisches Material liegt grundsätzlich als doppelsträngige RNA-Helix vor.

RNA-Typen • RNA-Moleküle spielen entscheidende Rollen bei der Umsetzung der in der DNA gespeicherten genetischen Information und können nach ihrem Bau und ihrer Funktion unterschieden werden.

Auch die Informationen zur Bildung der verschiedenen RNA-Moleküle ist in der DNA enthalten. Es gibt drei Haupttypen von RNA-Molekülen in den Zellen von Pro- und Eukaryoten:

- die Messenger-RNA, kurz mRNA,
- die Transfer-RNA, kurz tRNA und
- die ribosomale RNA, kurz rRNA.

Außerdem gibt es noch RNA-Moleküle, die eine regulatorische Funktion bei der Aktivierung von Genen einnehmen.

Messenger-RNA • Die Bezeichnung Messenger-RNA weist bereits auf ihre Funktion hin. Die mRNA bringt die genetische Information von der DNA zum Ribosom, wo nach dem in der DNA gespeicherten und in mRNA umgewandelten Bauplan ein Protein synthetisiert wird. Die Größe eines mRNA-Moleküls hängt von der Größe des codierten Proteins ab. Die mRNA hat mit etwa fünf Prozent den geringsten Anteil an der in Zellen vorhandenen Menge an RNA-Molekülen.

Ribosomale RNA • Die aus zwei Untereinheiten zusammengesetzten Ribosomen bestehen aus Proteinen und rRNA, welches die größten RNA-Moleküle sind. Sie machen ungefähr 80 Prozent der RNA-Menge einer Zelle aus.

Transfer-RNA • Die tRNA ist das kleinste der RNA-Moleküle und besteht aus 75 bis 90 Nucleotiden. tRNA-Moleküle weisen eine typische Kleeblattstruktur auf, da durch Wasserstoffbrückenbindungen Doppelstrangregionen ausgebildet werden. Bereiche mit komplementären Basenpaarungen bezeichnet man als Stämme und die nicht gepaarten Abschnitte als Schleifen. Die Schleifen enthalten Nucleotide mit seltenen Basen, die keine Basenpaarungen eingehen. Diese Basen entstehen, indem eine der vier ursprünglich eingebauten Basen chemisch verändert wird. Die tRNA-Moleküle übernehmen eine wichtige Aufgabe bei der Proteinbiosynthese. Sie können am 3'-Ende eine spezifische Aminosäure binden und diesen Proteinbaustein an der nach dem Bauplan der DNA richtigen Stelle eines Proteins platzieren. Zur Erkennung der richtigen Stelle werden die drei Nucleotide genutzt, die man als Anticodon bezeichnet.

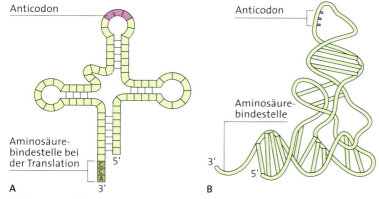

4 tRNA-Molekül
A zweidimensionale Struktur (Kleeblattstruktur)
B dreidimensionale Struktur

4 Vergleichen Sie den Aufbau von DNA und RNA.

Material
Vielfalt des Lebens • DNA-Doppelhelix (Bau der Nukleinsäuren)

Versuch A DNA-Isolierung

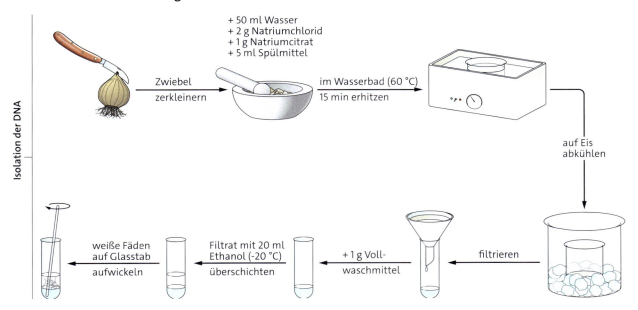

A1 Führen Sie das Experiment zur Isolierung der DNA vollständig durch und erstellen Sie mithilfe der Abbildung ein Versuchsprotokoll, indem Sie eine passende Fragestellung und Hypothsen aufstellen, benötigte Geräte auflisten, die Durchführung beschreiben und eine Beobachtung formulieren.

A2 Deuten Sie die Beobachtungen unter Berücksichtigung der Funktion der eingesetzten Chemikalien.

Chemikalie	Wirkung
Natriumchlorid	erhöhte Löslichkeit der DNA
Natriumcitrat	Hemmung der DNA-abbauenden Enzyme
Spülmittel	Auflösung der Lipiddoppelschicht
Vollwaschmittel	enzymatischer Abbau von Proteinen wie DNA-abbauenden Enzymen
Ethanol	Ausfällung der DNA durch Verdrängung der stabilisierenden Hydrathülle um die Phosphatreste

Material B Daten zur Basenzusammensetzung der DNA

Tabelle 1	molare Mengen			
Organismus/Quelle	A	T	G	C
Ochsenthymus	26	25	21	16
Ochsenmilz	25	24	20	15
Hefe	24	25	14	13
Tuberkulosebakterium	12	11	28	26
Menschliches Sperma	29	31	18	18

Tabelle 1 zeigt die Untersuchungsergebnisse, die Chargaff vorlagen. In Tabelle 2 sind aktuellere Daten aufgeführt.

1 Leiten Sie Chargaffs Erkenntnis aus den Daten (Tabelle 1) ab und überprüfen Sie, ob aktuellere Untersuchungsergebnisse (Tabelle 2) die Daten stützen.

2 Weisen Sie an einem Beispiel pro Tabelle nach, dass die Summe der Purinbasen der Summe der Pyrimidinbasen entspricht. Leiten Sie Schlussfolgerungen für den Bau der DNA ab.

3 Leiten Sie aus den Daten Gesetzmäßigkeiten zur Artspezifität und Verwandtschaft ab.

Tabelle 2	molare Mengen			
Organismus/Quelle	A	T	G	C
Mensch	30,9	29,4	19,9	19,8
Seeigel	32,8	32,1	17,7	17,3
E.coli	24,7	23,6	26	25,7

3.3 Chromosomen und DNA

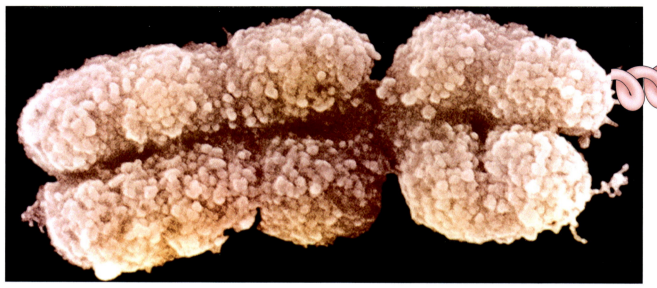

1 Metaphasechromosom

Ein Chromosom hat während der Kernteilung eine ungefähre Länge von etwa 2 Mikrometern. Die durchschnittliche Länge des DNA-Moleküls beträgt jedoch ungefähr 5 cm. Wie kann das DNA-Molekül so dicht verpackt werden?

Nucleosom • Im Lichtmikroskop ist die DNA aufgrund ihres geringen Durchmessers von 2 nm nicht sichtbar, wohl aber die Chromatiden eines Metaphasechromosoms. Dies zeigt, dass das DNA-Molekül in einer sehr kompakten Form vorliegt. Hieran beteiligt sind bestimmte basische Proteine, die in großen Mengen mit der chromosomalen DNA verbunden sind. Man bezeichnet diese Proteine als **Histone**. Sie enthalten eine große Anzahl der positiv geladenen Aminosäuren Arginin und Lysin. Aufgrund dieser positiven Ladungen können sie leicht elektrostatisch an die negativ geladenen Phosphatgruppen der DNA binden. Aufgrund der Wechselwirkungen der Histone untereinander und mit der DNA entsteht eine Einheit aus vier verschiedenen Histonen, die jeweils zweimal vorkommen. Um diese wird die DNA gewunden. Diese Einheit heißt **Nucleosom**. Es hat einen Durchmesser von 11 nm und stellt die erste Stufe der Verdichtung der DNA dar, durch die das DNA-Molekül auf ein Drittel seiner Länge verkürzt wird. Jedes Nucleosom ist mit dem nächsten über einen kurzen DNA-Abschnitt, der Linker-DNA, verbunden. Diese wiederum ist mit einem weiteren Histon, dem Linker-Histon H1, assoziiert. So erscheinen die hintereinanderliegenden Nucleosomen wie Perlen einer Kette.

Chromatin • In der zweiten Stufe der kompakten Organisation der DNA werden die Nucleosomen zu einem 30 nm starken Filament verdrillt. Dieses bildet für den nächsten Schritt Schleifen, die zu fünfstrahligen Rosetten angeordnet und sehr eng spiralisiert werden. Dieser Faden misst 300 nm im Durchmesser und wird als **Chromatin** bezeichnet. Er wird noch stärker spiralförmig aufgewickelt und bildet das Chromatid eines Metaphasechromosoms. Ein Chromatid weist einen Durchmesser von etwa 700 nm auf, sodass ein maximal verdichtetes Metaphasechromosom, das aus zwei Chromatiden besteht, einen Durchmesser von ungefähr 1400 nm hat. So wird das Chromatin durch eine intensive mehrstufige Spiralisierung verdichtet.

Chromosomen sind jedoch nur während der mitotischen und der meiotischen Zellteilung zu erkennen. Sie stellen die Transportform der Erbinformation dar. In der anschließenden Interphase wird das Chromatin wieder entspiralisiert und im Zellkern verteilt. So kann die DNA abgelesen und verdoppelt werden. Sie befindet sich in der Arbeitsform. Für sämtliche Prozesse zur Umsetzung und Regulation der genetischen Information sind viele weitere Proteine essenziell.

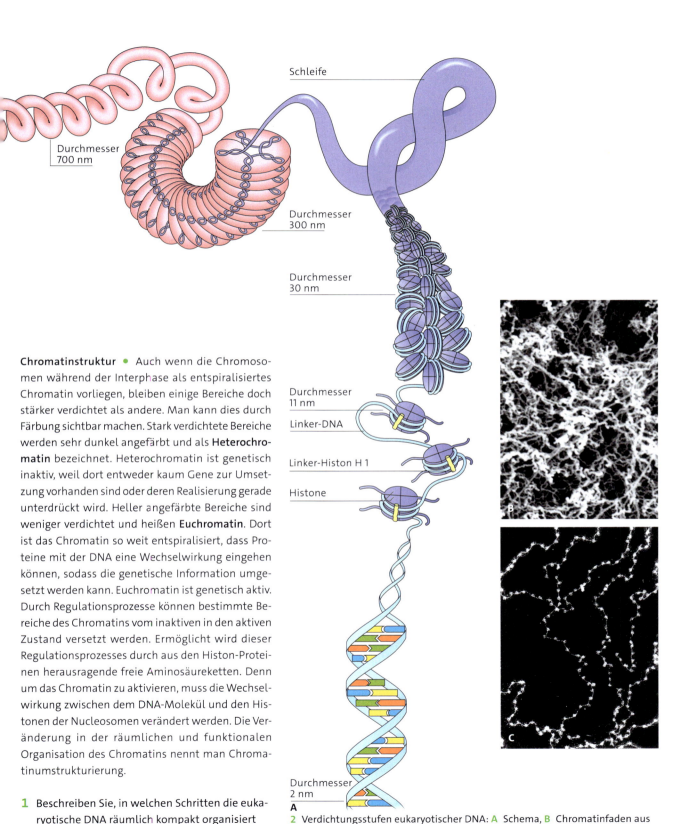

Chromatinstruktur • Auch wenn die Chromosomen während der Interphase als entspiralisiertes Chromatin vorliegen, bleiben einige Bereiche doch stärker verdichtet als andere. Man kann dies durch Färbung sichtbar machen. Stark verdichtete Bereiche werden sehr dunkel angefärbt und als **Heterochromatin** bezeichnet. Heterochromatin ist genetisch inaktiv, weil dort entweder kaum Gene zur Umsetzung vorhanden sind oder deren Realisierung gerade unterdrückt wird. Heller angefärbte Bereiche sind weniger verdichtet und heißen **Euchromatin**. Dort ist das Chromatin so weit entspiralisiert, dass Proteine mit der DNA eine Wechselwirkung eingehen können, sodass die genetische Information umgesetzt werden kann. Euchromatin ist genetisch aktiv. Durch Regulationsprozesse können bestimmte Bereiche des Chromatins vom inaktiven in den aktiven Zustand versetzt werden. Ermöglicht wird dieser Regulationsprozesses durch aus den Histon-Proteinen herausragende freie Aminosäureketten. Denn um das Chromatin zu aktivieren, muss die Wechselwirkung zwischen dem DNA-Molekül und den Histonen der Nucleosomen verändert werden. Die Veränderung in der räumlichen und funktionalen Organisation des Chromatins nennt man Chromatinumstrukturierung.

1 Beschreiben Sie, in welchen Schritten die eukaryotische DNA räumlich kompakt organisiert wird.

2 Verdichtungsstufen eukaryotischer DNA: **A** Schema, **B** Chromatinfaden aus Rosetten, **C** Nucleosomen

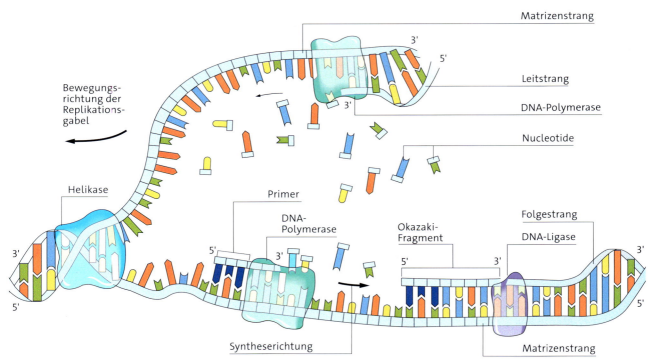

1 Verdopplung der DNA durch Replikation

DNA-Replikation • Während der Interphase wird die nach der mitotischen Teilung vorliegende DNA wieder verdoppelt. Schon während der Arbeit an dem Modell der DNA-Doppelhelix haben Watson und Crick erkannt, dass die komplementäre Basenpaarung eine Verdopplung der DNA ermöglicht. Sie vermuteten, dass sich die DNA wie ein Reißverschluss öffnen könne und sich an den Einzelsträngen Nucleotide komplementär anlagern würden. Mit ihrer Annahme lagen sie richtig, auch wenn sie die molekularen Abläufe und beteiligten Enzyme nicht kannten.

Damit der DNA-Doppelstrang sich wie ein Reißverschluss öffnen kann, muss zunächst die Doppelhelix entspiralisiert und müssen die Wasserstoffbrückenbindungen zwischen den komplementären Basen gelöst werden. Diese Aufgabe übernimmt das Enzym **Helikase**. Anschließend synthetisiert das Enzym **Primase** einen kurzen Primer aus RNA. Dieser ist notwendig, da das für die DNA-Synthese zuständige Enzym, die **DNA-Polymerase**, Nucleotide stets nur an ein freies 3'-Ende anknüpfen kann. Die DNA-Polymerase gleitet am ursprünglichen DNA-Strang, dem Matrizenstrang, entlang und lagert freie Nucleotide aus dem Cytoplasma komplementär passend an und verknüpft sie. Abschließend werden die RNA-Nucleotide des Primers enzymatisch entfernt und durch DNA-Nucleotide ersetzt. Da der neue Doppelstrang also halb aus der ursprünglichen DNA und halb aus neu synthetisierter DNA besteht, spricht man von einer **semikonservativen Replikation**.

Okazaki-Fragmente • Da die Synthese durch die DNA-Polymerase immer in 5'→3'-Richtung verläuft, wird nur einer der neuen Stränge in Richtung der sich öffnenden Replikationsgabel synthetisiert, der Leitstrang. Er wird kontinuierlich synthetisiert. Der andere Strang, der Folgestrang, wird in die Gegenrichtung der Replikationsgabel synthetisiert. Es muss immer wieder ein Primer hergestellt werden, der den Ansatzpunkt für die Synthese eines etwa 1000 Nucleotide umfassenden Teilstücks bildet. Es entstehen kurze Abschnitte neu synthetisierter DNA, die nach ihrem Entdecker Okazaki-Fragmente genannt werden. Die Synthese des Folgestrangs ist diskontinuierlich. Zuletzt verknüpft die **DNA-Ligase** die benachbarten Okazaki-Fragmente nach Entfernung der RNA-Primer.

1 Beschreiben Sie den Ablauf der DNA-Replikation.

Material A Experiment von Meselson und Stahl

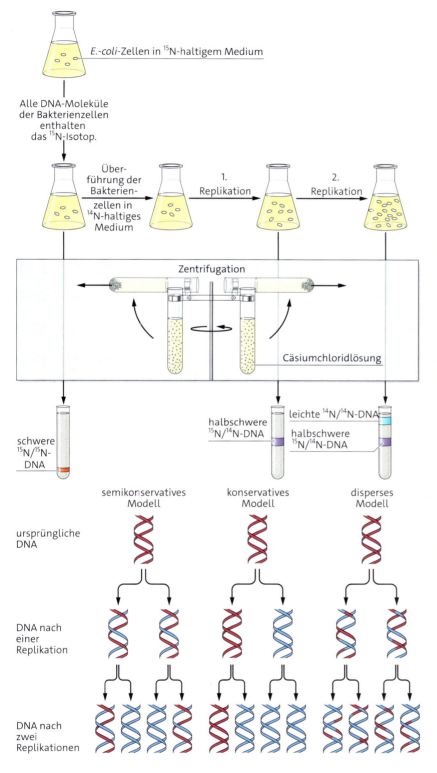

sie Bakterien auf einem Nährmedium, welches das schwere Stickstoffisotop ^{15}N enthielt. Dieses wurde in die Bakterien-DNA eingebaut, so dass die Bakterien nur schwere DNA mit hoher Dichte enthielten. Dies konnten sie nachweisen, indem die DNA isoliert und in einem Röhrchen mit Cäsiumchloridlösung zentrifugiert wurde. Denn innerhalb dieser Lösung nimmt die Dichte zum Boden des Röhrchens zu. Daher sammelt sich DNA bei dieser Dichtegradientenzentrifugation in genau dem Bereich, dessen Dichte der Dichte der DNA entspricht. Es wurde eine Bande in dem Röhrchen sichtbar, die der schweren DNA entsprach. Danach überführte man den Rest der Bakterien in ein Nährmedium mit dem leichtem Stickstoffisotop ^{14}N. Nach einer Replikation wurde wieder eine Dichtegradientenzentrifugation durchgeführt. Der Rest der Bakterien führt eine zweite Replikation durch, bevor deren DNA isoliert und zentrifugiert wurde.

Mit ihren Ergebnissen konnten sie eine der drei gängigen Modellvorstellungen verifizieren:
Nach dem semikonservativen Modell besteht die DNA-Doppelhelix nach der Replikation aus einem alten und einem neuen Strang.
Beim konservativen Modell bleibt der alte Doppelstrang vollständig erhalten und ein zweiter Doppelstrang wird neu synthetisiert.
Wenn nach der Replikation beide neuen Doppelstränge aus Abschnitten alter und neuer DNA bestehen, verläuft die Replikation dispers.

Die Biologen Matthew Meselson und Franklin Stahl beschäftigten sich mit der Frage, nach welchem Prinzip die Replikation abläuft. Dazu züchteten

1 Erklären Sie, weshalb in den Zentrifugenröhrchen unterschiedliche Banden entstehen.

2 Begründen Sie, welches Modell der Replikation verifiziert wurde.

Blickpunkt

Der Genbegriff

Von der Anlage zum Genbegriff • Als Mendel 1854 mit seinen Kreuzungsversuchen an Erbsen begann, gab es die Bezeichnung Gen noch nicht. Er verwendete stattdessen den Begriff „Anlage", der für die Ausbildung eines bestimmten Merkmals verantwortlich sei.

Die Merkmalsausprägung „glatte Samenschale" bei Erbsen ist auf ein Gen zurückzuführen. Eine „runzelige Samenschale" beruht auf der Mutation dieses Gens. Das Gen bestimmt also das Merkmal, den Phänotyp.
Heute weiß man, dass ein Gen ein DNA-Abschnitt auf einem Chromosom ist, der der Informationen für eine bestimmte RNA enthält. Viele RNAs dienen der Herstellung von Proteinen. Die Gene bestimmen, zusammen mit Umwelteinflüssen, die Ausbildung von Merkmalen der Organismen. In der Regel nehmen die Gene auch bestimmte Orte, die Genloci, auf den Chromosomen ein. Auch bei Menschen kann die Mutation von nur einem Gen zu veränderten Merkmalen führen. So wurde bei blonden Einheimischen der Salomoninseln eine Mutation in dem Gen für das Enzym TYRP1, das an der Melaninsynthese beteiligt ist, nachgewiesen. Sie führt zur verringerten Einlagerung von Melanin in menschliche Haarzellen. Somit haben homozygote Träger dieser genetischen Veränderung blonde Haare trotz dunkler Hautfarbe.

Ein-Gen-ein-Enzym-Hypothese • Der Frage nach der Funktion der Gene wandten sich die US-amerikanischen Naturwissenschaftler George Beadle und Edward Tatum in den 1940er-Jahren experimentell zu. Sie untersuchten dazu den Schimmelpilz *Neurospora crassa*. Bei diesem Pilz können leicht Mutationen ausgelöst werden, die aufgrund eines einfachen Chromosomensatzes phänotypisch sofort sichtbar sind. Einzelne Stoffwechselschritte können demnach gezielt ausgeschaltet werden, wodurch zum Beispiel Aminosäuren nicht mehr synthetisiert werden.

Die Biosynthese von Aminosäuren ist ein komplexer biochemischer Prozess. Die Synthese von beispielsweise Arginin leitet sich von einer Vorstufe ab und verläuft über die Zwischenstufen Ornithin und Citrullin. Jeder Zwischenschritt wird von jeweils einem Enzym katalysiert.

Beadle und Tatum erzeugten Mutanten von *Neurospora crassa* und kultivierten diese unter jeweils verschiedenen Bedingungen. Der Wildtyp ohne Mutation konnte unter allen Bedingungen wachsen, er benötigte keine besonderen Zusätze zum Nährmedium. Mutanten des Typs 1 wuchsen bei Zugabe von Ornithin, Citrullin oder Arginin. Mutanten des Typs 2 benötigten Citrullin oder Arginin, während Mutanten des Typs 3 lediglich bei Zugabe von Arginin wuchsen.

Aus diesem unterschiedlichen Bedarf der Mutanten zogen die beiden Wissenschaftler die Schlussfolgerung, dass die Pilze aufgrund der stattgefundenen Mutationen jeweils einen an-

1 Salomoninsulaner mit blonden Haaren

2 Schimmelpilz *Neurospora crassa*

deren Schritt in der Synthese der Aminosäure Arginin nicht mehr realisieren konnten. Durch die Mutation ist das für das jeweilige Enzym codierende Gen defekt.

Das betroffene Enzym kann nicht mehr hergestellt werden und die Synthese von Arginin unterbleibt. Beadle und Tatum formulierten auf der Grundlage dieser Ergebnisse die Ein-Gen-ein-Enzym-Hypothese. Die Hypothese besagt, dass die Funktion eines Gens darin besteht ein katalytisch wirksames Protein zu bilden. Dafür wird das Gen in eine mRNA transkribiert, die dann in eine Polypeptidkette translatiert wird. Diese Polypeptidkette wird zu einem Enzym gefaltet, welches zum Beispiel den Syntheseschritt vom Citrullin zum Arginin katalysiert. Für die Arbeiten zur Ein-Gen-ein-Enzym Hypothese erhielten Beadle und Tatum 1958 den Nobelpreis.

Ein-Gen-ein-Protein-Hypothese • Im Laufe der weiteren Forschung wurde deutlich, dass die Ein-Gen-ein-Enzym-Hypothese nicht länger Bestand haben konnte. Viele Proteine besitzen keine Enzymfunktion. Die Muskelproteine Aktin und Myosin zum Beispiel sind verantwortlich für die Muskelkontraktion. Damit werden auch Strukturproteine ohne katalytische Funktion von einem Gen codiert. Auch Hormone, wie zum Beispiel das Insulin können Proteine sein und werden dann von Genen codiert. Aus diesem Grund wurde die ursprüngliche Hypothese zur Beschreibung des Genbegriffs zur Ein-Gen-ein-Protein-Hypothese modifiziert.

Ein-Gen-ein-Polypeptid-Hypothese • Durch Untersuchungen in den folgenden Jahren stellte sich heraus, dass viele Proteine im aktiven Zustand aus mehreren Untereinheiten bestehen. Der rote Blutfarbstoff Hämoglobin, der verantwortlich für den Sauerstofftransport ist, besteht aus vier Polypeptiden. Jeweils zwei dieser Polypeptidketten sind identisch.

Jeder Polypeptidtyp wird dabei von einem eigenen Gen codiert. So können Gene für verschiedene Untereinheiten eines Proteins auch auf verschiedenen Chromosomen liegen. Deshalb musste die Ein-Gen-ein-Protein-Hypothese zur Ein-Gen-ein-Polypeptid-Hypothese erweitert werden.

Darüber hinaus wurde entdeckt, dass die 33000 menschlichen Gene für mehr als 500000 verschiedene Polypeptide codieren können. Dies ist eine evolutionär bedeutsame Entwicklung, da hierdurch die Anpassung der Eukaryoten an veränderte Umweltbedingungen erleichtert wird.

Ein-Gen-ein-Transkriptionsprodukt-Hypothese • Außerdem führen nicht alle Genprodukte zwingend zur Herstellung von Polypeptiden. Zum Beispiel werden für die Proteinbiosynthese drei verschiedene RNA-Typen benötigt: rRNA, tRNA und mRNA. Diese werden aber nicht alle in Proteine translatiert. Darüber hinaus wurden in letzter Zeit viele RNA-Moleküle mit Regulationsfunktion entdeckt. Auch die Basensequenz dieser RNA-Moleküle ist in der DNA festgelegt.

Diese Erkenntnisse führten dazu, dass die Genhypothese ein weiteres Mal modifiziert werden musste. Zurzeit wird die Ein-Gen-ein-Transkriptionsprodukt-Hypothese als die am besten zutreffende für den Genbegriff akzeptiert.

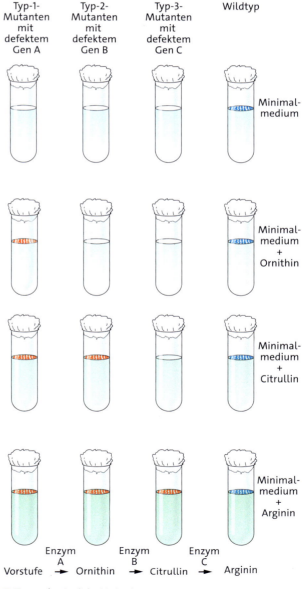

3 Typen der Arginin-Mutanten

3.4 Transkription und der genetische Code

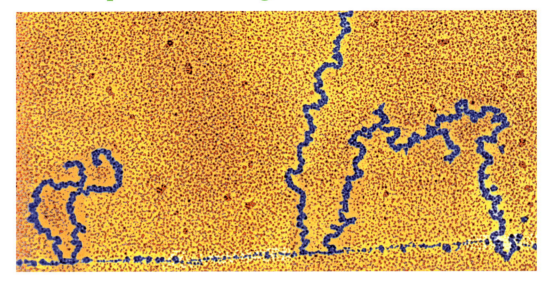

1 Transkription bei Prokaryoten

Der Ablauf zur Umsetzung der in der DNA gespeicherten genetischen Information wurde zunächst an Prokaryoten erforscht. Durch den Einsatz radioaktiv markierter Ribonucleotide konnte deren Position in neu synthetisierten Molekülen durch eine autoradiografische Aufnahme festgestellt werden. Man erkennt markierte RNA-Moleküle unterschiedlicher Länge entlang eines DNA-Moleküls. Nach welchem Prinzip wird diese RNA hergestellt?

Genexpression • Die DNA enthält zwar die gesamte genetische Information, die jedoch nicht ständig abgelesen wird. Es gibt Abschnitte auf der DNA, die die Informationen für ein bestimmtes Molekül enthalten. Diese Abschnitte sind die Gene. Die Umsetzung der genetischen Information in Genprodukte bezeichnet man als Genexpression. Im ersten Schritt der Herstellung eines Genproduktes entsteht immer ein RNA-Molekül. Die Nucleotidsequenz der DNA wird in die Nucleotidsequenz einer RNA überschrieben. Diesen Vorgang nennt man **Transkription**. So werden die für die Genexpression notwendigen RNA-Typen rRNA und tRNA produziert. Handelt es sich bei dem Genprodukt um ein Polypeptid, wird zunächst eine mRNA transkribiert.

lat. transcribere = umschreiben, überschreiben

Transkription bei Prokaryoten • Für die RNA-Synthese im Rahmen der Transkription werden ein DNA-Strang, auch codogener Strang genannt, als Vorlage und eine RNA-Polymerase als katalysierendes Enzym benötigt. Als Bausteine für die Synthese kommen diese RNA-Nucleotide hinzu: Adenosintriphosphat, ATP, Cytidintriphosphat, CTP, Guanosintriphosphat, GTP und Uridintriphosphat, UTP. Diese Bausteine werden unter Abspaltung von zwei Phosphatgruppen mit dem entstehenden neuen RNA-Strang verknüpft. Der Ablauf der Transkription lässt sich in drei Phasen unterteilen: Initiation, Elongation, Termination.

Initiation • Zuerst wandert die RNA-Polymerase die DNA entlang, bis sie auf eine bestimmte Nucleotidsequenz trifft, die man als *Promotor* bezeichnet. Dieser enthält eine typische 5'-TATAAT-3'-Sequenz, die zu der spezifischen Bindungsstelle der RNA-Polymerase passt. Dort bindet sich die RNA-Polymerase an ungefähr 60 Nucleotidpaare der Doppelhelix. Anschließend löst sie die Wasserstoffbrückenbindungen in diesem Bereich und entwindet den DNA-Doppelstrang. So entsteht ein etwa zwanzig Basenpaare langer einzelsträngiger Bereich. Denn nur ein Strang der DNA dient als Vorlage für die komplementäre RNA-Synthese. Diesen nennt man codogenen Strang. Der Promotor legt nicht nur die Bindungsstelle, sondern auch den codogenen Strang und damit die Transkriptionsrichtung fest. Jeder der beiden Stränge kann der codogene Strang sein. Die RNA-Synthese erfolgt immer in 5'→3'-Richtung, denn die RNA-Polymerase kann nur am 3'-Ende neue Nucleotide verknüpfen.

Elongation • Die RNA-Polymerase kann nun direkt am Startpunkt innerhalb des Promotors mit der RNA-Synthese beginnen und benötigt im Gegensatz zu den DNA-Polymerasen keinen Primer. Die RNA-Polymerase beginnt mit dem ersten RNA-Nucleotidbaustein, der zum ersten Nucleotid am Startpunkt des codogenen Stranges der DNA komplementär ist. Dann werden weitere Nucleotidbausteine nach dem Prinzip der komplementären Basenpaarung eingebaut und durch Phosphodiesterbindungen verknüpft. So erfolgt die Verlängerung der einsträngigen mRNA in der Phase der Elongation. Die Verknüpfung erfolgt stets am 3'-Ende des wachsenden Stranges, sodass der mRNA-Strang in 5'→3'-Richtung verlängert wird. Die RNA-Polymerase rückt Stück für Stück weiter am codogenen Strang entlang in 3'→5'-Richtung und entwindet stetig die folgenden DNA-Abschnitte, sodass die Transkription kontinuierlich erfolgen kann. Das synthetisierte RNA-Molekül ist somit antiparallel zum codogenen Strang der DNA orientiert. Es löst sich hinter der RNA-Polymerase von der DNA, deren beide Stränge sich wieder über Wasserstoffbrücken verbinden und die Doppelhelix ausbilden. Die Elongation erfolgt bei *E. coli* mit einer Geschwindigkeit von ungefähr 50 Nucleotiden pro Sekunde.

Termination • Die RNA-Polymerase transkribiert das gesamte Gen, bis sie an eine spezifische Nucleotidsequenz gelangt, die Terminationssequenz. Sobald diese etwa 40 Basenpaare lange Sequenz transkribiert ist, beendet die RNA-Polymerase die Verlängerung des RNA-Moleküls. Die transkribierte RNA löst sich ebenso vom codogenen DNA-Strang wie auch die RNA-Polymerase. Die Transkription ist beendet. Das Ergebnis der Transkription ist ein einzelsträngiges RNA-Molekül, welches eine exakte komplementäre Kopie des Gens auf der DNA darstellt. Handelt es sich bei dem Genprodukt um ein Polypeptid, enthält die entstandene Messenger-RNA, kurz mRNA, den Bauplan dafür und bildet das notwendige Bindeglied zum zweiten Schritt der Genexpression, bei dem die Nucleotidsequenz in eine Aminosäuresequenz übersetzt wird.

1 Stellen Sie den Ablauf der Transkription grafisch dar.

2 Erläutern Sie Ihre grafische Darstellung.

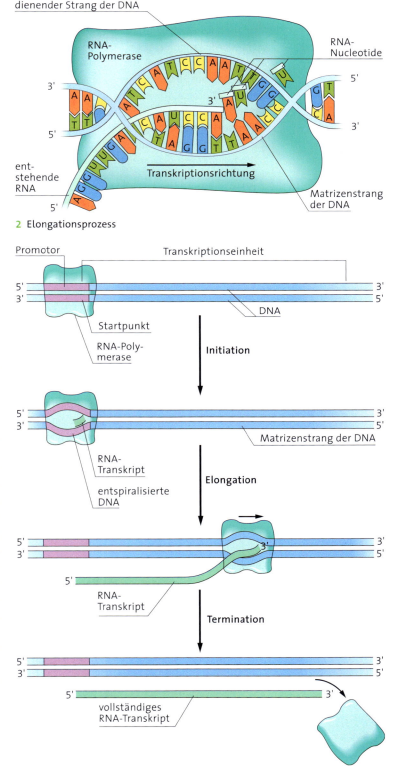

2 Elongationsprozess

3 Ablauf der Transkription

Genetischer Code • In der Abfolge der Nucleotide der transkribierten mRNA steckt die genetische Information für die Aminosäurensequenz eines Polypeptids. Während in einer mRNA aber nur vier verschiedene Nucleotide vorkommen, bestehen Polypeptide aus 20 verschiedenen Aminosäuren. Der britische Biologie Sidney Brenner belegte in den 1960er-Jahren, dass der Code für eine Aminosäure aus mehreren Nucleotiden bestehen muss. Bei einer Kombination von zwei Nucleotiden gäbe es nur $4^2 = 16$ Kombinationsmöglichkeiten, doch schon bei drei Nucleotiden ergeben sich $4^3 = 64$ verschiedene Möglichkeiten. Brenner wies durch experimentelle Befunde nach, dass tatsächlich immer drei Nucleotide für eine Aminosäure codieren. Da die Nucleotide sich durch ihre Base unterscheiden, spricht man von einem **Basentriplett**. Da ein Triplett der mRNA eine Aminosäure codiert, nennt man es **Codon**. Weitergehende Experimente zeigten, dass die Gesamtheit aller Codons, der *genetische Code*, über grundlegende Eigenschaften verfügt, die für seine Funktionsweise wichtig sind.

Eigenschaften des genetischen Codes • Der genetische Code gibt an, welches Triplett für welche Aminosäure codiert. Da jedes Codon exakt für eine Aminosäure codiert, ist der genetische Code **eindeutig**. Mit insgesamt 64 Kombinationsmöglichkeiten stehen überzählige Tripletts zur Verfügung, sodass die meisten Aminosäuren über verschiedene Tripletts codiert werden. Daher bezeichnet man den genetischen Code als **redundant**. Dabei ist es auffällig, dass die synonymen Codons für eine Aminosäure sich meist nur in der dritten Base unterscheiden. Sollte durch die eine Veränderung der dritten Base nicht dieselbe Aminosäure codiert werden, so verschlüsselt das Triplett eine Aminosäure mit ähnlichen Eigenschaften. So unterscheiden sich die Codons für die beiden sauren Aminosäuren Aspartat und Glutamat in der dritten Base. Die Codons für hydrophobe Aminosäuren wie Phenylalanin und Leucin weisen jeweils Uracil als zweite Base auf. Eine Veränderung an der dritten Stelle des Codons wird die Eigenschaften einer Aminosäurekette daher nicht wesentlich verändern. Solche ähnliche Eigenschaften sind für die Raumstruktur des Proteins bedeutsam.

Da jedes Nucleotid der mRNA nicht gleichzeitig zu zwei benachbarten, sondern nur zu einem Codon gehört, ist der genetische Code **nicht überlappend**. Zudem gibt es innerhalb der Nucleotidsequenz keine bedeutungslosen Nucleotide und die Codons schließen direkt aneinander an, so dass sie lückenlos abgelesen werden. Der genetische Code ist **kommafrei**. All diese Eigenschaften gelten abgesehen von wenigen Ausnahmen für alle bekannten Lebensformen. Daher ist der genetische Code nahezu **universell** und ein deutlicher Hinweis darauf, dass das Leben auf der Erde auf einen gemeinsamen Ursprung zurückgeht.

Codesonne • Mithilfe experimenteller Befunde konnte die Bedeutung der einzelnen Codons eindeutig bestimmt werden. Dies wird in der sogenannten Codesonne anschaulich dargestellt. Die Basentripletts der mRNA werden immer in 5'→3'-Richtung gelesen und übersetzt. Dementsprechend ist die Codesonne von innen, 5'-Ende, nach außen, 3'-Ende, abzulesen. Die erste Base eines Tripletts steht in der Mitte der Codesonne. Zu jeder der vier Basen gibt es vier mögliche zweite Basen und zu jeder Base wiederum jeweils vier mögliche dritte Basen in der kreisförmigen Anordnung. So codiert beispielsweise das Triplett GCA für die Aminosäure Alanin. Das Triplett AUG codiert immer für Methionin, doch dies kann auch das Startsignal für die Synthese eines neuen Polypeptids sein. Daher bezeichnet man es als Startcodon. Drei weitere Codons stehen nicht für eine Aminosäure, sondern dienen als Stoppsignale und beenden die Synthese eines Polypeptids.

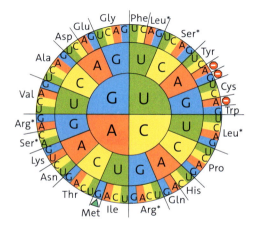

1 Codesonne

1 Erklären Sie die Eigenschaften des genetischen Codes.

Material

Vielfalt des Lebens • Transkription und der genetische Code

Material A Transkription

Matrizenstrang

1. Erklären Sie die Funktion der RNA-Polymerase bei der Transkription.
2. Geben Sie zum abgebildeten codogenen Strang die entsprechende mRNA an.
3. Geben Sie mithilfe der Codesonne die aus der mRNA resultierende Aminosäuresequenz an.
4. Nennen Sie die Eigenschaften des genetischen Codes, die bei der Bildung der Aminosäuresequenz deutlich werden.

Material B Poly-U-Experiment

Zellfreier Extrakt — künstlich hergestellte mRNA — Polypeptid

- 5' UUUUUUUUUUUUUUUUUUUUU 3' → Phe-Phe-Phe-Phe-Phe-Phe-Phe
- 5' AAAAAAAAAAAAAAAAAAAAA 3' → ?
- 5' CCCCCCCCCCCCCCCCCCCCC 3' → ?
- 5' UGUGUGUGUGUGUGUGUGUGU 3' → Cys-Val-Cys-Val-Cys-Val-Cys
- 5' CGCGCGCGCGCGCGCGCGCGC 3' → ?
- 5' UAUAUAUAUAUAUAUAUAUAU 3' → ?

Die Biochemiker Marshall Nirenberg und Heinrich Matthaei haben in den 1960er-Jahren Experimente zur Entschlüsselung des genetischen Codes durchgeführt. Sie verfolgten den Ansatz, in vitro die Umsetzung künstlich hergestellter mRNA-Moleküle mit bekannter Nucleotidabfolge in ein Polypeptid zu initiieren. Dazu stellten sie einen zellfreien Extrakt her, indem sie

- E.coli-Bakterien homogenisierten, also aufbrachen,
- durch Zentrifugation die schweren Zellbestandteile wie die Zellwand von den leichten Zellbestandteilen wie mRNA, Ribosomen oder Enzyme trennten,
- die zelleigene mRNA durch Ribonucleasen zerstörten.

Zu diesem zellfreien Extrakt, der alle Komponenten für die Umsetzung der mRNA in ein Polypeptid enthielt, wurde eine künstlich hergestellte mRNA gegeben, die ausschließlich aus Nucleotiden mit der Base Uracil bestand. Von den hinzugegebenen Aminosäuren war jeweils eine radioaktiv markiert. Anschließend wurde das Gemisch auf einen Filter gegeben, der freie mRNA-Moleküle durchließ, Polypeptide aber zurückhielt. Tatsächlich konnte ein Polypeptid isoliert werden, das ausschließlich aus Molekülen der Aminosäure Phenylalanin bestand.

1. Beschreiben Sie die Vorgehensweise von Nirenberg und Matthaei und erklären Sie die Funktion des zellfreien Extraktes und der radioaktiven Markierung der einzelnen Aminosäuren.
2. Erklären Sie das Ergebnis des Experiments mit der Poly-U-mRNA und legen Sie dar, welche Schlussfolgerung daraus gezogen werden konnte.
3. Bilden Sie mithilfe der Codesonne die Polypeptide für die vier nicht umgesetzten mRNAs in der Abbildung.
4. Erläutern Eigenschaften des genetischen Codes mithilfe des Experiments bestätigt werden können.

3.5 Translation bei Prokaryoten

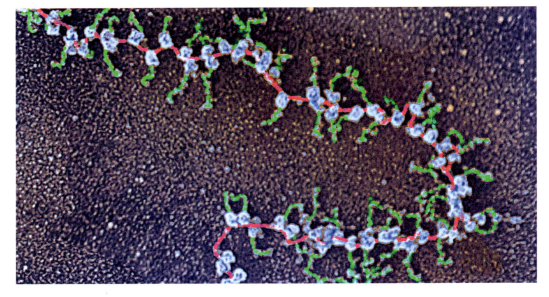

1 Translation bei Prokaryoten

Nach der Transkription liegt die in der DNA gespeicherte Information zum Bau eines Proteins in der mobilen Form der mRNA vor. Für die Umsetzung der genetischen Information spielen Ribosomen und Transfer-RNA-Moleküle eine entscheidende Rolle. An den Ribosomen, die sich im elektronenmikroskopischen Bild mit der mRNA verbunden haben, werden Polypeptide synthetisiert, die als unterschiedlich lange Ketten erkennbar sind. Wie verläuft dieser Prozess?

Ribosomen • In einer Bakterienzelle kommen etwa 10 000 Ribosomen vor. Diese Zellorganellen bestehen aus einer kleinen und einer großen Untereinheit, die nur zusammen ein funktionsfähiges Ribosom ergeben. Diese bestehen jeweils aus ribosomalen Proteinen und ribosomaler RNA, kurz rRNA. Aufgrund der hohen Anzahl der Ribosomen sind die rRNAs die bei weitem häufigsten RNA-Moleküle in einer Zelle. Die Information zum Bau der rRNA ist auf der DNA gespeichert und wird durch Transkription umgesetzt. Die transkribierten rRNA-Moleküle nehmen eine spezifische dreidimensionale Struktur ein und bilden das katalytische Zentrum eines Ribosoms. Jedes Ribosom verfügt über eine Bindungsstelle für die mRNA und drei Bindungsstellen für Transfer-RNA, kurz tRNA.

Polysomen • Bei Prokaryoten beginnt die Übersetzung der Nucleotidsequenz der mRNA in die Aminosäuresequenz eines Polypeptids, die Translation, häufig bereits während der Transkription. Noch vor der Fertigstellung der mRNA verbinden sich Ribosomen damit und fangen mit der Polypeptidsynthese an. Nachdem das erste Ribosom begonnen hat, bindet bereits ein weiteres an die mRNA, so dass nach einiger Zeit viele Ribosomen gleichzeitig an demselben mRNA-Molekül Polypeptide synthetisieren. Ein mRNA-Molekül mit vielen gebundenen Ribosomen nennt man Polysom.

Bei Prokaryoten kommt es vor, dass mehrere Gene von nur einem Promotor ausgehend transkribiert werden. In der Folge entsteht eine mRNA mit der genetischen Information für verschiedene Polypeptide. Diese mRNA verfügt für jedes Polypeptid über eine gesonderte Ribosomenbindungsstelle, so dass die einzelnen Polypeptide trotz derselben mRNA getrennt hergestellt werden.

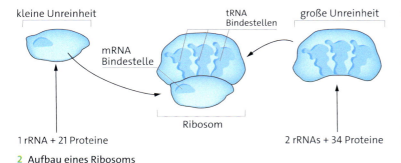

2 Aufbau eines Ribosoms

Funktion der tRNA • Für die Übersetzung der genetischen Information der mRNA in den Bau eines Polypeptids sind neben der mRNA und den Ribosomen tRNA-Moleküle notwendig. Denn diese sind das Bindeglied zwischen der Nucleotidsequenz und der Aminosäuresequenz. Sie verfügen in ihrer dreidimensionalen Struktur am 3'-Ende stets über eine gleiche Aminosäurebindestelle und an der gegenüberliegenden Schleife über ein spezifisches Nucleotid-Triplett. Da dieses Triplett antiparallel zu dem komplementären Triplett der mRNA, dem Codon, verläuft, bezeichnet man es als **Anticodon**. Das dritte Nucleotid des Anticodons ist demnach komplementär zum ersten Nucleotid des Codons der mRNA. So können die Aminosäuren in genau der Abfolge, die der Abfolge der Codons der mRNA entspricht, verknüpft werden.

tRNA-Synthetase • Während das Anticodon der tRNA sehr spezifisch für das jeweilige tRNA-Molekül ist, ist die Aminosäurebindestelle immer gleich. Die genaue Zuordnung einer Aminosäure zu einem Anticodon erfolgt enzymatisch durch eine Aminoacyl-tRNA-Synthetase, kurz tRNA-Synthetase. Diese Enzyme arbeiten hochspezifisch, weil sie nur jeweils eine Aminosäure anhand ihres spezifischen Rests und eine entsprechende tRNA erkennen. Diese hohe Spezifität ist der entscheidende Faktor für die Genauigkeit der Proteinbiosynthese.

Es gibt für jede der 20 Aminosäuren eine spezifische tRNA-Synthetase. Für das Anticodon sind die tRNA-Synthetasen etwas weniger spezifisch, ansonsten müsste es für die 61 verschiedenen Nucleotid-Tripletts auch 61 Enzyme geben. Einige tRNA-Synthetasen können mehrere Anticodons erkennen. Daher werden mehrere tRNA-Moleküle von der gleichen tRNA-Synthetase beladen. Eine exakte Basenpaarung erfolgt nur an den ersten beiden Nucleotiden des Tripletts. Das dritte Nucleotid eines Codons ist häufig nicht von entscheidender Bedeutung für die Festlegung einer bestimmten Aminosäure. Tatsächlich hat man in Bakterien trotz 61 Codons nur 32 verschiedene tRNAs für 20 Aminosäuren nachgewiesen.

Beladung der tRNA • Die tRNA-Synthetasen besitzen ein aktives Zentrum, das sowohl die spezifische Aminosäure als auch die entsprechenden tRNAs und ATP binden kann. Im ersten Schritt wird die Aminosäure in eine aktivierte Form umgewandelt. Sie reagiert im aktiven Zentrum der Synthetase mit ATP unter Abspaltung von Pyrophosphat. Dann wird eine für die jeweilige Aminosäure entsprechende tRNA über das Anticodon gebunden. Nun wird die Aminosäure an die tRNA transferiert und bindet kovalent an den Adeninrest am 3'-Ende der tRNA. Im letzten Schritt wird die beladene Aminoacyl-tRNA freigesetzt.

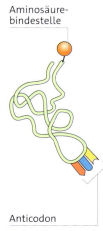

3 dreidimensionale Struktur der tRNA

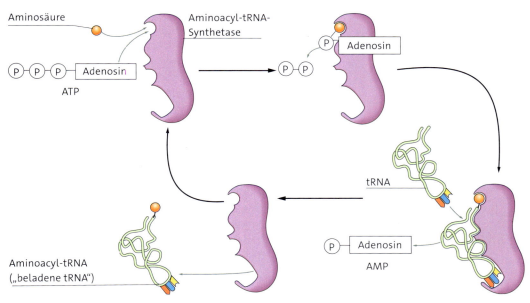

4 Beladung der tRNA

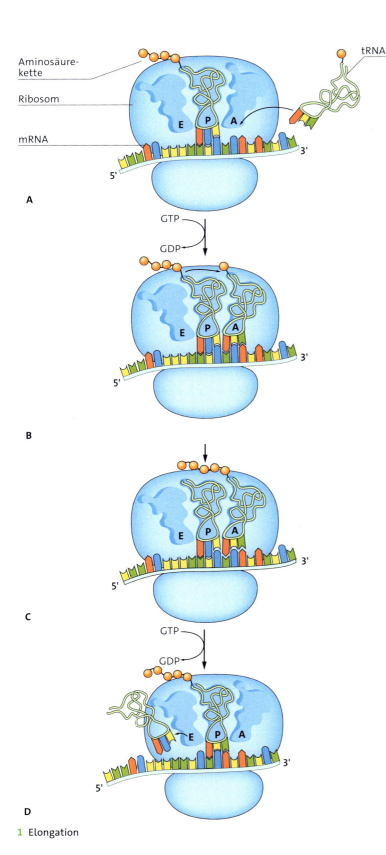

1 Elongation

Translation • Die Übersetzung der Nucleotidsequenz der mRNA in die Aminosäuresequenz eines Polypeptids ist ein dynamischer kontinuierlicher Prozess, der in drei Phasen unterteilt werden kann.

Initiation • Zum Start der Translation bindet die kleine ribosomale Untereinheit an die mRNA. Bei Bakterien erfolgt die Bindung an eine bestimmte Erkennungssequenz der mRNA nahe dem Startcodon. Die kleine Untereinheit wandert in 5'→3'-Richtung entlang der mRNA bis zum Startcodon 5'-AUG-3'. Eine tRNA mit dem Anticodon 3'-UAC-5' bindet dort. Diese tRNA trägt die durch einen Formylrest modifizierte Aminosäure Methionin, kurz fMet. Sie kennzeichnet den Start der Translation. An diesen Initiationskomplex bindet nun die große Untereinheit des Ribosoms.

Elongation • Nun lagert sich eine beladene tRNA mit dem passenden Anticodon an das Codon in der Aminoacyl-Stelle, kurz **A-Stelle**. Das Ribosom übernimmt die enzymatische Funktion einer Peptidyltransferase, wodurch eine Peptidbindung zwischen den beiden an die tRNAs gebundenen Aminosäuren gebildet wird. Dabei wird unter Hydrolyse von GTP als Energielieferant die Aminosäure von der Peptidylstelle, kurz **P-Stelle**, mit der Aminosäure der tRNA an der A-Stelle verknüpft. Die tRNA an der P-Stelle ist nun unbeladen, die Peptidkette der tRNA an der A-Stelle ist um eine Aminosäure verlängert. Die unbeladene tRNA wechselt an die Exit-Stelle, kurz **E-Stelle**, ihre Bindung an die mRNA wird gelöst und sie verlässt das Ribosom. Nun kann sie im Cytoplasma erneut beladen werden. Das Ribosom wandert um ein Triplett weiter die mRNA entlang, so dass die tRNA mit der Peptidkette sich in der P-Stelle befindet und die A-Stelle für eine neue tRNA frei ist. Dieser Elongationsprozess wiederholt sich fortlaufend.

Termination • Erst wenn sich ein Stoppcodon an der A-Stelle befindet, bricht die Translation ab. Denn es gibt keine tRNA-Moleküle, die zu einem Stoppcodon komplementär sind. Stattdessen lagert sich ein Protein, der Terminationsfaktor, an. Dieser katalysiert die Ablösung des Polypeptids von der tRNA. Das Ribosom zerfällt in die Untereinheiten.

1 Stellen Sie den Ablauf der Translation in einem Flussdiagramm dar.

Material

Vielfalt des Lebens • Translation bei Prokaryoten

Material A Proteinbiosynthese

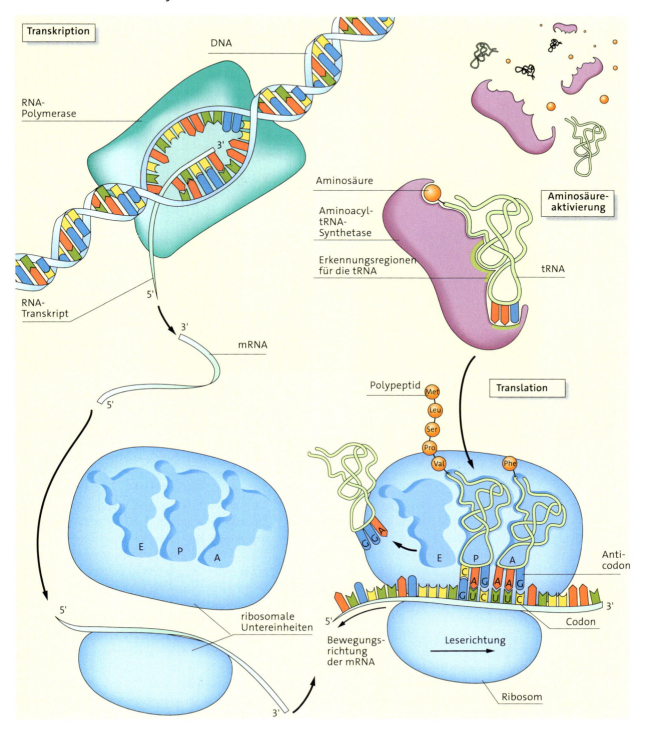

1. Beschreiben Sie den Ablauf der Proteinbiosynthese von der DNA bis zum Polypeptid.

2. Beschreiben Sie die Beladung der tRNA mit einer spezifischen Aminosäure.

3. Erläutern Sie die Funktion der Aminoacyl-tRNA-Synthetase vor dem Hintergrund des genetischen Codes.

3.6 Proteinbiosynthese bei Eukaryoten

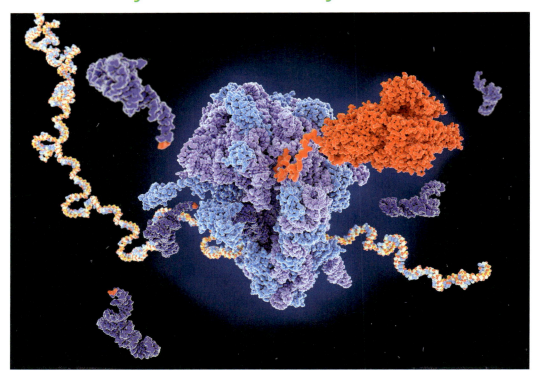

1 Translation bei Eukaryoten

Die Prozesse zur Umsetzung der genetischen Information verlaufen bei Prokaryoten und Eukaryoten grundsätzlich sehr ähnlich. Die Transkription bei Eukaryoten erfolgt jedoch im Zellkern und ist somit räumlich von der Translation im Cytoplasma getrennt. Im elektronenmikroskopischen Bild erkennt man, dass während der Translation auch bei Eukaryoten eine mRNA, ein Ribosom und tRNA-Moleküle notwendig für die Proteinsynthese sind. Welchen Unterschied macht die räumliche Trennung zwischen Transkription und Translation?

Transkription • Durch die Kernmembran ist bei Eukaryoten der Zellkern vom Cytoplasma getrennt. Daher finden Transkription und Translation nicht gleichzeitig statt. Zudem sind die DNA-Moleküle der Eukaryoten linear und um Histone gewickelt. Das Chromatin ist unterschiedlich stark kondensiert. Im Zellkern erfolgt die Transkription nur in den weniger dicht gepackten Bereichen des Euchromatin.

Bei Eukaryoten wird die Transkription ebenfalls enzymatisch von einer RNA-Polymerase durchgeführt. Ein einzelnes Gen kann auch von mehreren Polymerasemolekülen gleichzeitig transkribiert werden. Doch es gibt drei verschiedene Typen: Die **RNA-Polymerasen I und III** synthetisieren ribosomale RNA, Transfer-RNA und kleine nukleäre RNA, kurz snRNA. Die Transkription von Genen, die für Proteine codieren, erfolgt durch die **RNA-Polymerase II**. Diese kann jedoch nicht einfach an den Promotor binden und die Transkription initiieren. Dafür sind zusätzlich regulatorische Proteine notwendig, die **Transkriptionsfaktoren**. Erst nachdem sich mehrere Transkriptionsfaktoren zu einem Initiationskomplexkomplex in der Promotorregion organisiert haben, bindet die RNA-Polymerase an die DNA und die **Initiation** ist abgeschlossen. Ein wichtiger Abschnitt einer bei vielen Genen vorkommenden Promotorregion besteht abwechselnd aus Thymin- und Adeninnucleotiden und wird daher als TATA-Box bezeichnet. Dies ist die Stelle, an der die RNA-Polymerase über die gebundenen Transkriptionsfaktoren die DNA erkennt und über die die genaue Position des Nucleotids bestimmt wird, an dem die Transkription beginnt. Weitere regulatorische Proteine beeinflussen die Effizienz des Promotors und dadurch auch, welche Gene wann und wie intensiv abgelesen werden (▶ S. 220). Damit tragen sie dazu bei, eine zell- und gewebespezifische Transkription zu gewährleisten.

snRNA = small nuclear RNA

Die RNA-Polymerase verknüpft nun bei der **Elongation** entlang des codogenen Stranges ca. 45 Nucleotide pro Sekunde in 5'→3'-Richtung. Die Transkription erschließt über den codierenden Bereich hinaus eine Erkennungssequenz für die weitere Modifizierung. Bei der **Termination** trennen assoziierte Proteine die entstandene RNA von der RNA-Polymerase.

RNA-Prozessierung • Bevor die transkribierten RNA-Moleküle den Zellkern verlassen, werden sie noch enzymatisch verändert. Daher bezeichnet man diese als **Prä-RNA**. Diese Moleküle durchlaufen noch bis zu drei verschiedene Prozesse, damit funktionsfähige RNA-Moleküle entstehen. Zusammengefasst werden die Vorgänge als RNA-Prozessierung.

Capping • Die ersten beiden Prozesse betreffen nur die Prä-mRNA-Moleküle proteincodierender Gene. Schon kurz nach Beginn der Transkription wird an das 5'-Ende der Prä-mRNA eine recht komplexe kappenartige Struktur enzymatisch angefügt, die **5'-Cap-Struktur**. Dabei handelt es sich um ein modifiziertes Guanin-Nucleotid, das über eine einzigartige 5'-5'-Bindung mit der RNA verknüpft ist. Diese Cap-Struktur verhindert den Abbau der mRNA durch Enzyme, die Ribonucleinsäuren vom freien Ende her abbauen, die Exonucleasen. Außerdem spielt sie beim Transport durch die Kernporen ins Cytoplasma eine ebenso wichtige Rolle wie bei der Initiation der Translation. Die Cap-Struktur hilft auch bei der Unterscheidung von körpereigener und fremder wie beispielsweise viraler RNA. RNA-Moleküle ohne Cap-Struktur werden vom Immunsystem erkannt und nicht translatiert. Stattdessen wird eine Immunreaktion ausgelöst.

Polyadenylierung • Nach dem Ablösen der Prä-mRNA von der Polymerase II wird auch das 3'-Ende verändert. Nach einer Erkennungssequenz wird dieses Ende enzymatisch abgetrennt und an das neue 3'-Ende eine Sequenz von bis zu 250 Adenin-Nucleotiden angefügt. Diese Struktur bezeichnet man als **Poly-A-Schwanz**. Dieser schützt ebenfalls vor enzymatischem Abbau, unterstützt den Transport der mRNA ins Cytoplasma und den Beginn der Translation.

Spleißen • Die DNA-Sequenz eines eukaryotischen Gens und die entsprechende Prä-mRNA sind in den meisten Fällen deutlich länger als die mRNA-Moleküle, die im Cytoplasma zu finden sind. Denn zwischen den Bereichen der DNA, die Informationen für die Genexpression enthalten, die **Exons**, liegen nicht codierende Bereiche, die **Introns**. Beim letzten Schritt der RNA-Prozessierung werden die nicht codierenden Introns gezielt herausgeschnitten und die Exons miteinander verknüpft. Dieser Prozess, das Spleißen, findet nicht nur bei Prä-mRNAs, sondern bei allen Prä-RNAs statt. Verantwortlich ist ein Enzymkomplex, das **Spleißosom**, dessen wichtigste Bestandteile snRNA-Moleküle sind. Sie erkennen spezifische Intronsequenzen exakt, schneiden diese in Form einer Lassostruktur heraus und verknüpfen die Exons zu einer durchgehend codierenden Sequenz miteinander. Danach ist eine **reife mRNA** entstanden, die nach einer Qualitätskontrolle an den Kernporen zur Translation ins Cytoplasma transportiert wird.

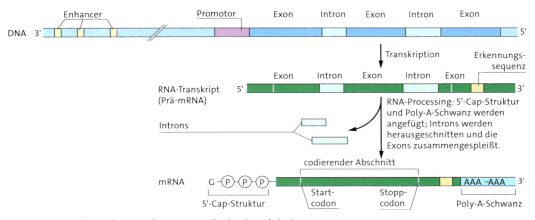

2 Organisation des eukaryotischen Gens und seine Transkription

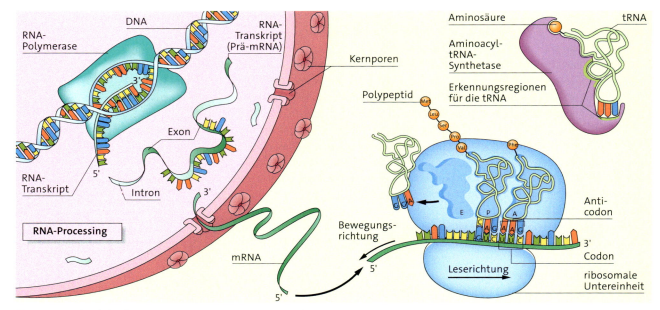

1 Genexpression bei Eukaryoten

Translation • Die Ribosomen der Eukaryoten enthalten mehr Proteine und rRNA-Moleküle als die Ribosomen der Prokaryoten und sind daher größer. Die rRNA wird im Zellkern transkribiert und gespleißt. Die ribosomalen Proteine gelangen nach der Translation in den Zellkern und werden dort mit den rRNAs zu den einer der beiden ribosomalen Untereinheiten verbunden, bevor diese ins Cytoplasma transportiert werden. Die kleine Untereinheit bindet an die reife mRNA, sobald die 5'-CapStruktur und eine Initiationssequenz erkannt werden. Diese Sequenz stellt die richtige Umgebung für das Initiations-AUG-Codon her, die von der initiierenden tRNA erkannt wird. Erst dann wird die große Untereinheit gebunden und die Initiation abgeschlossen. Die Start-Aminosäure Methionin ist nicht modifiziert, doch eine methylierte tRNA wird benötigt. Elongation und Termination verlaufen prinzipiell ähnlich wie bei Prokaryoten.

Die Translation beginnt stets an Ribosomen, die sich frei im Cytoplasma befinden. Wird ein Polypeptid hergestellt, das Teil der Membran wird oder durch Exocytose die Zelle verlassen wird, führt eine Signalsequenz dazu, dass noch während der Translation das Ribosom sich an das raue Endoplasmatische Reticulum heftet. Denn dort werden die Proteine des zelleigenen Membransystems hergestellt und zur Membran transportiert. Andere Proteine werden mithilfe des Golgi-Apparates nach außen abgegeben.

S=Svedberg-Einheit, ein Maß für den Sedimentationskoeffizienten, nicht additiv

	Prokaryoten	Eukaryoten
Aufbau der DNA	ringförmige DNA ohne Histone	lineare DNA, um Histone gewickelt
räumliche Organisation	Transkription und Translation im Cytoplasma	Transkription im Zellkern, Translation im Cytoplasma
Zeitliche Organisation	Transkription und Translation gleichzeitig	Transkription zeitlich vor Translation
Aufbau der Gene	Gene mit fast ausschließlich codierenden Sequenzen	Gene mit Exons und Introns
Reifung der mRNA	keine RNA-Prozessierung	Capping, Polyadenylierung, Spleißen
Ribosomen	kleinere Ribosomen: 30S- und 50S-Untereinheit bilden ein 70S-Ribosom	größere Ribosomen: 40S- und 60S-Untereinheit bilden ein 80S-Ribosom

2 Vergleich der Proteinbiosynthese bei Pro- und Eukaryoten

Material

Vielfalt des Lebens • Proteinbiosynthese bei Eukaryoten

Material A Alternatives Spleißen

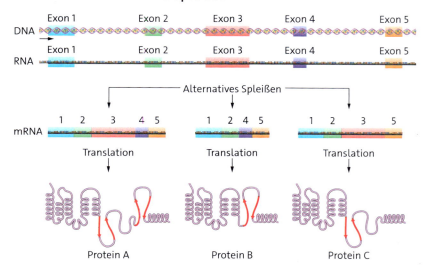

Proteine bestehen oft aus einzelnen Modulen, den Domänen. Die einzelnen Domänen werden von unterschiedlichen Exons codiert.
Das Genom einer menschlichen Zelle umfasst ungefähr 33.000 Gene. Diese codieren jedoch mehr als eine halbe Million Proteine.

1 Beschreiben Sie die Abbildung und erklären Sie, weshalb drei verschiedene Proteine gebildet werden.

2 Erläutern Sie, inwiefern alternatives Spleißen die genetische Vielfalt erhöht.

Material B Bestimmungsorte der Polypeptide in einer eukaryotischen Zelle

1 Beschreiben Sie die möglichen Wege eines im Cytoplasma synthetisierten Proteins.

2 Erläutern Sie, wie Membranproteine des rauen Endoplasmatischen Retikulums an ihren Funktionsort gelangen.

3 Erklären Sie, wie Proteinprodukte aus der Zelle transportiert werden.

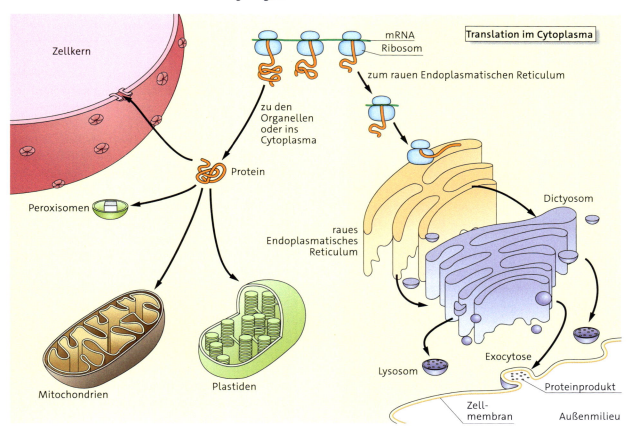

3.7 Genommutationen

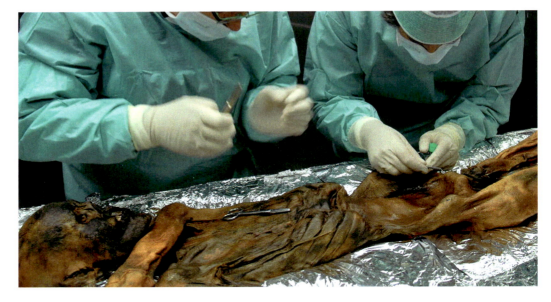

1 Mumie von „Ötzi"

In Darmproben von „Ötzi", dem Mann, der als Gletschermumie im Jahr 1991 in den Ötztaler Alpen gefunden wurde, entdeckten Forscher 5300 Jahre nach dessen gewaltsamem Tod Brei aus Einkorn, Fleisch und Gemüse. Einkorn ist eine der ältesten kultivierten Getreidesorten. Es wurde schon für das vorkeramische Neolithikum, dem siebten Jahrtausend vor unserer Zeitrechnung, in der Region um Jericho nachgewiesen und auch in den Pharaonengräbern gefunden. Ohne das Brot wäre die neolithische Revolution, der Übergang von Jäger- und Sammlerkulturen zu sesshaften Bauern mit domestizierten Tieren und Pflanzen, nicht möglich gewesen. Welche Veränderungen erfuhren die Wildgräser wie das Einkorn während ihrer Domestikation?

Neolithikum
= Jungsteinzeit
9500–2200 v. Chr.

2 Brüchige und feste Ähre des Einkorns

Polyploidie • Das Zentrum der frühen Domestikation des Einkorns liegt wahrscheinlich am Karaca-Dag-Gebirge in Anatolien, in der Nähe des Euphrats. Hier findet man bis heute auch den wilden Spelzweizen und den Wilden Emmer.

Das Einkorn verdankt seinen Namen der Tatsache, dass an seinen Ähren aus jeder Spindel nur ein einzelnes Korn wächst. Emmer, der auch Zweikorn genannt wird, wird heute vereinzelt wieder in Europa angebaut.

Genetische Analysen zeigen, dass der Wilde Emmer aus einer Kreuzung zwischen dem diploiden wilden Einkorn mit dem AA-Genom und dem diploiden wilden Spelzweizen mit dem BB-Genom entstanden ist. Als Ergebnis der Hybridisierung findet man beim Wilden Emmer die Chromosomensätze beider Vorfahren: AABB. Haben Arten mehr als zwei Chromosomensätze in ihren Zellen, so bezeichnet man dies als **Polyploidie**. Je nach der Anzahl der Chromosomensätze können Arten zum Beispiel **triploid**, $3n$, **tetraploid**, $4n$, oder **pentaploid**, $5n$, sein. Da bei der Polyploidisierung die Anzahl der Chromosomen verändert wird, zählt sie zu den **Genommutationen**.

Beim Wilden Emmer sind zwei verschiedene Arten durch Hybridisierung an der Vervielfachung des Genoms beteiligt. Daher spricht man von **Allopolyploidie**. In der Regel sind die zwei miteinander hybridisierten Arten eng verwandt. Fortpflanzungsfähig sind nur polyploide Hybriden mit einer geraden Anzahl an Chromosomensätzen. Bei einer ungeraden Anzahl der Chromosomensätze treten Störungen während der Meiose auf. Der haploide Chromosomensatz der einen Art kann sich nicht mit dem haploiden Chromosomensatz der anderen Art zu Tetraden anordnen. Deshalb sind die meisten interspezifischen Hybriden steril. Bei Pflanzen kann sich ein steriler Hybrid aber oft asexuell vermehren. Findet in einer der nächsten Generationen eine Mutation statt, in deren Folge sich die Chromosomensätze verdoppeln, können fertile polyploide Lebewesen entstehen.

Züchtung von Kulturweizen • Dem tetraploiden Wilden Emmer mit dem AABB-Genom liegt demnach eine Mutation zugrunde, durch die eine Verdopplung der Chromosomensätze stattgefunden hat. Das Getreide ist fortpflanzungsfähig und bildet eine eigene, neue Art. Polyploidie gehört damit zu den Evolutionsmechanismen und erklärt Artbildungsprozesse.

Wie seine Vorfahren hat der Wilde Emmer brüchige Ähren. Bei der Reifung brechen die Teilblütenstände, die Ährchen, auf und die Samen werden verteilt. Der domestizierte Emmer, der auch Zweikorn genannt wird, hat anders als seine Vorfahren pro Ährchen zwei Samenkörner. Aus einer weiteren Kreuzung des Emmers mit dem wilden Gänsefußgras, das sein CC-Genom einbrachte, entstand der hexaploide Dinkel mit dem AABBCC-Genom. Diese Getreideart, auch Dreikorn genannt, bildet drei Samenkörner pro Ährchen. Emmer und Dinkel zeigen feste Ähren, aus denen die Samenkörner nicht von alleine herausfallen können. Dies war für eine effektive Getreideernte eine weitere bedeutende neue Merkmalsausprägung. Emmer und Dinkel besitzen wie alle Süßgräser, zu denen unsere Getreidearten gehören, Spelzen. Diese sind harte, nicht essbare Hochblätter der Ährchen und fest mit dem Korn verwachsen. Da sich die Spelzen beim Dreschen des Getreides nicht lösen, müssen sie in einem eigenen Arbeitsgang entfernt werden. Der aus dem Emmer hervorgegangene Hartweizen sowie der aus dem Dinkel entstandene Brot- oder Weichweizen haben keine fest verwachsenen Spelzen. Die Früchte fallen beim Dreschen direkt aus den Spelzen, daher nennt man diese Arten freidreschend. Ursache dafür ist eine weitere Mutation. Der hexaploide Weichweizen mit dem AABBCC-Genom macht heute 90 % des globalen Weizenanbaus aus.

Polyploidie findet man nicht nur bei Getreide, sondern auch bei vielen anderen höheren Pflanzen, wie kultivierte Obst- und Gemüsearten. Im Tierreich ist die Polyploidie verhältnismäßig selten. So ist die Familie der Forellenfische, zu denen auch Lachse gehören, evolutionär durch Polyploidisierung entstanden.

1 Erklären Sie die Sterilität von F_1-Hybridpflanzen als Folge einer Kreuzung zweier nah verwandter Arten.

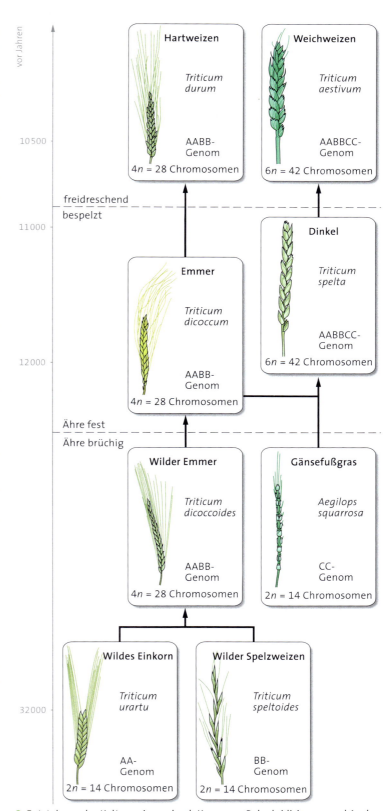

3 Entstehung des Kulturweizens durch Kreuzung, Polyploidisierung und Auslese

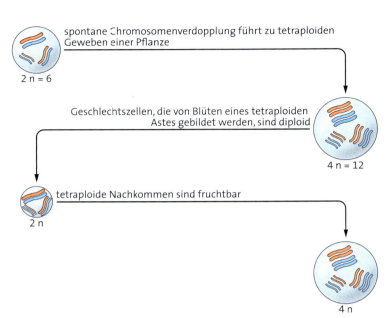

1 Autopolyploide Artbildung bei Pflanzen

2 Polyploidie bei der Erdbeere: **A** Walderdbeere (2 n), **B** Gartenerdbeere (8 n)

Polyploide Pflanzen bilden meist größere Zellen und zeichnen sich durch üppigeren Wuchs und größere Früchte aus. Viele Rosengewächse, darunter Apfel- und Birnensorten, haben vielfache Chromosomensätze der Wildform.

Es gibt nur wenige Tierarten, die polyploid sind, so zum Beispiel die karpfenähnliche Silberkarausche oder der Graue Laubfrosch. Triploide Tiere bilden viele Geschlechtszellen mit Anomalien der Chromosomenanzahl und pflanzen sich daher in der Regel nicht fort.

Auch durch Autopolyploidie entstehen spontan neue Arten. Innerhalb von Abstammungslinien kann durch einen unterschiedlichen Polyploidisierungsgrad der Genfluss zwischen Lebewesen verhindert sein und es zu genetischer Isolation kommen. Botaniker schätzen, dass mehr als 80 % aller heute lebenden Pflanzenarten von Vorfahren abstammen, die durch polyploide Artbildung entstanden sind.

Pflanzenzüchtung mit Colchicin • Experimentell lassen sich Keimlinge durch das giftige Alkaloid Colchizin, einen Inhaltsstoff des Herbstkrokus, polyploidisieren. Colchizin wird somatischen Zellen während der Mitose zugesetzt. Es stört den Spindelapparat mit der Folge, dass die Chromosomen nicht zu den Zellpolen wandern können. Entfernt man Colchizin wieder, tritt die Zelle in die Interphase ein und besitzt nun einen verdoppelten Chromosomensatz.

Forschende nutzen diese Technik, um neue Hybridarten mit erwünschten Qualitäten zu produzieren. Eine wirtschaftlich besonders erfolgreiche Kreuzung ist die zwischen Weizen der Gattung *Triticum* und Roggen der Gattung *Secale*. Der einfache Chromosomensatz beider Arten besteht aus jeweils sieben Chromosomen. Kreuzt man tetraploiden Weizen und diploiden Roggen und behandelt die F_1-Generation mit Colchizin, erhält man ein hexaploides Getreide mit 42 Chromosomen. Der Hybrid mit der Bezeichnung *Triticale* vertritt eine neue Gattung. Die hybriden Pflanzen vereinen den hohen Proteingehalt des Weizens mit dem hohen Anteil an Lysin des Roggens.

1 Erläutern Sie eine Maßnahme zur Umkehrung der Sterilität von Hybridpflanzen.

Autopolyploidie • Wenn Chromosomensätze von Individuen derselben Art vervielfacht werden, spricht man von **Autopolyploidie**. Diese Form der Genommutation kann dadurch zustande kommen, dass bei der Meiose die homologen Chromosomen oder die Zwei-Chromatiden-Chromosomen nicht getrennt werden. Somit entstehen statt haploider diploide Geschlechtszellen. Bei der Befruchtung mit einer haploiden Geschlechtszelle kann daraus ein triploides Lebewesen entstehen, beim Zusammentreffen zweier diploider Geschlechtszellen ein Tetraploid. Auf diese Weise entstehen Lebewesen mit bis zu 16-fachen Chromosomensätzen. Viele Nutz- und Zierpflanzen sind autopolyploid. Die kommerzielle Erdbeere ist zum Beispiel ein Oktoploid mit einem achtfachen Chromosomensatz.

Material

Vielfalt des Lebens • Genommutationen

Material A Experimenteller Nachweis von Evolutionsprozessen

Die domestizierte amerikanische Baumwolle besitzt 26 Chromosomenpaare: 13 große und 13 wesentlich kleinere. Als man feststellte, dass die afrikanische und asiatische Baumwolle, also die Baumwolle der Alten Welt, nur 13 große Chromosomen besitzt, vermutete man einen Fall von Allopolyploidie. Die Untersuchung der wilden amerikanischen Baumwolle ergab, dass sie 13 Paare der kleinen Chromosomen besitzt. Dies erhärtete die Hypothese.

1. Erläutern Sie den Fachbegriff Allopolyploidie.
2. Nennen Sie die Unterschiede zwischen Allopolyploidie und Autoploidie.
3. Nennen Sie die der Hypothese zugrunde liegende Fragestellung und beschreiben Sie ein Experiment, das geeignet ist, die Hypothese zu prüfen.

Material B Pflanzenzüchtung durch Hybridisierung somatischer Zellen

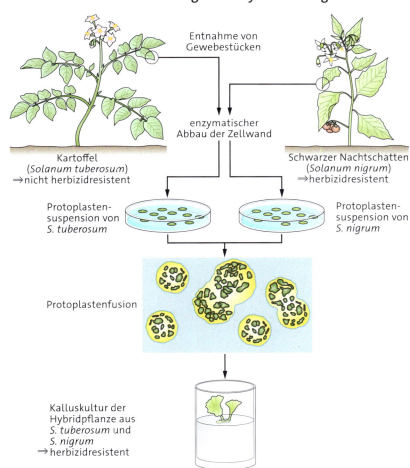

Eine moderne Technik zur gezielten Züchtung von Hybridpflanzen mit neuen, wünschenswerten Merkmalsausprägungen ist die Hybridisierung somatischer Zellen zweier Arten. Dabei wird die Zellwand isolierter Zellen enzymatisch entfernt. Die so entstehenden Protoplasten können unter experimentellen Bedingungen miteinander zu einer neuen Zelle mit dem genetischen Material der beiden Vorläuferzellen verschmelzen. Dies bezeichnet man als **Protoplastenfusion**. Die neuen Tetraploiden lassen sich zu Teilungen stimulieren. Oft wachsen sie zu kompletten, genetisch veränderten Pflanzen heran.

1. Beschreiben Sie die Methode zur Gewinnung genetisch veränderter Pflanzenhybriden.
2. Recherchieren Sie klassische Methoden der Pflanzenzüchtung.
3. Vergleichen Sie die Hybridisierung mit den klassischen Methoden.
4. Beurteilen Sie die Bedeutung dieser Methode mit Blick auf die Welternährungssituation.

3.8 Chromosomenmutationen

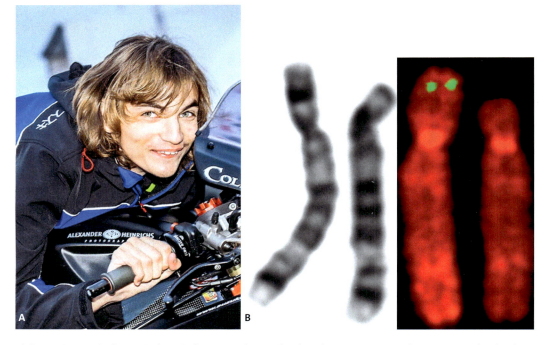

1 5p-minus-Syndrom: **A** betroffener Junge, **B** Deletion am kurzen Arm von Chromosom 5

Jérôme Lejeune, ein französischer Kinderarzt und Genetiker, berichtete 1963 erstmals von einem Kleinkind mit einem kleinen Kopf und ungewöhnlichen Gesichtszügen. Das Schreien des Kindes klang wie ein Katzenschrei, was der Krankheit den Namen Katzenschreisyndrom gab. Heutzutage wird es 5p-minus-Syndrom nach seiner Ursache genannt, dem Verlust eines kleinen Teils von Chromosom 5. Welche Erklärung gibt es für den Stückverlust eines Chromosoms?

Strukturelle Chromosomenanomalien • Typische Symptome des 5p-minus-Syndroms sind Fehlbildungen der Stimmritze und des Kehlkopfs. Betroffene Menschen sind mental unterentwickelt, können aber durch weitreichendes therapeutisches Training am sozialen Leben teilhaben. Man schätzt, dass das Syndrom einmal bei 50 000 Neugeborenen auftritt.

Die Ursache für diese Krankheitszeichen ist ein Bruch des Chromosoms 5 während der Meiose. Bricht ein Chromosom an einer oder an mehreren Stellen auf und geht ein Chromosomenstück dabei verloren, bezeichnet man dies als **Deletion**. Dem betroffenen Chromosom fehlen daraufhin bestimmte Gene.

Menschen mit 5p-minus-Syndrom gehören zu den wenigen Fällen, bei denen ein Überleben trotz Deletion eines Chromosomenstücks möglich ist. Da nur ein Teil des Chromosoms fehlt, spricht man von einer **Chromosomenmutation**.

Es gibt weitere Formen der Chromosomenmutation. Ein durch Deletion abgetrennter Chromosomenabschnitt kann an ein Chromatid desselben oder des homologen Chromosoms angefügt werden. Dies führt dort zu einer Verdopplung des Chromosomenstücks, zu einer **Duplikation**. Wird ein solches Fragment auf ein nicht homologes Chromosom übertragen, liegt eine **Translokation** vor. Die Translokation wird reziprok genannt, wenn nicht homologe Chromosomen wechselseitig Stücke austauschen.

Integriert sich ein Chromosomenstück in umgekehrter Orientierung in sein Ursprungschromosom, spricht man von einer **Inversion**.

Das Fehlen eines ganzen Chromosoms, eine Monosomie, ist bei Menschen nur für Gonosomen bekannt. Autosomale Monosomien werden ohne Zweifel gezeugt, sind aber schon im embryonalen Entwicklungsstadium nicht überlebensfähig. Da die

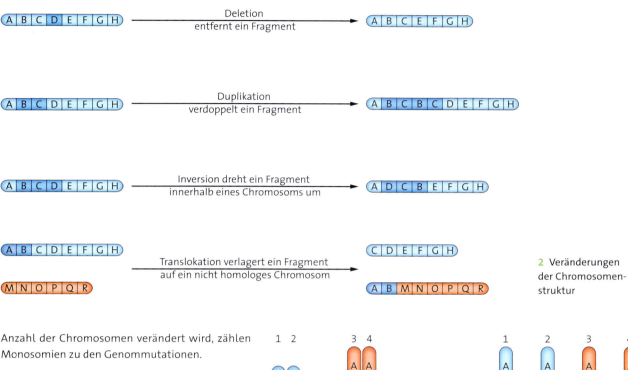

2 Veränderungen der Chromosomenstruktur

Anzahl der Chromosomen verändert wird, zählen Monosomien zu den Genommutationen.

Duplikation • Durch Fehlpaarung zweier homologer Chromosomen im Tetradenstadium der Meiose wird zwischen diesen ein Abschnitt nicht vollständig ausgetauscht, sodass ein Chromatid einige Gene doppelt enthält, während sie auf dem anderen fehlen. Dies wird als **ungleiches Crossing-over** bezeichnet. Somit führt ein einziges Crossing-over zu einer Duplikation und zu einer Deletion. Die Duplikation verursacht einen Genüberschuss und kann in einer Zygote das Gleichgewicht der Genprodukte, die **Genbalance**, empfindlich stören. Weitere Duplikationsereignisse können zu vervielfachten Chromosomenabschnitten führen. Solche Lebewesen zeigen oft veränderte Phänotypen. Die neue Position eines Gens innerhalb des Genoms kann nämlich eine ungewöhnliche Genexpression zur Folge haben, da mit der Lage auch die Regulation des Gens verändert sein kann. Dabei ist bei der gleichen Anzahl identischer Gene oft von Bedeutung, ob die wiederholten Abschnitte auf demselben homologen Chromosom vorliegen oder auf zwei verschiedenen. Dieses Phänomen wird als **Positionseffekt** bezeichnet.

Duplikationen sind eine wichtige Quelle für genetische Variationen. Gene in Einzelkopie würden nach einer Mutation ihre Funktion einbüßen und damit

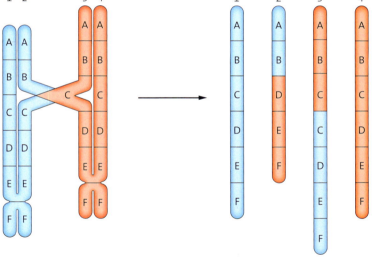

3 Ungleiches Crossing-over

Veränderungen nicht erlauben. Zusätzliche Kopien eines Gens machen ein Ansammeln von Mutationen in Lebewesen tolerierbar.

1 Vergleichen Sie die Chromosomenmutation mit der Genommutation.

2 Erläutern Sie, inwiefern es ungewöhnlich ist, dass Menschen mit 5p-minus-Syndrom lebensfähig sind.

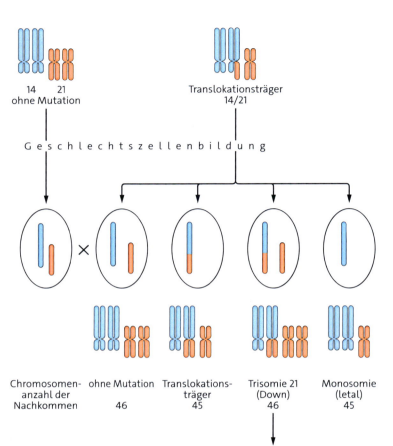

Translokationen beim Menschen • Trisomie 21 ist die Folge einer fehlenden Trennung der Chromosomen während der ersten Reifeteilung der Meiose. Diese Genommutation ist für 95 % der Fälle des **Down-Syndroms** verantwortlich. In 5 % der Fälle hat die Ausprägung des Down-Syndroms eine andere Ursache. In diesen seltenen Fällen zeigt das Karyogramm eines Elternteils eine besondere Translokation zwischen den Chromosomen 21 und 14. Dabei fusionieren die längeren Arme beider Chromosomen, während die kurzen, fast genleeren Arme deletiert werden. Der betroffene Elternteil ist phänotypisch unauffällig, obwohl er nur 45 Chromosomen besitzt. Dieses Phänomen wird als balancierte Translokation bezeichnet.

Ein Viertel der Geschlechtszellen dieses Elternteils besitzt zwei Kopien von Chromosom 21: ein gewöhnliches Chromosom und den größten Teil der zweiten Kopie am translozierten Chromosom 14. Kommt eine dieser Geschlechtszellen zur Befruchtung, entsteht eine Zygote mit 46 Chromosomen, die drei Kopien von Chromosom 21 besitzt. Der aus einer solchen Zygote hervorgehende Mensch zeigt das familiäre Down-Syndrom.

Krebs durch Translokation • Translokationen sind als Ursache verschiedener Krebsarten bekannt. Menschen, die an der **chronischen Myelose**, einer besonderen Form der Leukämie, erkrankt sind, zeigen ein deutlich verkürztes Chromosom 22 und ein verlängertes Chromosom 9. Beide Chromosomen tauschen während der Mitose in Vorläuferzellen der weißen Blutzellen, der Leukocyten, gegenseitig unterschiedlich lange Chromosomenabschnitte aus. Trotz der unveränderten Anzahl gleicher Gene, der gleichen Gendosis, führt der Positionswechsel eines Genlocus im Genom zu einer Dysfunktion des Zellstoffwechsels mit fatalen Folgen für den Organismus.

1 Familiäres Down-Syndrom

2 Translokation verursacht Leukämie

1 Werten Sie das Vererbungsschema in Abbildung 1 aus.

2 Erklären Sie anhand des familiären Down-Syndroms das scheinbare Paradoxon von genetischer Trisomie und diploidem Chromosomensatz.

Material

Vielfalt des Lebens • Chromosomenmutationen

Material A Charcot-Marie-Tooth-Syndrom

Der Fall

Eine gesunde 26-jährige Patientin lässt während der Schwangerschaft eine genetische Untersuchung vornehmen. In ihrer Familie kommt das CMT-Syndrom vor. Dies äußert sich in Form von Sensibilitätsstörungen und Muskelabbau in den Beinen.

Die Patientin berichtet über einen Bruder und eine Schwester mit dieser Symptomatik. Die Eltern haben keine Beeinträchtigung. Die Mutter hat eine Schwester, die krankheitsbedingt seit dem 25. Lebensjahr auf den Rollstuhl angewiesen ist. Sie hat eine gesunde Tochter. Die vier Brüder der Mutter sind ebenfalls gesund. Die Großeltern der Patientin mütterlicherseits waren auch gesund und zeigten zu Lebzeiten keine Symptome.

> **Infobox – Mit Rechten oder Folgen argumentieren?**
>
> Bioethische Argumente können auf unterschiedliche Weise eine Position begründen. Manche Argumente behaupten, dass ein Recht oder eine Pflicht von Beteiligten bestehe, die Rechte-Pflichten-Argumente. Andere Argumente beziehen sich auf die Folgen einer Handlung und begründen, dass eine Handlung zu wünschenswerten Folgen führe, die Folgen-Argumente.

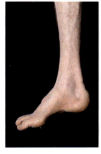 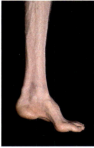

Das Charcot-Marie-Tooth-Syndrom, kurz CMT-Syndrom, ist eine Erkrankung peripherer Nerven, die Muskeln kontrollieren. Diese genetisch bedingte Krankheit wurde 1886 erstmals beschrieben.
Weltweit sind etwa 2,8 Millionen Menschen betroffen. Der Beginn der Krankheit kann in jedem Alter einsetzen, relativ häufig aber in den ersten beiden Lebensjahren.
Aufgrund von Schädigungen der Axone oder Myelinscheiden wird die Erregungsleitung in den peripheren Nerven erschwert oder unterbrochen. Es kommt zunächst zu einer Schwächung und schließlich zum Abbau der Muskulatur in den Beinen. Es handelt sich hierbei um eine neuronale Muskelatrophie. Mit Fortschreiten der Erkrankung ist oftmals eine Fortbewegung ohne Rollstuhl nicht mehr möglich. In den Armen treten ebenso häufig Sensibilitätsstörungen auf; auch hier kann es zum Muskelabbau kommen.

Forschungen haben gezeigt, dass an der Entstehung des Krankheitsbildes bis zu 28 verschiedene Gene beteiligt sein können. Als Ursache werden Punktmutationen, Duplikationen und auch Deletionen der verschiedenen Gene beziehungsweise Genabschnitte beschrieben. In mehr als 50 % der Fälle ist die Erkrankung auf Duplikationen des *PMP22*-Gens auf Chromosom 17 als Hauptursache zurückzuführen.

Aufgrund dieser komplexen Genetik des CMT-Syndroms werden verschiedene Typen und Schweregrade der Erkrankung unterschieden, die in klinischen Studien analysiert und beschrieben wurden. Mittels pränataler Diagnostik kann eine Untersuchung des ungeborenen Kindes bezüglich des CMT-Syndroms erfolgen.

1. Erstellen Sie mithilfe des Materialtextes einen Stammbaum der betroffenen Familie.

2. Begründen Sie mithilfe des von Ihnen erstellten Stammbaums und durch Ausschluss anderer Erbgänge, welcher Erbgang der Vererbung des Charcot-Marie-Tooth-Syndroms zugrunde liegt.

3. Erstellen Sie Kreuzungsschemata und leiten Sie ab, mit welcher Wahrscheinlichkeit ein Kind der Patientin am CMT-Syndrom erkrankt sein könnte. Gehen Sie dabei von zwei verschiedenen Voraussetzungen aus:
   a In der Familie des Kindsvaters sind keinerlei CMT-Erkrankungen aufgetreten oder bekannt.
   b In der Familie des Kindsvaters wurde CMT bei der Schwester diagnostiziert.

4. Nennen Sie Möglichkeiten, erblich bedingte Erkrankungen ungeborener Kinder festzustellen.

5. Formulieren Sie Pro- und Kontra-Argumente zur Durchführung pränataler und postnataler Tests bei Verdacht auf Bestehen erblich bedingter Beeinträchtigungen.

6. Diskutieren Sie partnerweise oder in Gruppen Ihre Argumente und ziehen Sie eine Schlussfolgerung für sich.

7. Begründen Sie, welche Argumentation Ihres Diskussionspartners Sie am meisten überzeugen konnte.

3.9 Genmutationen

1 Weißes Eichhörnchen mit Albinismus

Tiere mit einem weißen Erscheinungsbild kommen fast bei allen Arten vor. Bei Wildschweinen und Nagetieren tritt es sogar relativ häufig auf. Bei Ratten sogar im Verhältnis von 1:500. Das Phänomen ist unter dem Namen Albinismus bekannt und kommt durch eine Veränderung im Erbgut, eine Mutation, zustande. Welche Ursache liegt dem Albinismus zugrunde?

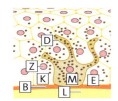

2 Melanosomen

Albinismus • Lebewesen mit Albinismus fehlt die Fähigkeit, das Pigment Melanin zu bilden. Dieses Pigment bestimmt bei Wirbeltieren die Farbe von Haut, Fell oder Federn. Beim Menschen ist ungefähr einer von 20.000 Menschen vom Albinismus betroffen. Neben einer sehr hellen Haut und weißen Haaren haben sie rosa oder blau-grau gefärbte Augen. Menschen und auch Tiere mit Albinismus haben ein erhöhtes Risiko, an Hautkrebs zu erkranken, da der Haut die schützende Wirkung des dunklen Farbstoffes Melanin fehlt. Eine Heilung des Albinismus ist nicht möglich, man kann aber das Risiko für bestimmte Folgeschäden durch Schutzmaßnahmen verringern.

Genmutationen • Beim Albinismus sind Mutationen auf verschiedenen Genen bekannt. Ist nur die Nucleotidsequenz in einem Gen von einer Mutation betroffen, handelt es sich um eine **Genmutation**. Tritt die Mutation in einer Eizelle oder Spermienzelle auf, kann sie im Falle einer Befruchtung mit der Keimzelle an die nächste Generation weitergegeben werden. Im Fall des Albinismus ist dies der Fall. Es handelt sich um eine erblich bedingte Krankheit. Auch in den spezialisierten Körperzellen eines vielzelligen Lebewesens können Mutationen auftreten. Man nennt sie somatische Mutationen. Sie werden häufig durch Umwelteinflüsse ausgelöst. Das können Virenbefall, radioaktive Strahlung oder UV-Strahlen sein. Ursache dieser Mutationen können unter anderem Fehler bei der Replikation im Zellzyklus sein. Nur Körperzellen, die aus diesem Replikationsvorgang hervorgehen, tragen dann diese Mutation.

Wenn bei einer Mutation nur einzelne Nucleotide ausgetauscht, entfernt oder hinzugefügt wurden, spricht man von einer **Punktmutation**. Die Auswirkungen von Punktmutation können sehr unterschiedlich sein. Je nachdem, welche Base betroffen ist und an welcher Position im Triplett sie sich befindet, kann die Mutation ohne Folgen bleiben oder sie kann zu massiven Auswirkungen führen. Eine Punktmutation auf Chromosom 15 führt zum Beispiel zu pigmentierten Haaren, nicht pigmentierter Haut und blauer bis hellblauer Augenfarbe bei den betroffenen Menschen. Inzwischen weiß man, dass verschiedene Mutationen auf den Chromosomen 11, 15, 9 und 5 zu zahlreichen Symptomen beim Albinismus führen, die unterschiedlich stark ausgeprägt sein können. Die Mutationen führen über ihr Genprodukt an verschiedenen Stellen zu Störungen im Syntheseweg des Melanins, welche dann zu unterschiedlichen Phänotypen der Betroffenen führen.

Mutationstypen • Die Substitution einer Base in der DNA führt in der Transkription immer zu einer veränderten mRNA. Trotzdem kann bei der Translation die gleiche Aminosäure eingebaut werden, wenn das veränderte Codon für dieselbe Aminosäure codiert wie das ursprüngliche Codon. Der Austausch einer Base eines solchen Tripletts heißt **stumme Mutation** und ist ohne Auswirkung auf das entstehende Protein. Wenn dagegen der Austausch einer Base der DNA über die veränderte mRNA zum Einbau einer anderen Aminosäure im Protein führt, handelt es sich um eine **Missense-Mutation**. Auch bei einer Missense-Mutation kann es sein, dass das produzierte Protein, zum Beispiel ein Enzym, gleich gut funktioniert wie das ursprünglich codierte, weil die ersetzte Aminosäure keinen Einfluss auf den Bau und die Funktion des aktiven Zentrums des Enzyms hat. Wird aber das Protein verändert, weil die eingebaute Aminosäure sich in ihren Eigenschaften stark von der ursprünglichen Aminosäure unterscheidet oder sie sich an einer funktionell wichtigen Stelle im Protein befindet, kann ein für den Stoffwechsel ungeeignetes Protein entstehen. Bewirkt eine **Punktmutation** der DNA, dass eine mRNA entsteht, die zu einem Basentriplett führt, dass zum Abbruch der Translation führt, liegt eine **Nonsense-Mutation** vor. Durch Nonsense-Mutationen entstehen Proteine, die ihre Aufgabe im Stoffwechsel in der Regel nicht erfüllen können, da sie nicht vollständig sind. Neben dem Austausch von Nucleotiden kann es aber auch zum Verlust oder Einfügen einzelner oder mehrerer Nucleotide kommen. Bei einer **Insertion** verlängert sich die Nucleotidkette, bei einer **Deletion** wird die Nucleotidkette verkürzt. Wird eine Anzahl an Nucleotiden aus der Nucleotidsequenz entfernt oder hinzugefügt, die durch drei teilbar ist, fehlen die von diesen Tripletts codierten Aminosäuren oder es kommen Aminosäuren hinzu. Alle weiteren Tripletts codieren unverändert für die nachfolgenden Aminosäuren. Ist die Anzahl der entfernten oder hinzugefügten Nucleotide aber kein Vielfaches von drei, entsteht eine völlig andere Aminosäurekette. Grund ist, dass die mRNA in Dreiergruppen abgelesen wird und durch die Mutation dieses Triplett-Leseraster verschoben wird. Es handelt sich um eine **Rastermutation**. Das entstehende Protein kann in der Regel seine Aufgabe nicht mehr erfüllen. Um zu bestimmen, wie viele Mutationen beim Menschen in einer Generation neu auftreten, hat man die DNA-Sequenz von Eltern und Kindern verglichen. Dabei hat man ungefähr 45 neue Mutationen entdeckt. Junge Eltern geben weniger Mutationen weiter als alte Eltern. Die Häufigkeit von Mutationen wird durch die **Mutationsrate** angegeben. Die Mutationsrate ist für jedes Gen unterschiedlich hoch.

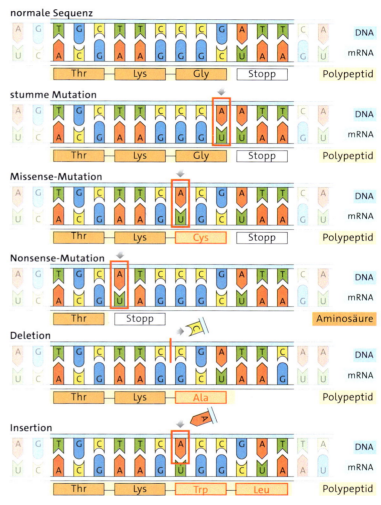

3 Genmutationen

1 Beschreiben Sie das Krankheitsbild des Albinismus.

2 Erläutern Sie den Unterschied zwischen somatischer Mutation und Keimzellmutation.

3 Beschreiben Sie Punktmutationen und Rastermutationen.

4 Erklären Sie, wieso stumme Mutationen keine Auswirkungen auf den Phänotyp haben.

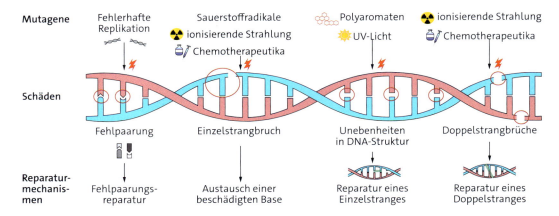

1 Reparaturmechanismen verschiedner Schäden der DNA

Reparaturmechanismen Auf die Zellen eines Organismus wirken viele Stoffe ein, die die Anzahl an Mutationsrate erhöhen. Diese Stoffe nennen wir **Mutagene**. Die Mutationsrate wird allerdings dadurch reduziert, dass zelleigene **Reparaturmechanismen** viele Schäden unmittelbar beseitigen. Da es unterschiedliche Mutationen gibt, die zum Beispiel nur einzelne Basen oder auch längere Nucleotidsequenzen betreffen, gibt es auch unterschiedliche Reparaturmechanismen. Alle Mechanismen zur Reparatur von Mutationen werden aber durch Enzyme katalysiert. Noch während der Replikation erkennt zum Beispiel die DNA-Polymerase nicht komplementäre Nucleotide. Sie bewegt sich ein Stück auf dem codogenen Strang zurück, entfernt die falschen Nucleotide und ersetzt sie. Dieses Korrekturlesen der DNA-Polymerase wird von weiteren Reparaturenzymen unterstützt. Auch dieses Reparatursystem erkennt die falsch gepaarten Nucleotide am neuen Strang und ersetzt sie durch komplementäre Nucleotide. Röntgenstrahlen können beispielsweise zu Schäden an einzelnen Basen führen. Auch hierfür gibt es ein Enzymsystem, welches diese Schäden erkennt und die Base ersetzt. Bei Menschen mit der Hautkrankheit Xeroderma pigmentosum rufen UV-Strahlen Mutationen hervor, die zu Unebenheiten in der Helixstruktur der DNA führen. Bei nicht erkrankten Personen entfernt ein Reparatursystem einen größeren Abschnitt im Umfang von ungefähr 30 Basen rund um die fehlerhafte Stelle. Anschließend wird der Abschnitt neu synthetisiert und mit dem Ursprungsstrang verbunden. Bei erkrankten Personen ist ein Enzym dieses Reparatursystems defekt. Dadurch wird ihr Risiko, an Hautkrebs zu erkranken, stark erhöht. Die Einwirkung von Chemotherapeutika kann zu Doppelstrangbrüchen der DNA führen. Wenn homologe Abschnitte der DNA vorhanden sind, zum Beispiel homologe Chromosomen, erfolgt die Reparatur sehr exakt, weil eine Vorlage vorhanden ist. Ist kein homologer Abschnitt vorhanden, wird die Reparatur mit höherer Fehlerrate durchgeführt, da keine Vorlage zur Verfügung steht. Die Reparaturmechanismen sind enzymatisch gesteuerte Prozesse, die die Mutationsrate verringern. Trotz aller Reparaturmechanismen werden nicht alle Mutationen korrigiert. Das ist auch biologisch sinnvoll. Mutationen, die vererbt werden, sind für die Evolution von Bedeutung. Neue Allele gelangen in den Genpool einer Population und erhöhen damit ihre genetische **Vielfalt**. Vorteilhafte Mutationen für ein Individuum verbreiten sich im Lauf der Zeit in der Population, wenn sie zu höherem Fortpflanzungserfolg führen. Aber auch neutrale Mutationen, die keinen Selektionsvorteil haben, können sich in einer Population ausbreiten. Ein Beispiel hierfür sind die blauen Augen beim Menschen, die vor ungefähr 10.000 Jahren durch eine Mutation entstanden sind.

1 Erklären Sie die allgemeine Funktion und die Bedeutung von Reparaturmechanismen der DNA.

2 Nennen Sie Ursachen für die Erhöhung der Mutationsrate.

3 Beschreiben Sie das Reparatursystem, welches bei Xeroderma pigmentosum defekt ist und welche Folgen das hat.

Material

Vielfalt des Lebens • Genmutationen

Material A Mutationen bei Fantasiewesen

Der Schüchterne   Der Alte   Der Schlaumeier   Der Akrobat   Der Kleine

Durch Einwirkung verschiedener mutagener Substanzen haben sich unterschiedliche Mutationen ereignet. Diese Mutationen haben zu unterschiedlichen Phänotypen der Fantasiewesen geführt. Bei einem Ursprungsorganismus hat man folgenden codogenen Strang identifiziert: 3´TAC CAG ATG GTA GCG5´. Die Fantasiewesen zeigen folgende Mutationen:
A Der Schüchterne: An Position 8 geht die Base Thymin verloren.
B Der Alte: An Position 6 wird die Base Guanin durch die Base Cytosin ausgetauscht.
C Der Schlaumeier: An Position 10 wird die Base Guanin durch die Base Adenin ausgetauscht.
D Der Akrobat: An Position 9 wird ein Cytosin anstelle des Guanins eingefügt.
E Der Kleine: An Position 5 wird die Base Cytosin eingefügt.

1 Schreiben Sie die Nucleotidsequenz des Ursprungsorganismus ab. Transkribieren Sie sie in die mRNA und translatieren Sie sie in die Aminosäuresequenz. >Codesonne S.156, 4

2 Notieren sie die Nucleotidsequenz der Mutanten, indem Sie die angewiesenen Mutationen durchführen. Transkribieren und translatieren Sie auch diese Sequenzen.

3 Nennen Sie den Typ der Mutationen und beschreiben Sie die Veränderung auf DNA, mRNA und Aminosäureebene. Leiten Sie die möglichen Konsequenzen für den jeweils betroffenen Organismus ab.

4 Begründen Sie, wieso einer der Fantasieorganismen den gleichen Phänotyp hat wie der Ursprungsorganismus.

Material B Reparatur einer Mutation

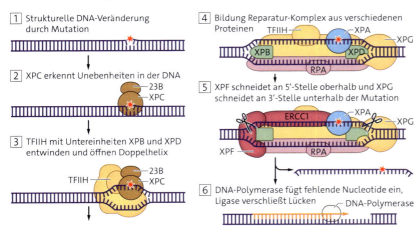

1 Strukturelle DNA-Veränderung durch Mutation
2 XPC erkennt Unebenheiten in der DNA
3 TFIIH mit Untereinheiten XPB und XPD entwinden und öffnen Doppelhelix
4 Bildung Reparatur-Komplex aus verschiedenen Proteinen
5 XPF schneidet an 5'-Stelle oberhalb und XPG schneidet an 3'-Stelle unterhalb der Mutation
6 DNA-Polymerase fügt fehlende Nucleotide ein, Ligase verschließt Lücken

Zellen können normalerweise Mutationen selbst reparieren. Wenn Gene für einen Teil oder mehrere Teile dieses Reparatursystems mutiert sind, können schwere Krankheiten die Folge sein. Das ist bei der Hauterkrankung Xeroderma pigmentosum der Fall. Hier können zum Beispiel Gene mutiert sein, die für Enzyme codieren, die fehlerhafte Nucleotidabschnitte ausschneiden. Je nachdem, welche Mutation vorliegt, sind auch unterschiedliche Anteile des Reparatursystems gestört. Bei Xeroderma pigmentosum-Patienten konnten acht verschiedene Fehlfunktionen im Reparaturmechanismus identifiziert werden. Mithilfe der mutierten Gene der Patienten konnte die Funktion des bei ihnen defekten Reparaturmechanismus aufgeklärt werden.

1 Erklären Sie, wodurch die Mutation von der Zelle erkannt wird.

2 Benennen Sie die Elemente mit Nuclease Funktion.

3 Erläutern Sie Ursachen und Folgen der Hauterkrankung Xeroderma pigmentosum.

4 Beschreiben Sie zusammenfassend die Funktion der Proteine, die an der Ausbildung der Hauterkrankung Xeroderma pigmentosum beteiligt sind.

5 Erklären Sie, wie es zu acht verschiedenen Ausprägungen der Krankheit Xeroderma pigmentosum kommen kann.

6 Erläutern Sie, wie man prinzipiell aus einer erkannten Mutation erschließen kann, welches Protein zum intakten Reparaturmechanismus gehört.

3.10 Genregulation bei Prokaryoten

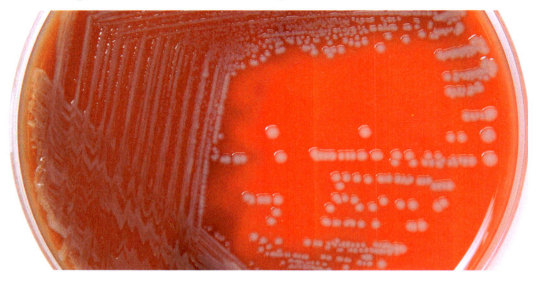

1 *Escherichia coli.* Bakterienkolonien in einer Petrischale

Bakterien wie Escherichia coli können auf verschiedenen Nährmedien wachsen und Kolonien bilden. Wie gelingt es ihnen, die unterschiedlichen Nährstoffangebote jeweils effektiv zu nutzen?

Substratinduktion • Im Labor kultivieren Forschende Bakterien in Petrischalen auf einem gallertartigen Nährmedium. Bakterien nehmen die zum Wachsen und zur Zellteilung notwendigen Nährstoffe aus dem Nährmedium auf und bilden Zellhaufen, die man Kolonien nennt. Lässt man *E. coli* auf einem Nährmedium wachsen, das als Kohlenhydratquelle nur Glucose enthält, findet man in den Bakterienzellen andere Enzyme, als wenn nur Lactose als Kohlenhydratquelle vorhanden ist. Dann weisen die Bakterien zum Beispiel eine deutlich höhere Anzahl an Molekülen des Enzyms Galactosidase auf (▶ 2). Dieses Enzym spaltet Lactose in Galactose und Glucose, deren chemische Energie vom Bakterienstoffwechsel genutzt wird.

Die französischen Nobelpreisträger Francois Jacob und Jacques Monod veröffentlichten 1961 ein Modell, das am Beispiel des Lactoseabbaus durch *E. coli* erklärt, wie die Enzymsynthese auf der Ebene der DNA reguliert wird. Sie stellten fest, dass die für den Lactoseabbau notwendigen Enzyme erst dann vorhanden sind, wenn Lactose im Nährmedium enthalten ist. Da die Lactose als Substrat der Enzyme deren Synthese herbeiführt oder induziert, spricht man von Substratinduktion. Durch eine solche Regulation wird sichergestellt, dass die Enzyme für den Abbau eines Substrats nur dann synthetisiert werden, wenn dieses Substrat vorliegt.

Operon-Modell • Die Regulation der Enzymsynthese wird durch einen bestimmten DNA-Abschnittes auf dem ringförmigen Bakterienchromosom gesteuert. Diese funktionelle Einheit wird als **Operon** (▶ 3) bezeichnet und umfasst drei nebeneinanderliegende Abschnitte:
Der **Promotor** ist die Bindestelle für die RNA-Polymerase, welche für die Transkription der DNA zuständig ist und eine komplementäre RNA bildet.
Es schließt sich die eigentliche Schaltstelle, der **Operator**, an, durch den die Aktivität der RNA-Polymerase gehemmt wird oder nicht.
Dann folgen drei Gene, welche die Enzyme für den Lactoseabbau codieren. Jacob und Monod bezeichneten sie als **Strukturgene** Z, Y und A.
Außerhalb der Funktionseinheit des Operons liegt das **Regulatorgen**. Es codiert ein Protein, welches im aktiven Zustand an den Operator bindet und so die Transkription der Strukturgene unterdrückt. Daher nennt man es **Repressor**. Ohne Lactose ist der Repressor aktiv. Sobald Lactose im Medium vorhanden ist, bindet sich das Lactosemolekül reversibel an die spezifische Bindungsstelle des Repressors. Dadurch ändert sich die räumliche Struktur des Repressorproteins, sodass es inaktiv ist und nicht mehr an den Operator binden kann. Nun können die Strukturgene transkribiert und die Enzyme für den Lactoseabbau synthetisiert werden.

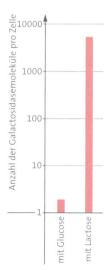

2 Anzahl der Galactosidasemoleküle auf unterschiedlichen Nährmedien

Endproduktrepression • Während es beim Lactose-Operon, kurz lac-Operon, um die Regulation des Abbaus eines außerhalb des Bakteriums verfügbaren Stoffes handelt, gibt es bei Bakterien auch Regulationsmechanismen für die Synthese zelleigener Moleküle. Dazu gehört die Aminosäure Tryptophan, deren Synthese von fünf Enzymen katalysiert wird. Die Informationen für den Bauplan dieser Enzyme liefern die fünf Strukturgene A bis E, welche Teil des *Tryptophan*-Operons, kurz *trp*-Operons, sind. Solange der Repressor inaktiv ist, werden die Strukturgene von der RNA-Polymerase transkribiert. Durch die Translation der gebildeten mRNA werden die Enzyme der Tryptophansynthesekette hergestellt. Wenn diese Enzyme über mehrere Zwischenschritte die Aminosäure Tryptophan synthetisieren, steht diese für weitere Stoffwechselprozesse zur Verfügung, zum Beispiel für den Einbau in ein Protein.

Häuft sich Tryptophan in der Bakterienzelle an, bindet es vermehrt an die spezifische Bindungsstelle des Repressors. Auch bei diesem Repressor handelt es sich um ein regulatorisches Protein, welches über ein außerhalb des Operons liegendes Regulatorgen codiert wird. Die reversible Verbindung zwischen Tryptophan und dem Repressor führt dazu, dass sich die räumliche Struktur des Repressors verändert, sodass er nun am Operator binden kann. Die Bindung der RNA-Polymerase an den Promotor und die Transkription der Strukturgene wird dadurch verhindert. Tryptophan führt also zu einer Aktivierung des Repressors, sodass eine weitere Tryptophansynthese unterbunden wird. Das Endprodukt der Synthesekette unterdrückt somit die eigene Synthese. Daher bezeichnet man diesen Vorgang als Endproduktrepression.

1 Erläutern Sie das Versuchsergebnis in Abbildung 2 unter Berücksichtigung von Abbildung 4 und des Operon-Modells.

2 Vergleichen Sie die Regulationsprozesse der Substratinduktion und Endproduktrepression.

3 Erklären Sie, welcher biologische Vorteil für das Bakterium sich aus den Regulationsprozessen ergibt.

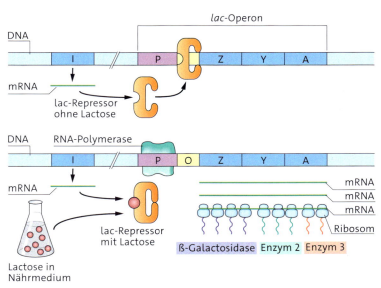

3 Substratinduktion am Lactose-Operon

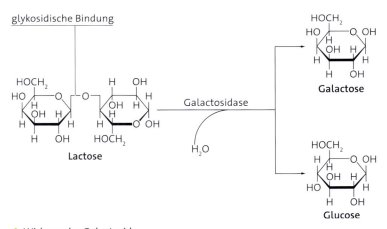

4 Wirkung der Galactosidase

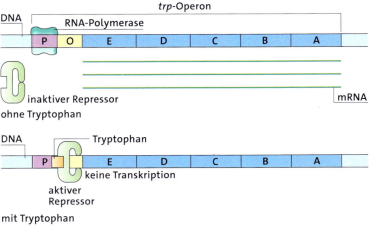

5 Endproduktrepression

3.11 Genregulation bei Eukaryoten

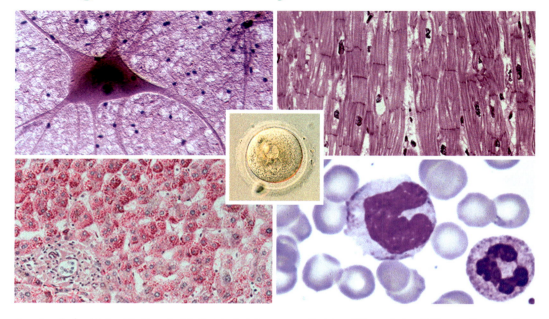

1 Zelldifferenzierung

Aus einer befruchteten Eizelle entwickelt sich ein Lebewesen mit vielen differenzierten Zelltypen. Nervenzellen, Muskelzellen, Leberzellen oder Blutzellen unterscheiden sich in ihrem Aufbau und ihren Funktionen, obwohl alle Zellen dieselbe genetische Information besitzen. Die Differenzierung zu unterschiedlichen Zelltypen wird dadurch realisiert, dass jeweils unterschiedliche Anteile der DNA genutzt werden. Welche Möglichkeiten gibt es, die Aktivierung der genetischen Information zu regulieren?

Regulation der Transkription • Auf die erste Ebene der Genexpression kann bereits auf vielfache Weise regulatorisch Einfluss genommen werden. Schon die Lage und der Zustand des genetischen Materials im Zellkern sind nicht zufällig. Am Rand des Zellkerns liegt es als dicht gepacktes und inaktives Heterochromatin vor. Im Zentrum hingegen befindet sich das weniger spiralisierte und potenziell aktive Euchromatin. Hier können die Chromosomenabschnitte mithilfe der für die Transkription notwendigen Proteine abgelesen werden. Die Umstrukturierung des Chromatins vom Euchromatin zum Heterochromatin und umgekehrt erfolgt auf unterschiedliche Weise.

Ansatzpunkt hierfür ist die Verdichtung der DNA durch die Nucleosome. Denn diese kann durch die chemische Veränderung der DNA wie durch Hinzufügen oder Entfernen von Methylgruppen verändert werden. Methylierte Bereiche der DNA sind kompakter. Eine **Methylierung** erfolgt an der Base Cytosin. Die Methylgruppe ragt in die große Furche der DNA-Helix und verhindert so, dass sich dort regulatorische Proteine für die Transkription anlagern können. An der regulatorischen Methylierung von Cytosinresten in Promotorregionen sind spezialisierte kleine RNA-Moleküle beteiligt, die die Enzyme für die DNA-Methylierung aktivieren. Auch die Methylierung der freien, aus den Nucleosomen herausragenden Histonschwänze führt dazu, dass die DNA dichter verpackt wird.

Durch eine enzymatische **Demethylierung** geht die DNA in den weniger kompakten Zustand des Euchromatins über, sodass sich die für Transkription erforderlichen Proteine wie die RNA-Polymerase anlagern können. Darüber hinaus führen auch weitere chemische Veränderungen wie **Acetylierungen** an den Histonschwänzen dazu, dass die DNA weniger kompakt ist. Eine Anlagerung von Acetylgruppen führt zu einer verringerten Anziehungskraft zwischen dem basischen Histonprotein und der sauren DNA und aktiviert spezialisierte Proteine, durch welche der Kontakt zwischen den Histonen gelockert wird. Umkehrbare chemische Veränderungen der Histone führen also auch zu einer Genaktivierung oder -deaktivierung.

Transkriptionsfaktoren • Nach der Umstrukturierung zum Euchromatin ist die Transkription eines Genabschnitts der DNA möglich. Die Initiation der Transkription erfolgt dann durch eine komplexe Wechselwirkung zwischen regulatorischen DNA-Sequenzen, den Promotor- und Enhancerregionen, und regulatorischen Proteinen, den Transkriptionsfaktoren. Es gibt sowohl essenzielle DNA-Sequenzen und Transkriptionsfaktoren als auch solche, die die Effizienz und Geschwindigkeit der Transkription beeinflussen.

Die Promotorregion ist dem codierenden Gen vorgeschaltet und weist in einem kleinen Bereich die sich wiederholenden Basen Thymin und Adenin in großer Anzahl auf. Dieser charakteristische Bereich wird daher als TATA-Box bezeichnet. Ein essenzieller Transkriptionsfaktor bindet direkt an die TATA-Box. Weitere Transkriptionsfaktoren binden in der Promotorregion und bilden den Initiationskomplex, sodass die RNA-Polymerase mit der Transkription beginnen kann.

Zusätzliche regulatorische DNA-Sequenzen liegen häufig weit entfernt von dem Gen, das sie regulieren. Solche Enhancer sind Bindungsstellen für weitere Transkriptionsfaktoren. Diese Transkriptionsfaktoren verfügen sowohl über eine DNA-Bindungsstelle als auch über einen Molekülabschnitt für eine Wechselwirkung mit einem Protein. Durch eine Schleifenbildung der DNA können sie mit dem Transkriptionskomplex in Verbindung treten. Auf diese Weise kann die Transkriptionsrate um das Hundertfache gesteigert werden.

Weiterhin gibt es auch Hormonrezeptoren, die zusammen mit dem spezifisch gebundenen Hormon als Transkriptionsfaktor wirken können. Bei einem niedrigen Blutglucosespiegel und Nahrungsmangel schütten die Nebennieren verschiedene Hormone aus der Gruppe der Glucocorticoide aus, welche über das Blut zur Leber gelangen. Dort verbinden sie sich nach dem Schlüssel-Schloss-Prinzip mit dem zu ihnen spezifischen Rezeptorprotein und gelangen als Hormon-Rezeptor-Komplex in den Zellkern. An der DNA wirkt dieser Glucocorticoidrezeptor als aktivierender Transkriptionsfaktor zur Expression von Genen, die die Freisetzung von Glucose aus der Leber steuern.

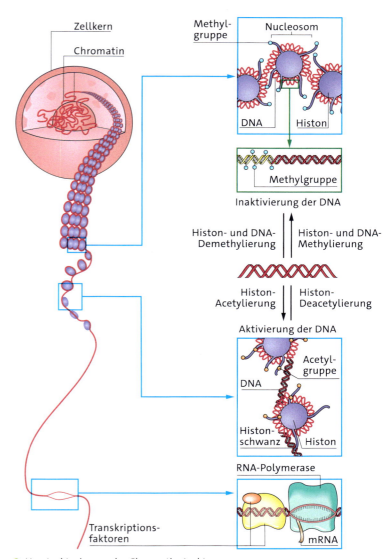

2 Umstrukturierung der Chromatinstruktur

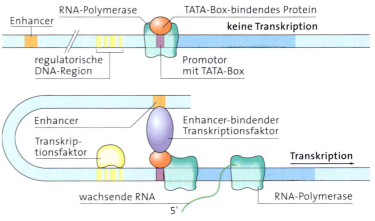

3 Regulation durch Transkriptionsfaktoren

Regulation der Translation • Eine zweite Ebene der Regulation betrifft die durch die Transkription gebildeten RNA-Moleküle, deren Menge und Lebensdauer die Menge der Produkte der Genexpression beeinflusst. Darüber hinaus kann die RNA beispielsweise beim RNA-Processing verändert und modifiziert werden. Beim **alternativen Spleißen** können außer Introns auch Exons oder Teile von solchen herausgeschnitten werde. Dadurch ergeben sich zum Beispiel beim Glucocorticoidrezeptor verschiedene Varianten dieses Transkriptionsfaktors, die die Transkription unterschiedlicher Gene unterschiedlich stark aktivieren können.

Auch durch das zusätzliche Einfügen von Basen in die vorliegende mRNA kann die RNA-Sequenz verändert werden. Dieser Vorgang wird **RNA-Editing** genannt. Ein Beispiel hierfür ist das Uracil-Editing. Hierbei wird das RNA-Transkript mit einer Leit-RNA, die an anderer Stelle der DNA transkribiert wurde, gepaart. Die Leit-RNA weist nicht komplementäre Bereiche zu der zu verändernden mRNA auf. Die mRNA wird in diesen Bereichen geschnitten und anhand der Leit-RNA verändert.

Durch die Einwirkung kurzer regulatorischer RNA-Moleküle kann die mRNA zerstört oder deren Translation verhindert werden. Man bezeichnet diesen Mechanismus als **RNA-Interferenz** oder **RNA-Silencing**. Ein ursprünglich doppelsträngig vorliegendes RNA-Molekül wird von einem Enzym, dem Dicer, in kurze Stücke zerlegt, welche man *short interfering RNA*, kurz siRNA, nennt. Diese binden an einen Enzymkomplex, den *RNA-induced silencing complex*, kurz RISC. Dort wird die siRNA in ihre Einzelstränge zerlegt. Der RISC erkennt, bindet und spaltet nun mRNA-Moleküle, die Sequenzen enthalten, die zur siRNA komplementär sind. Die mRNA-Fragmente werden dann abgebaut. Eine andere Gruppe kleiner RNA-Moleküle, die Mikro-RNA, kurz miRNA, bindet ebenfalls an RISC. Daraufhin wird die Initiation der Translation beispielsweise durch den Abbau des Poly-A-Schwanzes der mRNA verhindert.

Regulation der Proteinaktivität • Auch die nach der Translation gebildeten Polypeptide können beispielsweise durch das Einfügen zusätzlicher Aminosäuren spezifisch verändert werden. Dies stellt eine weitere Ebene der Genregulation dar. Aus der Kombination verschiedener Polypeptide ergeben sich Proteine unterschiedlicher räumlicher Struktur und damit auch unterschiedlicher Funktion. Auch eine Aktivierung oder Inaktivierung kann so erreicht werden. Erst durch diese Modifikationen entstehen biologisch aktive Proteine.

1 Erläutern Sie, inwiefern die Zelldifferenzierung durch eine Regulation der Genexpression umgesetzt werden kann.

2 Erstellen Sie ein Schaubild, das die Ebenen und Formen der Regulation der Genaktivität übersichtlich darstellt.

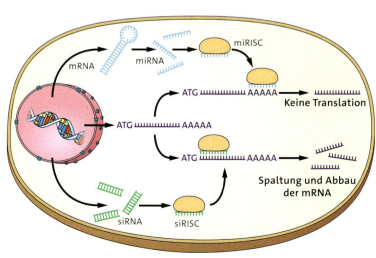

1 RNA-Interferenz

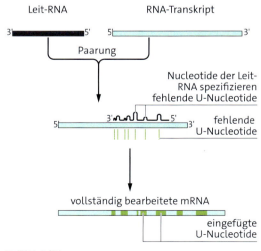

2 RNA-Editing

Material

Vielfalt des Lebens • Genregulation bei Eukaryoten

Material A Regulation der Tryptophansynthese

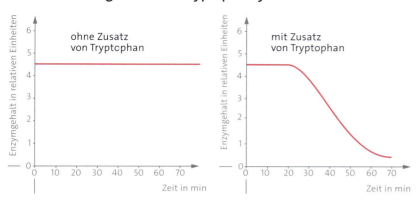

Bei *E. coli* wurde der Gehalt an Enzymen für die Synthese der Aminosäure Tryptophan bestimmt.

1 Beschreiben Sie das Ergebnis der beiden Versuchsreihen.

2 Erklären Sie die Ergebnisse auf der Grundlage des Operon-Modells.

Material B Cortisol

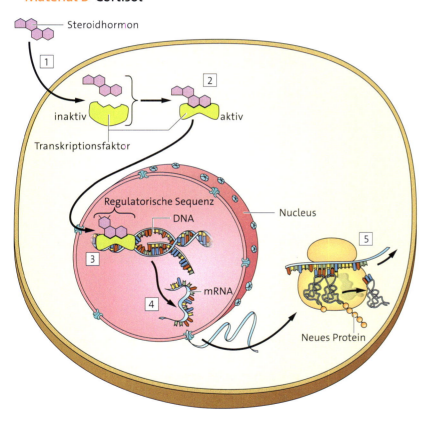

Cortisol ist ein Steroidhormon aus der Gruppe der Glucocorticoide, die in der Nebenniere produziert werden. Bei einem niedrigen Blutzuckerspiegel und Nahrungsmangel geben die Nebennieren Cortisol ins Blut. Cortisol gelangt über die Blutbahn zur Leber und in die Leberzellen. Die Leber ist ein wichtiges Organ im Glucose- und Fettstoffwechsel. Glucose wird in Form von Kohlenhydraten gespeichert und kann auf verschiedenen Stoffwechselwegen wieder bereitgestellt werden. Die dafür notwendigen Enzyme werden durch Genexpression bereitgestellt.

Die synthetische Form des Cortisols wird in der Pharmakologie als Hydrocortison bezeichnet. Es wirkt in höheren Dosen entzündungshemmend und immunsuppressiv und wird daher bei Asthma, rheumatischen Erkrankungen und nach Transplantationen verabreicht. Eine langfristige Therapie kann allerdings zu einer Vielzahl von Nebenwirkungen führen. Dazu gehören auch unerwünschte Einflüsse auf den Glucosestoffwechsel wie den sog. Steroid-Diabetes. Experimente mit genetisch veränderten Mäusen zeigen folgendes:

- Mäuse, die über den Transkriptionsfaktor E47 verfügen, werden nach Cortisolgabe krank. Sie entwickeln Überzucker und eine Fettleber.
- Bei Mäusen, denen dieser Transkriptionsfaktor fehlt, sind trotz Cortisolgabe keine negativen Effekte nachzuweisen.

1 Beschreiben Sie anhand der Schritte 1 bis 5 den Wirkmechanismus des Cortisols.

2 Erläutern Sie die regulatorische Funktion des Cortisols.

3 Stellen Sie Vermutungen auf, wie es zum Steroid-Diabetes kommen kann.

4 Deuten Sie die Ergebnisse des Experiments.

3.12 Epigenetik

1 Eineiige Zwillinge

Eineiige Zwillinge sehen sich zum Verwechseln ähnlich. Das ist auf ihre genetische Ähnlichkeit zurückzuführen. Trotzdem kann es sein, dass im Verlaufe des Lebens der eine Zwilling erkrankt und der andere nicht. Das ist ein wichtiger Hinweis darauf, dass nicht die Gene allein die Ausprägung von Merkmalen bestimmen. Studien haben gezeigt, dass Gene in ihrer Aktivität durch Außenfaktoren beeinflusst werden. Wie kommt es zu solchen Änderungen der Genaktivität?

epi: auf, an, hinzu
Epigenetik: zusätzlich zur Genetik

Zwillinge • Da eineiige Zwillinge aus einer einzigen befruchteten Eizelle entstanden sind, die sich in einer sehr frühen Phase der Individualentwicklung in zwei Teile geteilt hat, verfügen sie weitgehend über die gleichen Gene und stimmen auch in den meisten Merkmalen überein, so haben sie unter anderem immer die gleiche Augenfarbe. Zeigen eineiige Zwillinge eine unterschiedliche Ausprägung eines Merkmals, wie Krebs, Diabetes, Bluthochdruck, Altersdemenz oder Fettleibigkeit kann man untersuchen, ob genetische Ursachen oder Umwelteinflüsse zugrunde liegen. Die Anlage zur Ausbildung einer Krebserkrankung kann über bestimmte Gene vererbt werden (▶ 264ff.). Es gibt aber noch einen weiteren Einfluss auf die Genfunktion. Eine häufig in Zellen beobachtete Form, nach der Gene aktiviert oder stillgelegt werden, ist die Bindung einer Methylgruppe an ein Cytosinmolekül in der DNA. Solche Veränderungen am Erbgut, die die DNA-Sequenz nicht verändern, bezeichnet man als epigenetisch. Die Gesamtheit der chemischen Veränderungen des Erbgutes wird als Epigenom bezeichnet. Diese Modifikationen können durch Umwelteinflüsse hervorgerufen werden. Was ein Mensch erlebt und wie er sich verhält, ob er zum Beispiel Sport treibt, kann epigenetische Veränderungen hervorrufen. Bei Untersuchungen an Zwillingspaaren zeigte sich, dass die epigenetischen Unterschiede zunahmen, je älter die Zwillinge wurden und je unterschiedlicher ihr Leben verlaufen war (▶ 2). Das kann die Ursache für die Entstehung von Krankheiten bei nur einem der beiden Zwillinge sein.

Aus einer befruchteten Eizelle entstehen durch Differenzierung 200 unterschiedliche Zelltypen, wie Leberzellen, Hautzellen oder Knochenzellen. Die Ursache für die Differenzierung der Zellen liegt da-

3-jährige eineiige Zwillinge

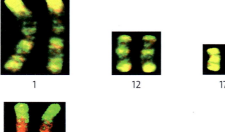

50-jährige eineiige Zwillinge

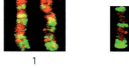

2 Vergleich der Methylierungsmuster an Chromosomen von eineiigen Zwillingen.

rin, dass einzelne Gene abgeschaltet oder seltener transkribiert werden. Differenzierte Zellen zeigen dadurch ein bestimmtes Methylierungsmuster der Gene. Dieses Methylierungsmuster bleibt bei den folgenden Zellteilungen erhalten. Veränderte Methylierungsmuster werden auch mit zahlreichen Krankheiten, wie zum Beispiel Autoimmunerkrankungen und Krebs in Verbindung gebracht.

Epigenetische Regulation • Neben der DNA-Methylierung gibt es zwei weitere wichtige epigenetische Einflüsse, die Histonmodifikation sowie die RNA-Interferenz. Die wichtigste epigenetische Modifikation der DNA ist jedoch die DNA-Methylierung. Mithilfe des Enzyms DNA-Methyltransferase, kurz DNMT, werden Methylgruppen an das C5-Atom der Base Cytosin angehängt (▶ 3). Das geschieht an Stellen, an den Cytosinbasen hinter einem Guanin angeordnet sind. Das wird **CpG-Stelle** genannt. Die Bezeichnung CpG weist auf die lineare Anordnung auf dem codierenden Strang der DNA hin (▶ 4). Im Gegensatz dazu wird die komplementäre Basenpaarung mit CG bezeichnet. Nach einer Replikation ist nur jeweils ein Strang der beiden Doppelstränge methyliert (▶ 5). Mithilfe der DNMT wird am neu synthetisierten Tochterstrang die Methylierung ergänzt. Ohne die Aktivität der DNMT würden die Methylierungsmuster in nachfolgenden Replikationsrunden verloren gehen. Abschnitte, in denen sich die Nucleotidfolge Cytosin und Guanin häufig wiederholen, bezeichnet man als **CpG-Inseln** (▶ 6). Solche CpG-Inseln findet man gehäuft im Promotorbereich von Genen. Der Promotor hat eine regulatorische Funktion für das Gen, da hier Transkriptionsfaktoren ansetzen. Ist der Promotorbereich methyliert, können die Transkriptionsfaktoren nicht ansetzen und das Gen ist stummgeschaltet. 40–50 % aller menschlichen Gene haben CpG-Inseln in ihrem Promotorbereich. Bei der **Histonmodifikation** wird nicht

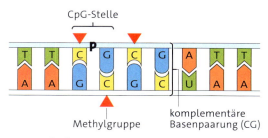

4 DNA-Abschnitt mit Methylgruppen

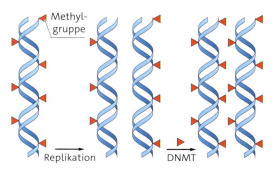

5 DNA-Methylierung im Anschluss an die Replikation

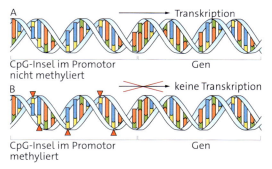

6 CpG-Insel im Promotorbereich eines Gens

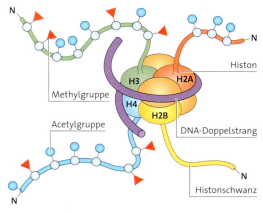

7 Epigenetische Modifikationen der Histone

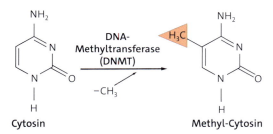

3 Methylierung von Cytosin

die DNA chemisch verändert, sondern die Histone, um die die DNA in menschlichen Zellen aufgewickelt ist. Liegen die Nucleosomen, der Komplex aus DNA und Proteinen dicht gepackt, als Heterochromatin vor, ist der Zugang zur DNA erschwert. Transkriptionsenzyme können nicht binden. Das Gen ist abgeschaltet. Liegt die DNA locker gepackt als Euchromatin vor, ist das Gen angeschaltet. Die Transkription kann stattfinden. Die Veränderung der Kondensation des Chromatins erfolgt durch Anhängen oder Entfernen verschiedener funktioneller Gruppen an die Proteinketten der Histone, den Histonschwänzen. Eine Acetylierung lockert die Kondensation der DNA auf, eine Methylierung führt oft zu einer dichteren Kondensation und verlangsamt oder verhindert dadurch die Transkription. Die Transkription bestimmter Gene wird also unter anderem durch chemische Veränderung der Histone, die **Histonmodifikation**, reguliert. Die genauen Mechanismen der Wechselwirkungen zwischen DNA und Histonen sind Gegenstand der aktuellen Forschung. Die Histonmodifikation ist durch Umwelteinflüsse wie Nahrung und Lebensweise beeinflussbar (▶ 8). Ein weiterer epigenetischer Regulationsmechanismus ist die **RNA-Interferenz**, kurz RNAi. RNA-Interferenz beruht auf doppelsträngiger RNA, kurz dsRNA, die entweder über eine virale Infektion in die Zelle gelangt oder durch eigene Gene codiert wird. Stammt die RNA aus dem Kern der Zelle, handelt es sich um microRNA, kurz miRNA. Bei Herkunft der RNA aus Viren handelt es sich um small interfering RNA, kurz siRNA. Gelangt die dsRNA ins Cytoplasma der Zelle, wird sie von einem RNAse-Komplex, dem DICER erkannt. Der DICER schneidet aus der RNA kleine doppelsträngige Fragmente heraus. Die dsRNA wird vom DICER an einen weiteren Enzymkomplex, den RISC übergeben. RISC entfernt einen der beiden Doppelstränge und sucht mit dem anderen, dem Leitstrang, nach komplementären mRNA-Sequenzen in der Zelle. RISC spaltet dann den mRNA-Strang oder verhindert die Bindung der mRNA an die Ribosomen, sodass keine Translation stattfinden kann. RNA-Interferenz ist wahrscheinlich als Schutzmechanismus gegen virale mRNA entstanden. Die Zelle kann damit aber auch gezielt eigene Gene abschalten.

1 Beschreiben Sie die Mechanismen der epigenetischen Veränderungen.

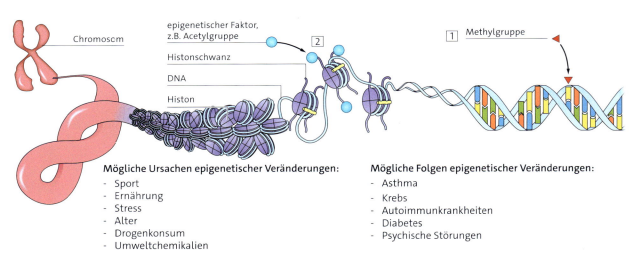

Mögliche Ursachen epigenetischer Veränderungen:
- Sport
- Ernährung
- Stress
- Alter
- Drogenkonsum
- Umweltchemikalien

Mögliche Folgen epigenetischer Veränderungen:
- Asthma
- Krebs
- Autoimmunkrankheiten
- Diabetes
- Psychische Störungen

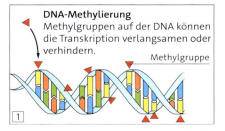

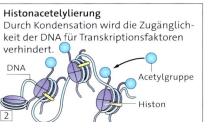

1 Regulation der Chromatonstruktur durch Epigenetische Modifikationen

Material

Vielfalt des Lebens • Epigenetik

Material A Glückskatzen und Glückskater

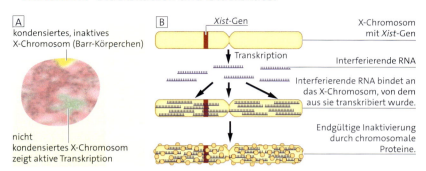

A kondensiertes, inaktives X-Chromosom (Barr-Körperchen)

nicht kondensiertes X-Chromosom zeigt aktive Transkription

B Xist-Gen — X-Chromosom mit Xist-Gen
Transkription — Interferierende RNA
Interferierende RNA bindet an das X-Chromosom, von dem aus sie transkribiert wurde.
Endgültige Inaktivierung durch chromosomale Proteine.

Glückskatzen sind Katzen, die dreifarbig gefleckt sind. Sie sind fast immer weiblich. Auf den X-Chromosomen gibt es zwei Allele für die Farben Schwarz X_S bzw. Braun X_B. Das Gen für die weiße Fellfarbe liegt auf den Autosomen. Weibliche Säugetiere besitzen immer zwei X-Chromosomen. Im 16-Zell-Stadium der Embryonalentwicklung wird das väterliche oder mütterliche X-Chromosom zufällig inaktiviert. Dadurch bildet sich ein Mosaik aus Zellen mit inaktiven väterlichen oder mütterlichen X-Chromosomen. Eine heterozygote Katze hat also ein schwarz-braun geflecktes Fell. Die Inaktivierung eines X-Chromosoms erfolgt durch Binden von Xist-RNA (X inactive specific transcript) an das X-Chromosom. Hierdurch werden viele Gene auf diesem Chromosom durch Methylierung und Deacetylierung inaktiviert, allerdings nicht das Xist-Gen. Auf dem unveränderten aktiven X-Chromosom wird keine Xist-RNA gebildet. Im Allgemeinen sind nur weibliche Katzen schwarz-braun gefleckt. In seltenen Fällen kann man das Phänomen aber auch bei Katern beobachten, die den Chromosomensatz 36 + XXY haben.

1. Beschreiben Sie, auf welchen Chromosomen die Allele für die Fellfarbe bei Glückskatzen lokalisiert sind.

2. Begründen Sie, wieso Kater im Normalfall eine braune oder die schwarze Fellfarbe zeigen.

3. Erklären Sie, wieso heterozygote weibliche Katzen ein braun-schwarz geflecktes Fell haben.

4. Erklären Sie, unter welchen Bedingungen das Xist-Gen bei Glückskatzen abgelesen wird.

5. Beschreiben Sie, welche Fellfarbe Katzen mit der Allelkombination $X_S Y$, $X_B Y$, $X_S X_S$, $X_B X_B$ und $X_S X_B$ haben. Berücksichtigen Sie dabei die Rolle der X-Inaktivierung.

Material B Wilde Meerschweinchen

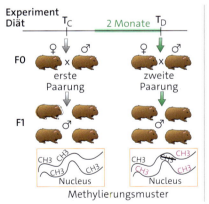
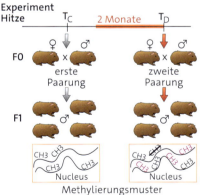

Die Männchen wilder Meerschweinchen müssen auf der Suche nach Weibchen und Revieren in unterschiedlichen Lebensräumen zurechtkommen. Daher wurde überprüft, ob Umwelteinflüsse epigenetische Veränderungen bewirken. Dazu wurden wilde Meerschweinchen für die Dauer der Neubildung der Spermien einer proteinarmen Diät oder einer Erhöhung der Umgebungstemperatur auf 30 °C ausgesetzt. Vor und nach der Veränderung der Umweltbedingungen paarte man die Männchen mit denselben Weibchen. Untersucht wurden die Methylierungsmuster bestimmter DNA-Abschnitte bei den Söhnen.

1. Beschreiben Sie die Durchführung der Experimente.

2. Leiten Sie aus dem Experimentdesign eine Forschungsfrage ab, die der Untersuchung zugrunde liegen könnte.

3. Beschreiben Sie die Ergebnisse der Untersuchungen.

4. Erklären Sie, welche drei Hypothesen die Forscher mit dem identischen Versuchsaufbau von zwei Experimenten, die sich nur durch den Umweltfaktor unterschieden, testen konnten.

5. Leiten Sie zu jeder Hypothese aus Aufgabe 4 zu erwartende Ergebnisse der Experimente ab.

3.13 Embryonale Stammzellforschung

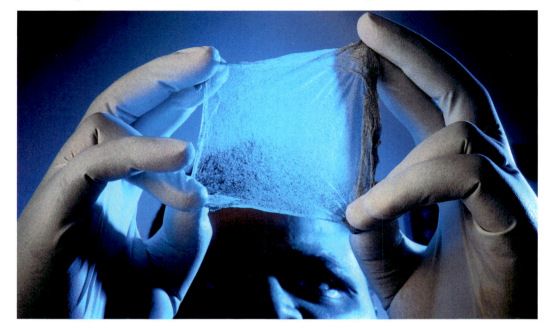

1 Im Labor hergestelltes Oberhautgewebe

Die Regenerationsfähigkeit von Geweben des Menschen ist begrenzt. Wird zum Beispiel bei großflächigen Verbrennungen viel Haut zerstört, kann im Labor gezüchtetes Ersatzgewebe lebensrettend sein. Welches Entwicklungspotenzial haben Zellen und Gewebe natürlicherweise und wie ist es Forschenden gelungen, dieses Potenzial für die Gewinnung von Ersatz zu nutzen?

lat. potentia
= Vermögen, Kraft

Lat. totus = ganz

pluri/plus
= mehr als eins

griech. blaste
= Spross, Keim
Kystis = Blase

Natürliches Differenzierungspotenzial menschlicher Zellen. • In den ersten Tagen nach der Befruchtung beginnt sich die menschliche Zygote alle 12 bis 24 Stunden mitotisch zu teilen. Es entsteht ein Zellhaufen aus gleichartig aussehenden Tochterzellen, den Blastomeren. Blastomeren behalten bis zum Achtzellstadium die Fähigkeit oder **Potenz**, einen vollständigen Organismus mit Organen und den für die Einnistung notwendigen Geweben hervorzubringen. Sie bezeichnet man als **totipotent**. Ab dem Achtzellstadium sehen sich die Tochterzellen zwar noch ähnlich, weisen aber bereits Unterschiede in der Zusammensetzung ihres Cytoplasmas, in der Lage der Zellen im Embryo und im Kontakt untereinander auf. Durch diese inneren und äußeren Einflüsse erhalten die Zellen Informationen über ihre weitere Entwicklung und Differenzierung im werdenden Organismus. Fünf Tage nach der Befruchtung hat sich ein kugelförmiger, vielzelliger Embryo, die **Blastocyste**, gebildet. Die über 100 Zellen liegen nun um einen flüssigkeitsgefüllten Hohlraum und zeigen erste erkennbare Unterschiede auf. Aus der äußeren Zellschicht, dem Trophoblasten, entwickeln sich nach der Einnistung Teile der Plazenta, sie ernährt den Embryo. Im Inneren der Blastocyste befindet sich in einem Bereich ein kleiner Zellhaufen von wenigen Zellen, aus denen die Gewebe und Organe des späteren Kindes bis zur Geburt hervorgehen. Dieser Zellhaufen entwickelt sich zum eigentlichen Embryo, er wird als **Embryoblast** bezeichnet. Da die Zellen des Embryoblasten noch uneingeschränkt und selbstständig teilungsfähig sind und sich zu den über 200 verschiedenen Zelltypen unseres Organismus differenzieren können, bezeichnet man sie **pluripotente embryonale Stammzellen**.

Die Blastocyste ist nun bereit zur Einnistung in die Gebärmutter. In den folgenden Wochen und Monaten bis zur Geburt verwandelt sich der Embryo völlig. Die Zellen teilen und vermehren sich nicht nur, sondern verändern im Laufe der Entwicklung ihre Gestalt und Funktion. Aufgrund unterschiedlich aktivierter Gene in den Zellen spezialisieren sie sich. Dadurch verlieren sie nach und nach ihr Teilungs- und Differenzierungspotenzial. In allen Geweben bleiben jedoch dauerhaft Zellen erhalten, die teilungs- und differenzierungsfähig bleiben. Da sie die verschiedenen Zelltypen eines bestimmten Gewebes erzeugen und ersetzen können, werden sie als **multipotente adulte Gewebestammzellen** bezeichnet.

Embryonale Stammzellen in der Medizin und Forschung. • Bei der künstlichen Befruchtung im Rahmen einer Kinderwunschbehandlung, der In-vitro-Fertilisation, entstehen weltweit überzählige Blastocysten. Die im Inneren enthaltenen pluripotenten embryonalen Zellen können im Labor kultiviert werden. Auch im Labor bleiben diese Stammzellen teilungsfähig, regenerieren sich selbst und sind in der Lage, sich zu verschiedenen Zelltypen und Geweben zu differenzieren.

1998 gelang es zum ersten Mal, humane embryonale Stammzellen aus der inneren Zellmasse der Blastocysten zu gewinnen. Dazu wird der Trophoblast entfernt und die Zellen des Embryoblasten freigelegt. Sie werden entnommen und auf Nährmedium in Kulturgefäßen kultiviert. Durch Chemikalien kann der Zellhaufen in kleinere Zellhaufen geteilt werden. Aus jedem Zellhaufen entwickelt sich eine Zellkolonie. Durch Zugabe spezifischer Differenzierungsfaktoren wachsen die pluripotenten Zellen zu speziellen Zelltypen und Geweben heran. Bislang ist es zum Beispiel gelungen, Kolonien von menschlichen Herzmuskelzellen, von Insulin erzeugenden Inselzellen der Bauchspeicheldrüse, Nervenzellen sowie Haut- und Knorpelzellen zu erzeugen.

Embryonale pluripotente Stammzellen teilen sich unter Laborbedingungen Hunderte Male zuverlässig zu sogenannten Zelllinien und beginnen sich selbsttätig oder unter Einfluss von Differenzierungsfaktoren zu unterschiedlich spezialisierten Zellen zu entwickeln. So können sehr frühe Entwicklungs- und Differenzierungsprozesse direkt an menschlichen Zellen erforscht werden.

Erkenntnisse aus dieser Grundlagenforschung können zum Verständnis der Krebsentstehung und der Behandlung von Krebs sowie zum Ersatz von Geweben bei schweren degenerativen Krankheiten wie Morbus Parkinson oder Alzheimer-Demenz genutzt werden. Auch bei einem Herzinfarkt, bei Autoimmunerkrankungen wie Diabetes Typ I und bei Unfällen

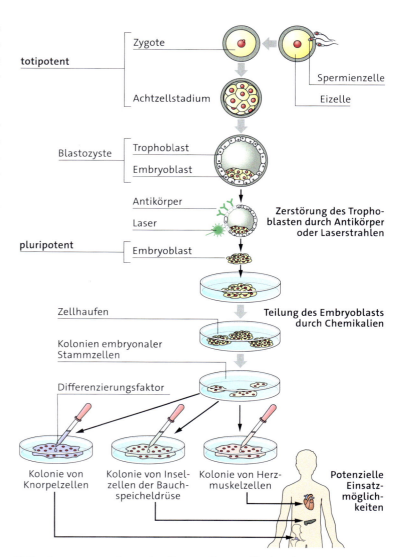

2 Gewinnung von embryonalen Stammzellen aus Blastocysten

werden Zellen zerstört. Hier hofft man, dass embryonale Stammzellen die fehlenden Zellen oder Zellprodukte ersetzen können. An den aus Stammzellen entwickelten Geweben lassen sich zudem Giftstoffe und Medikamente ohne Tierversuche testen.

1 Erläutern Sie die Gewinnung von embryonalen Stammzellen und vergleichen Sie ihre Eigenschaften mit denen von adulten Stammzellen.

2 Vergleichen Sie embryonale Stammzellen und adulte Stammzellen hinsichtlich ihrer Entwicklungsfähigkeit und ihres Differenzierungsgrades.

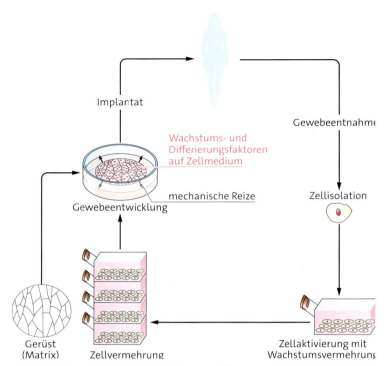

1 Stammzelltypen – Herkunft und therapeutische Anwendungen

Biotechnologie
siehe Seite 120

Adulte Stammzellen in der Medizin • Bei der medizinischen Nutzung von adulten Stammzellen werden im Gegensatz zu den embryonalen Stammzellen keine Embryonen genutzt. Allerdings lassen sich adulte Stammzellen nicht beliebig vermehren, während embryonale Stammzellen auch im Labor fast unbegrenzt teilungsfähig bleiben.

Weil sich adulte Stammzellen relativ leicht aus dem Knochenmark isolieren lassen, nutzt man sie seit vielen Jahrzehnten zur Behandlung von Leukämie. In anderen Geweben kann man adulte Stammzellen allerdings deutlich schwerer identifizieren und entnehmen. Die adulten Stammzellen differenzieren sich auch im Labor nur zu ein oder wenigen Zelltypen. In neueren Untersuchungen ist es jedoch gelungen, Stammzellen des Knochenmarks im Tierversuch anzuregen, nicht nur Blutzellen zu bilden, sondern sich auch zu Knorpel- und Knochengewebe oder sogar zu Herzgewebe zu entwickeln. Diese Plastizität der adulten Stammzellen im Labor weckt neue Hoffnung auf die Züchtung von Ersatzgewebe für zerstörte Gewebe und Organe. Die Entwicklung von implantationsfähigen Geweben, auch beim Menschen, wird deshalb intensiv erforscht.

Zellkulturtechnik • Um Zellen außerhalb des Körpers wachsen zu lassen, löst man sie zunächst aus einer Gewebeprobe heraus, die zum Beispiel aus der Haut des Patienten entnommen wird. Die isolierten Zellen werden dann in ein flüssiges Nährmedium oder auf einen festen, gelartigen Nährboden überführt. Man spricht von Zellkultivierung. Unter sterilen, günstigen und kontrollierten Bedingungen, zum Beispiel einer optimalen Wärme- und Sauerstoffzufuhr und Nährstoffzusammensetzung, vermehren sich die kultivierten Zellen. Je nach Herkunft und Behandlung der Zellen lassen sie sich sehr lange vermehren. Embryonale Stammzellen und Tumorzellen vermehren sich sogar fast unbegrenzt. Diese Dauerkulturen aus nur einer Zellsorte, die Zelllinien, haben für die biomedizinische Forschung eine sehr große Bedeutung. An einer Dauerkultur aus dem Tumorgewebematerial der Patientin Henriette Lacks aus den 1950er-Jahren wird auch heute noch geforscht. An ihren Zellen, den HeLa-Zellen, wurde zum Beispiel der Zellzyklus erkannt.

Gibt man den Zellkulturen gezielt Wachstums- und Differenzierungsfaktoren hinzu, bilden sich unterschiedliche Zelltypen. Lässt man diese künstlich gezüchteten, differenzierten Zellen auf einem speziell hergestellten Gerüst, der Matrix, wachsen, entsteht ein dreidimensionales Gewebestückchen. Diese Gewebestückchen sollen in Zukunft therapeutisch als Ersatzgewebe und sogar zur Entwicklung von Organteilen genutzt werden. Im Tierversuch gelingt die Übertragung der gezüchteten Gewebe immer häufiger. Eine Herausforderung bleiben allerdings die Abstoßungsreaktion, die Verunreinigungen der Kulturen und die genetischen Veränderungen der Zellen. Die künstlichen Gewebe werden auch als Alternative zu Tierversuchen zum Testen von Medikamenten eingesetzt. Manche künstlich erzeugten und gentechnisch veränderten Gewebe produzieren chemische Stoffe, zum Beispiel Insulin. Sie werden deshalb in der Biotechnologie zur Herstellung von Medikamenten genutzt.

1 Recherchieren Sie Anwendungsgebiete für verschiedene Stammzelltypen.

2 Erläutern Sie das Verfahren der Zellkulturtechnik am Beispiel der Züchtung von Hautgewebe.

Material

Vielfalt des Lebens • Embryonale Stammzellforschung

Material A Hornhautersatz

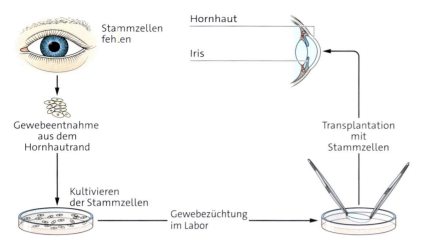

Die durchsichtige Hornhaut des Auges liegt wie eine Kuppel über der Iris mit der Pupille. Durch Umwelteinflüsse und tägliches Blinzeln gehen ständig Hornhautzellen verloren, die durch Stammzellen ersetzt werden. Die Stammzellen liegen zwischen der weißen Lederhaut und dem Rand der Hornhaut.
Durch Unfälle oder auch altersbedingt kann die Hornhaut schwer verletzt beziehungsweise auch eingetrübt werden. Die betroffenen Menschen drohen zu erblinden.
Nach 15 Jahren Forschungsarbeit ist es nun gelungen, aus patienteneigenen Stammzellen der Hornhaut Ersatzgewebe zu züchten und erfolgreich zu implantieren. Das implantierte Gewebe enthält neben dem im Labor gezüchteten Hornhautepithel auch Stammzellen. Diese Form der Stammzelltherapie wurde als Arzneimittel für spezielle Erkrankungsfälle zugelassen.

1 Beschreiben Sie, wie mithilfe der Zellkulturtechnik das Hornhautgewebe im Labor gezüchtet werden kann und welche Herausforderungen zu bewältigen sind.

2 Beschreiben Sie den hier genutzten Stammzelltyp und vergleichen Sie Vor- und Nachteile seines Einsatzes mit dem Einsatz von anderen Stammzelltypen.

3 Erklären Sie, weshalb das transplantierte Gewebe Stammzellen enthält und welche Vorteile und Risiken damit einhergehen können.

4 Stellen Sie Vermutungen über weitere medizinische oder biotechnologische Einsatzmöglichkeiten eines künstlichen Hornhautgewebes an.

Material A Hornhautersatz

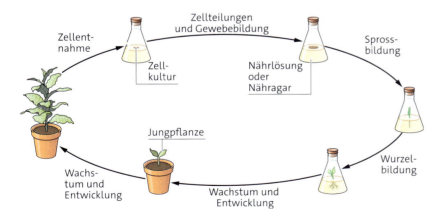

Pflanzliche Gewebe haben eine deutlich höhere Regenerationsfähigkeit als tierisches Gewebe. Die ungeschlechtliche Vermehrung aus Spross- oder Blattstecklingen wird bereits seit Langem zur Pflanzenzüchtung genutzt. Manche seltenen Pflanzen, zum Beispiel Orchideen, besitzen allerdings nur eine geringe natürliche Regenerationsfähigkeit. Im Labor lassen sie sich jedoch aus Gewebestückchen in Zellkulturen züchten.

1 Beschreiben Sie die Zellkulturtechnik bei Pflanzen und vergleichen Sie diese mit der Züchtung von Gewebe bei Tieren.

2 Begründen Sie, dass das dargestellte Experiment als Nachweis des Entwicklungspotenzials von Körperzellen der Pflanze gedeutet werden kann.

3 Begründen Sie, dass es sich um Pflanzenklone handelt! Vergleichen Sie das Verfahren mit der Herstellung von Tierklonen beim reproduktiven Klonen, zum Beispiel beim Krallenfrosch.

4 Stellen Sie Vermutungen zu möglichen Einsatzgebieten der Zellkulturtechnik bei Pflanzen an.

3.14 Künstliche DNA-Rekombination

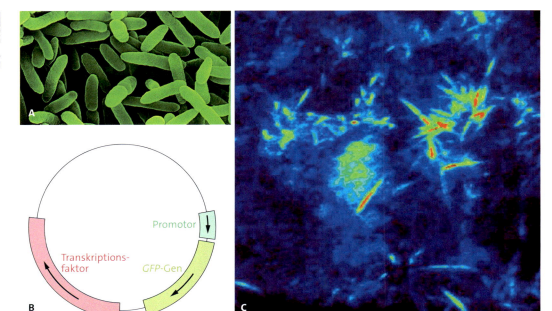

1 *Pseudomonas putida:*
A fluoreszierende Form,
B TOL-Plasmid,
C Testfeld im UV-Licht

Ein 3 mal 4 m großes Testfeld zur Landminendetektion wird mit UV-Licht bestrahlt. Die grüne Fluoreszenz ist auf die Aktivität eines grün fluoreszierenden Proteins, kurz GFP, zurückzuführen. Dieses wird ursprünglich von der pazifischen Qualle *Aequorea victoria* synthetisiert. Doch auf dem Testfeld gibt es keine Quallen, sondern Ansammlungen von *Pseudomonas putida,* einem begeißelten Stäbchenbakterium, das auf das Testfeld ausgebracht wurde. Denn das Bakterium baut Trinitrotoluol, kurz TNT, ab und nutzt es als Stickstoffquelle. TNT ist als Sprengstoff in Landminen vorhanden. Aber weshalb fluoreszieren Bakterien durch das Quallenprotein GFP, wenn sie TNT abbauen?

2 Trinitrotoluol

TOL-Plasmid • Die für den Abbau von TNT notwendigen Enzyme sind auf Plasmiden codiert, die TOL-Plasmide genannt werden. Treten TNT-Moleküle mit einem Transkriptionsfaktor in Kontakt, aktiviert dieser einen Promotor. Der Promotor initiiert die Transkription eines bestimmten DNA-Abschnitts, sodass die für den TNT-Abbau notwendigen Enzyme hergestellt werden. Wenn nun nach dem Promotor die für GFP codierende DNA-Sequenz eingebaut wird, sorgt der Transkriptionsfaktor für die Herstellung des fluoreszierenden Proteins. Es wird also synthetisiert, sobald die Bakterien auf TNT treffen. Die *GFP*-Sequenz muss aus dem Quallengenom in das Bakterienplasmid transferiert werden.

Restriktionsenzyme • Bakterien verfügen über DNA-spaltende Enzyme, die Restriktionsendonucleasen, mit deren Hilfe sie eingedrungene Viren-DNA in kleine Stücke zerlegen. Diese Restriktionsenzyme schneiden DNA an spezifischen Sequenzen von meist vier bis acht Basen. Immer wenn sie diese Basenabfolge innerhalb eines DNA-Moleküls erkennen, schneiden sie es, sodass viele unterschiedlich lange DNA-Stücke mit gleichen Enden entstehen und die Virus-DNA somit unschädlich gemacht wird. Damit die eigene Bakterien-DNA nicht von den Restriktionsenzymen zerschnitten wird, ist sie an den Erkennungsstellen der Restriktionsenzyme methyliert. Die gebundenen Methylgruppen verhindern den enzymatischen Abbau.

Gentransfer • Mithilfe der Restriktionsenzyme können Gene gezielt aus ihrem Herkunftsgenom isoliert und in andere DNA eingebaut werden. Häufig ist die Erkennungssequenz am komplementären Strang in der entgegengesetzten Richtung gelesen identisch. Dies bezeichnet man als **Palindrom**. Dort spalten die von Gentechnikern verwendeten Enzyme den DNA-Doppelstrang versetzt, sodass die Stücke an den Enden kurze einsträngige Nucleotidsequenzen tragen. Da diese leicht an komplementäre Nucleotide binden, nennt man sie **sticky ends**, klebrige Enden. Damit diese Enden bei der Quallen-DNA und dem Bakterienplasmid komplementär sind, verwendet man dasselbe Restriktionsenzym. Dieses darf den Plasmidring nur an einer Stelle öffnen, im Fall von *Pseudomonas* hinter der Promotorregion. Nach der Isolation der DNA-Sequenzen mischt man die Suspensionen der geöffneten Plasmide und des *GFP*-Gens. Nach Zugabe von DNA-Ligase, welche die DNA-Stränge kovalent verknüpft, entsteht **rekombinante DNA**, wenn das *GFP*-Gen in das Plasmid eingebaut wird. Es entstehen aber auch geschlossene Plasmidringe oder Ringe aus *GFP*-Sequenzen. Eine Suspension dieser Moleküle wird mit plasmidfreien *Pseudomonas*-Bakterien vermengt, die zur Aufnahme von DNA angeregt wurden. Nach der erfolgten Aufnahme von DNA-Abschnitten in die Bakterien, der **Transformation**, erfolgt eine Selektion der Bakterien, die ein rekombinantes Plasmid enthalten. Diese Zellen erkennt man nach Zugabe von Toluol daran, dass sie im UV-Licht fluoreszieren. Das *GFP*-Gen dient hier auch als **Reportergen**. Die fluoreszierenden Bakterien werden in eine Nährlösung übertragen und vermehren sich dort durch Zweiteilung. Da dabei auch die Plasmide kopiert werden, entstehen durch diese **Klonierung** große Mengen rekombinanter Bakterien.

Steckbrief

Osamu Shimomura (1928–2018)

Im Jahr 1961 beschrieb der 1928 im japanischen Kyoto geborene Biochemiker Osamu Shimomura erstmals das grün fluoreszierende Protein, kurz GFP, das heut nicht mehr aus dem Bereich der Zellbiologie wegzudenken ist. Forschende machen sich seine Eigenschaft zunutze, dass es bei Bestrahlung mit ultraviolettem Licht grün leuchtet. Dadurch, dass das GFP sich beliebig mit anderen Proteinen fusionieren lässt, ist es als Marker auch in isolierten Zellen und in Lebewesen geeignet. Inzwischen kann GFP so modifiziert werden, dass es auch andere Farbspektren aufweist. Diese können in einer Zelle unterschiedliche Bestandteile markieren, so dass diese getrennt beobachtet werden können.

Für seine Grundlagenforschung erhielt Osamu Shimomura zusammen mit den Biochemikern Martin Chalfie und Roger Yonchien Tsien 2008 den Nobelpreis für Chemie.

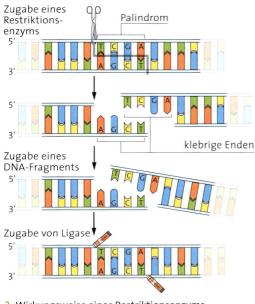

3 Wirkungsweise eines Restriktionsenzyms

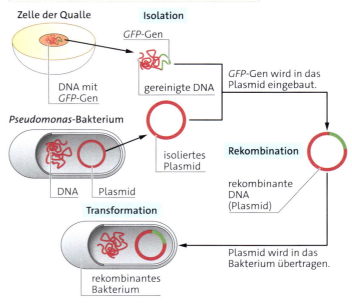

4 Gentransfers (Schema)

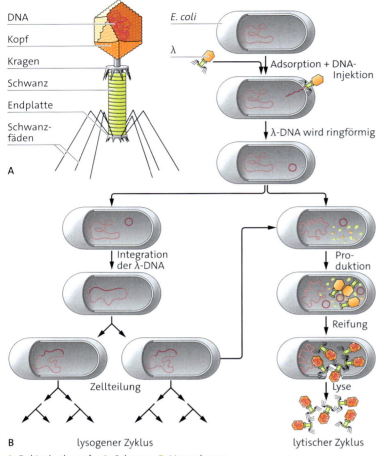

1 Bakteriophage λ: **A** Schema, **B** Vermehrung

lat. vector
= Träger

griech. lysis
= Zellauflösung

λ = griech. Buchstabe, gesprochen Lambda

Vektoren • Da Plasmide genutzt werden können, um einen DNA-Abschnitt in Bakterienzellen einzuschleusen, gehören sie zu den **Vektoren** und fungieren als Genfähren. Der Vorteil der bakteriellen Plasmidvektoren besteht darin, dass sie über nur eine Schnittstelle für ein Restriktionsenzym verfügen. Zudem sind sie in der Lage, sich in der Wirtszelle zu replizieren, sodass viele Kopien der rekombinanten DNA gebildet und an die Tochterzellen weitergegeben werden. Allerdings ist die Größe des zu klonierenden DNA-Fragments auf sechs bis sieben Kilobasenpaare beschränkt. Um größere DNA-Fragmente von bis zu 25 Kilobasenpaaren zu klonieren, nutzt man daher Bakteriophagen. Dies sind Viren, die spezifisch Bakterien infizieren.

Der Bakteriophage λ war einer der ersten jemals verwendeten Phagenvektoren. Er besteht aus einem relativ kleinen DNA-Molekül und einer schützenden Proteinhülle, dem Capsid, das die Nucleinsäure umschließt. Er ist in Kopf, Kragen, kontraktilen Schwanz und Endplatte mit kurzen Spikes und langen Fäden gegliedert.

Beim Einsatz der Bakteriophagen als Klonierungsvektoren macht man sich deren Vermehrungszyklus zunutze. Nach der Adsorption am Bakterium injiziert der Phage λ seine lineare DNA in die Bakterienzelle. Die leere Hülle bleibt auf der Zelloberfläche zurück. Die λ-DNA schließt sich durch die Verknüpfung der kohäsiven Enden, kurz cos, zu einem Ring und wird in die Bakterien-DNA eingebaut. Die in die Bakterien-DNA integrierte Virus-DNA trägt die Bezeichnung **Prophage**. Bei jeder Zellteilung wird die Virus-DNA zusammen mit der Bakterien-DNA verdoppelt und an die Tochterzellen weitergegeben. Diese Art der Vermehrung wird als **lysogen** bezeichnet.

Das Phagengenom kann aber auch wieder aus dem Bakteriengenom herausgelöst werden. Dann werden die Phagengene in einer festgelegten Reihenfolge abgelesen und alle Virusbausteine separat im Zellinneren produziert. Die Virus-DNA wird durch Replikation vervielfältigt. In der Phase der Reifung finden die Bausteine von selbst zu neuen Phagen zusammen. Dies nennt man **self assembly**. Nachdem etwa 200 Phagen gebildet wurden, wird das Enzym Lysozym synthetisiert, welches die Bakterienzellwand auflöst, sodass das Bakterium platzt und die Phagen freisetzt. Da die Bakterienzelle in diesem Vermehrungszyklus aufgelöst wird, spricht man vom **lytischen** Zyklus.

Viren, die sich wie der Phage λ als Prophagen verhalten, bezeichnet man als **temperent**. Der Befall eines Bakteriums mit Viren zum Beispiel vom Typ T4 führt stets zur **Lyse**. Diese Phagen sind **virulent**.

In der Reifungsphase können bei virulenten wie bei temperenten Phagen Teile der Bakterien-DNA mit in den Phagenkopf aufgenommen und auf weitere Bakterien übertragen werden. Die Übertragung eines DNA-Abschnitts mittels Phagen bezeichnet man als **Transduktion**.

1 Erklären Sie, weshalb sich Plasmide und Bakteriophagen als Vektoren eignen.

Material

Vielfalt des Lebens • Künstliche DNA-Rekombination

Material A Lambda als Klonierungsvektor

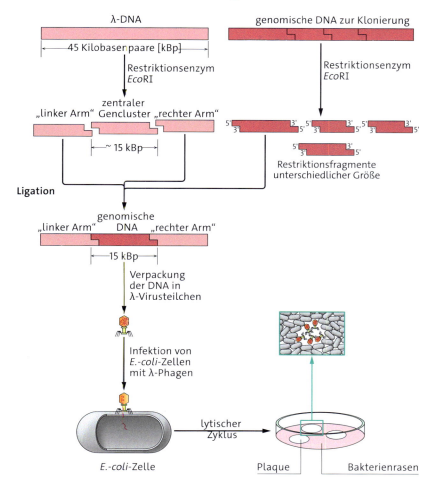

Für den Einsatz des Bakteriophagen λ als Vektor müssen folgende Erkenntnisse berücksichtigt werden:

- Das DNA-Molekül ist so groß, dass das Hinzufügen zusätzlicher DNA dazu führen würde, dass die DNA nicht mehr im Phagenkopf verpackt werden könnte.
- Der zentrale Gencluster enthält die genetischen Informationen, die es ermöglichen, dass sich die Phagen-DNA als Prophage im Bakteriengenom „verstecken" kann.
- Die Arme enthalten die Gene für die Replikation, sind aber zu klein, um verpackt zu werden.
- Phagenbausteine und für self assembly notwendige Enzyme können isoliert werden.
- Plaques sind durchsichtige Bereiche abgestorbener Bakterienzellen im Bakterienrasen auf Agarplatten.

1 Beschreiben Sie die Schritte der Klonierung mit dem Vektor λ.

2 Erläutern Sie, inwiefern man sich die Eigenschaften des Bakteriophagen für die Klonierung zunutze macht.

Material B Resistenzgene

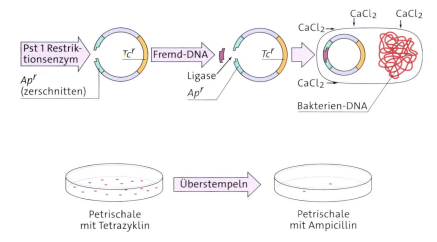

Künstlich erzeugte Plasmide, die als Klonierungsvektoren eingesetzt werden, tragen häufig Resistenzgene gegen Antibiotika. Ap^r bezeichnet das Ampicillin-Resistenzgen, Tc^r das Tetrazyklin-Resistenzgen. Die Behandlung mit Calciumchlorid, $CaCl_2$, macht die Bakterienzellen kompetent, das heißt aufnahmebereit.

1 Beschreiben und erläutern Sie die dargestellten Vorgänge.

2 Erläutern Sie die Funktion der Resistenzgene.

3.15 Polymerasekettenreaktion und DNA-Sequenzierung

1 Kalifornischer Highway

Als sich Kary Mullis im Jahr 1985 auf der dreistündigen Fahrt von seinem Labor nach Hause befand, ließ ihn die Arbeit nicht los. Er dachte die ganze Zeit darüber nach, wie ein einziges Stück DNA millionenfach kopiert werden könnte. Man könnte DNA in Plasmide einbauen, diese in Bakterien übertragen, die Bakterien züchten, um anschließend die Plasmide mit der gewünschten DNA zu gewinnen und die DNA herauszuschneiden. Dieses Verfahren schien aber sehr aufwendig. Während der Fahrt sah Mullis die Lichter der Autos auf beiden Seiten der Fahrbahn aufeinander zu bewegen, aneinander vorbei gleiten. Er beobachtete, wie Autos vom Highway abbogen und hinzukamen. Beim Anblick dieser Lichtspuren kam ihm die Idee, die Wissenschaftsgeschichte schreiben sollte. Er hielt an, zeichnete Linien auf ein Blatt Papier, um seinen so genialen wie einfachen Einfall festzuhalten. Was haben diese Lichtbänder mit der DNA-Vervielfältigung zu tun?

lat. in vitro = im Reagenzglas

Polymerasekettenreaktion • Die Lichtbänder stehen für DNA-Stränge, die sich *in vitro* verdoppeln. Wenn das Produkt jeder Verdopplung wiederum als Vorlage für eine weitere Vervielfältigung genutzt wird, reichen 20 Zyklen aus, um aus einem doppelsträngigen DNA-Molekül eine Million identische Kopien zu erzeugen. Das Vorbild für die Vervielfältigung liefert die Replikation der DNA, durch die während der Synthesephase des Zellzyklus eine identische Kopie der Erbinformation hergestellt wird. Dabei werden die Stränge der Doppelhelix voneinander getrennt. Die Einzelstränge dienen als Matrizen für zwei neue Stränge. Katalysiert wird diese Reaktion von DNA-Polymerasen. Daher nannte Mullis dieses Verfahren *Polymerasekettenreaktion*, kurz PCR.

Die Reaktion läuft heute automatisiert in einem Thermocycler ab, in dem ein Reaktionsansatz aus isolierter DNA, Primern, Polymerasemolekülen und Nucleotiden bei verschiedenen Temperaturen inkubiert wird. Dort vollzieht sich ein aus drei Schritten bestehender Zyklus, der mehrfach wiederholt wird.

Denaturieren • Zunächst wird die DNA auf 90 bis 95 Grad Celsius erwärmt. Bei dieser Temperatur lösen sich die Wasserstoffbrückenbindungen, welche die beiden Stränge der DNA zusammenhalten. Das Molekül *denaturiert* und dissoziiert innerhalb weniger Minuten in Einzelstränge.

Hybridisieren • Die Temperatur wird auf 50 bis 60 Grad Celsius gesenkt. Unter diesen Bedingungen binden synthetische Oligonucleotide mit einer Länge von 15 bis 30 Nucleotiden an die einzelsträngige DNA. Diese als Primer fungierenden Moleküle sind komplementär zu den Bereichen, die die zu kopierende DNA-Sequenz auf beiden Seiten flankieren. Sie dienen als Ausgangspunkte der Synthese neuer DNA-Stränge. Damit diese *Hybridisierung* an beiden Strängen gleichzeitig erfolgen kann, werden gegenläufig orientierte Primer eingesetzt.

Polymerisieren • Die Temperatur wird auf 70 bis 75 Grad Celsius erhöht. In diesem Bereich hat die *Taq-Polymerase* ihr Temperaturoptimum. Deren Bezeichnung leitet sich von dem in heißen Quellen lebenden Bakterium *Thermus aquaticus* ab, dessen DNA-Polymerase für die PCR gentechnisch modifiziert wurde. Die Taq-Polymerase synthetisiert den zum ursprünglichen DNA-Abschnitt komplementären Strang nach den Regeln der komplementären Basenpaarung an das 3'-Ende der Primer. So verdoppelt sich die Anzahl der DNA-Stränge in jedem Zyklus in weniger als zehn Minuten. Die Klonierung von DNA über Plasmide und Bakterienkulturen dauert dagegen mehrere Tage. Allerdings kann man mit der PCR nur DNA-Sequenzen begrenzter Länge kopieren und auch nur solche, für die Primersequenzen bekannt sind. Längere und unbekannte DNA-Sequenzen müssen weiterhin auf Zellbasis kloniert werden.

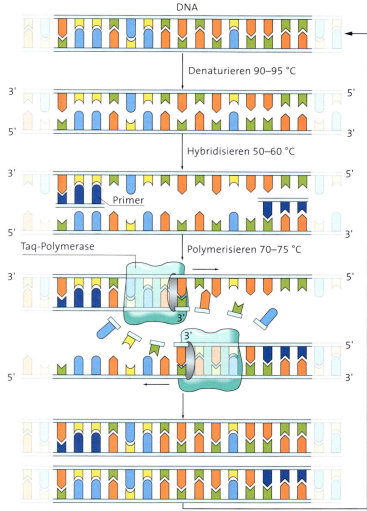

2 Ablauf der PCR

1 Beschreiben und erkläre Sie den Ablauf der Polymerasekettenreaktion.

Steckbrief

Kary Banks Mullis (1944–2019)

Kary Banks Mullis wurde 1944 in Lenoir im US-amerikanischen Bundesstaat North Carolina geboren. Er studierte Chemie am Georgia Institute of Technology und promovierte 1972 an der Universität von Kalifornien, Berkeley. 1979 ging er als DNA-Chemiker zur Cetus Cooperation in Kalifornien und betrieb Forschungen zur Oligonucleotidsynthese. Seine genial einfache Idee zur PCR schlug bei seinen Kollegen im Labor zunächst nicht ein, obwohl sie funktionierte. Man war der Überzeugung, dass ein so simples Verfahren bereits von anderen Forschenden ausprobiert worden sei. Bei der Vorstellung auf einem Kongress erhielt er dann die wissenschaftliche Anerkennung und wurde zusammen mit Michael Smith 1993 mit dem Nobelpreis für Chemie geehrt.

Gelelektrophorese • Nach der Klonierung eines bisher unbekannten DNA-Abschnittes lässt sich untersuchen, welche Restriktionsenzyme die Sequenz an welchen Stellen schneiden können. Dazu wird der DNA-Abschnitt von verschiedenen Restriktionsenzymen einzeln und in Kombination geschnitten, sodass jeweils ein Gemisch aus DNA-Fragmenten unterschiedlicher Größe entsteht. Um die Fragmente der Größe nach aufzutrennen, nutzt man die Methode der Gelelektrophorese. Das aus einer Meeresalge gewonnene Polysaccharid Agarose wird in einer Lösung erhitzt und in flüssiger Form in eine Elektrophoresekammer gegossen. Beim Abkühlen entsteht ein Gel mit einem Wasseranteil von 98 bis 99 Prozent, das an Wackelpudding erinnert. In die Kammer wird anschließend eine Pufferlösung gegeben, die Ionen enthält, damit elektrischer Strom hindurchfließen kann. An den Enden der Kammer liegen Elektroden für die Stromversorgung. Kleine Vertiefungen im Gel im Bereich der Kathode werden mit den DNA-Proben gefüllt. Wenn der Strom eingeschaltet wird, wandern die DNA-Fragmente wegen der negativen Ladungen an den Phosphorsäuregruppen zur Anode. Bei ihrer Wanderung durch die netzartige Struktur des Agarosegels kommen die Fragmente abhängig von ihrer Molekülgröße in einer bestimmten Zeit unterschiedlich weit. Je kleiner die Fragmente sind, desto weiter ist ihre Laufstrecke.

In eine der Taschen des Gels wird ein Gemisch von DNA-Fragmenten bekannter Größe gegeben. Dieser Größenvergleichsstandard hilft, die Größe der zu untersuchenden DNA-Stücke anhand des Vergleichs der Laufstrecken abzuschätzen. Nach der Auftrennung wird das Gel mit einem Farbstoff angefärbt. Die Farbstoffmoleküle lagern sich zwischen die Basen der Nucleinsäuremoleküle ein und fluoreszieren bei ultraviolettem Licht. Die sichtbare Bandenstruktur wird fotografiert.

Aus dieser Bandenstruktur kann man Rückschlüsse auf die Anzahl, Reihenfolge und den Abstand zwischen den Schnittstellen der Restriktionsenzyme ziehen. Das ungeschnittene Fragment ist laut Größenstandard 9 Kilobasenpaare lang. Beim Schneiden mit den Enzymen BamHI oder PstI ergeben sich jeweils zwei Banden. Also hat jedes Enzym eine Schnittstelle in diesem Fragment. Das zeitgleiche Schneiden mit beiden Enzymen ergibt drei Fragmente, aus deren Größe man die Reihenfolge und den Abstand der Schnittstellen schlussfolgern kann. So erhält man eine Restriktionskarte, die ein charakteristisches Erkennungsmerkmal eines klonierten DNA-Abschnitts darstellt.

1 Beschreiben Sie den Ablauf der Gelelektrophorese.

2 Erklären Sie die Ableitung der Restriktionskarte aus dem Bandenmuster.

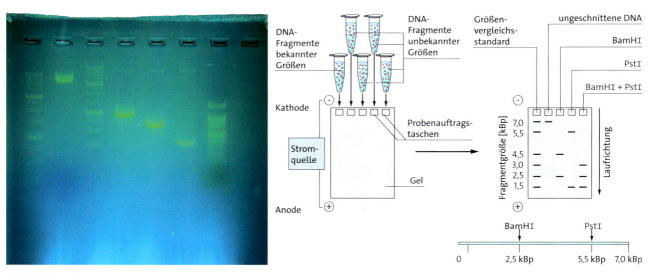

1 Gelelektrophorese

DNA-Sequenzierung • Das Prinzip der DNA-Sequenzierung geht zurück auf Frederick Sanger, der diese Methode in den 1970er-Jahren entwickelt hat. Dabei wird die DNA zu Einzelsträngen denaturiert und mit geeigneten Primern, DNA-Polymerasemolekülen und den vier verschiedenen Desoxyribonucleosidtriphosphaten, kurz dNTP, versetzt. Diese vier Triphosphate dienen als Substrate der DNA-Replikation: dATP, dGTP, dCTP und dTTP. Außerdem werden in geringer Menge Didesoxyribonucleosidtriphosphate, kurz ddNTP, dem Ansatz hinzugefügt. Diesem Molekül fehlt am 3'-Kohlenstoffatom der Desoxyribose die OH-Gruppe. Das Molekül kann daher zwar in die wachsende DNA-Kette eingebaut werden, aber eine Verknüpfung mit einem nächsten Nucleotid findet nicht statt, weil die für die Verlängerung notwendige Hydroxylgruppe am 3'-C-Atom fehlt und keine Phosphodiesterbindung ausgebildet werden kann.

Die DNA-Polymerase synthetisiert vom 3'-Ende des Primers an aus den vorhandenen Desoxyribonucleotidtriphosphaten einen komplementären Strang. Wird aber zufällig eines der vier ddNTP in die DNA-Sequenz eingebaut, wird die Synthese an dieser Position gestoppt. Da die Verlängerung der Nucleotidkette hier abgebrochen wird, spricht man von der *Kettenabbruchmethode*.

Die vier ddNTP sind jeweils mit unterschiedlichen Fluoreszenzmarkern versehen. Mit voranschreitender Replikation enthält der Ansatz neben den Matrizenfragmenten unterschiedlich lange DNA-Stücke, die jeweils mit einem fluoreszierenden ddNTP enden. Durch Erhitzen werden die neuen Stränge von der Matrize getrennt und mittels Elektrophorese der Länge nach sortiert. Per Laserstrahl wird der Markerfarbstoff zur Fluoreszenz angeregt. Das Fluoreszenzlicht wird von einer Fotozelle erfasst und der Wellenlänge nach den Basen zugeordnet. So kann bestimmt werden, welches ddNTP sich am Ende eines Fragments befindet.

Aus dieser Abfolge wird die Nucleotidsequenz des synthetisierten DNA-Stranges bestimmt und in die Sequenz des Matrizenstranges umgewandelt. Anders als zu Sangers Zeiten stehen allerdings heutzutage für die Sequenzierung Laborroboter und Computer mit entsprechender Software zur Verfügung. Aber auch diese vollautomatisierten Verfahren basieren auf dem Prinzip der Erkennung unterschiedlich markierter Fragmente.

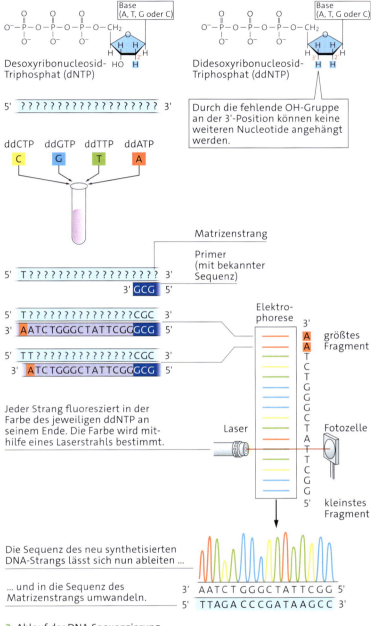

2 Ablauf der DNA-Sequenzierung

1 Beschreiben Sie detailliert den Ablauf der DNA-Sequenzierung.

2 Geben Sie die Funktion der ddNTP-Moleküle an.

Material

Material A Real-Time-PCR

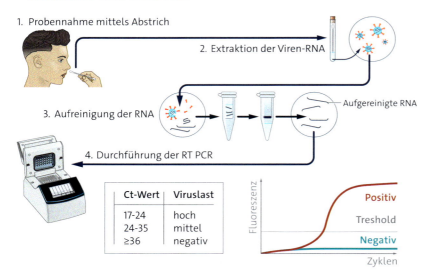

Der Nachweis einer Infektion mit SARS-Cov-2 erfolgt mit der Real-Time-PCR. Der Reaktionsansatz enthält zusätzlich das Enzym Reverse Transkriptase. Dieses Enzym konvertiert durch Herstellung einer komplementären Nucleotidkette ein RNA-Molekül zu einem DNA-Molekül. Die Primer sind zu einer definierten Zielsequenz der Virus-RNA komplementär. Der Reaktionsansatz enthält außerdem Moleküle, die mit Fluoreszenzmarkern versehen sind und an dieselbe Zielsequenz amplifizierter DNA-Moleküle binden. Am Ende jedes PCR-Zyklus' wird die Intensität der Fluoreszenz gemessen, so dass die Amplifikation der gesuchten Zielsequenz in Echtzeit verfolgt werden kann.

Der Ct-Wert ist von der Abkürzung für *cycle threshold* abzuleiten und gibt an, wie oft die Probe den Vermehrungszyklus durchlaufen musste, bis das Virus nachweisbar ist. Der Wert ist jedoch von Faktoren wie der Qualität der Probenentnahme oder der Phase der Infektion abhängig und nicht standardisiert.

1 Beschreiben Sie die vorbereitenden Schritte für eine Real-Time-PCR (Abb. 1 – 4).

2 Erklären Sie, weshalb das Enzym reverse Transkriptase eingesetzt werden muss.

3 Beschreiben und erklären Sie das Ergebnis der Real-Time-PCR.

4 Erläutern Sie die Bedeutung des Ct-Werts.

Material B Glasknochenkrankheit

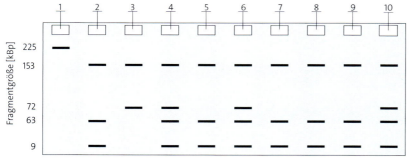

1 = ungeschnittene DNA
2 = normales Allel *Col*1A1
3 = mutiertes Allel *Col*1A1
4 = Blut des ersten Sohnes
5 = Blut des Vaters
6 = Blut des zweiten Sohnes
7 = Blut der Mutter
8 = Blut der Tochter
9 = Spermienzellen von gesunder Person
10 = Spermienzellen des Vaters

Die Glasknochenkrankheit beruht auf einer Mutation des Gens *Col1A1*, das für die Bildung des Kollagens in den Knochen verantwortlich ist. In einer Familie, deren Söhne von der Krankheit betroffen sind, trat diese Krankheit weder in der Verwandtschaft noch bei ihren Vorfahren auf. Daher sollte eine molekulargenetische Untersuchung das plötzliche Auftreten der Erkrankung klären. Dazu wurden allen Familienmitgliedern Zellen entnommen und die darin enthaltene DNA mit einem Restriktionsenzym geschnitten. Wenn das normale Allel vorliegt, entstehen so Fragmente von 153, 63 und 9 Basenpaaren. Das mutierte Allel ergibt Fragmente von 153 und 72 Basenpaaren. Eine gelelektrophoretische Auftrennung der behandelten DNA-Proben zeigt das Ergebnis dieser Untersuchung.

1 Erläutern Sie den Unterschied in der Größe des DNA-Fragments eines normalen und mutierten Allels nach Behandlung mit einem Restriktionsenzym.

2 Werten Sie das Ergebnis der Untersuchung aus.

3 Erläutern Sie, ob das Allel für die Glasknochenkrankheit dominant oder rezessiv vererbt wird.

Vielfalt des Lebens • Polymerasekettenreaktion und DNA-Sequenzierung

Material A Sanger-Sequenzierung

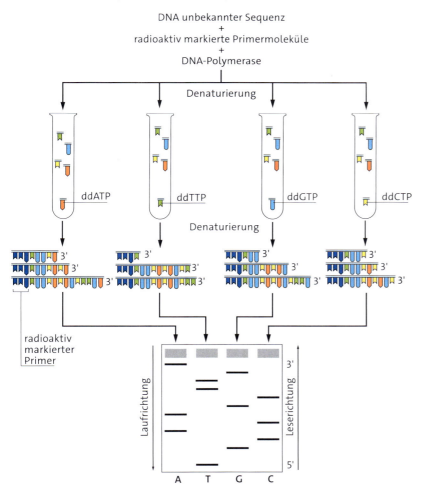

Frederick Sanger entwickelte die Kettenabbruchmethode in den 1970er-Jahren, also zu einer Zeit, in der noch keine Sequenzierroboter zur Verfügung standen. Damals wurden radioaktiv markierte Primer zu vier verschiedenen Ansätzen hinzugefügt, die sich nur im Zusatz einer jeweils geringen Menge der Didesoxyribonucleotide unterschieden. Zur Auftrennung wurde eine Gelelektrophorese genutzt. Dabei wurden die Gemische in jeweils eine Vertiefung eines dünnen Polyacrylamidgels gefüllt. Anschließend wurde eine für elektrischen Strom leitfähige Pufferlösung hinzugegeben. Die Elektrophorese erfolgte unter Hochspannung, sodass sich das Gel auf über 60 °C aufheizte und die Stränge nicht mehr renaturieren konnten. Dann wurde das Gel einer umständlichen Behandlung unterzogen und getrocknet. Als Ergebnis erhielt man ein Autoradiogramm. Bei der Autoradiografie wurden radioaktiv markierte Stoffe durch Schwärzung eines Röntgenfilms nachgewiesen. Die geschwärzten Banden entsprechen in jeder Bahn dem entsprechenden Nucleotid.

Auch wenn heute keine Autoradiografie mehr durchgeführt wird, liegt das Prinzip der SANGER-Sequenzierung bis heute allen verwendeten Verfahren zugrunde.

1. Beschreiben Sie den Ablauf der ursprünglichen Sanger-Sequenzierung.

2. Vergleichen Sie die ursprüngliche Methode mit der automatisierten Vorgehensweise. Nehmen Sie die Seite 202 zu Hilfe.

3. Geben Sie die Basensequenz des untersuchten DNA-Abschnitts an.

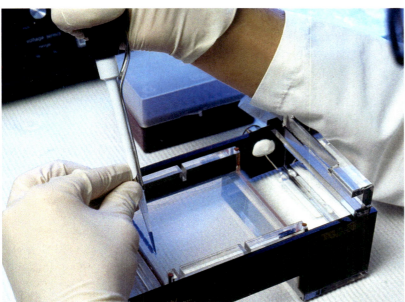

3.16 CRISPR/Cas9 – die Genschere

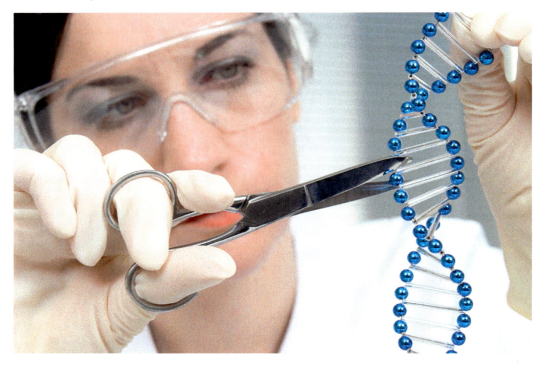

1 Ein DNA-Stück wird ausgeschnitten

Als die beiden Molekularbiologinnen Emmanuelle Charpentier und Jennifer Doudna am 17. August 2012 ihre Forschungsergebnisse veröffentlichten, war dies eine wissenschaftliche Sensation. Man sprach von einer Revolution in der Gentechnik. Die beiden Forscherinnen hatten eine Methode entwickelt, mit der Gene auf einfache Weise gezielt geschnitten werden können. Wie funktioniert diese Methode und wofür kann sie genutzt werden?

engl. cluster
= Bündel, Ballung

Bakterienimmunität • In den 1980er-Jahren entdeckten japanische Wissenschaftler im ringförmigen Chromosom von *Escherichia coli* clusterartig angeordnete DNA-Abschnitte sich wiederholender Sequenzen, die in beide Richtungen das gleiche Leseraster aufwiesen. Man nennt solche DNA-Abschnitte **Palindrome**. Diese waren durch kurze Abschnitte von etwa 30 Nucleotiden unterbrochen, die als Spacer bezeichnet wurden. Ähnliche Genabschnitte wurden in den folgenden beiden Jahrzehnten in vielen Bakterienarten entdeckt. Aufgrund ihrer merkwürdigen Basenfolge gab man ihnen die Bezeichnung Clustered Regularly Interspaced Short Palindromic Repeats, kurz **CRISPR**. Die Funktion dieser Genabschnitte war zunächst jedoch unklar.

Im Jahr 2005 entdeckte man, dass bestimmte Abschnitte der CRISPR-Sequenzen identisch sind mit DNA-Abschnitten von Bakteriophagen, und zwar genau die Abschnitte, die man als Spacer bezeichnet hatte. In weiteren Experimenten konnte nachgewiesen werden, dass Bakterien gegen Phagen immer dann immun sind, wenn ein Spacer-Abschnitt und ein Abschnitt der Phagen-DNA übereinstimmen. Fehlt der passende Spacer-Abschnitt, wird das Bakterium infiziert und stirbt meist. Aber wie kann ein Bakterium den eindringenden Phagen mithilfe des Spacers unschädlich machen?

Auf der Bakterien-DNA entdeckte man in der Nähe der CRISPR-Sequenz weitere Gene, die mit ihr in Beziehung stehen. Diese Gene nannte man *CRISPR-associated*, kurz **Cas**. Eines dieser Gene, **Cas9**, codiert für ein Enzym, das DNA schneiden kann, also für eine **Endonuclease**.

Damit konnte die Immunabwehr von Bakterien gegenüber Bakteriophagen erklärt werden. Einige Bakterien einer Bakterienkultur überleben den Angriff von Bakteriophagen. Diese Bakterien integrieren in ihre DNA ein kurzes Stück der Phagen-DNA, den Spacer. Wird ein solches Bakterium zu einem späteren Zeitpunkt wieder von einem gleichartigen Phagen angegriffen, trägt es bereits einen passenden Spacer-Genabschnitt. Dadurch kann das Bakterium eine spezifische RNA transkribieren, die *CRISPR*-RNA, kurz **crRNA**. Sie besteht aus zwei Teilen: dem passenden Spacer-Bereich und einem Leitstrang. Mit diesem Leitstrang lagert sich die crRNA an die Endonuclease, das Genprodukt des *Cas9*-Gens, an. Der Spacer-Bereich der crRNA verbindet sich dann mit den komplementären Basen der DNA des Phagen. Dadurch bringt die crRNA das Enzym in Kontakt mit der Phagen-DNA. Im letzten Schritt dieses Prozesses durchtrennt die Endonuclease die Phagen-DNA, weshalb das Enzym mit einer Schere verglichen wird. Damit ist die Phagen-DNA für das Bakterium unschädlich und die Immunreaktion gegen den Phagen entsprechend erfolgreich.

Neues Werkzeug der Gentechnik • Noch zu Beginn des 21. Jahrhunderts wurde versucht, maßgeschneiderte Enzyme herzustellen, die in der Lage sind, das Genom von Lebewesen an spezifischen Stellen zu schneiden. Für jede Modifikation war somit die aufwendige Herstellung eines anderen Enzyms notwendig. Charpentier und Doudna erkannten hingegen, dass das Cas9-Enzym an jeder Stelle im Genom schneiden kann. Die beiden Wissenschaftlerinnen stellten eine künstliche Leit-RNA her mit Sequenzanteilen, die zu einer von ihnen ausgesuchten Zielsequenz in der DNA eines Bakteriums passen. Diese RNA verknüpften sie mit dem Cas9-Enzym und schleusten dieses Werkzeug in eine Bakterienzelle ein. Dort verhielt es sich wie erwartet. Die Zielsequenz wurde geschnitten.

Alle Zellen verfügen über die natürliche Fähigkeit, DNA-Brüche zu reparieren. Dabei werden einzelne Basen entfernt oder ausgetauscht. Deshalb ist ein durch CRISPR/Cas erzeugter Schnitt im Nachhinein nicht von einer natürlichen Mutation zu unterscheiden.

Innerhalb des folgenden Jahres erzielte man weltweit mit der neuen Methode CRISPR/Cas9 enorme Fortschritte. Sie lässt sich nicht nur bei Bakterien anwenden, sondern auch in eukaryotischen Zellen, also bei Pflanzen, Tieren und Menschen.

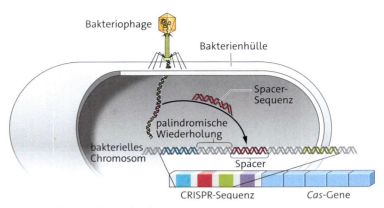

2 Immunisierung eines Bakteriums

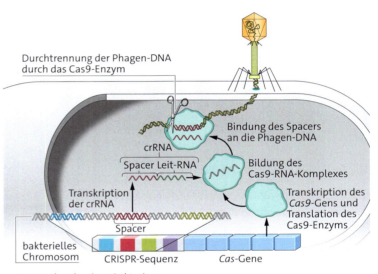

3 Immunabwehr eines Bakteriums

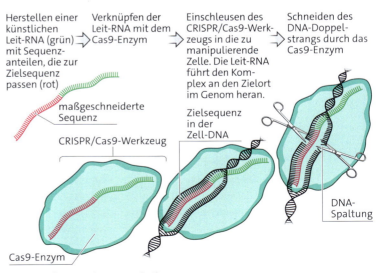

4 CRISPR/Cas9 in der Gentechnik

1 Champignons: **A** natürliche Reifung, **B** durch CRISPR/Cas9 veränderte Reifung

2 Malaria-resistente Mücke durch CRISPR/Cas9

Anwendung von CRISPR/Cas9 • Im Jahr 2016 kam in den USA ein Champignon auf den Markt, der nicht so schnell braun und unansehnlich wird wie herkömmliche Champignons. Man hatte mithilfe von CRISPR/Cas9 ein Gen ausgeschaltet, das für die Verfärbung verantwortlich ist. Das für die Zulassung verantwortliche US-Landwirtschaftsministerium verglich die neue Methode mit anderen gentechnischen Verfahren, bei denen durch Einbau eines neuen Gens aus einem anderen Organismus ein gentechnisch veränderter Organismus entsteht. Da bei dem Champignon durch das Schneiden eines Gens nur dessen Funktion ausgeschaltet, aber kein neues Gen eingefügt wurde, stufte man diesen lediglich als einen Genom-editierten Organismus ein. Das US-Landwirtschaftsministerium ist der Ansicht, das Schneiden eines Gens führe nicht zu einem gentechnisch veränderten Organismus, wenn keine Fremd-DNA eingeschleust werde. Der Champignon sei Pilzen aus konventioneller Züchtung gleichzustellen und ein Zulassungsverfahren deshalb nicht nötig.

Der Europäische Gerichtshof ist anderer Auffassung. Er entschied im Juli 2018, dass durch Genom-Editierung erzeugte Lebewesen unter die geltenden Gentechnik-Gesetze fallen.

Trotz dieser Diskussion entwickelt sich die Forschung rasant weiter. Tomaten- und Weizenpflanzen beispielsweise hat man durch das Ausschalten bestimmter Gene so verändert, dass sie gegen Mehltau, eine Pilzkrankheit, und gegen verschiedene Virusinfektionen resistent sind. Auch der Ertrag vieler Nutzpflanzen kann mit der neuen Technik gesteigert werden. So gelang es Forschern, Genom-editierte Sojabohnen zu erzeugen, deren Gehalt an Ölsäure um ein Vielfaches höher ist als bei herkömmlichen Sojapflanzen.

Weitere vielversprechende Veränderungen im Erbgut sind nun denkbar. So könnte CRISPR/Cas9 bei der Bekämpfung tropischer Krankheiten wie Malaria erfolgreich sein. Es ist bereits gelungen, die Malaria übertragenden Mücken gegen den Malariaerreger resistent zu machen. Ein Freilandversuch mit diesen Genomeditierten Mücken ist jedoch umstritten, da ihr Einfluss auf das Ökosystem nicht abzuschätzen ist.

Auch in der Transplantationsmedizin zeichnen sich Fortschritte ab. Man versucht, die Abstoßungsreaktion gegenüber Spenderorganen durch Ausschalten der die Immunreaktion auslösenden Stoffe zu reduzieren. In den USA erhielt ein Herzpatient 2022 erstmalig ein auf diese Weise behandeltes Schweineherz. Eine derartige Übertragung vom Tier auf den Menschen bezeichnet man als Xenotransplantation. Es kam zu keiner Abstoßungsreaktion und das Herz arbeitete problemlos. Dennoch verstarb der Patient nach zwei Monaten an einer Virusinfektion, die durch das transplantierte Herz verursacht wurde. Der Einsatz von CRISPR/Cas9 und insbesondere dessen Einsatz zur Veränderung des Erbguts bei Menschen wird weltweit kontrovers diskutiert.

1 Erklären Sie den Unterschied zwischen einem gentechnisch veränderten Organismus und einem Genom-editierten Organismus.

2 Recherchieren Sie weitere Beispiele für die Anwendung von CRISPR/Cas9.

Material

Vielfalt des Lebens • CRISPR/Cas9 – die Genschere

Material A Genom-editierte Babys

Im November 2018 berichtete der chinesische Forscher Jiankui HE von der Geburt der weltweit ersten genmanipulierten Zwillinge. Er hatte einem Paar, bei dem der Mann HIV-positiv war, für eine künstliche Befruchtung Eizellen beziehungsweise Spermienzellen entnommen. Mithilfe der Genschere CRISPR/Cas entfernte er anschließend aus den befruchteten Eizellen durch Schneiden des entsprechenden Gens den Zellrezeptor CCR5, über den das HI-Virus in die Zellen gelangt. Aufgrund des fehlenden Rezeptors sollen die Babys vor einer möglichen Infektion mit dem Aids-Erreger geschützt sein. Ein halbes Jahr später berichtete ein medizinisches Online-Portal, dass mehrere Kliniken für künstliche Befruchtung Interesse an einer Zusammenarbeit mit dem Forscher bekundet haben, um ihr Geschäftsfeld zu erweitern.

> **Infobox**
>
> *Bei der Anwendung der CRISPR/Cas-Technik kann es zu ungewünschten Nebenwirkungen kommen, wenn das Cas-Enzym nicht an der richtigen Stelle schneidet, sondern an einer anderen Stelle im Genom. Man bezeichnet diese Nebenwirkungen als Off-Target-Effekte. In einigen Fällen wurden Deletionen von mehreren Tausend Basenpaaren nachgewiesen, aber auch Umlagerungen von Genen.*
>
> *Forschende arbeiten daran, die Genscheren weiterzuentwickeln und ihre Zielgenauigkeit zu erhöhen.*

Stellungnahmen

Professor Toni Cathomen, Direktor des Instituts für Transfusionsmedizin und Gentherapie der Universität Freiburg:

„HE scheint nicht beachtet zu haben, dass eine CCR5-Inaktivierung das Immunsystem gegen die meisten HIV-Stämme resistent macht, aber nicht gegen alle. Einige HI-Viren nutzen eine andere Pforte, um in die Zellen einzudringen. Zudem ist bekannt, dass CCR5 eine wichtige Rolle in der Abwehr anderer Virusinfektionen einnimmt. Die Mädchen sind gegen bestimmte HI-Viren resistent, tragen aber ein höheres Risiko, an einer Infektion mit dem Grippevirus zu versterben."

Professor Peter Dabrock, Vorsitzender des Deutschen Ethikrats und Theologie-Professor an der Universität Erlangen-Nürnberg:

„Das kann ja fast nur als Affront gegenüber dem Ansinnen verantwortlicher Wissenschaft gewertet werden."

Tedros Adhanom Ghebreyesus, Generaldirektor der Weltgesundheitsorganisation (WHO):

„Genome-Editing wirft ethische, soziale und Sicherheitsfragen auf. Wir müssen sehr vorsichtig sein. Wir können Genommanipulierung nicht anfangen ohne ein Verständnis unbeabsichtigter Konsequenzen."

Professor Jochen Taupitz, Medizinrechtsexperte an den Universitäten Heidelberg und Mannheim:

„Aber bei aller Empörung muss man sich vor Augen führen, dass weltweit eben kein einheitliches rechtliches Verbot von Keimbahninterventionen beim Menschen existiert."

Chancen

Das Zeugen von Wunschkindern ist möglich. Die körperliche Leistungsfähigkeit kann gesteigert und das Erscheinungsbild optimiert werden.

Mithilfe von CRISPR/Cas besteht die Möglichkeit, menschliches Leid durch genetisch bedingte Krankheiten wie Mukoviszidose zu eliminieren. Das Ausschalten bestimmter Gene senkt das Risiko, an Krebs zu erkranken, zum Beispiel *BRCA1* bei Brustkrebs.

Hohe Behandlungskosten lassen sich ausschließen, wenn bestimmte Krankheiten gar nicht erst ausbrechen.

1 Recherchieren Sie weitere Argumente im Internet.

2 Nennen Sie Pro- und Kontra-Argumente zur Erzeugung Genom-editierter Babys.

3 Diskutieren und gewichten Sie die Argumente. Versuchen Sie, mit Ihren Mitschülerinnen und Mitschülern einen Konsens zur Befürwortung oder Ablehnung Genom-editierter Babys zu erzielen.

3.17 Genetischer Fingerabdruck

1 Lynda Mann und Dawn Ashworth

1983 wurden Lynda Mann und drei Jahre später Dawn Ashworth jeweils im Alter von 15 Jahren in der Nähe des englischen Dorfes Narborough vergewaltigt und ermordet aufgefunden. Die Polizei tappte lange im Dunkeln, bis Forscher von der Universität Leicester durch zwei neu entwickelte Verfahren der Suche nach dem Mörder neuen Antrieb geben konnten. Peter GILL hatte eine Methode entwickelt, Vaginal- und Spermienzellen voneinander zu trennen, sodass die Spermienzellen des Mörders isoliert werden konnten. Alec Jeffreys war es gelungen, aus der DNA menschlicher Zellen ein genetisches Profil zu erstellen, das einem einzelnen Menschen wie der Fingerabdruck eindeutig zugeordnet werden kann. Wie gelang Jeffreys dieser genetische Fingerabdruck?

Minisatelliten • Die genetische Information ist in allen Zellen eines menschlichen Körpers identisch, auch wenn sie unterschiedliche Funktionen ausüben. So können Zellen, die ein Täter am Tatort hinterlässt, für eine eindeutige Zuordnung benutzt werden.

Dies ist möglich, da jeder Mensch durch seine individuelle Anordnung der drei Milliarden Nucleotide der DNA auf 23 Chromosomen eine einzigartige genetische Identität hat. Nur eineiige Zwillinge bilden eine Ausnahme.

Zur Erstellung eines genetischen Profils ist es nicht notwendig, jedes Basenpaar der DNA zu erfassen. Man stützt sich vor allem auf Bereiche nicht codierender DNA, die Introns. Denn in diesen Bereichen können sich in einer Population Mutationen über Generationen anhäufen ohne Nachteile für das Individuum. In den Introns sind daher größere Unterschiede in der Nucleotidabfolge zu beobachten als in den Exons. Man bezeichnet diese Unterschiede in der Nucleotidsequenz als Polymorphismen. Die Introns enthalten häufig sich zwei- bis hundertmal wiederholende Sequenzen von 10 bis 100 Basenpaaren Länge, die wegen ihrer variablen Häufigkeit bei jedem Menschen ein individuelles Muster ausprägen. Diese repetitiven Abschnitte bezeichnet man als Minisatelliten-DNA oder variable number of tandem repeats, kurz **VNTR**.

RFLP-Analyse • Um diese Wiederholungen zu analysieren, wird die DNA mit Restriktionsenzymen geschnitten. Dadurch lassen sich DNA-Moleküle abhängig von der Anzahl der vorhandenen Schnittstellen in verschieden lange Fragmente zerlegen. Diese von Person zu Person unterschiedliche Länge von DNA-Fragmenten nach der Behandlung mit

Restriktionsenzymen bezeichnet man als Restriktionsfragmentlängenpolymorphismus, kurz **RFLP**.

Southern-Blotting • Die erhaltenen DNA-Fragmente werden nun mithilfe einer Gelelektrophorese ihrer Größe nach aufgetrennt. Das Gel wird mit Wärme oder Chemikalien behandelt, um die DNA zu denaturieren. Es wird dann auf einem Schwamm in einer Pufferlösung platziert. Auf dem Gel liegen ein Nitrocellulosefilter und Papiertücher, die mit einem Gewicht beschwert sind. Durch Kapillarkräfte wird die Pufferlösung durch das Gel und den Filter nach oben gesogen. Dabei werden die DNA-Fragmente mit hoher Präzision auf den Filter übertragen, sodass ihre Anordnung im Gel auf dem Filter erhalten bleibt. Dieses Verfahren wird nach seinem Erfinder Edwin Southern als **Southern-Blotting** bezeichnet.

Nun wird der Filter mit der verankerten DNA mit einer radioaktiv markierten Sonde inkubiert. Diese Sonden sind einzelsträngige DNA-Sequenzen wie GGGCAGGAGG, die mit komplementären Sequenzen bestimmter DNA-Abschnitte hybridisieren und sie damit markieren. Die Sonden entsprechen ausgewählten VNTRs. Nach dem Waschen des Filters zur Entfernung überzähliger Sonden legt man einen Röntgenfilm auf den Nitrocellulosefilter. Da die Sonden durch Radioisotope markiert sind, wird der Röntgenfilm nach der Entwicklung dort geschwärzt, wo die Strahlungsemission stattfindet. Auf dem Röntgenfilm sind an den Stellen schwarze Balken zu erkennen, an denen auf dem Filter Sonden gebunden waren. Dieses Verfahren bezeichnet man als **Autoradiografie**.

Jeffreys konnte durch den Vergleich der aus Spermienzellen isolierten DNA-Proben nachweisen, dass es sich bei beiden Mädchen um Opfer desselben Täters handelte. Ein erster Verdächtiger wurde durch den Vergleich mit seinem genetischen Profil entlastet. Daraufhin ordnete die Polizei eine Untersuchung der Gewebeproben von über 5000 Männern des Bezirks an. So konnte ein Mann verhaftet werden, dessen Profil seiner Minisatelliten exakt zu dem der an den Tatorten gefundenen DNA-Spuren passte. Diese Erstellung eines eindeutigen genetischen Profils nennt man populärwissenschaftlich genetischen Fingerabdruck oder Fingerprinting. Fachleute sprechen eher von **DNA-Profiling**.

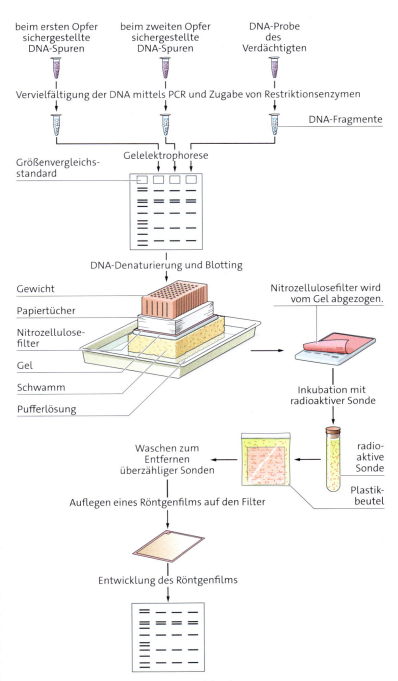

2 Entstehung eines genetischen Fingerabdrucks

1 Erläutern Sie, weshalb die DNA-Sonden ausgewählten VNTR-Sequenzen entsprechen müssen.

2 Beurteilen Sie die Bedeutung des Fingerprinting für die Aufklärung von Mordfällen.

Mikrosatelliten • Für eine DNA-Analyse nach dem Verfahren des genetischen Fingerabdrucks mit VNTRs werden mindestens 50 µg DNA benötigt. Dies entspricht der DNA von ungefähr 10 000 Zellen, deren Zersetzung noch nicht begonnen haben darf.

Diese Bedingungen werden an vielen Tatorten nicht erfüllt. Daher wird die RFLP-Analyse heute vor allem bei Vaterschaftstests eingesetzt, die auf der Untersuchung frischer intakter Zellen beruhen. Um aus Proben wie einzelnen Haaren, einem Zigarettenstummel oder Speichelresten ein DNA-Profil zu erstellen, nutzt man hingegen eine andere Gruppe von Sequenzen als Marker, die den VNTRs sehr ähnlich sind. Jedoch sind die wiederholten Basenfolgen noch kürzer. Sie umfassen bis zu zehn Nucleotide und wiederholen sich fünf- bis zwanzigmal. Sequenzen wie CACACACACA werden als **Mikrosatelliten** oder short tandem repeats, kurz **STR**, bezeichnet. In einem einzelnen STR liegen unterschiedlich viele Wiederholungseinheiten, die durch Fehler bei der Replikation entstanden sind. Zur Erstellung eines DNA-Profils bedient man sich zuerst der Technik der Polymerasekettenreaktion zur Vervielfältigung des genetischen Materials. Man setzt dabei Primer ein, die sich an beiden Enden eines STR an die DNA heften, sodass nicht alle vorhandenen DNA-Sequenzen abgelesen werden, sondern nur bekannte STRs. Anschließend werden die gebildeten Fragmente gelelektrophoretisch aufgetrennt und man erhält nach der Markierung mit einer spezifischen Farbstoffsonde ein Bandenmuster wie beim klassischen Fingerprinting. Wenn man die Primer bei der PCR mit verschiedenen Fluoreszenzfarbstoffen markiert, können die gebildeten DNA-Fragmente durch einen Sequenzierungsautomaten analysiert werden. Als Ergebnis dieser Fluoreszenzdetektion erhält man eine Grafik mit Peaks, die für gebundene Sonden an den jeweiligen Genloci stehen. So kann ein DNA-Profil zur Identifizierung und Verwandtschaftsbestimmung genutzt werden.

Betrachtet man nur ein STR, kann man von einer Probe nicht sicher auf eine bestimmte Person schließen, weil die Wahrscheinlichkeit einer Übereinstimmung bei etwa 1 : 200 liegt. Ermittlungsbehörden nutzen daher international ein Markerfeld mit 13 STRs, sodass die Wahrscheinlichkeit, dass jemand dieselbe STR-Kombination aufweist, auf eins zu einer Trillion sinkt.

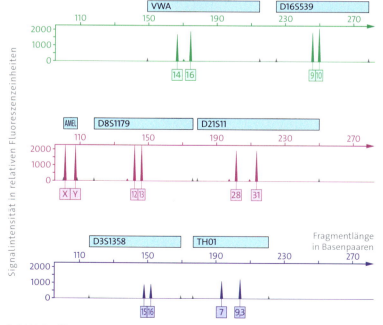

1 STR-Polymorphismus

2 Internationales Markerfeld

3 DNA-Profil

1 Erläutern Sie, weshalb sich Polymorphismen für die Erstellung von DNA-Profilen eignen.

2 Vergleichen Sie VNTRs und STRs.

Material

Vielfalt des Lebens • Genetischer Fingerabdruck

Material A Vaterschaft

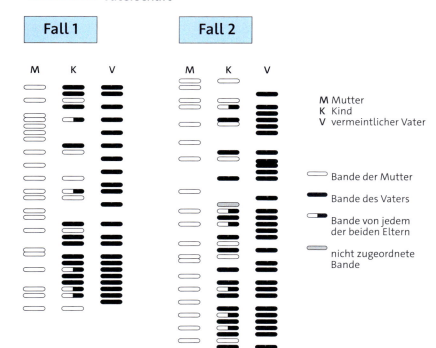

Sowohl zur Strafverfolgung als auch im Zivilrecht werden zwei DNA-Sonden von Minisatellitenloci auf dem ersten und siebten Chromosom eingesetzt, um ein DNA-Profil zu erstellen. So konnte man Tausende von Vaterschaftsfällen erfolgreich klären.

1 Beschreiben Sie das Bandenmuster zu Fall 1.

2 Werten Sie das Bandenmuster zu Fall 1 aus und nehmen Sie Stellung zur Frage der Vaterschaft.

3 Beschreiben Sie das Bandenmuster zu Fall 2.

4 Werten Sie das Bandenmuster zu Fall 2 aus und nehmen Sie Stellung zur Frage der Vaterschaft.

5 Erläutern Sie die Möglichkeiten zur Entstehung einer nicht den Elternteilen zuzuordnenden Bande.

Material B Mann oder Frau

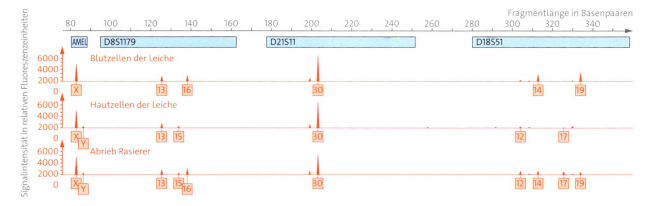

Das DNA-Profil stammt von einer Person, die sich vor einen Zug geworfen hatte. Ihr Körper war bis zur Unkenntlichkeit entstellt und auf Ausweispapiere konnten die Ermittlungsbehörden auch nicht zurückgreifen. Die Polizei ermittelte einen vermissten Mann, der als wahrscheinlichstes Opfer galt. Zur Klärung der Identität wurde ein DNA-Profil aus den Blutzellen und Hautzellen der Leiche sowie aus dem Abrieb vom Rasierer aus der Wohnung des Vermissten erstellt. Medizinischen Unterlagen in der Wohnung war zu entnehmen, dass der Mann eine Knochenmarksspende von einer Frau erhalten hatte.

1 Werten Sie das DNA-Profil aus.

2 Nehmen Sie Stellung zur Eindeutigkeit eines DNA-Profils.

3.18 „Grüne" Gentechnik

1 Reis:
A goldener Reis,
B gentechnisch unveränderter Reis

In Ländern, in denen Reis als Grundnahrungsmittel dient, leiden weltweit schätzungsweise 140 Millionen Kinder an Vitamin-A-Mangel. Dieser Mangel bewirkt eine Schwächung des Immunsystems, die zu einer erhöhten Anfälligkeit für Infektionskrankheiten führt, sowie eine Beeinträchtigung des Sehsinns. Mehr als 500 000 Kinder in Afrika und Asien erblinden pro Jahr infolge dieses Mangels. Die Hauptursache dafür besteht darin, dass geschälter Reis nur über sehr geringe Mengen β-Carotin verfügt, das im Körper zu Vitamin A umgewandelt wird. Gentechnisch hergestellter „goldener Reis" hingegen enthält erhöhte Mengen β-Carotin, das zu der namensgebenden Färbung führt. Wie gelingt diese gentechnische Veränderung?

Phytoen-Vorstufe
↓ Phytoen-Synthase
Phytoen
↓ Phytoen-Desaturase
Lycopin
↓ Lycopin-β-Zyklase
β-Carotin

2 β-Carotin-Synthese (Schema)

Biofortifikation • In allen Teilen der Reispflanze wird β-Carotin synthetisiert, zum Beispiel in den Laubblättern und auch in der mehrschichtigen Samenschale. Diese wird aber bei der Verarbeitung von Reis entfernt, weil polierter Reis als Endprodukt der Verarbeitung zwar den größten Teil der Mineralstoffe und Vitamine verloren hat, aber wesentlich haltbarer ist. Da es in der Natur keine Reisart gibt, die auch im Reiskorn β-Carotin synthetisiert, begannen Ingo Potrykus und Peter Beyer zu Beginn der 1990er-Jahre mit der Entwicklung einer gentechnisch veränderten Reissorte. Der Biosyntheseweg des β-Carotins geht von einer Vorstufe des Carotins Phytoen aus und wird von drei Enzymen katalysiert.

Da diese Enzyme im Reiskorn unter natürlichen Bedingungen deaktiviert sind, wurden die codierenden DNA-Abschnitte aus dem Genom der Narzisse mit der Technik der rekombinanten DNA in das Genom der Reispflanze eingeschleust. Die DNA-Abschnitte wurden an Promotoren gekoppelt, die nicht in den übrigen Teilen der Pflanze, sondern nur im Reiskorn aktiv werden, sodass die β-Carotin-Synthese nur dort stattfindet. Ein solches Verfahren der gentechnischen Veränderung einer Pflanze mit dem Ziel, diese mit bestimmten Inhaltsstoffen wie Vitaminen oder Mineralstoffen anzureichern, bezeichnet man als Biofortifikation.

Agrobacterium tumefaciens • Für das Einschleusen der Fremd-DNA in die Reispflanze macht man sich einen natürlichen Vektor zunutze. Das Bodenbakterium *Agrobacterium tumefaciens* infiziert Pflanzen an verletzten Stellen. Es enthält ein doppelsträngiges DNA-Plasmid, das an der infizierten Stelle eine unkontrollierte Teilung der Pflanzenzellen hervorruft. Man nennt es daher tumorinduzierendes Plasmid, kurz **Ti-Plasmid**. Das tumorartige Zellwachstum kommt zustande, da ein Teil des Ti-Plasmids, die Transfer-DNA oder **T-DNA**, in die DNA der Pflanze integriert wird. Die T-DNA bleibt in der Pflanzenzelle erhalten und wird auch an Tochterzellen weitergegeben. In der Pflanzenzelle bewirkt die T-DNA, dass Phytohormone und Opine synthetisiert werden. Die Phytohormone stimulieren die Zellteilung und das Wachstum. Opine sind spezielle Aminosäuren, die nur von *Agrobacterium* genutzt werden können. Das Bakterium programmiert die Zelle also genetisch zu seinem eigenen Nutzen um.

Transfektion • Um die Ti-Plasmide für die Übertragung von DNA in eine eukaryotische Zelle, die **Transfektion**, nutzen zu können, wurden die Phytohormon- und Opingene entfernt. So entsteht Platz für die Fremd-DNA und eine Zellwucherung kann vermieden werden. In diese „gezähmten" Ti-Plasmide können nun Fremdgene integriert werden. Zusätzlich wird als Selektionsmarker ein Kanamycinresistenzgen eingebaut. Das rekombinante Plasmid kann nun entweder direkt in Pflanzenzellen übertragen oder erneut in *Agrobacterium tumefaciens* eingeschleust werden, das dann im Labor mit Pflanzenzellen inkubiert wird.

Anschließend werden die Bakterien durch Antibiotikazugabe getötet und die Pflanzenzellen auf einen kanamycinhaltigen Nährboden gegeben. Die rekombinanten Zellen sind resistent gegen Kanamycin und überleben. Durch bestimmte Hormongaben wird nun die Spross- und Wurzelbildung eingeleitet, sodass die rekombinanten Pflanzenzellen zu vollständigen Pflanzen regeneriert werden.

Golden Rice 2 • Nach der Herstellung des ersten Prototyps wurde in weiteren Forschungsarbeiten der noch immer geringe β-Carotingehalt in den Reiskörnern durch Einsatz eines Synthetasegens aus dem Mais statt aus der Narzisse gesteigert. Eine durchschnittliche Reisration soll nun den Tagesbedarf an Vitamin A zur Hälfte decken. 2013 soll eine zur Aussaat freigegebene Golden-Rice-Sorte auf den Philippinen und in Bangladesch für Kleinbauern zur Verfügung stehen. Untersuchungen zur Verfügbarkeit des β-Carotins haben ergeben, dass der gesamte Gehalt des Reiskorns vom menschlichen Verdauungssystem verarbeitet werden kann. Kritiker monieren, dass mit dem finanziellen Aufwand für die jahrzehntelange Forschung die Lage der betroffenen Menschen hätte verbessert werden können und dass der vorgegebene humanitäre Einsatz nur dazu dienen soll, das Ansehen der Gentechnologie zu verbessern.

1 Erläutern Sie die Funktion von *Agrobacterium tumefaciens* bei der Transfektion.

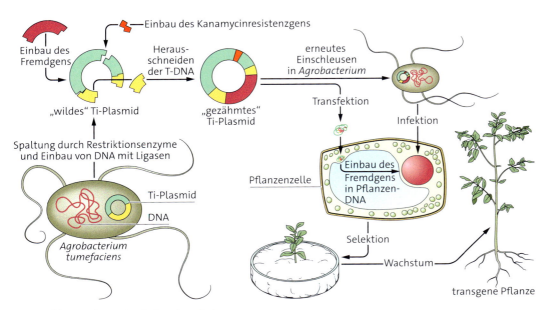

3 Transfektion mit *Agrobacterium tumefaciens*

Gentechnisch erzeugte Insektizide • In der Landwirtschaft stellen Insekten und ihre Larven ein großes Problem als Schädlinge dar. Das ideale Insektizid wirkt spezifisch gegen Schädlinge, ist leicht biologisch abbaubar und unschädlich gegen alle anderen Lebewesen. Am nächsten kommt dieser Vorstellung das Endotoxin des Bodenbakteriums *Bacillus thuringensis*, kurz Bt. Das Bakterium wird in großen Mengen auf Feldern ausgebracht. Es stellt ein inaktives Endotoxin her, das im Insektendarm aktiviert wird, das Darmepithel schädigt und das Insekt verhungern lässt. Die Larve des Maiszünslers ist der häufigste Schädling der Maispflanze. Sie bohrt sich in Laubblätter und Stängel und entgeht so Insektiziden, die durch Spritzen aufgebracht werden. Zur Abwehr wird die Maispflanze gentechnisch manipuliert, ein spezifisches Bt-Toxin zu synthetisieren. Dazu stellt man nach dem Vorbild des *Bacillus thuringensis* ein künstliches Gen mit maisspezifischen Merkmalen her und koppelt es mit einer geeigneten Promotorsequenz. Diese künstliche DNA wird auf winzige Metallkügelchen übertragen, die mit einer **Genkanone** mit hoher Geschwindigkeit in Maisembryonen hineingeschossen werden. Die transfizierten Pflanzen können das Bt-Toxin synthetisieren und sind weniger anfällig für die Maiszünsler. Seit 2003 steigt der Anteil von Bt-Mais am weltweiten Maisanbau kontinuierlich. Es gibt kaum anderes Saatgut auf dem Markt. Allerdings wird ein weiterer Schädling, der Maiswurzelbohrer, zunehmend unempfindlich gegen die gebräuchlichste Variante des Bt-Toxins. Wie Bakterien gegen Antibiotika entwickeln auch Insekten Resistenzen gegen häufig auftretende Gifte.

Anti-Matsch-Tomate • Reife Tomaten verderben schnell. Sie produzieren das Enzym Polygalacturonase, welches das Pektin in den Zellwänden abbaut und damit den natürlichen Verrottungsprozess einleitet. Dieser Prozess sollte verlangsamt werden. Dazu wurde das *Polygalacturonase*-Gen identifiziert und isoliert. Anschließend stellte man eine Kopie dieses Gens her und schleuste diese mit dem Vektor *Agrobacterium tumefaciens* in eine Tomatenzelle und damit in das Tomatengenom ein. Wenn die DNA der Tomatenzelle transkribiert wird, entsteht einmal die natürliche mRNA, die für die Translation der Polygalacturonase genutzt wird, sowie durch die eingeschleuste DNA eine komplementäre sinnwidrige mRNA, die Antisense-mRNA. Da die beiden mRNA-Moleküle zueinander komplementär sind, hybridisieren sie. Dies bezeichnet man als **Antisense-Technik**. Die Translation wird so verhindert und die sinnvolle mRNA inaktiviert. Daher wird keine Polygalacturonase synthetisiert und der Verrottungsprozess der Tomate um bis zu drei Wochen hinausgezögert.

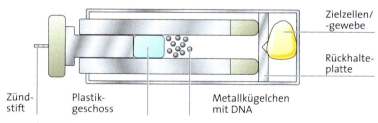

1 Genkanone

Die **FlavrSavr-Tomate** war eines der ersten kommerziellen transgenen Pflanzenprodukte, brachte aber nicht den erwarteten wirtschaftlichen Erfolg. Gründe hierfür sind die nicht vollständig erfüllten Erwartungen und die Zurückhaltung der Verbraucher gegenüber gentechnisch veränderten Lebensmitteln.

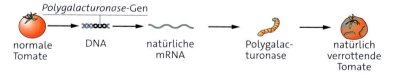

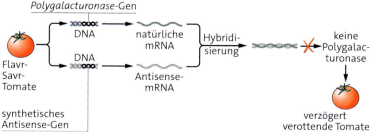

2 Antisense-Technik

1 Stellen Sie Hypothesen auf, wie die Resistenzentwicklung gegen das Bt-Toxin verhindert werden kann.

2 Erläutern Sie die Antisense-Technik.

Material

Vielfalt des Lebens • „Grüne" Gentechnik

Material A Herbizidresistenz

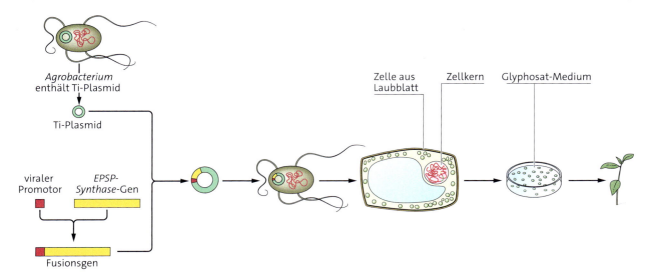

Herbizide werden eingesetzt, weil durch das Wachstum von Wildkräutern, die beispielsweise mit der Sojapflanze um die Bodennährstoffe konkurrieren, der Anbau konventioneller Soja erschwert wird. Üblicherweise werden mehrere kombinierte Herbizide eingesetzt. Das Herbizid Glyphosat wirkt dagegen gleichermaßen auf nahezu alle unerwünschten Wildkräuter. Es ist für den Menschen nicht toxisch, wirkt in geringer Konzentration und wird im Boden schnell von Mikroorgansimen abgebaut. Bei Pflanzen hemmt es die Wirkung des Enzyms EPSP-Synthase, das für die Biosynthese von Aminosäuren wichtig ist. Wenn dieses Enzym nicht gebildet wird, wächst die Pflanze nicht weiter und stirbt. Dies trifft natürlich auch auf konventionelle Soja zu. Gentechnisch veränderte Sojapflanzen enthalten ein EPSP-Synthasegen aus glyphosatresistenten Bakterien.

Bei verschiedenen Wildkräutern sind inzwischen Resistenzen gegenüber Glyphosat aufgetreten, sodass die ausgebrachte Menge erhöht werden muss und teilweise andere Herbizide in Kombination eingesetzt werden. Die Hersteller gentechnisch veränderter Soja raten zu diesem Vorgehen. Sie liefern passend zu dem gentechnisch veränderten Saatgut neben Glyphosat auch weitere Herbizide. Alle diese aufeinander abgestimmten Produkte sind patentgeschützt.

Der Sojaanbau floriert, jährlich werden 220 Millionen Tonnen Soja angebaut, mehr als die Hälfte ist gentechnisch verändert. In den Hauptanbauländern für Soja in Nord- und Südamerika sind in den letzten Jahren mehrere Millionen Hektar neue Anbauflächen geschaffen worden, in Südamerika zum Teil auf Kosten ökologisch wertvoller Waldgebiete. Die industriell bewirtschafteten Flächen gehören meist großen Firmen. Die Menge eingesetzter Düngemittel hat sich in Argentinien verfünffacht. Das Land hat mithilfe des Sojaanbaus eine wirtschaftliche Krise überstanden. Sojaanbau ist unter wirtschaftlichen Gesichtspunkten lohnenswerter als Viehzucht.

Studien zur Verträglichkeit gentechnisch veränderter Soja geben einerseits keine Hinweise auf eine gesundheitsschädliche Wirkung, andererseits werden morphologische Veränderungen und eine erhöhte Stoffwechselaktivität bei Leberzellen von Versuchstieren festgestellt. Daher meinen viele Fachleute, dass noch keine abschließenden Aussagen getroffen werden können.

Bei geringem Abstand der Felder mit konventioneller Soja zu gentechnisch veränderter Soja wurden Kreuzungen festgestellt.

1 Stellen Sie die Herstellung einer gegenüber Glyphosat resistenten Sojapflanze in einem Flussdiagramm dar.

2 Geben Sie an, welche Vorteile Glyphosat als Herbizid aufweist.

3 Beurteilen Sie den Anbau gentechnisch veränderter Soja aus der Sicht argentinischer Bauern, von Umweltschützern und Vertretern eines Saatgutkonzerns.

4 Nehmen Sie Stellung zum Anbau gentechnisch veränderter Soja.

5 Beurteilen Sie, ob die gentechnische Veränderung der Sojapflanze ein Beispiel für das Basiskonzept individuelle und evolutive Entwicklung darstellt.

3.19 Stammbaumanalyse

1 Albinismus unter Geschwistern

Bei etwa einem von 20 000 Neugeborenen wird eine besonders helle Hautfarbe beobachtet. Sie ist auf eine angeborene Störung der Melaninsynthese zurückzuführen. Melanine bewirken die Pigmentierung von Haut, Augen und Haaren. Menschen mit Albinismus bekommen schneller Sonnenbrand und haben ein erhöhtes Risiko, an Hautkrebs zu erkranken. Die Weitergabe der Albinismusallele folgt, wie viele andere Erbgänge des Menschen, den Mendelschen Regeln. Gregor Mendel führte Kreuzungsexperimente durch und wertete die Zahlenverhältnisse der Nachkommen aus. Bei Menschen ist diese methodische Vorgehensweise ausgeschlossen. Wie kann man dennoch bestimmen, welcher Erbgang dem Albinismus zugrunde liegt?

Analyse von Erbgängen • Um zu erfahren, auf welchem Erbgang eine Merkmalsausprägung wie der Albinismus beruht, überprüft man zunächst über mehrere Generationen jedes Mitglied der betroffenen Familie und erstellt aus den gewonnenen Daten einen **Stammbaum**. Seine Darstellung erfolgt anhand international gebräuchlicher Symbole.

Für Humangenetiker ist zunächst interessant, ob das untersuchte Allel dominant oder rezessiv vererbt wird. Wenn ein dominantes Allel vorliegt, wird es im Phänotyp immer ausgeprägt, egal ob das Allel homozygot oder heterozygot vorkommt. Ein rezessiv vererbtes Allel wird im Erscheinungsbild nur sichtbar, wenn es homozygot vorliegt. Die meisten Gene sind auf einem der 22 Autosomen lokalisiert. Sie werden daher autosomal vererbt.

Autosomal-rezessiver Erbgang • Anhand der Verteilung der Merkmalsausprägungen in einer Familie, in der Albinismus beobachtet wird, lässt sich ein Stammbaum erstellen. Wenn zum Beispiel der Vater Merkmalsträger ist, jedoch kein Nachkomme der folgenden Generation, so überspringt die Merkmalsausprägung eine Generation. Dies ist ein Hinweis auf einen rezessiven Erbgang. Ein weiterer Hinweis findet sich in der dritten Generation. Eltern, die die Merkmalsausprägung nicht zeigen, haben Kinder, die Merkmalsträger sind. Dies ist nur möglich, wenn beide Eltern bezüglich des Allels für Albinismus heterozygot sind. Beide Geschlechter sind statistisch gleichermaßen betroffen. Ein solcher Erbgang wird als **autosomal-rezessiv** bezeichnet.

Autosomal-dominanter Erbgang • Bei einigen genetisch bedingten Erkrankungen führt bereits ein mutiertes Allel der betroffenen Personen zum Ausbruch der Krankheit. Wenn das Allel auf einem Autosom liegt, handelt es sich um einen **autosomal-dominanten Erbgang**. Heterozygote Eltern können gesunde Kinder bekommen.

Die meisten genetisch bedingten Erkrankungen kommen selten vor. Mit einer Wahrscheinlichkeit von 1:500 ist die **familiäre Hypercholesterinämie** die häufigste Krankheit, die auf einem autosomal-dominanten Erbgang beruht. Die Zellen der Betroffenen weisen einen Defekt in ihren Rezeptoren für Lipoproteine mit niedriger Dichte auf, die als low density lipoproteins, kurz LDL, bezeichnet werden. Zu ihnen gehört auch das LDL-Cholesterin. Die Zellen können weniger Cholesterin aus dem Blut aufnehmen. Deshalb ist die Konzentration an LDL-Cholesterin im Blut bei heterozygoten Merkmalsträgern etwa doppelt so hoch wie bei gesunden Menschen. Sie erleiden deshalb oft schon im Alter von unter 40 Jahren einen Herzinfarkt. Homozygote Merkmalsträger haben keine funktionsfähigen LDL-Rezeptoren. Bei ihnen ist der Wert des LDL-Cholesterins um das Zehnfache höher als normal. Herzinfarkte treten meist schon vor dem 15. Lebensjahr auf.

Eine weitere Krankheit mit autosomal-dominantem Erbgang ist die Vielfingrigkeit oder Polydaktylie. Die Merkmalsträger haben mehr als zehn Finger oder Zehen. Obwohl das Allel mit 1:5000 relativ häufig vorkommt, weist nicht jeder 5000. Mensch eine erhöhte Finger- oder Zehenanzahl auf. Einige betroffene Menschen haben trotzdem fünfgliedrige Hände und Füße. Das Allel ist zwar dominant, wird aber nicht von jeder Person, die das Allel trägt, ausgeprägt. Dieses Phänomen bezeichnet man als **unvollständige Penetranz**.

Bei anderen Menschen mit diesem Allel wird nur ein zusätzlicher Hautlappen gebildet und kein kompletter Finger oder Zeh. Das dominante Allel wird nicht vollständig ausgeprägt. Man bezeichnet diesen Sachverhalt als **variable Expressivität**.

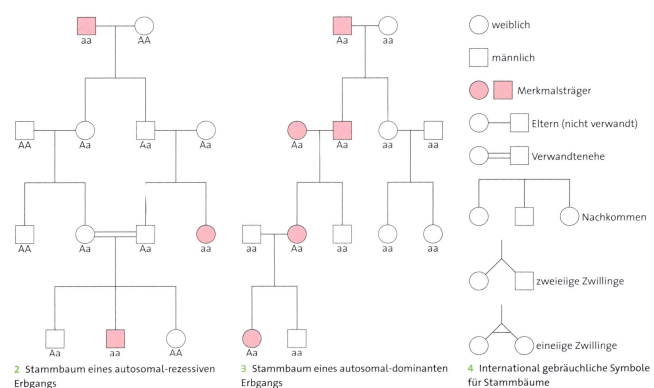

2 Stammbaum eines autosomal-rezessiven Erbgangs

3 Stammbaum eines autosomal-dominanten Erbgangs

4 International gebräuchliche Symbole für Stammbäume

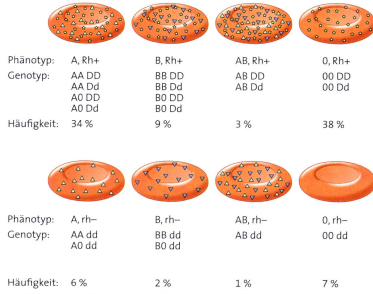

1 Häufigkeit der Blutgruppen in Deutschland und ihre Genotypen

Multiple Allelie • Die erste erfolgreiche menschliche Blutübertragung gelang im Jahr 1825. Dennoch endeten viele Bluttransfusionen, die in der Folgezeit durchgeführt wurden, für den Empfänger tödlich. Der Österreicher Karl Landsteiner beobachtete, dass das Blutserum eines Menschen die roten Blutkörperchen eines anderen Menschen zum Verklumpen bringen kann. Im Jahr 1901 entwickelte er daraufhin die Grundlagen zum Verständnis des heute bekannten AB0-Systems mit vier Hauptblutgruppen.

Das AB0-System beruht auf drei Allelen eines Genorts auf dem Chromosom 9. Wenn mehr als zwei Allele des gleichen Gens vorkommen, werden sie als multiple Allele bezeichnet. Jeder Mensch verfügt über zwei der drei Allele A, B und 0. Sie bewirken die Ausbildung unterschiedlicher Glykolipide, deren Kohlenhydratgruppen aus der Erythrocytenmembran herausragen. Diese Kohlenhydratgruppen werden als Antigene bezeichnet. Die Allele A und B sind gegenüber dem Allel 0 dominant. Phänotypisch unterscheiden sich A0 und AA deshalb nicht. Das Allel A und das Allel B sind jedoch **kodominant**. Die Allelkombination führt zu einem Phänotyp, bei dem beide Glykolipide gebildet werden, der Blutgruppe AB. Nur wenn beide rezessiven Allele 0 vorliegen, wird die Blutgruppe 0 ausgeprägt. Im Serum der Blutgruppe A befinden sich Antikörper gegen die Antigene der Blutgruppe B und im Serum der Blutgruppe B gegen die Antigene der Blutgruppe A. Diese Antikörper führen bei einer Blutübertragung zu einer Antigen-Antikörper-Reaktion und damit zur Verklumpung der roten Blutkörperchen.

Rhesusfaktor • Im Jahr 1940 wurde bei Rhesusaffen ein weiteres Blutgruppensystem, der **Rhesusfaktor**, entdeckt. Dabei handelt es sich um spezifische Proteine auf der Erythrocytenmembran. Das Allel für den wichtigsten Rhesusfaktor D wird dominant vererbt. Der Rhesusfaktor D bestimmt, ob das Blut einer Person als Rhesus-positiv, Rh+, oder Rhesus-negativ, rh-, bezeichnet wird.

Eine wichtige Bedeutung hat der Rhesusfaktor, wenn eine Mutter Rhesus-negativ ist und aufgrund einer ersten Geburt bereits Antikörper gegen das Antigen D gebildet hat. Durch die Antikörper der Mutter werden in einer folgenden Schwangerschaft bei einem Rhesus-positiven Kind die roten Blutkörperchen aufgelöst. Um dies zu verhindern, führt man bei Rhesus-negativen Müttern bereits bei der ersten Schwangerschaft eine Anti-D-Prophylaxe durch. Hierdurch wird die Bildung von Anti-D-Antikörpern blockiert.

Gonosomale Erbgänge • Bei der Hämophilie, die auch als Bluterkrankheit bezeichnet wird, handelt es sich um eine Blutgerinnungsstörung. Davon sind in besonderem Maße die männlichen Nachkommen der europäischen Adelshäuser betroffen. Wie lässt sich diese Besonderheit erklären?

Die Gene für die Gerinnungsfaktoren liegen auf dem X-Chromosom, werden also gonosomal vererbt. Eine Veränderung im Gen für den Faktor VIII verursacht die häufigere Form Hämophilie A. Hämophilie B beruht auf einer Mutation im Gen des Faktors IX. Da die Allele für die Gerinnungsfaktoren auf dem Y-Chromosom fehlen, sind Männer auf die intakten Allele des X-Chromosoms angewiesen. Sie sind hinsichtlich der betreffenden Allele **hemizygot**. Eine heterozygote Frau ist aufgrund des funktionsfähigen zweiten Allels phänotypisch gesund. Sie gibt das mutierte Allel mit einer Wahrscheinlichkeit von 50 % an ihre Nachkommen weiter und wird deshalb als **Konduktorin** bezeichnet. Die betroffenen männlichen Nachkommen erkranken, die betroffenen Töchter sind wiederum Konduktorinnen. Ein an Hämophilie erkrankter Mann hat ausschließlich gesunde Söhne, alle Töchter sind Konduktorinnen. Die Häufung des mutierten Allels im europäischen Adel ist ausschließlich auf Verwandtenehen zurückzuführen.

Weitere Erkrankungen mit einem X-chromosomal-rezessiven Erbgang sind die Muskeldystrophien. Im späten 19. Jahrhundert wurde erstmals eine fortschreitende Degeneration der Muskulatur beobachtet, die heute als Muskeldystrophie Typ Duchenne bezeichnet wird. Ab dem 3. Lebensjahr beginnt sie mit einer Schwächung der Beinmuskulatur. Mit 12 Jahren sind die meisten Betroffenen auf einen Rollstuhl angewiesen und mit 18 Jahren pflegebedürftig.

Das Allel für die Rot-Grün-Sehschwäche wird ebenfalls X-chromosomal-rezessiv vererbt. Von ihr sind 9 % aller Männer betroffen. Verursacht wird sie durch Veränderungen der DNA-Sequenzen, die für die Sehpigmentproteine codieren. Damit ändert sich die Empfindlichkeit der Zapfen in der Netzhaut des Auges.

Die Stammbaumanalyse liefert wichtige Hinweise über den zugrunde liegenden Erbgang. Eine eindeutige Bestimmung, ob ein Allel autosomal oder gonosomal vererbt wird, ist oft nur anhand der statistischen Verteilung innerhalb einer größeren Population möglich.

Genomische Prägung • Das Prader-Willi-Syndrom tritt mit einer Häufigkeit von 1 : 10 000 bis 1 : 15 000 auf. Betroffene sind lernbehindert und bleiben im Wachstum zurück. Sie leiden unter einem unkontrollierten Appetit, was zu Fettleibigkeit und Diabetes führt. Ursache ist eine Deletion im Chromosom 15. Das Prader-Willi-Syndrom entsteht aber nur, wenn die Deletion auf den Vater zurückzuführen ist.

Stammt das mutierte Chromosom von der Mutter, entsteht eine völlig andere genetisch bedingte Erkrankung, das Angelman-Syndrom. Betroffene Kinder sind hyperaktiv, geistig behindert und zeigen eine eingeschränkte Sprachentwicklung. Diese phänotypische Variation, die ausschließlich auf den elterlichen Ursprung der genetischen Information beruht, wird als **genomische Prägung** bezeichnet.

Verursacht wird die Prägung wahrscheinlich durch DNA-Methylierung, die das Abschalten bestimmter Gene zur Folge hat. Das Methylierungsmuster beider Geschlechter ist jedoch verschieden. Im spermienzellenbildenden Gewebe werden deshalb andere Regionen der DNA inaktiviert als im eizellenbildenden Gewebe.

Bei Säugetieren wurden bereits mehr als 50 Allele entdeckt, die einer genomischen Prägung unterliegen. Aber man weiß noch nicht, wie viele Gene des Menschen auf diese Weise beeinflusst sind.

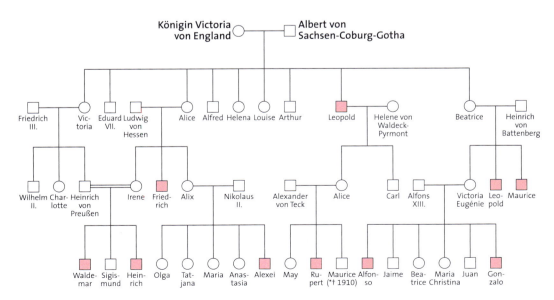

2 Hämophilie A in europäischen Fürstenhäusern

1 Hautfarben in einer Familie

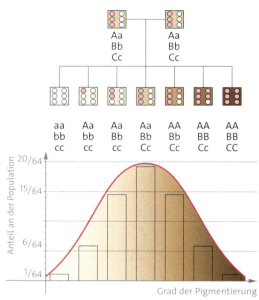

2 Modell der polygenen Vererbung der Hautfarbe

Polygenie • Die Kinder von Eltern mit dunkler und mit heller Hautfarbe haben verschiedene graduell voneinander abweichende Pigmentierungen. Auch deren Nachkommen weisen vielfältige Unterschiede bezüglich der Pigmentierung auf. Da keine Aufspaltung in einfachen Zahlenverhältnissen wie zum Beispiel 3 : 1 beobachtet wird, erkennt man sofort, dass sich die Mendelschen Regeln hier nicht anwenden lassen. Deshalb ist es auch nicht sinnvoll, die Verteilung der Merkmalsausprägungen mithilfe eines Stammbaums darzustellen. Worin liegt die Ursache für die vielfältigen Unterschiede?

Die Pigmentierung der Haut erfolgt durch Melanine, die in pigmentbildenden Zellen, den Melanocyten, produziert werden. Deren Aktivität wird durch mehrere Gene bestimmt, die sich gegenseitig ergänzen. Man nennt dies **additive Polygenie**. Man weiß heute noch nicht genau, wie viele Gene an der Ausbildung der Hautfarbe beteiligt sind. Die Variabilität der Phänotypen steigt mit der Anzahl der beteiligten Gene. Ein vereinfachtes Modell zur Hautfarbe verdeutlicht diesen Sachverhalt. Wenn man annimmt, dass drei Gene A, B und C an der Ausbildung der Hautfarbe beteiligt sind, ergeben sich sieben Kombinationsmöglichkeiten für die im Phänotyp sichtbare Intensität der Pigmentierung. Da die Pigmentierung auch durch die Intensität der Sonnenstrahlung und damit das menschliche Verhalten beeinflusst wird, sind die Übergänge fließend.

Viele weitere Merkmale wie Körpergröße, Augenfarbe und Intelligenz werden von mehreren Genen codiert. Teilweise beeinflussen Umwelt und Verhalten diese Merkmale in besonderem Maße. Deshalb ist es nicht möglich, die Bedeutung der Gene für diese Merkmale eindeutig zu bestimmen.

1 Erläutern Sie, anhand welcher Kriterien man im Stammbaum auf einen autosomal-dominanten oder autosomal-rezessiven Erbgang schließen kann.

2 Begründen Sie, weshalb ein Erbgang nur unter Berücksichtigung der statistischen Verteilung der Geschlechter innerhalb einer Population eindeutig bestimmt werden kann.

3 Die Gene für die Pigmentierung werden als unvollständig dominant bezeichnet. Begründen Sie diesen Sachverhalt anhand von Abbildung 2.

4 Die durchschnittliche Körpergröße der Frauen in Mitteleuropa lag im 19. Jahrhundert bei 156 cm und heute bei 165 cm. Erklären Sie dieses Phänomen.

Material

Vielfalt des Lebens • Stammbaumanalyse

Material A Phenylketonurie

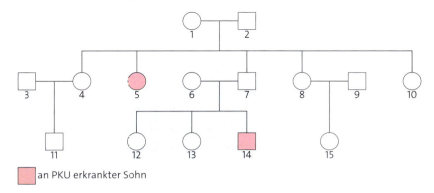

☐ an PKU erkrankter Sohn

Bei den Personen 12, 13 und 14 wurde ein biochemischer Test durchgeführt. Dabei wurde ihnen eine genormte Menge an Phenylalanin verabreicht. Das Diagramm zeigt die jeweilige Tyrosinkonzentration im Blutplasma der drei Personen im Verlauf von 8 h.

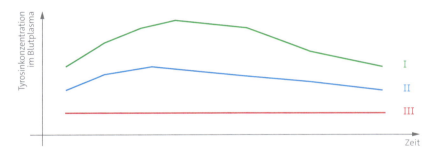

Phenylketonurie, kurz PKU, ist eine genetisch bedingte Stoffwechselstörung, die in Deutschland bei einem von 10 000 Neugeborenen auftritt.

Alle eiweißhaltigen Lebensmittel enthalten die essenzielle Aminosäure Phenylalanin. Normalerweise wird sie in der Leber durch ein Enzym in die Aminosäure Tyrosin umgewandelt. Bei PKU-betroffenen Menschen ist dieses Enzym aufgrund einer Mutation gar nicht oder nur teilweise aktiv. Phenylalanin häuft sich in Blut und Geweben an und verursacht schließlich eine Hirnschädigung, wenn die PKU nicht in den ersten Lebenswochen entdeckt und sofort behandelt wird. In Deutschland gibt es ein Neugeborenen-Screening, das am dritten bis fünften Lebenstag alle Neugeborenen erfasst.

Die einzige Behandlungsmöglichkeit ist eine phenylalaninarme Diät.

1 Leiten Sie aus dem Stammbaum den vorliegenden Erbgang ab. Begründen Sie, welche Erbgänge auszuschließen sind.

2 Ordnen Sie die Kurvenverläufe des Diagramms den Personen 12, 13 und 14 zu und erklären Sie den Zusammenhang zwischen Tyrosingehalt und Allelkombination.

3 Schlussfolgern Sie den zu erwartenden Kurvenverlauf bei den Personen 6 und 7.

Material B Familiäre Hypophosphatämie

Auftreten der familiären Hypophosphatämie
Bei einer Erkrankung des Vaters sind alle Töchter von dieser Krankheit betroffen, während die Söhne alle gesund sind.
Ist die Mutter Merkmalsträger, erkranken sowohl die Hälfte der Töchter als auch die Hälfte der Söhne an Phosphatdiabetes.

Für die Festigkeit unserer Knochen ist die Aufnahme von Phosphat und Calcium mit der Nahrung notwendig. Bei der Hypophosphatämie führt eine Genmutation zur Bildung eines Enzyms, das in den Knochen und der Nebenschilddrüse Eiweißmoleküle spaltet. Damit beeinflusst es indirekt die Funktion der Nieren, die das mit der Nahrung aufgenommene Phosphat sofort wieder ausscheiden.

Der Phosphatmangel führt zu einer Knochenerweichung und hat ein Verbiegen und Verdrehen der Ober- und Unterschenkelknochen sowie Gelenkschmerzen zur Folge. Mit nur wenigen Hundert Betroffenen in Deutschland ist die Krankheit extrem selten.

1 Ermitteln Sie aus den Angaben zum Auftreten der familiären Hypophosphatämie den vorliegenden Erbgang.

2 Entwickeln Sie einen hypothetischen Stammbaum über drei Generationen für diesen Erbgang unter Berücksichtigung der Geno- und Phänotypen.

3.20 Molekulare Untersuchungsmethoden

1 Labormäuse

Mäuse werden häufig als Modellorganismus in der Forschung eingesetzt. Viele bahnbrechende Erkenntnisse, vor allem in der Krebsforschung und Immunbiologie, wären ohne sie nicht möglich gewesen. Doch wieso eignet sich die Maus als Modellorganismus für den Menschen?

Modellorganismus Maus • Die Genome von Mensch und Maus weisen große Ähnlichkeiten auf. Beide umfassen ungefähr drei Milliarden Basenpaare mit etwa 25 000 Genen. Für ungefähr 85 % der menschlichen Gene finden sich die entsprechenden Gene bei der Maus, oft sogar in der gleichen Anordnung auf den Chromosomen. Aufgrund der ähnlichen DNA-Sequenzen werden viele biologische Prozesse bei der Maus und beim Menschen in gleicher Weise gesteuert. Dies gilt auch für die Pigmentierung der Haut und der Körperbehaarung. So lässt sich erklären, dass die gleiche Mutation bei beiden Lebewesen vergleichbare Auswirkungen hat.

Zielgerichtete Genetik • Wenn man verstehen will, welche und wie viele Gene ein bestimmtes Merkmal beeinflussen, ist es notwendig, die beteiligten Gene zu finden und ihre Funktion zu entschlüsseln. Um ein Gen zu charakterisieren, wird es sequenziert und die Anordnung der Nucleotide mit bekannten Sequenzen aus DNA-Datenbanken verglichen. So ist es möglich, Mutationen auf der DNA zu lokalisieren.

Auch für die translatierten Aminosäuresequenzen gibt es Datenbanken, die einen Vergleich der Genprodukte zulassen. Damit lässt sich jedoch keine Aussage darüber treffen, welche Funktion ein bestimmtes Gen im Stoffwechselprozess hat.

Um dies feststellen zu können, züchtet man homozygote, genetisch identische Mäusestämme. Bei einzelnen Mäusen dieser Stämme wird gezielt ein Gen deaktiviert, man spricht von einem Gen-Knockout. Die so behandelte Maus wird als **Knockout-Maus** bezeichnet. Wenn eine Maus sich von den anderen Tieren nur durch den Verlust eines einzelnen Gens unterscheidet, kann die Funktion dieses Gens eindeutig bestimmt werden.

ALS-Gentherapie • Stephen Hawking litt an einer seltenen Krankheit, die als amyotrophe Lateralsklerose, kurz ALS, bezeichnet wird. Sie führt zu einer vollständigen Lähmung des Körpers, da die motorischen Nervenzellen absterben und das Gehirn keine Muskelbewegungen mehr steuern kann. Intellektuelle Fähigkeiten und Sinnesleistungen sind von der Krankheit nicht betroffen.

Bei einem Teil der ALS-Patienten konnte eine Mutation im Superoxiddismutasegen *SOD1* festgestellt werden. Das von diesem Gen codierte Enzym ist dafür verantwortlich, dass für die Zelle giftige Peroxide in Sauerstoff und Wasser zerlegt werden. Die Mutation des Gens hat zur Folge, dass die Aminosäure Alanin durch Glycin substituiert wird. Um die Auswirkung des mutierten Gens untersuchen zu können, wurde es in das Genom von *SOD*-Knockout-Mäusen integriert. Bei den so behandelten Mäusen entwickelten sich Symptome wie bei ALS-Patienten: Die motorischen Nervenzellen starben ab.

In einer weiteren Versuchsreihe wurden die *SOD*-Knockout-Mäuse mit einem Gen therapiert, das für den Nervenwachstumsfaktor IGF-1 codiert. Als Vektor nutzte man ein ungefährliches Adenovirus, das in den Muskel injiziert wurde. Das Adenovirus transportierte das Gen in den Zellkern der Nervenzellen. Die DNA der Nervenzellen integrierte das *IGF-1*-Gen. Im Anschluss verbesserte sich der Gesundheitszustand der so behandelten *SOD*-Knockout-Mäuse

3 Stephen Hawking (1942–2018)

deutlich. Derzeit werden klinische Tests für diese Gentherapie entwickelt.

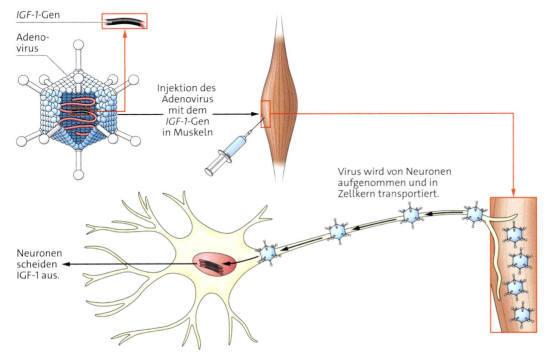

2 Gentherapie bei einer transgenen SOD-Knockout-Maus

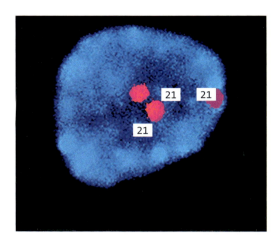

1 Ergebnis eines FisH-Tests bei Trisomie 21 (diploider Chromosomensatz)

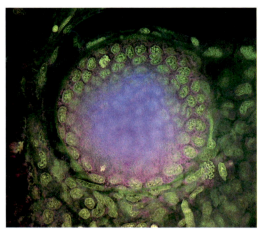

2 Immunfluoreszenzfärbung eines embryonalen Amphibienauges

Genexpressionsmuster • Nicht immer ist es notwendig, Gene auszuschalten, um ihre Funktion untersuchen zu können. Rückschlüsse auf die Funktion von Genen lassen sich auch ziehen, indem man ihre Produkte sichtbar macht. Dies geschieht beispielsweise durch ein Verfahren, das als **Fluoreszenz-in-situ-Hybridisierung**, kurz **FisH**, bezeichnet wird. Der Begriff „in-situ" bedeutet, dass die Untersuchung direkt in einer Gewebeprobe und nicht im Reagenzglas erfolgt.

Zunächst erstellt man eine künstliche RNA, deren Basensequenz komplementär zur mRNA des zu überprüfenden Gens ist. Die künstliche RNA wird mittels eines Fluoreszenzfarbstoffs markiert und dient dadurch als Sonde. Vom zu untersuchenden Gewebe wird ein dünner Schnitt angefertigt. Die RNA-Sonde wird direkt zur Gewebeprobe gegeben und hybridisiert dort in den Zellen mit der einzelsträngigen mRNA. Nach Auswaschen der überschüssigen Sonden-RNA sieht man unter dem Mikroskop, in welchen Zellen das Zielgen aktiv ist. Mithilfe der FisH kann man das zeitliche Muster der Genexpression während der Embryonalentwicklung genau verfolgen, indem man Gewebeproben verschieden alter Embryonen untersucht. Der FisH-Test ist auch ein wichtiges Instrument der Pränataldiagnostik im Rahmen einer Amniozentese oder Chorionzottenbiopsie. Allerdings setzt man hier DNA-Sonden ein, um Veränderungen im Genom wie Trisomien oder Chromosomenstückverluste im Zellkern deutlich zu machen.

Um eine Aussage über die Menge der in einem Gewebe aktiven mRNA treffen und damit auf die Aktivität des codierenden Gens schließen zu können, wird die mRNA isoliert und gereinigt. Anschließend trennt man die RNA mittels Gelelektrophorese voneinander und überträgt sie auf eine Nitrocellulosemembran. Durch Zugabe spezifischer DNA-Sonden hybridisiert die RNA und wird somit quantitativ sichtbar. So kann man zum Beispiel untersuchen, ob ein Gen, wie bei einer Knockout-Maus, ausgeschaltet ist. In Anlehnung an das Southern-Blotting bezeichnet man diese Methode zur Messung der Genaktivität als **Northern-Blotting**.

Immunfluoreszenzfärbung • Wird die Expression eines Gens auf der Proteinebene reguliert, kann seine Aktivität nicht durch eine In-situ-Hybridisierung überprüft werden. Sie ist indirekt nachzuweisen, indem das vom Gen codierte Protein markiert wird. Zunächst wird ein Dünnschnitt des zu untersuchenden Gewebes angefertigt. Als Sonde dienen bei dieser Vorgehensweise proteinspezifische Antikörper, die mit einem Fluoreszenzfarbstoff markiert werden. Behandelt man den Gewebedünnschnitt mit den Antikörpersonden, so docken diese nur an den Rezeptoren der gesuchten Proteine an. Überschüssige Antikörper werden aus dem Präparat herausgewaschen. Die markierten Proteine werden nun in einem Fluoreszenzmikroskop sichtbar gemacht.

1 Erläutern Sie den Begriff „zielgerichtete Genetik".

Material

Vielfalt des Lebens • Molekulare Untersuchungsmethoden

Material A Reverse Genetik

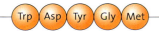

Aminosäuresequenz eines Ausschnitts des mutierten Gerinnungsfaktors VIII

Zur Analyse genetisch bedingter Erkrankungen wie der Hämophilie wird häufig das Verfahren der reversen Genetik angewandt, um die mutierten Gene ausfindig machen zu können. Die genetische Analyse beginnt mit dem Genprodukt, also der gereinigten Aminosäuresequenz. Wenn diese Sequenz bekannt ist, wird sie zunächst in Oligopeptide zerlegt. Für jedes Oligopeptid bestimmt man die möglichen DNA-Sequenzen, die das jeweilige Peptid codieren können. Danach synthetisiert man die dazu passenden Antisense-Oligonucleotide. Sie werden entweder mit einem Fluoreszenzfarbstoff oder radioaktiv markiert. Anschließend werden die markierten Oligonucleotide als Sonden in einer DNA-Datenbank eingesetzt.

1 Ermitteln Sie die möglichen Codons der mRNA und die möglichen Sequenzen des codogenen Strangs für die dargestellte Aminosäuresequenz.

2 Bestimmen Sie die möglichen Antisense-Oligonucleotide zu den ermittelten DNA-Sequenzen.

3 Erklären Sie, weshalb es bei diesem Analyseverfahren notwendig ist, verschiedene Antisense-Oligonucleotide herzustellen und diese zu markieren.

Material B RNA-Interferenz und Gene-Silencing

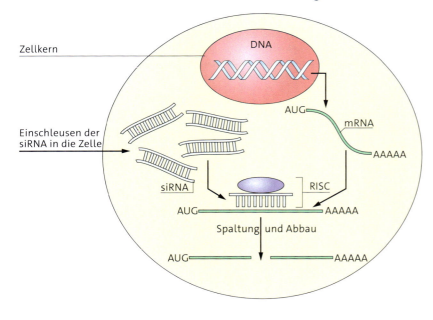

Bei vielen Zellen hat sich ein wirksamer Mechanismus entwickelt, der vor eindringenden RNA-Viren schützt: Die doppelsträngige RNA wird von einem Enzym, das als Dicer bezeichnet wird, zunächst in kleine Fragmente von etwa 21 Nucleotiden zerlegt. Die Fragmente nennt man short interfering RNA, kurz siRNA. Anschließend werden die siRNA-Moleküle an einen Enzymkomplex gebunden, den RNA-induced silencing complex, kurz RISC. Dieser trennt die siRNA zu einem Sense-Strang und einem Antisense-Strang. Die Einzelstränge hybridisieren mit komplementären mRNA-Molekülen der Zelle, werden hierdurch markiert, dann durch Enzyme gespalten und abgebaut.

Diesen Trick macht sich die Gentechnik zunutze. Mittels eines Vektors werden doppelsträngige kurze siRNA-Fragmente in die Zelle eingeschleust, deren Antisense-Stränge komplementär zu einem Abschnitt der transkribierten mRNA des Zielgens sind. Auf diesem Weg wird die Genexpression durch Stilllegung der mRNA verhindert. Man nennt die Technik daher Gene-Silencing.

1 Erläutern Sie, wie durch Einschleusen künstlicher RNA-Fragmente ein Gen stillgelegt werden kann.

2 Erklären Sie, weshalb es für die Anwendung dieser Technik notwendig ist, die Basensequenz des Zielgens zu kennen.

3 Die RNA-Interferenz-Technologie wird als „Genetik ohne Mutationen" bezeichnet. Erklären Sie diesen Sachverhalt.

3.21 Krebs – Entstehung und Therapie

1 Mammografie in einer Arztpraxis

Die wichtigste Untersuchungsmethode zur Brustkrebsfrüherkennung ist die Mammografie. Das Immunsystem hat einige Möglichkeiten die Krebszellen anzugreifen, aber viele Krebserkrankungen sind selbst mit medizinischer Hilfe heute noch nicht zu heilen. Wie entsteht Krebs und wie kann man ihn bekämpfen?

p53 = Protein mit der Molekülmasse 53000 u

ras = rat sarcoma

Steuerung des Zellzyklus • Zellwachstum und Zellteilung sind lebenswichtige Prozesse für das Wachstum und die Entwicklung eines Organismus. Dabei durchlaufen die Zellen einen Zyklus, indem sich Interphase und Mitose abwechseln.

Die Übergänge zwischen den Phasen des Zellzyklus werden von speziellen Proteinen gesteuert. An bestimmten Kontrollpunkten überprüfen diese Proteine den Fortschritt des Zellzyklus, ehe die Zelle in die nächste Phase eintritt. Eins dieser regulierenden Proteine hat die Bezeichnung **p53**. Es wird aktiviert, wenn eine Schädigung der DNA vorliegt. Dann sorgt es vor Beginn der Synthesephase dafür, dass die DNA-Replikation hinausgezögert wird und die defekte DNA repariert werden kann.

Auch Signale von außen wirken auf die Regulation des Zellzyklus. Wenn Wachstumsfaktoren wie der epidermal growth factor, EGF, an speziellen Rezeptoren der Zellmembran andocken, führt dies zu einer Aktivierung des Proteins **Ras**. Damit wird über second Messenger (▶ S. 412) eine Signalkaskade in Gang gesetzt, die die Transkription anregt.

Krebszellen • Umwelteinflüsse wie die UV-Strahlung der Sonne, aber auch der Konsum von Alkohol oder Tabak können in den Zellen Mutationen auslösen. Zudem steigt mit zunehmendem Alter die Wahrscheinlichkeit von Mutationen. Wird eines der Gene für Proteine, die den Zellzyklus steuern, durch eine Mutation verändert, hat dies erhebliche Auswirkungen auf den Zellzyklus. Eine Mutation auf dem Gen für das Protein Ras kann dazu führen, dass Ras dauerhaft aktiviert wird und den Zellzyklus nicht mehr reguliert. Es kommt zu ungehemmten Zellteilungen. Das *Ras*-Gen ist zu einem Krebsgen, einem **Onkogen** geworden. Gene, die für Proteine codieren, die die Zellteilung fördern und durch Mutation zu einem Onkogen werden, bezeichnet man als **Protoonkogene**. Die Mutation auf einem der beiden Allele reicht aus, die Steuerung des Zellzyklus außer Kraft zu setzen.

Das Protein p53 hat eine wachstumshemmende Eigenschaft, da es die Replikation unterdrücken kann. Das für p53 codierende Gen wird deshalb als Tumorsuppressorgen oder als Antionkogen bezeichnet. Eine Mutation auf diesem Gen hat nicht direkt zur Folge, dass die Zelle die wachstumshemmende Eigenschaft verliert. Dies geschieht erst, wenn beide Allele mutiert sind. Die mutierten Zellen vermehren sich dann ungehindert. Ein Tumor entsteht. Wenn einzelne Zellen den Tumor verlassen, können sie durch Blut oder Lymphe transportiert werden und in anderen Organen des Körpers Tochtergeschwulste, Metastasen bilden.

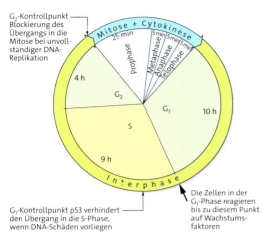

2 Zellzyklus mit verschiedenen Kontrollpunkten

Funktion	Name	Mutation zum Onkogen
Wachstumsfaktor	epidermal growth factor, EGF	dauerhafte Aktivierung der Rezeptoren durch unkontrollierte Vermehrung
Rezeptor für Wachstumsfaktor	epidermal growth factor receptor, EGF-R	dauerhafte Aktivierung des second-messenger Signalwegs durch Veränderung der Bindungsstelle
Signaltransduktion im Cytoplasma	ras	Enzyme sind dauerhaft aktiv

3 Beispiele für Protoonkogene

Funktion	Name	Mutation zum Onkogen
DNA-Reparatur	BRCA-1, BRCA-2	Verlust der DNA-Reparaturfunktion
Kontrolle des Zellzyklus	p53	in G$_1$-Phase wird Zellteilung nicht mehr angehalten

4 Beispiele für Tumorsuppressorgene

Chemotherapie • Im 1. Weltkrieg entwickelte der deutsche Chemiker Fritz Haber den chemischen Kampfstoff Senfgas, auch S-Lost genannt. Das extrem giftige S-Lost hatte unter anderem eine wachstumshemmende Wirkung auf Zellen. In der Medizin erkannte man diesen Effekt und entwickelte einen weniger giftig wirkenden ähnlichen Stoff, der erstmals im Jahr 1942 bei einer Krebstherapie angewandt wurde, das N-Lost.
N-Lost bildet im Zellkern kovalente Bindungen zu den Guaninbasen der DNA und verknüpft deren komplementären Stränge fest miteinander. Die DNA-Stränge können nicht mehr voneinander getrennt werden. Damit wird die DNA-Replikation während der S-Phase des Zellzyklus blockiert.
1965 entdeckte man, dass auch Platinkomplexe die DNA-Replikation blockieren und damit für eine Chemotherapie geeignet sind. Sie binden ebenfalls an Guanin und verhindern bei der Replikation, dass weitere Nucleotide an den wachsenden DNA-Strang gebunden werden.
In den 1960er-Jahren untersuchte man ein Extrakt aus der Rinde der Pazifischen Eibe. Sein Wirkstoff Taxol veranlasste in einer Gewebeprobe das Schrumpfen eines Tumors. Es hemmt das Wachstum von Krebszellen, indem es an die Tubulinmoleküle des Spindelfaserapparats bindet und dessen Abbau verhindert. Die Mitose wird blockiert.
N-Lost-Derivate, Platinkomplexe und Taxol bezeichnet man aufgrund ihrer Eigenschaft, die Zellteilung zu stoppen, als **Zytostatika**. Alle drei Wirkstoffgruppen werden bis heute bei der Behandlung von Krebs in der Chemotherapie eingesetzt.

Krebszellen gezielt bekämpfen • Da Zytostatika nicht nur Krebszellen, sondern auch gesunde Zellen angreifen, wird an neuen Therapieformen geforscht, die gezielt nur bei Krebszellen wirken. Eine zielgerichtete Therapie ist deshalb nur möglich, wenn man weiß, welche Mutation für den speziellen Krebs eines Patienten verantwortlich ist. Hierzu werden dem Patienten Tumorzellen entnommen und das Erbgut auf Mutationen untersucht.
So stellte man fest, dass bei einigen Krebsarten der Rezeptor für den Wachstumsfaktor EGF überexprimiert wird. Dadurch wird Ras dauerhaft stimuliert und es kommt zu einer ungehinderten Zellvermehrung. Durch Behandlung mit spezifischen Antikörpern lassen sich die Rezeptoren blockieren. Damit wird das Tumorwachstum verhindert.

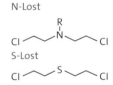

Die Bezeichnung Lost leitet sich aus den Namen der Chemiker Lommel und Steinkopf ab.

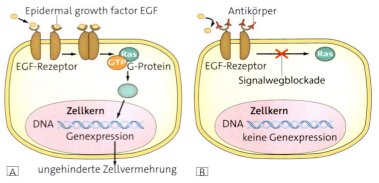

5A Blockierung des EGF-Rezeptors durch Antikörper, B Signalwegblockade

Immuntherapie • Im Jahr 2022 wurde erstmalig eine jugendliche Leukämiepatientin mithilfe eines vom CRISPR/Cas (▶ 4, S. 243) abgeleiteten Verfahrens geheilt. Hierbei wird ein Cas-Enzym verwendet, das die DNA nicht wie eine Genschere schneidet, sondern ein Basenpaar gezielt verändert. Damit lässt sich das Basenpaar C-G in T-A umwandeln und umgekehrt. Mit diesem als **Base-Editing** bezeichneten Verfahren lassen sich Gene so verändern, dass neue funktionsfähige Proteine entstehen. Zudem treten seltener unerwünschte Folgemutationen auf als bei CRISPR/Cas.

Für die Krebstherapie entnimmt man aus dem Blut eines Patienten T-Zellen. Sie erhalten ein Gen mit dem Bauplan für einen künstlichen Rezeptor, der Krebszellen erkennen kann. Nun bildet die T-Zelle den neuen Rezeptor. Gleichzeitig dient der Rezeptor als Signalgeber, der die T-Zelle zu weiteren Immunreaktionen aktiviert. Aufgrund dieser Doppelfunktion bezeichnet man den Rezeptor als **c**himären-**A**ntigen**r**ezeptor und die veränderten T-Zellen abgekürzt als **CAR-T-Zellen**. Die CAR-T-Zellen haben bei der Leukämie-Patientin die Tumorzellen erfolgreich bekämpft.

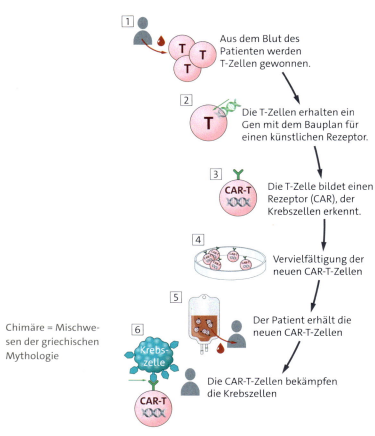

Chimäre = Mischwesen der griechischen Mythologie

1 CAR-T-Zell-Therapie

Vielversprechende Forschungsansätze zeigen sich bei einer anderen Form der zielgerichteten Krebstherapie. Hier werden der erkrankten Person ebenfalls Tumorzellen entnommen und das Erbgut auf Mutationen untersucht. Anschließend wird die DNA-Sequenz, die für das Tumorprotein codiert, isoliert und in eine mRNA umgeschrieben. Die mRNA wird vervielfältigt und in Liposomen verpackt dem Patienten wie bei einer Impfung injiziert. Die Körperzellen nehmen die mRNA auf und damit den Bauplan für das Tumorzellen-Protein. Sie produzieren nun dieses Protein. Sobald es die Zellen verlässt, wird es vom Körper als Antigen erkannt. Das eigene Immunsystem stellt nun die passenden Antikörper her und bekämpft damit die Krebszellen. Dieses Verfahren wird als **mRNA-Impfung** bezeichnet.

An einer Kombination aus mRNA-Impfung und CAR-T-Zell-Therapie wird geforscht.

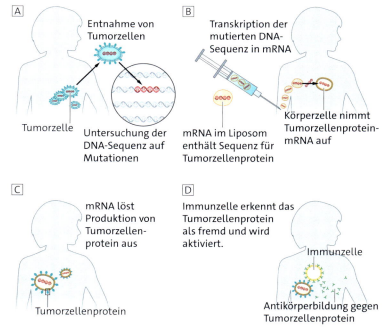

2 Ablauf der mRNA-Impfung

1 Erläutern Sie, weshalb bei Protoonkogenen die Mutation auf einem Allel zum Krebs führt und bei Tumorsuppressorgenen nicht.

Material A Chemotherapie

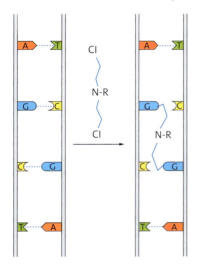
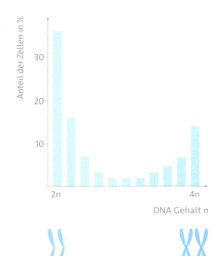

Die in der Chemotherapie eingesetzten N-Lost-Derivate haben die gleiche Grundstruktur. Sie binden kovalent an die Base Guanin in der doppelsträngigen DNA.

1 Erläutern Sie die Auswirkung diese Medikamente auf den Zellzyklus.

2 Erklären Sie, weshalb N-Lost-Derivate das Tumorwachstum reduzieren können.

3 Stellen Sie eine Hypothese auf, in welcher Weise sich der DNA-Gehalt der Tumorzelllinie durch N-Lost-Derivate verändert.

Material B Base-Editing

Klassischer CRISPR/Cas

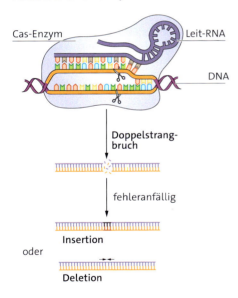

C-Basen-Editor

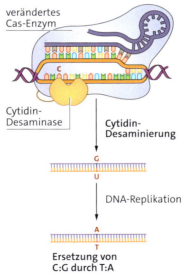

A-Basen-Editor

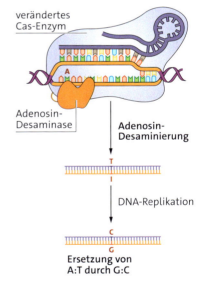

Bei der klassischen CRISPR/Cas-Methode führt die Leit-RNA das Cas-Enzym zum Zielort der DNA-Sequenz. Dort schneidet das Cas-Enzym die DNA, die anschließend vom zelleigenen Reparatursystem wieder verknüpft wird.
Base-Editing ist eine Weiterentwicklung der CRISPR/Cas-Methode. Hier wird ein verändertes Cas-Enzym verwendet, das die DNA nicht schneidet.

An das veränderte Cas-Enzym wird ein weiteres Enzym angehängt, entweder Cytidindesaminase oder Adenosindesaminase.

1 Erläutern Sie die möglichen Auswirkungen der klassischen CRISPR/Cas-Methode auf die Translation und das Genprodukt.

2 Beschreiben Sie anhand der Abbildungen, in welcher Weise Cytidindesaminase und Adenosindesaminase die DNA verändern.

3 Recherchieren Sie, wie Base-Editing in der Gentechnik genutzt werden könnte.

3.22 Molekularbiologische Methoden

1 Mammuts

Im sibirischen Permafrost fand man Mammuthaare unterschiedlicher Färbung von dunkel bis rötlich-blond. Erst vor Kurzem ist es gelungen, die DNA-Sequenz eines der Schlüsselgene für die Haut- und Fellfarbe dieser vor etwa 10000 Jahren ausgestorbenen Säugetiere zu entschlüsseln. Die voll funktionsfähige Version des Melanocortin-Typ-1-Rezeptor-Gens, des MC1R-Gens, bewirkt eine dunkle Färbung, während die nur eingeschränkt funktionsfähige oder funktionslose Version zu einer Aufhellung der Färbung führt. Wie aber können Aussagen über die genetische Information längst ausgestorbener Lebewesen getroffen werden?

Analyse alter DNA • Durch die extremen Umweltbedingungen des Permafrostes konnten Überreste der ausgestorbenen Tierart Mammut erhalten bleiben. Man bezeichnet solche erhalten gebliebenen Überreste von Tieren und Pflanzen im allgemeinen als Fossilien. In Fossilien enthaltene DNA wird biologisch durch Bakterien und Pilze sowie durch chemische Vorgänge abgebaut. Diese Prozesse laufen unter feuchtwarmen klimatischen Bedingungen deutlich schneller ab als unter kalten und trockenen. Daher ist die DNA der Fossilien aus Permafrostböden am besten erhalten. Dennoch lag auch die Mammut-DNA nur in relativ kleinen Mengen und in Fragmenten von geringer Länge vor. Um wie beim *MC1R*-Gen Aussagen über die Funktion machen zu können, muss idealerweise aus den zahlreichen Fragmenten das gesamte Gen oder zumindest ein wesentlicher Teil der Sequenz rekonstruiert werden können. Dazu ist ein guter Erhaltungszustand der fossilen DNA notwendig. Doch zunächst wurde die DNA gereinigt und vervielfältigt.

Zwei-Schritt-Multiplex-PCR • Die Vervielfältigung der DNA-Fragmente erfolgt über die Polymerase-Ketten-Reaktion, PCR. Diese Reaktion läuft automatisiert in einem aus drei Schritten bestehenden Zyklus ab, der mehrfach wiederholt wird. Um die Effizienz dieses Verfahrens speziell zur Analyse alter DNA zu steigern, verwendeten die Forschenden eine größere Menge Knochensubstanz der Mammuts. So konnten sie aus vielen Zellkernen die Reste der DNA isolieren und die Wahrscheinlichkeit erhöhen, dass ein möglichst großer Teil der Erbinformation zur Analyse zur Verfügung steht. Die vielen Fragmente der Mammut-DNA vervielfältigten sie in einem ersten Schritt gleichzeitig. In einem zweiten Schritt vermehrten sie jedes Bruchstück einzeln. Zusätzlich teilten sie jedes Bruchstück und amplifizierten diese Stücke separat, weil so die Wahrscheinlichkeit geringer ist, dass sich die längeren Einzelstrangfragmente miteinander verbinden. Denn dies würde eine Anlagerung der Primer verhindern. Durch den automatisierten Vergleich der Fragmente war es möglich, die relativ lange Sequenz des kompletten *MC1R*-Gens aus sehr vielen kurzen Bruchstücken zu rekonstruieren. Dieses erweiterte Verfahren zur Amplifizierung von DNA nennt man *Zwei-Schritt-Multiplex-PCR*.

DNA-Sequenzierung • Die Rekonstruktion fossiler DNA erfolgt nach der Vervielfältigung der Fragmente über die Bestimmung der Basensequenz des DNA-Moleküls. Das Prinzip der DNA-Sequenzierung geht zurück auf Frederick Sanger, der diese Methode in den 1970er-Jahren entwickelt hat. Heutzutage stehen für die Sequenzierung Laborroboter und Computer zur Verfügung, die auf der Grundlage des alten Prinzips vollautomatisiert in der Lage sind, die Nucleotidsequenz des zu analysierenden DNA-Stranges nachzubilden.

Genanalyse • Wenn man DNA eines Individuums extrahiert und ausgewählte Gene mit der PCR vermehrt, können die PCR-Produkte mit Fluoreszenzfarbstoffen markiert und in Einzelstränge denaturiert werden. Dann werden diese markierten DNA-Fragmente auf einen DNA-Chip gegeben. Die Fragmente, die komplementär zu einer der DNA-Sonden sind, hybridisieren mit der Sonde. Markierte Fragmente, die nicht zu einer Sonde passen, werden abgewaschen. Anschließend tastet ein Laser den DNA-Chip ab und regt die gebundenen DNA-Moleküle zur Fluoreszenz an, die gemessen wird. So entsteht mithilfe von Software ein Muster von Punkten, das per Computer analysiert wird und Auskünfte über genetische Übereinstimmungen liefern kann.

Mitochondriale DNA • Neben dem Zellkern enthalten auch Mitochondrien DNA, die mtDNA. Diese wird allerdings beispielsweise bei Säugetieren, die über kleine Spermienzellen und deutlich größere Eizellen verfügen, nur über die Eizelle weitergegeben. Daher wird die genetische Information nicht durch Rekombination variiert. Da zudem die mtDNA einer sehr konstanten Mutationsrate unterliegt, eignet sie sich für vergleichende Betrachtungen verwandtschaftlicher Beziehungen. Denn man kann aufgrund vorliegender Unterschiede ableiten, wann sich die Entwicklungslinien zweier verwandter Gruppen getrennt haben. Das mitochondriale Genom ist mit 16000 Basenpaaren vergleichsweise klein. Es kann aber in jeder Zelle in tausendfacher Ausfertigung vorliegen, sodass eine größere Wahrscheinlichkeit besteht, dass es in Fossilien erhalten bleibt. Auch mtDNA-Fragmente müssen zunächst isoliert, gereinigt und durch die PCR vervielfältigt werden, bevor die Sequenz rekonstruiert werden kann. Mithilfe des mitochondrialen Genoms konnte beispielsweise nachgewiesen werden, dass der nächste Verwandte des Wollhaarmammuts der Asiatische Elefant ist und nicht der Afrikanische Elefant, obwohl anatomische Ähnlichkeiten zu beiden bestehen.

Funktionelle Genetik • Durch die Sequenzierung eines Gens allein kann dessen Funktion nicht bestimmt werden. Dazu wird das codierte Protein benötigt. Daher wurde das *MC1R*-Gen, das bei allen Säugetieren die gleiche Funktion erfüllt, in menschliche Zellen eingebracht. Dabei konnte gezeigt werden, dass ein funktionsloses *MC1R*-Gen zu einer helleren Färbung der Haut und Haare führt. Dies wird auch für Mammuts angenommen. Gestützt wird diese Annahme dadurch, dass im Permafrostboden Sibiriens unterschiedlich gefärbte Mammuthaare gefunden wurden.

1 Erläutern Sie, was bei der Analyse alter DNA zu beachten ist.

2 Nennen Sie Vorteile der Untersuchung fossiler mtDNA im Vergleich zur Kern-DNA.

3 Beschreiben Sie die Schritte zur Funktionsbestimmung des *MC1R*-Gens

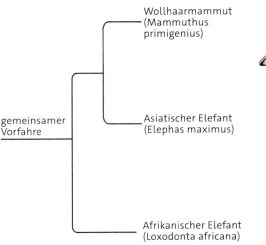

2 Ausschnitt aus dem Stammbaum der Elefanten

Aminosäuresequenzanalyse • Die Struktur eines Proteins und dessen Aminosäuresequenz sind genetisch festgelegt. Der britische Biochemiker Frederick Sanger spaltete um 1950 Proteine durch abbauende Enzyme, die Proteasen, in kürzere Fragmente und analysierte diese. Er machte sich zunutze, dass die Proteasen Proteine stets hinter festgelegten Aminosäuren spalten. Durch eine kombinierte Anwendung verschiedener Proteasen konnte er die Sequenz der Aminosäuren erschließen. 1958 erhielt er für die Sequenzierung des Insulins den Nobelpreis für Chemie.

Durch die Kenntnis der Aminosäuresequenz war es möglich, Proteine verschiedener Lebewesen zu vergleichen und daraus auf eine Verwandtschaft zu schließen. Auf dieser Basis konnte man einen Stammbaum erstellen. Aus mehreren Gründen ist das Protein Cytochrom c für diesen Zweck sehr geeignet. Zum Ersten ist es als Enzym der Endoxidation in den Mitochondrien phylogenetisch sehr alt und kommt bei allen Lebewesen mit aerobem Stoffwechsel vor, sodass es die Möglichkeit bietet, Verwandtschaftsbeziehungen zwischen völlig verschiedenen Lebewesen von Bakterien bis hin zu Pflanzen und Tieren zu beurteilen. Allerdings sind im Gegensatz zur DNA-Sequenzierung beispielsweise stumme Mutationen in der DNA nicht zu erkennen, da trotz einer Veränderung der Basensequenz die Aminosäuresequenz gleich bleibt. Zum Zweiten ist es mit 104 bis 112 Aminosäuren ein relativ kleines Protein, welches für stumme Mutationen kaum Spielraum bietet. Drittens ist es in weiten Teilen sehr konservativ, da eine Veränderung bestimmter Aminosäuren die Funktion des Enzyms verändert. Für ein Lebewesen mit aerobem Stoffwechsel gibt es jedoch meist keine Alternative zu einem funktionierenden Cytochrom-c-Molekül, da dieses für die Synthese von Adenosintriphosphat, ATP, zuständig ist. Eine das aktive Zentrum oder die Raumstruktur des Enzyms betreffende Veränderung führt dazu, dass das betroffene Lebewesen nicht lebensfähig ist, sodass eine derartige Mutation durch die natürliche Selektion sofort ausgelöscht wird. Daher hat sich die Aminosäuresequenz und die Raumstruktur des Proteins in den letzten zwei Milliarden Jahren nur wenig verändert.

Molekulare Uhr • Aus der Altersdatierung von Fossilien lässt sich schließen, dass die Evolutionsrate des Cytochrom-c-Moleküls relativ konstant ist. Demnach hat es ungefähr alle 24 Millionen Jahre einen Aminosäureaustausch gegeben. Auf dieser Basis wurde das ursprüngliche Konzept der molekularen Uhr entwickelt. Je mehr Unterschiede in der Aminosäureabfolge des Cytochrom-c-Moleküls zweier Arten bestehen, desto länger liegt die Trennung der beiden Arten zurück und desto weniger sind sie phylogenetisch verwandt.

1 Erläutern Sie, welche Vorteile die DNA-Sequenzierung gegenüber der Aminosäuresequenzanalyse bietet.

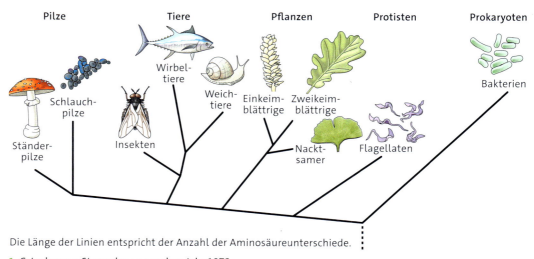

Die Länge der Linien entspricht der Anzahl der Aminosäureunterschiede.
1 Cytochrom-c-Stammbaum aus dem Jahr 1973

Material

Vielfalt des Lebens • Molekularbiologische Methoden

Material A Evolution der Hypophysenhinterlappenhormone

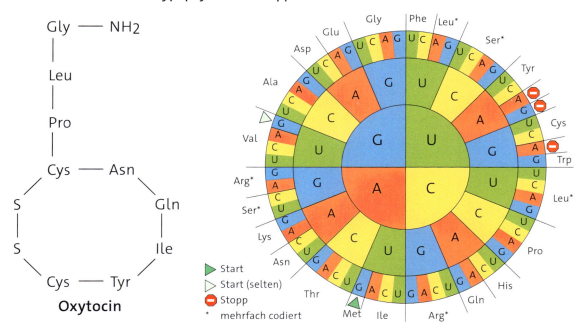

Neurohormon	Aminosäuresequenz	Vorkommen
Vasotocin	Cys- Tyr- Ile- Gln- Asn- Cys- Pro- Arg- Gly	bei allen Wirbeltieren außer Säugern
Valitocin	Cys- Tyr- Ile- Gln- Asn- Cys- Pro- Val- Gly	bei Haien
Isotocin	Cys- Tyr- Ile- Ser- Asn- Cys- Pro- Ile- Gly	bei Knochenfischen
Mesotocin	Cys- Tyr- Ile- Gln- Asn- Cys- Pro- Ile- Gly	bei Lungenfischen, Amphibien, Reptilien
Oxytocin	Cys- Tyr- Ile- Gln- Asn- Cys- Pro- Leu- Gly	bei Reptilien, Vögeln und Säugern
Arginin-Vasopressin	Cys- Tyr- Phe- Gln- Asn- Cys- Pro- Arg- Gly	bei Säugern
Lysin-Vasopressin	Cys- Tyr- Phe- Gln- Asn- Cys- Pro- Lys- Gly	bei Säugern
	1 2 3 4 5 6 7 8 9	

Die Hypophyse bildet Neurohormone, die bei allen Wirbeltieren in ihrer Bildungsweise und chemischen Struktur weitgehend übereinstimmen. Bei Säugetieren bildet sie in ihrem Hinterlappen Oxytocin und die Vasopressine. Oxytocin löst bei Säugetieren während der Geburt die Wehen aus. Die Vasopressine sind an der Blutdruckregulation und der Wasserresorption in der Niere beteiligt. Arginin-Vasopressin und Lysin-Vasopressin kommen nebeneinander bei denselben Säugern vor. Auch sehr ursprüngliche Wirbeltiergruppen wie die Rundmäuler, eine sehr alte fischähnliche Gruppe, verfügen bereits über das Neurohormon Vasotocin. Sie sind vermutlich die Vorfahren der Knochenfische und Knorpelfische, zu Letzteren zählen die Haie.

1 Vergleichen Sie die Aminosäuresequenz der Neurohormone.

2 Stellen Sie anhand des Oxytocins eine Hypothese auf, weshalb die Cysteinmoleküle bei allen Wirbeltiergruppen unverändert blieben.

3 Stellen Sie dar, welche Rückschlüsse auf die stammesgeschichtliche Verwandtschaft der Wirbeltiergruppen aus der Aminosäuresequenz abgeleitet werden können.

4 Erklären Sie die Ursachen der Unterschiede in der Aminosäureabfolge der verschiedenen Neurohormone mithilfe der Codesonne.

5 Stellen Sie eine Hypothese auf zur Evolution der Neurohormone und diskutieren Sie sie vor dem Hintergrund des Wirbeltierstammbaums.

6 Erläutern Sie am Beispiel der Neurohormone das Basiskonzept individuelle und evolutive Entwicklung.

3.23 Homologie und Konvergenz

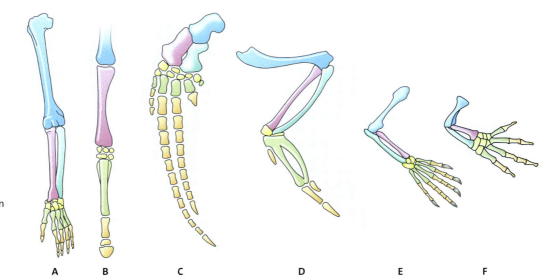

1 Vorderextremitäten von Wirbeltieren:
A Mensch, B Pferd,
C Wal, D Vogel,
E Eidechse,
F Salamander

Die Vorderextremitäten verschiedener Wirbeltiere sehen äußerlich sehr unterschiedlich aus und besitzen verschiedene Funktionen. Der Mensch nutzt seine Arme als Greifinstrumente, die meisten Vögel fliegen mit ihren Flügeln, Wale nutzen ihre Flossen zum Schwimmen, Salamander und Eidechsen bewegen sich mit ihren Vorderbeinen kriechend fort. Trotz dieser enormen Unterschiede in der äußeren Form und der Verwendung sind im inneren Bau der Vorderextremitäten große Übereinstimmungen zu erkennen. Ihr Skelett besteht aus einem Oberarmknochen, zwei Unterarmknochen, Handwurzel-, Mittelhand- und Fingerknochen. Wie können diese anatomischen Ähnlichkeiten erklärt werden?

Homologien • Neben den strukturellen Ähnlichkeiten der Grundbaupläne dieser Gliedmaßenskelette wurde auch eine weitgehende Übereinstimmung in ihren wesentlichen genetischen Informationen nachgewiesen. Dies lässt sich durch die Abstammung dieser Wirbeltiere von einem gemeinsamen Vorfahren erklären. Im Laufe der Evolution kam es zu unterschiedlichen Veränderungen von Details im genetischen Grundmuster und damit auch zu Abwandlungen des anatomischen Grundbauplans. Arme, Beine, Flügel und Flossen der Wirbeltiere sind also Varianten eines identischen Grundmusters. Merkmale, die bei verschiedenen Lebewesen aufgrund ähnlicher Erbinformationen und damit einer gemeinsamen Abstammung auftreten, bezeichnet man als **homologe Merkmale** beziehungsweise **Homologien**.

Die zentralen Übereinstimmungen der Varianten eines gemeinsamen Grundbauplans sind von außen oft nicht leicht zu erkennen, da sie mit einem Funktionswechsel und entsprechenden anatomischen Abwandlungen einhergehen können. Bei den Vordergliedmaßen der Wirbeltiere stimmt die Abfolge und relative Lage der einzelnen Skelettelemente in allen Varianten überein: Dem Oberarmknochen folgen immer zwei Unterarmknochen, an die sich zunächst zahlreiche Handwurzel- und dann Mittelhandknochen anschließen, an denen die Fingerknochen ansetzen. Damit ist hier das erste von drei Homologiekriterien erfüllt.

Kriterium der Lage: *Strukturen sind homolog, wenn sie in einem ähnlichen Grundbauplan die gleiche Lage zueinander einnehmen.*

Aber auch wenn sich die Lage im Grundbauplan während der stammesgeschichtlichen Entwicklung etwas verändert hat, können Merkmale homolog sein. Der Vergleich einer Haischuppe mit einem menschlichen Schneidezahn zeigt auffällige Übereinstimmungen sowohl im spezifischen Aufbau als auch in der Lage der einzelnen Teile zueinander. Beide Strukturen sind in Ober- und Lederhaut eingebettet, bestehen aus einer Schuppen- beziehungsweise Zahnhöhle, dem sie umgebenden Dentin und dem aufgelagerten Schmelz. In diesem Fall trifft das zweite Homologiekriterium zu.

Kriterium der spezifischen Qualität: *Komplexe, aus vielen Einzelelementen bestehende Strukturen sind homolog, wenn sie in zahlreichen Einzelmerkmalen auffallend übereinstimmen.*

Eine Homologisierung ist auch möglich, wenn sich die Merkmale im Laufe der Stammesgeschichte stark verändert haben. Hier müssen Zwischenformen bei verwandten Arten, während der Embryonalentwicklung oder durch Fossilien vorliegen, die eine Entwicklungsreihe erkennen lassen. So sind zum Beispiel die drei Gehörknöchelchen der Säugetiere bestimmten Kieferknochen von Fischen und Reptilien homolog. Das Kiefergelenk der ersten Wirbeltiere wurde von den Knochen Hyomandibulare, Quadratum und Articulare gebildet. Bei den Reptilien übernimmt die dem Hyomandibulare homologe Columella bereits Aufgaben der akustischen Wahrnehmung. Bei einem Fossil eines säugerähnlichen Reptils zeigt sich, dass die Knochen des ursprünglichen Kiefergelenks einen Funktionswandel zu Gehörknöchelchen durchlaufen haben. Außerdem erkennt man die erste Ausbildung eines sekundären Kiefergelenks, wie es heute bei Säugetieren zu finden ist. Die Knochen des Kiefergelenks der Fische und die Gehörknöchelchen der Säugetiere sind stets in der gleichen relativen Lage angeordnet und lassen über fossile Zwischenformen eine kontinuierliche Entwicklung erkennen. Hier trifft das dritte Homologiekriterium zu.

Kriterium der Stetigkeit: *Unterschiedlich gestaltete Strukturen sind homolog, wenn sie durch eine Reihe von Zwischenformen in eine Entwicklungsreihe gestellt werden können.*

Die Anwendung der Homologiekriterien führt nicht dazu, dass Homologien zweifelsfrei erkannt werden können, sondern stellt lediglich den Ausgangspunkt für eine weiter zu überprüfende Hypothese dar.

1 Erläutern Sie, weshalb die Vorderextremitäten der Wirbeltiere einen gemeinsamen Grundbauplan aufweisen, sich aber äußerlich stark unterscheiden.

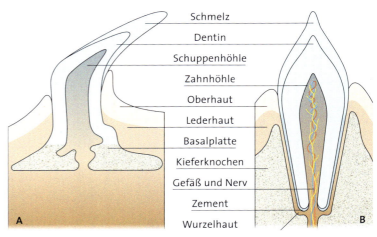

2 Homologe Organe: **A** Hautschuppe eines Hais, **B** Schneidezahn eines Menschen

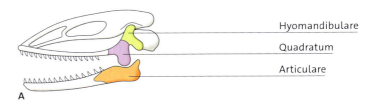

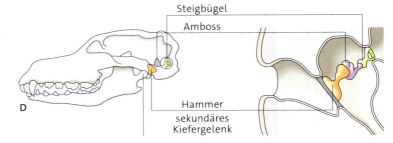

3 Funktionswechsel von Kiefergelenkknochen zu Gehörknöchelchen:
A Fisch, **B** Reptil, **C** säugerähnliches Reptil, **D** Säugetier

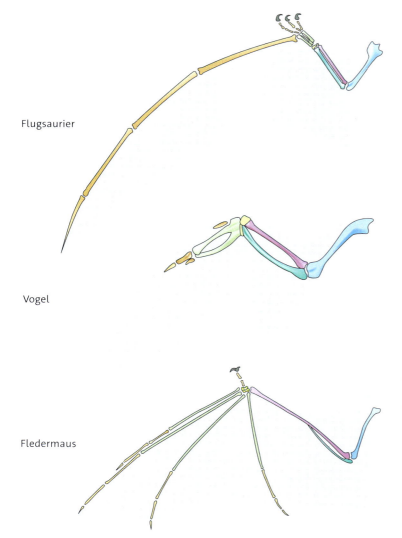

1 Flügel verschiedener Wirbeltiere

Der vierte Finger der Flugsaurier ist extrem verlängert und bildet die Stützkonstruktion für die große, ledrige Flughaut. Die drei übrigen Finger sind normal ausgebildet und tragen Krallen, die das Festklammern ermöglichen. Ober- und Unterarmknochen sind als Ansatzstelle für die Flugmuskulatur kräftig ausgeprägt.

Auch bei den Fledertieren bilden ledrige Flughäute die Tragfläche. Sie überspannen die stark verlängerten Mittelhand- und Fingerknochen und die verlängerte Speiche im Unterarmbereich. Nur der Daumen bleibt frei und kann mit seiner Kralle zum Festklammern eingesetzt werden. Während des Fluges sind die Flughäute zwischen gestreckten Knochen der Vordergliedmaßen wie bei einem Regenschirm gespannt und können aufgrund mehrerer gelenkig verbundener Stützelemente zusammengeklappt werden.

Bei den Vögeln bilden die Federn und nicht die Haut selbst die Flügelfläche. Das Skelett ihrer Vordergliedmaßen ist so gebaut, dass es als Stütze der Flügelfläche mit ihren großen Schwungfedern dient. Die Anzahl der Handknochen ist stark reduziert, denn Mittelhand- und Fingerknochen sind miteinander verwachsen. Die Unterarmknochen und die Hand sind verlängert.

Der Vergleich dieser drei Vordergliedmaßen zeigt, dass die Gliedmaßenskelette einander homolog und durch einen gemeinsamen genetischen Ursprung verbunden sind. Die Flugfähigkeit ist jedoch innerhalb der drei Tiergruppen unabhängig voneinander entstanden. Dies erklärt ihre Unterschiede im Aufbau der Flügelflächen und im Skelettfeinbau. Sie haben sich jeweils als Angepasstheiten an die gleiche Fortbewegungsweise entwickelt. Eine solche parallele Entwicklung ähnlicher Strukturen auf der Basis homologer, also aus einer gemeinsamen Abstammung hervorgegangener Organe bezeichnet man als **Parallelismus** oder **Homoiologie**.

Wenn wie bei den flugfähigen Wirbeltieren die gesamte Erscheinung viele Merkmalsähnlichkeiten als Angepasstheit an gleiche Umweltbedingungen aufweist, spricht man von Lebensraumtypen. Dies trifft auch auf die unabhängige Ausbildung von Flossen und stromlinienförmigen Körpern bei wasserlebenden Wirbeltieren wie Fischen, Fischsauriern, Pinguinen und Walen zu.

Parallelismus • Während der Entwicklung der Flugfähigkeit entstanden bei den Wirbeltieren mehrfach spezifische Angepasstheiten. Neben den ausgestorbenen Flugsauriern können sich auch die meisten Vögel und unter den Säugetieren die Fledertiere in der Luft fortbewegen. Ihnen ist gemeinsam, dass ihre Vorderextremitäten als Flügel ausgebildet sind. Nach den Homologiekriterien handelt es sich um homologe Strukturen, denn ihre Skelettelemente sind immer in der gleichen Abfolge und Lage zueinander angeordnet. Allerdings weisen die spezifischen Konstruktionen der jeweiligen Gliedmaßenskelette und der Aufbau der Flügelfläche deutliche Unterschiede auf.

Konvergenz • Am Körper des Europäischen Maulwurfs fallen besonders die seitlich abstehenden Vorderpfoten auf, die mit ihren langen Krallen als Grabhände dienen. Sie sind wie viele weitere Merkmale seines Körperbaus für seine unterirdische Lebensweise sehr vorteilhaft. Auch die Europäische Maulwurfsgrille lebt bevorzugt unterirdisch. Sie zeichnet sich durch ihre zu schaufelförmigen Grabbeinen ausgebildeten Vorderextremitäten und die Panzerung des wuchtigen Kopfes aus.

Beim Vergleich der Vorderextremitäten der beiden Tiere fallen zunächst die große funktionelle Übereinstimmung und die Ähnlichkeit der Gestalt der Grabbeine auf. Doch insgesamt unterscheiden sich die Grundbaupläne der Säugetierhand und des Insektenbeins deutlich. Während zum Beispiel die Maulwurfshand durch ein knöchernes Innenskelett gestützt wird, besitzt die Grabschaufel der Maulwurfsgrille ein chitinhaltiges Außenskelett. Ursächlich für die Ausbildung beider Gliedmaßenformen sind auch hier die sehr ähnlichen Umweltbedingungen bei einer unterirdischen Lebensweise. Da die Grabbeine von Maulwurf und Maulwurfsgrille aber völlig unterschiedliche Konstruktionsmerkmale besitzen und beide Arten nicht verwandten Tiergruppen angehören, müssen sie unabhängig voneinander in einer **konvergenten Entwicklung** entstanden sein. Durch den ökologischen Prozess der **Konvergenz** entstandene Merkmale werden als **analoge Organe** bezeichnet. Trotz ihrer äußeren und funktionalen Ähnlichkeit sind sie kein Beleg für eine gemeinsame Abstammung.

Sowohl Kakteen als auch einige Wolfsmilchgewächse besitzen in ihren Sprossen umfangreiche wasserspeichernde Gewebe und werden daher als Sukkulenten bezeichnet. Durch dieses Phänomen der Stammsukkulenz ähneln sie sich äußerlich stark. Sie sind jedoch nicht miteinander verwandt. Kakteen besiedeln Trockengebiete in Amerika, sukkulente Wolfsmilchgewächse wachsen hingegen in Trockengebieten Afrikas. Bei Kakteen übernehmen Zellen des Rindengewebes die Wasserspeicherung, bei sukkulenten Wolfsmilchgewächsen hingegen Zellen des Markgewebes. Ihre wasserspeichernden Gewebe sind daher zueinander analoge Organe, die einer konvergenten Entwicklung entstammen müssen.

2 Maulwurf mit Grabhänden

3 Maulwurfsgrille mit Grabbeinen

4 Sukkulente Pflanzen: **A** Kaktus, **B** Wolfsmilchgewächs

1 Erläutern Sie die Entstehung der analogen Organe bei Maulwurf und Maulwurfsgrille und bei Kakteen und Wolfsmilchgewächsen.

Material

Material A Mundwerkzeuge der Insekten

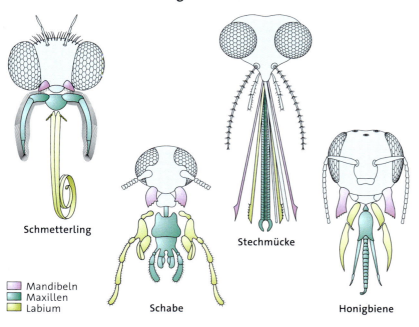

Mandibeln
Maxillen
Labium

Schmetterling
Schabe
Stechmücke
Honigbiene

Schaben nagen an Pflanzenteilen und Nahrungsresten. Ihre kauend-beißenden Mundwerkzeuge gelten als evolutionär ursprünglich. Schmetterlinge und Bienen saugen Nektar. Die Weibchen der Stechmücken bohren ihre Mundwerkzeuge in die Haut von Wirbeltieren und saugen Blut.

1 Beschreiben Sie den Aufbau der Mundwerkzeuge.

2 Erläutern Sie, ob es sich um homologe oder analoge Organe handelt.

3 Erläutern Sie an diesem Beispiel das Basiskonzept Struktur und Funktion.

Material B Wale und Pferde

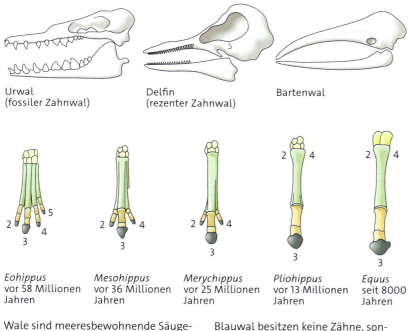

Urwal (fossiler Zahnwal)
Delfin (rezenter Zahnwal)
Bartenwal

Eohippus vor 58 Millionen Jahren
Mesohippus vor 36 Millionen Jahren
Merychippus vor 25 Millionen Jahren
Pliohippus vor 13 Millionen Jahren
Equus seit 8000 Jahren

Wale sind meeresbewohnende Säugetiere. Die Zahnwale wie Delfine oder der Pottwal besitzen Zähne und jagen Fische, Tintenfische und Seehunde. Die Bartenwale wie der Grauwal oder der Blauwal besitzen keine Zähne, sondern Hunderte bis zu 4 m lange Barten im Oberkiefer. Barten bestehen wie unsere Haare und Fingernägel aus der Hornsubstanz Keratin. Auch sie dienen der Nahrungsaufnahme. Sie funktionieren wie ein Sieb, sodass die im Wasser enthaltene Nahrung, vor allem Krill, im Maul zurückbleibt. Zähne besitzen Bartenwale nur als Embryos.

Die Pferdeartigen zeigen im Verlauf ihrer fast 60 Millionen Jahre langen Evolution deutliche Veränderungen im Bau ihres Extremitätenskeletts.

Evolutionäre Trends zur Vereinfachung oder Reduktion homologer Organe werden als **Regressionsreihe** bezeichnet. Trends zu ihrer komplexen Ausdifferenzierung interpretiert man als **Progressionsreihe**.

1 Beschreiben Sie die Kiefer und Gebisse der drei Walschädel und den Gliedmaßenbau der Pferdeartigen.

2 Erläutern Sie, ob hier jeweils eine Regressions- beziehungsweise Progressionstendenz zu erkennen ist.

Material C Ameisen und Termiten als Hauptnahrungsquelle

Schuppentier

Ameisenbär

Erdferkel

Schnabeligel

Die vier Säugetiere fressen Ameisen beziehungsweise Termiten und gehören verschiedenen seltenen Säugetierordnungen an. Der Ameisenbär kommt in den offenen Savannen Südamerikas vor. Im Gegensatz zu ihm sind die übrigen drei Tiere nachtaktiv. Das Vorkommen der Schuppentiere erstreckt sich auf Wälder und Buschland in Südostasien und Afrika südlich der Sahara. Das Erdferkel bewohnt vor allem die Steppen südlich der Sahara. Der Schnabeligel lebt in Australien und Neuguinea.

1 Vergleichen Sie den Körperbau der vier Säugetiere.

2 Erläutern Sie die Ursachen der Ähnlichkeiten dieser vier Tiere.

Material D Tiere gehen die Wände hoch

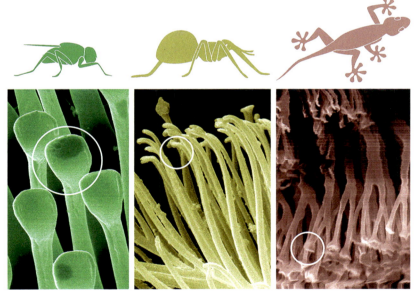

Insekten, Spinnen und sogar Geckos können kopfüber an der Decke entlanglaufen. Elektronenmikroskopische Bilder der Fußsohlen dieser Tiere zeigen, dass diese mit feinsten Borsten, Setae, bedeckt sind, die sich an ihrer Spitze wiederum in winzige spatenförmige Blättchen aufspalten.

Diese sogenannten Schäufelchen sind nur rund 200 nm breit. Dadurch, dass die Kontaktfläche zwischen Oberfläche und Fuß in zahllose kleine Kontaktflächen aufgesplittet wurde, erhöht sich ihr Gesamtumfang. Je größer der Umfang, desto höher ist die vor allem auf der Van-der-Waals-Kraft beruhende Haftkraft. Einzeln sind diese Kräfte zwar sehr schwach, doch über die vielen Blättchen summieren sie sich zu enormen Werten auf. Der Gecko kann sich mit einer Kraft, die zehnmal größer ist als seine Körpermasse, unter eine Glasplatte heften.

1 Erklären Sie, weshalb Geckos die Wand hochlaufen können.

2 Begründen Sie, ob es sich bei der Entwicklung der Setae um eine parallele oder konvergente Entwicklung handelt.

Methode

Stammbäume verstehen

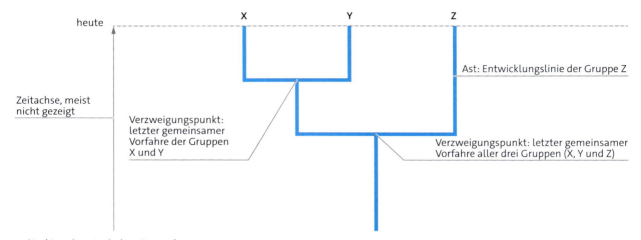

1 Struktur eines typischen Stammbaums

Struktur von Stammbäumen • Stammbäume bestehen aus **Ästen** und deren **Verzweigungen.** Die Ausrichtung der Äste orientiert sich meist an einer vertikalen, aber nicht immer dargestellten Zeitachse. Die an der Oberseite des Stammbaums endenden Äste repräsentieren die heute lebenden, rezenten, Vertreter der gezeigten Gruppen. Der Ast am unteren Ende des Stammbaums entspricht dem Ursprung der im Stammbaum gezeigten Gruppen. Kommt es zur Aufspaltung in zwei sich voneinander unabhängig entwickelnde Gruppen, wird dies durch eine Verzweigung dargestellt. Verzweigungspunkte in Stammbäumen repräsentieren somit jeweils den **letzten gemeinsamen Vorfahren** der hieraus hervorgehenden Entwicklungsäste.

Der Verwandtschaftsgrad zwischen zwei Gruppen lässt sich entsprechend dadurch ablesen, wie weit ihre gemeinsame Verzweigung zurückliegt. Da ihre Aufspaltung in zwei unabhängige Äste vergleichsweise spät erfolgte, sind die Gruppen X und Y in Abbildung 1 relativ nah verwandt. Gruppe X ist mit Gruppe Z hingegen erst über einen weiter zurückliegenden Verzweigungspunkt verbunden, sodass X und Z entfernter verwandt sind. Es gilt: Je weiter die Aufspaltung zweier Gruppen zurückliegt, desto älter ist ihr letzter gemeinsamer Vorfahre und desto geringer ist ihre verwandtschaftliche Nähe.

Auch wenn sich die Äste eines Stammbaums häufig an einer gedachten Zeitachse orientieren, liefern viele Stammbäume keine genaue Zeitskala. Die Lage der Verzweigungspunkte ist dann lediglich als zeitliche Abfolge der Aufspaltungsereignisse zu verstehen.

Varianten der Stammbaumdarstellung • Die Struktur von Stammbäumen ermöglicht verschiedene Varianten der Darstellung. Alternativ zum **Rechtwinkeltyp** können die Äste in

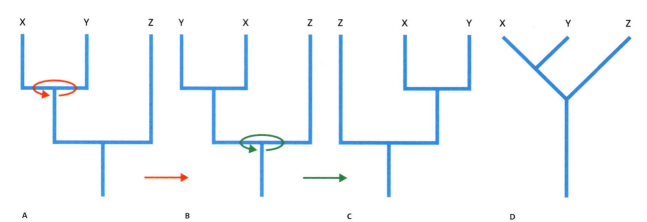

2 Darstellungsvarianten von Stammbäumen: **A–C** durch Drehung an Verzweigungspunkten erzeugte Varianten des Rechtwinkeltyps, **D** Gabeltyp

einem Stammbaum auch diagonal verlaufen. Dieser Stammbaum wird als **Gabeltyp** bezeichnet.

Varianten der Darstellung entstehen auch dann, wenn die Äste an einem Verzweigungspunkt gedreht werden. Auch hierdurch verändern sich nicht die dargestellten Zusammenhänge.

Homologie und Konvergenz in Stammbäumen • Stammbäume stellen evolutionäre Verwandtschaftsgrade dar, die aus homologen Merkmalen abgeleitet werden. Diese homologen Merkmale sind jeweils vor der Aufspaltung in die Gruppen entstanden, die dieses Merkmal tragen. So kann die Entstehung der homologen Vorderextremität im Stammbaum der Vögel und Fledermäuse vor deren Aufspaltung eingeordnet und entsprechend in einen Stammbaum eingetragen werden.

Ähnliche Merkmale als Ergebnis einer konvergenten Entwicklung bieten hingegen keinen Hinweis auf eine gemeinsame Abstammung. Deren Entstehung muss daher nach der Aufspaltung in die das Merkmal tragenden Gruppen eingeordnet werden. Demzufolge liegt die Entstehung des Merkmals Flügel im Stammbaum nach der Aufspaltung in die Gruppen Vögel und Fledermäuse und ist entsprechend zweimal einzutragen.

Mono- und paraphyletische Gruppen • In Stammbäumen kann man geschlossene Gruppen gemeinsamer Abstammung identifizieren, die man als monophyletisch bezeichnet. Deren Geschlossenheit bedeutet, dass alle damit bezeichneten Teilgruppen von einem gemeinsamen Vorfahren abstammen, aus dem sich auch keine weiteren Gruppen entwickelt haben. So bildet jedes Ende eines Stammbaumasts eine monophyletische Gruppe.

Mehrere solcher Gruppen können zu größeren monophyletischen Gruppen zusammengefasst werden. So stellen Reptilien und Vögel zusammen eine monophyletische Gruppe dar, aber auch die Gesamtheit der Amphibien, Reptilien, Vögel und Säugetiere. Der Umfang monophyletischer Gruppen kann unterschiedlich gewählt werden und aus wenigen Arten bestehen oder wie hier im Beispiel mehrere Wirbeltierklassen umfassen. Da sich taxonomische Benennungen wie Arten, Gattungen oder Klassen stets auf monophyletische Gruppen beziehen, bezeichnet man diese auch als Taxa.

Gruppen, die keine geschlossene Abstammungsgemeinschaft bilden, nennt man paraphyletische Gruppen. Ein Beispiel hierfür sind die Amphibien und Reptilien, da kein Vorfahre existiert, aus dem nur diese beiden Gruppen hervorgingen.

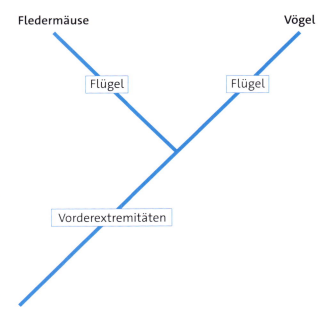

3 Stammbaum von Fledermäusen und Vögeln mit Entstehung des homologen Merkmals Vorderextremität und dessen kovergenter Weiterentwicklung zu Flügeln

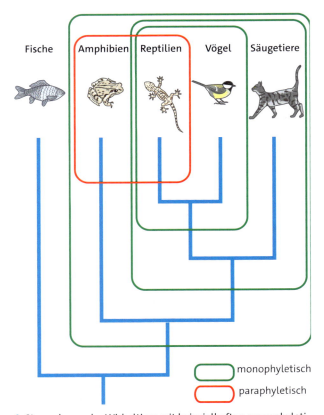

4 Stammbaum der Wirbeltiere mit beispielhaften monophyletischen und paraphyletischen Gruppen

3.24 Molekulare Verwandtschaft

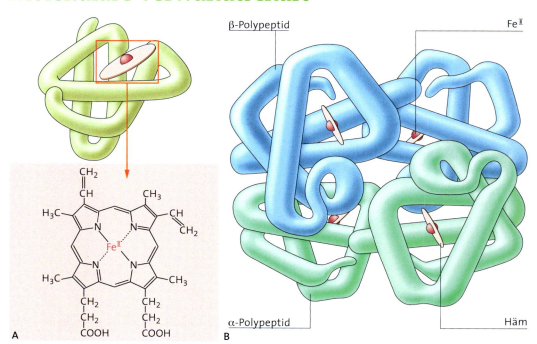

1 Moleküle für den Sauerstofftransport: **A** Myoglobin und Strukturformel des Häms, **B** Hämoglobin

Myoglobin und Hämoglobin sind für den Sauerstofftransport bei Wirbeltieren zuständig. Während Hämoglobin im Blut in den Erythrocyten enthalten ist, fungiert Myoglobin als das primäre Sauerstoffspeicherprotein in der Muskulatur. Bei beiden Molekülen ist der Sauerstoff an einem Eisen(II)-Atom einer prosthetischen Hämgruppe reversibel gebunden. Während Myoglobin aus einem Polypeptid besteht, ist Hämoglobin ein Tetramer aus vier Polypeptiden. Jede dieser vier Untereinheiten der Quartärstruktur des Proteins ähnelt dem Myoglobin. Worauf ist die Ähnlichkeit dieser Moleküle in Bau und Funktion zurückzuführen?

Genduplikation • Die Proteinstruktur von Myoglobin und Hämoglobin ergibt sich aus der Abfolge der Aminosäuren. Diese werden über bestimmte Nucleotidsequenzen der DNA codiert. Die Globingene der Wirbeltiere weisen eine überdurchschnittlich große Ähnlichkeit in der Abfolge der Nucleotidsequenzen auf. Gene mit so großer Ähnlichkeit, die im Genom aller Lebewesen zu finden sind, werden zu **Genfamilien** zusammengefasst. Der Vergleich der Aminosäuresequenzen der bei Wirbeltieren vorkommenden Globine zeigt einen auffällig hohen Anteil sich wiederholender Aminosäureabfolgen. Diese repetitiven Elemente legen den Schluss nahe, dass die Proteine durch Genduplikationen entstanden sind. Der wahrscheinlich wichtigste Prozess zur Entstehung von Genkopien ist die Duplikation durch ein inäquales Crossing-over in der Meiose. Hierbei wird ein DNA-Abschnitt zwischen zwei nicht-homologen Chromosomen unvollständig ausgetauscht, sodass ein Chromatid einige Gene doppelt enthält, während sie auf dem anderen fehlen. Während der Evolution der Wirbeltiere haben wahrscheinlich auch Duplikationen des gesamten Genoms stattgefunden. Durch solche Genduplikationen erhöhte sich die Größe des Genoms und damit die Komplexität der Lebewesen. Sofern die ursprüngliche Basensequenz einmal erhalten bleibt und das korrekte Protein codiert, können die duplizierten Gene durch Mutationen ohne Nachteil für das Individuum verändert werden. Sollte sich ein mutiertes Gen als vorteilhaft erweisen, kann es im Genpool der nachfolgenden Generationen vermehrt auftreten. So entwickelte sich aus dem einfachen Myoglobin mit hoher Sauerstoffaffinität das Hämoglobin, das vier Sauerstoffmoleküle, aber auch Kohlenstoffdioxid reversibel binden kann. Gene, die bei verschiedenen Arten auftreten und die auf ein Gen eines gemeinsamen Vorfahren zurückgehen, bezeichnet man als **homologe Gene.** Sie können einzeln oder durch Genduplikation als Genfamilie vorliegen.

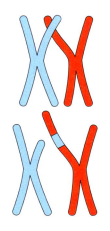

2 Inäquales Crossing-over

Vielfalt des Lebens • Molekulare Verwandtschaft

Genstammbaum • Vergleicht man die homologen Gene verwandter Arten miteinander, kann man aus den mutationsbedingten Unterschieden der Basensequenz einen Stammbaum erstellen. Dazu wird zunächst die Anzahl der Aminosäureaustausche ermittelt und dann die Anzahl der für diese Veränderungen in der Aminosäuresequenz erforderlichen Basensubstitutionen in den Nucleotiden der DNA geschätzt. Je mehr Unterschiede in der Abfolge der Aminosäuren bestehen, desto länger liegt die Abspaltung von einem gemeinsamen Vorfahren zurück. Die Anzahl der ausgetauschten Aminosäuren je Zeiteinheit wird als **Evolutionsrate** bezeichnet. Unter der Annahme, dass diese über lange Zeiträume relativ konstant ist, kann man anhand einer solchen molekularen Uhr Aussagen über phylogenetische Beziehungen von Lebewesen abschätzen. Basis für die molekulare Uhr sind datierbare Fossilfunde. Bei einer Rate von etwa 100 Aminosäuresubstitutionen in 500 Millionen Jahren zeigt der Stammbaum der Globingenfamilie, dass sich das Myoglobin durch eine Genduplikation vor etwa 490 Millionen Jahren von der Hämoglobingenfamilie getrennt hat. Die Vorläufer der α- und β-Hämoglobin-Polypeptide haben sich vor etwa 450 Millionen Jahren, also etwa zur Zeit der Entstehung der Wirbeltiere, auseinanderentwickelt. Die γ-, ε- und ζ-Polypeptide gibt es nur bei Säugetieren. Sie gewährleisten während der fetalen Entwicklung den Gasaustausch und werden schließlich vom adulten α-/β-Typ abgelöst. δ-Polypeptide kommen nur bei Hominiden vor.

Konservative Moleküle • Dass Globine auch in Bakterien, Einzellern, Pilzen und Pflanzen vorkommen, zeigt, dass es sich um eine sehr alte Genfamilie handelt. Im Vergleich zu anderen Molekülen ist der Sauerstofftransport mit Globinen effektiver. Da es sich um eine lebenswichtige Funktion handelt, haben Veränderungen der zugrunde liegenden DNA dieses Proteins oft eine letale Wirkung. So blieb es über Jahrmillionen in seiner Struktur und Funktion erhalten. Daher bezeichnet man die Globine und die codierenden Gene als konservativ.

Analyse alter Proteine • In Fossilien, die älter als 50 000 Jahre sind, ist meist keine DNA mehr nachweisbar. Proteine wie Hämoglobin jedoch bleiben in Fossilien bis zu zehnmal länger erhalten. Durch moderne Technologien entstand ein neuer Forschungsbereich, der darauf spezialisiert ist, Spuren von Proteinen aus fossilen Funden zu analysieren, die Paläoproteomik. So können detailliertere Aussagen zur Evolution ausgestorbener Arten abgeleitet werden, die erheblich weiter zurückreichen.

griech. α = Alpha
griech. β = Beta
griech. γ = Gamma
griech. δ = Delta
griech. ε = Epsilon
griech. ζ = Zeta

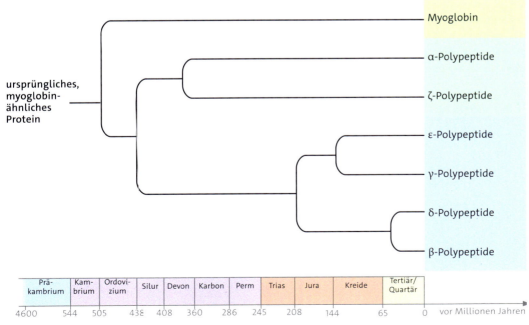

3 Stammbaum der Globingenfamilie

Methode

Stammbäume beurteilen und konstruieren

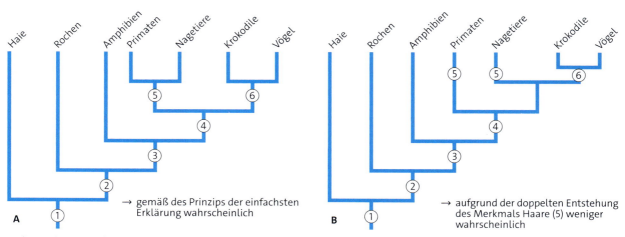

1 Alternative Stammbäume einiger Wirbeltiergruppen mit der jeweiligen Entstehung ausgewählter Merkmale

Stammbäume beurteilen • Stammbäume sind Modelle evolutionärer Verwandtschaftsbeziehungen. Diese Modelle können durch Belege weitgehend gesichert sein oder eher hypothetischen Charakter haben. Stammbäume sind daher auch geeignete Modelle, um Hypothesen zur evolutionären Verwandtschaft von Gruppen zu entwickeln. Diese hypothetischen Modelle sind entsprechend durch Belege zu überprüfen. Hierzu können Homologien in Form von morphologisch-anatomischen Merkmalen oder auch molekulare Daten herangezogen werden.

Zur Beurteilung hypothetischer Stammbäume anhand anatomisch-morphologischer Daten können Merkmalstabellen genutzt werden, um die Entstehung homologer Merkmale jeweils vor dem letzten gemeinsamen Vorfahren jener Gruppen einzuordnen, die dieses Merkmal aufweisen. So zeigen alle Primaten, Nagetiere, Krokodile und Vögel das ursprüngliche, plesiomorphe, Merkmal einer amniotischen Eihülle. Dessen Entstehung kann somit vor dem letzten gemeinsamen Vorfahren dieser Gruppen im Stammbaum eingetragen werden.

Wird in einem hypothetischen Stammbaum dargestellt, dass ein Merkmal mehrfach entstanden ist, erhöht sich die Anzahl der im Stammbaum angenommenen evolutionären Ereignisse im Vergleich zu einem Stammbaum ohne mehrfache Merkmalsentstehungen. Kann diese Erhöhung der Ereignisse nicht gerechtfertigt werden, indem das Merkmal beispielsweise als Konvergenz identifiziert wird, wird der Stammbaum aufgrund der erhöhten Anzahl angenommener Ereignisse als unwahrscheinlicher eingestuft als ein Stammbaum mit weniger Ereignissen. Dies beruht auf der Annahme, dass die einfachste Erklärung die wahrscheinlichste ist, und wird als **Prinzip der einfachsten Erklärung** bezeichnet.

Wirbeltiergruppe	Merkmalsausprägung					
	Wirbelsäule (1)	Knochenskelett (2)	Extremitäten (3)	Eihülle/Amnion (4)	Haare (5)	Schläfenfenster (6)
Haie	+	–	–	–	–	–
Rochen	+	+	–	–	–	–
Amphibien	+	+	+	–	–	–
Primaten	+	+	+	+	+	–
Nagetiere	+	+	+	+	+	–
Krokodile	+	+	+	+	–	+
Vögel	+	+	+	+	–	+

2 Ausgewählte Merkmale einiger Wirbeltiergruppen

Vielfalt des Lebens

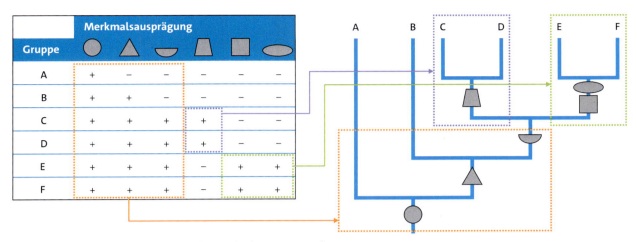

3 Exemplarische Merkmalstabelle und daraus abgeleiteter Stammbaum

Stammbäume konstruieren • Stammbäume können anhand von Merkmalstabellen nicht nur überprüft, sondern auch konstruiert werden. Hierzu analysiert man systematisch, in welchem Umfang die jeweiligen Gruppen gemeinsame Merkmale aufweisen. Die Gruppen mit den meisten gemeinsamen Merkmalen werden im Sinne einer nahen Verwandtschaft als Endlinien der letzten Verzweigung gesetzt. Dies trifft in der in Abbildung 3 gezeigten Merkmalstabelle auf die Gruppenpaare C und D sowie E und F zu.

Molekularbiologische Stammbäume • Molekularbiologische Analysen zu DNA- oder Aminosäuresequenzen bieten eine große Datenmenge für die Konstruktion von Stammbäumen. Diese Datenmengen ermöglichen Aussagen zur relativen Ähnlichkeit zwischen Gruppen. Im Gegensatz zu Stammbäumen, die nur die Abfolge von Aufspaltungen zeigen, kann evolutionäre Verwandtschaft mit molekularen Daten quantitativ dargestellt werden. Hierzu werden molekulare Unterschiede zwischen Gruppen in Linienlängen umgerechnet und im Stammbaum wiedergegeben.

Stammbäume zur molekularen Ähnlichkeit weisen häufig keinen Zeitachsenbezug auf. Mithilfe **molekularer Uhren** kann jedoch die zeitliche Dimension der Linien bestimmt werden. Diese Methode geht davon aus, dass die Mutationsrate über lange Zeiträume konstant ist. Anhand von Sequenzunterschieden kann somit berechnet werden, wie weit die Aufspaltung zweier Gruppen zurückliegt, und dies in die Stammbäume mit aufgenommen werden.

Die weitere Konstruktion erfolgt mit den Gruppen, die sukzessive weniger Merkmale mit diesen beiden Paaren teilen. Hierzu zeigt die Merkmalstabelle, dass Gruppe B ein Merkmal mehr mit den anderen Gruppen teilt als mit A. Gruppe A ist daher mit allen anderen Gruppen am entferntesten verwandt und bildet die früheste Entwicklungslinie. Die Abzweigung zu B folgt darauf. Die Linien aller rezenten Gruppen reichen gemäß einer gedachten vertikalen Zeitskala bis zum oberen Ende des Stammbaums.

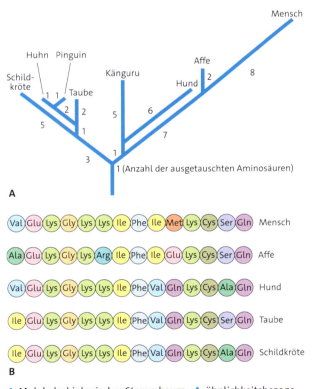

4 Molekularbiologischer Stammbaum: **A** ähnlichkeitsbezogener Cytochrom-C-Stammbaum, **B** entsprechender Ausschnitt aus einem Aminosäuresequenzvergleich

3.25 Variabilität und Selektion

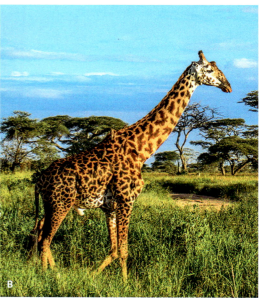

1 Tiere in ihrem jeweils typischen Lebensraum: **A** Okapi, **B** Giraffe

Das Okapi ist ein waldbewohnendes Huftier, das sich von Laub, Farnen und Früchten ernährt. Es ähnelt in vielen Merkmalen den nah verwandten Giraffen und erscheint mit seiner Schulterhöhe von nur etwa 1,5 m wie deren kleinere Variante. Insbesondere sein Hals ist kürzer als der der Giraffen. Wie sind diese ähnlichen und zugleich so unterschiedlichen Formen entstanden?

Variabilität und Vererbung • Giraffen und Okapi sind Beispiele für ein grundsätzliches Phänomen allen Lebens: Lebewesen zeigen eine große Vielfalt und weisen dennoch immer wieder beachtliche Ähnlichkeiten auf. Diese Ähnlichkeiten sind ein wichtiger Hinweis für die Mechanismen der Entstehung biologischer Vielfalt. Denn Ähnlichkeit verweist auf die genetische Verwandtschaft zwischen Lebewesen und damit auf die Bedeutung der Weitergabe von Erbanlagen von einer Generation zur nächsten. Dabei kann man beobachten, dass Nachkommen ihren Eltern generell sehr ähnlich sind, aber auch Varianten des einen oder anderen Merkmals zeigen. Durch diese Merkmalsvariation in jedem Generationsübergang existiert in Populationen stets eine gewisse Vielfalt von Phänotypen, die man als **intraspezifische Variabilität** bezeichnet. So weisen sowohl Giraffen als auch Okapis einer Population stets Unterschiede in ihren Halslängen oder ihrer Körpergröße auf. Diese intraspezifische Variabilität bildet eine zentrale Voraussetzung für die Entstehung biologischer Vielfalt.

Variabilität und Angepasstheit • Die erblich bedingte Variabilität jeder neuen Generation ist **ungerichtet**. So zeigen Okapi-Nachkommen sowohl längere als auch kürzere Hälse im Vergleich zur Elterngeneration. Diese Variabilität kann zwar das Entstehen von Vielfalt erklären, aber nicht die Angepasstheit von Lebewesen an ihren Lebensraum.

2 Skelett: **A** Okapi, **B** Giraffe

Eine Angepasstheit der Giraffen ist ihr auffällig langer Hals, der ihnen das Laub der oberen Baumkronen der Savanne als Nahrungsquelle erschließt. Für Okapis ist hingegen ihre geringere Körpergröße und Halslänge vorteilhaft, da sie ihnen eine bessere Bewegung in ihrem Lebensraum Wald ermöglicht. Die letzten gemeinsamen Vorfahren beider Arten haben vor wenigen Millionen Jahren gelebt und hatten bezogen auf heutige Okapis und Giraffen eine mittlere Körpergröße und Halslänge. Wie haben sich aus diesen Vorfahren die Angepasstheiten von Okapis und Giraffen entwickelt?

Ausgehend von einer ungerichteten Variabilität entwickeln sich Angepasstheiten dadurch, dass jene Individuen innerhalb einer Population durch angepasste Merkmale die vorhandenen Ressourcen besser nutzen können als andere. Besonders kleine Individuen innerhalb einer ursprünglichen Okapi-Population konnten zum Beispiel dicht bewachsene Gebiete im Wald und die dort verfügbare Nahrung besser erreichen. Die kleineren Individuen hatten folglich einen besseren Ernährungszustand als größere Individuen. Zudem waren sie auf der Flucht vor Fressfeinden im Dickicht des Waldes schneller, wurden seltener erbeutet und lebten länger. Diese und weitere Faktoren haben dazu beigetragen, dass kleinere Okapis mehr Nachkommen hatten als die größeren Individuen ihrer Population. Sie konnten daher häufiger ihre Erbanlagen an Nachkommen weitergeben. Hierdurch erhöhte sich der Anteil ihrer Erbanlagen im Genpool der Population, sodass die durchschnittliche Größe in der Population sank.

Diese Reduktion oder „Auslese" von Erbanlagen für wenig angepasste Merkmale sowie die Verstärkung angepasster Varianten bezeichnet man als **natürliche Selektion**. Die abiotischen oder biotischen Faktoren, die den Fortpflanzungserfolg entscheidend begrenzen, bezeichnet man als **Selektionsdruck**. Angepasste Merkmale führen zu **Selektionsvorteilen**.

Da für die evolutionäre Entwicklung die Weitergabe von Erbanlagen entscheidend ist, bestimmt man den evolutionären Erfolg eines Individuums anhand der Anzahl seiner fortpflanzungsfähigen Nachkommen, seiner **reproduktiven Fitness**.

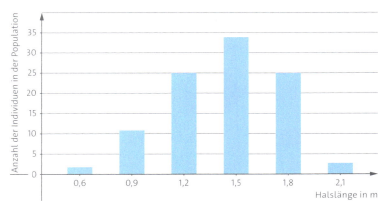

3 Halslänge der Individuen einer Giraffenpopulation

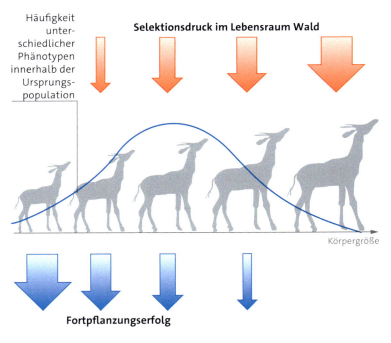

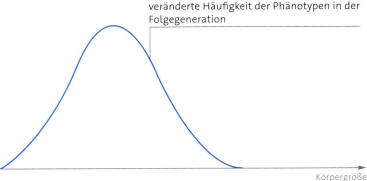

4 Auswirkungen von Selektionsdruck und Fortpflanzungserfolg auf die Häufigkeit von Phänotypen in einer Population am Beispiel der Vorfahren von Okapis im Lebensraum Wald

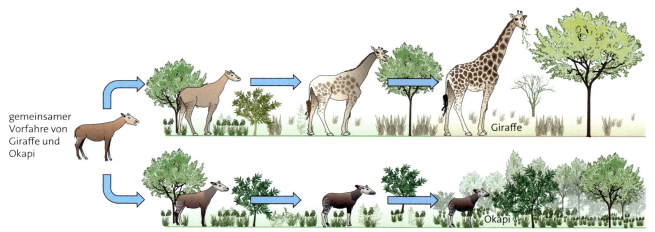

1 Graduelle Entwicklung von Okapi und Giraffen unter Einfluss der jeweiligen Selektionsbedingungen

Selektion und Umwelt • Obwohl natürliche Selektion kontinuierlich wirksam ist, kann man im Verlauf einer evolutionären Entwicklung verschiedene Formen der Selektion unterscheiden. Verändern sich zum Beispiel durch Klimawandel oder andere Ereignisse die Umweltbedingungen in einem Ökosystem, sind die dort lebenden Populationen in der Regel nicht mehr an ihre Umwelt angepasst. Meist verringert sich hierdurch auch die Populationsdichte. Infolgedessen führen die Mechanismen Variabilität und natürliche Selektion nach und nach zu einer Veränderung des Genpools der Population und entsprechend dem durchschnittlichen Phänotyp. Diesen Prozess bezeichnet man als **transformierende Selektion**. Er kann sowohl durch Veränderungen der Umwelt als auch durch Migration einer Teilpopulation in ein neues Ökosystem einsetzen. Durch transformierende Selektion entwickeln sich Individuen, die die vorhandenen Ressourcen effektiv nutzen können. Dieser schrittweise Prozess hin zu einer höheren Angepasstheit bezeichnet man als **Gradualismus**.

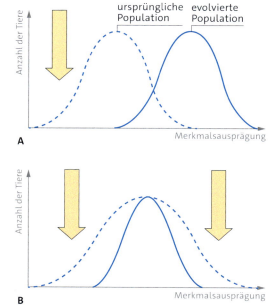

2 Selektionsformen: A transformierende Selektion, B stabilisierende Selektion

Durch die graduell steigende Angepasstheit der Individuen erhöht sich meist deren Dichte und damit auch ihre **intraspezifische Konkurrenz**. So konnten beispielsweise die wenigen kleinen Okapis in einer frühen Population den dicht bewachsenen Wald noch ungestört nutzen. Nach mehreren Generationen mussten sie sich diese Areale mit den vielen anderen kleinen Okapis teilen, sodass der Selektionsdruck durch intraspezifische Konkurrenz zu einer andauernden Transformation führt.

Hat sich der durchschnittliche Phänotyp in einer Population so weit verändert, dass der stärkste Selektionsdruck auf jene Individuen wirkt, die von dem mittleren Phänotyp am stärksten abweichen, kommt es bei konstanten Umweltbedingungen zu keiner weiteren Verschiebung. Diesen Zustand bezeichnet man als **stabilisierende Selektion**. Hierbei erhöht sich der Anteil der Erbanlagen für die mittlere Merkmalsausprägung, während das Auftreten hiervon abweichender Merkmale selektiert wird.

Evolution des Giraffenhalses • Der ungewöhnliche Körperbau der Giraffen mit ihrem auffällig verlängerten Hals wurde schon früh als evolutionäre Angepasstheit interpretiert, die es den Giraffen ermöglicht, die oberen Blätter von Akazienbäumen in der Savanne zu fressen. Unabhängig davon kann man beobachten, dass rivalisierende Männchen bei Rangkämpfen ihre Hälse und Köpfe heftig gegeneinanderschlagen. Damit bietet ein kräftiger und langer Hals auch Selektionsvorteile, da sich die Sieger dieser Kämpfe häufiger paaren können. Somit wurde alternativ zur Akazien-Hypothese die „necks for sex"-Hypothese aufgestellt. In Freilandexperimenten konnte gezeigt werden, dass der lange Hals den Giraffen deutliche Vorteile in der interspezifischen Nahrungskonkurrenz mit anderen Huftieren in der Savanne bietet. Anatomische Analysen belegen, dass der Hals von Giraffenmännchen aus mehr Biomasse besteht und damit den Einsatz von mehr Ressourcen fordert als bei den Weibchen. Dies gilt als wichtiges Indiz für einen geschlechtsspezifischen Selektionsdruck. Heute versucht man, beide Hypothesen zu verbinden. Man geht davon aus, dass die evolutionäre Entwicklung zunächst durch die Nahrungskonkurrenz beeinflusst wurde. Als sich dann das ausschließlich von Giraffen praktizierte Aneinanderschlagen der Hälse als Kampfverhalten entwickelte, wirkte dies als weiterer, nun geschlechtsspezifischer Selektionsdruck.

Sexuelle Selektion • Das Beispiel des Giraffenhalses zeigt, dass im Rahmen der natürlichen Selektion auch ein Selektionsdruck wirksam sein kann, der sich durch erhöhte Paarungschancen direkt auf den Fortpflanzungserfolg auswirkt, die **sexuelle Selektion**. Hierdurch können stark verlängerte Schwanzfedern, auffällige Färbungen oder große Geweihe selektiert werden. So sind beispielsweise die Schwanzfedern der Männchen des Hahnschweif-Widafinken bis zu 50 cm lang, obwohl die für die Flugfähigkeit optimale Schwanzfederlänge etwa 5 cm beträgt. Man konnte nachweisen, dass sich Weibchen bevorzugt mit Männchen paaren, die besonders lange Schwanzfedern haben. Für die Weibchen hat dieses Selektionsverhalten einen Vorteil. Je länger die Schwanzfedern eines Männchens sind, desto gesünder erscheint es. Dies wiederum erhöht die Überlebenswahrscheinlichkeit der Nachkommen. Die Länge der Schwanzfedern stellt somit einen balancierten Kompromiss

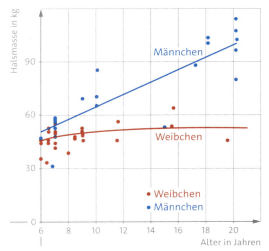

3 Zusammenhang zwischen Alter und Halsmasse bei männlichen und weiblichen Giraffen

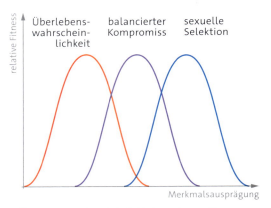

5 Überlebenswahrscheinlichkeit und sexuelle Selektion

4 Kämpfende Giraffenmännchen

6 Hahnschweif-Widafink mit langen Schwanzfedern

zwischen einem Nachteil für die Überlebenswahrscheinlichkeit und einem Vorteil für die Fortpflanzungswahrscheinlichkeit durch die sexuelle Selektion dar.

1 Beschreiben Sie die Bedeutung der Mechanismen Variabilität und Selektion zur Erklärung der Phänomene biologischer Diversität und Angepasstheit. Stellen Sie die Zusammenhänge hierzu als Schaubild dar.

2 Erläutern Sie den Zusammenhang zwischen Überlebens- und Fortpflanzungswahrscheinlichkeit bei der sexuellen Selektion.

Koevolution • Die Individuen von Populationen aller Lebewesen unterscheiden sich in Bezug auf die Beschaffenheit ihrer Merkmale. So können sehr schnelle Geparde leichter genügend Gazellen erbeuten. Andererseits können nur schnelle und wendige Gazellen Geparden entkommen. Damit haben die schnellsten Geparde und die schnellsten, wendigsten Gazellen bessere Überlebenschancen. Folglich ist bei beiden Arten auch die Fortpflanzungswahrscheinlichkeit für schnellere Tiere größer. Auf beide Tierarten wirkt demnach ein Selektionsdruck, der von Generation zu Generation zu durchschnittlich schnelleren und wendigeren Tieren führt. Dieser Prozess ist ein Beispiel für eine transformierende Selektion. Er findet in den anatomischen und morphologischen Voraussetzungen der Arten seine Grenzen. Führt dieser evolutionäre Vorgang, der sich in langen Zeiträumen der Stammesgeschichte ereignet, zu einer wechselseitigen Angepasstheit zweier Arten, spricht man auch von **Koevolution**. Der Selektionsdruck hat bei beiden Arten zur Folge, dass spezifische Merkmalsausprägungen immer weiter optimiert werden. Da dies jedoch bei beiden Arten gleichzeitig geschieht, ändert sich an der Chancenverteilung zwischen ihnen nichts. Koevolution begleitet in der Regel Beziehungen zwischen zwei voneinander abhängigen Arten wie Räuber und Beute, Parasit und Wirt oder zwischen Symbionten.

Blütenbestäubung und Koevolution • Ein auffälliges Beispiel für die Koevolution zwischen Blütenpflanzen und Bestäubern sind zwei auf der Karibikinsel Saint Lucia beheimatete Orchideenarten der Gattung *Heliconia* sowie der Granatkolibri als deren einziger Bestäuber. Die Weibchen des Granatkolibris haben einen gebogenen Schnabel. Sie bevorzugen zur Nahrungsaufnahme die Art *Heliconia bihai* mit einer langen, gebogenen Blütenröhre. Die Kolibrimännchen haben einen kürzeren, geraden Schnabel. Sie suchen meist die Art *Heliconia caribaea* mit einer kurzen, geraden Blütenröhre auf.

Das Nahrungsangebot der Orchideen entspricht den Bedürfnissen ihrer jeweiligen Bestäuber. Die größeren und schwereren Männchen benötigen mehr Energie für ihren Schwirrflug beim Blütenbesuch als die leichteren Weibchen, und *Heliconia caribaea* bildet mehr energiereichen Nektar als *Heliconia bihai*.

Auf der Insel Dominica hat ein anderer evolutionärer Prozess stattgefunden. Obwohl dort *Heliconia bihai* vorkommt, ist eine rot gefärbte Variante von *Heliconia caribaea* entstanden, deren Blüten etwas länger und gebogener sind. Man nimmt an, dass die Kolibriweibchen auf Dominica im Verlauf der Evolution häufiger diese Orchideenart besucht und sich deshalb die Blütenröhren in diese Richtung entwickelt haben.

1 Erläutern Sie am Beispiel des Granatkolibris und der beiden *Heliconia*-Arten das Prinzip der Koevolution.

1 Gepard jagt Gazelle

2 Kolibriweibchen an *Heliconia*-Blüte

Material

Vielfalt des Lebens • Variabilität und Selektion

Material A Künstliche Selektion – ein Evolutionsfaktor

Der Kabeljau ist in den letzten Jahrzehnten intensiv befischt worden. Dabei legten die Fischer Wert auf große Exemplare, was sie über die Maschengröße ihrer Netze regulierten. Mit der Zeit stellten die Fangflotten fest, dass nicht nur die Anzahl der begehrten Speisefische abnahm, sondern auch deren Durchschnittsgröße.

Auch alter Kabeljau erreichte nicht mehr die Größe der Tiere vorangegangener Populationen. Damit sich die Bestände wieder erholten, erließ man Fangverbote. Man hoffte, dass die Fische nicht nur wieder an Menge zunahmen, sondern auch wieder zur alten Größe heranwachsen würden.

Dies geschah aber nicht. Die Durchschnittsgröße des Kabeljaus blieb gering.

Wie viele andere Merkmale hängt auch die Größe von Tieren von einer ganzen Reihe von Genen ab. Da sich die Wirkungen der einzelnen Gene auf die Größe addieren, spricht man von additiver genetischer Varianz. Von jedem der zur Größe beitragenden Gene kann es in einer Population verschiedene Allele geben, die sich in ihrer jeweiligen Auswirkung unterscheiden. Die Größe eines Tieres hängt also davon ab, welche der im Genpool der Population vorhandenen Allele es besitzt.

Auswirkung der Allele auf die Körpergröße:

 einfach   zweifach

 dreifach   vierfach

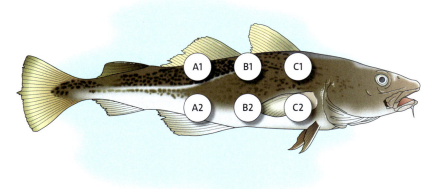

1 Ermitteln Sie die Größe der zehn Fische der Ausgangspopulation sowie die Durchschnittsgröße und den Anteil der verschiedenen Allele! Erstellen Sie dazu eine Tabelle.

2 Ein Fischer fängt die fünf größten Fische der Ausgangspopulation. Da sie sterben, ohne sich fortzupflanzen, werden ihre Allele aus dem Spiel entfernt. Die kleineren Fische vermehren sich. Ihre Allele kommen zurück in das Säckchen, wobei für jedes Allel ein gleiches aus dem Reservoir hinzugefügt wird. Im Säckchen befinden sich wieder 60 Allele. Fahren Sie dann fort wie bisher. Ermitteln Sie die nächsten drei Generationen und vervollständigen Sie die Tabelle. Deuten Sie Ihr Ergebnis.

Spielanleitung (nach der Idee von Dr. Harald Kullmann, Münster): In einer Modellpopulation sind drei Gene A, B und C für die Größe des Fisches zuständig. Für jeden Genlocus gibt es vier Allele. Jedes Individuum besitzt für jeden Genlocus zwei Allele, eins vom Vater, eins von der Mutter. Die Allele werden durch farbige Chips symbolisiert. Die Farbe jedes Allels gibt an, wie viel es zur Größe eines Fisches beiträgt. Zum Beispiel trägt jedes „rote" Allel vier Größeneinheiten bei, gleichgültig von welchem Gen. Die Größe eines Individuums bestimmt man durch Addition der Beiträge aller Allele. Das Spiel startet damit, dass von allen Allelen an jedem Genlocus gleich viele vorhanden sind. Bei zehn Fischen werden pro Genlocus 20 Allele, also fünf Chips von jeder Farbe, benötigt. Daher werden von jeder Farbe 15 Chips in ein undurchsichtiges Säckchen gegeben. Daraus wird die Ausgangspopulation blind gezogen und auf jeden Genlocus zwei Allele gelegt. Anschließend wird die Größe eines Fisches bestimmt, indem die Wirkungen der einzelnen Allele addiert werden. Ein Tier kann maximal 24 Größeneinheiten, nur „rote" Allele, und minimal sechs Größeneinheiten, nur „grüne" Allele, besitzen.

3.26 Auswirkungen auf den Genpool

1 Asiatische Marienkäfer

Der Asiatische Marienkäfer wurde 1982 zur biologischen Schädlingsbekämpfung in Frankreich eingesetzt und breitet sich seitdem sehr schnell aus. Seine Färbung variiert von Gelb-Orange über Rot bis Schwarz mit jeweils unterschiedlich vielen Punkten. Je nach Region überwiegen die helleren oder dunkleren beziehungsweise stärker oder schwächer gepunkteten Varianten. Welche Faktoren beeinflussen ihre Häufigkeit?

Allelfrequenz • Trotz ihres unterschiedlichen Aussehens gehören alle abgebildeten Marienkäfer zu einer Art: *Harmonia axyridis*. Die Farben und Muster ihrer Flügeldecken beruhen auf einer Vielzahl von Allelen. Bezüglich dieses Merkmals zeigen sie aufgrund ihrer hohen genetischen Variabilität einen ausgeprägten **Polymorphismus**.

Innerhalb bestimmter Regionen, die oft durch geografische Barrieren abgegrenzt sind, leben sie in abgeschlossenen Fortpflanzungsgemeinschaften. Diese **Populationen** unterscheiden sich durch die Häufigkeit einzelner Allele in ihrem Genpool. In einigen ist zum Beispiel die Allelfrequenz für gelbe Flügeldecken höher, in anderen für schwarze Flügeldecken. Die spezifischen Allelfrequenzen in einer Population sind das Ergebnis komplexer Wechselwirkungen. Sie stehen unter dem Einfluss abiotischer und biotischer Umweltfaktoren, wie den Veränderungen des Klimas, interspezifischer Konkurrenz durch Fressfeinde oder der intraspezifischen Konkurrenz um Ressourcen und Fortpflanzungspartner.

Führt ein Allel zu einem Selektionsvorteil durch eine bessere Tarnung vor eingewanderten Fressfeinden, wird sich dessen Frequenz innerhalb weniger Generationen erhöhen. Auch das Eintreffen neuer Marienkäfer aus anderen Populationen kann die Allelfrequenzen verschieben. Innerhalb der Populationen nimmt die unterschiedliche Paarungswahrscheinlichkeit von gleich- und verschiedenfarbigen Marienkäfern ebenfalls Einfluss. Auch das Auftreten von Rekombinations- und Mutationsvorgängen hat Auswirkungen auf die Allelfrequenzen, die aufgrund der Dynamik von Populationen ständigen Veränderungen unterworfen sind.

Mutation • Die Entstehung unterschiedlicher Allele eines Gens erfolgt durch Veränderungen seiner DNA-Sequenz aufgrund von Mutationen. Diese führen zur Vielfalt an Allelen einzelner Gene innerhalb einer Population und sind damit die Ursache für die genetische Variabilität eines einzelnen Merkmals, zum Beispiel das Fellmuster innerhalb einer Mustangherde. DNA-Veränderungen durch Mutationen erfolgen immer zufällig und ungerichtet. Sie haben, wenn Introns betroffen sind, keine Auswirkungen. Mutationen in Exons beeinflussen die Proteinsynthese und stören in den meisten Fällen die Ausprägung von phänotypischen Merkmalen. Für die Träger dieser veränderten Merkmale ist dies meist von Nachteil bis hin zu letalen Folgen. Sie treten nur selten auf und werden zum Teil auch wieder durch enzymatische DNA-Reparatursysteme korrigiert.

Für evolutionäre Prozesse sind nur Mutationen in den Geschlechtszellen von Bedeutung, da sich daraus die Nachkommen entwickeln.

Rekombination • Innerhalb einer großen Mustangherde treten nahezu alle möglichen Kombinationen aus Farbschattierungen und Musterungen des Fells auf. Fohlen ähneln in diesen Merkmalen zwar oft ihren Elterntieren, viele zeigen jedoch auch neue Kombinationen dieser Fellmerkmale. Die Ähnlichkeiten sind auf die Weitergabe der Gene von einer Generation an die nächste zurückzuführen. Ein Fohlen erhält sowohl die Erbanlagen des Hengstes über die Spermienzelle als auch die der Stute über die Eizelle.

Während der Bildung der Geschlechtszellen wird der diploide Chromosomensatz der Urgeschlechtszellen im Verlauf der Meiose halbiert. Dabei werden die homologen Chromosomenpaare nach dem Zufallsprinzip getrennt und auf die entstehenden Geschlechtszellen verteilt. Für eine nach dem Verschmelzen der Geschlechtszellen entstehende diploide Zygote mit n Chromosomenpaaren sind 2^n verschiedene Kombinationen aus den elterlichen Chromosomen möglich. Da Mustangs 32 Chromosomenpaare besitzen, sind bei ihnen 2^{32}, also 4 294 967 296 Varianten möglich.

Diese interchromosomale Rekombination führt zu einer großen Vielfalt der Merkmalskombinationen unter den Nachkommen. Sie ist die Hauptursache der genetischen Variabilität bei sich geschlechtlich fortpflanzenden Tieren und Pflanzen.

Während der Meiose kommt es häufig auch zum Austausch von Bruchstücken zwischen homologen väterlichen und mütterlichen Chromosomen. Ein solches Crossing-over kann zu neuen Kombinations-

2 Herde wilder Mustangs

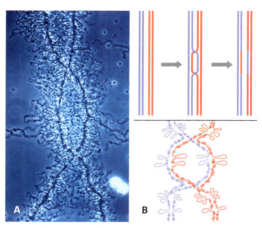

3 Intrachromosomale Rekombination: **A** lichtmikroskopisches Bild einer Chiasmabildung, **B** Crossing-over (Schema)

varianten von bisher gekoppelten Allelen führen. Diese intrachromosomale Rekombination trägt ebenfalls zur genetischen Variabilität bei.

Variabilität und Züchtung • Auch innerhalb eines großen Wolfsrudels sind phänotypische Unterschiede zu erkennen. Da die meisten dieser Merkmale genetisch bedingt sind, konnte der Mensch dies gezielt für die Zucht ausnutzen. Die Auslese von Individuen mit erwünschten Merkmalen und das geplante Kreuzen dieser Tiere über viele Generationen führte zu den heute bekannten Hunderassen.

1 Beschreiben Sie die Faktoren, die die Allelfrequenzen in Populationen beeinflussen.

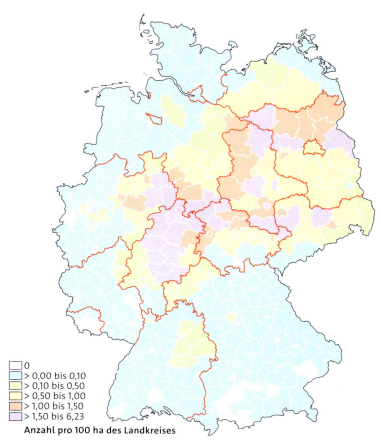

1 Verbreitung der Waschbären in Deutschland anhand der Anzahl erlegter Tiere in den Jahren 2010 bis 2014

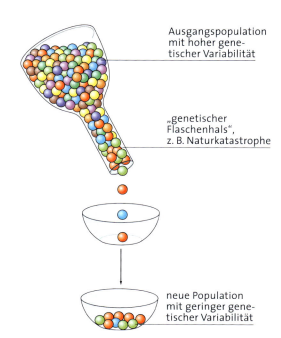

2 Schematische Darstellung des Flaschenhalseffekts

Gendrift • Gelangen wenige Lebewesen einer Art in neue Regionen, wie der Asiatische Marienkäfer über Frankreich nach Deutschland, entsteht eine neue Population. Sie enthält nur noch einen Bruchteil des Genpools der Ausgangspopulation. Das heißt, die Variabilität ist anfänglich sehr gering. Dieser Effekt wird **Gründereffekt** genannt. Eine neue Gründerpopulation kann im Extremfall aus nur zwei Tieren bestehen. Bei günstigen Umweltbedingungen kommt es zu einer rasanten Entwicklung der neuen Population. So wurden zum Beispiel 1934 einige Waschbären in Nordhessen ausgesetzt, mehrere Tiere flohen 1945 aus zerbombten Zuchtgehegen bei Berlin. Durch das Fehlen von Beutegreifern und durch ein großes Nahrungsangebot leben heute so viele Waschbären in Deutschland, dass sie sogar bejagt werden müssen. Tiere wie der Waschbär, aber auch Pflanzen aus fremden Lebensräumen werden als Neobiota bezeichnet. Da sie sich ungehemmt vermehren können, stören sie das ökologische Gleichgewicht erheblich.

Wenn äußere Faktoren, zum Beispiel Naturkatastrophen oder menschliche Einflüsse, eine starke Dezimierung einer Population bewirken, spricht man von einem **Flaschenhalseffekt**. Ein Beispiel dafür sind die vom Aussterben bedrohten Przewalskipferde. Ihre Population wurde durch starkes Bejagen auf weltweit zehn Tiere dezimiert, die in Zoos überlebten. Von ihnen stammen alle Tiere ab, die inzwischen wieder ausgewildert wurden. Aufgrund des kleinen Genpools der wenigen überlebenden Tiere ist die genetische Variabilität dieser Population sehr gering.

Verringert sich die Anzahl verschiedener Allele innerhalb einer Population allein durch äußere Zufallsereignisse wie beim Gründereffekt oder beim Flaschenhalseffekt, spricht man von genetischer Drift oder **Gendrift**. Faktoren, die unabhängig von der Angepasstheit einzelner Lebewesen an die Umwelt wirken, führen dabei zu kleinen Populationen mit geringer Variabilität, auf die sich die Evolutionsfaktoren schnell auswirken. Dabei kann es zu einem rasanten Wachstum einer neuen Population kommen, deren genetische Variabilität jedoch nur langsam zunimmt.

1 rläutern Sie die Wirkung des Gründereffekts und des Flaschenhalseffekts.

Material

Vielfalt des Lebens • Auswirkungen auf den Genpool

Material A Ausbreitung der Phönizier

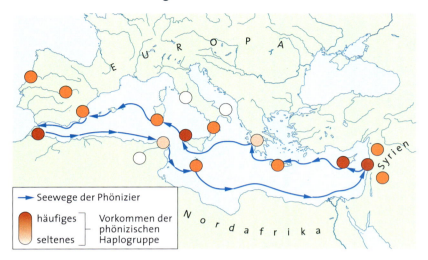

- → Seewege der Phönizier
- häufiges ⎫ Vorkommen der
- seltenes ⎭ phönizischen Haplogruppe

Die Phönizier waren ursprünglich in mehreren Stadtstaaten des syrischen Küstenstreifens beheimatet. Im ersten Jahrtausend vor Christus führte der Ausbau der Fernhandelswege zu einer Ausbreitung dieses Volkes in den Mittelmeerraum. Auf der Suche nach sicheren Belegen dafür haben Forscher das Erbgut von heute am Mittelmeer lebenden Männern untersucht. Dabei fand man heraus, dass im mediterranen Raum viele Männer auf dem Y-Chromosom typische minimale Basenabweichungen besitzen. Diese SNPs, single nucleotide polymorphisms, unterscheiden sie von den übrigen Menschen. Mehrere solcher SNPs bilden eine Haplogruppe, mit der Gruppen von Menschen charakterisiert werden können. Tatsächlich trägt die heutige männliche Bevölkerung in den Siedlungsgebieten der Phönizier häufiger als an anderen Orten typische Varianten dieser Haplogruppe. Mehr als 6 % des Genpools der in ehemaligen Phöniziersiedlungen lebenden Männer stammen demnach aus den alten Linien der antiken Händler. Statistisch gesehen hat heute jeder 18. Mann im Mittelmeerraum direkte phönizische Vorfahren.

1 Beschreiben Sie die Abbildung.

2 Erläutern Sie den Zusammenhang zwischen der Häufigkeit der phönizierspezifischen Haplogruppe, der Veränderung des Genpools und den Handelswegen.

3 Stellen Sie Hypothesen auf, welche Evolutionsfaktoren hier gewirkt haben könnten.

Material B Wapitis

	Anteil polymorpher Genloci an der Gesamtanzahl der Genloci	Mittelwert der Anzahl verschiedener Allele pro Genlocus	Anteil der heterozygoten Gene an der Gesamtanzahl der Gene
Wapiti	10 %	1,14	< 2,00 %
Weißwedelhirsch	40 %	> 2,00	9,70 %
Hirsche allgemein	20 %	1,30	4,00 %

Der Wapiti ist eine unter anderem in Nordamerika lebende Hirschart. Aufgrund unkontrollierter Jagd sank dort die Anzahl der Tiere um 1900 auf ein Minimum. Wenige überlebende Tiere wurden in Reservaten gehalten und später ausgewildert. Bei Untersuchungen ihrer DNA betrachtete man besonders die Orte auf einem Chromosom, an denen jeweils ein Gen für ein bestimmtes Merkmal vorliegt, den **Genlocus**. Sind an diesem Genlocus bei verschiedenen Tieren unterschiedliche Allele eines Gens vorhanden, spricht man von einem polymorphen Genlocus. Zudem untersuchte man, wie viele Gene bei einem Tier in zwei verschiedenen Allelen, also heterozygot, vorliegen. Die Tabelle zeigt die Ergebnisse dieser genetischen Untersuchungen der Wapitis im Vergleich zu anderen Hirscharten. Anhand der Daten lassen sich Aussagen über die genetische Variabilität verschiedener Hirscharten treffen.

1 Werten Sie die Tabelle aus.

2 Erklären Sie den Unterschied der genetischen Variabilität von Wapitis im Vergleich zum Durchschnitt aller Hirsche.

3 Stellen Sie eine Hypothese zur Populationsentwicklung von Weißwedelhirschen auf.

4 Erläutern Sie an diesem Beispiel das Basiskonzept individuelle und evolutive Entwicklung.

3.27 Artkonzept und Artbildung

1 Zebroid-Fohlen mit Zebra-Mutter

Bereits Charles Darwin hatte beobachtet, dass in Afrika vereinzelt Mischformen zwischen Zebras und anderen im gleichen Lebensraum vorkommenden Eseln und Pferden auftreten, die Zebroide. Zu welcher Art gehören sie?

Morphologie = Lehre von der äußeren Gestalt

Artkonzepte • Als Darwin in seinen Arbeiten die Mischformen der Zebroide beschrieb, ging er von folgender Vorstellung aus: Eine Art ist eine Lebensform, die sich äußerlich deutlich von anderen Lebewesen unterscheidet. Man bezeichnet dies als **morphologisches Artkonzept.** Es lässt sich auf Zebra, Esel und Pferd anwenden. Obwohl Darwin der Auffassung war, dass diese Artdefinition nicht wirklich überzeugend ist, können die meisten Lebewesen auf diese Weise klassifiziert werden. Auf Arten, die sich sehr stark ähneln, ist dieses Artkonzept nicht anwendbar. Dies gilt beispielsweise für die Garten- und Waldbaumläufer, zwei in Europa beheimatete Singvogelarten, die äußerlich kaum zu unterscheiden sind. Man bezeichnet sie als Zwillingsarten.

Im Jahr 1940 schlug Ernst Mayr ein anderes Artkonzept vor. Er klassifizierte Arten als Gemeinschaften von Lebewesen, die fortpflanzungsfähige Nachkommen miteinander zeugen können. Diese Vorstellung wird als **biologisches Artkonzept** bezeichnet. Da Zebroide unfruchtbar sind, handelt es sich also bei Zebra und Esel trotz der gemeinsamen Nachkommen um unterschiedliche Arten.

Ein Beispiel für die Veränderlichkeit der Arten zeigt sich auf der Insel Borneo. Dort befinden sich zwei Auswilderungsstationen für Orang-Utans. Man beobachtete, dass der Nachwuchs der ausgewilderten Tiere häufiger krank war als zu erwarten, manche starben schon als Jungtiere. Zur Untersuchung dieses Befundes wurde die DNA der Tiere in der Auswilderungsstation analysiert. Das Ergebnis überraschte die Forscher. Aus den Abweichungen innerhalb der DNA-Analysen ließ sich schlussfolgern, dass sich innerhalb von 176 000 Jahren drei isolierte Unterarten des Orang-Utans entwickelt hatten. Sie unterscheiden sich so geringfügig, dass dies mit dem bloßen Auge kaum erkennbar ist und bei der Auswilderung nicht berücksichtigt wurde. Dank der neuen Erkenntnis werden nunmehr vor der Auswilderung Gentests durchgeführt. Diese Befunde lassen sich mit dem **phylogenetischen Artkonzept** erklären: Eine Art ist eine Gemeinschaft von Popu-

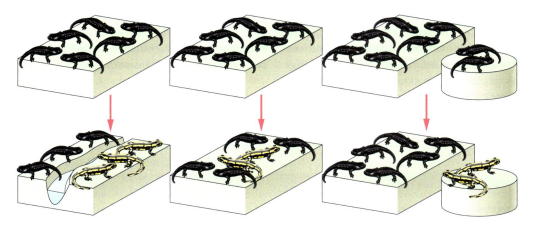

Allopatrische Artbildung:
Eine Population bildet durch geografische Isolation von ihrer Ausgangsart eine neue Art.

Sympatrische Artbildung:
Eine kleine Population bildet ohne geografische Trennung von ihrer Ausgangsart eine neue Art.

Peripatrische Artbildung:
Eine kleine Population siedelt sich außerhalb des Verbreitungsgebietes der Ausgangsart an. Aus ihr geht eine neue Art hervor.

2 Formen der Artbildung

lationen derselben Abstammung, die sich mit der Zeit weiter aufspalten kann.

Allopatrische Artbildung • Nicht alle Populationen einer Art stehen in ständigem Kontakt miteinander. Sie können durch Gebirge, Flüsse, Wüsten, Seen oder andere Barrieren geografisch voneinander getrennt sein. In den getrennten Populationen laufen zahlreiche Vorgänge ab, die zu Unterschieden zwischen den Populationen führen: Es können Mutationen auftreten, Gene können durch zufällige Ereignisse wie Gendrift verloren gehen, Rekombination führt zur Entstehung vielfältiger neuer Phänotypen, die anders sind als in der Ausgangspopulation. Der Genpool der isolierten Population verändert sich im Vergleich zum Genpool der Ausgangspopulation. Da die isolierte Population in einer anderen Umwelt lebt und deshalb anderen Selektionsbedingungen ausgesetzt ist, wird sie sich im Laufe der Zeit in eine andere Richtung als die Ausgangsart entwickeln. Die Abweichungen werden irgendwann so groß sein, dass man bei der isolierten Population von einer neuen Art sprechen kann. Die beiden Populationen sind nun durch Fortpflanzungsbarrieren voneinander getrennt und können sich nicht mehr vermischen. Die Fortpflanzungsbarrieren sorgen somit für den Zusammenhalt der Art.

Dieser Mechanismus der Artbildung wird als **allopatrische Artbildung** bezeichnet. Sie wird als die häufigste Form der Artbildung angesehen.

Sympatrische Artbildung • Daneben ist jedoch auch eine Spaltung von Arten an einem Ort möglich. In einem kleinen Kratersee in Kamerun hat man Buntbarsche gefunden, die aus dem umgebenden Flusssystem in den See gewandert sind. Zwei eng verwandte Arten besitzen untereinander größere Ähnlichkeiten als mit den Buntbarschen in den benachbarten Flüssen. Diese Beobachtung ist wohl nur so zu erklären, dass aus der Ursprungsart, dem Fluss-Buntbarsch, am gleichen Ort zwei Arten von See-Buntbarschen entstanden sind. Man spricht von **sympatrischer Artbildung**.

Peripatrische Artbildung • Eine Sonderform der allopatrischen Artbildung ist die **peripatrische Artbildung**, bei der sich eine Gründerpopulation außerhalb des bisherigen Verbreitungsgebiets der Ursprungspopulation ansiedelt. Diese Population ist klein und ihre genetische Variabilität sehr gering, daher kann sie sich aufgrund veränderter Selektionsbedingungen schnell zu einer neuen Art entwickeln.

griech. allos = anders
lat. patria = Heimatland
griech. syn = zusammen
griech. peri = um ... herum

1 Ordnen Sie den heutigen Menschen in die drei Artkonzepte ein und nennen Sie die dabei auftretenden Schwierigkeiten.

2 Beschreiben Sie die drei Mechanismen der Artbildung.

Material A Artbildung

Die letzte Eiszeit ging vor etwa 12 000 Jahren zu Ende. Die Eismassen waren in Mitteleuropa weit vorgedrungen und hatten das Verbreitungsgebiet vieler Tier- und Pflanzenarten nach Süden zurückgedrängt. Einige Tierarten teilten sich bei diesen Wanderungen in eine westliche und in eine östliche Teilpopulation auf, die keinerlei Kontakt miteinander hatten. Mit dem Zurückweichen des Eises dehnte sich das Verbreitungsgebiet dieser Arten nordwärts aus. Es bildeten sich häufig Überschneidungszonen.

Gelbbauchunke und Rotbauchunke werden 5 bis 6 cm groß und leben in ähnlichen Lebensräumen. Beide ernähren sich von Wasserinsekten und pflanzen sich im Wasser fort. Im Überschneidungsgebiet paaren sich die verschiedenen Unken und haben Nachkommen. Diese sind jedoch unfruchtbar.

Rabenkrähe und Nebelkrähe werden etwa 47 cm groß und leben in ähnlichen Lebensräumen. Auch ihre Nahrung ist ähnlich. Nur im Überschneidungsgebiet findet man eine fruchtbare Mischform, die eine grau-schwarze Färbung aufweist.

1 Beschreiben Sie die Verbreitungsgebiete der beiden Unken und der beiden Krähen.

2 Erläutern Sie, wie die Populationen der Unken und Krähen im Verlauf der Evolution zustande gekommen sind.

3 Begründen Sie, inwieweit es sich bei den beiden Unken und bei den beiden Krähen um getrennte Arten handelt.

4 Erläutern Sie an diesem Beispiel das typologische, biologische und phylogenetische Artkonzept.

5 Erläutern Sie an diesem Beispiel das Basiskonzept individuelle und evolutive Entwicklung.

Material B Evolutionäre Entwicklungen sprachlich korrekt darstellen

Evolutionäre Entwicklungen bestehen aus den Teilprozessen der Variation und Selektion. Die Variation durch Keimzellenbildung und Befruchtung von Eizellen erfolgt aktiv in den Individuen der Population, ist aber ungerichtet. So treten zum Beispiel bei den Nachkommen von Buntbarschen immer wieder kleine Unterschiede in der Kopfform auf.

Selektionsprozesse wirken hingegen von außen auf die Individuen und sind gerichtet. Die Lebewesen sind hierbei passiv. So kann beispielsweise das Nahrungsangebot mit einer bestimmten Kopfform schlechter aufgenommen werden, sodass diese Individuen durch den von außen einwirkenden Selektionsdruck Nahrungsangebot weniger Nachkommen bekommen.

Dieser unterschiedliche Charakter evolutionärer Teilprozesse erschwert es, die entsprechenden Entwicklungen zusammenfassend und dennoch fachsprachlich adäquat darzustellen. So können Aussagen beispielsweise nur im Aktiv oder Passiv formuliert werden.

Ein weiteres Problem besteht darin, dass wir dazu neigen, allen Prozessen eine Zielgerichtetheit zu unterstellen. Dies ist wohl darauf zurückzuführen, dass wir selbst unser Handeln und unsere individuellen Entwicklungen als zielgerichtet erleben und dies auf Entwicklungen anderer Lebewesen übertragen. Das bewusste Verfolgen eines Ziels spielt jedoch an keiner Stelle evolutionärer Prozesse nicht-menschlicher Lebewesen eine Rolle.

Aussagen zur evolutionären Entwicklung bzw. Angepasstheit können demnach bzgl. der folgenden Formulierungsprobleme überprüft werden:

I. Inadäquat einseitige Betonung des passiven Charakters der Individuen in der Entwicklung
II. Inadäquat einseitige Betonung des aktiven Charakters der Individuen in der Entwicklung
III. Inadäquate Annahme zielgerichtet agierender Individuen

1 Beurteilen Sie die Aussagen a)–d) anhand der oben aufgeführten Formulierungsprobleme I-III:

a) Art X hat sich an die Bedingungen Y angepasst.
b) Art X wurde an die Bedingungen Y angepasst.
c) Art X hat einen Prozess hin zu einer höheren Angepasstheit an die Bedingungen Y durchlaufen.
d) Art X hat sich zur Erhaltung der eigenen Art an die Bedingungen Y angepasst.

2 Ergänzen Sie in der als adäquat eingeschätzten Formulierung das Beispiel Angepasstheit von Buntbarschen (Hinweis auf Material Buntbarsche).

3 Kreationisten lehnen die biologische Theorie der Evolution ab und gehen davon aus, dass die Angepasstheit von Lebewesen auf das Wirken einer göttlichen Instanz zurückzuführen ist. Mit welcher der unten aufgeführten Formulierungen können sich Kreationisten wahrscheinlich am stärksten identifizieren? Begründen Sie!

Material C Gesang bei Zwillingsarten

Sonogramm des Gesangs des Waldbaumläufers
Sonogramm des Gesangs des Gartenbaumläufers
Frequenz in kHz / Dauer in s

Die Populationen von Waldbaumläufer und Gartenbaumläufer wurden während der letzten Eiszeit voneinander getrennt. Nach dem Zurückweichen des Eises vereinigten sich die Populationen in Mitteleuropa. Die Arten leben in sehr ähnlichen ökologischen Nischen, pflanzen sich jedoch nicht fruchtbar miteinander fort.

1 Beschreiben Sie die äußeren Kennzeichen des Waldbaumläufers und des Gartenbaumläufers.

2 Ermitteln Sie, weshalb sich die beiden Arten nicht fruchtbar miteinander paaren.

3 Ordnen Sie dieses Beispiel einem Isolationsmechanismus zu und begründen Sie Ihre Zuordnung.

Blickpunkt

Funktionale Beschreibungen und kausale Erklärungen

Funktionen, Aufgaben, Rollen in der Biologie • Pantoffeltierchen bestehen aus einer Zelle mit verschiedenen Organellen. In Nahrungsvakuolen wird die Nahrung verdaut. Am unteren Ende des Trichters werden die Nahrungsvakuolen gebildet. In Vakuolen für den Wasserexport wird Wasser gesammelt, das dann aus der Zelle ausgestoßen wird, wenn die Vakuole gefüllt ist. *Verschiedene Organellen haben also verschiedene Aufgaben im Leben eines Pantoffeltierchens.* Ein vielzelliges Lebewesen wie der Mensch hat nicht nur Zellorganellen, die verschiedene Aufgaben übernehmen, sondern auch spezialisierte *Zellen, die bestimmte Funktionen besonders gut bewältigen.* Muskelzellen kontrahieren, Nervenzellen leiten Impulse weiter, Dünndarmschleimhautzellen transportieren Stoffe aus dem Darm in die Lymph- und Blutbahnen, Knochenzellen bauen ein stabiles Skelett auf. Durch Kombination spezialisierter Zellen entstehen Organe mit bestimmten Aufgaben, Funktionen oder Rollen. Das Herz ist eine Blutpumpe, das Gehirn ist ein Steuerungsorgan, der Darm ist ein Verdauungsorgan und ein Beinskelett ist ein Stützorgan. *In einem vielzelligen Organismus sind die lebenswichtigen Funktionen auf Organe, Zellen und deren Organellen aufgeteilt.*

Im Rahmen der Fortpflanzung gibt es Funktionen des gesamten Organismus im Kontakt mit anderen Organismen. Vor der Paarung balzen Wellensittiche, was die Sexualorgane der Sexualpartner hormonell auf die Begattung und Befruchtung vorbereitet, eine weitere Funktion bei der Fortpflanzung. Ein Wellensittich füttert den Nachwuchs, was eine *Funktion des elterlichen Wellensittichs* bei der Fortpflanzung ist.

1 Pantoffeltierchen

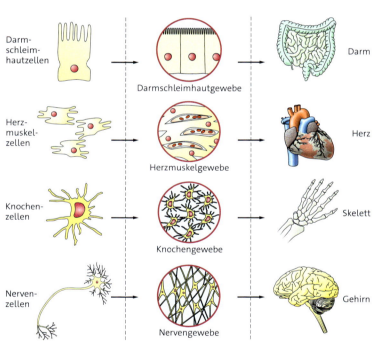

2 Zellen, Gewebe und Organe beim Menschen

3 Wellensittich füttert

4 Wellensittichbalz

Unterschiede zur Alltagssprache • Wenn Menschen Aufgaben übernehmen oder eine Rolle spielen, steckt eine Absicht dahinter. Man möchte, dass eine Aufgabe erledigt oder eine Rolle eingenommen wird. In der Biologie beschreibt man, welche Funktion ein Organell in der Zelle, ein Organ im Organismus oder der Organismus im Kontakt mit anderen Organismen hat, eine bestimmte Aufgabe erfüllt. Eine solche Beschreibung nennt man **funktionale Beschreibung**. Während Menschen Aufgaben übernehmen, um etwas zu erreichen, kann man dies weder Organellen noch Organen unterstellen und auch vielen Lebewesen nicht. Daher vermeidet man bei den Beschreibungen Finalsätze: Der Wellensittich füttert seine Jungen nicht, um sie groß zu ziehen. Er füttert die Jungen. Er hat für die Fortpflanzung die Funktion der Jungenaufzucht. Bei Tieren wie dem Lachs, die den Nachwuchs nicht betreuen können, entfällt diese Funktion. Das Herz schlägt nicht, um zu pumpen. Es hat für den Körper die Funktion des Blutpumpens. Die Nahrungsvakuole ist nicht

Vielfalt des Lebens • Artkonzept und Artbildung

5 Vier Formen von Erklärungen; funktionale „Erklärungen" sind Beschreibungen

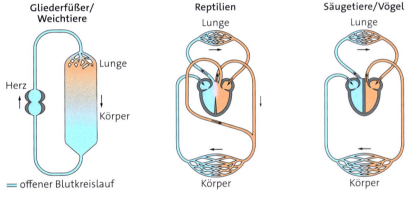

6 Blutkreisläufe verschiedener Tiere

da, um zu verdauen, sie hat in der Zelle Verdauungsfunktion..

Die Warum-Frage • Warum bildet ein Pantoffeltierchen Nahrungsvakuolen? Warum hat ein Mensch ein Herz mit zwei Vorhöfen und zwei Kammern? Warum füttert ein Wellensittich seine Jungen? Die Warum-Frage ist ungenau. Ein Pantoffeltierchen hat nicht die Absicht, Nahrungsvakuolen zu bilden. Man sollte also fragen, zu welchem Zweck oder für welche Funktion die Nahrungsvakuolen gebildet werden. Die Funktion ist die Verdauung. Auch das Herz wurde nicht mit Absicht gebildet und der Wellensittich will nicht seine Jungen füttern. Man beschreibt also als Antwort die Funktionen.

Eine weitere Reaktion auf die Warum-Frage kann sein, dass man beschreibt, wie etwas zum Überleben eines Organismus passt. Nahrungsvakuolen enthalten Verdauungsenzyme. Dadurch dass die Enzyme in der Vakuole sind, können sie nicht den Rest der Zelle verdauen. Also passt es gut zum Überleben der Zelle, wenn Nahrungsvakuolen gebildet werden.
Die rechte Herzhälfte pumpt schwächer als die linke. Das passt dazu, dass die Adern in der Lunge dem Blutstrom einen geringeren Widerstand geben als die Adern im restliche Körper.
Das Füttern der Jungtiere passt beim Wellensittich dazu, dass er die Jungen in einer Höhle aufzieht, wo sie nicht selbständig Futter suchen können.

Erklärungen • Auf die Frage, warum sich das Herz zusammenzieht, erwartet man eine Erklärung, wie es dazu kommt. Es muss eine Ursache dafür geben. Man möchte wissen, wie das Herz funktioniert. Die vollständige Antwort ist kompliziert. Zur Darstellung eines Aspektes dieser Antwort stellt man fest, dass der Herzmuskel ein Hohlmuskel ist, dessen Muskelfasern sich rhythmisch zusammenziehen, wodurch der Innenraum des Herzes kleiner wird und Blut in Lungenarterie und Aorta gedrückt wird. Die Verkürzung der Muskelfasern ist **Ursache**, die Verringerung des Hohlraumes die **Folge**. Hier wird eine **kausale Erklärung** gegeben. Da die Ursache jetzt wirkt, ist die Erklärung aktualkausal oder **proximat**.

Schließlich kann man noch fragen, warum der Mensch überhaupt ein Herz mit zwei Vorhöfen und zwei Kammern hat. Es gibt doch auch Tiere mit ganz anderen Herzen. Die Antwort auf diese Frage nennt die Ursachen, die im Verlauf der Evolution zum Herzen und seiner Funktion geführt haben. Eine solche kausale Erklärung nennt man historischkausal oder **ultimat**. Eine Ursache für den Bau des menschlichen Herzens ist, dass es Vorfahren gegeben hat, die ein solches Herz hatten. Diese haben ihre Gene an ihre Nachkommen vererbt. Bei ihren Vorfahren, in deren Herz noch sauerstoffreiches und -armes Blut gemischt wurde, so wie bei heutigen Reptilien, muss eine Mutation stattgefunden haben, die zur Trennung der Kammern führte. Dieses Herz gilt als leistungsfähiger. Seine Besitzer hatten also eine höhere Fitness, haben überlebt und Nachkommen bekommen. Man kann vermuten, dass der Bau des Herzens eine evolutionäre Anpassung ist.

1 Nennen Sie zu jeder der Formen von Beschreibungen und Erklärungen eine Frage und eine Antwort.

3.28 Entwicklung des Evolutionsgedankens

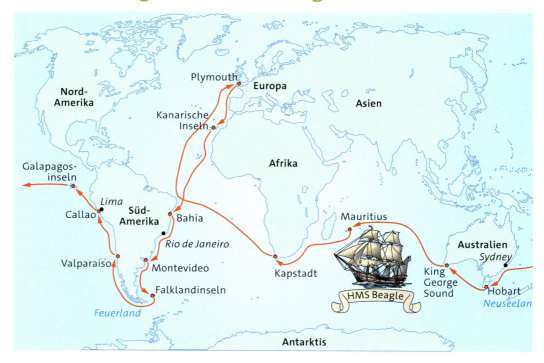

1 Reiseroute der „Beagle" von 1831 bis 1836

Vor etwa 2500 Jahren wurden im antiken Griechenland erste Versuche unternommen, die Zusammenhänge und Gesetzmäßigkeiten in der Natur zu erklären. Im weiteren Verlauf der Geschichte veränderte sich die Vorstellung von der Entstehung des Lebens immer wieder. Die Erkenntnisse von Charles Darwins berühmter Reise auf dem Vermessungsschiff „Beagle" hatten maßgeblichen Einfluss auf die damalige und die heutige Vorstellung von Evolution. Wie entwickelte sich der Evolutionsgedanke von der Antike bis zu Darwin?

Antike • Im 6. Jahrhundert v. Chr. stellte sich Thales von Milet vor, das Wasser sei Ursprung aller Dinge. Sein Schüler Anaximander formulierte einen ersten Evolutionsgedanken. Er nahm an, dass alle Lebewesen aus Schlamm entstanden seien, zunächst die Pflanzen und dann die Tiere. Der Mensch entstand, indem Fische an Land gingen und ihre fischige Hülle abstreiften. Aristoteles sprach etwa 200 Jahre später von einer Stufenfolge von niederen zu höheren Organismen. Er nahm auch an, dass Lebewesen spontan aus unbelebter Materie durch **Urzeugung** entstehen. In der Römerzeit entwickelte sich der Evolutionsgedanke nicht weiter. Man glaubte ähnlich wie Aristoteles, die Lebewesen seien aus feuchter Erde entstanden.

Mittelalter • Die Schöpfungsgeschichte des Alten Testaments bestimmte über einen langen Zeitraum das Weltbild der Menschen in Europa. Der Glaube, dass alle Lebewesen von Beginn an auf der Erde lebten, ging mit der Vorstellung der Konstanz der Arten einher. Man versuchte, die Urzeugung mit der biblischen Schöpfungslehre in Einklang zu bringen.

Hildegard von Bingen erweiterte die Kenntnisse über die Morphologie und den medizinischen Nutzen verschiedener Pflanzen. Albertus Magnus kommentierte und erweiterte die Schriften von Aristoteles zu den Tierarten, indem er sich von den Klosterschulen abgrenzte, deren Tierbeschreibungen auf Fabeln und christlicher Moral basierten. Doch die strenge Dogmatik der Kirche verhinderte in Mitteleuropa die Entwicklung neuer Perspektiven der Naturbetrachtung. Selbst Entdeckungen der Antike gerieten in Vergessenheit, zum Beispiel der Nachweis, dass die Erde eine Kugel ist. Die naturwissenschaftlichen Erkenntnisse der Antike wurden nur von den Persern und Arabern bewahrt. Die Vorstellung der Urzeugung übernahmen sie ebenfalls.

Vom Mittelalter zur Neuzeit • In der Zeit der Renaissance vom 14. bis 16. Jahrhundert befreite man sich zunehmend von den Dogmen der Kirche. Naturwissenschaftler und Philosophen, die ihre Gedanken frei äußerten, mussten jedoch die Inquisition der katholischen Kirche fürchten.

Die Erkenntnisse der Antike wurden wiederbelebt und weiterentwickelt. So erklärte der Philosoph Francis Bacon, dass man nur durch unvoreingenommene Forschung anhand von Beobachtung und Experiment die Geheimnisse der Natur ergründen könne. Der Naturforscher Nicolaus Steno belegte anhand der Ähnlichkeit von rezenten und fossilen Haifischzähnen, dass die Fossilien auf ausgestorbene Lebewesen zurückzuführen sind. Weitere Beobachtungen ließen ihn schlussfolgern, dass die Gesteinsschichten durch eine zeitliche Abfolge von Ablagerungen entstanden und die Erde einem stetigen Wandel unterliegt.

Mitte des 18. Jahrhunderts formulierte der Gelehrte Georges-Louis Leclerc, Comte de Buffon, die Theorie einer evolutionären Stufenleiter. Ausgehend von der Urzeugung haben sich die Lebewesen aufgrund klimatischer Veränderungen stufenweise in langen Zeiträumen weiterentwickelt. Er schätzte das Alter der Erde auf etwa 75 000 Jahre und widersprach somit dem kirchlichen Dogma, die Erde sei 6000 Jahre alt. Zu Beginn des 19. Jahrhunderts begründete **Georges Cuvier** die moderne vergleichende Anatomie. Er untersuchte anatomische Strukturen verschiedener Arten. Fossile Überreste bezog er in seine zoologische Systematik ein und zog Rückschlüsse auf deren äußere Gestalt und Lebensweise. Dabei behauptete er, dass heutige Formen nicht fossil vorkommen. So glaubte er auch, es gäbe keine fossilen Menschen. Cuvier ging von der Unveränderlichkeit der Arten aus. Die großen Unterschiede zwischen vielen Fossilien und den lebenden Arten erklärte er damit, dass in der Erdgeschichte wiederholt große Katastrophen stattgefunden haben müssen, die zum Aussterben von Tieren und Pflanzen führten. Nach dieser **Katastrophentheorie** bleiben jeweils nur wenige Arten erhalten, die sich dann erneut ausbreiten konnten.

Ein großer Widersacher von Cuvier war der Naturforscher **Jean-Baptiste de Lamarck**. Er galt als größter Zoologe und Botaniker zu Beginn des 19. Jahrhunderts. Lamarck bestritt Cuviers Vorstellung von der Unveränderlichkeit der Arten. Nach seiner Auffassung führten sich ändernde Umweltbedingungen zu dem inneren Bedürfnis einer Art, sich anzupassen, und damit zu abweichenden Gewohnheiten. Der ständige Gebrauch eines Organs hatte zur Folge, dass sich dieses Organ stärker ausbildete, der Nichtgebrauch ließ das entsprechende Organ verkümmern. So streckten sich beispielsweise die Giraffenhälse durch häufigen Gebrauch, um in den Bäumen höher liegende Blätter zu erreichen. Maulwürfe haben zurückgebildete Augen, weil sie sie unter der Erde nicht benötigten. Lamarck glaubte, dass die so erworbenen Eigenschaften auf die Nachfolgegeneration vererbt würden. Veränderte Umweltbedingungen führten somit zu gezielten und nicht zufälligen Anpassungen und zur Formenvielfalt. Daher entstanden im Laufe der Evolution immer höher entwickelte Lebewesen mit immer komplexeren Organsystemen.

2 Fossiler Haifischzahn

3 Rezenter Haifischzahn

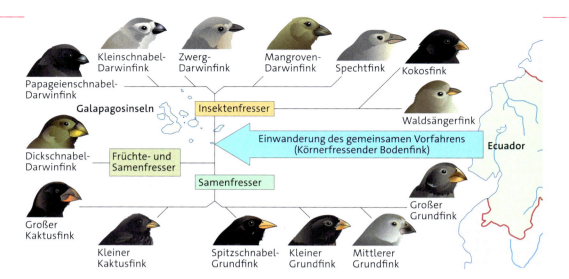

1 Galapagos-Darwinfinken

Charles Darwin • Im Jahr 1831, Darwin war gerade 22 Jahre alt, brach er als Naturforscher zu einer beinahe fünfjährigen Weltumsegelung des Vermessungsschiffs „Beagle" auf. Auf dieser Reise unternahm er geologische und biologische Studien, machte Aufzeichnungen und erstellte eine umfangreiche Sammlung an Präparaten und Fossilien. Zurück in England entwickelte er 1844 eine Evolutionstheorie, die er zunächst aus Rücksichtnahme auf die religiösen Gefühle anderer nicht veröffentlichte. Im Jahr 1858 erhielt er ein Manuskript des Naturforschers Alfred Russel Wallace, der in Südostasien forschte. Der Inhalt des Manuskripts stimmte erstaunlicherweise mit Darwins Vorstellungen überein. Dies brachte Darwin in Zugzwang und hatte zur Folge, dass beide Forscher ihre Ergebnisse noch im selben Jahr gemeinsam der Öffentlichkeit vorstellten. 1859 veröffentlichte Darwin seine Evolutionstheorie im Band „The Origin of Species by Means of Natural Selection". Was ist das Besondere an dieser Evolutionstheorie?

Auf seiner Reise entdeckte Darwin bei der Untersuchung von Fossilien ausgestorbener Säuger große Ähnlichkeiten mit lebenden Arten. Weiterhin beobachtete er auf den Galapagosinseln sowohl Vogel- als auch Reptilienarten, die dort auf engem Raum leben und sich nur geringfügig voneinander unterscheiden, aber nirgendwo sonst vorkommen. Dies gilt insbesondere für 13 verschiedene Finkenarten, die isoliert vom Festland jeweils an spezielle Nahrungsverhältnisse angepasst sind.

Eine weitere Art, der Kokosinsel-Fink, lebt auf der 800 km vom Galapagos-Archipel entfernten Kokosinsel. Darwin nahm deshalb an, dass sich diese Vögel, die man heute als Darwinfinken bezeichnet, aus einer einzigen Ursprungsart entwickelt haben müssen. Er fasste seine Überlegungen folgendermaßen zusammen:

1. Evolution basiert auf der gemeinsamen Abstammung der Lebewesen. Dabei erfolgt die Entwicklung in Form sich verzweigender Linien. Die Vielfalt der Organismen ist ein Spiegelbild der evolutionären Entwicklung.

2. Arten sind nicht unveränderlich. Sie unterliegen im Verlauf der Evolution einem allmählichen Wandel. Sie entwickeln sich ständig weiter.

3. Lebewesen produzieren mehr Nachkommen, als für das Überleben der Population notwendig ist. Unter den Nachkommen gibt es geringfügige Unterschiede, „erbliche Varietäten". Sie stehen in Konkurrenz zueinander. Es überleben in diesem „Kampf ums Dasein" diejenigen mit den günstigsten Merkmalsausprägungen. Das führt zu einer Auslese, der **natürlichen Selektion.** Diese Selektion ist die Ursache für den allmählichen Wandel der Organismen. Die von Darwin entwickelte Evolutionstheorie ist in ihren Grundzügen noch heute gültig.

1 Fassen Sie die Aussagen der historischen Evolutionsvorstellungen zusammen.

Material

Vielfalt des Lebens • Entwicklung des Evolutionsgedankens

Material A Evolutionstheorien in Vergleich

Jean-Baptiste de Lamarck und Charles Darwin entwickelten im 19. Jahrhundert unterschiedliche Erklärungsansätze für evolutionäre Vorgänge. Das in vielen Schulbüchern dargestellte Beispiel der Giraffen illustriert diese Erklärungsansätze aufgrund veränderter Umweltbedingungen in der Savanne. Die Gräser sind trocken, frische Blätter sind nur an höheren Bäumen zu finden.

1 Erläutern Sie anhand der Abbildungen, wie die Evolution der Giraffenhälse nach den Vorstellungen von Lamarck und nach der Theorie von Darwin abgelaufen sein könnte.

2 Neuere Befunde weisen darauf hin, dass die Länge des Giraffenhalses auf eine sexuelle Selektion zurückzuführen ist. Bewerten Sie den Erklärungsansatz der veränderten Umweltbedingungen vor diesem Hintergrund.

Material B Der vorhergesagte Schwärmer

Auf Madagaskar wächst die Orchidee *Angraecum sesquipedale* mit einem etwa 30 cm langen Sporn. Als Charles DARWIN diese Orchidee um 1860 vorgelegt wurde, vermutete er aufgrund seiner Selektionstheorie sogleich, dass es auf Madagaskar ein Blüten besuchendes Insekt mit einem ebenso langen Rüssel geben müsse.

Tatsächlich wurde 1903 auf Madagaskar ein Schwärmer entdeckt, der einen etwa 30 cm langen Rüssel besitzt. Als Erinnerung an die Vorhersage DARWINs erhielt der Schwärmer den Namen *Xanthopan morgani praedicta* (lat. praedicta = vorhergesagt).

1 Erläutern Sie mithilfe Darwins Theorie, weshalb diese Vorhersage gemacht werden konnte.

2 Entwickeln Sie eine Hypothese, wie der lange Sporn und der lange Rüssel in der Evolution entstanden sein könnten.

3 Erläutern Sie an diesem Beispiel das Basiskonzept individuelle und evolutive Entwicklung.

3.29 Synthetische Theorie der Evolution

1 Geografische Verbreitung von Königspinguin und Eisbär

In beiden Polregionen der Erde herrschen extreme klimatische Bedingungen. Land und Wasser werden fast ganzjährig von Schnee und Eis bedeckt, da die Temperatur meistens weit unter der NullGrad-Grenze liegt. In diesen lebensfeindlichen Bedingungen können nur wenige Tierarten dauerhaft überleben, zum Beispiel Eisbären und Königspinguine. Trotz sehr ähnlicher Umweltverhältnisse in beiden Regionen kommen Eisbären aber nur im nördlichen Polargebiet, Königspinguine dagegen auf subantarktischen Inseln vor. Welche Erklärungen bietet die Evolutionstheorie für diese Verteilung?

Darwin • Mit den Vorstellungen von Charles Darwin kann erklärt werden, wie es zu den Angepasstheiten beider Arten in diesen extrem lebensfeindlichen Umgebungen kam und wie sie dauerhaft überleben konnten. Wie alle Lebewesen produzierten die Vorfahren beider Arten zunächst einen Überschuss an Nachkommen, also mehr als für die Erhaltung ihrer Populationsgrößen nötig gewesen wäre. Die Nachkommen zeigten innerhalb ihrer Art eine phänotypische Variabilität. Vielfältige Wechselwirkungen mit ihrer Umwelt führten zu einem Ausleseprozess, der natürlichen Selektion. Dabei verfügten die Individuen je nach Phänotyp über höhere oder niedrigere Überlebens- und Fortpflanzungschancen, sodass die Populationsgrößen langfristig stabil blieben. Durch das Prinzip des „Survival of the Fittest" kam es bei beiden Arten durch Wechselwirkungen mit den Umweltbedingungen im Verlauf der Zeit zu einer Optimierung ihres Phänotyps hinsichtlich der Anpassung an den Lebensraum.

Biogeografie • Darwin bemerkte bereits, dass viele Arten nur in bestimmten begrenzten Gebieten vorkommen. Da jede Art spezifische ökologische Ansprüche an ihren Lebensraum stellt, sollte man erwarten, dass sie auch in allen ähnlichen Biotopen zu finden sind. Die unterschiedlichen Lebensräume von Eisbären und Königspinguinen kann erst durch neuere Ergebnisse der Biogeografie erklärt werden. In entfernt voneinander liegenden Lebensräumen fanden getrennte Besiedlungs- und Artbildungsprozesse statt, weil ein Austausch von Lebewesen aufgrund ihrer geografischen Isolation nicht möglich war. So entwickelte sich in beiden Polregionen ein jeweils anderes Artenspektrum.

Die Fossilfunde identischer Arten in den heute geografisch voneinander getrennten Kontinenten Afrika, Südamerika und Antarktis können wiederum durch das Verständnis der Kontinentalverschiebung erklärt werden. Alle Kontinente hatten ursprünglich Kontakt miteinander und waren daher von vielen Arten als ein gemeinsamer Lebensraum besiedelt. Erst durch das langsame Auseinanderdriften der Kontinentalplatten entwickelten sich die heutigen Kontinente und die ursprünglichen Landverbindungen gingen verloren.

Paläontologie • Paläontologen untersuchen fossile Überreste von Lebewesen aus vergangenen Erdzeitaltern und vollziehen so den Verlauf der Stammesgeschichte nach. Durch moderne Methoden der Altersbestimmung konnten die ältesten fossil erhaltenen Lebewesen auf rund 3,5 Milliarden Jahre bestimmt werden. Vergleiche vieler Fossilien ergaben, dass es keine abrupten Wechsel von Lebensformtypen in der Evolution gegeben hat. Je älter die Funde sind, desto stärker unterscheiden sie sich von heutigen Formen. Ihre Ähnlichkeit nimmt dabei nicht abrupt, sondern graduell ab. Fossilien ausgestorbener Arten findet man in unterschiedlich tiefen und beziehungsweise alten Erdschichten.

2 Eine noch heute lebende Mosaikform, das Schnabeltier

Einige Fossilien zeigen eine Kombination von Merkmalen verschiedener systematischer Gruppen. Zum Beispiel besaß *Archaeopteryx* sowohl Reptilien- als auch Vogelmerkmale und *Tiktaalik* wies Fisch- und Amphibienmerkmale auf. Sie werden daher als **Mosaikformen** bezeichnet und vermitteln eine Vorstellung von evolutionären Zwischenstufen während der Entstehung einer neuen Form oder Gruppe. Solche und viele ähnliche Funde belegen die bereits von Darwin beschriebenen kontinuierlichen Übergangsprozesse der Evolution.

Entwicklungsbiologie • Bartenwale besitzen als erwachsene Tiere keine Zähne. Während ihrer Embryonalentwicklung bilden sie jedoch vorübergehend Zahnanlagen aus. Frühe Embryonen vieler Säugetierarten besitzen Strukturen im Halsbereich, die den Kiemenbögen der Fische ähneln. Insgesamt zeigen die Embryonen aller Wirbeltiergruppen anfangs sehr große Ähnlichkeiten untereinander. Aus diesen Beobachtungen leitet sich die **biogenetische Grundregel** ab: *Während der Individualentwicklung einer Art werden Entwicklungsstadien ihrer Stammesentwicklung rekapituliert.* Neueste Erkenntnisse aus der Forschung an Embryonalstadien von Wirbeltieren, die als Fossilien erhalten sind, unterstützen diese Interpretation der Ähnlichkeiten jedoch nicht.

Ein weiteres Phänomen der Evolution sind die rudimentären Organe. Strauße und Pinguine besitzen fluguntaugliche Flügel, die Augen vieler unterirdisch lebender Wirbeltiere sind kaum funktionsfähig und Wale besitzen kleine Beckenknochen, die für ihre Fortbewegung keine Rolle spielen. Derartige Phänomene werden damit erklärt, dass diese Arten von

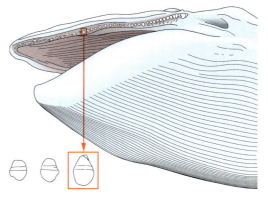

3 Walembryo

Vorfahren abstammen, die einst voll funktionsfähige Ausbildungen dieser Organe besaßen, die heute aufgrund veränderter Selektionsbedingungen nur noch als zurückgebildete **Rudimente** vorliegen.
Einen Blick in die Stammesgeschichte ermöglichen auch kleine Störungen in der Embryonalentwicklung. So besitzen manche Menschen mehr als zwei Brustwarzen, andere kommen mit einer verlängerten Schwanzwirbelsäule zur Welt. Gelegentlich werden Pferde mit drei Zehen geboren oder Wale mit kleinen Hinterextremitäten beobachtet. Diese ungewöhnlichen Merkmale nennt man **Atavismen.** Sie werden als das Wiederauftauchen von evolutionär bereits zurückgebildeten Merkmalen angesehen.

1 Erklären Sie die unterschiedliche Verbreitung von Eisbären und Königspinguinen.

2 Erläutern Sie die Bedeutung von Mosaikformen, Rudimenten und Atavismen für das Verständnis der Evolution.

Zellbiologie und Physiologie • Der Vorgang der Kern- und Zellteilung läuft bei den meisten Organismen identisch ab. Ihre Biomembranen weisen einen sehr ähnlichen Bau auf. Proteine bestehen in allen Lebewesen aus den gleichen 20 Aminosäuren. Die Erbsubstanz DNA ist in allen Lebensformen gleich aufgebaut. Auch die Verschlüsselung der Erbinformation, der genetische Code, ist universell. Die Dissimilation über Glykolyse, Citratzyklus und Atmungskette sowie die Fotosynthese laufen bei eukaryotischen Organismen weitgehend identisch ab. Chloroplasten und Mitochondrien der Eukaryoten weisen gemeinsame Merkmale mit den Prokaryoten auf. Diese Besonderheiten sind Grundlage der Endosymbiontentheorie. Damit stimmen fundamentale strukturelle und physiologische Merkmale bei fast allen Lebewesen überein. Sie sind vermutlich nur ein einziges Mal entstanden und verbreiteten sich im Laufe der Stammesgeschichte. Diese Befunde machen eine mehrfach unabhängige Entstehung des Lebens sehr unwahrscheinlich.

Genetik • Francis Crick und James D. Watson entwickelten 1953 mit ihrem Doppelhelix-modell die erste dreidimensionale Vorstellung der DNA. Mithilfe der exakten Kenntnisse über die molekulare Struktur der Erbsubstanz konnten viele genetische Phänomene aufgeklärt werden. Die Umsetzung der Erbinformationen in phänotypische Merkmale läuft bei allen Lebewesen weitgehend identisch ab. Replikation, Transkription und Proteinbiosynthese zeigen lediglich zwischen Pro- und Eukaryonten einige Unterschiede.

Darwins Beobachtungen zur phänotypischen Variabilität können heute durch die Entdeckung der komplexen Mutations- und Rekombinationsvorgänge molekular erklärt werden. Mit modernen Sequenzierungsmethoden erstellte DNA-Stammbäume geben zuverlässig Auskunft über Verwandtschafts- und Abstammungsverhältnisse. Die Erforschung der molekularen Grundlagen von Vererbungsvorgängen führte zu Ergebnissen, die die abgestufte Verwandtschaft aller Lebewesen untereinander belegen. Auch ihre Abstammung von letztendlich wenigen gemeinsamen Vorfahren kann damit nachvollzogen werden.

Darwins frühes Kernkonzept der Evolution wurde somit durch zahlreiche moderne Forschungsergebnisse belegt, ergänzt und zur Synthetischen Theorie der Evolution weiterentwickelt.

1 Beschreiben Sie die Abbildung 4.

2 Ordnen Sie die einzelnen Inhalte in Abbildung 4 fünf biologischen Wissenschaftsbereichen zu.

3 Nennen Sie weitere Beispiele aus der Biogeografie, Paläontologie, Entwicklungsbiologie, Zellbiologie, Physiologie und Genetik, die die Evolutionstheorie unterstützen.

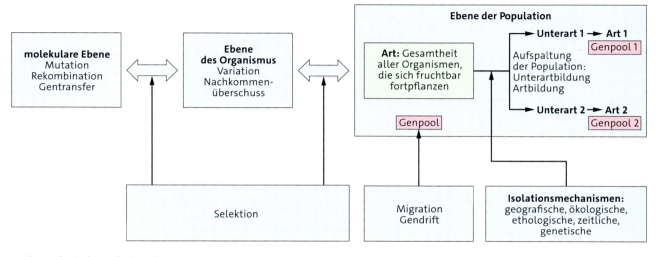

1 Die synthetische Evolutionstheorie

Material A Ein lamarckistisches Experiment?

Der österreichische Genetiker Paul KAMMERER führte ein Experiment mit Geburtshelferkröten durch. Sie haben diesen Namen erhalten, da die Männchen die Laichschnüre, um ihre Hinterbeine gewickelt, bis zum Ende der Embryonalentwicklung bei sich an Land tragen und die Larven erst dann ins Wasser absetzen. Diese auf dem Land lebende Krötenart stammt von wasserlebenden Vorfahren ab, die aufgeraute Schwielen an den Daumen besaßen, die Hochzeitsschwielen. Die Männchen benötigten sie, um die Weibchen während der Paarung im Wasser festhalten zu können. Heutige Geburtshelferkröten begatten sich auf dem Land und haben diese Schwielen nicht mehr. Nur in Einzelfällen treten sie noch als Rudimente auf.

Kammerer setzte einige Kröten beiderlei Geschlechts in ein Aquarium. Nur wenigen Männchen gelang dort die Paarung. Aus den entstandenen Larven züchtete er im Aquarium die nächste Generation. Nach vielen weiteren Zuchtgenerationen im Wasser erhielt er Männchen mit voll ausgebildeten Hochzeitsschwielen. Dies deutete er als Beweis für die Evolutionstheorie von Lamarck. Diese geht davon aus, dass durch die Lebensweise eines Individuums erworbene Merkmale und Eigenschaften an seine Nachkommen weitergegeben werden. Er erklärte zum Beispiel die stammesgeschichtliche Entstehung der außergewöhnlich langen Hälse von Giraffen damit, dass sie ihre Hälse ihr Leben lang häufig stark strecken, um hoch hängende Blätter in den Bäumen erreichen zu können. Dadurch würden die Hälse des einzelnen Tieres im Laufe seines Lebens immer länger und durch Vererbung in der Folge dann auch die seiner Nachkommen.

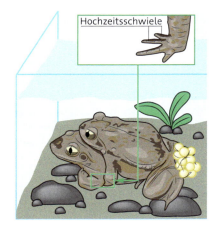

1 Interpretieren Sie die Ergebnisse Kammerers, jeweils im Sinne der Evolutionstheorie von Lamarck und von Darwin.

2 Begründen Sie, welche Theorie tatsächlich durch Kammerers Ergebnisse unterstützt wird.

Material B Punktualismus

Stephen Jay Gould (1941–2002)

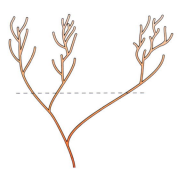

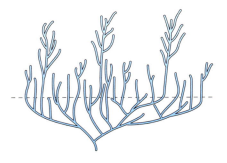

Der Paläontologe Stephen Jay Gould fand durch die Interpretation von Fossilien bestimmter Fundplätze heraus, dass häufig besonders viele neue Arten in kurzen geologischen Zeiträumen entstanden. Solche Zeiten schnellen evolutionären Wandels wechselten sich mit Zeiten relativen Stillstands ab. Gould übertrug diese Beobachtung auf den Evolutionsverlauf insgesamt und nannte das Phänomen **Punktualismus**.

1 Erläutern Sie die Theorie des Punktualismus anhand der abgebildeten Stammbäume.

2 Übertragen Sie die Theorie auf die Evolution des Menschen. Nehmen Sie dazu die Seite 510 zu Hilfe.

3 Beurteilen Sie, ob die Theorie des Punktualismus der Synthetischen Theorie widerspricht.

> Blickpunkt

Schöpfungsglaube

Grundpositionen der Kreationisten • Als Reaktion auf Darwins Selektionstheorie entwickelte sich die Gegenströmung des **Kreationismus,** die darauf abzielte, die Aussagen der biblischen Schöpfungserzählung der wissenschaftlichen Betrachtung der Evolution entgegenzustellen. Nach dieser durch christlich-fundamentalistische Vorstellungen geprägten Auffassung sollte ein Schöpfer die Entwicklungsgeschichte der Lebewesen entscheidend beeinflusst haben. Natürliche Evolutionsprozesse sollten, wenn überhaupt, nur von geringer Bedeutung gewesen sein.

Ältere kreationistische Vorstellungen gehen davon aus, dass die Lebewesen als „Typen" in einem einmaligen Schöpfungsakt gleichzeitig entstanden und dass Aussterbeereignisse auf die Wirkung von Katastrophen zurückzuführen seien. Innerhalb der verschiedenen Typen wie beispielsweise des Menschen sei Variation möglich, die Evolution könne jedoch nicht zu neuen Typen führen. Bedeutsame Fossilien wie „Lucy", *Archaeopteryx* oder *Ichthyostega* sind nach diesen Vorstellungen gefälscht.

Das Alter der Erde wird nach den biblischen Vorgaben mit höchstens 10 000 Jahren angegeben. Ergebnisse aus Datierungsuntersuchungen mit radioaktiven Stoffen, die für ein viel höheres Alter der Erde sprechen, werden von den Kreationisten abgelehnt. Sie behaupten, dass die Zerfallsrate von Atomen in der Frühzeit der Erde anders gewesen sein könnte als heute. Auch andere Belege für die Evolutionstheorie werden als gefälscht oder fehlinterpretiert zurückgewiesen.

Moderne Kreationisten äußern sich weniger radikal, gehen jedoch ebenfalls davon aus, dass das Leben und seine Ausprägungsformen zu komplex sind, als dass sie Produkte des Zufalls sein könnten. Sie nehmen daher an, dass das Leben selbst sowie komplexe Strukturen wie die Vogelfeder oder das Säugetierauge durch den direkten Eingriff eines Schöpfers entstanden sein müssten. Den Gegenbeweis lieferte eine britische Forschungsgruppe anhand einer Computersimulation. Sie programmierten einen einfachen lichtempfindlichen Fleck, der sich in jeder Generation durch geringfügige Veränderungen weiterentwickeln sollte. Innerhalb von etwa 100 000 Generationsschritten war eine dem Wirbeltierauge ähnliche Struktur mit einer flexiblen Linse entstanden, die unterschiedlich weit entfernte Gegenstände fokussieren konnte. Dennoch werden die Belege für die Evolutionstheorie von den modernen Kreationisten negiert oder ignoriert.

Intelligent Design • Besonders in den USA bildete sich eine breite Bewegung, die es sich zum Ziel gemacht hatte, im Schulunterricht die Evolutionslehre DARWINs zurückzudrängen. Im Zuge dieser Auseinandersetzungen kam es im 20. Jahrhundert in vielen US-Bundesstaaten zu Gerichtsprozessen, wobei die kreationistischen Absichten durchweg untersagt wurden. 1989 wurde von einem Bundesgericht in den USA verboten, im Zusammenhang mit der Evolutionstheorie von einem „Schöpfer" zu sprechen. Dies war der Anlass zur Gründung der neuesten und heute modernsten Variante des Kreationismus, des „Intelligent Design". Seine Anhänger nehmen an, dass

1 Der göttliche Einfluss

auch übernatürliche Ursachen als Antrieb der Evolution möglich seien. Evolutionsbiologinnen und -biologen lehnen solche Auffassungen als unwissenschaftlich ab, weil diese Grundannahme keinerlei Überprüfung zulässt. Auch „Intelligent Design" darf in vielen US-amerikanischen Schulen nicht gleichberechtigt neben der Evolutionslehre gelehrt werden, weil viele Gerichte davon überzeugt sind, dass die ursprünglich biblisch motivierten kreationistischen Vorstellungen lediglich in andere Begriffe gekleidet worden sind.

In Deutschland vertritt ein Anteil von 4,3 % der Bevölkerung nach einer im Jahr 2019 veröffentlichten Untersuchung kreationistische Ansichten. Unter den Angehörigen der beiden großen Konfessionen liegt dieser Anteil bei mehr als 6 %.

Schlussfolgerung • Die Standpunkte von Evolutionsforschern, die das Leben mit naturwissenschaftlichen Theorien erklären, und christlichen Theologen, die die biblischen Schöpfungserzählungen als Glaubensdokumente verstehen, können nebeneinander existieren und zu einem fruchtbaren Dialog führen. Ein Gegeneinander entsteht erst durch die kreationistische Position, da sie den Glauben an einen allmächtigen Schöpfer zu einer wissenschaftlichen Theorie erhebt und diese der Evolutionstheorie als scheinbare Alternative gegenüberstellt.

1 Diskutieren Sie die Kernaussagen des Kreationismus auf der Basis wissenschaftlicher Erkenntnisse.

1 Die Evolution ist nur eine Theorie. Eine Theorie kann aber nicht als bewiesene Tatsache gelten.

2 „Intelligent Design" ist der Evolutionstheorie gleichwertig.

3 Geologische Schichten lagen ursprünglich nebeneinander, deshalb sind die Evolutionsaussagen falsch, die sich aus der Schichtung ergeben.

4 Heutige Lebewesen waren schon immer vorhanden. Ihre Spuren wurden durch die Sintflut verwischt.

5 Der Mensch ist ein Grundtyp. Er stammt nicht von affenähnlichen Vorfahren ab.

6 Es fehlt ein Nachweis für die Entstehung neuer Arten.

7 Das Ziel der Schöpfung ist der Mensch.

8 Die komplexen Strukturen der Lebewesen funktionieren nur, wenn sie vollständig sind. Fehlt ein einziges Teil, so sind sie unbrauchbar. Sie können daher nicht aus einfacheren Vorstufen entstanden sein.

9 Glaube bestimmt, was wissenschaftlich wahr sein kann.

2 Grundpositionen der Kreationisten

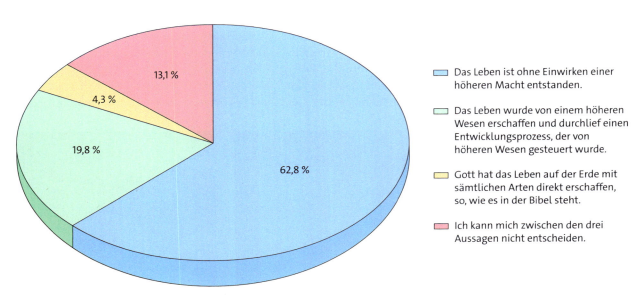

- Das Leben ist ohne Einwirken einer höheren Macht entstanden.
- Das Leben wurde von einem höheren Wesen erschaffen und durchlief einen Entwicklungsprozess, der von höheren Wesen gesteuert wurde.
- Gott hat das Leben auf der Erde mit sämtlichen Arten direkt erschaffen, so, wie es in der Bibel steht.
- Ich kann mich zwischen den drei Aussagen nicht entscheiden.

3 Einstellungen zur Evolution in Deutschland

3.30 Feindabwehr und Jagderfolg

1 Fangschrecke auf Orchidee

Auf den ersten Blick ist die auf Beute lauernde Fangschrecke nicht zu erkennen. Sie gleicht sowohl in Form als auch in Farbe den Blüten, auf denen sie sitzt. Erst bei genauerem Hinsehen erkennt man, dass es sich bei der in Ostafrika beheimateten Fangschrecke um ein Insekt handelt. Welche Bedeutung hat eine solch spezifische Gestalt und Farbe?

Tarnen • Fangschrecken sind tagaktive Lauerjäger, die mit eingeschlagenen Vordergliedmaßen auf Insekten warten und diese durch blitzschnelles Ausklappen der Unterschenkel erbeuten. Wegen dieser typischen Haltung heißt eine in Deutschland vorkommende Art Gottesanbeterin. Da die Teufelsblume in ihrem Aussehen Kronblättern von Blüten ähnelt, wird sie von ihrer Beute oft zu spät erkannt. Somit dienen ihre spezifische Gestalt und die typische Farbe der **Tarnung**. Das sichtbare Erscheinungsbild von Lebewesen, das die Tarnung bewirkt, heißt **Tarntracht**.

Ähneln Lebewesen nicht nur in Gestalt und Färbung, sondern auch in ihrer Haltung ihrer Umgebung und sind sie damit für optisch orientierte Mitbewohner dieses Lebensraums kaum wahrnehmbar, so spricht man von **Mimese**. Diese Form der Tarnung ist beson-

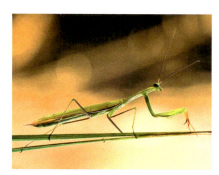

2 Gottesanbeterin

3 Wandelndes Blatt

4 Lebende Steine

ders ausgeprägt bei dem zu den Gespenstschrecken gehörenden Wandelnden Blatt sowie bei Stabschrecken oder Spannerraupen, die wie dünne Zweige aussehen.

Tarnung ist im Tierreich weit verbreitet und kommt in fast allen denkbaren Ausprägungen vor. So sind zum Beispiel Vogelweibchen in der Regel unauffällig gefärbt und können somit ungestörter brüten. Schneehase, Hermelin oder Polarfuchs haben im Winter ein weißes Fell. Bei manchen Tieren, zum Beispiel bei Rehkitzen, verschmilzt durch ein bestimmtes Muster die Kontur vor dem Hintergrund.

Auch bei Pflanzen gibt es dieses Phänomen: Einige Sukkulenten der Gattung *Lithops* werden wegen ihrer Ähnlichkeit mit Steinen, zwischen denen sie leben, als „lebende Steine" bezeichnet.

Warnen • Eine ganz andere Form der Feindabwehr ist bei Tieren zu beobachten, die giftig oder wehrhaft sind, zum Beispiel Feuersalamander oder Wespen und Hornissen: Ihre schwarz-gelbe **Warntracht** signalisiert den Beutegreifern ihre Giftigkeit oder ihre Wehrhaftigkeit. Schutz ist vor allem dann gewährleistet, wenn die betreffenden Beutegreifer schon einmal negative Erfahrungen mit solchen auffällig gefärbten und gemusterten Tieren gemacht haben. Daneben gibt es aber auch ungefährliche Tiere, bei denen sich im Verlauf der Evolution eine Gestalt, Färbung oder ein Muster entwickelt hat, das den gefährlichen Tieren sehr ähnlich ist. Eine solche **Scheinwarntracht** täuscht nur vor, dass von den betreffenden Lebewesen Gefahr ausgeht oder dass sie ungenießbar sind. Damit sind diese Nachahmer ebenso wie ihre Vorbilder relativ gut vor Beutegreifern geschützt. Diese Warntrachten und Scheinwarntrachten bezeichnet man auch als **Mimikry**. Das Phänomen der Nachahmung wurde 1862 von dem Naturforscher Henry Walter Bates am Beispiel von zwei brasilianischen Schmetterlingsarten entdeckt und wird daher **Bates'sche Mimikry** genannt. Ein anderes Beispiel dafür ist die Nachahmung der Wespenfärbung durch Schwebfliegen und einige andere Insektenarten.

Die Bates'sche Mimikry funktioniert nur, wenn der Beutegreifer in einem individuellen Lernprozess die negativen Konsequenzen beim Angriff auf ein Exemplar der ungenießbaren Beute kennengelernt hat.

5 Bates'sche Mimikry: **A** ungenießbare Arten, **B** Nachahmer

6 Bates'sche Mimikry: **A** Wespe, **B** Schwebfliege

7 Peckham'sche Mimikry: Seeteufel

Deshalb darf die Anzahl der Nachahmer im Verhältnis zum ungenießbaren Vorbild nicht zu hoch sein.

Eine weitere Form der Mimikry findet sich beim Seeteufel. Diese Meeresfischart besitzt am isoliert stehenden vorderen Strahl der Rückenflosse ein bewegliches Hautanhängsel, das wie ein Wurm bewegt werden kann. Dadurch werden Fische angelockt und leicht erbeutet. Wird also nicht der Angreifer, sondern die Beute getäuscht, bezeichnet man dies nach seinem Entdecker als **Peckham'sche Mimikry** oder aggressive Mimikry.

griech. mimesis = Nachahmung

1 Stellen Sie Überlegungen dazu an, weshalb der Bauch eines Hais oder eines Reihers hell und der Rücken dunkel gefärbt sind.

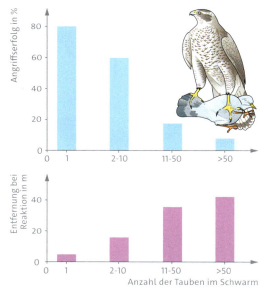

1 Schwarmdichte und Jagderfolg des Habichts

2 Ruhendes Löwenrudel

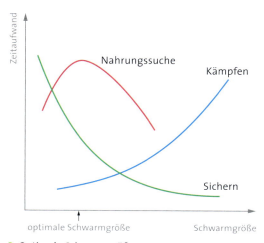

3 Optimale Schwarmgröße

Nutzen des Lebens in Gruppen • Bei Löwen hat sich im Verlauf der Evolution die kooperative Jagd durchgesetzt. Im Rudel können Löwen Büffel erlegen, obwohl diese erheblich größer sind als sie. Gazellen sind schneller und wendiger als Löwen. Durch einen gemeinsamen Angriff, bei dem verschiedene Tiere unterschiedliche Aufgaben übernehmen, gelingt es Löwen jedoch, einzelne Tiere aus einer Herde zu isolieren und zu erlegen.

Auch Hyänen jagen in Gruppen. Ihr Jagdverhalten ist sehr flexibel. Ausgewachsene Tiere können ein bis zu 200 kg schweres Gnu allein oder zu zweit erlegen. An der Jagd auf einen Büffel sind 15 bis 20 Hyänen beteiligt. Eine solche Gruppe greift sogar Löwen an.

Wilde Tauben leben in größeren Schwärmen. Untersuchungen zum Jagderfolg des Habichts, einem typischen Fressfeind der Tauben, zeigen, dass der Angriffserfolg abnimmt, wenn die Anzahl der Tauben im Schwarm zunimmt. In einer größeren Gruppe ist die Wahrscheinlichkeit höher, den Habicht am Horizont zu entdecken. Sobald eine Taube auffliegt, folgen die anderen, bevor der Habicht angreifen kann. Ein weiterer Vorteil des Gruppenlebens ergibt sich daraus, dass ein Beutegreifer nur einzelne Tauben aus einem Schwarm erlegen kann. Für ein einzelnes Tier sinkt das Risiko umso mehr, je größer der Schwarm ist. Man bezeichnet dies als **Verdünnungseffekt**. Auch die Verteidigung gegenüber Feinden ist ein Vorteil des Gruppenlebens. Viele Tierarten gruppieren Jungtiere in der Mitte der Herde. In Lachmöwenkolonien attackieren viele Möwen gleichzeitig eine angreifende Krähe.

Kosten des Gruppenlebens • Je größer eine Gruppe von Tieren ist, umso größer ist die innerartliche Konkurrenz um Nahrung. Der Zeitaufwand und der Erfolg bei der Nahrungssuche bestimmen die Kosten für das einzelne Tier. Außerdem steigt das Infektionsrisiko in einer größeren Gruppe, da sich Krankheitserreger und Parasiten leichter ausbreiten können. Das Kosten-Nutzen-Verhältnis bestimmt die Überlebenswahrscheinlichkeit und den Fortpflanzungserfolg in der Gruppe und damit die Gruppengröße.

1 Erläutern Sie Vor- und Nachteile des Gruppenlebens für Beutegreifer und für Beutetiere.

Material

Vielfalt des Lebens • Feindabwehr und Jagderfolg

Material A Kontrast und Giftigkeit

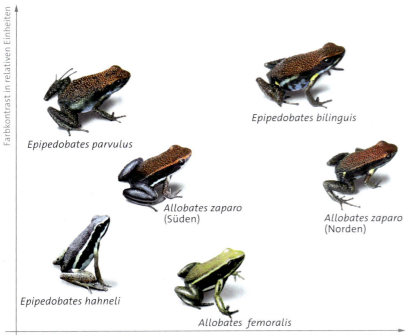

Die Pfeilgiftfrösche sind so angeordnet, wie sie von ihren Beutegreifern, vor allem Vögeln, wahrgenommen werden. Der giftigste Vertreter ist *Epipedobates parvulus*. *Epipedobates bilinguis* ist ebenfalls giftig, während *Epipedobates hahneli* und *Allobates femoralis* kaum giftig sind. *Allobates zaparo* dagegen produziert kein Gift.

1 Beschreiben Sie die Abbildung.

2 Erläutern Sie den Zusammenhang zwischen Giftigkeit und Kontrast.

3 Ermitteln Sie, welche Frösche am meisten in Färbung und Giftigkeit investieren, und erläutern Sie, welchen Nutzen sie daraus ziehen.

Material B Gruppengröße – Beutegreiferrisiko – Fortpflanzungserfolg

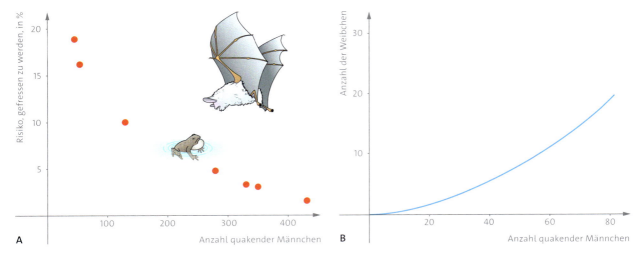

1 Beschreiben Sie den Zusammenhang zwischen der Größe des Chores quakender Froschmännchen, dem Risiko, von Fledermäusen gefressen zu werden, sowie der Anzahl angelockter Froschweibchen.

2 Erläutern Sie den evolutionären Vorteil für Froschmännchen und für Froschweibchen, wenn Männchen in Chören gemeinsam quaken.

3 Deuten Sie die in Abbildung B dargestellte Beobachtung.

4 Erläutern Sie an diesem Beispiel das Basiskonzept individuelle und evolutive Entwicklung.

3.31 Nutzen und Kosten der Brutpflege

1 Orang-Utan-Weibchen mit Jungtier

Orang-Utan-Weibchen werden mit etwa acht Jahren geschlechtsreif. Obwohl die Tragzeit ungefähr neun Monate dauert, gebären sie nur etwa alle sechs Jahre ein Jungtier, das sich erst während seiner Geschlechtsreife vollständig vom Muttertier trennt. Da diese Menschenaffen in Freiheit ungefähr 35 Jahre alt werden, kann ein Weibchen in seinem Leben nur vier bis fünf Jungtiere aufziehen. Verzichten die Orang-Utans mit dieser geringen Anzahl an Nachkommen auf eine optimale Fitness?

Kosten der Aufzucht • Ein hoher elterlicher Aufwand bei der Aufzucht der Jungtiere wird bei allen großen Menschenaffen beobachtet. Dieser Reproduktionsaufwand ist mit erheblichen Kosten für die Elterntiere verbunden. Die Investition in die Aufzucht eines Jungtiers reduziert die Fähigkeit der Elterntiere, weitere Nachkommen aufzuziehen. Außerdem hat der hohe Energieaufwand, mit dem das Säugen und die weitere Fütterung verbunden sind, zur Folge, dass bei Nahrungsmangel die eigenen Überlebenschancen sinken. Da nur die Tiere überleben, die besser an ihre Umwelt angepasst sind als ihre Artgenossen, muss die Bereitschaft, hohe Kosten in die Aufzucht von Jungtieren zu investieren, das Ergebnis eines Selektionsprozesses im Laufe der Evolution sein.

Fortpflanzungsstrategien • Säugetiere mit geringer Lebensdauer, beispielsweise Mäuse und Kaninchen, haben eine hohe Fortpflanzungsrate. Sie investieren verhältnismäßig wenig in die Aufzucht der Nachkommen. Eine Mäusepopulation kann sich in ihrem Lebensraum unter günstigen ökologischen Bedingungen exponentiell vermehren. Mäuse mit höherer Reproduktionsrate erzeugen mehr Nachkommen als andere und sorgen so dafür, dass ihre Gene in der Folgegeneration häufiger vertreten sind. Eine Selektion aufgrund unterschiedlicher Reproduktionsraten wird als **r-Selektion** bezeichnet. Das Wachstum der Population wird erst durch ökologische Faktoren wie Nahrungsknappheit begrenzt. Der Lebensraum hat dann seine **Tragekapazität** erreicht.

Es gibt mehrere ökologische Faktoren, die eine r-Selektion begünstigen. So ist bei großem Feinddruck die Wahrscheinlichkeit, dass Jungtiere das fortpflanzungsfähige Alter nicht erreichen, sehr hoch. Unter dieser Bedingung kann ein Lebewesen mit einer hohen Reproduktionsrate die Überlebenschancen einiger Nachkommen und damit seine direkte Fitness erhöhen. Dies ist zum Beispiel bei Meeresschildkröten der Fall. Auch nach Naturkatastrophen sind r-Strategen im Vorteil, da die Populationsdichte zunächst weit unterhalb der Tragekapazität liegt. Damit werden die Möglichkeiten für r-Strategen erhöht, den neu entstandenen Lebensraum schnell zu besiedeln.

Orang-Utans leben in Gebieten, deren Tragekapazität ausgeschöpft ist. Eine hohe Reproduktionsrate ist unter solchen Bedingungen nicht von Nutzen. Die natürliche Selektion bevorteilt hier besonders konkurrenzfähige Nachkommen. Tierarten mit langer Lebensdauer wie Menschenaffen, Elefanten und Wale haben ausreichend Zeit, die Chancen für den eigenen Nachwuchs durch hohen elterlichen Aufwand zu steigern. Eine geringe Anzahl an Nachkommen wird unter derartigen ökologischen Bedingungen mit erhöhter Fitness belohnt. Die durch die Tragekapazität eines Lebensraums bedingte Selektion wird als **K-Selektion** bezeichnet.

Sexuelle Konflikte • Je mehr Energie die Elterntiere in die Aufzucht und damit in die Überlebenswahrscheinlichkeit eines Nachkommen investieren, desto geringer ist ihre Fähigkeit, weitere Nachkommen zu versorgen. Sind beide Elternteile an der Aufzucht beteiligt, kann dies zu Konflikten führen. Das Elternteil, das seinen Aufwand reduziert, kann Energie für zusätzliche Nachkommen mit einem anderen Partner aufbringen und so seine direkte Fitness erhöhen. Beobachtungen an verschiedenen Vogelarten bestätigen, dass ein Elternteil weniger Energie in die Aufzucht der Nestlinge investiert, wenn Artgenossen in der Nähe weitere Paarungsgelegenheiten versprechen. Es lohnt sich aber nur dann, den Partner zu verlassen, wenn dieser die fehlende Fürsorge ausgleicht und die Jungtiere allein aufzieht.

Bei Primaten steigt die Bereitschaft der Männchen, sich an der Aufzucht der Jungtiere zu beteiligen, mit der Vaterschaftswahrscheinlichkeit. Verschiedene Beobachtungen deuten allerdings darauf hin, dass die väterliche Fürsorge als Paarungsaufwand verstanden werden müsste. So stellte man fest, dass sich die Männchen der Grünen Meerkatze in Gegenwart von Weibchen deutlich intensiver um den Nachwuchs kümmern. Sind keine Weibchen anwesend, verlieren die Männchen das Interesse an den Jungtieren.

2 Meeresschildkröten nach dem Schlüpfen

r-Strategie		K-Strategie
rasch	Individualentwicklung	langsam
kurz	Lebensdauer	lang
hoch	Vermehrungsrate	niedrig
gering	elterliche Fürsorge	hoch
Umweltbedingungen begünstigen unterschiedliche Strategien		
variabel	Umweltbedingungen	konstant
häufig	Katastrophen	selten
hohe Schwankung	Populationsgröße	geringe Schwankung
weit unterhalb der Kapazität	Populationsdichte	nahe der Kapazität
gering	innerartliche Konkurrenz	hoch

1 Fortpflanzungsstrategien

Eltern-Kind-Konflikte • Junge Orang-Utans bleiben bis zu sieben Jahre beim Muttertier. Für beide ist das Verhältnis von Kosten und Nutzen von Bedeutung. Das Interesse des Jungtiers ist es, so lange wie möglich versorgt zu werden, da die Wahrscheinlichkeit, ein fortpflanzungsfähiges Alter zu erreichen, auf diese Weise am höchsten ist. Erst wenn sich seine direkte Fitness durch die Zeugung eigener Nachkommen erhöht, ist es vorteilhafter, sich vom Muttertier zu trennen. Für das Muttertier steigen mit zunehmendem Alter des Jungtiers die Kosten aufgrund der eingesetzten Energie. Der Nutzen reduziert sich, da seine weiteren Fortpflanzungsmöglichkeiten geringer werden. Diese unterschiedlichen Interessen bezeichnet man als Entwöhnungskonflikt.

Bei vielen Tierarten ist für die Fürsorge durch das Männchen von großer Bedeutung, ob die Jungtiere von ihm abstammen. Der Nutzen für das Männchen ist nur gegeben, wenn die Jungtiere seine Gene besitzen. Andernfalls steht den erheblichen Kosten für die Aufzucht kein Nutzen gegenüber. Damit ist zu erklären, dass beispielsweise Gorillamännchen alle Jungtiere töten, wenn sie einen fremden Harem übernehmen.

Geschwisterkonflikte • Bei der sexuellen Fortpflanzung erhalten die Nachkommen von jedem Elternteil einen haploiden Chromosomensatz. Ihre Gene stimmen damit zu jeweils 50 % mit denen beider Elternteile überein. Der gleiche Wert gilt für Geschwister. Jedes Lebewesen steigert seine direkte Fitness nur durch die eigene Fortpflanzung. Für Jungtiere ist es deshalb vorteilhaft, ihre eigenen Chancen auf Kosten der Geschwister zu steigern.

Wenn mehrere Jungtiere gleichzeitig versorgt werden müssen, entsteht eine Konkurrenz um das elterliche Investment. Diese verursacht bei Vögeln einen Streit um die beste Position bei der Fütterung im Nest und bei Säugetieren um die ertragreichste Zitze. Unter Adlerküken führt dieser Streit bis zur Geschwistertötung mit der Folge, dass das überlebende Jungtier die uneingeschränkte elterliche Fürsorge erhält. Diese sichert sich auch das Orang-Utan-Jungtier. Solange es beim Muttertier verbleibt, entstehen keine neuen Jungtiere.

Wenn es keine Möglichkeit gibt, sich selbst fortzupflanzen, kann es für ältere Geschwister aber auch von Vorteil sein, sich an der Aufzucht weiterer Jungtiere zu beteiligen. Löwenäffchen erhöhen auf diese Weise ihre indirekte Fitness, indem sie dazu beitragen, das Überleben der Verwandten zu sichern.

1 Nennen Sie ökologische Faktoren, die die r-Selektion beziehungsweise die K-Selektion begünstigen.

2 Bewerten Sie die Einordnung der Maus als r-Strategen vor dem Hintergrund, dass zum Beispiel Lachse bis zu 40 000 Eier gleichzeitig ablegen.

3 Fassen Sie die möglichen Eltern-Kind-Konflikte und die Geschwisterkonflikte aus Sicht eines Jungtiers zusammen.

Material

Vielfalt des Lebens • Nutzen und Kosten der Brutpflege

Material A Seeotter

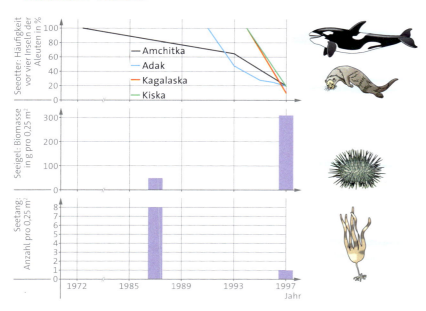

Seeotter	
durchschnittlicher Energiegehalt	7,58 kJ/g
durchschnittliche Körpermasse	28,50 kg
Schwertwal	
durchschnittliche Stoffwechselrate	230 kJ/kg/Tag
durchschnittliche Körpermasse	4500 kg

In den 1990er-Jahren gingen die Bestände der Seeotter im Gebiet der Aleuten dramatisch zurück, nachdem die in der Region lebenden Schwertwale sich ein neues Nahrungsspektrum erschlossen hatten. Die Schwertwale stellten sich damit an das Ende der Nahrungskette von Seetang, Seeigel und Seeotter.

1 Ermitteln Sie, wie viele Schwertwale sich auf Seeotter als Beute spezialisieren müssen, um im Bereich der Aleuten das Verschwinden von 40 000 Seeottern innerhalb von sechs Jahren zu erklären.

2 Beschreiben und erläutern Sie die Befunde zur Bestandsentwicklung von Seeotter, Seeigel und Seetang.

3 Entwickeln Sie eine Hypothese zur Fortpflanzungsstrategie von Seeotter und Seeigel.

Material B Südliche See-Elefanten

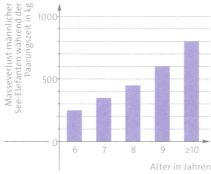

Zur Paarungszeit im Dezember versammeln sich die Südlichen See-Elefanten in großen Kolonien. Die Männchen können eine Körpermasse von 4 t erreichen und 6,5 m groß werden. Sie bilden Harems mit bis zu 60 Kühen. Mit einer Länge von 3,5 m und einer Masse von 900 kg sind die Weibchen erheblich kleiner.

See-Elefanten werden mit vier bis sechs Jahren geschlechtsreif. Einige Wochen vor der Paarungszeit kommen die erwachsenen Männchen an Land und tragen heftige Revierkämpfe aus. In dieser Zeit nehmen die Tiere keine Nahrung auf. Nur die Männchen, die in der Lage sind, ein Revier zu erobern, gelangen zur Fortpflanzung.

Aufgrund der Kämpfe erreichen die Männchen mit durchschnittlich 20 Jahren eine um drei Jahre geringere Lebensdauer als die Weibchen.

1 Beschreiben Sie die in der Grafik dargestellten Befunde.

2 Deuten Sie den Massenverlust unter Anwendung des Verhältnisses von Kosten und Nutzen.

3 Entwickeln Sie Bezug nehmend auf das Kosten-Nutzen-Prinzip eine Hypothese zu den altersabhängigen Massenverlusten der Männchen.

3.32 Untersuchung von Verhalten

1 Mimik und Gestik bei Mensch und Affe

Manchmal zeigt das Verhalten von Mensch und Tier erstaunliche Parallelen. Vieles an Gestik und Mimik können wir bei unseren nächsten Verwandten im Tierreich scheinbar wiedererkennen. Doch was können wir aus dem Verhalten der Tiere noch erkennen, wenn wir es mit wissenschaftlichen Methoden untersuchen?

Verhaltensbiologie • Schon unsere hominiden Vorfahren haben sich vermutlich für das **Verhalten** der sie umgebenden Tiere interessiert. Ein erfahrener Jäger konnte beispielsweise die zu erwartende Reaktion eines Mammuts abschätzen und hatte dadurch einen bedeutenden Vorteil gegenüber seinen Konkurrenten.

Heutzutage untersucht man das Verhalten der Lebewesen mit wissenschaftlichen Methoden. Zum Verhalten zählt man alle Bewegungen und nachweisbaren Aktionen von Lebewesen. Selbst bei Mikroorganismen und Pflanzen kann man koordinierte Bewegungen oder Signale erkennen, die zu Aktivitäten führen.

Verhalten stellt einen essenziellen Mechanismus der **Angepasstheit** eines Organismus an seine Lebensweise dar und ermöglicht flexible Reaktionen auf wechselnde Umweltbedingungen. Die wichtigsten Angepasstheiten haben sich im Verlauf der Evolution entwickelt und beziehen sich auf den Nahrungserwerb, die Vermeidung von Beutegreifern, das Finden von Fortpflanzungspartnern sowie die Aufzucht von Jungtieren. Die Organismen interagieren auf diese Weise mit ihren Artgenossen, Artfremden oder ihrer Umgebung. Häufig dienen solche Vorgänge der Erhaltung des Gleichgewichts einzelner regulierter Zustände. Solche Gleichgewichte werden als **Homöostase** bezeichnet. Wenn also eine Pflanze in der Mittagshitze ihre Spaltöffnungsapparate schließt, so führt dieses Verhalten zur Minimierung der Transpiration und stellt einen wichtigen Beitrag zur Regulation des Wasserhaushalts dar. Den meisten Verhaltensmerkmalen liegen dabei sowohl genetische als auch zahlreiche Umweltkomponenten zugrunde.

Grundfragen der Verhaltensbiologie • Bei der Beschreibung und Analyse des Verhaltens eines Tieres entwickelten Verhaltensforscher verschiedene Blickrichtungen. Diese fasste der Nobelpreisträger Nikolaas Tinbergen bereits Mitte des 20. Jahrhunderts zu zentralen Fragen der Verhaltensbiologie zusammen. Warum zeigt ein Tier ein bestimmtes Verhalten, beispielsweise ein Wellensittich seinen charakteristischen Gesang? Untersucht man in der Verhaltensbiologie hormonelle, neuronale oder muskuläre Mechanismen für die Lautäußerungen des Wellensittichs, so suchen sie nach den unmittelbaren Ursachen für das Verhalten. Ein Grund liegt zum Beispiel im Aufbau der Kehlkopfmuskulatur dieser Vögel, der den vielfältigen Gesang überhaupt erst ermöglicht. Wie entwickelt sich Verhalten bei einem Lebewesen? Bei der Beantwortung dieser Frage legt man das Augenmerk auf die Individualentwicklung des Tieres. Der Wellensittich singt, weil er diesen Gesang als Jungvogel von seinen Eltern erlernt hat. Die unmittelbaren und die entwicklungsbedingten Ursachen fasst man als **proximate Ursachen** zusammen.

Welche evolutionäre Bedeutung hat das Verhalten? Der unterschiedliche Gesang des Wellensittichs kann sich auf die Anzahl der Nachkommen auswirken. Zu Beginn der Balz singt ein Wellensittichhahn mit aufgestelltem Kopf- und Kehlgefieder ein Weibchen an. Ist er dabei erfolgreich, produziert das Weibchen vermehrt Sexualhormone und die Balz wird fortgesetzt. Wellensittiche können über ihre vielfältigen Laute sehr differenziert in ihren Schwärmen kommunizieren. Der spezifische Gesang der Wellensittiche hat sich im Verlauf der Evolution entwickelt. Ein Wellensittichhahn, der diesen Gesang nicht beherrscht, hätte keine Chance zur Reproduktion. Wellensittiche, die besonders gut singen können, hingegen steigern ihre Chance, eine Sexualpartnerin zu finden und damit ihre Chancen, ihre Erbanlagen an die nachfolgende Generation weiterzugeben. Sie erhöhen ihre reproduktive Fitness. Jeder Wellensittichschwarm prägt dabei einen eigenen „Gesangsdialekt" aus. Jungtiere lernen diesen „Dialekt" von ihren Eltern. Die evolutionären Ursachen von Verhalten bezeichnet man als **ultimate Ursachen**. Tinbergen kam aufgrund seiner Forschungen zu dem Ergebnis, dass sich Verhalten niemals nur auf eine Ursache zurückführen lässt. Seine zentralen Fragen zu proximaten und ultimaten Ursachen des Verhaltens gelten als richtungsweisend für die gesamte Biologie. Er erhielt dafür 1973 den Nobelpreis für Medizin.

Dass proximate Ursachen Einfluss auf das Verhalten haben, lässt sich meist durch geschickt konstruierte Experimente zeigen. Die ultimaten Ursachen lassen sich dagegen nur schwer experimentell untersuchen. Manche Verhaltensänderungen sind vermutlich zufällig entstanden. Die daraus resultierenden Vorteile für das Überleben der Art sind nach heutigem Stand der Forschung häufig unbekannt.

lat. proximus = der Nächste

2 Wellensittich füttert Jungvogel in der Bruthöhle

3 Wellensittiche bei der Balz

lat. ultimus = der Weiteste

4 Gruppe von Wellensittichen

1 Krähe bei der Werkzeugnutzung

2 Webervogelnest: **A** eines solitär lebenden Vogels, **B** von in Kolonien lebenden Vögeln

Untersuchungsmethoden • Um das Verhalten von Lebewesen zu erforschen, versucht man häufig, die Verhaltensweisen im Freiland oder unter kontrollierten Bedingungen zu beobachten und zu beschreiben. So kann es je nach Fragestellung von Interesse sein, ob eine Neukaledonische Krähe mit einem großen Satz auf einen Holzstamm springt, einen Ast von einem benachbarten Lichtnussbaum abbricht, um ihn danach langsam in den Bohrgang einer Larve zu führen, daraufhin eine im Ast verbissene Bockkäferlarve zügig aus dem Loch zieht, mit dem Schnabel vom Ast pickt und in einem Stück schluckt – oder ob es ausreichend ist festzuhalten, dass die Krähe eine Larve gefressen hat. Im ersten Fall interessiert man sich für die Struktur der Handlung und fasst diese dann in einem Katalog der möglichen artspezifischen Handlungen, einem **Ethogramm**, zusammen. Im zweiten Fall liegt der Beobachtungsfokus auf der Konsequenz des Handelns.

Neben den Beobachtungen im Freiland spielen häufig Laboruntersuchungen wie DNA-Analysen und Hormonmessungen eine wichtige Rolle.

Heutzutage arbeiten Verhaltensforscher häufig neben den klassischen Methoden des Beobachtens und Beschreibens mit Vergleichen zwischen mehreren Arten und mit Kosten-Nutzen-Analysen.

So konnte man beispielsweise durch den Vergleich von verschiedenen Webervogelarten einen Zusammenhang zwischen ökologischen Faktoren und der sozialen Organisation dieser Vögel zeigen: Wald bewohnende Webervögel sind territoriale, monogame und solitäre Insektenfresser. Savannen bewohnende Webervögel leben dagegen in Kolonien, sind polygam und fressen Samen. Verschiedene Nahrung und Räuberdruck sind für diese Unterschiede verantwortlich. Ökologische Faktoren bestimmen in diesem Fall das Sozial- und Paarungssystem. Bei der Analyse der Daten werden mathematische Methoden der Statistik und Ökonomie benutzt, um die Hypothesen zu überprüfen.

Bedeutung der Verhaltensbiologie • Das bessere Verständnis der Organismen ist ein wichtiges Anliegen biologischer Grundlagenforschung. Die hier gewonnenen Erkenntnisse dienen der Vorbereitung und Umsetzung von Artenschutzprogrammen. Eine Auswilderung hat nur dann Erfolgschancen, wenn die erforderlichen Daten präzise analysiert worden sind. Weiterhin stellen sie einen wichtigen Beitrag bei der Schädlingsbekämpfung dar und sie beeinflussen die Züchtung und Haltung von Haustieren. Verhaltensstudien zu Aggression und Lernen bei Tieren liefern darüber hinaus grundlegende Erkenntnisse der Mechanismen menschlichen Verhaltens. Neben diesen wirtschaftlich bedeutsamen Argumenten sollte man berücksichtigen, dass es einfach auch Spaß macht, Tiere zu beobachten.

1 Beschreiben Sie am Beispiel eines bellenden Hundes, welche proximaten und ultimaten Ursachen das Verhalten hat.

2 Erläutern Sie die verschiedenen Untersuchungsmethoden der Verhaltensbiologie.

3 Nennen Sie eine Verhaltensweise, die zur Homöostase beiträgt, und erläutern Sie diese.

Material

Vielfalt des Lebens • Untersuchung von Verhalten

Material A Fortpflanzung der Buntbarsche

Männliche Fische einer noch nicht wissenschaftlich beschriebenen Buntbarschart aus dem Victorianil in Uganda bereiten in der Laichzeit Bodenmulden zur Eiablage der weiblichen Barsche vor. Wenige Sekunden nach dem Ablaichen in der Mulde nehmen die Weibchen die orangefarbenen Eizellen in ihr Maul auf. Während dieser Aufnahme schiebt sich das Männchen mit seiner Afterflosse, die durch eine Folge orangefarbener Tupfen gekennzeichnet ist, vor das Weibchen. Das Weibchen reagiert auf die Tupfen und versucht diese mit dem Maul aufzunehmen. Dabei gibt das Männchen sein Sperma ab und ein Teil dieser Fischmilch befruchtet den Rogen im Maul des Weibchens.

1. Beschreiben Sie das von den Weibchen gezeigte Verhalten.

2. Formulieren Sie eine Hypothese zur proximaten und zur ultimaten Ursache der orangefarbenen Tupfen auf der Afterflosse der Männchen.

3. Entwerfen Sie ein Kontrollexperiment zur Überprüfung Ihrer Hypothesen.

Material B Rufe von Präriehunden

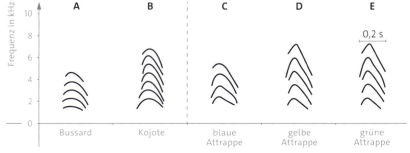

Die Präriehunde in Nordamerika leben in großen Kolonien mit bis zu einer Million Tieren. Die mit den Murmeltieren verwandten Präriehunde sind tagaktiv und ziehen sich nachts in ihre Erdhöhlen zurück. Ihre Rufe bestehen aus sehr kurzen, sich überlagernden Tönen verschiedener Frequenzen. Für das menschliche Ohr sind diese Rufe kaum zu unterscheiden. Verhaltensforscher untersuchten einzelne Frequenzen im zeitlichen Verlauf und machten Unterschiede in manchen Rufen deutlich.

1. Vergleichen Sie die im Diagramm dargestellten Rufe.

2. Erläutern Sie die Bedeutung der Rufe a und b für die Präriehundkolonie.

3. Interpretieren Sie die Unterschiede und Gemeinsamkeiten in den Rufen c bis e.

Blickpunkt

Verhaltensbiologie gestern und heute

1 Paradiesvogel

Bereits im 4. Jahrhundert vor Christus stellte Aristoteles die Frage nach den inneren Antrieben der Tiere und wie man diese erklären könne. Doch über Jahrhunderte wurde das Verhalten der Tiere kaum ursächlich erforscht, sondern aus der Sicht des Menschen interpretiert: Das Verhalten der Löwen war mutig und tapfer, der Fuchs agierte listig und verschlagen.

Eine wissenschaftliche und rationale Verhaltensforschung, die auch die Funktion von Verhaltensweisen aus evolutionärer Sicht analysierte, kam erst mit Charles Darwin im 19. Jahrhundert auf. Zum Beispiel beeinflussen die Balzrituale mancher Paradiesvögel die Partnerwahl der Weibchen.

Ab Anfang des 20. Jahrhunderts untersuchten Biologen systematisch das Verhalten der Tiere. Dabei fiel auf, dass viele Tiere angeborene, stereotype Verhaltensmuster zeigen. Diese schematisch ablaufenden Handlungen wurden Instinkte genannt. Da Instinkte genetisch bedingt sind, lassen sie auch Aussagen über die Verwandtschaft von Arten zu. Charles Whitman war einer der ersten Forscher, der dies erkannte und am Beispiel von Tauben demonstrierte.

Unter einigen amerikanischen Forschenden entwickelte sich indes eine andere Bewegung in der Verhaltensbiologie: Der Behaviorismus versuchte, sämtliches Verhalten in Reize und Reaktionen zu zerlegen und auf diese Weise Voraussagen über das Verhalten zu machen. Einer ihrer Mitbegründer, John Watson, ging davon aus, dass jegliches Verhalten die Summe früherer Erfahrungen darstellt. Der Russe Iwan Pawlow demonstrierte die Mechanismen dieses Lernprozesses an einem Hund unter Laborbedingungen. Dabei wurde das Geräusch einer Glocke mehrfach mit dem Anblick von Futter gekoppelt. Nach einiger Zeit reichte allein das Geräusch aus, um beim Hund den Speichelfluss auszulösen. Diese Art des Lernens nennt man **klassische Konditionierung**.

Eine Fortführung der Gedanken von Watson und Pawlow stellen schließlich die Arbeiten Burrhus Skinners dar. Unter Laborbedingungen konzentrierte er sich vor allem bei Ratten und Tauben auf den Einfluss von Strafe und Belohnung auf das Lernen. Diese Form des Lernens wird als **operante Konditionierung** bezeichnet.

2 Pawlow im Labor

In Europa entwickelte sich die Verhaltensbiologie zu Anfang des 20. Jahrhunderts dagegen in eine andere Richtung. Die klassische Ethologie versuchte, angeborene Verhaltensmuster unterschiedlichster Tierarten in ihrem natürlichen Habitat zu beschreiben und zu vergleichen. Die verschiedenen Konzepte dieser Schule vereinte Konrad Lorenz zu einem zusammenhängenden Modell. Er konzentrierte sich dabei auf die exakte Beschreibung und Protokollierung der Verhaltensweisen verwandter Arten. Daraus schloss er, dass das Verhalten hauptsächlich durch innere Handlungsbereitschaft und äußere Reize gesteuert wird. Durch Lorenz rückte die Verhaltensbiologie in das öffentliche Bewusstsein Deutschlands.

Weniger populär, aber nicht von geringerer Bedeutung waren die Arbeiten von Karl von Frisch. Er fokussierte sich auf die regulatorischen Grundlagen des Verhaltens, die Verhaltensphysiologie. Er zeigte zum Beispiel, wie sich Honigbienen am Sonnenstand orientieren und über eine Tanzsprache miteinander kommunizieren.

Zur genaueren Untersuchung der Mechanismen und Funktionen bestimmter Verhaltensweisen entwickelte Nikolaas Tinbergen beeindruckend konstruierte Experimente im Freiland. Durch seine Forschungsergebnisse und Publikationen lenkte er zunehmend das Interesse auf den evolutionären Vorteil von Verhaltensweisen. 1973 erhielt er zusammen mit Konrad Lorenz und Karl von Frisch den Nobelpreis für ihre Leistungen in der Verhaltensbiologie.

Einige der Arbeiten von Tinbergen und Lorenz gerieten allerdings im Nachhinein in die Kritik. Experimente, auf denen die Wissenschaftler zum Teil ihre Theorien aufgebaut hatten, ließen sich nicht wiederholen und wiesen methodische Mängel auf.

Seit den 1970er-Jahren prüfen Verhaltensökologen die Frage, welche Bedeutung ein bestimmtes Verhalten in der Umwelt der Tiere und für ihr Überleben hat. Dabei treten Annahmen über die inneren Mechanismen, wie sie beispielsweise Behavioristen oder Ethologen entwickelten, in den Hintergrund. Die Verhaltensökologie ist bis heute einer der bedeutendsten Zweige der modernen Verhaltensbiologie.

Einer ihrer Teilbereiche beschäftigt sich mit dem Sozialverhalten von Tieren und Menschen. Dabei spielen die Strukturen in den Gruppen und das Paarungsverhalten eine besonders wichtige Rolle. William Hamilton untersuchte ein bemerkenswertes Helferverhalten bei manchen Tieren: Sie verzichten zugunsten ihrer Verwandten auf eigenen Nachwuchs. Besonders häufig kommt solches Verhalten bei sozial lebenden Insekten wie den Blattschneiderameisen vor. Der amerikanische Ameisenforscher Edward Wilson lieferte eine umfassende Übersicht solcher Insekten und prägte schließlich den Begriff der Soziobiologie. Die Übertragung der Erkenntnisse über sozial lebende Tiere auf den Menschen stießen jedoch auf Ablehnung: Kritiker werfen den Soziobiologinnen und -biologen vor, mit Annahmen zu arbeiten, die sich nicht überprüfen lassen.

3 Lorenz im Freiland

4 Blattschneiderameise

3.33 Der Mensch ist ein Primat

1 Darwin in einer Karikatur aus dem Jahr 1878

In seinem 1871 erschienenen Buch „The Descent of Man" äußerte Darwin erstmalig, dass der Mensch von affenähnlichen Lebewesen abstamme. Die vornehme Londoner Gesellschaft war schockiert und Karikaturisten zeichneten Darwin in der Körperhaltung eines Affen mit „äffischen" Gesichtszügen. Viele Zeitgenossen waren darüber empört, dass der Mensch das Ergebnis eines natürlichen Evolutionsprozesses sein sollte. Wo wird der Mensch in der Systematik der Lebewesen heute eingeordnet?

Der Ursprung des Menschen • Schon mit der Veröffentlichung der zehnten Auflage seines „Systema naturae" im Jahr 1758 erschütterte Carl von Linné das damalige Weltbild, das den Menschen als Krone der Schöpfung sah. Er stellte den Menschen neben Affen, Halbaffen, Fledertieren und Riesengleitern in die Säugetierordnung der Primaten, der „Herrentiere". Für seine Klassifizierung orientierte er sich an äußeren Merkmalen, zum Beispiel zwei brustständigen Milchdrüsen oder der Anordnung der oberen Schneidezähne. Als Christ war Linné jedoch von der Konstanz der Arten überzeugt. Dem widersprach Darwin, als er 1859 in „On the Origin of Species" schrieb: „Licht wird auch fallen auf den Ursprung des Menschen und seine Geschichte." In dem folgenden wissenschaftlichen Disput vertrat Ernst Haeckel vehementer als Darwin die Ansicht, dass sich der Mensch „aus einem Zweig der Primatenordnung" entwickelt habe. 1868 stellte er die Hypothese auf, es müsse ein fossiles Bindeglied zwischen einer ausgestorbenen Menschenaffenart und dem Menschen geben, einen sprachlosen Affenmenschen: *Pithecanthropus alalus*.

Im Jahr 1891 fand der Niederländer Eugène Dubois fossile Knochen des Affenmenschen auf der indonesischen Insel Java. Er nannte seinen Fund *Pithecanthropus erectus,* den aufrecht gehenden Affenmenschen. Während dieser Fund für Dubois eine Bestätigung der jahrzehntealten Hypothese Haeckels war, lehnten die meisten Fachleute seine Deutung ab. Ähnliches widerfuhr dem Südafrikaner Raymond Dart, der 1925 Teile eines kindlichen Schädels bei Taung in Südafrika entdeckte. In seinem Fund, den er als *Australopithecus africanus* bezeichnete, sahen andere Fachleute nur einen jungen Gorilla. Die Bedeutung dieser beiden Funde erkannte man erst sehr viel später.

lat. australis = südlich
griech. pithecos = Affe

Systematische Stellung des Menschen • Aus heutiger Sicht ist es unumstritten, dass der Mensch der Ordnung der Primaten angehört. Während Linné noch 25 Arten auflistete, kennt man heute mehr als 600 Arten und Unterarten, die hauptsächlich in tropischen und subtropischen Regionen vorkommen. Die ältesten eindeutigen Fossilfunde eines Primaten wurden in einer Gesteinsschicht gefunden, deren Alter auf ungefähr 65 Millionen Jahre datiert ist, also an der Grenze zwischen Kreidezeit und Tertiär. Bei diesen ersten Primaten handelte es sich um kleine Baumbewohner, die sich aus Insektenfressern entwickelt hatten.

Früher gliederte man die heutigen Primaten in Halbaffen und Echte Affen. Heute unterteilt man sie nach neueren Befunden in folgende zwei Unterordnungen: **Feuchtnasenaffen** haben einen vorstehenden, mit Drüsen besetzten Nasenspiegel. Zu ihnen zählt man die auf Madagaskar beheimateten Lemuren sowie die Loriartigen, deren Verbreitungsgebiete der afrikanische Regenwald und Südostasien sind. **Trockennasenaffen** sind durch eine flache und behaarte Nase gekennzeichnet. Zu ihnen gehören die Koboldmakis, die Altweltaffen Asiens und Afrikas sowie die Neuweltaffen Südamerikas.

Unter den Altweltaffen stellen die Menschenartigen, die Hominoidea, die jüngste Entwicklungsstufe dar. Die Gibbons, die Hylobatidae, sind die einzigen Vertreter der kleinen Menschenaffen. Noch vor wenigen Jahren galten die großen Menschenaffen als eine Familie, Pongidae. Nur der Mensch sowie dessen Vorfahren gehörten zu den Hominidae. In einem derzeit diskutierten Modell der phylogenetischen Systematik werden Gorilla, Schimpanse und Mensch als Homininae dem Orang-Utan als einzigem Vertreter der Ponginae gegenübergestellt.

Besondere Kennzeichen der Primaten • Primaten zeigen vielfältige Erscheinungsbilder. Deshalb ist es kaum möglich, Primaten anhand weniger anatomischer Merkmale zu kennzeichnen. So beträgt zum Beispiel die Körpermasse von Mausmakis nur etwa 50 bis 60 g, während Gorillamännchen bis zu 250 kg schwer werden können. Dennoch gibt es einige typische gemeinsame Kennzeichen. Dies betrifft insbesondere Auge, Hand und Gehirn. So ist das Auge das wichtigste Sinnesorgan. Mit der Tagaktivität hat sich die Fähigkeit der Farbwahrnehmung entwickelt. Nach vorne gerichtete Augen mit überlappenden

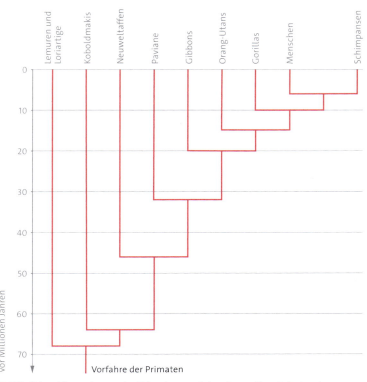

2 Möglicher Stammbaum der Primaten nach heutigem Kenntnisstand

Sehfeldern dienen gleichzeitig der räumlichen Wahrnehmung. Ein umgekehrter evolutionärer Trend zeigt sich beim Riechsinn mit der Rückbildung der Schnauze und beim Sinnesorgan Ohr. Während die Ohrmuscheln bei den nachtaktiven Feuchtnasenaffen noch eine bedeutende Rolle spielen, haben alle tagaktiven Affen unbewegliche Ohrmuscheln. Hände und Füße werden zunehmend als Greifwerkzeuge verwendet. Die Opponierbarkeit des Daumens und des Großzehs, also die Fähigkeit, sie den anderen Fingern gegenüberzustellen, erlaubt ein pinzettenähnlich präzises Greifen.

Ein weiteres Merkmal der Primaten ist das verhältnismäßig große Gehirn und die damit einhergehende Intelligenz sowie ein komplexes Sozialverhalten. Sie haben eine geringe Fortpflanzungsrate und bekommen meist nur ein einzelnes Jungtier, für das ein großer Brutpflegeaufwand betrieben wird.

Systematische Stellung des Menschen

Stamm: Chordata

Unterstamm: Vertebrata

Klasse: Mammalia

Ordnung: Primates

Überfamilie: Hominoidea

Familie: Hominidae

Unterfamilie: Homininae

Gattung: Homo

Art: Homo sapiens

1 Nennen Sie die Kennzeichen der Primaten.

2 Beschreiben und begründen Sie die systematische Stellung des Menschen.

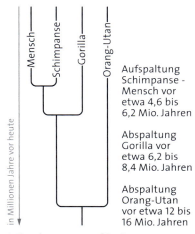

1 Dendrogramm auf Basis von DNA-Sequenzanalysen

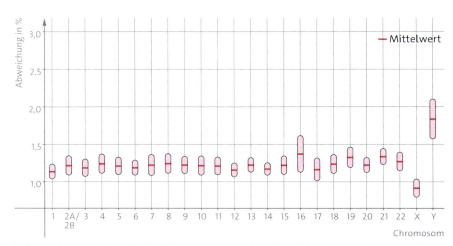

2 Abweichungen in den Nucleotidsequenzen von Mensch und Schimpanse, bezogen auf die Chromosomen

Cytologische und molekularbiologische Methoden • Bis weit ins 20. Jahrhundert waren morphologische und anatomische Hinweise die Grundlage für die Erstellung eines Stammbaums des Menschen. Von großer Bedeutung ist hierbei nach wie vor das Gebiss, da insbesondere die Zähne zu den besterhaltenen Fossilien ausgestorbener Arten gehören.

In den letzten Jahrzehnten wurden jedoch zunehmend cytologische und molekularbiologische Methoden zur Analyse evolutionärer Beziehungen eingesetzt. So zeigt der Aufbau der Chromosomen der Menschenaffen und der Menschen große Übereinstimmungen. Allerdings weisen die Zellkerne des Menschen 46 Chromosomen auf, die der Menschenaffen dagegen 48. Dies ist offenbar darauf zurückzuführen, dass zwei Chromosomen des haploiden Chromosomensatzes verschmolzen sind. Auffallend sind auch die serologischen Ähnlichkeiten. So stimmen beispielsweise die Aminosäuresequenzen des Cytochrom-c-Moleküls bei Mensch und Menschenaffen genau überein.

Mit der DNA-DNA-Hybridisierung war es in den 1980er-Jahren möglich, verwandtschaftliche Beziehungen durch DNA-Vergleiche aufzuzeigen. Als Maß für die evolutionäre Nähe wird die Differenz der Schmelzpunkte artreiner und hybridisierter DNA ermittelt. Je kleiner der Wert ist, umso größer ist die Verwandtschaft der beiden untersuchten Arten. Die mithilfe dieser Methode bestimmten Distanzwerte zwischen Mensch und Schimpanse liegen bei etwa 1,6 %, die zwischen Schimpanse und Gorilla bei 2,3 %. Ein aus diesen Werten erstelltes Dendrogramm gibt wieder, vor wie vielen Jahren sich zwei Arten von einem gemeinsamen Vorfahren abgespalten haben. Obwohl man die Ähnlichkeit zweier Genome mit der DNA-DNA-Hybridisierung relativ genau bestimmen kann, erhält man keine genaue Aussage über die Unterschiede in den Nucleotidsequenzen.

Im Jahr 2005 gelang es einer Forschergruppe, die DNA des Schimpansen zu sequenzieren und mit der des Menschen zu vergleichen. Die durchschnittliche Abweichung beträgt demnach nur 1,23 %. Trotz dieser großen Übereinstimmung bedeutet dies, dass, von unserem gemeinsamen Urahnen ausgehend, im Verlauf der Evolution 40 Millionen Mutationen erfolgten.

1 Erläutern Sie die cytologischen und molekularbiologischen Methoden, die zur Analyse von Verwandtschaftsbeziehungen herangezogen werden.

2 Nehmen Sie Stellung zu folgender Klassifizierung:
Überfamilie: Hominoidea
Familien: Pongidae (Orang-Utan, Gorilla, Schimpanse), Hominidae (Mensch)

3 Erläutern Sie am Beispiel von Mensch und Menschenaffen das Basiskonzept individuelle und evolutive Entwicklung.

Material

Vielfalt des Lebens • Der Mensch ist ein Primat

Material A Primaten

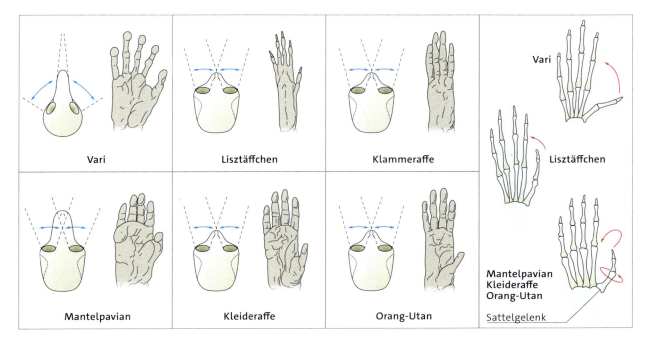

Die Opponierbarkeit des Daumens ist für die Ausbildung des Pinzettengriffs notwendig. Feuchtnasenaffen und Neuweltaffen haben nicht das erforderliche Sattelgelenk. Sie sind nur zu einem Kraftgriff fähig.

1 Augenstellung und Greiffähigkeit geben Hinweise auf evolutionäre Entwicklungen. Beschreiben Sie die dargestellten Arten bezüglich der genannten Kriterien.

2 Erklären Sie, welche Auswirkungen diese evolutionären Entwicklungen für die dargestellten Arten haben. Zur Lösung dieser Aufgabe recherchieren Sie die Lebensweise der dargestellten Arten.

Material B Hypothetischer Stammbaum der Affen

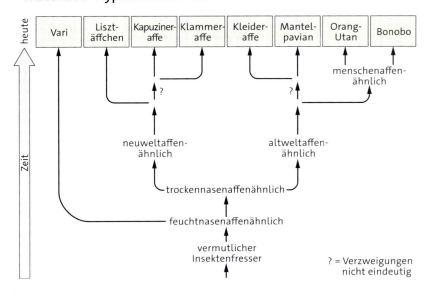

1 Ordnen Sie den acht Affen des Stammbaums die Begriffe Feuchtnasenaffe, Altweltaffe, Neuweltaffe und Menschenaffe zu.

2 Begründen Sie unter Berücksichtigung des hier abgebildeten Stammbaums und des Stammbaums auf Seite 505, in welchen Zeiträumen die Veränderungen der Augenstellung und der Greiffähigkeit stattgefunden haben müssen.

3.34 Die frühen Hominiden

1 Lebensbild von *Sahelanthropus*

Es war im Juli 2002, als eine französische Forschergruppe einen Schädel mit ausgeprägten Überaugenwülsten und einer nur wenig vorspringenden Schnauze der Öffentlichkeit vorstellte. Gefunden wurde der Schädel ein Jahr zuvor in der Djurab-Wüste im nördlichen Tschad in Zentralafrika woraufhin dieser Vormensch den Namen Sahelanthropus tchadensis bekam. Sein Alter wird mit fast 7 Millionen Jahren angegeben. Da es bisher keine Fossilien von Hominiden gab, die älter als 4,4 Millionen Jahre waren, bestand die Annahme, die ersten Vormenschen wären vor ungefähr 5 bis 6 Millionen Jahren in Ostafrika entstanden. Doch nun ist ein neuer Streit entbrannt: Wer waren die ersten Hominiden?

2 Fußspuren von Laetoli

Die Fußspuren von Laetoli • In der Entwicklungslinie einer systematischen Gruppe muss es mindestens ein früh entstandenes gemeinsames Merkmal geben, das sie von den Angehörigen anderer Gruppen unterscheidet. Bei den Hominiden ist es insbesondere der aufrechte Gang, durch den man sie eindeutig von den Menschenaffen abgrenzt. Als 1978 in Laetoli im heutigen Tansania etwa 3,7 Millionen Jahre alte Fußspuren aufrecht gehender Hominiden entdeckt wurden, war dies einer der aufregendsten Funde auf der Suche nach den Vorfahren des Menschen. Ein Vulkan südlich der Olduvai-Schlucht hatte große Mengen Asche ausgestoßen, die sich wie ein Teppich in der Umgebung ausbreitete. Dies musste genau zu Beginn der Regenzeit geschehen sein. Denn nur in feuchter Asche werden die Spuren nicht verweht. Wasser ist außerdem notwendig, um die Vulkanasche in einem chemischen Prozess zu einer harten Masse werden zu lassen. Einige Hominiden ließen ihre Fußabdrücke in der regenfeuchten Asche zurück, die kurze Zeit später erstarrte und damit die Spuren konservierte.

Klimatische Veränderungen • Ein Blick auf die Karte Afrikas verdeutlicht, dass die Fundorte der Vormenschen fast ausschließlich in Ostafrika liegen.

Vor etwa 20 Millionen Jahren entstand ein Riss in der Erdkruste entlang des afrikanischen Kontinents. Er ließ einen Graben entstehen, an dessen Rändern es zu Landhebungen kam. Vor etwa 8 Millionen Jahren entwickelten sich die neu entstandenen Gebirge zur Klimabarriere. Der Osten Afrikas wurde immer trockener. Aus dem ursprünglich zusammenhängenden Regenwald entwickelte sich eine Savannenlandschaft mit Galeriewäldern, in der die Nahrung ungleichmäßig verteilt war.

Genau in dieser Region befinden sich die meisten Fundstellen aufrecht gehender Vormenschen. Obwohl sie sich weniger schnell fortbewegen konnten als Vierbeiner, mussten sie in dieser Landschaft dennoch einen Vorteil gehabt haben. So wurde berechnet, dass sich mit der zweibeinigen Fortbewegung bei vergleichbarem Energieaufwand doppelt so weite Strecken zurücklegen lassen wie mit der vierbeinigen Fortbewegung. Außerdem können Kinder oder auch Nahrung leichter getragen werden. In aufrechter Haltung ist es zudem leichter möglich, größere Flächen zu überblicken, und man bietet der sengenden Sonne weniger Körperoberfläche.

Die Australopithecinen • Als Raymond Dart im Jahr 1925 den von ihm gefundenen Schädel als *Australopithecus africanus* beschrieb, stieß er auf Ablehnung. Wissenschaftlich anerkannt wurde er erst 1950, nachdem man in Südafrika Reste einer weiteren Homindenart entdeckte, *Australopithecus robustus*. Wesentlich mehr Aufsehen erregte der Paläoanthropologe Donald Johanson am 30. November 1974. Er fand in der Afar-Region in Äthiopien gut erhaltene Teile eines 3,2 Millionen Jahre alten weiblichen Hominidenskeletts. Berühmter als der wissenschaftliche Name *Australopithecus afarensis* wurde jedoch ein anderer Name. Johanson berichtete über die ausgelassene Stimmung, die nach der Entdeckung im Lager herrschte. Auf einem Tonbandgerät lief immer wieder der Beatles-Titel „Lucy in the Sky with Diamonds", der Fund wurde kurzerhand „Lucy" getauft.

„Lucy" war etwa 1 m groß und hatte ein Gehirn, das mit einem Volumen von weniger als 500 cm^3 kaum größer als das eines Schimpansen war. Kiefer und Gebiss ähnelten mehr denen des Menschen als denen der Menschenaffen. Die Anatomie von Becken- und Beinknochen wies eindeutig darauf hin, dass „Lucy" aufrecht gehen konnte. Weitere *Australopithecus-afarensis*-Funde zeigen, dass diese Art über

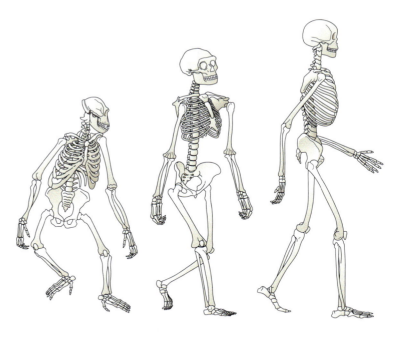

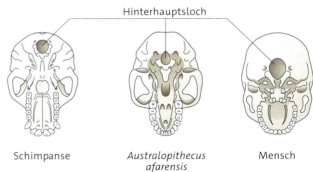

3 Vergleich der Skelette von Schimpanse, „Lucy" und Mensch

700 000 Jahre existierte, von vor 3,6 bis 2,9 Millionen Jahren.

In den letzten Jahrzehnten wurden in Ost- und Südafrika weitere Fossilien verschiedener Australopithecinen gefunden. Sie verfügten alle über den aufrechten Gang und ihr Gebiss hatte kleine Eck- und große Backenzähne – ein weiterer wichtiger Unterschied gegenüber den Menschenaffen.

In der Zeit um die Entdeckung „Lucys" wurde in der Anthropologie die Ansicht vertreten, die Evolution der Hominiden folge einer mehr oder weniger geradlinigen Entwicklung. Die Australopithecinen wären demnach aus den Menschenaffen hervorgegangen und aus diesen schließlich die Gattung *Homo*.

Australopithecus afarensis = der Südaffe aus dem Afar-Gebiet

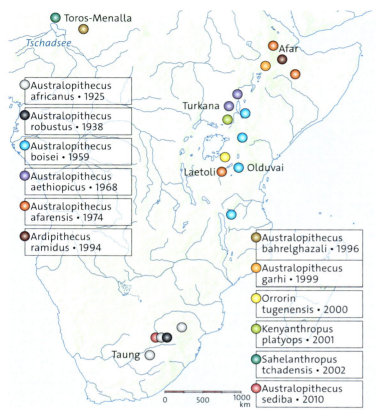

1 Fossilfundstätten von Australopithecinen und älteren Hominiden mit Jahr der Entdeckung

Am Beispiel von *Sahelanthropus tchadensis* wird noch ein anderes Problem deutlich. Es gibt keine Knochenreste, die den aufrechten Gang dieser Art belegen. Die Hinweise auf einen Hominiden finden sich vielmehr in der Gesichtsform und im Gebiss. Sie zeigen ein Mosaik ursprünglicher und neuer Merkmale. Eine eindeutige Zuordnung von *Sahelanthropus* steht noch aus.

Die Wiege der Menschheit • Auf der Suche nach den Vorfahren der heutigen Menschen organisierten Louis und Mary Leakey in den 1960er Jahren umfangreiche Grabungen in der Olduvai-Schlucht in Tansania. Ihren berühmtesten Fund machten sie im Jahr 1964. Es handelte sich um Skelettreste eines neuen Hominiden, dessen Schädel mit einem Volumen von etwa 650 cm^3 erheblich größer war als der von Australopithecinen.

Eine Vielzahl grob behauener Faustkeile deutet darauf hin, dass dieser Hominide in der Lage war, Werkzeug herzustellen. Die Leakeys gaben ihrem Fund daher den Namen **Homo habilis** – der geschickte Mensch. Die ihm zugeordnete Fähigkeit der Werkzeugherstellung wird Oldowan-Kultur genannt. Die Hominidenart *Homo habilis* lebte vor 2,4 bis 1,65 Millionen Jahren. Sie wurden etwa 140 cm groß und hatten einen grazilen Körperbau. Das Fußskelett ähnelte schon sehr dem des heutigen Menschen. So rückte der große Zeh mit den anderen Zehen in eine Reihe und war nicht mehr abspreizbar. Auch der Schädel zeigte einige Veränderungen gegenüber den frühen Hominiden. Der Zahnbogen war geschlossen, Überaugenwülste waren kaum noch vorhanden, dafür aber eine erkennbare Stirn.

Innenausgüsse des Schädels weisen darauf hin, dass das *Homo-habilis*-Gehirn eine größere Ähnlichkeit mit dem des heutigen Menschen hatte, als dies bei den Australopithecinen der Fall war. Bemerkenswert sind insbesondere zwei Hirnwindungen, die als Broca- und als Wernicke-Areal bezeichnet werden. Diese Hirnareale sind für die Sprachverarbeitung wichtig. Trotz dieser neurologischen Voraussetzungen können jedoch keine Aussagen über die sprachlichen Fähigkeiten von *Homo habilis* gemacht werden, da die Anatomie des Kehlkopfs nicht bekannt ist.

Vom Stammbaum zum Stammbusch • In den 1990er-Jahren änderte sich das Bild einer geradlinigen Stammesgeschichte des Menschen. Gefundene Überreste einer Vielzahl von Arten, die teilweise im selben Zeitraum gelebt hatten, ließen aus dem Stammbaum einen Stammbusch werden. Aber auch einige sehr alte Arten wurden entdeckt. Hierzu zählten Funde des 5,8 Millionen Jahre alten *Ardipithecus ramidus kadabba*, des 6 Millionen Jahre alte *Orrorin tugenensis* und des mit annähernd 7 Millionen Jahren ältesten *Sahelanthropus tchadensis*. Alle drei Arten waren Waldbewohner. Das würde bedeuten, dass der Klimawandel am ostafrikanischen Graben nicht die Bedeutung für die Hominidenevolution gehabt hat wie bisher angenommen. Dies führte zu der Hypothese, alleine die frei werdenden Hände wären der entscheidende evolutionäre Vorteil des aufrechten Ganges. Die besseren Möglichkeiten der Nahrungsbeschaffung bedeuten, mehr Energie für den Nachwuchs bereitstellen zu können und damit den Fortpflanzungserfolg zu maximieren.

Vielfalt des Lebens • Die frühen Hominiden

Australopithecus boisei   *Homo rudolfensis*   *Homo habilis*   *Homo ergaster*

2 Vier Hominidenarten besiedelten vor 1,8 Millionen Jahren denselben Lebensraum

Die Vorfahren des *Homo habilis*? • Es wird heute davon ausgegangen, dass die Gattung *Homo* vor ungefähr 2,5 Millionen Jahren in Ostafrika entstand. *Homo rudolfensis* als erste frühe Menschenform zeigte viele Übereinstimmungen mit *Homo habilis*. Umfangreiche morphologische Vergleiche legen nahe, dass *Homo* auf eine einzige Ursprungsart zurückzuführen ist. Als mögliche Ursprungsarten kommen *Australopithecus africanus* oder *Australopithecus garhi* infrage.

Die Funde von *Australopithecus africanus* weisen auf ein durchschnittliches Gehirnvolumen von etwa 560 cm³ hin. Auch das Gebiss ist menschenähnlich. Die Extremitäten deuten aber an, dass *Australopithecus africanus* sich sowohl zweibeinig am Boden als auch auf Bäumen kletternd fortbewegte. In der Anthropologie wird *Australopithecus africanus* allerdings als Vorfahre der robusten Australopithecinen gesehen.

Als im Jahr 1999 im Awash-Fluss in Äthiopien etwa 2,5 Millionen Jahre alte Überreste einer bisher unbekannten Australopithecinenart, *Australopithecus garhi*, entdeckt und beschrieben wurden, galt dies als große Überraschung. Das Gehirn war mit etwa 450 cm³ verhältnismäßig klein. Der verlängerte Oberschenkelknochen entsprach aber eher den Verhältnissen bei der Gattung *Homo*. Von besonderer Bedeutung ist aber, dass in der Umgebung gefundene Knochenreste anderer Säugetiere eindeutige Schnittspuren aufwiesen, die nur von Werkzeugen stammen konnten.

Lebensraum Turkana-See • Aus dem Zeitraum von vor 2 bis 1,6 Millionen Jahren stammt eine große Zahl unterschiedlicher Fossilien, die belegen, dass neben *Homo habilis* mindestens drei Arten der Gattungen *Australopithecus* und *Homo* nebeneinander denselben Lebensraum bevölkerten: *Australopithecus boisei*, *Homo rudolfensis* und *Homo ergaster*.

Australopithecus boisei gehörte zu den robusten Australopithecinen mit einem kräftigen Schädel, der einen Knochenkamm in der Mitte des Schädeldachs besitzt. Mit den Zähnen waren die Hominiden *Australopithecus boisei* in der Lage, harte Pflanzennahrung wie Samen und Nüsse zu zermalmen. Sie aßen aber auch tierische Nahrung. *Homo rudolfensis* war größer als *Homo habilis* und hatte mit etwa 800 cm³ ein größeres Gehirnvolumen.

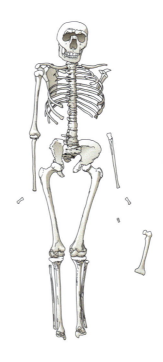

3 Der Junge vom Turkana-See

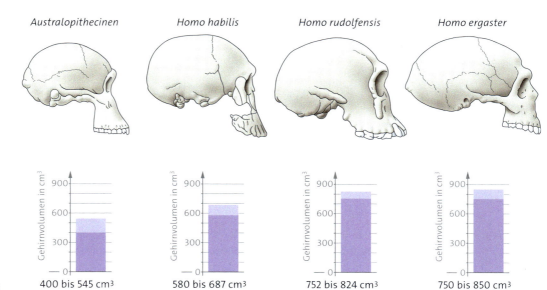

1 Die Entwicklung des Gehirnvolumens

Homo ergaster • Im Jahr 1984 entdeckte Richard Leakey, ein Sohn des Ehepaars Leakey, am Turkana-See das fast vollständige, 1,6 Millionen Jahre alte Skelett eines 162 cm großen Jugendlichen, der als Erwachsener wahrscheinlich 180 cm groß geworden wäre. Nach der heutigen Klassifizierung wird er der Art *Homo ergaster* zugeordnet.

Die ältesten Fossilien von *Homo ergaster* sind 1,9 Millionen Jahre alt, die jüngsten 1 Million Jahre. Ihr Körperbau war groß und schlank, er ähnelte dem des modernen Menschen. Der Gesichtsschädel war aber noch durch deutliche Oberaugenwülste geprägt. Das Schädelvolumen betrug zwischen 750 und 850 cm³. Ihre Werkzeuge waren differenzierter als die des *Homo habilis* und dienten verschiedenen Zwecken wie Schneiden, Schaben, Durchbohren oder Zertrümmern. Mit Steinbeilen konnten sie größere Tiere töten. Eine Fundstelle am Turkana-See ist durch eine auffällig „verbackene" Erde gekennzeichnet. Dies deutet darauf hin, dass *Homo ergaster* bereits über Feuerstellen verfügte. Sie gelten als Vorfahren des *Homo erectus* und aller weiteren Arten der Gattung *Homo*.

Wo „beginnt" eine fossile Art und wo „endet" sie? • In der Paläoanthropologie wird diskutiert, ob *Homo ergaster* eine eigenständige Art ist. Es könnte sich auch um frühe Formen von *Homo erectus* handeln, die wahrscheinlich bis vor ungefähr 40 000 Jahren gelebt haben. Auch Richard Leakey identifizierte den Turkana-Jungen zunächst als *Homo erectus*. Insbesondere die Abweichungen im Bereich des Schädels führten jedoch zu der heute verbreiteten Ansicht, *Homo ergaster* als eigenständige Art zu bezeichnen.

Zunahme des Gehirnvolumens • Bei einem Vergleich der frühen Menschen fällt besonders die Zunahme des Gehirnvolumens auf. Aufgrund der zweibeinigen Fortbewegung werden die Hände frei für den Werkzeuggebrauch. Das soziale Zusammenleben und die Kooperation bei der Jagd sind Faktoren, die kognitive Fähigkeiten begünstigen und damit die Selektion hin zu größeren Gehirnen fördern. Noch können keine klaren Aussagen getroffen werden, zu welcher Zeit der Sprachgebrauch einsetzte. Dass die Verwendung abstrakter Begriffe einen Einfluss auf die Gehirnentwicklung hat, ist jedoch unumstritten.

2 Steinwerkzeuge von *Homo ergaster*: Acheuléen-Kultur

1 Westlich des Afrikanischen Grabens wurden Fossilien der Vorfahren der Menschenaffen gefunden. Erläutern Sie diesen Sachverhalt.

2 Vergleichen Sie die Eigenschaften von *Homo habilis* und *Homo ergaster*. Erstellen Sie dazu eine Tabelle.

3 Beschreiben Sie die Kriterien, die für die Beurteilung des Entwicklungsstands der Hominiden herangezogen werden.

Material

Vielfalt des Lebens • Die frühen Hominiden

Material A Stammbusch der Hominiden

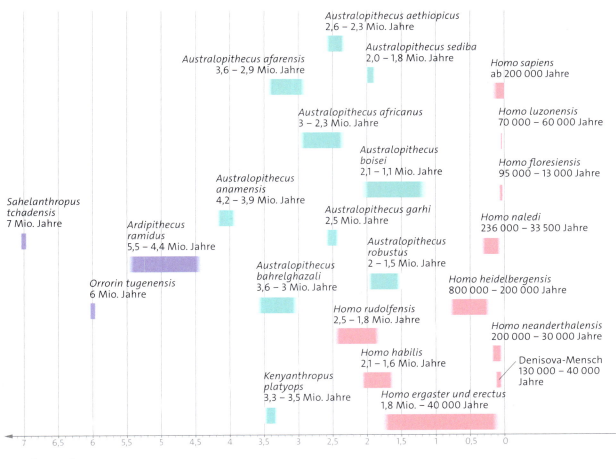

1 Erklären Sie anhand der Abbildung, weshalb Paläoanthropologen heute nicht mehr von einem Stammbaum, sondern von einem Stammbusch sprechen.

Material B Stammbäume im Vergleich

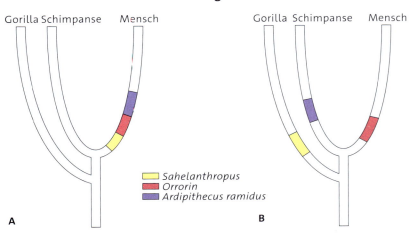

1 Beschreiben Sie die beiden Stammbäume, die die mögliche Einordnung von *Sahelanthropus*, *Orrorin* und *Ardipithecus ramidus* in die Entwicklungslinien der Hominoiden wiedergeben.

2 Begründen Sie, weshalb die Zuordnung der drei oben genannten Arten kontrovers diskutiert wird.

3.35 Homo erobert die Erde

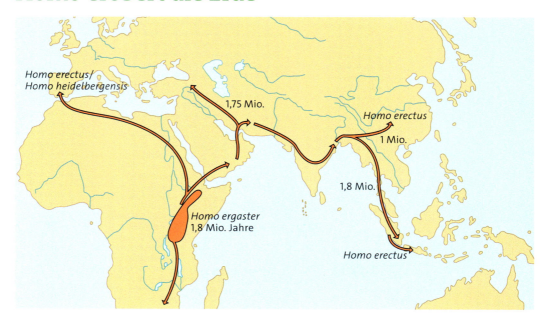

1 Ausbreitung von *Homo ergaster* und *Homo erectus*

Im Jahr 1891 fand Eugène DUBOIS an einer Uferböschung auf der indonesischen Insel Java Fossilien, die er einem „aufrecht gehenden Affenmenschen", Pithecanthropus erectus, zuordnete. Die Aufmerksamkeit der Paläoanthropologen richtete sich zeitweise nicht auf Afrika, sondern auf Ostasien. In den 1930er-Jahren fand man in der Nähe Pekings und auf Java weitere vormenschliche Fossilien. Ein Vergleich aller Funde offenbarte, dass es sich um dieselbe Art, Homo erectus, handelte. Altersbestimmungen ergaben, dass die ältesten Funde von Homo erectus auf Java mit etwa 1,8 Millionen Jahren ähnlich alt sind wie die von Homo ergaster in Afrika. Wie lässt sich dieser Befund erklären?

Homo verlässt Afrika • Die Rekonstruktion der Wanderungsbewegungen der frühen Menschen wird durch eine Vielzahl an Funden gestützt. Man vermutet, dass sich *Homo ergaster* entlang der Küste des Roten Meeres zunächst von Afrika über den Nahen Osten in Richtung Georgien und anschließend über die Arabische Halbinsel nach Südostasien ausgebreitet hat. Viele Forscher gehen davon aus, dass sich *Homo ergaster* während dieser Zeit zu *Homo erectus* weiterentwickelte. Andere Paläoanthropologen nehmen an, dass die Skelettunterschiede zwischen den beiden Arten – *Homo ergaster* ist graziler als *Homo erectus* – nur auf Angepasstheiten an die unterschiedlichen klimatischen Verhältnisse zurückzuführen sind. Nach dieser Ansicht handelt es sich demnach nur um zwei Varianten der einen Art *Homo erectus*.

Es ist bemerkenswert, dass die ältesten Fossilien mit 1,7 bis 1,8 Millionen Jahren ein ähnliches Alter aufweisen, obwohl sie in weit voneinander entfernten Erdteilen gefunden wurden. Man erklärte dies damit, dass die Wanderungen relativ rasch erfolgten. Aber was bedeutet „rasch"?

Ausbreitung der frühen Menschen • Genetiker und Archäologen haben am Beispiel von *Homo sapiens* berechnet, dass sich Jäger und Sammler mit einer Geschwindigkeit von mehreren Kilometern pro Jahr in ein neues Gebiet ausbreiten konnten. Nimmt man an, dass die Expansion von *Homo erectus* mit einer durchschnittlichen Geschwindigkeit von nur einem Kilometer pro Jahr erfolgte, so wird deutlich, dass die Erschließung von Gebieten, die mehr als 10 000 km von Afrika entfernt liegen, in einer evolutionsbiologisch kurzen Zeitspanne möglich war. Erstaunlich ist auch, dass *Homo erectus* die Inselwelt des heutigen Indonesiens besiedeln konnte. Dies gelang insbesondere aufgrund der verschiedenen Eiszeiten, die ein Absinken des Meeresspiegels um bis zu 130 m zur Folge hatten. Somit entstanden Landbrücken, die eine Erschließung der Inseln erleichterten. Zudem wird angenommen, dass *Homo erectus* bereits Flöße oder andere einfache Wasserfahrzeuge bauen konnte.

Der Neandertaler • Im August 1856 fanden zwei Arbeiter in einem Steinbruch in der Nähe von Düsseldorf einige ungewöhnliche Knochen. Doch erst drei Jahre später, nachdem Darwin sein Werk zur Entstehung der Arten veröffentlicht hatte, wurde der Fund für die Forschung interessant. Woher stammen diese Knochenreste?

Der Lehrer und Hobbyarchäologe Johann Carl Fuhlrott glaubte, dass es sich bei diesen Knochen um Überreste eines eiszeitlichen Menschen handelte. Man überließ die Untersuchung dem bedeutenden Professor der Medizin Rudolf Virchow, der den Fund jedoch für irrelevant hielt. Er behauptete, es handle sich um einen anatomisch modernen Menschen, dessen Knochen krankheitsbedingt deformiert gewesen seien. Die Autorität Virchows verhinderte für Jahrzehnte die Anerkennung der Erkenntnisse von Fuhlrott.

Heute weiß man, dass der Neandertaler von vor 400 000 bis ungefähr vor 30 000 Jahren in Europa, im Nahen Osten, in Zentralasien und im westlichen Sibirien lebte. Er wurde in Europa bis 1,65 m groß und war stämmig gebaut. Der Neandertaler hatte einen kinnlosen Kiefer, eine fliehende Stirn und kräftige Überaugenwülste. Er wurde nur etwa 1,70 m groß, hatte aber eine kräftige Statur. Damit war er besser gegen Wärmeverlust geschützt und besser an das kalte Klima der Eiszeiten angepasst als *Homo sapiens*.

Mithilfe der Computertomografie wurden dreidimensionale Röntgenbilder fossiler Neandertaler-Schädel aufgenommen und mit Schädeln heutiger Menschen verglichen. Die Gehirne beider Menschenformen sind etwa gleich groß. Virtuelle Abdrücke der Gehirnschädel deuten aber darauf hin, dass Gehirnareale, die für Sprache und Gedächtnis wichtig sind, beim Neandertaler weniger stark ausgeprägt waren.

Ein 1983 in der Kebra-Höhle in Israel freigelegtes Zungenbein ist ein wichtiges Indiz für die Sprachfähigkeit der Neandertaler. Werkzeuge und Waffen waren bereits wesentlich differenzierter als bei ihren Vorfahren. So benutzten sie Speere, die mit Knochen-

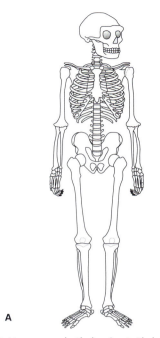 

2 *Homo neanderthalensis*: **A** Skelett, **B** Rekonstruktion

spitzen versehen waren. Sie deckten ihren Nahrungsbedarf überwiegend als Jäger. An einigen Funden ließen sich ausgeheilte Verletzungen erkennen, die offensichtlich medizinisch behandelt worden waren. Grabbeigaben deuten auf die Anwendung von Bestattungsritualen hin.

Von wem stammt der Neandertaler ab? Als direkter Vorfahr gilt *Homo heidelbergensis*, der bis vor ungefähr 200 000 Jahren lebte. In einer Kiesgrube am Neckar fand man einen 600 000 Jahre alten Unterkiefer dieses Vormenschen. Anhand von Werkzeugen und Wurfspeeren sowie Knochenresten konnte man die Lebensweise und die Jagdtechniken von *Homo heidelbergensis* rekonstruieren. Es ist jedoch umstritten, ob *Homo heidelbergensis* als eigenständige Art bezeichnet werden kann.

Weitgehende Einigkeit besteht in der Annahme, dass *Homo erectus* vor ungefähr einer Million Jahren von Nordafrika nach Südeuropa einwanderte. Ein Teil der Fachleute deutet die Skelettmerkmale der in Europa gemachten Funde als ökologische Angepasstheiten an das kältere Klima der nördlichen Breiten. Demnach war *Homo heidelbergensis* nur eine Unterart des *Homo erectus*. Andere Fachleute sehen in *Homo heidelbergensis* den europäischen Nachfahren des *Homo erectus* und damit eine eigenständige Art.

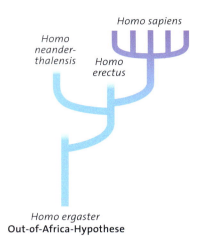

1 Ursprung des modernen Menschen

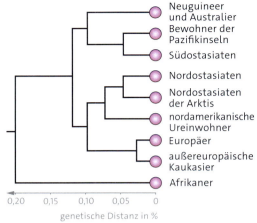

2 Kladogramm auf Basis der mt-DNA

Ursprung des *Homo sapiens* • In der Wissenschaft ist die Herkunft des heutigen Menschen umstritten. Die Anhänger der **multiregionalen Hypothese** gehen davon aus, dass die Populationen von *Homo erectus* gut an die regionaltypische Umwelt ihres Lebensraums angepasst waren und sich innerhalb der letzten einer Million Jahre weiterentwickelt hatten. Dabei kam es in den Kontaktzonen zwischen den jeweiligen Populationen zu einem kontinuierlichen Genaustausch. Während dieses langen Zeitraums erschien *Homo sapiens* in den heutigen ethnischen Gruppen mit ihren charakteristischen Merkmalen.

Die meisten Wissenschaftlerinnen und Wissenschaftler hingegen vertreten die Ansicht, dass *Homo sapiens* allein in Afrika entstand. Diese **Out-of-Africa-Hypothese** wird durch Fossilmaterial und genetische Untersuchungen gestützt. Die ältesten Fossilien, die eindeutig *Homo sapiens* zuzuordnen sind, stammen aus dem heutigen Äthiopien und sind 160 000 Jahre alt.

Genetische Befunde basieren auf einer Besonderheit der **mitochondrialen DNA**, kurz **mt-DNA**. Sie ist ringförmig und wird nur über die Eizelle der Mutter vererbt. Das bedeutet, dass diese DNA nicht rekombiniert wird. Unterschiede in den Basenpaaren der mt-DNA verschiedener Populationen sind somit ausschließlich auf Mutationen zurückzuführen. Unter Annahme einer konstanten Mutationsrate entsprechen die Basenunterschiede einer molekularen Uhr. Je größer die genetische Distanz ist, umso länger liegt die Trennung zwischen den Populationen zurück. Im Jahr 1987 untersuchte die Genetikerin Rebecca CANN die mt-DNA von 147 Menschen aus verschiedenen Erdteilen. Sie berechnete anhand der genetischen Distanzen, dass der gemeinsame weibliche Urahn der heutigen menschlichen mt-DNA vor ungefähr 200 000 Jahren lebte. Außerdem zeigte sich, dass die Abweichungen in der mt-DNA der afrikanischen Bevölkerung gegenüber den ethnischen Gruppen der anderen Kontinente am größten sind. Die Trennung der afrikanischen Linie und der anderen Linien musste also sehr früh erfolgt sein. Die zwischen den afrikanischen Populationen festgestellten mt-DNA-Unterschiede sind auffallend groß. Daraus folgte nach der molekularen Uhr, dass die afrikanische Entwicklungslinie älter sein muss als alle anderen. *Homo sapiens* ist nach diesen Befunden in Afrika entstanden.

Anhand des genetischen Vergleichs konnte man zudem die Ausbreitungsgeschichte von *Homo sapiens* rekonstruieren. Bis vor ungefähr 120 000 Jahren lebte er nur auf dem afrikanischen Kontinent. Erst dann besiedelte er anfänglich Asien und später die anderen Kontinente. Man nahm zunächst an, dass der moderne Mensch vor ungefähr 40 000 bis 35 000 Jahren Europa erreichte. Namensgebend war eine Höhle in der Dordogne, in der 1868 die ersten Fossilfunde dieses Menschentyps gemacht wurden. Er wurde nach ihr als Cro-Magnon-Mensch benannt. Der Cro-Magnon-Mensch ist wahrscheinlich von Afrika über Vorderasien eingewandert. Dies deuten relativ alte Fossilien aus Rumänien an. Seine Fähigkeit im Umgang mit dem Feuer und das Errichten

Vielfalt des Lebens • Homo erobert die Erde

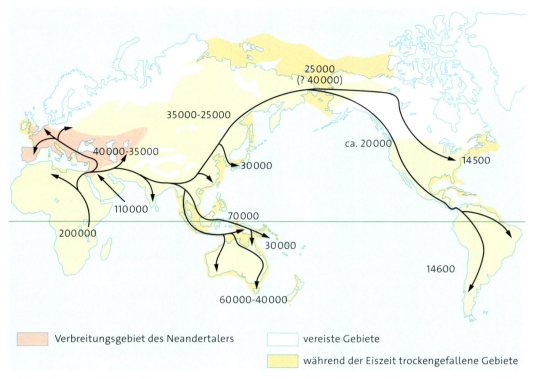

3 Ausbreitung von *Homo sapiens*

fester Unterkünfte erlaubte es dem Cro-Magnon-Menschen, sich auf das damalige kalte Klima in Europa einzustellen. Neue Datierungsmethoden legen nahe, dass *Homo sapiens* bereits früher in Europa eingewandert sein muss. Fossilfunde aus Süditalien wurden auf ein Alter von 43 000 bis 45 000 Jahren datiert. Der Zeitraum der Besiedlung Amerikas war bisher unklar. Neue Erkenntnisse deuten darauf hin, dass vor etwa 20 000 Jahren eine Einwanderungswelle über die Beringstraße von Asien nach Alaska erfolgte. Das Meer soll zu dieser Zeit nahezu eisfrei gewesen sein. Von Alaska zogen die Menschen weiter südwärts. Funde belegen, dass der Süden Chiles bereits vor 14 600 Jahren besiedelt war.

Homo floresiensis • Eine Überraschung erlebte eine australisch-indonesische Forschungsgruppe, als sie im Jahr 2004 auf der Insel Flores Skelettreste von Hominiden fand, die nur 106 cm groß waren. Das Gehirnvolumen betrug etwa 400 cm³. Aufgrund ihrer Größe wurden sie unter dem Namen „Hobbit" bekannt. Ihr wissenschaftlicher Name ist *Homo floresiensis*. Die Fossilien sind zwischen 95 000 und 12 000 Jahre alt. Man glaubte zunächst, eine Zwerg-

form des *Homo erectus* entdeckt zu haben, der zu dieser Zeit als längst ausgestorben galt. Eine eindeutige Erklärung für diese Hominidenart gibt es noch nicht. Da auf Flores auch Überreste des *Stegodons*, einer kleinwüchsigen Elefantenart, gefunden wurden, könnte die geringe Körpergröße mit dem begrenzten Nahrungsangebot auf der Insel zusammenhängen. Eine andere Annahme besagt, „Hobbit" stamme von einer frühen Menschenform ab, die schon vor *Homo ergaster* Afrika verlassen habe.

1 Beschreiben Sie die Ausbreitung von *Homo erectus*.

2 Ermitteln Sie mithilfe eines Atlas, innerhalb welcher Zeiträume die Frühmenschen die jeweiligen Siedlungsgebiete bei einer Ausbreitungsgeschwindigkeit von 1 km pro Jahr erreicht haben könnten.

3 Beschreiben Sie die multiregionale Hypothese und die Out-of-Africa-Hypothese.

4 Begründen Sie, weshalb die Daten des mt-DNA-Vergleichs die Out-of-Africa-Hypothese stützen.

Material

Material A Fossilienvergleich Neandertaler – moderner Mensch

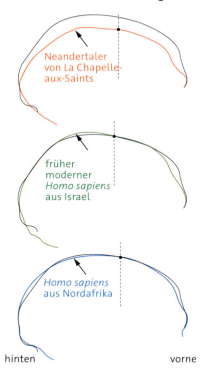

Die Frage, ob sich Neandertaler und *Homo sapiens* durchmischt haben, wird von den Paläoanthropologen kontrovers diskutiert.

Befürworter einer Durchmischung begründen ihre Hypothese unter anderem mit anatomischen Befunden:

In den Höhlen des Karmalgebirges in Israel fand man eindeutige fossile Belege dafür, dass in diesem Gebiet bereits vor 100 000 Jahren Neandertaler und anatomisch moderne Menschen nebeneinander lebten. Sie benutzten offenbar die gleichen Werkzeuge. Man fand bei Grabungen das Zungenbein eines Neandertalers, das von dem eines heute lebenden Menschen nicht zu unterscheiden ist.

In Lagar Velho in Portugal fand man ein 24 500 Jahre altes, anatomisch modernes Kinderskelett. Dieses Kind war jedoch stämmig und hatte kurze Unterschenkel wie der Neandertaler.

Im tschechischen Mladeč wurde ein Schädel gefunden, der von einigen Forschern als Mischform beider Menschengruppen angesehen wird. Um diese Hypothese zu überprüfen, verglich man ihn mit drei anderen Schädeln. Die schwarze Linie entspricht der Kontur des Mladeč-Schädels.

1 Nennen Sie die Argumente, die von den Anhängern einer Durchmischung beider Menschengruppen angeführt werden.

2 Vergleichen Sie die abgebildeten Schädel mit dem Mladeč-Schädel.

3 Beurteilen Sie anhand der genannten Beispiele, ob die Frage einer Durchmischung mithilfe fossiler Belege eindeutig beantwortet werden kann.

Material B Molekulare Uhr

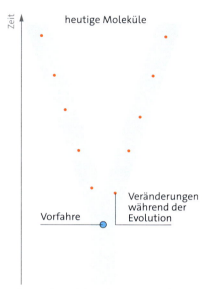

Jeder Punkt auf den Abstammungslinien kennzeichnet eine Sequenzveränderung.

Das Konzept der molekularen Uhr wurde entwickelt, um Aminosäuresequenzen von Proteinen zu vergleichen. Heute wendet man es bei der Analyse von DNA-Sequenzen an. Es basiert auf der Annahme einer konstanten Mutationsrate. Außerdem müssen die Mutationen selektionsneutral sein.

In den 1990er-Jahren entdeckte man, dass es nicht nur auf der mt-DNA, sondern auch auf dem Y-Chromosom selektionsneutrale Regionen gibt, die sogenannten Y-Polymorphismen. Auf dieser Basis wurden Männer aus mehreren Bevölkerungsgruppen aller Kontinente untersucht. Das Ergebnis zeigte, dass der männliche Urahn aller heutigen Menschen demnach vor 140 000 bis 40 000 Jahren gelebt hat. Die Fachleute halten es für am wahrscheinlichsten, dass er vor etwa 59 000 Jahren lebte und erst zu dieser Zeit aus Afrika auswanderte.

1 Begründen Sie, weshalb es für das Konzept der molekularen Uhr bedeutend ist, dass Mutationen gleichmäßig und nicht schubweise auftreten.

2 Begründen Sie, weshalb nur selektionsneutrale DNA-Regionen untersucht werden können.

3 Bewerten Sie die hier beschriebenen Ergebnisse im Vergleich zu den Befunden, die auf Seite 516 dargestellt sind.

4 Erläutern Sie an diesem Beispiel das Basiskonzept individuelle und evolutive Entwicklung.

Material C Stammbaummodelle

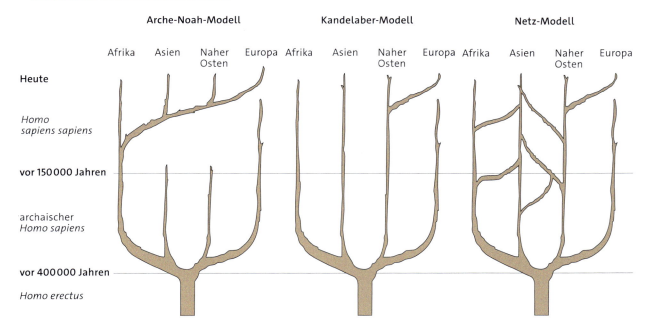

Mit dem Arche-Noah-Modell, dem Kandelaber-Modell und dem Netz-Modell werden drei konkurrierende Hypothesen zur Evolution des heutigen Menschen verbildlicht.

1 Beschreiben Sie die drei dargestellten Modelle.

2 Vergleichen Sie diese Modelle mit der Out-of-Africa-Hypothese und der multiregionalen Hypothese zur Entstehung des heutigen Menschen.

3 Bewerten Sie die drei Modelle anhand der Ihnen bekannten Befunde.

Material D Vergleich der mt-DNA

A	B	C
Neandertaler	1	0
Europäer	510	28,2
Afrikaner	478	27,1
Asiaten	498	27,7
Ureinwohner	167	27,4
Australier, Ozeanier	20	28,3

Die Tabelle zeigt die Ergebnisse eines mt-DNA-Vergleichs. Hierzu wurden 994 mt-DNA-Proben ausgewertet.

A Population

B Anzahl der getesteten Personen

C durchschnittliche Abweichung von der Neandertalersequenz

1 Beschreiben Sie den in der Tabelle dargestellten Sachverhalt.

2 Deuten Sie die Ergebnisse hinsichtlich einer möglichen Durchmischung von Neandertaler und *Homo sapiens* in Europa.

Material E Hypothesen zum Aussterben des Neandertalers

Seitdem zweifelsfrei feststeht, dass der moderne Mensch und der Neandertaler mehrere Tausend Jahre den gleichen Lebensraum bevölkerten, wurden unterschiedliche Hypothesen zum Aussterben des Neandertalers entwickelt. Eine Hypothese geht von der Überlegung aus, dass beide Menschenformen die gleiche ökologische Nische beanspruchten und *Homo sapiens* den Neandertaler durch Konkurrenzausschluss verdrängte.

1 Nennen Sie Argumente, die für beziehungsweise gegen diese Hypothese sprechen.

2 Bewerten Sie die Hypothese auf der Basis Ihrer Argumente.

Blickpunkt

Neandertaler und Denisova-Mensch

Die ältesten Funde des Neandertalers stammen aus der Zeit von vor ungefähr 200 000 Jahren, die jüngsten sind etwa 38 000 Jahre alt. Die Neandertaler lebten also über einen Zeitraum von mehr als 160 000 Jahren. Es ist immer noch nicht eindeutig geklärt, warum die Neandertaler verschwunden sind. Könnten die damaligen Klimaschwankungen eine Ursache dafür gewesen sein?

Heinrich-Events • In den 1980er-Jahren wurden bei Tiefseebohrungen im nördlichen Atlantik ungewöhnliche Ablagerungen entdeckt. Das Merkwürdige an diesen Sedimenten ist ihre Zusammensetzung. Sie enthalten vulkanisches Gestein und Kalkschalen von in Süßwasser vorkommenden Kleinstlebewesen. Aber wie gelangten die Überreste von Süßwasserlebewesen in den Atlantik?

Eine Erklärung liefert das damalige durch die Eiszeit geprägte Klima. Nordamerika war von einer mehrere Kilometer mächtigen Eisschicht bedeckt. In größeren zeitlichen Abständen brachen vom amerikanischen Festland viele gewaltige Eisberge ab, die mit dem Wind nach Osten abgetrieben wurden. Sie führten Bodenmaterial vom Festland mit, das während des langsamen Abschmelzens über dem Nordatlantik zum Meeresboden rieselte. Jedes dieser Ereignisse führte zu einer von insgesamt sieben Sedimentschichten. Die nach ihrem Entdecker als **Heinrich-Events** bezeichneten Ereignisse werden auf ein Alter von 69 000 bis 10 000 Jahren datiert.

Jedes Heinrich-Event führte zu einem Versiegen des atlantischen Golfstroms mit gravierenden Auswirkungen auf das Klima in Europa. In Grönland durchgeführte Eisbohrungen bestätigten, dass es während der Heinrich-Events nördlich der Alpen äußerst kalt wurde. Im Mittelmeergebiet breiteten sich aufgrund der Trockenheit Wüsten aus.

Nach aktuellen Messungen ereignete sich Heinrich-Event-4 vor ungefähr 38 000 Jahren. Diese Klimaveränderung hatte zur Folge, dass das europäische Festland nördlich der Alpen von Eis bedeckt war. Die Kälte und fehlende Nahrung hatten wahrscheinlich das Aussterben der Neandertalerpopulation zur Folge. Während sich Europa langsam wieder erwärmte, kam es nach dieser Theorie zur ersten Einwanderungswelle des *Homo sapiens*.

Analyse der Kern-DNA • Nachdem *Homo sapiens* nach Vorderasien und Europa eingewandert war, lebte er gemeinsam mit dem Neandertaler mehrere Jahrtausende im selben Lebensraum. Könnte es zu einer Durchmischung gekommen sein? Wenn dies der Fall war, müssten sich Ähnlichkeiten im Erbgut nachweisen lassen. Im Mai 2010 wurde das Ergebnis einer vierjährigen Forschungsarbeit veröffentlicht. Man hatte einen Großteil der Kern-DNA des Neandertalers sequenziert. Sie entstammte einigen 38 000 Jahre alten Knochenfunden aus Kroatien und war bereits in Stücke von durchschnittlich 50 Basenpaaren zerfallen. Ein Vergleich mit der DNA heutiger Menschen enthüllte, dass 1 % bis 4 % der Neandertaler-DNA mit der DNA von Europäern und Asiaten, nicht aber mit der DNA von Afrika-

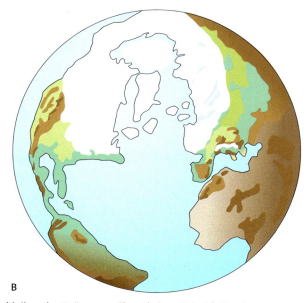

1 Meeresströmung: **A** Meeresströmung während der Eiszeit, **B** Ausbleiben der Strömung während eines Heinrich-Events

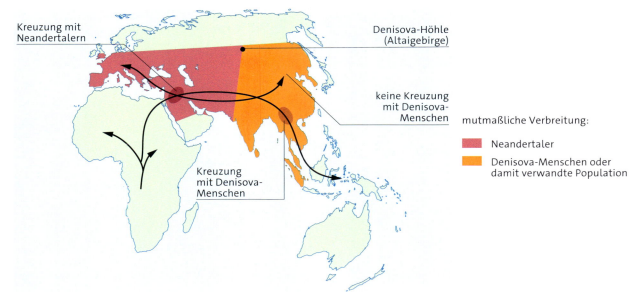

2 Verbreitungsgebiete von Neandertaler und Denisova-Mensch sowie Ausbreitung des *Homo sapiens*

nern identisch sind. Dies deutet darauf hin, dass vor etwa 50 000 bis 80 000 Jahren im Mittleren Osten ein Genfluss vom Neandertaler zu *Homo sapiens* erfolgt ist. Eine Durchmischung zwischen beiden Menschengruppen hat offensichtlich stattgefunden, bevor *Homo sapiens* Europa besiedelte.
Weitere in den letzten Jahren durchgeführte DNA-Untersuchungen führen zu der Annahme, dass es auch in Osteuropa und in Sibirien zu einem Genfluss zwischen Neandertaler und *Homo sapiens* gekommen sein muss.

Genfluss • Russische Forschende fanden im Zeitraum zwischen den Jahren 2000 und 2015 in der Denisova-Höhle im Altaigebirge in Sibirien mehrere Backenzähne und Knochenreste, die zwischen 130 000 und 40 000 Jahre alt waren. Die Analyse der Kern-DNA zeigte, dass es sich um Vormenschen handelte, die näher mit dem Neandertaler verwandt waren als mit *Homo sapiens*. Der Backenzahn hingegen ähnelt morphologisch eher denen des Homo erectus. Sie wurden nach der Höhle als **Denisova-Menschen** bezeichnet. Ein weiterer Knochen stammte von einem 13-jährigen Mädchen, deren Mutter eine Neandertalerin und deren Vater ein Denisova-Mensch war. Dies belegt, dass es einen Genfluss zwischen Neandertaler und Denisova-Mensch gegeben hat.

Nach genetischen Untersuchungen und dem Vergleich zwischen Neandertalern und Denisova-Menschen entschieden die Forschenden, den neuen Funden keinen Namen entsprechend den Nomenklatur-Regeln zu geben. Man spricht deshalb von einer Schwestergruppe der Neandertaler.

Anhand weiterer Erbgutvergleiche wurde festgestellt, dass die australischen Ureinwohner sowie Polynesier und Melanesier bis zu 6 % Denisova-Erbgut tragen, Europäer und Afrikaner dagegen nicht. Offensichtlich hat in Asien ein Genfluss vom Denisova-Menschen zum *Homo sapiens* stattgefunden. In der Wissenschaft wird derzeit diskutiert, welche Bedeutung der Genfluss zum *Homo sapiens* haben könnte. Im Jahr 2019 wurde der Fund eines rechten Unterkiefers und von mehreren Zähnen im Hochland von Tibet veröffentlicht. Diese etwa 160 000 Jahre alten Überreste stammen, so zeigten die Untersuchungen der Proteinstrukturen, von einem nahen Verwandten des Denisova-Menschen. Dieser Vormensch lebte demnach bereits im Hochland der Anden, bevor *Homo sapiens* sich dort ansiedelte. Zudem konnte man nachweisen, dass die Tibeter eine Denisova-Genvariante besitzen, die es ihnen erleichtert, in relativ großer Höhe zu leben, da sich ihr Blut in großer Höhe nicht so leicht verdickt.

Nach heutigen Erkenntnissen traf *Homo sapiens* in Europa und Asien auf drei Hominiden: auf den Neandertaler und den Denisova-Menschen sowie auf *Homo erectus*.

1 Begründen Sie, weshalb ein Heinrich-Event zu einer erheblichen Abkühlung auf dem europäischen Kontinent führte.

2 Erläutern Sie, welche Hinweise für und welche gegen eine Durchmischung von *Homo sapiens* und Neandertaler sprechen.

3.36 Evolution der Sozialsysteme

1 Gorillas

Das unterschiedliche Erscheinungsbild der Geschlechter war schon für Darwin ein Anlass, das Konzept der Selektion um das Prinzip der sexuellen Selektion zu erweitern. Er erkannte, dass bestimmte Individuen innerhalb einer Art einen größeren Fortpflanzungserfolg als andere haben. Aus Sicht des männlichen Gorillas, des Silberrückens, bedeutet dies, dass er seine Fitness maximiert, indem er stärker zum Genpool der nächsten Generation beiträgt als seine Konkurrenten. Wie aber kann ein einzelner Gorilla innerhalb einer Gruppe seinen Fortpflanzungserfolg optimieren?

Paarungsstrategien • Kennzeichnend für Hominoiden ist, dass die Weibchen nur wenige Jungtiere zur Welt bringen. Daraus ergeben sich für die Geschlechter unterschiedliche Strategien zur Erhöhung ihrer jeweiligen Fitness. So steigert sich der individuelle Fortpflanzungserfolg der Männchen mit der Anzahl der Paarungspartnerinnen. Demgegenüber verringern Schwangerschaft und Säugen die Reproduktionsrate der Weibchen. Sie erhöhen ihre Fitness, indem sie mehr Energie in die Aufzucht der Jungtiere investieren. Sie verfolgen eine **Paarungsstrategie**.

Polygynie • Bei Gorillas lebt ein dominantes Männchen, der Silberrücken, mit mehreren Weibchen in einer Gruppe. Ein Paarungssystem, in dem sich ein Männchen mit mehreren Weibchen paart, die Weibchen aber nur mit einem Männchen, nennt man **Polygynie**. Einige junge erwachsene Männchen werden in der Gruppe toleriert, dürfen sich aber nicht fortpflanzen. Gorillas leben vegetarisch und von wenig gehaltvoller Nahrung wie Blättern, Wurzeln, Sprossen, Rinde und Mark. Sie gehen gemeinsam auf Nahrungssuche und legen dabei nur kurze Wege zurück. Daher kann der Silberrücken die Weibchen problemlos kontrollieren beziehungsweise monopolisieren. Er muss seinen Harem jedoch gegenüber anderen erwachsenen Gorillas verteidigen. Gewinnt der Herausforderer einen solchen Kampf, übernimmt er den Harem und tötet alle Jungtiere. Dieses als Infantizid bezeichnete Verhalten hat zur Folge, dass die betroffenen Weibchen schneller wieder empfängnisbereit sind. So erhöht das dominante Männchen seine reproduktive Fitness. Der besonders große **Sexualdimorphismus** ist demzufolge auf die **intrasexuelle Konkurrenz** der Männchen zurückzuführen.

Ein weiteres Beispiel für ein polygynes Paarungssystem ist der Orang-Utan. Die Weibchen leben als Einzelgänger und beanspruchen jeweils einen eigenen Nahrungsraum für sich und ihren Nachwuchs. Orang-Utans leben von energetisch hochwertiger Nahrung mit einem hohen Anteil an Früchten. Erwachsene Männchen kontrollieren große Bezirke,

Vielfalt des Lebens • Evolution der Sozialsysteme

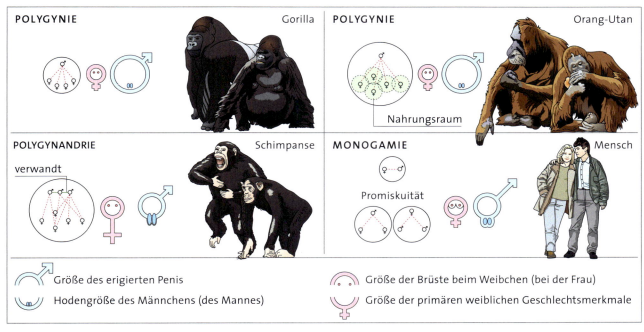

2 Paarungssysteme

die sich mit den Gebieten der Weibchen überlappen. Gegenüber anderen Männchen, die die Bezirksgrenzen verletzen, verhalten sich Orang-Utan-Männchen aggressiv. Der Sexualdimorphismus ist ähnlich wie bei den Gorillas deutlich ausgeprägt.

Polygynandrie • Schimpansen leben in größeren Gruppen mit vielen Männchen und Weibchen. Sie ernähren sich von energetisch hochwertiger Nahrung wie Früchten, Nüssen, Samen, Ameisen und Termiten, jagen aber auch kleinere Affen und andere Säugetiere. Aufgrund ihrer Ernährungsweise beanspruchen Schimpansen ein großes Revier. Die Männchen kooperieren bei der Jagd und bei der Verteidigung ihres Reviers.

Sowohl die Männchen als auch die Weibchen haben Kontakte zu mehreren Sexualpartnern. Man bezeichnet dieses Paarungssystem als **Polygynandrie**. Die Männchen innerhalb einer Gruppe rivalisieren um den Zugang zu den Weibchen. Da der Selektionsdruck auf das einzelne Schimpansenmännchen jedoch geringer als bei den Gorillas ist, beobachtet man nur einen moderaten Sexualdimorphismus. Schimpansenweibchen paaren sich innerhalb kurzer Zeit mit mehreren Männchen. Unter den Schimpansenmännchen besteht daher eine Konkurrenz um die Befruchtung der Eizellen. Ein Männchen kann seinen Fortpflanzungserfolg infolgedessen nur dadurch steigern, dass es häufiger als andere kopuliert und besonders viele Spermienzellen produziert. Damit entsteht eine **Spermienkonkurrenz**, die die Selektion zu besonders großen Hoden bewirkt.

Genanalysen im westafrikanischen Tai-Regenwald zeigten, dass die Jungtiere nicht unbedingt von den Männchen der eigenen Schimpansengruppe abstammen, sondern auch von Vätern aus Nachbargruppen. Aufgrund dieses Verhaltens der Weibchen werden negative genetische Folgen aufgrund von Inzucht vermieden.

griech. aner, andros = Mann

	Körpermasse	Größe des unteren Eckzahns	Körpergröße[1]	Schädel[2]
Mensch	118	105,0	111,0	118,0
Schimpanse	119	123,3	104,9	108,7
Gorilla	200	138,0	120,9	123,8
Orang-Utan	237	126,6	115,0	117,0

Werte des Männchens (des Mannes) in % bezogen auf das Weibchen (die Frau)
[1] relatives Maß: Länge des Oberschenkels, [2] relatives Maß: Höhe des Unterkiefers

3 Sexualdimorphismus bei Menschenaffen und Mensch

	Schädel[1]	Körpermasse	unterer Eckzahn
Homo erectus	119	110	114
Australopithecus africanus	119	136	117
Australopithecus afarensis	118	155	127

Werte des Männchens (des Mannes) in % bezogen auf das Weibchen (die Frau)
[1] relatives Maß: Höhe des Unterkiefers

1 Sexualdimorphismus bei Hominiden

Monogamie • Gibbons leben **monogam** in beständigen Zweierbeziehungen und beanspruchen ein kleines Territorium. Da es keine ausgeprägten Kämpfe um die Weibchen gibt, ist der Sexualdimorphismus gering. Das Revier wird von beiden Geschlechtern verteidigt. Gibbons fressen energetisch hochwertige Nahrung wie Früchte, Blüten, Insekten und Eier. Die Männchen helfen bei der Aufzucht der Jungtiere.

Sozialsysteme der Hominiden • Aus dem Vergleich mit den Sozialstrukturen rezenter Menschenaffen lassen sich begründete Hypothesen über die Sozialsysteme der Vormenschen entwickeln. Das Gebiss von *Australopithecus afarensis* deutet darauf hin, dass er Früchte, härtere Samen und Nüsse bevorzugte. Da er in einer offenen Savannenlandschaft lebte, musste er seine weit verstreute Nahrung in einem großen Gebiet suchen. Die Weibchen gingen wahrscheinlich einzeln oder in Kleingruppen auf Nahrungssuche. Der große Sexualdimorphismus weist zunächst auf ein polygynes Paarungssystem hin. Aufgrund der Größe des beanspruchten Territoriums kann ein einzelnes Männchen jedoch kaum in der Lage gewesen sein, eine Gruppe von Weibchen zu monopolisieren und zu verteidigen. Eine Kooperation unter den Männchen gilt daher als wahrscheinlich. *Australopithecus afarensis* könnte in einer Gruppe mit mehreren Männchen und mehreren Weibchen in einem polygynandrischen Paarungssystem gelebt haben. Richard Leakey fand eine weitergehende Erklärung, die sowohl den großen Sexualdimorphismus als auch die Nahrungsstrategie einbezieht. Demnach lebten die frühen Australopithecinen in einem Sozialsystem ähnlich dem der Paviane. Innerhalb einer größeren Viel-Männchen-viel-Weibchen-Gruppe könnten polygyne Substrukturen erhalten geblieben sein.

Ein zusammenfassendes Modell der sozialen Evolution des Menschen bezieht das Verhalten der heutigen Menschen in die Überlegungen ein. Ursprünglich herrschte ein polygynes Paarungssystem vor, ähnlich dem des Gorillas. Heranwachsende Männchen hatten in solchen Gruppen nur die Alternative, den Harem zu verlassen oder durch heimliche Kopulation zum Fortpflanzungserfolg zu gelangen. Im Verlauf der stammesgeschichtlichen Entwicklung zu *Homo erectus* ist ein deutlich abnehmender Sexualdimorphismus zu beobachten. Dies ist ein Beleg für eine abnehmende Konkurrenz der männlichen Vormenschen hin zu Kooperation und Allianzbildung sowie die Entwicklung eines polygynandrischen Paarungsverhaltens. Auch die vergleichsweise großen Hoden des modernen Menschen stützen diese Hypothese. Für die Weibchen in der Gruppe ergab sich der Vorteil der Partnerwahlmöglichkeit. Dabei wurden Männchen bevorzugt, die durch Mithilfe bei der Nahrungsbeschaffung und der Aufzucht der Jungtiere zur Fitnessmaximierung beitrugen. Diese Auswahl führte zu einer **intersexuellen Selektion**. Sie könnte neben einem zunehmend komplexen und flexiblen Sozialsystem eine besondere Bedeutung für die Gehirnentwicklung der Hominiden gehabt haben. Denn nun bedeuteten kognitive Fähigkeiten einen Selektionsvorteil. Auch dominante Männchen profitierten von den neuen Strukturen, da man bei der Revierverteidigung kooperieren konnte.

1 Beschreiben Sie die Paarungssysteme der Menschenaffen.

2 Vergleichen Sie die unterschiedlichen Strategien zur Erhöhung der Fitness bei weiblichen und männlichen Hominoiden.

3 Begründen Sie, weshalb Gorillas keiner Spermienkonkurrenz ausgesetzt sind.

4 Stellen Sie anhand der Daten in Abbildung 4 eine Hypothese zum Sozialsystem von *Australopithecus africanus* auf.

5 Das Paarungssystem von *Homo sapiens* wird nicht als streng monogam, sondern als gemäßigt polygyn bezeichnet. Begründen Sie diese Aussage.

Material

Vielfalt des Lebens • Evolution der Sozialsysteme

Material A Gibbon und Pavian

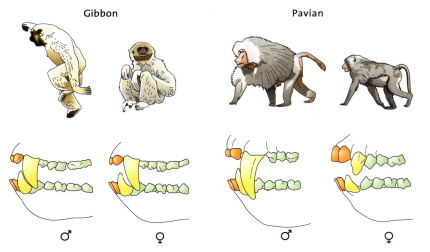

1. Vergleichen Sie den Sexualdimorphismus der beiden Arten Gibbon und Pavian.
2. Entwickeln Sie aus dem dargestellten Sexualdimorphismus des Pavians eine Hypothese zum Paarungssystem.
3. Erläutern Sie an diesem Beispiel das Basiskonzept individuelle und evolutive Entwicklung.

Material B Entwicklung der Paarungssysteme bei Menschenaffen

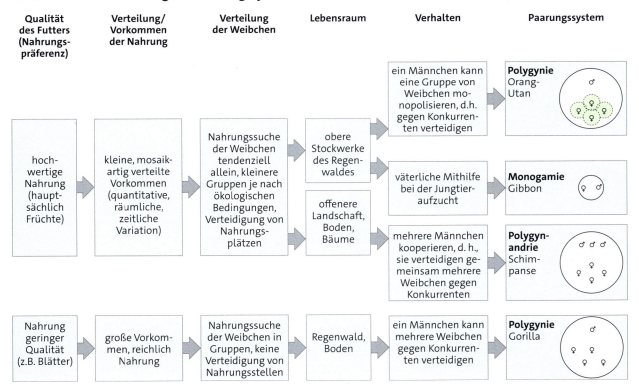

1. Beschreiben und erläutern Sie die Entwicklung der Paarungssysteme bei Menschenaffen.
2. Erklären Sie die besondere Bedeutung des Weibchens bei der Entwicklung der Paarungssysteme.
3. Die Hypothesen zu den Paarungssystemen der frühen Menschen basieren auf den Beobachtungen bei rezenten Menschenaffen. Bewerten Sie diese Vorgehensweise.

3.37 Evolution der Kultur

1 Höhlenmalerei in der Grotte Chauvet

Im Tal der Ardèche in Südfrankreich wurde im Jahr 1994 eine Höhle entdeckt, deren Wandmalereien sofort das wissenschaftliche Interesse weckten. Die abgebildete Pferdedarstellung ist eine von mehr als 500 Zeichnungen aus dieser Höhle. Mithilfe der Radiokarbonmethode wurden die ältesten Bilder auf etwa 33 000 Jahre datiert. Sie sind somit doppelt so alt wie die bekannten Höhlenmalereien von Lascaux und damit die ältesten Höhlenmalereien weltweit. Welche Beweggründe könnten steinzeitliche Menschen gehabt haben, die Wände mit solchen Darstellungen auszuschmücken?

Neolithikum
= Jungsteinzeit

griech. mythos
= Legendenbildung

Höhlenmalerei • Prähistorische Malereien zeigen häufig Tierdarstellungen und Jagdszenen. Man nimmt an, dass die Abbildungen einen praktischen Nutzen für die Menschen hatten. So könnten Jagdtechniken und Wanderrouten festgehalten worden sein. Außerdem wird vermutet, dass die Tierdarstellungen eine mythologische Bedeutung hatten. Sie befinden sich zudem in tief gelegenen, nur schwer zugänglichen Bereichen der Höhle. Das deutet darauf hin, dass die Malereien vor anderen Menschengruppen verborgen bleiben sollten. Die zugrunde liegende Fähigkeit zum abstrakten und symbolischen Denken bedeutete einen enormen Entwicklungssprung in der Evolution des *Homo sapiens*. Man spricht deshalb von einer kreativen Explosion, die vor ungefähr 40 000 Jahren begann. Auch die Bestattungsrituale der Neandertaler waren komplexe kulturelle Leistungen. Blüten und Schmuck als Grabbeigaben lassen die Annahme zu, dass dabei bereits religiöse Rituale angewendet wurden.

Neolithische Revolution • Vor ungefähr 10 000 Jahren erfolgte im Vorderen Orient in einem Gebiet zwischen dem Mittelmeer und dem Persischen Golf, das als Fruchtbarer Halbmond bezeichnet wird, der Übergang von einer nomadischen zu einer sesshaften Lebensweise. Diese von Ackerbau und Viehzucht geprägte Lebensform breitete sich bald nach Europa und Südostasien aus. Ähnliche Strukturen entstanden unabhängig davon vor ungefähr 8500 Jahren in Süd- und Mittelamerika. Diese Neolithische Revolution führte zur Entstehung der ersten Hochkulturen mit eigener Gesetzgebung, Kunst, Religion und Wissenschaft.

Ein weiterer Schub für die kulturelle Evolution war die Erfindung der Schrift. Vor 5000 Jahren entwickelten die Sumerer in Mesopotamien und die Ägypter unabhängig voneinander erste Schriftformen. Das heißt, die bisher gebräuchliche Bildsprache wich einer „geschriebenen Sprache". Kulturtechniken

2 Tontafel mit Keilschrift aus Mesopotamien

3 Badekultur bei Makaken

konnten nun schriftlich überliefert und gespeichert werden.

Der Kulturbegriff • Bis weit ins 20. Jahrhundert galt die Auffassung, Kultur sei ein komplexes Phänomen von Sitte, Moral, Kunst und Recht, das der menschlichen Gesellschaft vorbehalten sei. In der modernen Biologie versteht man unter Kultur die Weitergabe von Erkenntnissen und Verhaltensweisen, die nicht genetisch festgelegt sind. Voraussetzung ist ein zentrales Nervensystem, das diese Informationen speichern kann.

Nach dieser Definition zeigen auch Tiere kulturelle Leistungen. Ein Beispiel hierfür ist eine Gruppe von Japanmakaken, die in der Nähe heißer Quellen lebt. In den 1960er-Jahren ahmte ein Affenweibchen menschliche Badegäste nach, die ins heiße Wasser stiegen. Die Experimentierfreudigkeit dieses Weibchens veränderte das Leben des ganzen Clans. Alle Tiere dieser Gruppe wärmen sich seitdem im Winter in den heißen Quellen. Andere Makakengruppen zeigen dieses Verhalten nicht.

Gehirngröße und Nahrung • Buckelwale umzingeln Fischschwärme, indem sie sie mit einem Netz aus Luftblasen zusammentreiben. Nachdem ein Buckelwal die Fische zusätzlich irritierte, indem er mit der Fluke auf die Wasseroberfläche schlug, nutzte ein Teil der Buckelwalpopulation diese neue Jagdtechnik ebenfalls.

Die vielen Studien zu Kulturtechniken bei unterschiedlichen Tierarten verdeutlichen, dass Artenschutz über die rein genetische Vielfalt hinausgehen sollte – auch die kulturelle Vielfalt gilt es zu bewahren. Die kulturelle Evolution des Menschen steht im engen Zusammenhang mit der Leistungsfähigkeit des Gehirns. Das Gehirn entspricht mit einer Masse von ungefähr 1350 g etwa 2 % der Gesamtmasse des Menschen. Es benötigt aber 20 % des gesamten Energiebedarfs des Körpers. Dies bedeutet insbesondere bei Nahrungsmangel einen Nachteil. Damit stellt sich die Frage, welche Selektionsvorteile in der Evolution zur Entwicklung des verhältnismäßig großen Gehirns führten.

Ein Vergleich zweier in Mittelamerika beheimateten Affenarten liefert Hinweise zur Bedeutung der Ernährung für die Gehirnentwicklung. Mantelbrüllaffen leben von anspruchsloser, jederzeit verfügbarer Nahrung. Geoffroy-Klammeraffen suchen anspruchsvolle, leicht verdauliche Nahrung. Da die Nahrung teilweise schwer zugänglich ist und die Früchte zu unterschiedlichen Zeiten reifen, benötigen die Tiere eine mentale Landkarte, in der räumliche und zeitliche Vorstellungen abgespeichert werden. Man kann deshalb gut begründen, dass die Gehirnmasse der Klammeraffen bei gleicher Körpermasse etwa doppelt so groß ist wie die der Brüllaffen.

1 Beschreiben Sie die wesentlichen Schritte der kulturellen Evolution des Menschen.

1 Gene und Evolution der Kultur

Gruppengröße • Die ökologischen Bedingungen in der Savanne stellten die frühen Hominiden vor ähnliche Herausforderungen. Auch sie mussten ihre Nahrung in einem großen Territorium beschaffen. Während Australopithecinen sich ausschließlich herbivor ernährten, lebte *Homo habilis* auch von tierischer Nahrung. Sie ist energiereicher und leichter verdaulich als pflanzliche Kost. Die Länge des Darms, der von allen Organen mit Ausnahme des Gehirns die meiste Energie benötigt, reduzierte sich. Energiereiche Kost und kürzerer Darm sind beides Faktoren, die die Vergrößerung des Gehirns begünstigten.

Homo habilis lebte in größeren sozialen Verbänden. Die Fitness eines einzelnen Gruppenmitglieds war davon abhängig, ob es in der Lage war, ausreichend Nahrung für seine Nachkommen zu beschaffen. Eine höhere Intelligenz erleichterte die Nahrungssuche und bedeutete somit einen evolutionären Vorteil gegenüber den Artgenossen. Außerdem stellte das Leben in der Gruppe hohe Anforderungen an die soziale Kompetenz. Für das Überleben war es wichtig, verschiedene Fakten zu einzelnen Mitgliedern speichern und deren Bedeutung richtig einschätzen zu können. Derartige Denkleistungen werden von einem bestimmten Areal der Großhirnrinde, dem Neocortex, gesteuert. Ein Vergleich rezenter Primaten zeigt, dass Tiere, die in größeren Gruppen leben, einen größeren Neocortex aufweisen.

Sprache • Die Vergrößerung der Großhirnrinde war eine Voraussetzung für die Entwicklung der Sprache. *Homo habilis* verfügte bereits über die für die Sprachverarbeitung notwendigen Hirnregionen, die als **Broca-** und als **Wernicke-Areal** bezeichnet werden. Doch zusätzlich bedurfte es einer besonderen Koordination der Mund- und Gesichtsmuskeln. Im Jahr 1988 entdeckte man das *FOXP$_2$*-Gen, das dieses Merkmal codiert. Zwei Mutationen innerhalb dieses Gens haben zur Folge, dass sich Mensch und Schimpanse in nur zwei Aminosäuren des resultierenden Proteins unterscheiden. Auch beim Neandertaler wurden die der Sprache zugrunde liegenden FOXP$_2$-Mutationen nachgewiesen. Sie sind wahrscheinlich mehr als 500 000 Jahre alt und führten dazu, dass Gebärden von Lautfolgen abgelöst wurden. Man konnte kommunizieren, ohne sich zu sehen.

In den letzten Jahren gelang es, weitere DNA-Sequenzen zu bestimmen, die für die Gehirnentwicklung des Menschen bedeutsam sind. Eine andere spezifische DNA-Sequenz fördert im Verlauf der Embryonalentwicklung Genaktivitäten zur Steuerung von Daumen und Handgelenk. Vergleiche mit der Schimpansen-DNA zeigten, dass diese Genabschnitte auch erst nach der Trennung vom Schimpansen in der Abstammungslinie der Hominiden mutierten. Einige bedeutsame Mutationen sind somit die Voraussetzung für die geistige und kulturelle Evolution der Hominiden.

1 Nennen Sie die Faktoren, die eine Selektion zur Vergrößerung des Gehirnvolumens der Hominiden begünstigten.

2 Erläutern Sie die der kulturellen Evolution zugrunde liegenden genetischen Veränderungen.

Material A Kulturtechniken von Menschenaffen

Im Nouabalé-Ndoki-Nationalpark im Norden des Kongo beobachteten Forschende ein Gorillaweibchen. Es versuchte, durch einen Teich zu waten, sank jedoch nach nur wenigen Schritten tief ein. Daraufhin kletterte es aus dem Wasser, holte sich einen langen Stock und prüfte damit die Wassertiefe an einer anderen Stelle. Anschließend nutzte es den Stock als Gehhilfe.

Schon seit Längerem ist bekannt, dass Schimpansen Stöcke zum Angeln von Termiten nutzen. In Zentralafrika beobachtete man eine Gruppe von Tieren, die die Stöcke an einem Ende pinselartig ausfransten, um damit die Termiten noch wirksamer aufzunehmen.

An der Elfenbeinküste beobachtete man Schimpansen, die Werkzeuge benutzten, um hartschalige Nüsse zu knacken. Hierbei dienten Baumwurzeln oder größere Steine als Amboss und andere Steine als Hammer. Jungtiere benötigen mehrere Jahre, um diese Technik zu erlernen.

An gleicher Stelle entdeckten Forscher 4300 Jahre alte einfache Steinwerkzeuge, die wahrscheinlich von Schimpansen benutzt wurden.

Die entsprechende Technik wurde demnach über 200 Generationen weitergegeben.

1 Erläutern Sie anhand der dargestellten Beispiele den biologischen Kulturbegriff.

2 Erklären Sie, weshalb die unterschiedlichen Gebräuche verschiedener Menschenaffenpopulationen lokal begrenzt sind.

3 Bewerten Sie die Auffassung, dass der Kulturbegriff nur auf den Menschen anzuwenden sei.

Material B Mem-Theorie

Die biologische Evolution basiert darauf, dass Informationen über das Erbmaterial, die Gene, an die direkten Nachkommen weitergegeben werden. Einer in den 1970er-Jahren entwickelten Theorie zufolge werden kulturelle Informationen in Analogie hierzu als **Meme** bezeichnet. Meme können sowohl horizontal an andere Mitglieder der Gruppe weitergegeben werden als auch vertikal, also von einer Generation an die folgende. In der modernen Welt dominiert die horizontale Memweitergabe (Freunde, Schule, Fernsehen, Internet). Es können symbiotische, schwierige und parasitäre Meme unterschieden werden: Symbiotische Meme (Verwendung der Muttersprache oder Radfahren) sind gängige Verhaltensmuster, die für ihre Befolger vorteilhaft sind und sich leicht verbreiten.
Schwierige Meme (Fremdsprachengebrauch, Klavierspielen) sind Verhaltensmuster, die ebenfalls ihren Befolgern nützen, sich aber wegen des mit ihnen verbundenen Lernaufwands nur selten und langsam verbreiten.
Parasitäre Meme (intensives Sonnen, Drogen) sind nachteilig für ihre Befolger, verbreiten sich aber dennoch sehr erfolgreich.

1 Nennen Sie weitere Beispiele für symbiotische, schwierige und parasitäre Meme.

2 Vergleichen Sie die kulturelle Evolution mit der biologischen Evolution.

3 Nehmen Sie Stellung zu der Aussage: „Die Fortpflanzungsinteressen der Gene geraten in Konflikt mit denen der Meme."

Es gibt keine menschlichen Rassen

1 Eine Welt

Begriffe der Rassentheorie • Die Herkunft des Rassenbegriffs ist unklar. Er wurde wahrscheinlich schon im Mittelalter verwendet. Im 16. Jahrhundert nutzten ihn Adlige, um auf ihre edle Herkunft hinzuweisen. 1684 verwendete der Naturforscher François Bernier den Rassenbegriff in einem neuen Zusammenhang. Er schlug vor, die Menschen nach körperlichen Merkmalen zu ordnen. Carl von Linné ging später von drei „Urtypen" menschlicher Rassen aus. Der französische Schriftsteller Arthur de Gobineau veröffentlichte in den Jahren 1852 bis 1854 vier Bände über die „Ungleichheit der Menschenrassen". Darin hieß es, die Eigenschaften der Rassen seien verantwortlich für ihre kulturelle Entwicklung. Eine Vermischung der Rassen führe zu ihrem Niedergang.

Nachdem Charles Darwin seine Evolutionstheorie veröffentlicht hatte, übertrugen verschiedene Autoren seine Ausführungen auf die menschliche Gesellschaft und begründeten damit den **Sozialdarwinismus.** Sie nahmen an, auch kulturelle und soziale Veränderungen seien durch natürliche Selektion bedingt. Darwin selbst lehnte diese Übertragung ausdrücklich ab. Sein Vetter Francis Galton hingegen prägte im Jahr 1883 den Begriff der **Eugenik** oder **Erbhygiene.** Er behauptete, negative Einflüsse auf das Erbgut innerhalb einer Rasse sollten unterbunden werden. Dazu gehöre auch, die Fortpflanzung erbkranker Menschen zu verhindern. Diese Geisteshaltung hatte zur Folge, dass in vielen Ländern Europas bis Mitte des 20. Jahrhunderts behinderte Menschen zwangssterilisiert wurden.

Viele Biologen und Mediziner unterstützten damals in Deutschland die Rassentheorie und die Eugenik. So schrieb Ernst Haeckel zu diesem Thema: „Die Menschen werden in Rassen unterteilt. Im Allgemeinen sind die kraushaarigen und schwarzen Menschen auf einer viel tieferen Entwicklungsstufe stehen geblieben und den Affen viel näher als die glatthaarigen und weißen Menschen."

Anwendung im Nationalsozialismus • Im Jahr 1905 gründete der Mediziner Alfred Ploetz die Gesellschaft für Rassenhygiene. Diese Gesellschaft beriet später die Nationalsozialisten und nahm Einfluss auf deren Gesetzgebung.

In der NS-Zeit mündete diese Ideologie in der Judenverfolgung und wurde sogar zum Unterrichtsinhalt. In einem Biologiebuch für das 8. Schuljahr hieß es: „Das Judentum bedeutet nicht nur eine politische Gefahr, sondern in erhöhtem Grade auch eine Gefahr für das Erbgut unseres Volkes. Rassenmischung mit dem jüdisch-parasitären Rassengemenge ist besonders verderblich." Mit diesen Worten wurde ein Buchkapitel eingeleitet, das eines der Nürnberger Rassengesetze von 1935 erklärte: „Das Gesetz des Deutschen Blutes und der Deutschen Ehre". Das NS-Regime rechtfertigte hiermit später seine Massenmorde.

Ansätze gegen Rassismus • Im Jahr 1950 veröffentlichte die UNESCO eine Erklärung, nach der Menschenrassen nur durch physische und physiologische Unterschiede gekennzeichnet sind. Es gibt keine Belege für Unterschiede geistiger Eigenschaften wie Intelligenz und für rassisch bedingte kulturelle Besonderheiten. Dennoch wurde in den Südstaaten der USA die Rassentrennung bis in die 1960er-Jahre aufrechterhalten, in Südafrika sogar bis 1990.

Im Artikel 3 des Grundgesetzes der Bundesrepublik Deutschland steht hierzu: „Niemand darf wegen seines Geschlechtes, seiner Abstammung, seiner Rasse, seiner Sprache, seiner Heimat und Herkunft, seines Glaubens, seiner religiösen oder politischen Anschauungen benachteiligt oder bevorzugt werden. Niemand darf wegen seiner Behinderung benachteiligt werden."

Molekulargenetik • In der Biologie war es bis heute nicht möglich, verschiedenen „Menschenrassen" eindeutige Unterscheidungsmerkmale zuzuordnen. Molekulargenetische Analysen zeigten, dass die genetischen Unterschiede zwischen verschiedenen Populationen sogar geringer sind als innerhalb einer Population. Aufgrund dieser Erkenntnisse erklärte die UNESCO im Jahr 1995, dass die Anwendung des Rassenbegriffs auf den Menschen wissenschaftlich nicht haltbar sei. Weitere Untersuchungen, die im Jahr 2008 veröffentlicht wurden, bestätigen diesen Sachverhalt. Es konnte nachgewiesen werden, dass es auf der DNA Bereiche gibt, in denen sich einzelne

Vielfalt des Lebens • Evolution der Kultur

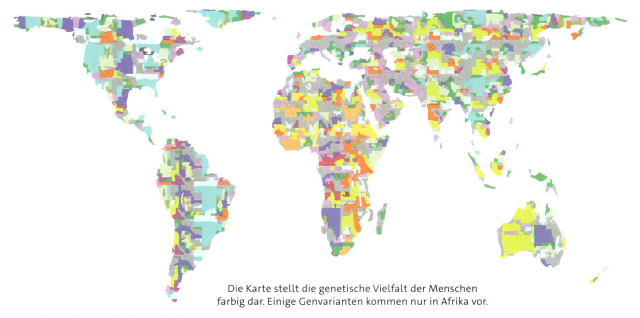

Die Karte stellt die genetische Vielfalt der Menschen farbig dar. Einige Genvarianten kommen nur in Afrika vor.

2 Weltkarte der genetischen Vielfalt

Nucleotide häufiger unterscheiden. Die Genetik bezeichnet diese Varianten als single nucleotide polymorphisms, die SNPs. Man analysierte das Genom von mehr als tausend menschlichen Zelllinien aus 51 Populationen im Hinblick auf den Austausch dieser einzelnen Nucleotide. Anhand der ermittelten genetischen Unterschiede wurden die Verwandtschaftsbeziehungen verschiedener Bevölkerungsgruppen bestimmt. Je größer die Anzahl der übereinstimmenden Nucleotide ist, umso näher sind die Populationen miteinander verwandt. Die Wissenschaft stellte fest, dass eine scharfe räumliche Abgrenzung einzelner Populationen nicht möglich ist. Man beobachtet lediglich geografische Gradienten, also sehr feine Abstufungen in den Genomen von Menschen verschiedener Regionen. Rassen gibt es nicht.

Die Ergebnisse bestätigen außerdem die Verbreitungswege der frühen Menschen nach der Out-of-Africa-Hypothese. Wenn eine Menschengruppe ihre Heimat verlässt, nimmt sie in ihrem Genpool nur einen kleinen Teil des ursprünglichen genetischen Materials mit. Die größte Variabilität verbleibt in der Stammgruppe. So erklärt sich, dass in Afrika die genetische Vielfalt am größten ist. Da Amerika der letzte Kontinent war, der von einer ursprünglich relativ kleinen *Homo-sapiens*-Gruppe besiedelt wurde, weist dessen Urbevölkerung die geringsten genetischen Unterschiede auf.

Hautfarbe • Ein wichtiges Kriterium der Rassentheorie war die Hautfarbe. Aber welche Bedeutung hat die Hautfarbe in die Evolution des Menschen?

Die Wissenschaft nimmt an, dass die dunkle Hautfarbe bei den frühen Menschen entstand, nachdem sie ihre dichte Körperbehaarung verloren hatten. Die Pigmentierung der Haut durch Melanin schützt vor der UV-Strahlung des Sonnenlichts und verringert das Hautkrebsrisiko. Sie verhindert die Pigmentierung den Abbau der zu den B-Vitaminen gehörenden lichtempfindlichen Folsäure in der Haut. Folsäure wird bei der Zellteilung zur Synthese neuer DNA benötigt. Ein Mangel an Folsäure führt zu Unfruchtbarkeit und Missbildungen.

Im Jahr 2005 entdeckte die Wissenschaft zwei Varianten eines für die Pigmentsynthese wichtigen Enzyms, die sich nur geringfügig unterscheiden. Bei hellhäutigen Menschen enthält es an Position 111 die Aminosäure Threonin statt Alanin. Die Wirkung des Enzyms ist hierdurch stark herabgesetzt.

Die zugrunde liegende Mutation trat wahrscheinlich erst vor 6000 bis 5300 Jahren in Europa auf. Unser direkter Vorfahre, der Cro-Magnon-Mensch, war also dunkelhäutig.

Rassisten nutzen auch heute noch Hautfarben, um Menschen in vermeintliche „Rassen" einzuteilen und zu diskriminieren. Tatsächlich gibt es keine menschlichen Rassen.

1 Beurteilen Sie die Formulierung des Artikels 3 im Grundgesetz der Bundesrepublik Deutschland aus damaliger und aus heutiger Sicht.

2 Erklären Sie, weshalb die geringe Pigmentierung in Europa einen evolutionären Vorteil bedeutete.

3.38 Das System der Lebewesen

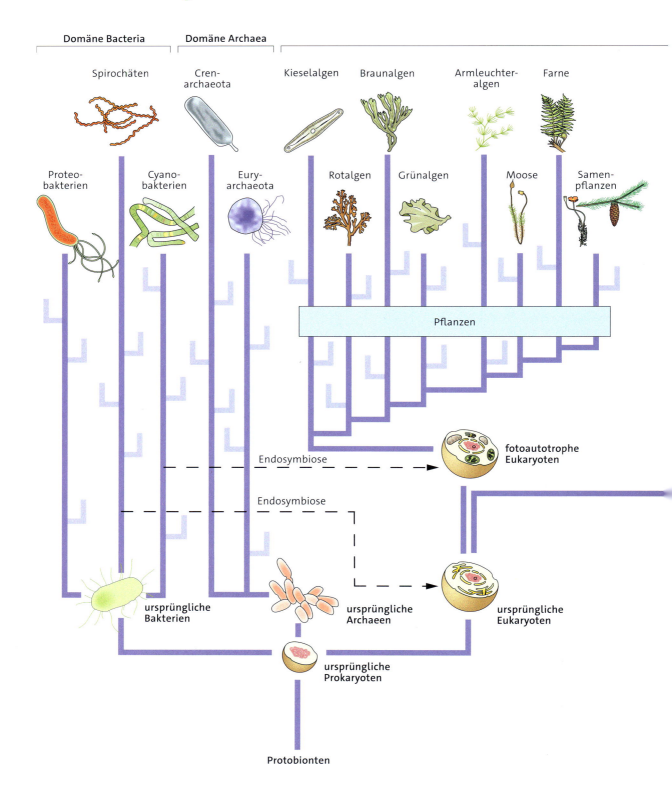

Vielfalt des Lebens • Das System der Lebewesen

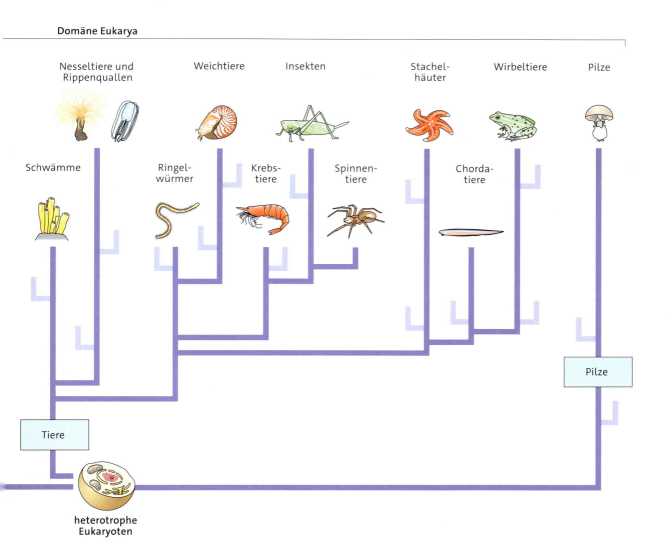

Auf einen Blick

Genetik und Evolution

Genetik
- Grundlagen der Genetik
- Biotechnologie

Evolution
- Evolutionsfaktoren
- Evolutionsmechanismen
- Evolutionstheorien
- Evolution des Menschen

Vielfalt des Lebens

- Proteinbiosynthese
- Mutationen
- Genregulation
- Künstliche DNA Rekombination
- PCR und Sequenzierung
- Klonierung
- Stammbäume
- Therapien
- Genpool
- Variabilität
- Natürliche Selektion
- Artbildung
- Synthetische Theorie der Evoution
- Vergleich mit Schöpfungsglaube
- Hominide
- Kultur und Sozialsysteme

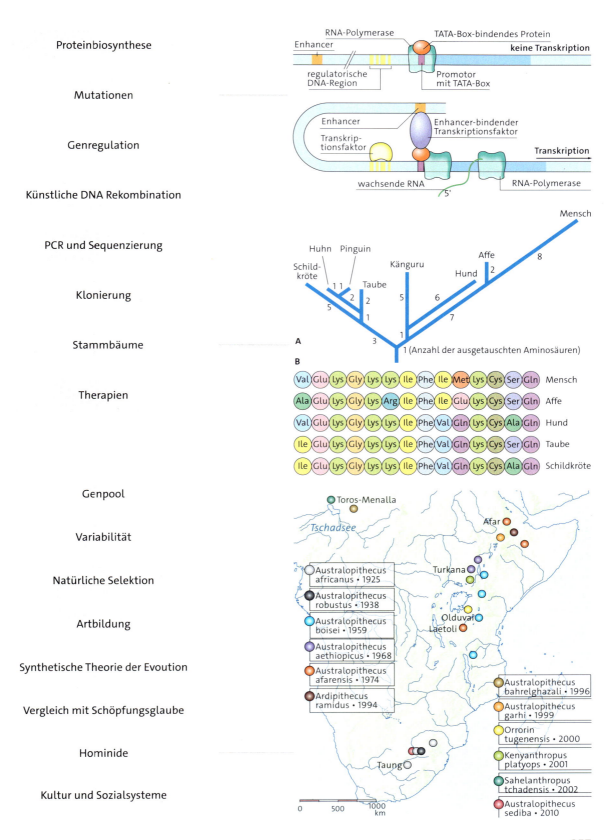

357

Check-Up

Genetik und Evolution

Mit den folgenden Aufgaben können Sie überprüfen, ob Sie die Inhalte aus dem Kapitel Genetik und Evolution verstanden haben. Bei den Aufgaben finden Sie Angaben zu den Seiten, auf denen Sie Informationen zum jeweiligen Thema finden

Transkription und der genetische Code (S. 194ff.)

1. Mithilfe der Codesonne (▶ S. 196) kann man eine Nucleotidsequenz in eine Aminosäuresequenz übersetzen.
   a Erklären Sie, wieso es drei Nucleotide sein müssen, die für eine Aminosäure codieren.
   b Beschreiben Sie, wie man die Codesonne abliest und gehen Sie dabei auf die unterschiedlichen Funktionen der Tripletts ein. Geben Sie mindestens drei Beispiele für die Übersetzung eines Tripletts an.
   c Stellen Sie eine Hypothese dafür auf, dass der genetische Code universell ist.

Genmutationen (S. 214ff.)

2. Eine Genmutation ist eine Mutationsform, bei der einzelne Nucleotide ausgetauscht, entfernt oder eingefügt werden. *Punktmutation, Stumme Mutation, Rastermutation, Missense-Mutation, Nonsense-Mutation, Deletion, Insertion*
   a Definieren Sie die verschiedenen Mutationstypen und beschreiben Sie ihre Auswirkungen.
   b Definieren Sie die Begriffe Mutationsrate und Mutagen und geben Sie einige Mutagene an, die die Mutationsrate erhöhen.
   c Erläutern Sie, wieso es biologisch sinnvoll ist, dass nicht alle Mutationen durch Reparaturmechanismen beseitigt werden

Genregulation bei Prokaryoten (S. 218ff.)

3. Bei der Genregulation wird die Aktivität von Genen gesteuert. Sie legt fest, ob und in welchem Umfang ein Gen exprimiert wird.
   a Erläutern Sie am Beispiel des lac-Operons (▶ S. 219ff.) Bau und die Funktion eines Operons.
   b Beschreiben Sie, wieso das lac-Operon nur bei Anwesenheit von Lactose abgelesen wird.
   c Vergleichen Sie die Regulation der Genaktivität beim Lactose-Operon und beim Tryptophan-Operon.

Künstliche DNA-Rekombination (S. 232ff.)

4. Mit Methoden der Gentechnik können Organismen gezielt genetisch verändert werden.
   a Beschreiben Sie den Aufbau eines Plasmids und erklären Sie, wieso das TOL-Plasmid bei Kontakt mit TNT grün fluoresziert.
   b Beschreiben Sie das Verfahren der Polymerasekettenreaktion.

Krebs – Entstehung und Therapie (S. 264ff.)

5. Unter Krebs versteht man in der Medizin eine unkontrollierte Vermehrung von Zellen.

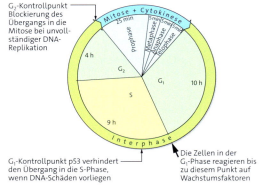

   a Beschreiben Sie den Ablauf des Zellzyklus und die jeweilige Funktion seiner Kontrollpunkte.
   b Erklären Sie die grundsätzlichen Funktionen von Protoonkogenen und Tumorsuppressorgenen.
   c Erklären Sie das Prinzip einer mRNA-Impfung

Molekularbiologische Methoden (S. 268ff.)

6. Mit molekularbiologischen Methoden kann man Stammbaumhypothesen auf der Ebene von Molekülen erstellen.
   a Erklären Sie, auf welchen Forschungsbereich sich die Paläoproteomik spezialisiert hat.
   b Erklären Sie das Verfahren der DNA-Sequenzierung.
   c Geben Sie an, welche beiden Arten nach dem morphologischen Artbegriff näher miteinander verwandt sein müssten und begründen Sie Ihre Entscheidung

Auswirkungen auf den Genpool (S. 290ff.)

7. Das Hardy-Weinberg-Gleichgewicht ist ein Verfahren zur Berechnung von Häufigkeiten bestimmter Allele in einer Population.
   Hardy-Weinberg-Gleichgewicht:
   $$p + q = 1$$
   $$p^2 + 2pq + q^2 = 1$$

a Nennen Sie das Ziel der Berechnung von Allelhäufigkeiten.
b Beschreiben Sie, unter welchen Bedingungen Sie eine mathematische Berechnung der Verteilungshäufigkeiten von Allelen vornehmen können.
c Die Phenylketonurie ist eine Stoffwechselerkrankung. Sie wird autosomal rezessiv vererbt. In Deutschland gibt es ungefähr 10.000 erkrankte Personen. Berechnen Sie, wie viele Personen in Deutschland bei angenommenen 84 Millionen Einwohnern, das heterozygote Allel für Phenylketonurie tragen

Artkonzept und Artbildung (S. 294ff.)

8 Die Evolution gibt eine Erklärung für die Entwicklung neuer Arten sowie für die Veränderung von Arten.
a Erklären Sie die Bedeutung der genetischen Variabilität für die Evolution (▶ S. 285).
b Beschreiben Sie die Wirkung der Selektion auf die Veränderung der Häufigkeiten verschiedener Phänotypen im Lebensraum Wald und benennen Sie die Selektionsform.
c Erklären Sie, wieso man bei der sexuellen Selektion beim Hahnschweifwidafink von einem balancierten Kompromiss spricht.

Synthetische Theorie der Evolution (S. 306ff.)

9 Die Synthetische Evolutionstheorie integriert Forschungsergebnisse aus unterschiedlichen Wissenschaftsgebieten.
Beispiele:

• Die Paarungszeit des Rotwildes beginnt Anfang September. Ältere Hirsche sind aufgrund ihres Hormonzyklus eher paarungsbereit als jüngere Hirsche.

• Beim Zusammentreiben der weiblichen Tiere zeigt der Platzhirsch ein Imponierverhalten mit erhobenem Kopf und geöffnetem Maul, welches als Eckzahndrohen bezeichnet wird. Primitivere Hirscharten haben im Gegensatz zum Rothirsch Eckzähne ausgebildet, die als Waffe dienen.

• Die Paarungszeit von Rotwild dauert fünf bis sechs Wochen. Findet keine Befruchtung statt, kommt es während der Brunftzeit fünf bis sechsmal zur Ovulation.

• Vorfahren von Kälbern, die aufgrund intensiverer Duftstoffabsonderung aus ihren Voraugendrüsen eine bessere individuelle Erkennung durch das Muttertier zeigten, hatten bessere Chancen zu überleben und sich fortzupflanzen.

• Wenn ein Kalb säugen möchte, sind die Voraugendrüsen geöffnet. Mit zunehmender Sättigung schließen sich die Voraugendrüsen. Die Ausbildung der Voraugendrüsen und Regulation der Abgabe der Duftstoffe ist genetisch verankert.

• Rothirsche zeigen ein charakteristisches Brunftverhalten. Zum Beispiel röhren sie laut und wühlen den Boden auf. Dadurch werden Junghirsche eingeschüchtert. Rothirsche, die auf diese Weise ihre Rivalen vertreiben, besamen die weiblichen Tiere der Herde und bringen ihre Gene in den Genpool der nächsten Generation ein.

a Beurteilen Sie, ob es sich bei den verschiedenen Beispielen um proximate oder ultimate Erklärungen handelt.
b Formulieren Sie funktionale Erklärungen zu den Beispielen und erläutern Sie den Unterschied zu kausalen Erklärungen.
c Formulieren Sie zu Beispiel 6 eine finale Erklärung und geben Sie an, wieso das in den meisten Fällen, wie auch in diesem Beispiel, nicht zulässig ist.

Evolution der Sozialsysteme (S. 344ff.)

10 Die Bildung sozialer Gruppen im Tierreich hat unterschiedliche Funktionen.

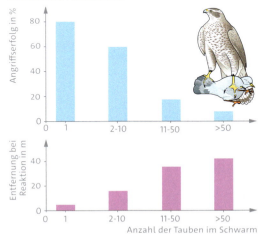

a Beschreiben Sie die Ergebnisse der Untersuchungen zum Jagderfolg des Habichts.
b Beschreiben Sie die Vor- und Nachteile, die ein Leben in der Gruppe für die Tauben mit sich bringt.
c Erklären Sie, wovon die optimale Gruppengröße abhängig ist.

Klausurtraining

Training A Klausurtrainer Aufklärung des genetischen Codes

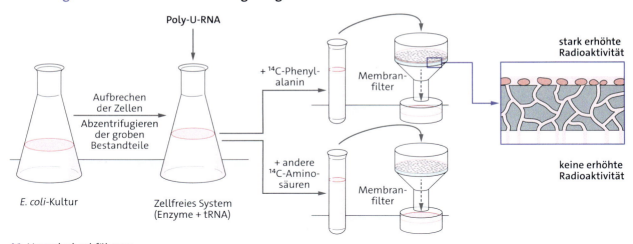

A1 Versuchsdurchführung

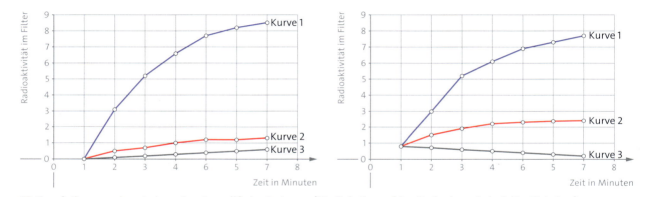

A2 Translationsexperimente in geeigneten zellfreien Systemen (*Die Einheiten auf den Hochachsen sind relative Einheiten.*)

Obere Kurve (1):   14C-Valin + Poly-UG + Cystein werden zum zellfreien System gegeben.
Mittlere Kurve (2): 14C-Valin + Poly-UG
Untere Kurve (3): 14C-Valin + Cystein

Obere Kurve (1):   14C-Cystein + Poly-UG + Valin werden zum zellfreien System gegeben.
Mittlere Kurve (2): 14C-Cystein + Poly-UG
Untere Kurve (3): 14C-Cystein + Valin

Experiment:

Zunächst wird eine mRNA künstlich hergestellt, die aus einer alternierenden Folge der Nucleotide mit den Basen Uracil und Guanin besteht. Diese Poly-UG gibt man in ein zellfreies System. Dort werden Polypeptide gebildet. Man spricht von In-vitro-Translation.

Dann werden zwei Versuchsreihen mit radioaktiv markierten Aminosäuren durchgeführt. In der ersten Versuchsreihe wird radioaktiv markiertes Valin, ^{14}C-Valin, in der zweiten radioaktiv markiertes Cystein, ^{14}C-Cystein, zu einem zellfreien System gegeben.

1. Beschreiben Sie die Durchführung des Experiments und erklären Sie die in Abbildung 1 vorgestellte Messmethode.

2. Beschreiben Sie die Experimentergebnisse aus Abb. 2.

3. Nennen Sie die wesentlichen Eigenschaften des genetischen Codes.

4. Erklären Sie die Experimentergebnisse soweit möglich. Benutzen Sie nicht die Codesonne. Benennen Sie Unerklärliches.

5. Erklären Sie, welchen Beitrag die Experimente zur Aufklärung des genetischen Codes leisten. Gehen Sie auch auf das Ergebnis aus Abbildung 1 ein und nehmen Sie die Codesonne zu Hilfe (▶ S. 196).

6. Erklären Sie, weshalb die Polypeptide im durchgeführten Experiment unterschiedlich lang sein können.

7. Beurteilen Sie die Experimentiermethode.

Training B Regulation mithilfe von Licht

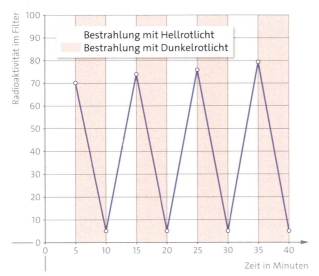

B1 Salatsamen werden nacheinander mit Hellrotlicht und Dunkelrotlicht bestrahlt. Nach jeder Bestrahlungsphase werden einige der Samen auf Keimfähigkeit getestet. Die anderen verbleiben in der Bestrahlungsrhythmik.

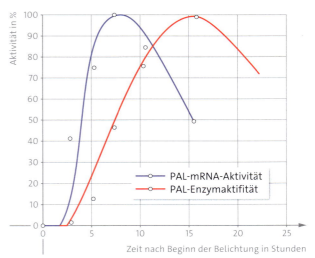

B2 Zum Zeitpunkt 0 werden Zellkulturen der Petersilie aus dem Dunkeln herausgeholt und beleuchtet, unter anderem mit hellrotem Licht.
Dann werden die Aktivitäten einer mRNA und des zugehörigen Enzyms, PAL, über mehrere Stunden gemessen.

Experiment 3: Alle Veränderungen, die indirekt durch das Licht in der Pflanze hervorgerufen werden, nennt man Photomorphosen. Wenn man zu den Zellkulturen, die in Abb. 2 untersucht worden waren, einen Stoff hinzugibt, der die RNA-Polymerase behindert, zum Beispiel Actinomycin D, finden keine Photomorphosen statt.

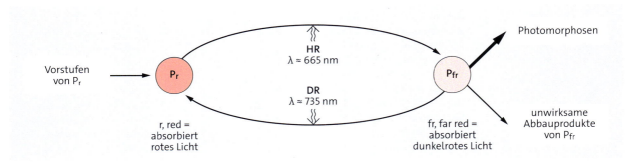

B3 Phytochrom im Zellstoffwechsel, dünne Pfeile Stoffumwandlungen, dicker Pfeil Wirkung

Das Enzym PAL sorgt dafür, dass die Aminosäure Phenylalanin zur Herstellung von Zimtsäure genutzt wird. Zimtsäure wiederum wird bei der Herstellung des für Petersilie typischen ätherischen Öls Apiol verwendet.

1 Beschreiben Sie, wie man mithilfe eines zellfreien Systems die Aktivität einer mRNA testen kann.

2 Beschreiben Sie, wie man Enzymaktivität als Reaktionsgeschwindigkeit misst.

3 Werten Sie die in den Abbildungen 1 und 2 vorgestellten Experimente sowie das Experiment 3 aus.

4 Beschreiben Sie, wie Phytochrom im Stoffwechsel der Pflanzenzelle bereit gestellt wird und für Photomorphosen zur Verfügung steht.

5 Deuten Sie die Experimentergebnisse als Ergebnisse der Regulation des Stoffwechsels durch Phytochrom.

6 Entwerfen Sie ein Modell der Regulation mit Phytochrom als Transkriptionsfaktor. Fertigen Sie dabei eine Skizze an und begründen Sie, dass eine Genregulation durch Phytochrom wahrscheinlich ist, und eine Regulation auf anderen Stoffwechselebenen eher unwahrscheinlich ist.

Klausurtraining

Training C Evolution und Genetik bei Mönchsgrasmücken

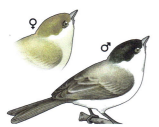 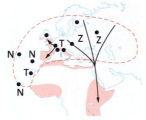 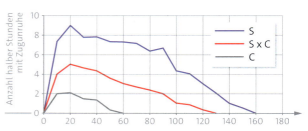

C1 Mönchsgrasmücken, *Sylvia atricapilla*, sind sperlingsgroß. Sie leben in Gärten, in Hecken, im Unterholz. Sie sind Zugvögel (Z) in Osteuropa, teilweise Zugvögel (T) in Westeuropa und Nichtzieher (N) auf Inseln im atlantischen Ozean. Wegzug erfolgt im September/Oktober, Heimzug im April.
rot = Überwinterungsgebiete

C2 Zugunruhe in der Wegzugsperiode bei Eltern aus einer Population S aus Süddeutschland und einer weiteren Population C von den Kanarischen Inseln sowie bei den Hybriden aus der F1-Generation SxC. In Käfigen gehaltene Tiere hüpfen bei Zugunruhe vermehrt auf dort angebrachten Stangen herum. Dies wird automatisch gezählt.

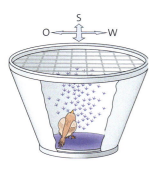

C3 Registrierkäfig für die Richtungswahl eines Zugvogels. Der Vogel steht auf einem Stempelkissen und hüpft im Käfig in die Richtung, in die er im Freiland wegfliegen würde. Er hinterlässt Farbspuren.

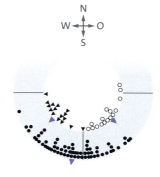

C5 Zugrichtungswahl bei verschieden ziehenden Eltern und ihren Hybriden.
▼ Elternvögel aus Ostösterreich und ○ Elternvögel aus Süddeutschland im inneren Kreis, ● Hybriden mit obigen Eltern im Außenkreis. Außerhalb der jeweiligen Kreise sind die mittleren Richtungswahlen durch je einen Pfeil gekennzeichnet.

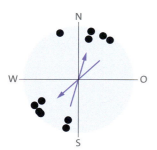

C4 Zugrichtungswahl der Hybriden aus **C3**. Die Dreiecke zeigen gemittelte Zugrichtungen einzelner Vögel, die Pfeile die Mittel für alle Vögel. Die Daten im oberen Halbkreis sind aus der Zeit des Heimzuges der süddeutschen Eltern, im unteren Halbkreis aus der des Wegzugs.

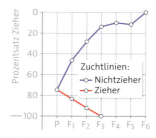

C6 Zuchtergebnisse zum Zugverhalten bei der Mönchsgrasmücke. In der benutzten Elterngeneration gibt es Zugvögel sowie Nichtzieher. In einer Zucht hat man die Zugvögel weitergezüchtet, in der anderen die Nichtzieher.

Seit etwa 60 Jahren wird beobachtet, dass Mönchsgrasmücken aus Mitteleuropa, die vorher ausschließlich südlich abwanderten, in steigender Anzahl nach Nordwesten auf die Britischen Inseln ziehen. Die britischen Artgenossen wandern nach wie vor nach Süden ab. In England überwinternde Mönchsgrasmücken nutzen intensiv Vogelfutterstellen, die die Menschen verstärkt in der Zeit nach dem zweiten Weltkrieg zur Fütterung der Wintervögel anlegen. Mönchsgrasmücken, die auf den Britischen Inseln überwintern, erscheinen früher im Frühjahr im mitteleuropäischen Brutgebiet als die, die im Mittelmeergebiet überwintern.

1 Beschreiben Sie alle Experimentergebnisse.

2 Erklären Sie aus den Experimenten, welche genetischen Grundlagen das Zugverhalten der Mönchsgrasmücken hat.

3 Begründen Sie, dass das veränderte Zugverhalten der Mönchsgrasmücken auf Selektion zurückgeführt werden kann. Benutzen Sie die Begriffe „Variabilität" und „Selektionsdruck".

4 Skizzieren Sie Experimente und Untersuchungen zur Bestätigung der naheliegenden Selektion. Berücksichtigen Sie neben Methoden aus dieser Aufgabe auch molekularbiologische Methoden.

Training D Zwergelefanten

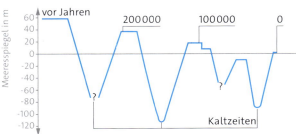

	Asiatischer Elefant	Wollhaar-mammut
Schulterhöhe	3 m	3,5 m
Masse eines Bullen	4 bis 5 t	5 t
Nahrung	Gras, Blätter, Rinde, Wurzeln	Gras, Kräuter, Zweige
Nahrungsmenge/Tag	200 kg	200 kg

Zuordnung, Alter und Fundort	Ausschnitt aus dem *Cytochrom-b*-Gen
Asiatischer Elefant, rezent, Asien	CTATGGATCCTACCTATACTCAGAAACCTGAAATACAGG
Asiatischer Elefant, fossil, 4000 Jahre, Irak	CTATGGATCCTACCTATACTCAGAAACCTGAAATACAGG
Zwergelefant, fossil, 17 000 Jahre, Tilos	CTATGGATCCTACCTATACTCAGAAACCTGAAATACAGG
Zwergelefant, fossil, 10 000 Jahre, Zypern	CTATGGATCCTACCTATACTCAGAAACCTGAAATACAGG
Zwergelefant, fossil, 800 000 Jahre, Kreta	CTATGGGTCCTACCTATACTCGGAAACCTGAAATACCGG
Wollhaarmammut, fossil, 14 000 Jahre, Alaska	CTATGGGTCCTACCTATACTCGGAAACCTGAAATACCGG
	315 330 345

Bis vor 10 000 Jahren gab es auf Malta, Sardinien, Sizilien, Kreta, Tilos und Zypern Zwergelefanten, die eine Schulterhöhe von nur 90 bis 180 cm erreichten. Die Besiedlung der Mittelmeerinseln muss während der Kaltzeiten erfolgt sein. Durch die Gletscherbildung auf dem Festland wurde dem Mittelmeer sehr viel Wasser entzogen. Wegen des gemeinsamen Zwergwuchses ging man davon aus, dass alle Mittelmeerelefanten eng verwandt seien und vom Asiatischen Elefanten abstammten. Morphologisch-anatomische und molekularbiologische Analysen wiesen die Verwandtschaft der Elefanten Sardiniens und Siziliens zum Wollhaarmammut nach. Die Abstammung der auf Tilos, Kreta und Zypern gefundenen Fossilien blieb ungeklärt. Zur Klärung wurde die DNA-Sequenz von Cytochrom b, ein Enzym der Atmungskette, aus der mitochondrialen DNA untersucht. DNA wurde aus Zellen eines rezenten, sowie aus Zähnen eines fossilen Asiatischen Elefanten aus dem Irak, aus fossilen Knochen der Zwergelefanten und eines Wollhaarmammuts isoliert.

1 Erläutern Sie, wie auf den Mittelmeerinseln isolierte Elefantenpopulationen entstehen konnten.

2 Beschreiben Sie die Unterschiede zwischen den Cytochrom-b-Genfragmenten der verschiedenen Rüsseltierarten und erklären Sie deren Entstehung.

3 Stellen Sie auf der Grundlage der Ergebnisse des DNA-Vergleichs eine Hypothese zur Verwandtschaft der Zwergelefanten auf.

4 Erläutern Sie, weshalb sich die mitochondriale DNA für diese Untersuchungen gut eignet.

5 Stellen Sie eine Hypothese auf, weshalb die auf Inseln vorkommenden Elefanten kleiner sind als die Festlandelefanten.

6 Erläutern Sie am Beispiel der Zwergelefanten das Basiskonzept Variabilität und Angepasstheit!

Glossar

A

absolute Altersbestimmung: Datierung einer Gesteinsschicht oder eines Fossils durch Messung des radioaktiven Zerfalls.

adulte Stammzellen: Zellen, die sich ständig teilen und für die Erneuerung abgestorbener Zellen wie Haut-, Schleimhaut- und Blutzellen zuständig sind. Man bezeichnet sie als multipotent, weil sie nur bestimmte Gewebetypen bilden können.

adaptive Radiation: Auffächerung einer wenig spezialisierten Art in viele Arten durch Entwicklung von Angepasstheiten an die Umgebungsbedingungen.

Allelfrequenz: Häufigkeit eines Allels in einem Genpool.

allopatrische Artbildung: Form der Artbildung, bei der sich eine Population durch die geografische Trennung von ihrer Ausgangsart zu einer neuen Art entwickelt.

analoge Organe: durch Konvergenz entstandene funktionale Ähnlichkeiten. Sie sind kein Beleg für eine gemeinsame Abstammung.

Angepasstheit: bestimmte Merkmalsausprägung aufgrund der gegebenen Umweltfaktoren. Besser angepasste Individuen haben einen höheren Fortpflanzungserfolg.

Antigene: Fremdstoffe wie Krankheitserreger und Gifte, die in den Körper gelangen.

Atavismen: Merkmale, die erneut auftreten, nachdem sie evolutionär zurückgebildet waren, und bei anderen derselben Art nicht mehr auftreten.

Australopithecinae: systematische Gruppe der Vormenschen, die vor etwa 4 bis 2 Millionen Jahren lebte. Man unterscheidet die Gattung der robusten Australopithecinen von der Gattung der grazilen Australopithecinen.

Autosomen: Chromosomen, die gleichermaßen in den Zellen weiblicher und männlicher Individuen vorkommen.

B

Bakteriophagen: Viren, die spezifisch Bakterien infizieren und daher als Vektoren genutzt werden.

Base-Editing: Aus CRISPR/Cas abgeleitetes Verfahren zum gezielten Austausch eines Basenpaars.

biologisches Artkonzept: Alle Lebewesen, die sich untereinander fortpflanzen und fruchtbare Nachkommen hervorbringen können, gehören zu einer Art.

Biostratigrafie: relative Altersbestimmung der Gesteinsschichten anhand der darin enthaltenen Leitfossilien.

C

Chromosomen: Sie befinden sich im Zellkern und sind Träger der Gene. Homologe Chromosomen besitzen die gleiche Gestalt, sind aber genetisch nicht identisch, da sie mütterlicher beziehungsweise väterlicher Herkunft sind.

Chromosomenmutation: Form der Mutation, bei der die Anordnung der Gene auf dem Chromosom verändert wird. Dies kann durch Deletion, Duplikation, Inversion und Translokation geschehen.

CRISPR: Abkürzung für Clustered Regularly Interspaced Short Palindromic Repeats. Dies sind DNA-Sequenzen in Bakterien, die der Abwehr von Bakteriophagen dienen.

D

Denisova-Mensch: Vormensch, der zeitgleich mit dem Neandertaler in Asien lebte. In dieser Region hat ein Genfluss vom Denisova-Menschen zu Homo sapiens stattgefunden.

disruptive Selektion: Selektionsform, die dazu führt, dass ein Merkmal bei den Lebewesen einer Population in mehreren Ausprägungen vorkommt, die nebeneinander bestehen können.

DNA-Methylierung: Die Methylierung von Cytosinbasen und Histonen führt zur Heterochromatinbildung und verhindert die Transkription.

DNA-Sequenzierung: Methode zur Bestimmung der Basenabfolge der DNA. Die zu sequenzierenden DNA-Abschnitte werden denaturiert. Nach der Primeranlagerung werden mithilfe der DNA-Polymerase komplementäre DNA-Stränge synthetisiert, bis der Einbau eines Didesoxyribonucleosid-Triphosphats zum Kettenabbruch führt. So entstehen unterschiedlich lange Fragmente, die der Größe nach getrennt und deren endständige ddNTP durch Fluoreszenzanalyse detektiert werden.

DNA-Struktur: Die DNA liegt als Doppelhelix zweier gegenläufiger Polynucleotidstränge vor.

E

embryonale Stammzellen: Sie befinden sich im Inneren der Blastozyste. Man bezeichnet sie als pluripotent, da sie sich zu jedem Zelltyp des Organismus entwickeln können.

Endproduktrepression: Das Endprodukt einer Synthesekette bindet an einen Repressor und aktiviert ihn. Er besetzt nun den Operator, sodass die RNA-Polymerase nicht mehr an den Promotor binden kann.

epigenetische Vererbung: generationsübergreifende Informationsweitergabe ohne Veränderung der Nucleotidsequenz der DNA.

Epigenom: Gesamtheit der epigenetischen Veränderungen im Genom.

Erythropoietin, kurz EPO: Wachstumsfaktor, der die Bildung von Erythrocyten induziert und daher für die Steigerung der Ausdauerleistung missbraucht werden kann.

Euchromatin: wenig kondensierter und deshalb schwach gefärbter Bereich eines Chromosoms, der genetisch aktiv ist.

Eugenik: Gesundheitspolitik mit dem Ziel, den Anteil negativ eingeschätzter Erbanlagen in der Bevölkerung zu verringern.

Evolutionsrate: Anzahl der ausgetauschten Aminosäuren je Zeiteinheit.

F

Flaschenhalseffekt: Form der genetischen Drift, bei der drastische Umwelteinflüsse zu einer starken Dezimierung einer Population führen.

Fluoreszenz-in-situ-Hybridisierung, FisH: Das Genprodukt mRNA wird durch Markierung mit einem Fluoreszenzfarbstoff sichtbar gemacht. So erhält man ein Genexpressionsmuster.

Fossilien: erhaltene Reste oder Spuren von Lebewesen vergangener Erdzeitalter.

Fossilisation: Prozess der Fossilbildung.

G

Gelelektrophorese: Verfahren zur Trennung von Molekülen, die unter Einfluss eines elektrischen Feldes durch ein Gel in einer Pufferlösung wandern. Je nach Ladung und Größe der Moleküle wandern sie in einer bestimmten Geschwindigkeit durch das Gel in Richtung Anode.

Genamplifikation: Vermehrung bestimmter DNA-Bereiche, für deren Genprodukte ein erhöhter Bedarf besteht.

Gendrift: Veränderung der Allelfrequenz in einer Population durch äußere Zufallsereignisse

Gene bei Eukaryoten: Im Gegensatz zu den Prokaryoten liegen Gene bei Eukaryoten gestückelt vor. Die bei der Transkription gebildete mRNA enthält nicht codierende Abschnitte, die Introns, und codierende Abschnitte, die Exons. Die Introns werden beim Spleißen aus dieser Prä-mRNA herausgeschnitten und die Exons werden zusammengefügt.

genetischer Code: Die DNA enthält die Bauanleitung für Polypeptidketten. Die Position jeder Aminosäure in der Kette wird durch ein Triplett von Basen festgelegt, das als Codon bezeichnet wird. Der genetische Code gilt nahezu universell, er ist kommafrei und nicht überlappend.

Genexpression: Bezeichnung für die Umsetzung der genetischen Information in Genprodukte.

Genkanone: Gerät, mit dem DNA, die auf Metallkügelchen übertragen wurde, in Zellen geschossen wird.

Gen-Knockout: gezieltes Ausschalten eines Gens im Organismus zur Überprüfung seiner Funktion im Stoffwechsel.

Genmutation: Austausch einer Base in einem Gen. Dies kann ohne Auswirkung bleiben, zum Austausch einer Aminsäure in der Polypeptidkette führen oder ein Stopp-Codon erzeugen. Weitere Genmutationen sind Deletion, der Verlust von Basenpaaren, oder Insertion, das Einfügen von Basenpaaren. Beide führen zu Leserasterverschiebungen.

Genommutation: Form der Mutation, bei der die Anzahl der Chromosomen oder der Chromosomensätze verändert wird.

Genpool: Gesamtheit der genetischen Information aller Individuen einer Population.

Genstammbaum: Darstellung von Verwandtschaftsbeziehungen auf der Grundlage mutationsbedingter Unterschiede in der Nucleotidsequenz.

Gentherapie: medizinische Behandlung einer Erkrankung, die auf der Fehlfunktion von Genen beruht, durch genetische Veränderungen von Zellen. Wenn Körperzellen verändert werden, spricht man von somatischer Gentherapie. Die Veränderung von Geschlechtszellen, die Keimbahntherapie, ist verboten.

Gentransfer: Ausschneiden von Genen mithilfe von Restriktionsenzymen und Einbau in die DNA eines anderen Organismus.

Gonosomen: Geschlechtschromosomen. Chromosomen, deren Karyotyp das genetische Geschlecht eines Individuums festlegt.

Gradualismus: stufenweise Entwicklung von Angepasstheiten an sich ändernde Umweltfaktoren über viele Generationen.

Gründereffekt: Form der genetischen Drift, bei der eine kleine Gründerpopulation einen Lebensraum neu besiedelt und sich unter neuen Umweltbedingungen entwickelt.

H

Heterochromatin: stark kondensierter und deshalb dunkel gefärbter Bereich eines Chromosoms, der genetisch inaktiv ist.

Histonmodifikation: reversible chemische Veränderung der Histone, die Einfluss auf die Transkription hat.

Hominoidea: Überfamilie der Menschenaffen und des Menschen.

Homo erectus: Dieser Frühmensch entstand vor ungefähr 1,8 Millionen Jahren und lebte wahrscheinlich bis vor 40 000 Jahren. Er besiedelte Afrika, Asien und Europa. Aus Homo erectus entwickelte sich in Afrika Homo sapiens und in Europa der Neandertaler.

Homo ergaster: Er gilt als Vorfahre des Menschen. Aufgrund von Ähnlichkeiten mit Homo erectus nehmen einige Fachleute an, dass es sich nicht um eine eigene Art handelt.

Homo floresiensis: Hominidenart, die auf der indonesischen Insel Flores gefunden wurde. Sie wurde nur 106 cm groß.

Homo habilis: bedeutet wörtlich übersetzt „geschickter Mensch". Er lebte 2,4 bis 1,6 Millionen Jahre vor unserer Zeit und besaß die Fähigkeit zur Werkzeugherstellung.

Homo neanderthalensis: Er lebte 200 000 bis etwa 30 000 Jahre vor unserer Zeit in Europa und im Nahen Osten. Sequenzanalysen der Kern-DNA weisen darauf hin, dass er sich mit Homo sapiens vermischte.

Homo sapiens: Der heutige Mensch entstand vor ungefähr 200 000 – 300 000 Jahren in Afrika und besiedelte von dort aus die gesamte Welt.

homologe Chromosomen: zwei Chromosomen der gleichen Gestalt, die genetisch nicht identisch sind, da sie mütterlicher beziehungsweise väterlicher Herkunft sind.

homologe Gene: bei verschiedenen Arten vorliegende Gene, die auf ein Gen eines gemeinsamen Vorfahren zurückgehen.

Homologie: Strukturen unterschiedlicher Funktion, die auf einem gemeinsamen Bauplan und einer gemeinsamen genetischen Information basieren.

I

Immunfluoreszenzfärbung: Sichtbarmachung von Proteinen durch Färbung mit markierten Antikörpern.

indirekte Fitness: Ältere Geschwister beteiligen sich an der Aufzucht weiterer Jungtiere und tragen dazu bei, das Überleben der Verwandten zu sichern.

interchromosomale Rekombination: Sie führt zu einer großen Vielfalt an Merkmalskombinationen und ist die Hauptursache für genetische Variabilität.

intraspezifische Variabilität: ungerichtete Vielfalt von Phänotypen in einer Population durch Merkmalsvariation beim Übergang von Generation zu Generation.

In-vitro-Fertilisation: Spermienzellen und Eizelle werden außerhalb des Körpers in einer Kulturlösung miteinander vermischt.

Isolation: Trennung der Genpools zweier Arten durch Isolationsmechanismen.

Isolationsmechanismus: Mechanismus, der die Entstehung von fruchtbaren Mischformen aus verschiedenen Arten verhindert. Dies kann durch geografische, ethologische, mechanische, zeitliche, ökologische oder genetische Isolation geschehen.

K

Kerntransfer: Übertragung eines Zellkerns einer ausdifferenzierten Zelle eines Spendertiers in eine entkernte Eizelle eines anderen Tieres. Damit wird ein Klon des Spendertieres erzeugt.

Klon: eine genetisch identische Gruppe von Lebewesen der Zellen.

Koevolution: evolutionärer Vorgang, der zu einer wechselseitigen Angepasstheit zweier voneinander abhängiger Arten führt.

Konjugation: Bei der Konjugation wird über eine Plasmabrücke die Kopie eines Plasmids auf ein benachbartes Bakterium übertragen.

Konvergenz: Entwicklung ähnlicher analoger Strukturen bei systematisch nicht näher verwandten Arten.

Kreationismus: Christlich-fundamentalistische Strömung, die nur die biblische Schöpfungserzählung als Erklärung für die Entstehung der Lebewesen zulässt und die wissenschaftliche Evolutionstheorie ablehnt.

K-Strategie: Arten, die eine geringe Anzahl an Nachkommen haben, erhöhen die Chancen für den Nachwuchs durch hohen elterlichen Aufwand.

L

lebendes Fossil: rezente Art, die sich über Jahrmillionen nur wenig verändert hat.

Leitfossilien: Fossilien, die nur in geologischen Schichten eines bestimmten Alters vorkommen und sich daher zu deren Datierung eignen.

lysogener Zyklus: Vermehrungszyklus eines Bakteriophagen, bei dem die Virus-DNA in die Bakterien-DNA eingebaut und bei jeder Zellteilung mit dieser verdoppelt wird. Die integrierte Virus-DNA nennt man Prophage. Da die Bakterienzelle nicht negativ beeinflusst wird, bezeichnet man den Phagen als temperent.

lytischer Zyklus: Vermehrungszyklus eines Bakteriophagen, bei dem die Virus-DNA im Bakterium abgelesen und vervielfältigt wird, sodass neue Phagen durch self assembly entstehen. Da nach der Bildung der Phagen die Bakterienzelle lysiert wird, nennt man den Phagen virulent.

M

Meiose: besondere Form der Zellkernteilung, bei der die Anzahl der Chromosomen halbiert wird, sodass haploide-Geschlechtszellen gebildet werden. Während der Meiose findet eine Rekombination der elterlichen Chromosomen statt.

Mitose: Zellkernteilung. Im Anschluss an die Kernteilung erfolgt meistens die Teilung des Zellkörpers, sodass aus einer Zelle zwei Tochterzellen entstehen.

molekularbiologische Stammbäume: basieren auf Analysen der DNA- oder der Aminosäuresequenzen und erlauben eine quantitative Darstellung evolutionärer Verwandtschaft.

molekulare Uhr: Methode der Altersbestimmung aufgrund von Sequenzabweichungen unter der Annahme konstanter Mutationsraten.

monophyletische Gruppen, Taxa: geschlossene Gruppen gemeinsamer evolutionärer Abstammung.

morphologisches Artkonzept: Eine Art ist eine Lebensform, die sich äußerlich deutlich von anderen Lebewesen unterscheidet.

Mosaikformen: Fossilien, die eine Kombination von Merkmalen verschiedener systematischer Gruppen aufweisen.

multiregionale Hypothese: Sie geht davon aus, dass sich Homo sapiens an verschiedenen Orten der Erde parallel aus Homo erectus entwickelt hat. In Kontaktzonen kam es regelmäßig zum Genaustausch.

Mutagen: physikalischer und chemischer Einflussfaktor, der Mutationen auslöst.

Mutation: spontane Veränderung des Erbguts.

N

natürliche Selektion: Ursache für den allmählichen Wandel der Organismen nach der Evolutionstheorie Darwins. Sie ist eine Bezeichnung für die Auslese von Lebewesen einer Population aufgrund individueller Unterschiede in Überlebenschance und Fortpflanzungserfolg.

Nondisjunktion: fehlende Trennung von homologen Chromosomen in der ersten Reifeteilung der Meiose oder von Schwesterchromatiden in der zweiten Reifeteilung.

Nucleotid: Baustein der DNA, der aus dem Zucker Desoxyribose, einer der vier Basen Cytosin, Guanin, Adenin oder Thymin sowie einer Phosphatgruppe besteht.

Neolithische Revolution: Entwicklung erster Hochkulturen vor ungefähr 10 000 Jahren. Sie ging einher mit dem Übergang von einer nomadischen zu einer sesshaften Lebensweise.

O

Onkogene: Bezeichnung für krebsauslösende Gene. Sie können durch Mutationen aus Protoonkogenen oder aus Tumorsuppressorgenen entstehen.

Operon-Modell: Modellvorstellung zur Erklärung der unterschiedlichen Genaktivität bei Prokaryoten. Ein Operon besteht aus dem Promotor, dem Operator und den Strukturgenen.

Out-of-Africa-Hypothese: Nach dieser Vorstellung entstand Homo sapiens ausschließlich in Afrika. Vor ungefähr 100 000 Jahren begann seine Ausbreitung über die anderen Kontinente.

P

Paläoproteomik: Bestimmung des Verwandtschaftsgrads ausgestorbener Arten auf der Basis der Untersuchung von Proteinresten.

Pandemie: Eine Infektionskrankheit ist nicht mehr räumlich beschränkt, sondern breitet sich über Länder und Kontinente aus.

peripatrische Artbildung: Sonderform der allopatrischen Artbildung, bei der sich eine sehr kleine Population außerhalb des bisherigen Verbreitungsgebiets der Ausgangsart ansiedelt und sich zu einer neuen Art entwickelt.

phylogenetisches Artkonzept: Eine Art ist eine Abstammungsgemeinschaft von Populationen in einer evolutionären Zeitspanne.

Plasmid: kleines, ringförmiges DNA-Molekül bei Bakterien außerhalb der ebenfalls ringförmig angeordneten DNA.

Polymerasekettenreaktion, kurz PCR: Methode zur gezielten Vermehrung bestimmter DNA-Abschnitte mithilfe mehrerer Durchläufe des Dreischritts von Denaturierung, Hybridisierung spezieller Primer und Polymerisierung durch die Taq-Polymerase.

Population: Zusammenleben mehrerer Individuen einer Art in einer Fortpflanzungsgemeinschaft zur gleichen Zeit in einem begrenzten Gebiet.

postzygotischer Isolationsmechanismus: Mechanismus, der das Überleben der sich entwickelnden Zygote verhindert, die Lebensfähigkeit des entstandenen Hybriden verringert oder die Unfruchtbarkeit der Mischform bewirkt.

präzygotischer Isolationsmechanismus: Mechanismus, der die Entstehung einer befruchteten Eizelle verhindert.

Primaten: Ordnung der Säugetiere, die auch als Herrentiere bezeichnet wird. Man unterscheidet zwei Unterordnungen: die Halbaffen und die Echten Affen.

Prinzip der einfachsten Erklärung: Ein hypothetischer Stammbaum wird als umso wahrscheinlicher eingestuft, je geringer die Anzahl der angenommenen evolutionären Ereignisse ist.

Prinzip der komplementären Basenpaarung: Es beruht auf der Ausbildung von Wasserstoffbrücken zwischen den Basen gegenüberliegender Polynucleotidketten. Adenin und Thymin bilden zwei, Cytosin und Guanin drei Wasserstoffbrücken aus.

R

Rassentheorie: im 17. Jahrhundert entstandene Vorstellung, dass Menschen aufgrund körperlicher Merkmale in verschiedene Rassen eingeteilt werden können. Molekulargenetische Untersuchungen widerlegen diese Theorie.

Replikation: Verdopplung der DNA. Während der Replikation wird der DNA-Doppelstrang in zwei Einzelstränge gespalten. An jedem Einzelstrang wird nach dem Prinzip der komplementären Basenpaarung ein neuer Strang synthetisiert. Dieser Mechanismus wird als semikonservative Replikation bezeichnet. Die Synthese der neuen Nucleotide erfolgt durch die DNA-Polymerase in 5'→3'-Richtung. Nur am Leitstrang ist eine kontinuierliche DNA-Synthese in 5'→3'-Richtung möglich. Am anderen Strang, dem Folgestrang, kann die Synthese nur diskontinuierlich erfolgen. Es entstehen kurze DNA-Abschnitte, die Okazaki-Fragmente, die anschließend miteinander verbunden werden.

Reportergen: Gen, dessen Expression im transgenen Lebewesen beispielsweise durch Fluoreszenz oder eine Farbreaktion direkt sichtbar wird.

reproduktive Fitness: Anzahl der fortpflanzungsfähigen Nachkommen eines Individuums als Maß für dessen evolutionären Erfolg.

Restriktionsenzym: Enzym, das eine spezifische Nucleotidsequenz in der DNA erkennt und die DNA an dieser Stelle spaltet. Der Schnitt ist entweder glatt oder es entstehen kurze einsträngige Enden, die sticky ends.

Reverse Transkriptase: eine Polymerase, die zu einer RNA-Matrize ein einsträngiges DNA-Molekül bildet, die cDNA.

Ribosom: Aus zwei Untereinheiten bestehendes Partikel im Cyoplasma. Hier erfolgt die Translation bei der Proteinbiosynthese.

RNA: In Zellen treten drei verschiedene RNA-Typen auf: Messenger-RNA, ribosomale RNA und Transfer-RNA, abgekürzt mRNA, rRNA und tRNA. Die RNA ähnelt in ihrem grundsätzlichen Aufbau der DNA, liegt jedoch meist als Einzelstrang vor. Im Unterschied zur DNA enthalten die Nucleotide der RNA Ribose als Zuckermolekül und die Base Uracil statt Thymin.

RNA-Editing: Veränderungen der reifen mRNA durch Einfügen von Basen.

RNA-Interferenz: Prozess, der zur Abschaltung von Genen führt, indem kurze RNA-Schnipsel komplementär an die mRNA gebunden werden und diese dadurch blockieren.

RNA-Processing: Veränderungen der mRNA vor dem Ausschleusen aus dem Zellkern durch Ausschneiden von Introns und das Anhängen eines poly-A-Schwanzes.

r-Strategie: Arten, die eine hohe Reproduktionsrate haben, erzeugen besonders viele Nachkommen. Sie können einen neuen Lebensraum schnell besiedeln.

Rudimente: zurückgebildete Organe, die bei den Vorfahren noch funktionsfähig waren, heute aber funktionslos sind.

S

Selektionsdruck: Umwelteinflüsse, die den Fortpflanzungserfolg begrenzen. Angepasste Lebewesen haben einen Selektionsvorteil und somit einen größeren Fortpflanzungserfolg.

Sexualdimorphismus: unterschiedliches Erscheinungsbild der beiden Geschlechter einer Art.

sexuelle Selektion: Auslese von Lebewesen einer Population aufgrund von Merkmalsausprägungen, die zu einem erhöhten Fortpflanzungserfolg führen. Weibchen bevorzugen häufig Männchen mit besonders auffälligen Merkmalen, die eine besondere genetische Ausstattung und eine gute gesundheitliche Verfassung signalisieren.

Southern Blotting: in der Biotechnologie angewendetes Verfahren zur Analyse und Identifikation einer bestimmten DNA-Sequenz im Genom.

Sozialdarwinismus: Ende des 19. Jahrhunderts entwickelter Versuch, die Evolutionstheorie Darwins auf die menschliche Gesellschaft anzuwenden.

stabilisierende Selektion: Selektionsform, bei der sich die Ausprägung eines Merkmals durchsetzt, die den Lebewesen in einer Population gegenüber anderen Ausprägungen desselben Merkmals einen Selektionsvorteil bietet.

Stammbäume: Modelle evolutionärer Verwandtschaftsbeziehungen. Sie können durch Belege gesichert sein oder hypothetischen Charakter haben.

Stammgruppenvertreter: eine Art mit Merkmalen verschiedener systematischer Gruppen, die für die evolutionäre Entstehung eines neuen Gestalttypus steht. Synonym für Mosaikform.

Substratinduktion: Ein Substrat bindet an einen Repressor und inaktiviert ihn. Er kann nicht mehr am Operator gebunden werden, sodass die RNA-Polymerase nun an den Promotor binden und die Strukturgene ablesen kann.

sympatrische Artbildung: Form der Artbildung, bei der eine kleine Population ohne geografische Trennung von ihrer Ausgangsart eine neue Art bildet. Es kommt zu einer Artspaltung an einem Ort.

Synthetische Theorie der Evolution: Evolutionstheorie, die auf dem Kernkonzept von DARWIN aufbaut und neue Forschungsergebnisse aus der Biogeografie, Paläontologie, Entwicklungsbiologie, Zellbiologie und Genetik integriert.

T

T-DNA, Transfer-DNA: Sie ist ein Teil des Ti-Plasmids, das in das Pflanzengenom integriert wird und zur Produktion von Phytohormonen führt, sodass ein Zellwachstum ausgelöst wird.

Ti-Plasmid, tumorinduzierendes Plasmid: Dieses Plasmid wird in pflanzliche Zellen übertragen und ruft deren unkontrollierte Teilung hervor.

Tragekapazität: Faktoren wie die Nahrungsknappheit begrenzen das Wachstum einer Population in einem Lebensraum.

Transduktion: Übertragung von DNA durch Viren.

Transfektion: Übertragung von DNA in eine eukaryotische Zelle.

Transformation: Übertragung von DNA in Bakterien. Die aufgenommene DNA wird in bakterieneigene DNA eingebaut.

transformierende Selektion: Selektionsform, bei der die Ausprägung eines Merkmals in Richtung einer anderen Ausprägung desselben Merkmals verändert wird. Diese neue Ausprägung bietet Lebewesen einen Selektionsvorteil.

transgene Tiere: Tiere, die zu ihren eigenen Genen artfremde Gene in ihrem Genom aufweisen.

Transkription: Übertragung der DNA-Sequenz eines Gens durch die RNA-Polymerase in eine einzelsträngige mRNA.

Transkriptionsfaktor: regulatorisches Protein, das an die eukaryotische DNA bindet und so die Transkription durch die RNA-Polymerase ermöglicht.

Translation: Übersetzung der genetischen Information, die in der Basenabfolge der mRNA codiert ist, in eine Abfolge von Aminosäuren.

T-Zellen: weiße Blutzellen, die Krankheitserreger oder Antigene über einen spezifischen Rezeptor erkennen.

U

Urzeugung: Annahme, dass Lebewesen spontan aus unbelebter Materie entstehen.

V

Vektor, auch Genfähre: Mit Vektoren wie Viren oder Plasmiden kann man Fremd-DNA in Zellen einschleusen.

Verwandtenselektion: Unterstützung naher Verwandter bei Verzicht auf eigene Fortpflanzung.

X

Xenotransplantation: Übertragung von Zellen, Gewebe oder Organen zwischen verschiedenen Spezies.

Z

Zellgedächtnis: Es beruht auf Methylierungen der DNA, die ein Expressionsmuster erzeugen. Die Methylierungen bleiben nach Zellteilungen erhalten und werden am neu synthetisierten DNA-Strang ergänzt.

zelluläre Immunreaktion: Immunreaktion unter Beteiligung spezifischer Abwehrzellen wie T-Zellen und Makrophagen.

Zytostatika: Medikamente, zur Krebstherapie, die die Zellteilung blockieren oder einschränken.

4 Informationsverarbeitung in Lebewesen

- Aufbau und Funktion von Nervensystemen und Neuronen sowie die Bedeutung von Ionen für Neuronen werden vorgestellt.

- Entstehung und Weiterleitung eines elektrischen Signals sowie die Übertragung von Informationen zwischen Sinapsen werden erklärt.

- Der Einfluss von Giftstoffen auf die Informationsweiterleitung wird erläutert.

- Aufbau und der Funktion eines Skelettmuskels werden beschrieben.

- Die regulatorischen Funktionen von Hormonen und die Wirkung von Schmerz- und Rauschmitteln werden untersucht.

- Modelle zur Funktion des Gedächtnisses, neuronale Lernprozesse im Gehirn und die molekularen Grundlagen des Lernens werden kennengelernt.

 Der Fugu ist der bekannteste Vertreter der Kugelfische. Ein Schutz vor Gefahren ist die Anreicherung des Gifts Tetrodotoxin in seinen Organen. Es ist eines der stärksten bekannten nicht proteinartigen Nervengifte. Doch wie entfaltet das Gift seine Wirkung?

4.1 Nervensysteme

1 Kompassqualle

Die Kompassqualle ist sowohl im Mittelmeer als auch in der Nordsee anzutreffen. Ihren Namen verdankt sie der rötlichen Bänderung ihres Schirms, der an eine Kompassrose erinnert. Obwohl sie kein Gehirn hat, kann sie auf Licht und Schwerkraft reagieren. Wie steuert die Kompassqualle dieses Verhalten und wie unterscheiden sich die Nervensysteme im Tierreich?

Wirbellose Tiere • Vor ungefähr 670 Millionen Jahren entstanden die ersten Nesseltiere, zu denen auch die Quallen gehören. Quallen können sich aktiv bewegen und auf Nahrung zuschwimmen. Sie verfügen über spezialisierte Zellen, die **Neuronen**, die in einfachen Nervennetzen miteinander kommunizieren. Das Grundprinzip dieser Informationsübertragung ist so erfolgreich, dass es sich im Verlauf der Evolution kaum noch veränderte.

Singular von Ganglien = Ganglion

Ringelwürmer wie der Regenwurm haben ein Nervensystem aus zwei längs verlaufenden Nervensträngen, dem Bauchmark. Zudem erkennt man kleine, aus Neuronen bestehende Knoten, die **Ganglien**. Beide Nervenstränge sind über die Ganglien miteinander verknüpft. Daraus leitet sich die Bezeichnung **Strickleiternervensystem** ab. Es ermöglicht komplexere Verhaltensweisen als einfache Nervennetze, zum Beispiel Lernvermögen.

Bei Insekten wie der Taufliege und Weichtieren wie dem Kalmar ist die Steuerung des Nervensystems zunehmend im Kopf zentralisiert. Die Ganglienknoten sind zu einer komplexeren Struktur, dem Gehirn, verschmolzen. Dieser evolutionäre Prozess wird als **Cephalisation** bezeichnet.

griech. kephalo = Kopf

Wirbeltiere • Die Grundstruktur des Nervensystems der Wirbeltiere leitet sich von dem der Wirbellosen ab, ist aber wesentlich komplizierter aufgebaut. In Gehirn und Rückenmark befinden sich die meisten Neuronen. Da hier die wichtigen Steuerungsprozesse stattfinden und alle Informationen verarbeitet werden, bilden Gehirn und Rückenmark das **zentrale Nervensystem**, kurz **ZNS**.

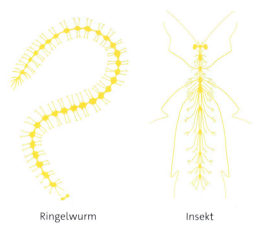

Ringelwurm Insekt

2 Nervensysteme wirbelloser Tiere

Alle Nerven, die die verschiedenen Körpergewebe mit dem zentralen Nervensystem verbinden und Signale zum ZNS leiten oder vom ZNS erhalten, werden als **peripheres Nervensystem**, kurz **PNS**, zusammengefasst.

Das PNS gliedert sich in zwei Untereinheiten. Alle Informationen von den Sinneszellen und Sinnesorganen sowie Informationen über den Zustand der Eingeweide werden über sensorische Bahnen, die **afferenten** Neuronen, zum ZNS geleitet. Vom ZNS werden die einlaufenden Informationen verarbeitet und entsprechende Signale über motorische Bahnen, die **efferenten** Neuronen, weitergeleitet.

Die motorischen Bahnen untergliedern sich nochmals. Für alle *Prozesse*, die willkürlich gesteuert werden, wie muskelkoordinierte Bewegungen, sind efferente Neuronen verantwortlich, die als **somatisches Nervensystem** zusammengefasst werden. Demgegenüber kann die Steuerung der Eingeweide nicht willentlich beeinflusst werden. Die efferenten Neuronen, die das ZNS mit den Eingeweiden verbinden, werden deshalb als **autonomes Nervensystem** bezeichnet.

Zwischen den verschiedenen Wirbeltiergehirnen bestehen erhebliche Unterschiede. Dennoch sind sie auf einen gemeinsamen Grundbauplan zurückzu-

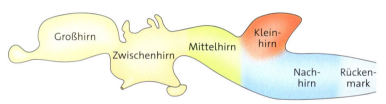

4 Grundbauplan des Wirbeltiergehirns

führen. Sie gliedern sich in Großhirn, Zwischenhirn, Mittelhirn, Nachhirn und Kleinhirn. Die relative Größe des Gehirns nimmt im Verhältnis zur Körpermasse innerhalb der Wirbeltierklassen vom Fisch zum Säugetier zu. Neuere Forschungen weisen aber darauf hin, dass die Gehirngröße allein kein Maß für die kognitive Leistungsfähigkeit ist. Ausgehend vom ursprünglichen Grundbauplan zeigt sich außerdem eine zunehmende Differenzierung und Segmentierung der Wirbeltiergehirne. Die Großhirnrinde, der **Cortex**, hat sich bei Säugetieren zum übergeordneten sensorischen und motorischen Zentrum entwickelt. Bei vielen Säugetieren weist der Cortex Windungen und Furchen auf, die eine Zunahme der Oberfläche der Großhirnrinde bewirken.

lat. afferens = hinführend

lat. efferens = herausführend

1 Beschreiben Sie den Aufbau des Nervensystems der Wirbeltiere.

2 Erläutern Sie am Beispiel der Cephalisation das Basiskonzept Struktur und Funktion.

griech. autós = selbst
griech. nomós = Gesetz

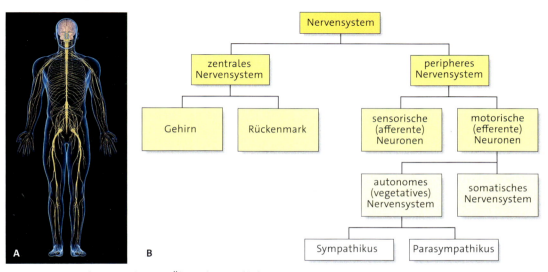

3 Nervensystem des Menschen: **A** Übersicht, **B** Gliederung

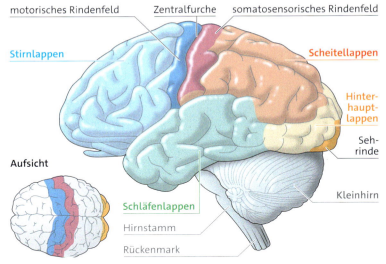

1 Rindenfelder des Großhirns

Großhirn des Menschen • Vergleicht man das Gehirn des Menschen mit dem anderer Säugetiere, fällt sofort die im Verhältnis zum Körper enorme Größe auf. Die durchschnittliche Gehirnmasse des Menschen beträgt ungefähr 1,35 kg. Es ist eines der größten Organe des menschlichen Körpers. Das Großhirn überdeckt mit etwa 80 % der Gehirnmasse fast alle anderen Gehirnteile. Es lässt sich in eine linke und eine rechte **Großhirnhemisphäre** unterteilen. Beide Hemisphären bestehen aus einer äußeren, wenige Millimeter dicken, grauen Schicht, der Großhirnrinde, und einer darunter liegenden weißen Schicht.

Im Vergleich zu anderen Säugern weist die Großhirnrinde, der Cortex, des Menschen besonders viele Windungen und Furchen auf, wodurch ihre Oberfläche stark vergrößert ist. Dies hat zur Folge, dass die Nervenzellen der Großhirnrinde sehr gut mit Sauerstoff versorgt werden können. Beide Hemisphären sind durch ein dickes Nervenbündel, den Balken, miteinander verbunden.

Unterhalb des Großhirns liegt das **Zwischenhirn**. Es gliedert sich in **Thalamus** und **Hypothalamus**. Im Thalamus wird ein Teil der Informationen des ZNS, die zur Großhirnrinde gelangen, verarbeitet. Der Hypothalamus ist für die Regulation des Hormonhaushalts und der Drüsen verantwortlich. Weiterhin steuert er unseren Biorhythmus und damit unsere innere Uhr.

Großhirnrinde • Untersuchungen an Patienten mit lokalen Gehirndefekten, etwa durch einen Schlaganfall, erlaubten erste Einblicke in die Funktionsbereiche der Großhirnrinde. So zeigte sich, dass die linke Köperseite von der rechten Hemisphäre und die rechte Körperseite von der linken Hemisphäre gesteuert wird.

Die Großhirnrinde gliedert sich in vier Hirnlappen. Der vordere Teil des Großhirns ist der Stirnlappen. Direkt dahinter liegt der Scheitellappen. Beide Teile werden durch eine quer liegende Furche, die Zentralfurche, voneinander getrennt. Vor der Zentralfurche befindet sich ein schmaler Bereich, dessen Neuronen die Muskeln aller Körperteile koordinieren. Deshalb bezeichnet man ihn als **motorisches Rindenfeld**. Mit einer elektrischen Sonde kann man einzelne Neuronen stimulieren und damit bestimmte Muskeln zum Zucken bringen.

Im Scheitellappen hinter der Zentralfurche findet die Verarbeitung aller Berührungsinformationen statt. Erregt man bei einer Versuchsperson einen Punkt dieser Region mit einer Sonde, empfindet die Person dies, als ob sie an einer bestimmten Körperstelle berührt worden sei. Man bezeichnet den Bereich deshalb als **somatosensorisches Rindenfeld**. Mithilfe der Stimulation lassen sich die Rindenfelder kartieren.

Auf beiden Seiten des Großhirns liegen die Schläfenlappen. Sie sind für das Erkennen von Gesichtern, das Hören und das Sprachverständnis zuständig. Im Hinterhauptlappen werden visuelle Eindrücke verarbeitet.

Das Hören eines bestimmten Musikstücks, das Betrachten eines Bildes oder ein bestimmter Geruch führen häufig dazu, dass man sich an konkrete Situationen, an Personen und Orte erinnert. Diese Assoziationen sind darauf zurückzuführen, dass die in den verschiedenen Hirnlappen gespeicherten Informationen der Sinnesorgane und Informationen aus anderen Hirnbereichen in übergeordneten Assoziationsregionen miteinander vernetzt werden.

1 Beschreiben Sie, wie man mithilfe einer elektrischen Sonde die Großhirnrinde kartieren kann.

Material

Informationsverarbeitung in Lebewesen • Nervensysteme

Material A Motorische und somatosensorische Rindenfelder

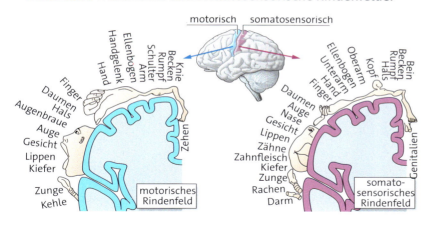

In den motorischen und in den somatosensorischen Rindenfeldern werden die Körperoberflächen in unterschiedlicher Größe repräsentiert. Diese verzerrte Darstellung wird als Homunkulus bezeichnet.

1 Vergleichen Sie die beiden Abbildungen.

2 Deuten Sie die Besonderheiten, die sich aus den motorischen und somatosensorischen Rindenfeldern ableiten lassen.

Material B Rindenfelder und Sprache

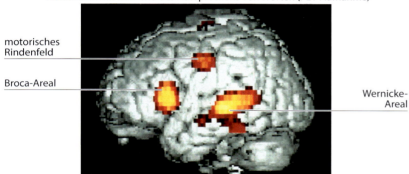

Gehirnaktivität während des Aussprechens von Worten (PET-Aufnahme)

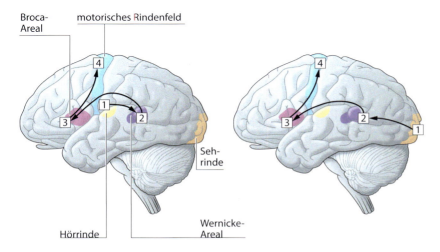

ein gehörtes Wort nachsprechen   ein geschriebenes Wort aussprechen

Mithilfe moderner bildgebender Verfahren wie der Positronen-Emissions-Tomografie, kurz PET, kann man sichtbar machen, welche Teile des Gehirns gerade aktiv sind. Weitere Untersuchungen führten zu einer Modellvorstellung, in welcher Reihenfolge die Gehirnregionen beim Nachsprechen eines gesprochenen Wortes oder beim Vorlesen aktiviert werden.

Bei Personen, deren Sprachvermögen nach einem Schlaganfall beeinträchtigt war, wurden folgende Beobachtungen gemacht:

Ist das Broca-Areal betroffen, sind die Personen in der Lage, Sprache zu verstehen, können aber keine Worte aussprechen. Ist das Wernicke-Areal betroffen, können die Menschen Sprache nicht verstehen, obwohl sie deutlich sprechen können.

1 Beschreiben Sie den Signalfluss im Gehirn beim Nachsprechen und Vorlesen von Worten.

2 Erklären Sie die unterschiedlichen Beeinträchtigungen der Sprachfähigkeit anhand der dargestellten Modellvorstellung.

4.2 Überblick: Bau des Gehirns

Rechte Hirnhälfte (Längsschnitt) und Vergrößerungsausschnitt des Hirnstamms mit Thalamus und Kleinhirn

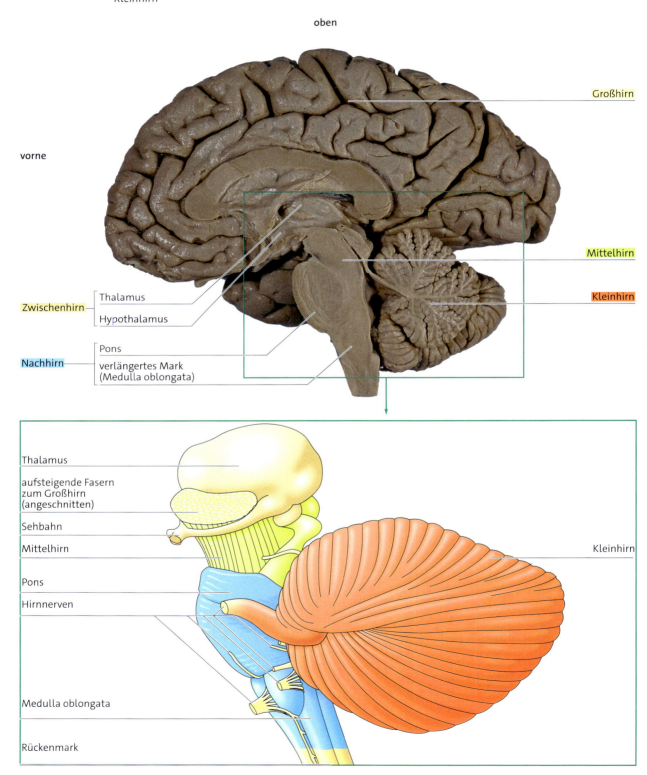

Areale und Rindenfelder des Großhirns

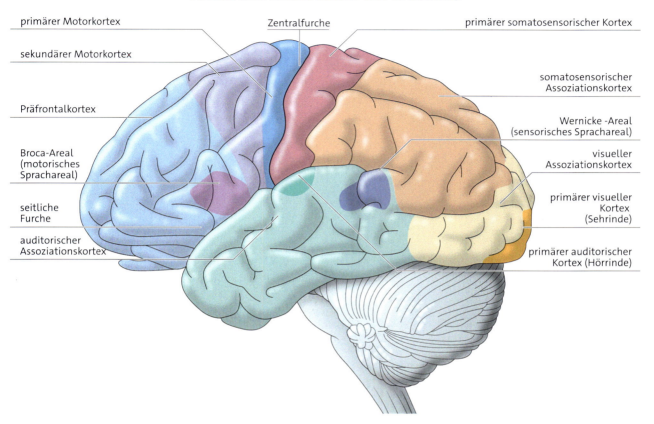

Limbisches System

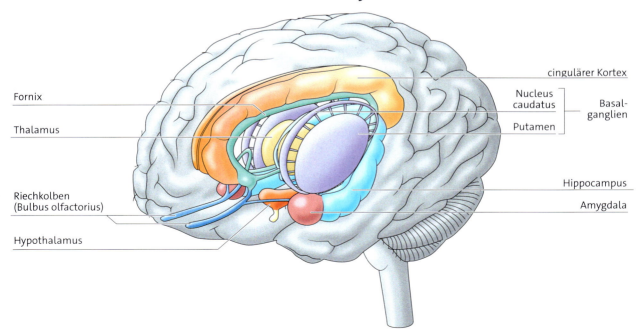

4.3 Neuronen und Gliazellen

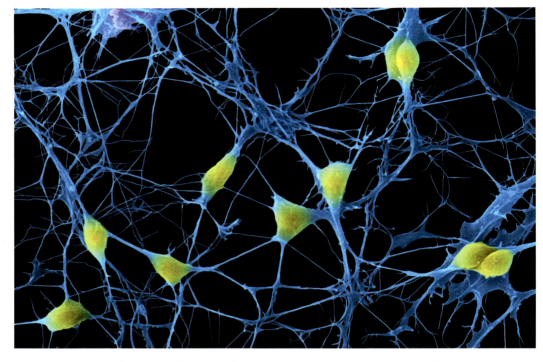

1 Zellkultur von Neuronen aus dem Cortex

Das mit einem Rasterelektronenmikroskop aufgenommene Foto zeigt Neuronen der Großhirnrinde, die in einer Zellkultur wachsen. Sie unterscheidet sich erheblich von Zellkulturen anderer Gewebe. Man erkennt gelb eingefärbte Zellkörper und blau hervorgehobene Fortsätze, die ein kompliziertes Netzwerk bilden. Um verstehen zu können, wie ein solches Netzwerk zustande kommt, muss die Struktur seiner Bestandteile bekannt sein. Wie ist ein Neuron aufgebaut?

Bau des Neurons • Alle Neuronen des Nervensystems weisen einen ähnlichen Bauplan auf. Das elektronenmikroskopische Bild der Zellkultur lässt erkennen, dass der Zellkörper eines Neurons, der als **Soma** bezeichnet wird, nur einen Teil der Nervenzelle ausmacht. Bei einem typischen Neuron hat er einen Durchmesser von etwa 20 μm. Im Soma befinden sich die für Körperzellen charakteristischen Organellen wie Zellkern, Golgi-Apparat, raues und glattes Endoplasmatisches Reticulum, Mitochondrien sowie alle für die Proteinbiosynthese notwendigen Strukturen. Dort werden das Wachstum des Neurons und alle Stoffwechselprozesse gesteuert. Der auffälligste Unterschied von Neuronen gegenüber anderen Zelltypen ist ein schmaler, bis zu 1 m langer Zellfortsatz, das **Axon** oder auch Neurit. In Längsrichtung des Axons verlaufen zum Cytoskelett gehörende geradlinige Röhren, die Mikrotubuli. Mithilfe der Mikrotubuli kann die Form des Neurons verändert werden. Außerdem dienen die Mikrotubuli dem Stofftransport durch das Axon. Der Übergang zwischen Soma und Axon wird aufgrund seiner Verdickung als Axonhügel bezeichnet. Dieser besondere Aufbau des Neurons dient der Informationsübertragung über größere Strecken. An den häufig verzweigten Axonenden sind aufgewölbte Strukturen erkennbar, die Synapsenendknöpfchen. Am Synapsenendknöpfchen kann das Neuron Informationen an andere Neuronen weitergeben.

Auch am Soma befinden sich häufig stark verzweigte Zellfortsätze. Da die Struktur dieser Fortsätze an einen Baum erinnert, werden sie als **Dendriten** bezeichnet. Über die Synapsenendknöpfchen stehen die Neuronen mit den Dendriten der Nachbarneuronen in Kontakt. Die Kontaktstellen heißen **Synapsen**. Hier empfangen die Neuronen die Signale anderer Nervenzellen. Im Gehirn eines erwachsenen Menschen ist jedes einzelne Neuron durchschnittlich über 10 000 Synapsen mit Nachbarneuronen verbunden.

griech. dendron = Baum

griech. synapsis = Verbindung

Gliazellen • Im Nervensystem der Wirbeltiere befinden sich neben den Neuronen weitere Zelltypen, die Gliazellen. Häufigste Gliazellen sind die **Astrocyten.** Sie unterstützen die neuronalen Funktionen im Gehirn und haben einen unregelmäßig geformten Zellkörper und relativ lange Fortsätze. Über ihren engen Kontakt zu den Neuronen beeinflussen sie deren Wachstum. Außerdem regulieren sie die chemische Zusammensetzung der extrazellulären Umgebung der Neuronen. Andere Astrocyten haben Kontakt zu den Blutgefäßen. Sie verhindern als Bestandteil der Blut-Hirn-Schranke das Eindringen giftiger Substanzen aus dem Blut in das Gehirn. Man nimmt an, dass sie wichtig für die Ernährung der Neuronen sind. **Mikrogliazellen** sind zuständig für die Beseitigung abgestorbener oder degenerierter Neuronen, andere Gliazellen sind an der Gehirnentwicklung beteiligt.

Die Axone der meisten Wirbeltierneuronen weisen gegenüber den Nervenzellen anderer Tierstämme eine Besonderheit auf. Sie sind von einer **Myelinscheide** umgeben. Die Myelinscheide wird von spezifischen Gliazellen, den **Schwann-Zellen**, gebildet. Sie umwickeln das Axon mehrfach. Dadurch entsteht ein dichter Membranstapel, der das Axon umhüllt und elektrisch isoliert. Schwann-Zellen bilden die Myelinscheide nur im peripheren Nervensystem. Im Zentralnervensystem wird diese Aufgabe von einem anderen Typ Gliazellen, den **Oligodendrogliazellen** übernommen. In regelmäßigen Abständen ist die Myelinscheide unterbrochen, sodass die Axonmembran dort freiliegt. Diese freien Stellen bezeichnet man als **Ranvier-Schnürringe**. Sie sind für die Erregungsleitung der elektrischen Signale von Bedeutung.

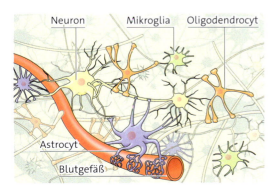

2 Gliazellen im Gehirn des Menschen

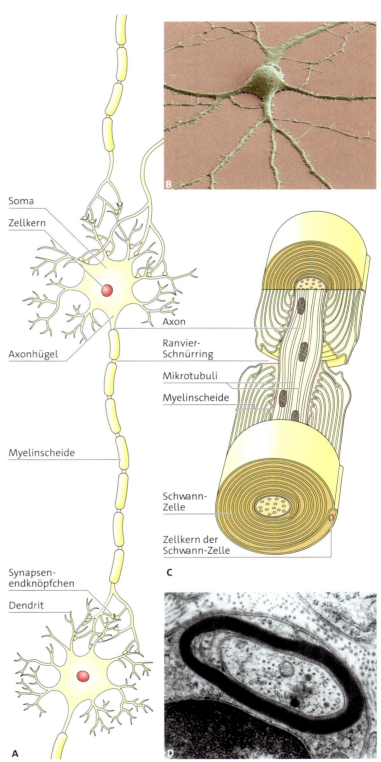

3 Aufbau eines Wirbeltierneurons: **A** Grundbauplan (Schema), **B** Zellkörper (EM-Aufnahme), **C** Axon mit Myelinscheide (Schema), **D** Querschnitt durch ein Axon (EM-Aufnahme)

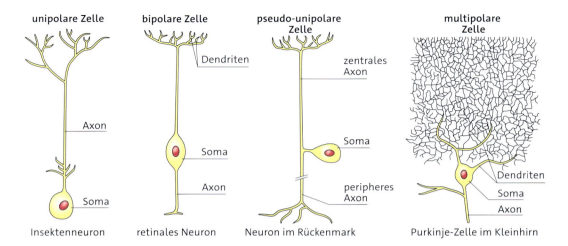

1 Neuronentypen

Neuronentypen • Obwohl alle Neuronen eine vergleichbare Grundstruktur haben, kann man einige Unterschiede beobachten: Bei wirbellosen Tieren haben die Neuronen meist nur einen einzigen Fortsatz. Sie werden deshalb als unipolar bezeichnet. In der Netzhaut des Wirbeltierauges befinden sich Neuronen mit zwei Fortsätzen, die bipolaren Zellen. Sie erhalten ihre Informationen von den Sinneszellen und leiten diese zum Sehnerv weiter.

Die Neuronen der sensorischen Bahnen zum Rückenmark entstehen während der Embryonalentwicklung aus bipolaren Zellen, deren Fortsätze miteinander verschmelzen und sich dann in ein zentrales und ein peripheres Axon, das die Funktion eines Dendriten erfüllt, gabelt. Sie werden deshalb als pseudo-unipolare Zellen bezeichnet. Die Purkinje-Zellen im Kleinhirn weisen eine starke Verästelung der Dendriten auf und können als multipolare Zellen besonders viele Synapsen ausbilden.

Transport im Axon • Da sich der Zellkern der Neuronen im Soma befindet, war lange Zeit unbekannt, wie die Produkte der Proteinbiosynthese zu den weit entfernten Synapsenendknöpfchen gelangen. Um diese Frage zu klären, experimentierten amerikanische Neurobiologen in den 1940er-Jahren mit Neuronen. Sie wollten überprüfen, ob Proteine aus dem Soma ins Axon transportiert werden. Hierzu schnürten sie das Axon direkt hinter dem Axonhügel mit einer Schlinge aus einem dünnen Faden ab. Sie konnten beobachten, dass sich auf der dem Soma zugewandten Seite Proteine und andere Stoffwechselprodukte anhäuften. Nach Lösen der Schlinge löste sich der Stau und die Proteine bewegten sich entlang des Axons.

Anhand neuerer Untersuchungen konnte ermittelt werden, wie der Stofftransport im Axon funktioniert. Die im Soma produzierten Moleküle werden über den Golgi-Apparat zunächst in Vesikel eingeschlossen. Innerhalb des Axons verlaufen in Längsrichtung Mikrotubuli. Ein spezifisches Protein, das Kinesin, bindet an ein Vesikel und bewegt sich mithilfe beinartiger Fortsätze unter Verbrauch von ATP entlang der Mikrotubuli. Der Transport verläuft vom Soma in Richtung der Synapsenendknöpfchen. Er wird als anterograder Transport bezeichnet.

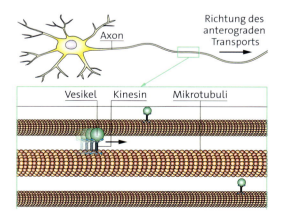

2 Vesikeltransport im Axon

1 Vergleichen Sie Struktur und Funktion von Neuronen und Gliazellen.

2 Erläutern Sie den Transport von Stoffwechselprodukten durch das Axon.

Material

Informationsverarbeitung in Lebewesen • Neuronen und Gliazellen

Material A Gliazellen im Gehirn

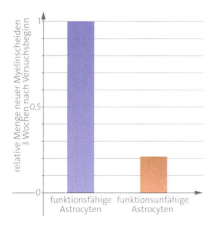

Beschädigte Myelinscheiden von Gehirnneuronen werden von Mikrogliazellen durch Phagocytose entfernt. Danach können Oligodendrocyten eine neue Myelinscheide bilden.

Um herauszufinden, welche Bedeutung Astrocyten für die Bildung der Myelinscheiden der Neuronen im Gehirn haben, wurde das Gehirngewebe von Mäusen mit einem Gift behandelt, das die Myelinscheiden beschädigt.

In einem weiteren Versuch wurden gleichzeitig die Astrocyten funktionsunfähig gemacht. Nach drei Wochen überprüfte man den Abbau der beschädigten Myelinscheiden und erhielt die im Diagramm gezeigten Ergebnisse.

Es konnte experimentell nachgewiesen werden, dass die Astrocyten einen Botenstoff freisetzen, der Mikrogliazellen in geschädigtes Gewebe einwandern lässt.

1 Erläutern Sie anhand des Säulendiagramms die Bedeutung der Astrocyten für die Regeneration der Myelinscheide.

2 Beschreiben Sie anhand der schematischen Darstellungen den Ablauf der Entfernung beschädigter Myelinscheiden.

3 Erklären Sie, welche Bedeutung der Gliazellen für das Gehirn aus diesen Befunden ableitbar ist.

Material B Proteintransport im Axon

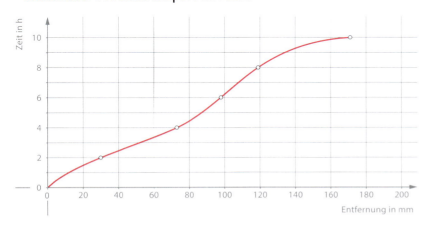

anschließend am Axon, in welcher Entfernung vom Soma die Radioaktivität messbar war.

Um nachzuweisen, mit welcher Geschwindigkeit Proteine im Axon durch Kinesin transportiert werden, wurde die Aminosäure Leucin radioaktiv markiert und in das Soma des Ischiasnervs einer Katze injiziert. Die Aminosäure wird in der Zelle sofort in Proteine eingebaut, die damit ebenfalls radioaktiv markiert sind. In verschiedenen Zeitabständen überprüfte man

1 Ermitteln Sie anhand der Ausbreitung der radioaktiv markierten Proteine die Transportrate im Axon pro Tag.

2 Erklären Sie den geringeren Wert der Ausbreitung radioaktiv markierter Proteine innerhalb der ersten beiden Stunden.

3 Begründen Sie, weshalb es bei diesem Experiment notwendig ist, die radioaktiv markierte Aminosäure in das Soma zu injizieren und nicht direkt in das Axon.

4.4 Entstehung des Membranpotenzials

1 Arbeitsplatz im elektrophysiologischen Labor

Die modernen Untersuchungsmethoden zur Funktionsweise von Neuronen sind mit einem hohen technischen Aufwand verbunden. Man benötigt einen Mikromanipulator mit Mikroelektroden, die über ein Mikroskop gesteuert werden. Der Arbeitstisch ist vibrationsfrei aufgehängt. Zudem wird die Apparatur durch einen Faraday-Käfig von äußeren elektrischen Einflüssen abgeschirmt. Gemessene Werte werden über einen Verstärker zu einem Computer geleitet, der die Daten grafisch darstellt. Weshalb ist solch ein Aufwand bei der Forschung an Nervenzellen notwendig?

griech. Ion = Wanderer

Geladene Teilchen im Neuron • Im Cytoplasma eines Neurons sind unterschiedlich geladene Ionen gelöst. Dies sind insbesondere positiv geladene Kaliumionen und negativ geladene organische Aminosäurereste und Proteine. Aufgrund der ungerichteten Eigenbewegung der Ionen verteilen sich die geladenen Teilchen gleichmäßig in der Lösung. Es handelt sich um einen Konzentrationsausgleich durch Diffusion.

Taucht man zwei Elektroden in die Zelle ein, so ist keine Spannung messbar, da sich die unterschiedlichen Ladungen der Ionen gegenseitig aufheben. Das Cytoplasma leitet jedoch elektrischen Strom. Legt man eine Stromquelle an, so wandern die positiv geladenen Kaliumionen zur negativ geladenen Kathode. Sie werden deshalb als Kationen bezeichnet. Die negativ geladenen organischen Anionen wandern zur positiv geladenen Anode.

Trennung von Ladungen • Das Neuron ist von der Lipiddoppelschicht der Zellmembran umhüllt. Auf ihrer Innen- und Außenseite unterscheiden sich die Konzentrationen der verschiedenen Ionen. Die Membran bildet für sie eine natürliche Barriere als ein elektrischer Isolator. Deshalb ist ein Konzentrationsausgleich durch Diffusion nicht möglich. In der Membran der Neuronen befinden sich jedoch Tunnelproteine. Sie sind selektiv für bestimmte Ionen durchlässig und werden als **Ionenkanäle** bezeichnet. Die Kanäle können sich öffnen und schließen und beeinflussen auf diese Weise den Ionenfluss durch die Membran.

Anhand einer vereinfachten Modellvorstellung lässt sich die Wirkung der Ionenkanäle verdeutlichen: In einer Zelle befinden sich gleich große Konzentrationen positiv geladener Kaliumionen, K^+, und negativ geladener organischer Anionen, A^-. Außerhalb der Zelle befinden sich keine Ionen in der Lösung. Sobald sich die Kaliumionenkanäle öffnen, diffundieren Kaliumionen nach außen. Je höher der Konzentrationsgradient ist, umso größer ist die Nettodiffusion. Außen nimmt die Anzahl der positiven Ladungen zu, während innen ihre Anzahl abnimmt.

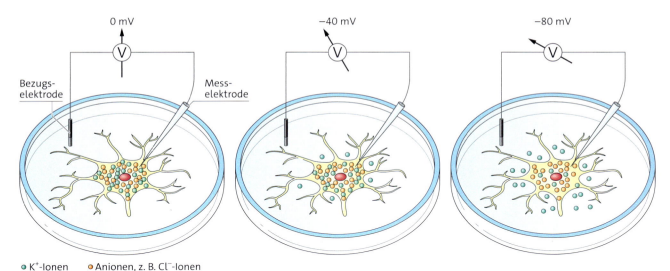

- K⁺-Ionen
- Anionen, z. B. Cl⁻-Ionen

2 Modellvorstellung zur Potenzialdifferenz

Da die organischen Anionen die Membran nicht passieren können, überwiegen im Zellinneren die negativen Ladungen. Es entsteht eine Potenzialdifferenz zwischen innen und außen, die man als Spannung messen kann. Hierbei wird das Potenzial der Zellaußenseite willkürlich auf den Wert null gesetzt. Je mehr Kaliumionen aus der Zelle hinausdiffundieren, desto größer wird die Potenzialdifferenz, und die gemessene Spannung steigt.

Die Anziehungskräfte der im Zellinneren zurückbleibenden Anionen auf die Kaliumionen wachsen. Dies hat zur Folge, dass bei einer bestimmten Potenzialdifferenz kein Nettoausstrom der Kaliumionen mehr erfolgt und die Spannung sich nicht mehr verändert. Damit wirken diese Kräfte entgegengesetzt zum Konzentrationsgradienten. Die bei dem entstandenen Gleichgewicht gemessene Spannung wird als **Gleichgewichtspotenzial** bezeichnet. Man kann sie für jedes neurophysiologisch wichtige Ion berechnen.

> **Blickpunkt**
>
> ## Elektrische Stromstärke
>
> Die Bewegung von elektrischen Ladungen wird als elektrischer Strom bezeichnet. Je größer die Ladungsmenge ist, die in einer bestimmten Zeit zum Beispiel durch den Querschnitt eines Ionenkanals fließt, desto höher ist die **Stromstärke I**. Sie wird in **Ampere**, kurz **A**, gemessen.
>
> ## Elektrische Spannung
>
> Die Zellmembran bewirkt eine Ladungstrennung zwischen der Zellinnen- und der Zellaußenseite. Dabei hat jede Seite ein bestimmtes elektrisches Potenzial. Die Differenz zwischen beiden Potenzialen wird als elektrische **Spannung U** bezeichnet. Sie steigt mit dem Ladungsunterschied zwischen der Zellinnenseite als Anode und der Zellaußenseite als Kathode. Die elektrische Spannung wird in **Volt**, kurz **V**, gemessen.

Ionenart	Extrazelluläre Konzentration in mmol/l	Intrazelluläre Konzentration in mmol/l	Verhältnis außen zu innen	Gleichgewichtspotenzial in mV
Kaliumionen (K⁺)	5	100	1 : 20	−80
Natriumionen (Na⁺)	150	15	10 : 1	62
Calciumionen (Ca²⁺)	2	0,0002	10 000 : 1	123
Chloridionen (Cl⁻)	150	13	11,5 : 1	−65

3 Ionenkonzentrationen und Gleichgewichtspotenziale

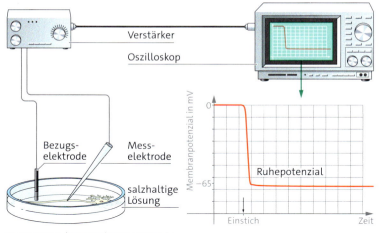

1 Messung des Membranpotenzials

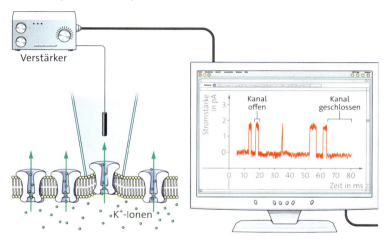

2 Patch-Clamp-Technik

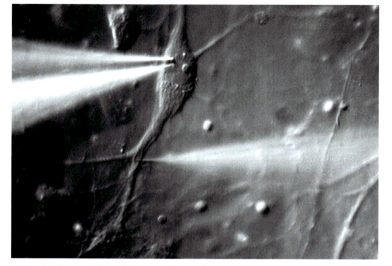

3 Patch-Clamp-Elektrode (EM-Aufnahme)

Messung von Membranpotenzialen • In den 1940er-Jahren wurde die Methode zur Messung elektrischer Potenziale an Zellmembranen entwickelt. Als Messelektrode verwendet man eine Glaskapillare, die mit einer Salzlösung gefüllt ist. Ein in die Glaskapillare eingeführter Draht ist mit einem Verstärker und einem Oszilloskop verbunden, das die gemessenen Spannungen gegenüber einer weiteren Elektrode, der Bezugselektrode, anzeigt. Um den Ablauf eines Aktionspotenzials aufzuklären, benötigte man ein Verfahren, mit dem man Ionenströme messen kann, die **Voltage-Clamp-Technik**.

In den 1970er-Jahren gelang es, diese Methode zu verfeinern. Die Forscher entwickelten eine Glaskapillare, mit einem Spitzendurchmesser von nur 1 μm und besonders glatten Rändern. Die Glaskapillare ist mit einer Salzlösung gefüllt, die der Extrazellularflüssigkeit entspricht. Dort hinein taucht ein sehr feiner Silberdraht, der über einen Verstärker mit einem Computer verbunden ist. Mithilfe eines leichten Unterdrucks kann ein einzelner Ionenkanal angesaugt werden. Die Methode wird als **Patch-Clamp-Technik** bezeichnet und erlaubt die die Ionenströme durch einen geöffneten Ionenkanal exakt zu messen. Die Stromstärken liegen bei wenigen Pikoampere (pA), also 10^{-12} Ampere (A).

Bei diesen Messverfahren würden selbst kleinste Erschütterungen, zum Beispiel durch Schritte im Raum, verhindern, dass die Glaskapillare zielgenau gesteuert werden kann. Daher ist ein schwingungsgedämpfter Labortisch bei diesen Experimenten unbedingt notwendig.

Die extrem geringen Stromflüsse sind nur mithilfe einer aufwendigen Verstärkung messbar, wenn alle elektromagnetischen Umgebungseinflüsse wie das Telefonieren mit einem Handy durch einen Faraday-Käfig abgeschirmt werden.

1 Erklären Sie anhand von Abbildung 2 auf Seite 273 die Entstehung eines Gleichgewichtspotenzials.

2 Erläutern Sie, weshalb innerhalb eines Neurons keine Spannung messbar ist.

3 Beschreiben Sie die Methoden zur Messung von Membranpotenzialen.

Material

Informationsverarbeitung in Lebewesen • Entstehung des Membranpotenzials

Material A Modellversuch zum Gleichgewichtspotenzial

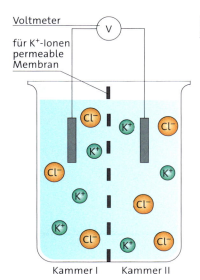
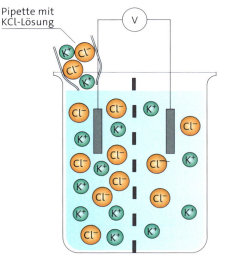
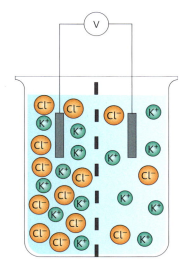

Ein Becherglas wird durch eine semipermeable Membran, die nur für Kaliumionen durchlässig ist, in zwei Kammern geteilt. Das Gefäß wird zunächst mit einer Kaliumchloridlösung gefüllt, sodass in beiden Kammern die gleichen Ionenkonzentrationen vorliegen. In einem weiteren Versuch erhöht man in der linken Kammer die Kaliumchloridkonzentration um das Zehnfache.

1 Erläutern Sie die Vorgänge im Becherglas nach Erhöhung der Kaliumchloridkonzentration in der linken Kammer.

2 Beschreiben und erklären Sie die elektrische Spannung in den drei Bechergläsern.

3 Erklären Sie, weshalb es in diesem Modellversuch nicht zu einem Konzentrationsausgleich zwischen den Kammern kommt.

Material B Membranpotenzial für Kaliumionen

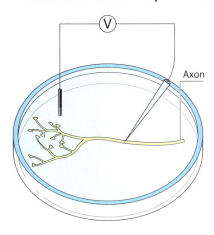

Das Axon eines Tintenfischneurons wird isoliert und in eine physiologische Kochsalzlösung gelegt, deren Ionenkonzentrationen denen der intrazellulären Flüssigkeit entsprechen. Anschließend wird die Zellflüssigkeit des Axons nach und nach gegen eine Flüssigkeit ausgetauscht, deren Kaliumionenkonzentration immer stärker zunimmt.

1 Beschreiben Sie die Veränderung des Membranpotenzials während des Versuchs.

2 Erklären Sie den Verlauf des Membranpotenzials.

4.5 Vom Ruhe- zum Aktionspotenzial

1 Tintenfisch *Loligo*

Als Neurophysiologen erste experimentelle Messungen an Neuronen durchführten, gab es noch keine Mikroelektroden, mit denen die nur 0,5 bis 20 µm dünnen Axone von Wirbeltieren untersucht werden konnten. Die Axone des Tintenfischs Loligo hingegen haben einen Durchmesser von bis zu 2 mm und sind deshalb verhältnismäßig leichter zu präparieren. So wurde Loligo zu einem der wichtigsten Modellorganismen für Neurophysiologen. Als man die Spannungsverhältnisse am Loligo-Axon erforschte, beobachtete man, dass sich das Potenzial an der Membran nach einer Reizung spontan änderte. Wie lassen sich diese Potenzialveränderungen erklären?

Spannung am Axon im Ruhezustand • Sticht man eine Messelektrode in ein nicht erregtes Axon von *Loligo* und taucht die Bezugselektrode in die Umgebungsflüssigkeit, kann man eine Potenzialdifferenz messen. Diese bezeichnet man als **Ruhepotenzial.** Das Innere des Neurons ist gegenüber der extrazellulären Seite negativ geladen. Für Wirbeltierneuronen im Ruhezustand gelten ähnliche Bedingungen. Je nach Zelltyp werden Werte zwischen −40 und −90 mV gemessen.

Die Zellmembran des Neurons trennt unterschiedliche Ladungen. Im Zellinneren befinden sich hauptsächlich Kaliumionen und organische Anionen wie Aminosäurereste und Proteine. In nur geringen Konzentrationen kommen Natrium- und Chloridionen vor. Auf der Zellaußenseite hingegen finden sich hohe Natrium- und Chloridionenkonzentrationen, aber nur verhältnismäßig wenige Kaliumionen. Die Gleichgewichtspotenziale der verschiedenen Ionenarten tragen in unterschiedlicher Weise zum Ruhepotenzial bei. Je größer die Permeabilität der Zellmembran für eine Ionenart ist, umso stärker wird das gemessene Potenzial durch deren Gleichgewichtspotenzial bestimmt. Bei Säugetierneuronen ist dies insbesondere das Gleichgewichtspotenzial für Kaliumionen. Ein Teil der Kaliumionenkanäle ist ständig geöffnet. Sie werden deshalb auch Kaliumionenhintergrundkanäle genannt. Aufgrund des Konzentrationsgefälles diffundieren Kaliumionen durch die geöffneten Kanäle von innen nach außen. Wenn die Membran nur für Kaliumionen durchlässig wäre, müsste das Ruhepotenzial den gleichen Wert haben wie das Gleichgewichtspotenzial von Kaliumionen, also etwa −80 mV. Beim Säugetierneuron wird jedoch ein Wert von ungefähr −65 mV gemessen. Diese Abweichung ist darauf zurückzuführen, dass in geringerem Umfang Natriumionen von außen in die Zelle diffundieren.

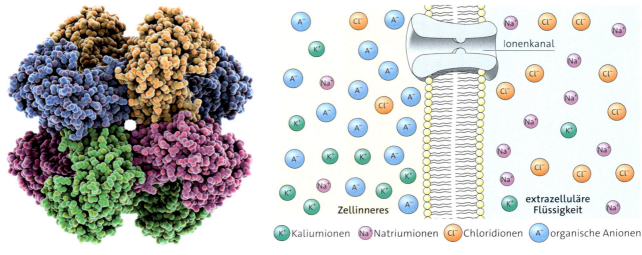

2 Aufsicht eines Kaliumionenkanals mit zentralem Kaliumion

3 Ionenverteilung an der Membran eines Neurons

Erhaltung des Ruhepotenzials • Die Funktionsfähigkeit des Neurons ist davon abhängig, dass die Natriumionenkonzentration außerhalb des Neurons höher ist als innen und dass die Kaliumionenkonzentration auf der Innenseite höher ist als außerhalb des Neurons. Der fortwährende Einstrom von Natriumionen in das Neuron und von Kaliumionen aus dem Neuron heraus würde zur Folge haben, dass die Natrium- und die Kaliumionengradienten kontinuierlich abnehmen. Das Ruhepotenzial müsste zusammenbrechen. Es bleibt in der lebenden Nervenzelle jedoch konstant. Ursache hierfür ist ein Protein in der Zellmembran, das Bindungsstellen auf der Zellinnenseite für Natriumionen sowie für ATP besitzt und für Kaliumionen Bindungsstellen auf der Zellaußenseite. Es transportiert gleichzeitig drei Natriumionen nach außen und zwei Kaliumionen ins Innere der Zelle. Die Energie, die für diesen aktiven Transport der Ionen gegen den Konzentrationsgradienten nötig ist, liefert die Hydrolyse von ATP. Deshalb wird das Protein als Natrium-Kalium-Pumpe bezeichnet. Die Kalium-Natrium-Pumpe ist für etwa 70 % des Energieverbrauchs des Gehirns verantwortlich.

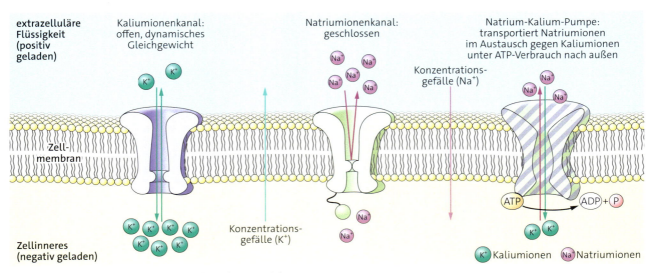

4 Modell zur Entstehung und Erhaltung des Ruhepotenzials

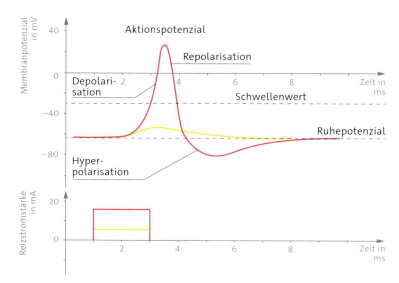

1 Reaktion eines Axons auf Reize

Potenzialveränderungen durch Reize • Wenn man in einem Experiment eine Stelle des Axons geringfügig reizt, sodass sich das Membranpotenzial kurzzeitig von −65 auf −50 mV verringert, kehrt das Membranpotenzial rasch zum Ausgangszustand zurück. Man beobachtet keine weiteren Auswirkungen auf das Axon. Erreicht das Membranpotenzial durch einen stärkeren Reiz einen bestimmten **Schwellenwert**, beispielsweise −30 mV, führt dies jedoch zu einer spontanen Reaktion, bei der sich die Spannungsverhältnisse an der gereizten Stelle der Membran des Axons innerhalb 1 ms umkehren. Ein **Aktionspotenzial** wird ausgelöst. Am Oszilloskop lässt sich der Verlauf der Potenzialumkehr beobachten.

Ablauf eines Aktionspotenzials • Im Ruhezustand entspricht die extrazelluläre Konzentration der positiv geladenen Natriumionen etwa dem Zehnfachen der Konzentration im Zellinneren. Das Membranpotenzial von −65 mV ist aber im Verhältnis zum Natriumionengleichgewichtspotenzial von 62 mV negativ. Da sich entgegengesetzte Ladungen anziehen und die spannungsgesteuerten Natriumionenkanäle geschlossen sind, ist die Anziehungskraft für die Natriumionen, die elektrostatische Anziehungskraft, beträchtlich.

1 Wird die Axonmembran so stark gereizt, dass der Schwellenwert erreicht wird, werden Spannungssensoren der Natriumionenkanäle aktiviert und die Kanäle öffnen sich. Der daraus resultierende Natriumioneneinstrom führt zur **Depolarisation** der Axonmembran. Da sich auf einer Membranfläche von 1 μm mehrere Tausend Natriumionenkanäle befinden, die sich gleichzeitig öffnen, verändert sich das Membranpotenzial sehr schnell bis zu einem Wert von etwa +30 mV. Das Zellinnere ist gegenüber dem Extrazellularraum positiv geladen, es kommt zur Spannungsumkehr, dem Overshoot. Nach 1 ms werden die Natriumionenkanäle wieder geschlossen.

2 Die Depolarisation der Axonmembran löst zeitlich um ungefähr 1 ms verzögert das Öffnen spannungsgesteuerter Kaliumionenkanäle aus. Da der Zellaußenraum zu diesem Zeitpunkt negativ geladen ist, ist die elektrostatische Anziehungskraft, die einen Ausstrom der Kaliumionen aus der Zelle bewirkt, sehr hoch. Die Kaliumionen strömen deshalb schnell aus dem Axon heraus und führen dazu, dass das Membranpotenzial innen äußerst schnell wieder negativ wird. Es findet eine **Repolarisation** statt.

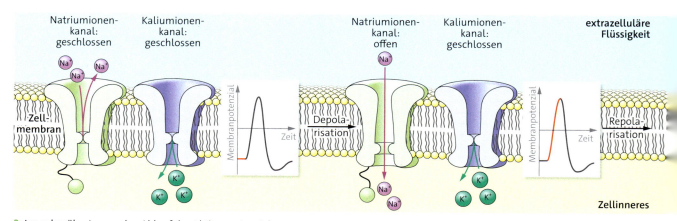

2 Ionenkanäle steuern den Ablauf des Aktionspotenzials

3 Da für einen sehr kurzen Zeitraum sowohl die spannungsgesteuerten Kaliumionenkanäle als auch die Kaliumionenhintergrundkanäle geöffnet sind, strömen mehr Kaliumionen aus dem Axon als notwendig sind, um das Ruhepotenzial wieder zu erreichen. Deshalb sinkt die Kurve des Aktionspotenzials tiefer ab. Es kommt zur **Hyperpolarisation,** die auch als Undershoot bezeichnet wird.

Verminderte Erregbarkeit • Anhand von Messungen konnte man feststellen, dass Neuronen durch starke Reizung mit bis zu 1000 Hertz feuern können. Das bedeutet, dass sie 1000 Aktionspotenziale pro Sekunde erzeugen können, aber nicht mehr. Wie lässt sich dieser Befund erklären? Nachdem ein Aktionspotenzial ausgelöst wurde, ist das Neuron für etwa 1 ms nicht erregbar. Einem Modell zufolge hat jeder spannungsgesteuerte Natriumionenkanal einen kugelförmigen Proteinteil, der in das Zellinnere hineinragt. Bei der Inaktivierung des Kanals durch die Spannungsumkehr klappt die Kugel in die Pore und verschließt sie wie ein Tor. Dadurch wird ein weiteres Aktionspotenzial verhindert. Diese Phase nennt man **absolute Refraktärzeit**. Wenn das Membranpotenzial wieder das Ruhepotenzial erreicht, löst sich die Proteinkugel vom Kanal und die Natriumionenkanäle schließen sich. Jetzt kann wieder ein Aktionspotenzial ausgelöst werden. Da die Kaliumionenkanäle noch geöffnet sind und die Membran hyperpolarisiert ist, ist jedoch ein stärkerer depolarisierender Stromimpuls notwendig, um den Schwellenwert zu erreichen. Diese Phase wird deshalb als **relative Refraktärzeit** bezeichnet.

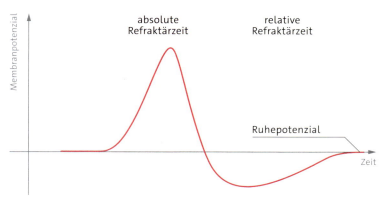

3 Absolute und relative Refraktärzeit

Aufgrund der spezifischen Reaktion der spannungsgesteuerten Ionenkanäle auf einen überschwelligen Reiz entstehen immer gleich starke Ionenströme. Das bedeutet, dass ein Aktionspotenzial eines jeden Neurontyps immer die gleiche Höhe, also die gleiche Amplitude hat. Aktionspotenziale funktionieren wie ein Schalter, der ein- oder ausgeschaltet ist. Es handelt sich somit um ein Alles-oder-nichts-Prinzip.

1 Erläutern Sie, wie das Ruhepotenzial zustande kommt.

2 Beschreiben Sie den Ablauf eines Aktionspotenzials.

3 Erläutern Sie, weshalb während der absoluten Refraktärzeit kein Aktionspotenzial ausgelöst werden kann.

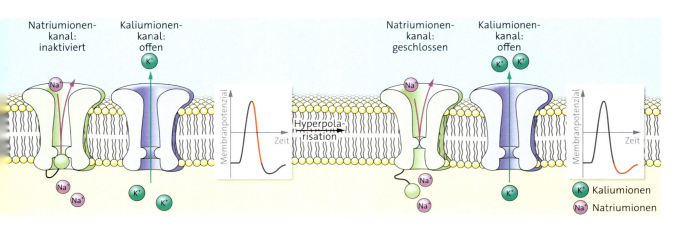

Material

Material A Messung des Membranpotenzials

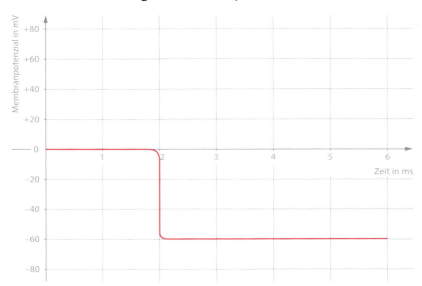

Die Aufzeichnung des Membranpotenzials beim Tintenfisch *Loligo* zeigt die in der Abbildung dargestellten Messergebnisse.

1 Beschreiben Sie die Versuchsanordnung, die zur Gewinnung der Messergebnisse benötigt wird.

2 Erklären Sie die Veränderung der Spannung zum Zeitpunkt t = 2 ms.

Material B Austrittsrate für Natriumionen bei *Loligo*

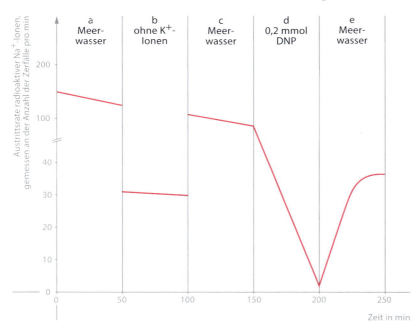

Ein Riesenaxon von Loligo wird über längere Zeit in Meerwasser gelegt, dessen Natriumionen durch radioaktive Natriumionen ersetzt worden sind. Dadurch wird erreicht, dass die Natriumionen im Axon radioaktiv markiert sind.

Erst dann beginnt die eigentliche Versuchsreihe:

a Die Austrittsrate der radioaktiven Natriumionen aus dem Axon wird in normalem Meerwasser gemessen.

b Anschließend wird das Axon in eine Lösung gelegt, die keine Kaliumionen enthält.

c Das Axon wird in normales Meerwasser überführt.

d Dem Meerwasser wird Dinitrophenol, kurz DNP, zugegeben. DNP blockiert die ATP-Synthese in den Mitochondrien.

e Das Axon wird in normales Meerwasser gelegt.

1 Beschreiben Sie die Ergebnisse der Teilversuche a bis e anhand der Abbildung.

2 Erklären Sie die jeweiligen Ergebnisse zu den Teilversuchen unter Berücksichtigung Ihrer Kenntnisse zur Aufrechterhaltung des Ruhepotenzials.

3 In einem weiteren Versuch wird das Axon im Verlauf von Stadium d elektrisch gereizt. Begründen Sie, welche Auswirkungen zu erwarten sind.

Material C Reize und Aktionspotenziale

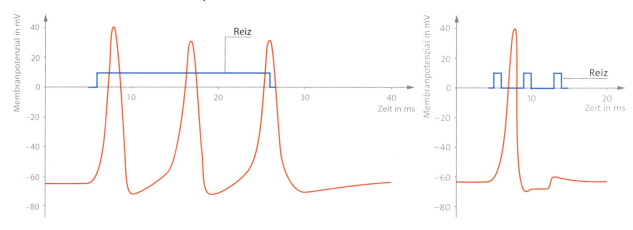

In einem Experiment wird untersucht, wie das Axon eines Neurons auf eine Dauerreizung über einen Zeitraum von 20 ms reagiert.

In einem zweiten Experiment wird das Axon drei kurzen Reizen mit einer Dauer von jeweils einer 1 ms ausgesetzt.

1 Vergleichen Sie die Beobachtungen der beiden Experimente.

2 Deuten Sie die unterschiedlichen Reaktionen des Axons.

Material D *Fugu* – gefährlich und delikat

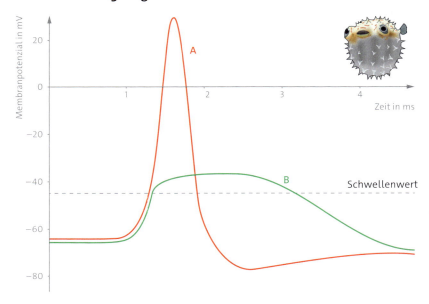

Der *Fugu* ist der bekannteste Vertreter der Kugelfische. Er ist ein Knochenfisch, dessen Schuppen zu Stacheln umgewandelt sind. Bei Gefahr können die Kugelfische sich aufblähen, indem sie Wasser in eine sackartige Erweiterung des Magens pumpen. Dadurch vergrößert sich ihr Volumen und die Stacheln stehen nach außen ab, was bei Kontakt für Raubfische äußerst unangenehm werden kann. Ein weiterer Schutzmechanismus des *Fugu* ist die Anreicherung des Gifts Tetrodotoxin in seinen Organen. Es ist eines der stärksten bekannten nicht proteinartigen Nervengifte. Eine Dosis von 10 µg pro kg Körpermasse ist bereits tödlich.

Obwohl *Fugu* extrem giftig ist, steht er in Japan ganz oben auf der Delikatessenliste. Wer in Japan einen *Fugu* zubereiten möchte, muss mithilfe eines speziellen Kochkurses eine Lizenz dafür erwerben, da es jährlich zu etwa 150 Todesfällen durch eine *Fugu*-Vergiftung kommt. Wichtig bei der Zubereitung ist, dass die giftigen Keimdrüsen sowie Gallenblase, Leber und Darm schnell und sauber entfernt werden, da das Gift sonst in die ungiftige Muskulatur gelangt.

1 Vergleichen Sie die Verläufe der abgebildeten Membranpotenziale A und B.

2 Begründen Sie anhand des Verlaufs der Kurve B die Wirkungsweise von Tetrodotoxin auf Neuronen.

3 Stellen Sie Hypothesen zu den Folgen der Vergiftung mit Tetrodotoxin für den Organismus auf.

4.6 Erregungsleitung

1 Zungenschuss eines Chamäleons

Ein Chamäleon sitzt scheinbar regungslos auf einem Ast. Während es seine Beute mit den Augen fixiert, ragt seine Zunge ein wenig aus dem leicht geöffneten Maul. Plötzlich schleudert die Zunge innerhalb von wenigen Millisekunden in Richtung Beute. Bei diesem Zungenschuss kann die Chamäleonzunge eine Geschwindigkeit von 6 m/s erreichen. Das getroffene Beutetier wird von der Zungenspitze angesaugt und anschließend ins Maul des Chamäleons gezogen. Wie erfolgt die neuronale Erregungsleitung für diese extrem schnelle Bewegung?

Weiterleitung von Aktionspotenzialen • Wird an einem Axon durch einen elektrischen Impuls ein Aktionspotenzial ausgelöst, lassen sich anhand von Messelektroden innerhalb kürzester Zeit Aktionspotenziale in immer größeren Abständen vom Ursprungsort nachweisen. Das bedeutet, dass die Erregung entlang des Axons kontinuierlich weitergeleitet wird. Da bei einem Aktionspotenzial zunächst Natriumionen in die Zelle einströmen, ist das Zellinnere in diesem Bereich kurzfristig gegenüber der Außenseite positiv geladen. In der direkten Umgebung befindet sich das Axon im Ruhezustand. Dort ist das Zellinnere gegenüber außen negativ geladen. Aufgrund dieser Ladungsunterschiede kommt es zu einem seitlichen Stromfluss, den lokalen Strömchen. Sie haben eine Depolarisation der Axonmembran in der Umgebung des Aktionspotenzials zur Folge. Erreicht dort die Depolarisation den Schwellenwert, öffnen sich die spannungsgesteuerten Natriumionenkanäle und lösen ein neues Aktionspotenzial aus. Somit wird die Erregung entlang des Axons weitergeleitet.

In der Nervenzelle entstehen Aktionspotenziale am Axonhügel und breiten sich nur in Richtung der präsynaptischen Endigungen aus. Obwohl die lokalen Strömchen in beide Richtungen fließen, ist eine gegenläufige Ausbreitung nicht möglich, da sich die Natriumionenkanäle nach einem Aktionspotenzial in der Refraktärphase befinden und nicht auf die Depolarisation reagieren.

Verschiedene Leitungsgeschwindigkeiten • Die Riesenaxone des Tintenfischs, des Kalmars, leiten sensorische Erregungen, die den Fluchtreflex steuern. Da Schnelligkeit für die Tiere einen Selektionsvorteil bedeutet, haben sich im Verlauf der Evolution Axone mit einer höheren Leitungsgeschwindigkeit entwickelt. Offensichtlich besteht ein Zusammenhang zwischen Leitungsgeschwindigkeit und Durchmesser des Axons. Bei der Präparation eines solchen

Riesenaxons ermittelte man einen Durchmesser von 1 mm. Damit ist es 100 bis 1000 mal dicker als die Axone der Säugetiere.

In dünnen Axonen ist der Innenwiderstand relativ hoch, die lokalen Strömchen können sich nicht weit ausbreiten. Mit zunehmendem Durchmesser des Axons sinkt der Innenwiderstand. Damit erhöht sich die Reichweite der lokalen Strömchen. Eine den Schwellenwert übersteigende Depolarisation erfolgt aufgrund der höheren Stromstärke schneller und in größeren Abständen. Ein größerer Durchmesser erhöht also die Leitungsgeschwindigkeit. Weiterhin konnte man feststellen, dass dünnere Axone gegenüber dickeren Axonen eine stärkere Depolarisation benötigen um den Schwellenwert zu erreichen. Das bedeutet, dass dickere Axone leichter erregbar sind als dünne Axone.

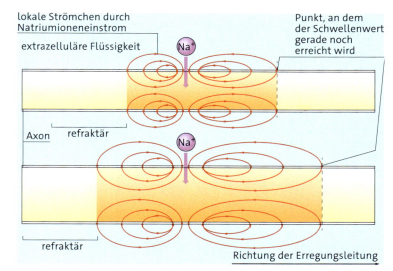

2 Einfluss des Axondurchmessers auf lokale Strömchen

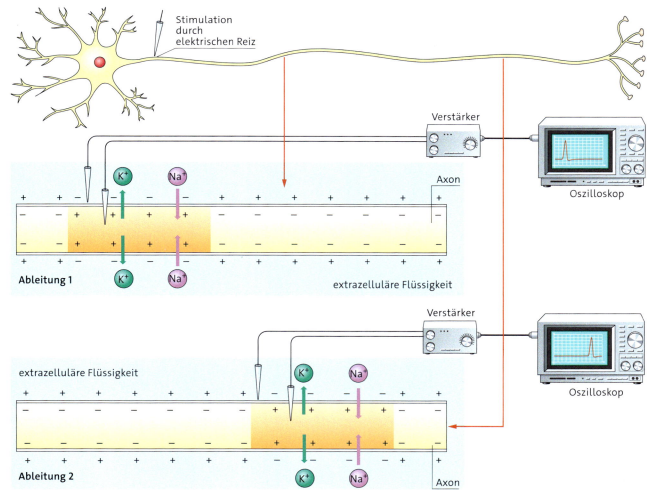

3 Ausbreitung eines Aktionspotenzials

Lebewesen	Axondurchmesser in µm	Leitungsgeschwindigkeit in m/s
Qualle	6 bis 12	0,5
Schabe, Bauchmark	50	7
Loligo, Riesenaxon	650	25
Mensch, sensorische Aδ-Nervenfaser	2 bis 5	10 bis 30
Mensch, sensorische Aβ-Nervenfaser	7 bis 15	40 bis 90
Mensch, C-Nervenfaser, ohne Myelinscheide	0,5 bis 1,5	0,5 bis 2,0

1 Leitungsgeschwindigkeiten verschiedener Axone

lat. saltare = springen

Axon mit Myelinscheide siehe Seite 269.

Saltatorische Erregungsleitung • Höhere Leitungsgeschwindigkeiten durch größere Axondurchmesser wie beim Tintenfisch haben einen erheblichen Nachteil: Das Nervensystem benötigt viel Raum. Bei den Wirbeltieren, zu denen auch das Chamäleon gehört, entwickelte sich im Lauf der Evolution (▶ S. 327) ein anderer, raumsparender Weg. Die Axone, auch Nervenfasern, der Wirbeltiere sind von einer Myelinscheide umgeben, die in Abständen von 0,2 bis 2,0 mm von Ranvier-Schnürringen unterbrochen ist. Die Myelinscheide wirkt wie die Isolierung eines Stromkabels und verstärkt den Stromfluss im Inneren des Axons. Dadurch erhöht sich die Reichweite der lokalen Strömchen erheblich. Nur in den frei liegenden Bereichen der Ranvier-Schnürringe befinden sich spannungsgesteuerte Natriumionenkanäle und nur hier werden Aktionspotenziale ausgelöst. Dies hat zur Folge, dass die Aktionspotenziale von Schnürring zu Schnürring springen. Die Geschwindigkeit dieser **saltatorischen Erregungsleitung** ist erheblich höher als die der kontinuierlich weitergeleiteten Erregung der nicht myelinisierten Fasern. Ein weiterer Vorteil der saltatorischen Erregungsleitung ergibt sich daraus, dass sie weniger Energie benötigt, da weniger Ionenpumpen notwendig sind.

1 Erläutern Sie die Bedeutung der lokalen Strömchen für die Erregungsleitung.

2 Vergleichen Sie die kontinuierliche und die saltatorische Erregungsleitung.

3 Nehmen Sie Stellung zu der Aussage, dass das Gehirn eines Menschen ohne Myelinscheide größer als ein Scheunentor sein müsste.

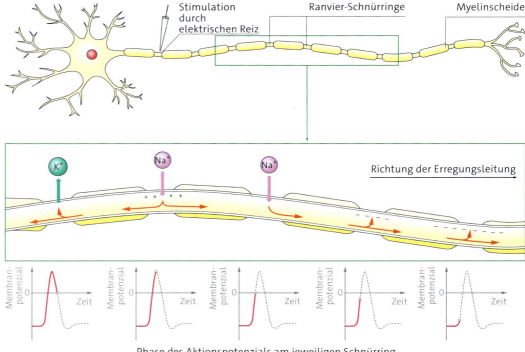

2 Saltatorische Erregungsleitung

Material

Informationsverarbeitung in Lebewesen • Erregungsleitung

Material A Lokalanästhesie

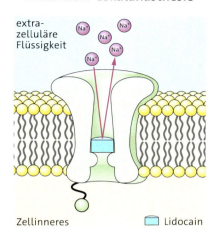

Schmerz- und Berührungsreize werden von verschiedenen Neuronen verarbeitet. Die Signalübertragung von Schmerzen läuft über sehr aktive, dünne Aδ-Neuronen und C-Neuronen ohne Myelinscheide. Die Signale von Berührungen werden von weniger aktiven, dicken Aβ-Neuronen übertragen. Diesen Umstand macht man sich in der medizinischen Praxis bei der Lokalanästhesie mit dem Wirkstoff Lidocain zunutze. So kann ein Zahnarzt mit einer Injektion von Lidocain in den Gaumen die schmerzassoziierten Bahnen des umliegenden Gewebes betäuben. Die Wirkung des Lidocains beruht darauf, dass es durch die Axonmembran in die Axone der schmerzassoziierten Neuronen diffundiert und die Natriumionenkanäle blockiert.

1 Erläutern Sie, weshalb Lidocain zu einer lokalen Betäubung führt.

2 Stellen Sie anhand der Prinzipien der Erregungsleitung eine Hypothese auf, weshalb ein Patient zwar keine Schmerzen, aber Berührungen wahrnehmen kann.

Material B Domino-Modell zur Erregungsleitung

Bei wirbellosen Tieren werden Aktionspotenziale kontinuierlich entlang des Axons weitergeleitet. Dieses Prinzip gilt auch für viele Nervenbahnen des menschlichen Körpers, beispielsweise für die Steuerung der inneren Organe. Die Leitungsgeschwindigkeit beträgt hier etwa 1 m/sec.

Die meisten Axone des Menschen weisen eine deutlich schnellere Erregungsleitung von bis zu 90 m/s auf.

Mit Dominosteinen lässt sich die Erregungsleitung im Modell nachvollziehen.

1 Simulieren Sie die kontinuierliche Erregungsleitung mit den Dominosteinen und messen Sie die Zeit.

2 Vergleichen Sie die Zustände des Modells mit den Zuständen im Original: Dominosteine aufrecht, Dominosteine fallend, Domino-Steine liegend.

3 Überlegen Sie auf Grundlage der durchgeführten Simulation, durch welche Veränderungen des Modells die Leitungsgeschwindigkeit erhöht werden könnte. Wählen Sie hierzu unter den vorgegebenen Materialien: Dominosteine, Holzstäbe verschiedener Längen, Gummiringe, Gummibänder, Schlauchstücke

4 Überprüfen Sie, ob das entwickelte Modell tatsächlich eine höhere Leitungsgeschwindigkeit aufweist. Entwickeln Sie eine geeignete Teststrategie.

5 Leiten Sie aus dem positiv getesteten Modell Vorhersagen über die Verteilung der spannungsabhängigen Natrium-Kanäle ab. Fertigen Sie hierzu eine geeignete Skizze entsprechend der unteren Darstellung zur kontinuierlichen Erregungsleitung an.

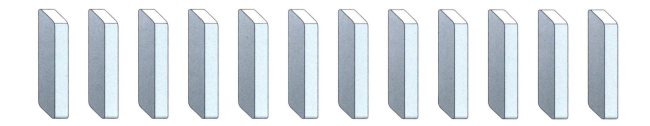

4.7 Informationsübertragung an Synapsen

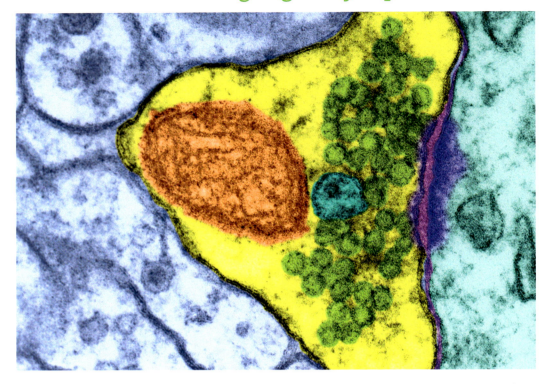

1 Elektronenmikroskopische Aufnahme einer Synapse

Im elektronenmikroskopischen Bild erkennt man ein Synapsenendknöpfchen dicht am Soma einer anderen Nervenzelle anliegend. Deutlich sichtbar sind die kleinen grünen Vesikel im Bereich der präsynaptischen Endigung und die Zellmembranen, die beide Nervenzellen voneinander trennen. Trotz dieser Trennung werden Aktionspotenziale vom Synapsenendknöpfchen an das nachfolgende Neuron übermittelt. Wie geschieht dies und welche Rolle spielen dabei die synaptischen Vesikel?

Chemische Synapsen • Zwischen den beiden Nervenzellen befindet sich ein schmaler Spalt mit einer Breite von ungefähr 20 bis 40 nm. Die an diesen **synaptischen Spalt** angrenzende Membran des Synapsenendknöpfchens wird als präsynaptische Membran und die der nachgeschalteten Nervenzelle als postsynaptische Membran bezeichnet. Astrocyten in der direkten Umgebung der Synapsen produzieren eine aus faserförmigen Proteinen bestehende Matrix, die den Kontakt zwischen beiden Nervenzellen im synaptischen Spalt verstärkt.

In den Vesikeln des Synapsenendknöpfchens befindet sich ein chemischer Botenstoff, der in den synaptischen Spalt freigesetzt wird. Ein Beispiel ist der Neurotransmitter **Acetylcholin**. Er ist für die Signalübertragung über den synaptischen Spalt hinweg verantwortlich. Derartige Synapsen werden deshalb als chemische Synapsen bezeichnet.

Ablauf der Informationsübertragung •
1 Erreicht ein Aktionspotenzial das Synapsenendknöpfchen, wird dessen Membran durch die Öffnung der Natriumionenkanäle depolarisiert. Diese Depolarisation hat zur Folge, dass sich spannungsgesteuerte Calciumionenkanäle öffnen. Da die Calciumionenkonzentration im Bereich des synaptischen Spalts bis zu 500-mal höher als im Zellinneren ist, strömen Calciumionen durch die geöffneten Kanäle in die präsynaptische Endigung ein. Wie viele Kanäle sich öffnen, ist abhängig von der Anzahl der ankommenden Aktionspotenziale.

Die Zunahme der Calciumionenkonzentration ist ein Signal für die Vesikel im Synapsenendknöpfchen: Je höher die Calciumionenkonzentration steigt, umso mehr Vesikel verschmelzen mit der Zellmembran der präsynaptischen Endigung. Bei dieser Exocytose werden die in den Vesikeln enthaltenen

Neurotransmitter, mehrere Tausend Acetylcholin-Moleküle pro Vesikel, in den synaptischen Spalt ausgeschüttet. Die Freisetzung des Acetylcholins wird sehr präzise gesteuert und erfolgt extrem schnell, beim Riesenaxon des Tintenfischs innerhalb von 0,2 ms nach Öffnung der Calciumionenkanäle.

2 Die Acetylcholin-Moleküle diffundieren durch den synaptischen Spalt zur postsynaptischen Membran. Dort befinden sich transmittergesteuerte Ionenkanäle, die für Natriumionen permeabel sind. Die Ionenkanäle haben zwei Bindungsstellen für Acetylcholin. Sie öffnen sich, sobald zwei dieser Transmitter-Moleküle an die beiden **Acetylcholin-Rezeptoren** binden. Durch die einströmenden Natriumionen wird das Neuron im Bereich der postsynaptischen Membran depolarisiert. Es entsteht ein **postsynaptisches Potenzial**, kurz **PSP**.

Die Stärke der Depolarisation ist davon abhängig, wie groß die Menge der einströmenden Natriumionen ist, also davon, wie viele Natriumionenkanäle durch Acetylcholin geöffnet werden. Somit bestimmt die Anzahl der freigesetzten Acetylcholin-Moleküle die Veränderung des postsynaptischen Potenzials. Wenn dieses einen bestimmten Schwellenwert überschreitet, entsteht am Axonhügel des nachgeschalteten Neurons ein neues Aktionspotenzial.

3 Eine weitere synaptische Signalübertragung ist nur möglich, wenn die Ionenkanäle der postsynaptischen Membran wieder geschlossen sind. Dafür ist es notwendig, dass das Acetylcholin schnell inaktiviert wird. Dies geschieht durch das Enzym Acetylcholinesterase, welches Acetylcholin in Cholin und Acetat spaltet. Die Acetylcholin-Rezeptoren werden nun nicht mehr aktiviert und die Natriumionenkanäle sind geschlossen. Cholin diffundiert zurück zur präsynaptischen Endigung und wird dort über ein aktives Transportsystem wieder aufgenommen.

Im Synapsenendknöpfchen erfolgt die Rückgewinnung von Acetylcholin mithilfe eines Enzyms, das eine neue Acetatgruppe an das Cholin bindet. Gleichzeitig werden neue Vesikel hergestellt und im Synapsenendknöpfchen wieder mit Acetylcholin beladen.

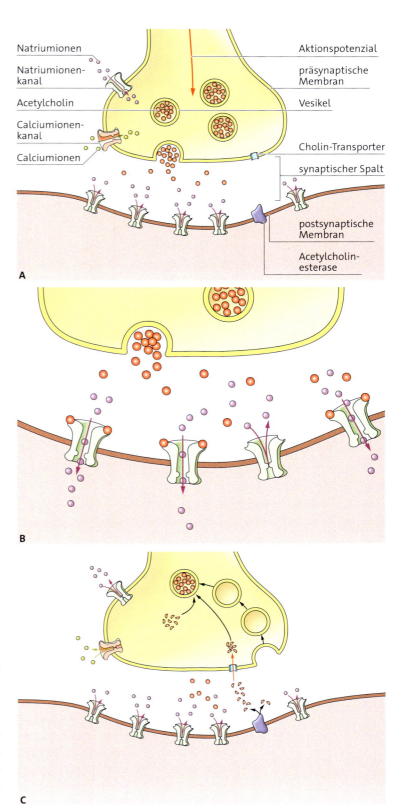

2 Signalübertragung an einer chemischen Synapse

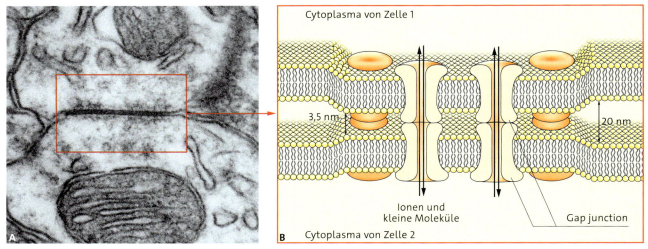

1 Elektrische Synapse: **A** EM-Aufnahme, **B** Neuronen sind über *Gap junctions* verbunden (Schema)

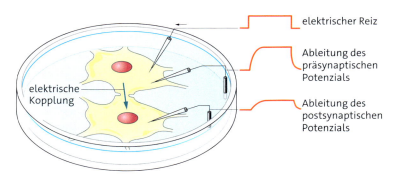

2 Elektrische Kopplung

Elektrische Synapsen • In den 1950er-Jahren untersuchten amerikanische Forschende Riesensynapsen des Flusskrebses und machten dabei eine interessante Entdeckung: Wenn sie das Axon vor der Riesensynapse elektrisch reizten, konnten sie fast verzögerungsfrei ein postsynaptisches Potenzial messen. Eine so hohe Übertragungsgeschwindigkeit ließ sich mit der Wirkungsweise chemischer Synapsen nicht erklären. Es musste noch einen anderen Übertragungsweg zwischen Neuronen geben. Anhand elektronenmikroskopischer Aufnahmen stellte man weiterhin fest, dass der Abstand zwischen der präsynaptischen und der postsynaptischen Zellmembran erheblich geringer ist als bei chemischen Synapsen. Er beträgt an einigen Kontaktstellen nur 3 nm. Spezielle Proteinkanäle, die als Gap junctions bezeichnet werden, verbinden beide Zellen miteinander. Ihre Poren sind so groß, dass die im Cytoplasma gelösten Ionen und kleine organische Moleküle die Kanäle in beide Richtungen passieren können.

Elektrische Kopplung • Ein Aktionspotenzial im präsynaptischen Neuron löst sofort ein Aktionspotenzial im postsynaptischen Neuron aus. Auch nach einer unterschwelligen Reizung des präsynaptischen Neurons kann man im Nachbarneuron eine Veränderung des Membranpotenzials nachweisen. Aufgrund der direkten Verbindung beider Zellen kommt es zu einer passiven Weiterleitung des elektrischen Signals durch den Ionenstrom. Die Nervenzellen sind elektrisch gekoppelt.

Ein besonderer Unterschied gegenüber der chemischen Synapse zeigt sich, wenn man in einem Versuch das postsynaptische Neuron elektrisch reizt. Unmittelbar danach lässt sich im präsynaptischen Neuron eine Potenzialveränderung messen. Elektrische Ströme können demnach in beide Richtungen, also bidirektional, fließen.

Elektrische Synapsen findet man in bestimmten Neuronen von Wirbellosen, die Fluchtreaktionen auslösen. Im ZNS der Säugetiere synchronisieren elektrische Synapsen hingegen die Aktivität von Neuronen.

1 Erstellen Sie ein Flussdiagramm, das den Ablauf der Informationsübertragung an einer chemischen Synapse übersichtlich darstellt.

2 Vergleichen Sie die Informationsübertragung an der chemischen und an der elektrischen Synapse.

Material

Informationsverarbeitung in Lebewesen • Informationsübertragung an Synapsen

Material A Der Vagusstoff

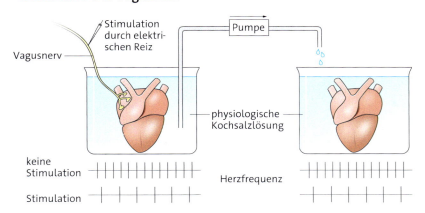

Zu Beginn des 20. Jahrhunderts hatte man noch keine konkrete Vorstellung von der Informationsübertragung an der Synapse. Deshalb experimentierte der deutsch-österreichische Pharmakologe Otto LOEWI mit Froschherzen, indem er das Herz und den Vagusnerv, der das Herz innerviert, isolierte – zunächst ohne Erfolg. Die Idee für das entscheidende Experiment kam LOEWI in einem Traum. Im Jahr 1921 wachte er in der Nacht von Ostersonntag auf und kritzelte seine Gedanken auf ein Stück Papier. Am nächsten Morgen überfiel ihn das Gefühl, dass er etwas sehr Wichtiges aufgeschrieben hatte. Doch er konnte es nicht mehr lesen. Für LOEWI war dieser Sonntag der hoffnungsloseste Tag in seinem ganzen Leben als Wissenschaftler. In der darauffolgenden Nacht fiel ihm wieder ein, um was es sich handelte. Diesmal ging er sofort ins Labor.

1 Beschreiben Sie das von LOEWI durchgeführte Experiment.

2 Erklären Sie, welche Vorstellung zur Informationsübertragung an der Synapse mit diesem Experiment bestätigt wurde.

3 Deuten Sie anhand der Herzfrequenzen die Funktion des Vagusnervs.

Material B Chemische und elektrische Synapse im Vergleich

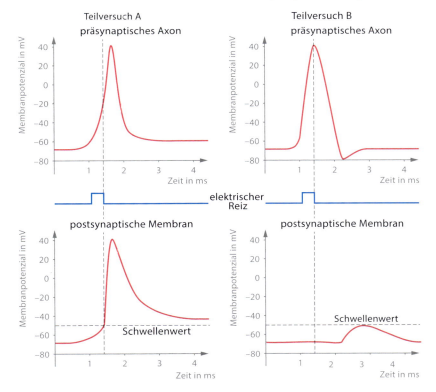

In einem Experiment untersuchte man die Membranpotenziale an zwei verschiedenen Synapsentypen. Hierzu wurde das präsynaptische Axon beider Neuronen elektrisch gereizt.

Mithilfe zweier Elektroden wurden gleichzeitig die Membranpotenziale am präsynaptischen Axon und an der postsynaptischen Membran gemessen.

1 Vergleichen Sie die Membranpotenziale des präsynaptischen Axons und der postsynaptischen Membran in den beiden Teilversuchen.

2 Begründen Sie, welche postsynaptische Reaktion der elektrischen und welche der chemischen Synapse zuzuordnen ist.

Blickpunkt

Neurotransmitter

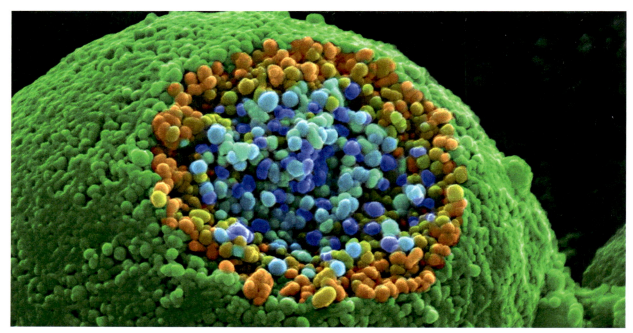

1 Aufgebrochenes Synapsenendknöpfchen mit Vesikeln

Rasterelektronenmikroskopische Aufnahme • Ein Synapsenendknöpfchen wird auf −196 °C abgekühlt und mit einem tiefgekühlten Messer im Vakuum aufgebrochen. Anschließend wird das Präparat für die Untersuchung im Rasterelektronenmikroskop vorbereitet. Zur Veranschaulichung wird das fertige Bild gefärbt. Man erkennt, dass ein Teil der Zellmembran des Synapsenendknöpfchens herausgebrochen ist. Auffällig sind die vielen blau und orange eingefärbten Vesikel im Zellinneren. Sie alle sind mit Neurotransmittern gefüllt. Die Zellmembran des Synapsenendknöpfchens ist grün gefärbt.

Unterschiedliche Neurotransmitter • Nachdem zunächst entdeckt wurde, dass die Informationsübertragung zwischen zwei Neuronen in den meisten Fällen an chemischen Synapsen erfolgt, versuchte man die Moleküle zu identifizieren, die in unserem Nervensystem als wichtige Neurotransmitter dienen. Dabei zeigte sich, dass die verschiedenen Neuronen insbesondere im Gehirn auf jeweils unterschiedliche Neurotransmitter wie Aminosäuren, Peptide oder Amine reagieren. Deren Funktionen werden in der medizinischen Forschung zunehmend entschlüsselt.

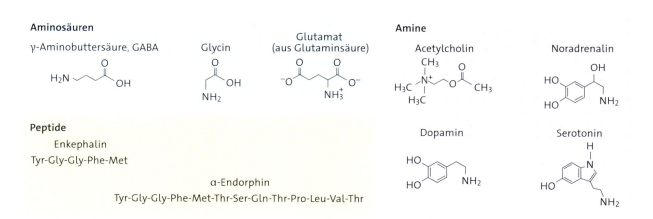

2 Wichtige Neurotransmitter

Die häufigsten Neurotransmitter zeigen in ihrer Struktur auffällige Ähnlichkeiten mit anderen chemischen Verbindungen in der Zelle. Es sind entweder Aminosäuren, von Aminosäuren abgeleitete Amine oder aus Aminosäuren aufgebaute Peptide. Man nimmt daher an, dass sie sich im Verlauf der Evolution aus den Aminosäuren entwickelt haben.

Die meisten Neuronen verfügen nur über einen spezifischen Neurotransmitter. Man bezeichnet die Neuronen deshalb nach diesem Transmitter, beispielsweise als cholinerg, wenn sie Acetylcholin ausschütten, oder als GABAerg, wenn sie γ-Aminobuttersäure, kurz GABA, ausschütten.
Aminosäure- und Amin-Neurotransmitter werden in synaptischen Vesikeln gespeichert, die größeren Peptid-Neurotransmitter hingegen in sekretorischen Vesikeln. In manchen Neuronen kommen sowohl sekretorische als auch synaptische Vesikel vor. Sie können unter verschiedenen Bedingungen unterschiedliche Transmitter freisetzen.

Synthese von Neurotransmittern • Für die Informationsübertragung an der Synapse werden große Mengen an Neurotransmittern benötigt, die nur teilweise über Transporterproteine durch die präsynaptische Membran wieder aufgenommen werden können. Deshalb ist die Synthese von Transmittermolekülen ein wichtiger Prozess zur Erhaltung der Funktion der Neuronen.

Die Synthese langkettiger Vorläuferpeptide erfolgt im Soma an den Ribosomen des rauen Endoplasmatischen Reticulums, kurz rER. Im Golgi-Apparat werden die Vorläufer anschließend in kleinere Peptidfragmente, die aktiven Neurotransmitter, gespalten und dann in Vesikeln zur Synapse transportiert und dort gespeichert. Auf die gleiche Weise gelangen die Enzyme für die Synthese von Aminosäuren und Aminen zum Synapsenendknöpfchen. Diese Transmitter werden somit vor Ort produziert und anschließend durch Transporterproteine in die Vesikel befördert.

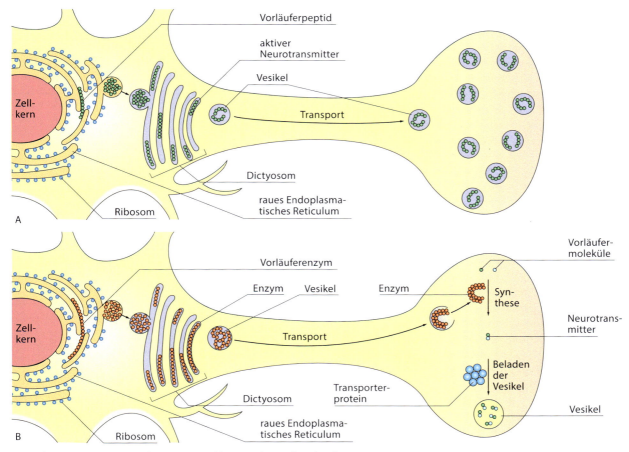

3 Synthese von Neurotransmittern: **A** Peptide, **B** Amine und Aminosäuren

4.8 Erregende und hemmende Synapsen

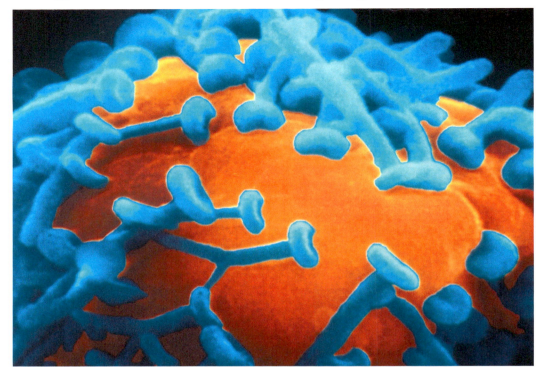

1 Soma eines Neurons mit zahlreichen Synapsen

Die Neuronen des ZNS stehen in einem ständigen Informationsaustausch. Bis zu 10 000 Synapsen am Soma und an den Dendriten eines einzigen Neurons empfangen Signale, die das Neuron verarbeitet und an andere Neuronen weiterleitet. Wie werden diese teilweise unterschiedlichen Signale verrechnet?

Postsynaptische Potenziale • Viele Transmitter haben eine ähnliche Wirkung wie Acetylcholin, beispielsweise Glutamat, Serotonin und Dopamin. Wenn sie an spezifische Rezeptoren binden, veranlassen sie das Öffnen von Natriumionenkanälen an der postsynaptischen Membran. Das Einströmen der positiv geladenen Natriumionen hat zur Folge, dass sich das Potenzial an dieser Membran verringert, sie wird depolarisiert. Wenn die Depolarisation der postsynaptischen Membran den Schwellenwert erreicht, wird am Axonhügel des postsynaptischen Neurons ein neues Aktionspotenzial ausgelöst. Deshalb bezeichnet man eine derartige Synapse als **erregende Synapse** und die Veränderung des Membranpotenzials als **exzitatorisches postsynaptisches Potenzial**, kurz **EPSP**.

Andere Neurotransmitter wie γ-Aminobuttersäure und Glycin binden an Rezeptoren von Chloridionenkanälen an der postsynaptischen Membran. Die Chloridionenkanäle öffnen sich und negativ geladene Chloridionen strömen in das Neuron ein. Dies hat zur Folge, dass das postsynaptische Potenzial negativer wird, die Membran wird hyperpolarisiert. Der Abstand zum Schwellenwert ist nun größer und damit ist das Auslösen eines Aktionspotenzials am Axonhügel des postsynaptischen Neurons unwahrscheinlicher. Daher handelt es sich bei solch einer Synapse um eine **hemmende Synapse** und bei der Hyperpolarisation um ein **inhibitorisches postsynaptisches Potenzial**, kurz **IPSP**. Während sich erregende Synapsen meist auf die Dendriten verteilen, kommen hemmende Synapsen häufiger auf dem Soma und dem Axonhügel vor.

Synaptische Integration • Auf der postsynaptischen Membran einer Synapse können mehrere Tausend Ionenkanäle lokalisiert sein. Somit hängt es von der Anzahl der freigesetzten Transmittermoleküle ab, wieviele Ionenkanäle gleichzeitig geöffnet werden.

Patch-Clamp-Messungen ergaben, dass sich die gemessene Spannung immer um den gleichen Wert

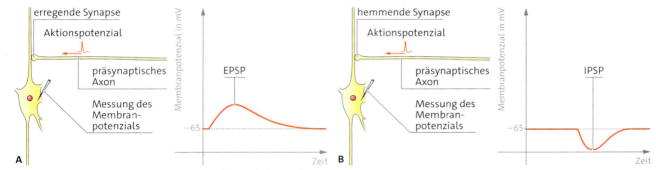

2 Postsynaptisches Potenzial: **A** exzitatorisch, **B** inhibitorisch

verändert, wenn jeweils nur ein Vesikel seine Transmittermolekül ausschüttet. Daraus lässt sich schließen, dass die Vesikel immer gleich viele Transmittermoleküle freisetzen. An der motorischen Endplatte eines Muskels verursacht ein einziges präsynaptisches Aktionspotenzial die Freisetzung der Transmittermoleküle aus 200 Vesikeln. Dies führt zu einem EPSP von etwa 40 mV. Demgegenüber setzt ein präsynaptisches Aktionspotenzial im ZNS nur ein einzelnes Vesikel frei und erzeugt ein EPSP von wenigen Millivolt. Diese Depolarisation ist zu gering, um am Axonhügel des Neurons ein Aktionspotenzial zu erzeugen. Sind hingegen an einem Dendriten mehrere erregende Synapsen gleichzeitig aktiv, so addieren sich die Amplituden der EPSP. Diese **räumliche Summation** hat zur Folge, dass am Axonhügel der Schwellenwert überschritten wird und dort neue Aktionspotenziale gebildet werden.

Treffen an einer Synapse viele Aktionspotenziale nacheinander innerhalb weniger Millisekunden ein, addieren sich die von dieser Synapse erzeugten Amplituden der EPSP ebenfalls. Dieser Vorgang wird als **zeitliche Summation** bezeichnet.

Auch die IPSP hemmender Synapsen beeinflussen die Erregung des Neurons. Die von ihnen erzeugte Hyperpolarisation der Membran schwächt die Depolarisation erregender Synapsen ab und kann sie sogar auslöschen. Dies führt dazu, dass durch das postsynaptische Neuron weniger oder gar keine Aktionspotenziale weitergeleitet werden.

Die Erregung eines Neurons ist das Ergebnis der Verrechnung der durch die verschiedenen Synapsen erzeugten Potenziale. Anhand dieses als **synaptische Integration** bezeichneten Vorgangs der Informationsverarbeitung bestimmt das Neuron, wie viele Aktionspotenziale weitergeleitet werden.

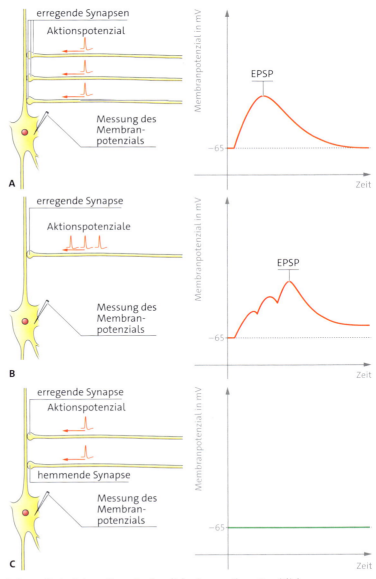

3 Synaptische Integration: **A** räumliche Summation, **B** zeitliche Summation, **C** Summation erregender und hemmender Synapsen

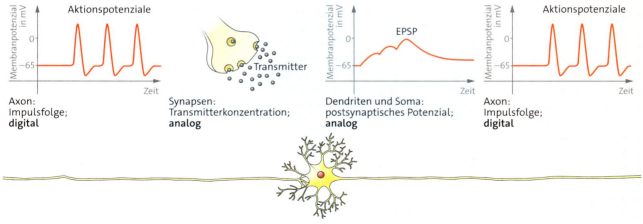

1 Codewechsel bei der Informationsweiterleitung

Codierung neuronaler Informationen • Wenn eine Nervenzelle bis zum Schwellenwert erregt wird, erzeugt sie am Axonhügel ein Aktionspotenzial. Jedes Aktionspotenzial hat die gleiche Amplitude. Es handelt sich also um ein Alles-oder-nichts-Signal. Bei einer stärkeren Erregung erhöht sich nur die Impulsfolge. Es werden somit mehr Aktionspotenziale pro Zeiteinheit gebildet als bei einer schwächeren Erregung. Die Informationen werden somit **digital** codiert.

Am Synapsenendknöpfchen veranlassen die einlaufenden Aktionspotenziale die Exocytose der mit Transmittern gefüllten Vesikel und damit die Ausschüttung der Transmitter in den synaptischen Spalt. Je höher die Frequenz der Aktionspotenziale ist, desto mehr Vesikel entleeren sich und desto mehr Transmittermoleküle werden freigesetzt. Auf diese Weise erfolgt eine Umcodierung der Information: Die ausgeschüttete Transmittermenge ist **analog** zur Frequenz der Aktionspotenziale.

Die Amplitude der an der postsynaptischen Membran erzeugten Potenziale hängt davon ab, wie viele Transmittermoleküle ausgeschüttet wurden. Je stärker beispielsweise der Reiz ist, umso größer ist die Amplitude eines EPSP. Die Codierung der Information erfolgt also ebenfalls analog.

Am Axonhügel wird die Information wieder digital in Form von Aktionspotenzialen codiert. Somit erfolgt bei der Erregungsleitung im Nervensystem eine mehrfache Umcodierung.

Modulation • Ob ein Neuron im ZNS Aktionspotenziale weiterleitet, hängt nicht nur von der synaptischen Integration der erregenden und hemmenden Synapsen ab. Eine weitere entscheidende Wirkung haben indirekte Signalübertragungen durch zelluläre Botenstoffe, die in mehrstufigen Kaskaden die Signalübertragung indirekt, also sekundär beeinflussen. Diese **Second-Messenger-Übertragungswege** sind zwar langsamer, können jedoch die Erregbarkeit des Neurons über einen längeren Zeitraum beeinflussen. So führt beispielsweise die durch den β-adrenergen Rezeptor gesteuerte Öffnung der Kaliumionenkanäle zu einer Verringerung des postsynaptischen Potenzials. Dies hat zur Folge, dass die von erregenden Synapsen ausgehenden EPSP eher den Schwellenwert erreichen, das Neuron also leichter erregbar ist.

Da Signalübertragungen über Second-Messenger-Kaskaden jeweils unterschiedliche Ionenkanäle beeinflussen können, besteht auch die Möglichkeit, dass die postsynaptische Membran, beispielsweise durch das Öffnen von Chloridionenkanälen, hyperpolarisiert wird. Das Neuron ist dann nur durch eine erhöhte Anzahl an EPSP erregbar. Obwohl Second-Messenger-Signale kein EPSP oder IPSP auslösen, beeinflussen sie die synaptische Integration. Dies wird als Modulation bezeichnet.

1 Erläutern Sie den Unterschied zwischen einem EPSP und einem IPSP.

2 Vergleichen Sie die räumliche und die zeitliche Summation.

Material

Informationsverarbeitung in Lebewesen • Erregende und hemmende Synapsen

Material A Passive Erregungsleitung

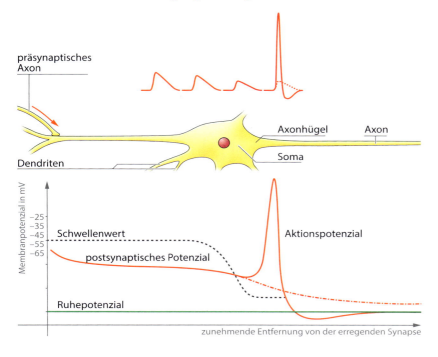

Der elektrische Widerstand der Zellmembran beeinflusst die passive Erregungsleitung an einem Neuron. Um diesen Einfluss zu untersuchen, wird in einem Experiment an einer Synapse ein EPSP erzeugt und die Depolarisation der Zellmembran in verschiedenen Abständen von der Synapse gemessen.

Die Ergebnisse der Messungen werden in einem Koordinatensystem festgehalten. Im Bereich des Axonhügels ist die Dichte der spannungsgesteuerten Natriumionenkanäle besonders hoch.

1 Erläutern Sie anhand der gemessenen postsynaptischen Potenziale die Besonderheit der passiven Erregungsleitung.

2 Beschreiben und erklären Sie die im Koordinatensystem dargestellten Kurvenverläufe.

Material B Kurzschlusshemmung

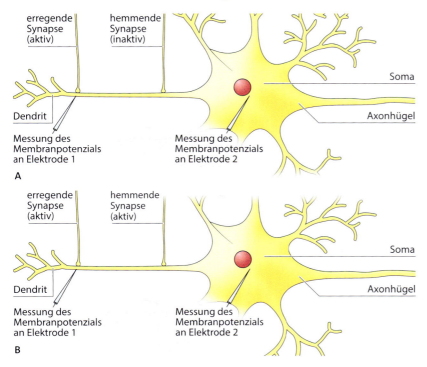

Bei der genetisch bedingten Schreckkrankheit, der Hyperekplexie, kommt es zu übersteigerten Schreckreaktionen wie unkontrolliertem Muskelzittern. Ursache hierfür sind defekte inhibitorische Glycin-Rezeptoren.

Ein wichtiger Bestandteil der synaptischen Integration ist die Kurzschlusshemmung. Direkt hinter einer erregenden Synapse liegt am selben Dendriten eine hemmende Synapse.

1 Stellen Sie die Potenzialverhältnisse an den Elektroden 1 und 2 für die beiden dargestellten Fälle A und B unter Berücksichtigung der biochemischen Vorgänge dar.

2 Erklären Sie am Beispiel der Schreckkrankheit die Bedeutung der Kurzschlusshemmung für die synaptische Integration.

4.9 Synapsengifte

1 Indigener Shuar aus dem Amazonas mit Blasrohr

Während der dritten Entdeckungsreise von Christoph Kolumbus nach Südamerika von 1498 bis 1500 ruderten etwa 30 Spanier auf einem Fluss in das Landesinnere. Plötzlich wurden sie von Indigenen aus einem Kanu mit Pfeilen angegriffen. Zwei Spanier wurden getroffen. Innerhalb kurzer Zeit starben die beiden, obwohl ihre Verletzungen eher harmlos erschienen. Die Spitzen der Pfeile waren mit einer braunen Paste bestrichen, die aus dem Saft der Früchte verschiedener Lianenarten hergestellt wurde. Die Indigenen nannten ihr Pfeilgift, das sie noch heute zur Jagd verwenden, Curare. Weshalb wirkt Curare tödlich und warum kann man mit Curare erlegte Tiere bedenkenlos verzehren?

Natürliche Neurotoxine • Verschiedene Bakterien-, Pflanzen- und Tierarten produzieren Giftstoffe, die das Nervensystem insbesondere im Bereich der Synapse angreifen und die Informationsübertragung stören. Sie wirken neurotoxisch. Neurotoxine sind nützlich bei der Abwehr von Beutegreifern oder beim Beutefang.

Das Gift der Schwarzen Witwe, das α-Latrotoxin, entfaltet seine tödliche Wirkung, indem es an Proteine auf der Außenseite der präsynaptischen Membran bindet und die Öffnung der **Calciumionenkanäle** veranlasst. Die mit Acetylcholin gefüllten Vesikel der neuromuskulären Synapse werden schlagartig entleert. Die Folge sind starke Muskelkrämpfe.

Bakteriengifte gehören zu den wirksamsten Neurotoxinen. In verdorbenen Lebensmitteln gedeiht das Bakterium *Clostridium botulinum*. Intravenös verabreicht wirken bereits 0,001 µg seines Botulinumtoxins beim Menschen tödlich. Es verhindert die Freisetzung von Acetylcholin, indem es die **Verschmelzung der Vesikelmembran** mit der präsynaptischen Membran unterbindet. Dies führt zur Lähmung der Skelettmuskulatur und der Atemmuskeln.

Das zweitstärkste Bakteriengift, das Tetanustoxin, wird von dem Erreger des Wundstarrkrampfs, dem Bakterium *Chlostridium tetani*, gebildet. 0,01 µg dieses Neurotoxins führen beim Menschen zum Tod. Es verhindert die Freisetzung der inhibitorischen Neurotransmitter Glycin und Gaba. Motoneurone werden nicht mehr gehemmt, sodass es zu einer Dauerdepolarisation der postsynaptischen Membran und damit zu Krämpfen der Muskulatur kommt. Der Tod erfolgt durch Aussetzen der Atmung.

Andere Neurotoxine wirken auf die **Rezeptoren der postsynaptischen Ionenkanäle**. Das Gift der Königskobra, das α-Bungarotoxin, bindet an die Acetylcho-

lat. botulus = Wurst

lin-Rezeptoren und verhindert die Öffnung der Natriumionenkanäle und damit die Ausbildung eines erregenden postsynaptischen Potenzials. Es kommt zur Muskel- und Atemlähmung.

Curare besteht aus einer Mixtur verschiedener Alkaloide und hemmt kompetitiv die Rezeptoren der Natriumionenkanäle. Es bindet aber nicht so stark an die Rezeptoren wie α-Bungarotoxin und kann deshalb durch Erhöhung der Acetylcholinkonzentration verdrängt werden. Da Curare beim Erhitzen zerfällt, können mit Curare erlegte Beutetiere nach dem Garen bedenkenlos verzehrt werden.

Verschiedene Nachtschattengewächse produzieren das Nervengift Atropin. Es verdankt seinen Namen der Schwarzen Tollkirsche, *Atropa belladonna*. Das Gift blockiert die muskarinischen Acetylcholin-Rezeptoren des Herzens und beschleunigt deshalb die Herzfrequenz. Bei einer höheren Dosis werden auch die Acetylcholin-Rezeptoren der motorischen Endplatte blockiert. Während der Renaissance galten große Pupillen als Schönheitsideal. Deshalb träufelten sich Frauen Tollkirschsaft in die Augen, um die Pupillen zu erweitern. Daraus leitet sich die Artbezeichnung *belladonna*, übersetzt *schöne Frau*, ab.

Kompetitive Hemmung siehe Seite 79.

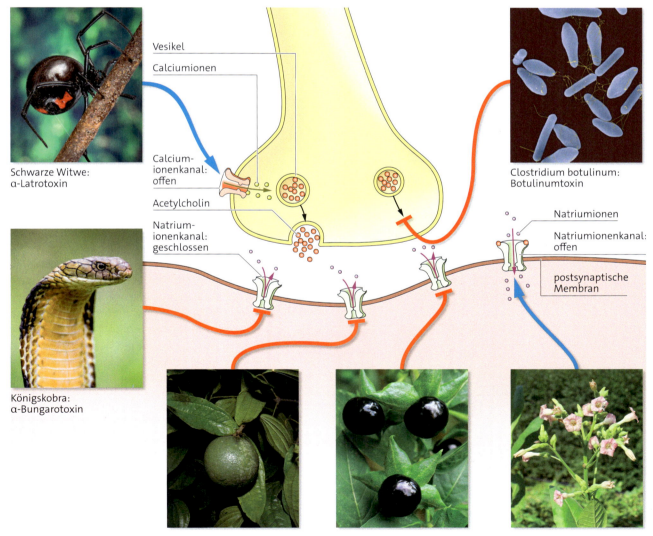

2 Wirkung von Synapsengiften an einer cholinergen Synapse

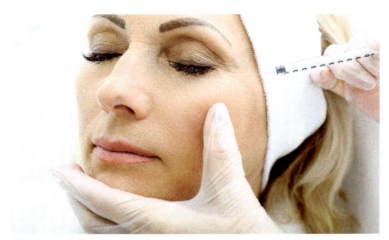

1 Anwendung von Botox

Botox • Da Botulinumtoxin in geringer Dosierung eine glättende Wirkung auf Hautfalten hat, wurde dieses Neurotoxin zur kosmetischen Faltenbehandlung eingesetzt und bald als Botox bekannt.

Lach- oder Stirnfalten entstehen durch die Aktivität der mimischen Gesichtsmuskeln. Nach einer Injektion des Neurotoxins in den Muskel wird dieser nicht mehr innerviert. Seine Lähmung führt zur Entspannung der entsprechenden Hautregion. Viele Beispiele bekannter Persönlichkeiten verdeutlichen jedoch, dass die Behandlung eine unnatürliche Gesichtsmimik zur Folge hat. Die Wirkung hält ungefähr vier bis sechs Monate an.

Nikotin • Das im Tabak enthaltene Nikotin gilt ebenfalls als Neurotoxin. Es bindet an Acetylcholin-Rezeptoren und wirkt wie der Neurotransmitter Acetylcholin. Es entfaltet im Präfrontalcortex eine stimulierende Wirkung. In Kombination mit anderen Tabakstoffen beeinflusst es das dopaminerge Belohnungssystem der Großhirnrinde durch Hemmung des Enzyms Monoaminooxidase. Neurotransmitter wie Dopamin und Serotonin werden nicht mehr abgebaut. Dies gilt als Ursache für die hohe Suchtwirkung des Nikotins.

Chemische Kampfstoffe • Im Jahr 1936 stellte die IG Farben ein sehr giftiges Insektizid mit der Bezeichnung Tabun vor. In der Folgezeit entwickelte man auf Basis dieses Phosphorsäureesters weitere Gifte: Sarin, Soman und Parathion. Nur Parathion wurde als E 605 in der Folgezeit als Pflanzenschutzmittel eingesetzt, während die anderen Gifte als chemische Kampfstoffe von militärischem Interesse waren. Ab 1945 erforschte man die Wirkung der Phosphorsäureester und erkannte, dass sie das Enzym Acetylcholin-Esterase hemmen und damit den Abbau des Acetylcholins im synaptischen Spalt verhindern. Muskelkrämpfe und Aussetzen der Atmung sind die Folge. Soldaten führen deshalb stets einen Injektor mit dem Gegengift Atropin mit sich.

Auf Basis der Kenntnisse zum Wirkmechanismus entwickelte man das erheblich giftigere VX, das erst beim Abschuss einer Chemiewaffe als Binärkampfstoff aus zwei mindergiftigen Komponenten gemischt wird.

Nachdem der Irak noch in den 1980er-Jahren im Ersten Golfkrieg Chemiewaffen in menschenverachtender Weise eingesetzt hatte, wurde im Jahr 1993 ein Chemie-Waffen-Übereinkommen beschlossen, laut dem sich 160 Staaten verpflichtet haben, auf die Produktion, Lagerung und den Gebrauch chemischer Waffen zu verzichten. Trotzdem gibt es Hinweise, dass noch im Jahr 2015 chemische Kampfstoffe im Syrienkrieg eingesetzt wurden.

2 Umgang mit chemischen Kampfstoffen

1 Nennen Sie die verschiedenen Neurotoxine und ihre Wirkorte an der Synapse.

2 Erläutern Sie, weshalb Atropin als Gegengift für chemische Kampfstoffe genutzt werden kann.

Material

Informationsverarbeitung in Lebewesen • Synapsengifte

Material A Mungos und Kobras

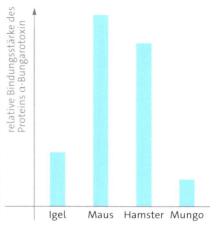

Verschiedene Arten der Familie der Mangusten werden als Mungos bezeichnet. Sie sind in Afrika und Asien verbreitet und ernähren sich unter anderem von giftigen Schlangen, wie Kobras. Bei den Mungos haben sich Schutzmechanismen gegen Neurotoxine wie das α-Bungarotoxin entwickelt. Zur Aufklärung eines solchen Schutzmechanismus untersuchte man die Bindungsstärke des α-Bungarotoxins am Acetylcholin-Rezeptor der Muskulatur der Mungos und verglich sie mit den Werten anderer kleiner Säugetiere.

1. Erläutern Sie die Wirkung von α-Bungarotoxin.
2. Erklären Sie anhand der Messwerte, weshalb Mungos gegen das Schlangengift unempfindlich sind.

Material B Der Tod des Sokrates

Der griechische Philosoph Sokrates wurde im Jahr 399 v. Chr. wegen angeblicher Einführung neuer Götter und verderblichen Einflusses auf die Jugend zum Tod durch den Schierlingsbecher verurteilt. Dieser Trank wird aus einer giftigen Pflanze, dem Gefleckten Schierling, gewonnen. Oral aufgenommen wirken 0,5 bis 1,0 g des darin enthaltenen Giftes Coniin tödlich. Platon, ein Schüler von Sokrates, beschrieb die einsetzende Lähmung: „Daraufhin berührte ihn eben dieser, der ihm das Gift gegeben hatte, von Zeit zu Zeit und untersuchte seine Füße und Schenkel. Dann drückte er ihm den Fuß stark und fragte, ob er es fühle; er sagte Nein. Und darauf die Knie, und so ging es immer höher hinauf." Schließlich starb Sokrates bei vollem Bewusstsein durch Atemlähmung.

1. Stellen Sie Hypothesen zur möglichen Wirkung von Coniin an der Synapse auf.
2. Planen Sie ein Experiment am Neuron zur Überprüfung Ihrer Hypothesen.
3. Recherchieren Sie die Wirkung von Coniin und vergleichen Sie diese mit den von Ihnen aufgestellten Hypothesen.

4.10 Aufnahme und Verarbeitung von Sinnesreizen

1 Pepper, ein humanoider Roboter mit künstlichen Sinnesorganen.

2014 entwickelten ein französisches und japanisches Unternehmen den Roboter Pepper, der sich in der Interaktion menschenähnlich verhält. Kameras und Mikrofone im „Kopf", Druck- und Berührungssensoren am Kopf und in den Füßen ermöglichen es ihm, Informationen aus der Umwelt aufzunehmen. Elektrische Kabel übertragen Signale an einen Hochleistungsrechner im Inneren und ermitteln eine passende Reaktion. Ist diese technische Aufnahme von Umweltinformationen mit Lebewesen vergleichbar? Wie erfahren Lebewesen etwas über ihre Umwelt und verarbeiten die Reizinformationen?

recipere (lat.) = aufnehmen

Die Bezeichnung Rezeptor wird für mehrere Strukturen verwendet:
– als Kurzbezeichnung für Rezeptorzelle
– für Rezeptorproteine in der Zellmembran

Rezeptorzellen • Lebewesen sind darauf angewiesen, dass sie Informationen aus der Umwelt aufnehmen, verarbeiten und dass sie auf Umwelteinflüsse reagieren können. Meist sind es spezialisierte Nerven- oder Epithelzellen, die es ermögliche, den Kontakt zur Außenwelt herzustellen und eine Aktivität im Nervensystem auszulösen. Solche Zellen bezeichnet man als **Sinnes- oder Rezeptorzellen**. Sie sind in der Lage, Reizinformationen aus der Umwelt oder auch aus dem Inneren des Körpers in elektrische Signale umzuwandeln, die vom Nervensystem verarbeitet werden. Sinneszellen nehmen nur bestimmte Reizinformationen aus der Umwelt oder aus dem Körper auf, sie sind auf ganz bestimmte Reizarten spezialisiert. Die Reizart, auf die die Rezeptorzelle optimal reagiert, wird als **adäquater Reiz** bezeichnet.

- Chemorezeptoren reagieren besonders auf bestimmte chemische Stoffe. Sie ermöglichen uns Geruchs- und Geschmackswahrnehmung.

- Thermorezeptoren sind temperaturempfindliche Sinneszellen.

- Mechanorezeptoren reagieren auf mechanische Reize wie Berührung, Druck und Vibrationen. Sie sind für den Tastsinn, den Hörsinn und den Gleichgewichtssinn grundlegend.

- Elektrorezeptoren und Magnetrezeptoren registrieren elektrische beziehungsweise magnetische Felder. Sie kommen beispielsweise bei Haien und Zitteraalen vor, nicht jedoch bei Menschen.

- Schmerzrezeptoren registrieren mechanische, chemische oder thermische Reize, die das Gewebe schädigen können.

In Ausnahmefällen können Sinneszellen auch auf nicht adäquate Reize reagieren, wie zum Beispiel auf Reizungen mit elektrischem Strom oder starken mechanischen Druck. Deshalb sehen wir bei einem Schlag auf das Auge Sternchen.

Bei vielen Lebewesen sind Sinneszellen in **Sinnesorganen wie** Augen, Ohren und Nase gebündelt. Sinnesorgane besitzen Strukturen, die die Aufnahme und das Filtern der Reize aus der Umwelt und dem Körperinneren verbessern und die Fähigkeit der Rezeptorzellen, auf den adäquaten Reiz zu reagieren, unterstützen.

Rezeptorpotenzial • Reizt man eine Sinneszelle mit einem adäquaten Reiz, so lässt sich eine Veränderung des Membranpotenzials messen, das Rezeptorpotenzial. Bei den meisten Rezeptorzellen bewirkt der Reiz zunächst eine lokale Depolarisation, deren Höhe der Stärke des einwirkenden Reizes entspricht. Sie breitet sich an der Membran der Sinneszelle aus und kann intrazellulär verstärkt oder abgeschwächt werden. Bei primären Sinneszellen, die ein eigenes Axon besitzen, löst eine überschwellige Depolarisation am Axonhügel Aktionspotenziale aus. Die Frequenz ist proportional zur Höhe der Depolarisation. Zu den primären Sinneszellen gehören zum Beispiel Mechano- und Riechsinneszellen. Sekundäre Sinneszellen, wie zum Beispiel Licht- und Geschmacksrezeptoren, besitzen kein Axon. Bei ihnen bewirkt das überschwellige Rezeptorpotenzial eine zum Rezeptorpotenzial proportionale Transmitterausschüttung an der Synapse. Die nachgeschaltete Nervenzelle reagiert mit einer Veränderung des Membranpotenzials, die am Axonhügel zur Ausbildung von Aktionspotenzialen führt.

Signaltransduktion • Forschende haben herausgefunden, dass ein Reiz auf spezifische Membranstrukturen der Sinneszelle wirkt, was dazu führt, dass sich der Ionenfluss an der Membran ändert. Dabei lassen sich zwei prinzipielle Mechanismen der **Signaltransduktion**, der Überführung des Reizsignals in ein Rezeptorpotenzial, unterscheiden. Bei einem *Dehnungsrezeptor* bewirkt der eintreffende Reiz, dass sich die räumliche Struktur von Natriumionenkanälen verändert. Sie öffnen sich und Natriumionen strömen in die Zelle. Dieser Vorgang erhöht die positive Ladung im Inneren der Zelle und bewirkt die Potenzialveränderung in der Rezeptorzelle. Ähnlich führt Wärme bei einem Thermorezeptor direkt zu einer Verformung und in der Folge zu einer Öffnung von Ionenkanälen. Bei *Geruchsrezeptoren* ist der Prozess der Signaltransduktion komplizierter: Geruchsmoleküle binden an Membranproteine. Dieses Signal führt zu einer Kette von Reaktionen im Inneren der Zelle. Sie führen zu einer Konzentrationszunahme eines intrazellulären Botenstoffs, eines *second messengers*. Erst dieser Botenstoff nimmt Einfluss auf die Öffnungszustand von Membrankanälen. Es kommt bei einer Riechsinneszelle zur Öffnung von verschiedenen Ionenkanälen, Natrium- und Calciumionen strömen ein, Chloridionen aus, die Sinneszelle wird depolarisiert. Diese indirekte Wirkung über einen intrazellulären Messenger kommt zum Beispiel auch bei Fotorezeptoren vor.

Ist das Rezeptorpotential hoch genug, so löst es am Axonhügel der primären Sinneszelle bzw. dem nachgeschalteten Neuron Aktionspotenziale aus.

Sie werden zum Gehirn geleitet. Dort werden die einlaufenden sensorischen Informationen weiterverarbeitet.

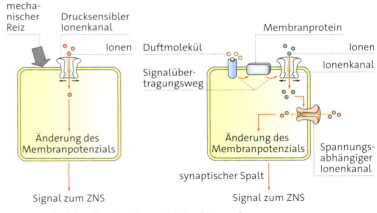

2 Primäre und sekundäre Sinneszelle

3 Zwei Prinzipien der Signaltransduktion (Schema)
A Mechanorezeptor B Riechsinneszelle

transducere (lat.) = überführen, übertragen

1 Erläutern Sie die Ausbildung eines Rezeptorpotenzials als Folge der Signaltransduktion an den verschiedenen Sinneszellen.

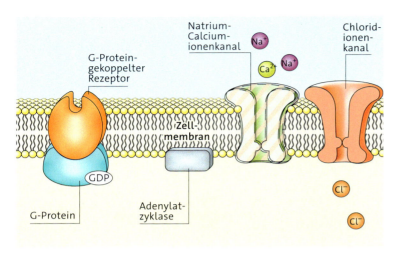

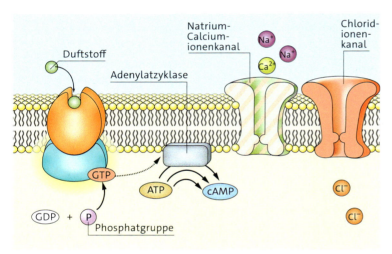

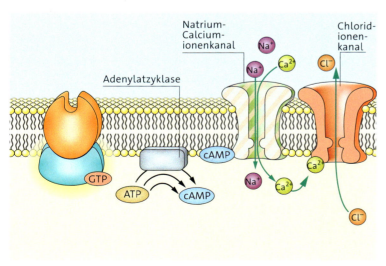

1 Modulation des postsynaptischen Potenzials über ein Second-Messenger-System

Signalverstärkung durch second-messenger • Am Beispiel der Transduktion eines Duftsignals an einem Geruchsrezeptor im Riechepithel der Nase lässt sich das Prinzip der indirekten Signaltransduktion erklären. Geruchsrezeptorzellen in der Nase besitzen einen Schopf feiner Sinneshärchen, deren Membranen mit verschiedenen Rezeptorproteinen besetzt sind. Jedes Rezeptorprotein ist im Inneren der Zelle an ein zunächst inaktives Enzym gekoppelt. Das Cosubstrat dieses Enzyms ist Guanosindiphosphat, kurz GDP. Es wird deshalb auch als **G-Protein** bezeichnet. Sobald ein passendes Duftstoffmolekül außen an den G-Protein-gekoppelten Rezeptor bindet, wird das G-Protein aktiviert. Eine Untereinheit wird abgespalten, indem GDP durch ein Guanosintriphosphat, kurz GTP, ausgetauscht wird.

Die Untereinheit beeinflusst die Aktivität von membrangebundenen Enzymen, den Adenylatzyklasen. Sie wandeln ATP in zyklisches Adenosinmonophosphat, kurz **cAMP**, um. Durch die Bindung eines einzigen Duftstoffmoleküls an einen Rezeptor und die Aktivierung eines einzigen G-Proteins können etwa 10 000 cAMP-Moleküle gebildet werden. Das ursprüngliche Signal wird auf diese Weise verstärkt. Das cAMP diffundiert und bindet an unspezifische Natrium-Calciumionenkanäle. Diese öffnen sich und Calcium- und Natriumionen strömen ein. Die Rezeptorzellmembran wird depolarisiert.

Da das Duftstoffmolekül, das primäre Signal, die Ionenkanäle nur indirekt, also sekundär, durch einen zellulären Botenstoff, das cAMP, beeinflusst, bezeichnet man diese Form der Signalübertragung als **Second-Messenger-Übertragungsweg**.

Im Fall einer Geruchsrezeptorzelle wird die beginnende Depolarisation anschließend nochmals verstärkt, indem Calciumionen an Chloridionenkanäle binden. Daraufhin öffnen sich diese Ionenkanäle und Chloridionen strömen aus der Rezeptorzelle und verstärken so die Depolarisation. Erst dieser Chloridionenausstrom führt in der Riechsinneszelle zur elektrischen Erregung und zur Ausbildung von Aktionspotenzialen.

1 Stellen Sie den Second-Messenger-Übertragungsweg in einem Flussdiagramm dar.

2 Erklären Sie, wie es zur Verstärkung eines schwachen Duftreizes kommt.

Material

Informationsverarbeitung in Lebewesen • Aufnahme und Verarbeitung von Sinnesreizen

Material A Der Infrarotsensor des Schwarzen Kiefernprachtkäfers

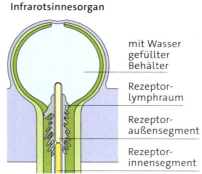

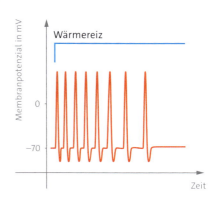

Der Schwarze Kiefernprachtkäfer legt seine Eier unter die Rinde gerade abgebrannter Bäume. Er verfügt über ein spezielles Sinnesorgan, den Infrarotsensor in den Hüftgruben der Mittelbeine. Mit diesem Sinnesorgan kann der Käfer die Wärme des Feuers wahrnehmen. Die im Sinnesorgan enthaltenen Sinneszellen sind sensorische Haare, die auf Druckerhöhung reagieren. Eingebettet sind die Sinneszellen in einen winzigen, mit kleinsten Mengen Wasser gefüllten Behälter. Bei einem Waldbrand wird die Flüssigkeit erhitzt, wodurch sie sich ausdehnt und gegen die Sinneszelle drückt. Diese Verformung löst den Einstrom von Ionen aus. Der Käfer registriert die Spannungsänderung und fliegt in Richtung Waldbrand. Bemerkenswert ist, dass der Infrarotsensor des Schwarzen Kiefernprachtkäfers fünfmal schneller reagiert als jedes käufliche Infrarotmessgerät.

1 Beschreiben Sie den Infrarotsensor des Käfers und erläutern Sie dessen biologische Bedeutung.

2 Ordnen Sie die Infrarotsinneszellen einem Rezeptortyp zu und begründen Sie Ihre Zuordnung.

3 Beschreiben Sie das Antwortverhalten einer Infrarotsinneszelle und begründen Sie, um welche Art der Reizcodierung es sich hierbei handelt.

Material B Der sechste Sinn der Haie

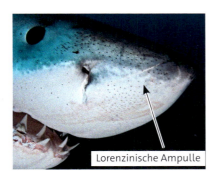

Durch Muskelaktivität werden bioelektrische Felder erzeugt. Haie erkennen diese schwachen elektrischen Felder mit einem speziellen Sinnesorgan, den Lorenzinischen Ampullen. Es ermöglicht Haien, ihre Beute auch bei schlechter Sicht zu finden und in der Schlussphase eines Angriffs gezielt zuzubeißen. Die Lorenzinischen Ampullen sind in die Unterhaut des Kopfes eingebettet. Sie bestehen aus winzigen, mit elektrisch leitfähigem Schleim gefüllten Kanälen, die mit dem Außenmedium über kleine Hautporen verbunden sind. Am Grund der Ampullen befinden sich jeweils mehrere Elektrorezeptoren. Diese reagieren selbst auf kleinste Spannungsänderungen in der Umgebung.

1 Beschreiben Sie den Aufbau der Lorenzinischen Ampullen und erläutern Sie an diesem Beispiel das Basiskonzept Struktur und Funktion.

2 Erläutern Sie die Reizcodierung in Elektrorezeptoren.

3 Erläutern Sie die biologische Bedeutung des sechsten Sinns von Haien.

413

4.11 Struktur und Funktion des Auges

1 Augen von Wirbeltieren:
A Mensch, **B** Katze,
C Knoblauchkröte,
D Bartgeier

Die Fähigkeit zu sehen ist bei vielen Tiergruppen verbreitet. Wenn wir uns im Tierreich umschauen, entdecken wir eine Vielfalt von unterschiedlichen Augenformen, -größen und -farben. Doch wie sind diese unterschiedlichen Augen von Wirbeltieren grundsätzlich aufgebaut und wie funktionieren sie?

Aufbau des menschlichen Auges ● Beim Sehen fallen zunächst Lichtstrahlen auf die Hornhaut des Auges. Sie schützt nicht nur das Auge, sondern bündelt auch die Lichtstrahlen. Die Hornhaut besitzt keine Blutgefäße und wird vom Kammerwasser der Augenkammer mit Nährstoffen versorgt. Der Lichteinfall ins Auge wird durch die Iris geregelt. Die dahinterliegende transparente Linse ist ebenso wie die Iris mit der Ziliarmuskulatur verbunden, durch deren Kontraktion der Lichteinfall und die Schärfe des Bildes reguliert werden. Nachdem die Lichtstrahlen die zentrale Lichtöffnung, die Pupille, durchdrungen haben, gelangen sie durch den Glaskörper auf die Netzhaut oder **Retina**. Nach außen wird das Auge schließlich durch die Aderhaut und die Lederhaut begrenzt. Tatsächlich ist die Retina ein vorgeschobener Teil des Gehirns, der sich schon früh in der Embryonalentwicklung absondert, durch die Faserbündel des Sehnervs aber mit ihm verbunden bleibt.

Das Auge mit der Retina bildet also fast den einzigen unmittelbaren Kontakt von Gehirnstrukturen mit der Umwelt. Vielleicht entstand so das Empfinden, dass man durch die Augen eines Menschen direkt in sein Inneres und seine Seele schauen könne.

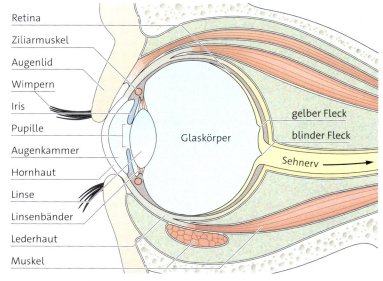

2 Längsschnitt durch das Auge

Zellulärer Aufbau der Retina • Die Retina des Wirbeltierauges besteht aus mehreren Zellschichten, die scheinbar verkehrt herum, also invers, angeordnet sind. Das Licht muss vom Glaskörper erst durch mehrere Schichten von Nervenzellen gelangen – den Müllerzellen, den Ganglienzellen, den amakrinen Zellen, den Bipolarzellen und den Horizontalzellen –, bevor es auf die lichtempfindlichen Lichtsinneszellen oder **Fotorezeptoren** fällt. Beim Menschen lassen sich zwei Typen von Fotorezeptoren finden: die länglicheren Stäbchen und die gedrungeneren Zapfen. Nur dort erfolgt schließlich die Umwandlung des Lichtreizes in elektrische Signale.

Die von den Fotorezeptoren umgewandelten elektrischen Signale werden an die vorgelagerten Zellschichten weitergeleitet. Die Bipolarzellen dienen als Vermittler zwischen den Fotorezeptoren und den Ganglienzellen. Diese vereinen sich zum **Sehnerv**, der das Auge verlässt und die Signale an das Gehirn weiterleitet. Da an der Austrittsstelle des Sehnervs lichtempfindliche Zellen fehlen, wird dieser Bereich als blinder Fleck bezeichnet. Dennoch ist das wahrgenommene Bild lückenlos, weil das Gehirn mit den Informationen des anderen Auges den fehlenden Bereich ergänzt.

Zwei weitere Zelltypen beeinflussen die Signalweiterleitung in der Retina. Die Horizontalzellen erhalten Informationen von den Fotorezeptoren und verändern über seitliche Fortsätze die Signale der Bipolarzellen und der Fotorezeptoren. Die amakrinen Zellen bekommen Informationen von Bipolarzellen und beeinflussen benachbarte Ganglienzellen, Bipolarzellen und andere amakrine Zellen durch seitliche Verbindungen.

Durch diese Verschaltungen unterschiedlicher Nervenzellen erhält eine Ganglienzelle Signale von einer Vielzahl von Fotorezeptoren. Müllerzellen, die zu den Gliazellen gehören, durchziehen die Retina und stützen, ernähren und versorgen die übrigen Zellen.

In der Retina befinden sich Regionen mit unterschiedlicher Qualität in der Bildauflösung. Das Zentrum des von der Linse erzeugten Bildes fällt auf eine kleine, gelb erscheinende, wenige Millimeter große ovale Fläche, den gelben Fleck bzw. die Makula. Sie besteht aus besonders dünnen und durchscheinenden Zellschichten. In der Mitte der Makula ist die Netzhaut etwas eingesenkt. In der als Sehgrube oder Fovea bezeichneten Stelle befinden sich nur Zapfen, die hier besonders dicht stehen. Deshalb handelt es sich hier um den Bereich des schärfsten Sehens.

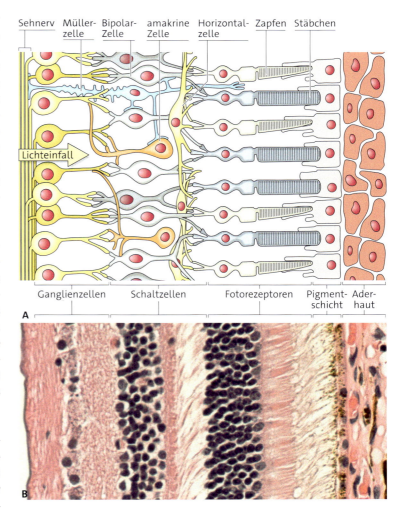

3 Aufbau der Retina: **A** schematisch, **B** lichtmikroskopische Aufnahme

Der Aufbau der Netzhaut mit den verschiedenen Zellschichten ermöglicht es, die von den Fotorezeptoren abgegebenen elektrischen Signale miteinander zu verrechnen. Dies geschieht bevor die entstehenden Signalmuster in entsprechenden Hirnzentren zu einer visuellen Wahrnehmung verarbeitet werden.

Grundsätzlich unterscheiden sich alle Wirbeltieraugen nur in der Anzahl einzelner Zelltypen wie der Fotorezeptoren. Die Anordnung der jeweiligen Zelltypen jedoch ist bei allen Wirbeltieraugen gleich.

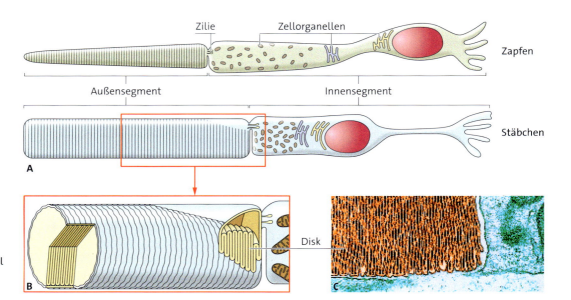

1 Aufbau der Fotorezeptoren: **A** Schema, **B** Stapel von Disks, **C** EM-Aufnahme

Fotorezeptoren • In der Retina gibt es zwei Arten von Fotorezeptoren, von denen der Mensch etwa 125 Millionen besitzt. Sie lassen sich leicht durch ihre Erscheinungsform unterscheiden: die Stäbchen und die Zapfen.

Jeder Fotorezeptor besteht aus einem Außensegment und einem Innensegment. Das Innensegment enthält den Zellkern und alle Zellorganellen, die für die Aufrechterhaltung des Zellstoffwechsels notwendig sind. Es besitzt außerdem eine synaptische Endigung, über die die nachgeschalteten Zellen aktiviert werden. Das Außensegment enthält einen Stapel aus membranförmigen Scheibchen, den **Disks**. In den Membranabschnitten dieser Disks befinden sich lichtempfindliche Farbstoffmoleküle, die **Fotopigmente**, die das Licht absorbieren und dabei eine Veränderung des Membranpotenzials auslösen.

Stäbchen haben ein langes zylindrisches Außensegment mit vielen Disks. Zapfen besitzen dagegen ein kürzeres, sich zuspitzendes Außensegment mit weniger Disks. Die strukturellen Unterschiede zwischen Stäbchen und Zapfen gehen mit ihrer Funktion einher. Die Stäbchen sind durch eine größere Anzahl der Disks und damit der Fotopigmente über 1000-mal lichtempfindlicher als die Zapfen. Sie ermöglichen das Sehen bei geringen Lichtintensitäten, beispielsweise in der Dämmerung und nachts. Die Zapfen sind dagegen für das Sehen bei Tageslicht zuständig. Während alle Stäbchen das gleiche Fotopigment enthalten, gibt es drei verschiedene Arten von Zapfen mit jeweils einem anderen Pigment. Die Zapfen können deshalb verschiedene Wellenlängen absorbieren und sind für die Farbwahrnehmung verantwortlich.

Die Ausbildung zweier Fotorezeptortypen im Laufe der Evolution ermöglicht das Sehen bei unterschiedlichen Umweltbedingungen. So können bei guten Lichtverhältnissen am Tag auch geringe Farbunterschiede, beispielsweise zwischen unreifen und reifen Früchten, wahrgenommen werden, was die Nahrungssuche erleichtert. Gleichzeitig ermöglicht das hochempfindliche Dämmerungssehen selbst bei äußerst schwachem Sternenlicht noch die Orientierung in der Umwelt.

Einige Arten von Fischen, Amphibien, Reptilien und Vögeln besitzen einen zusätzlichen Zapfentyp, der für ultraviolettes Licht empfindlich ist. So entdecken Falken die Spur ihrer Beute anhand deren Markierungen, da Urin und Kot ultraviolettes Licht reflektieren.

1 Geben Sie die Unterschiede zwischen Stäbchen und Zapfen tabellarisch an.

2 Erstellen Sie ein Flussdiagramm, das den Strahlengang im Auge wiedergibt.

3 Erklären Sie, weshalb die Sehschärfe im gelben Fleck am höchsten ist.

Material

Informationsverarbeitung in Lebewesen • Struktur und Funktion des Auges

Material A Lichtsinnesorgane im Tierreich

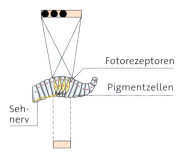

Flachauge

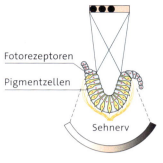

Grubenauge

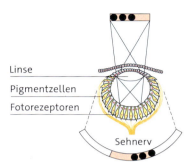

Linsenauge Tintenfisch

Viele Tiere reagieren auf Licht. Selbst einfach gebaute Lebewesen wie der Regenwurm besitzen Lichtsinneszellen, die über die Körperoberfläche verstreut sind. Bei den meisten Tieren treten Lichtsinneszellen jedoch nicht einzeln auf, sondern kommen in größerer Anzahl in den Lichtsinnesorganen, den Augen, vor.

Quallen besitzen beispielsweise Flachaugen, bei denen lichtundurchlässige Pigmentzellen die Lichtsinneszellen vor Streulicht abschirmen.
Bei Grubenaugen, die bei Schnecken vorkommen, sind die Lichtsinneszellen in die Körperoberfläche eingesenkt. Das Linsenauge von Tintenfischen oder Wirbeltieren ist mit einer Linse ausgestattet, die sich in einer Sehöffnung befindet.

1 Vergleichen Sie den Aufbau der verschiedenen Lichtsinnesorgane.

2 Stellen Sie den Zusammenhang zwischen Aufbau und Funktion der verschiedenen Lichtsinnesorgane dar.

Material B Bedeutung der Müllerzellen

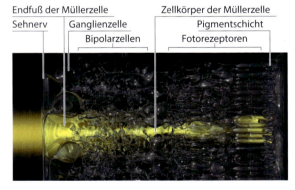

Die Retina des Menschen scheint falsch herum gebaut zu sein: Die Fotorezeptoren liegen hinter den signalverarbeitenden Nervenzellen. Dieser inverse Aufbau müsste zu Brechung, Streuung und Reflexion der Lichtstrahlen auf ihrem Weg durch die Retina zu den Fotorezeptoren führen. Dadurch würden sich die räumliche Auflösung, Lichtausbeute und Bildqualität erheblich verschlechtern.

Trotz der inversen Netzhaut können die meisten Wirbeltiere gut sehen. Einen wesentlichen Anteil daran haben die Müllerzellen, die früher als reine Stütz- und Versorgungszellen, seit einigen Jahren aber als längliche Zylinder, die gesamte Retina durchspannen, bekannt sind.
Mit modernen neurobiologischen und optischen Methoden konnte man die Bedeutung der Müllerzellen aufklären.

1 Vergleichen Sie den Aufbau der Retina des Menschen mit der eines Tintenfischs. Nehmen Sie dazu die Abbildung 3 auf Seite 305 zu Hilfe.

2 Erläutern Sie die Funktion der Müllerzellen.

3 Fassen Sie die Vorteile und die Nachteile beider Retinatypen zusammen.

4.12 Vom Reiz zur Wahrnehmung

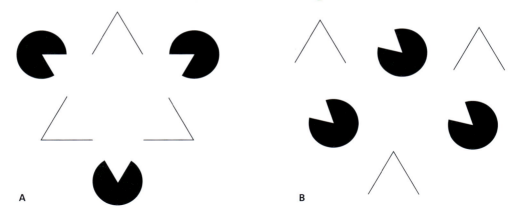

1 Optische Täuschung:
A Kanizsa-Dreieck,
B Bildelemente anders angeordnet

Was nehmen Sie wahr, wenn Sie die Abbildung betrachten? Sehen Sie links ein scharf konturiertes Dreieck, obwohl die Randlinien nicht existieren? Rechts auch? Wie wir Dinge wahrnehmen, hängt nicht nur von der Reizinformation ab, sondern auch von der Verarbeitung der Information durch das Nervensystem. Wie gelangt die Information von der Netzhaut ins Gehirn und wie wird sie dort zu einer Wahrnehmung verarbeitet?

Verarbeitung in der Netzhaut ● Bereits in der Netzhaut des Auges beginnt die Verarbeitung der Reizinformation. Die Signale der knapp 130 Millionen Fotorezeptoren werden von etwa einer Million Ganglienzellen interpretiert, bevor die Information weiter ans Gehirn geht. Eine kleine Gruppe meist kreisförmig zusammenstehender Fotorezeptoren beeinflusst die Aktivität einzelner Ganglienzellen. Eine solche Funktionseinheit bezeichnet man als **rezeptives Feld**. Es besteht aus einem Zentrum und einem Umfeld. Grundsätzlich unterscheidet man rezeptive Felder mit ON-Zentrum und OFF-Umfeld und umgekehrt. Einem Modell zufolge sind in einem rezeptiven Feld mit ON-Zentrum und OFF-Umfeld die Stäbchen im Zentrum über ON-Bipolarzellen mit der weiterleitenden Ganglienzelle verknüpft. Fällt Licht auf die Stäbchen im Zentrum, so führt dies zu einer Abnahme ihrer Transmitterfreisetzung. Wird dadurch die ON-Bipolarzelle depolarisiert, bewirkt sie über erregende Synapsen eine erhöhte Aktionspotenzialfrequenz der nachgeschalteten Ganglienzelle.

Im Umfeld dagegen sind die Stäbchen über Horizontalzellen mit den Stäbchen im Zentrum verknüpft. Sie nehmen so indirekt Einfluss auf die ON-Bipolarzelle und die Ganglienzelle. Fällt Licht gleichzeitig auf die Stäbchen des Umfelds, nimmt deren Transmitterfreisetzung ab. Dies führt zu einer Hyperpolarisation der Horizontalzellen. Diese wirken hemmend auf die Stäbchen im Zentrum, wodurch die ON-Bipolarzelle weniger depolarisiert wird. Darauf reagiert die Ganglienzelle mit einer geringeren Aktionspotenzialfrequenz als zuvor, obwohl sich die Lichtverhältnisse im Zentrum nicht verändert haben.

Licht im Umfeld hemmt somit die Aktivität der zentralen ON-Bipolarzelle. Das nennt man seitliche, also **laterale Hemmung**. Diese Verschaltung führt dazu, dass Kontraste verstärkt werden. Ein rezeptives Feld mit OFF-Zentrum und ON-Umfeld funktioniert entsprechend umgekehrt. Helle Flecken vor dunklem Hintergrund führen zu besonders starken Änderungen der Aktionspotenzialfrequenz. Deshalb sehen wir die Ecken des imaginären Dreiecks besonders deutlich. In der Netzhaut beginnt also die Bildverarbeitung, Informationen werden verstärkt, vernachlässigt und gebündelt.

Von der Netzhaut ins Gehirn ● Die Axone aller Ganglienzellen verlassen gemeinsam durch die Austrittsstelle am Augapfel, den blinden Fleck, das Auge und bilden Bündel von etwa einer Million Nervenfasern. Diese gebündelten Nervenfasern nennt man Nervus opticus oder **Sehnerv**. Er ist etwa 4,5 cm lang. Die Sehnerven beider Augen treten durch eine Öffnung in der Schädelbasis in das Gehirn ein. In diesem Bereich kreuzen Teile der Nervenfasern zur gegenüberliegenden Seite des Gehirns. Diese **Seh-**

Informationsverarbeitung in Lebewesen • Vom Reiz zur Wahrnehmung

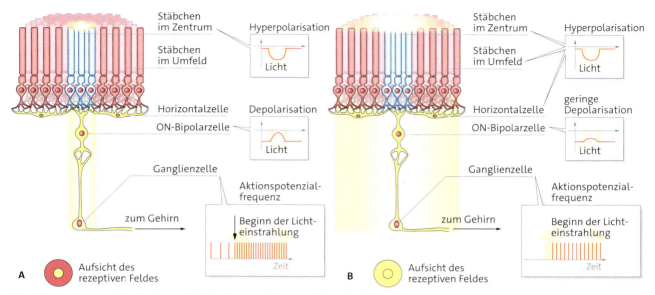

2 Reaktion eines rezeptiven Feldes mit ON-Zentrum und OFF-Umfeld auf Belichtung: **A** im Zentrum, **B** im Zentrum und im Umfeld (stark vereinfacht)

nervenkreuzung wird auch als Chiasma opticum bezeichnet. Die Aufteilung erfolgt so, dass alle Nervenfasern, deren Ursprung in den rechten Netzhauthälften beider Augen liegt, in die rechte Großhirnhälfte führen und umgekehrt. So gelangen die Informationen der linken Hälfte der Gesichtsfelder von beiden Augen zur Sehrinde, dem **visuellen Cortex**, der rechten Hirnhälfte und die Informationen der rechten Hälfte der Gesichtsfelder zum visuellen Cortex der linken Hirnhälfte. Jede Hirnhälfte erhält also Informationen von beiden Augen. Aufgrund der unterschiedlichen Blickwinkel erzeugt das Gehirn daraus ein räumliches, also ein dreidimensionales Bild.

Je ein Bündel von Nervenfasern verläuft ausgehend vom Chiasma opticum als **Sehstrang** oder Tractus opticus zum Thalamus und dann zum visuellen Cortex im Hinterhauptlappen des Großhirns.

Dieser Teil des Gehirns ist für die Weiterverarbeitung der visuellen Information zuständig. Die gesamte Nervenverbindung zwischen Netzhaut und visuellem Cortex nennt man **Sehbahn**.

1 Erklären Sie mithilfe von Abbildung 2 die unterschiedlichen Reaktionen von Ganglienzellen auf Lichtreize

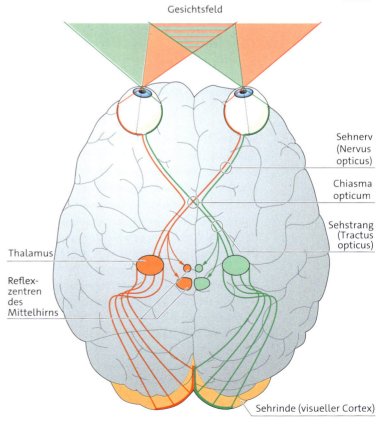

3 Übersicht über die Sehbahn

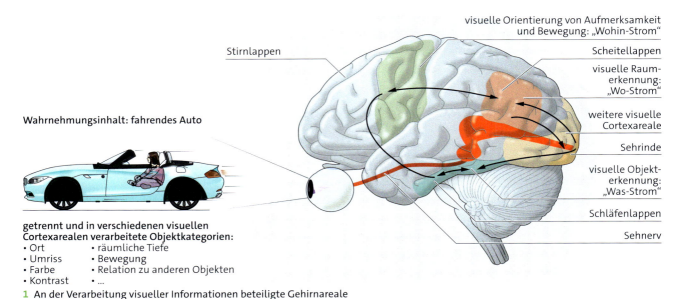

Wahrnehmungsinhalt: fahrendes Auto

getrennt und in verschiedenen visuellen Cortexarealen verarbeitete Objektkategorien:
- Ort
- Umriss
- Farbe
- Kontrast
- räumliche Tiefe
- Bewegung
- Relation zu anderen Objekten
- ...

1 An der Verarbeitung visueller Informationen beteiligte Gehirnareale

2 Die vier Hirnlappen des Großhirns

Corticale Verarbeitung • Die Nervenfasern der Sehbahn sind mit Neuronen im visuellen Cortex verbunden. Er ist ebenfalls in rezeptiven Feldern organisiert. Einige dieser Felder reagieren ebenso wie in der Netzhaut besonders auf Kontraste, Konturen oder Farbunterschiede im Gesichtsfeld. Andere werden aktiviert, wenn sich Gegenstände vor den Augen bewegen. Sie wirken wie neuronale Filter, die selektiv und spezialisiert auf visuelle Informationen der Umgebung antworten.

Vom visuellen Cortex ausgehend wird die verarbeitete Information zu weiteren Cortexarealen über zwei Hauptpfade weitergeleitet: Der eine führt zum Scheitellappen sowie zum Stirnlappen und der andere zum Schläfenlappen. Der Verarbeitungsstrom über den Scheitellappen und zum Stirnlappen dient der Raum- und Positionswahrnehmung sowie der Richtungswahrnehmung. Er wird daher auch „Wo-Strom" und „Wohin-Strom" genannt. Der Strom über den Schläfenlappen ist für das Erkennen und Benennen von Objekten, also für die Farb-, Muster- und Formwahrnehmung von besonderer Bedeutung. Er wird daher auch „Was-Strom" genannt.

Die visuelle Informationsverarbeitung erfolgt also parallel, schrittweise und arbeitsteilig in verschiedenen Arealen. Neuronengruppen bilden funktionale Netzwerke, die jeweils für bestimmte Eigenschaften visueller Reize empfindlich sind. Die parallele Bildverarbeitung bietet den Vorteil, dass sich große Informationsmengen gleichzeitig verarbeiten lassen. Die Vernetzung der Cortexareale ermöglicht, dass die bereits gefilterten und analysierten Informationen zusammengeführt und mit gespeicherten Informationen aus dem Gedächtnis verglichen und zu einem Gesamteindruck verknüpft werden. Erst unter dem Einfluss von Erfahrung und Gedächtnis interpretiert das Bewusstsein das Objekt zum Beispiel als fahrendes Auto.

Die Verarbeitung der Information kann allerdings auch zu Fehlinterpretationen führen. Im Falle des Kanizsa-Dreiecks erfasst das Gehirn die wenigen Bildelemente und ihre Anordnung und suggeriert aufgrund unserer Erfahrung Zusammenhänge, die nicht existieren. So erkennen wir ein weißes, flächiges Dreieck, das sogar Helligkeitsunterschiede zur Umgebung aufzuweisen scheint, allerdings nur, wenn die Kreisflächen auf bestimmte Weise angeordnet sind. Die Reizinformation aus unserer Umgebung wird also durch gespeicherte Erfahrungen interpretiert und verändert. Der subjektive Gesamteindruck des Gesehenen, die bewusste Wahrnehmung, ist eine Konstruktion des Gehirns.

1 Beschreiben Sie mithilfe eines Flussdiagramms den Sehprozess vom Auge bis zur bewussten Wahrnehmung.

Material A Eine Nervenzelle für Halle Berry?

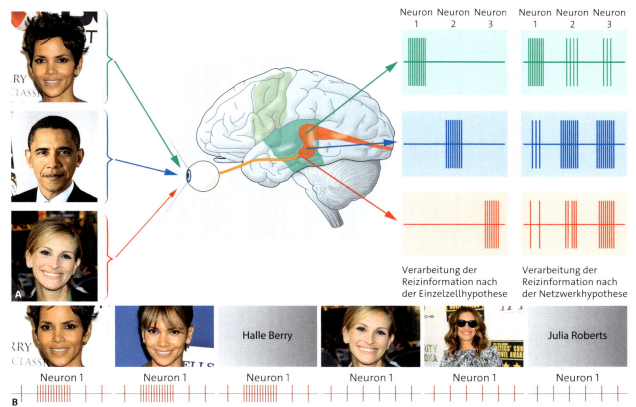

Für die Verarbeitung von komplexen Reizinformationen, zum Beispiel von bekannten Objekten und Persönlichkeiten, gibt es verschiedene Hypothesen.

Eine – zunächst scherzhaft geäußerte – Hypothese besagt, dass die Aktivität eines einzelnen Neurons ausreicht, um zum Beispiel unsere Großmutter zu repräsentieren und wiederzuerkennen.

Eine Gelegenheit, diese „Großmutterzellen"-Theorie zu prüfen, bot sich während der Behandlung von zunächst acht Epilepsieerkrankten. Ihnen wurden für einige Tage Tiefenelektroden in verschiedene Regionen des Gehirns implantiert, um den Auslöser für die epileptischen Anfälle zu finden. In dieser Zeit konnten verschiedene Tests mit den Betroffenen durchgeführt und die Reaktionen von Neuronen im Hippocampus, einem Teil des Schläfenlappens, abgeleitet werden. Der Hippocampus wird mit dem Speichern von Erinnerungen und dem Erkennen von Objekten in Verbindung gebracht. Den Erkrankten wurden Bilder von verschiedenen Prominenten und Sehenswürdigkeiten gezeigt. Mithilfe eines aufwendigen digitalen Verfahrens konnte die elektrische Aktivität einzelner Neuronen selektiert und verstärkt werden.

Bei einem der Patienten konnten Reaktionen eines Neurons auf ein Bild der US-amerikanischen Schauspielerin Halle Berry festgestellt werden. Daraufhin wurde überprüft, ob weitere Bilder der Person oder anderer Persönlichkeiten dieselbe Reaktion auslösten. Von 132 untersuchten Neuronen des Patienten zeigten 51 eine spezifische Reaktion gegenüber bestimmten Personen oder bekannten Gebäuden wie dem Eiffelturm.

Bei anderen Erkrankten wurden keine solche Reaktionen auf Halle Berry, Julia Roberts oder Barack Obama gefunden.

1 Beschreiben Sie die in Abbildung A dargestellten Hypothesen zur Repräsentation komplexer Informationen.

2 Beschreiben und erläutern Sie die Versuchsergebnisse in Abbildung B mit Blick auf die Verarbeitung visueller Information im Cortex.

3 Begründen Sie die Vorteile der gemessenen neuronalen Reaktionen im Hippocampus für unsere Wahrnehmung. Diskutieren Sie, weshalb das Forschungsteam trotz der Befunde die Existenz von „Großmutterneuronen" anzweifelt.

4.13 Neuronale Störungen

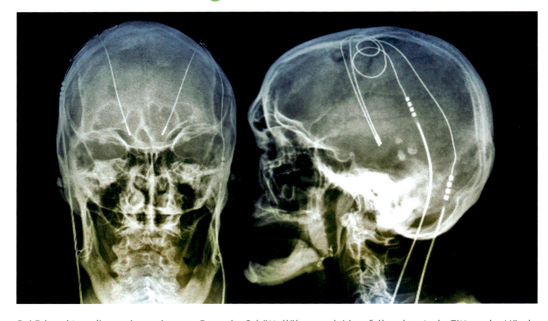

1 Tiefe Gehirnstimulation bei Schüttellähmung

Bei Erkrankten, die an einer schweren Form der Schüttellähmung leiden, fallen das starke Zittern der Hände, unkontrollierbare Bewegung und der verlangsamte und unsichere Gang auf. Durch Gehirnstimulation mit Elektroden, einer Art Gehirnschrittmacher, können diese belastenden Symptome korrigiert werden. Wie kommt es zu dieser Krankheit und wie kann man sie behandeln?

lat. Morbus = Krankheit

Veränderung von Neuronen • Die Symptome der Schüttellähmung wurden im Jahr 1817 erstmals vom englischen Arzt James Parkinson beschrieben und nach ihm **Morbus Parkinson** benannt. Erkrankten fällt es schwer, Bewegungen zu starten, die Bewegungen erscheinen eingefroren. Gleichzeitig zittern die Hände unkontrollierbar. Mit Fortschreiten der Krankheit können weitere Symptome einer schwerwiegenden neurologischen Störung, zum Beispiel Gedächtnisstörungen hinzukommen.
Untersucht man das Gehirn der Betroffenen, so kann man auffällige Veränderungen in einem umgrenzten Bereich des Mittelhirns finden, der aufgrund seiner dunklen Färbung als schwarze Substanz oder Substantia nigra bezeichnet wird. Sie gehört zu einer Gruppe von Nervenzellansammlungen, die **Basalganglien** genannt werden (▶ [⊡]). Die Basalganglien sind untereinander und mit anderen Arealen im Gehirn vernetzt, durch die Bewegungen aktiviert und koordiniert werden.

Die Neuronen der Substantia nigra produzieren Dopamin. Bei an Parkinson Erkrankten sterben Dopamin produzierende Neuronen in diesem Bereich ab, sie degenerieren. Durch die Degeneration der dopaminergen Neuronen kommt es bei den Betroffenen zu einem folgenschweren Mangel an Dopamin in den Basalganglien insgesamt.

Ursachen der Degeneration • Die genauen Ursachen der Degeneration werden intensiv erforscht. Bislang gibt es nur Indizien und Modelle. Auffällig sind in den noch funktionsfähigen Nachbarzellen von abgestorbenen Neuronen Ansammlungen eines fehlerhaft gefalteten Proteins, des α-Synuclein, das in korrekter Faltung an der Speicherung von Dopamin in synaptischen Vesikeln beteiligt zu sein scheint. Diese Proteinansammlungen sind sogar lichtmikroskopisch im Zellplasma zu erkennen. Im Zusammenwirken mit weiteren Faktoren kommt es bei Neuronen, die solche fehlgefalteten Aggregate enthalten, zu Fehlfunktionen der Mitochondrien und letztlich zum Absterben der betroffenen Neuronen. Alterungsprozesse, Mutationen und auch äußere Faktoren, wie zum Beispiel starke mechanische Erschütterungen oder Umweltgifte werden als mögliche Einflüsse, die zur Degeneration führen, diskutiert.

Neuronale Störungen • Wie lassen sich die parkinsontypischen Symptome aufgrund des Absterbens einzelner Neuronen erklären? Die dopaminergen Neuronen der Substantia nigra haben Einfluss auf weitere Basalganglien. Sie üben aktivierende oder hemmende Wirkung auf den Thalamus, einen Teil des Zwischenhirns, und den Motorcortex aus. Diese Gehirnareale sind daran beteiligt, willkürliche Bewegungen zu steuern. Das Gleichgewicht von Hemmung und Erregung ist Voraussetzung für den Start situationsangemessener und zielgerichteter Bewegungen und die Vermeidung unkontrollierter Zitterbewegungen. Verringert sich die Dopaminmenge in den Basalganglien durch die Degeneration von Neuronen wie bei Parkinson-Erkrankten, so sind der Thalamus und der Motorcortex weniger aktiv und alltägliche Fähigkeiten können nur noch verlangsamt ausgeführt werden (▶ 🔲). Wenn die ersten Bewegungssymptome auftreten, sind bereits mehr als die Hälfte der dopaminergen Neuronen in der Substantia nigra abgestorben.

Solche Erkrankungen des Nervensystems, die wie bei der Parkinsonerkrankung mit dem Verlust von Nervenzellen einhergehen, heißen **neurodegenerative Erkrankungen**. Parkinson gehört mit der Alzheimer-Demenz (▶ S. 426) zu den häufigsten degenerativen **neuronalen Störungen**.

Behandlungsansätze • In der Frühphase der Erkrankung kann der Dopaminmangel mit Medikamenten ausgeglichen werden. Physiotherapie und Bewegung unterstützen den Erhalt vieler Fähigkeiten. Die Wirkung der Medikamente lässt mit der Zeit jedoch nach. In späteren Phasen der Parkinsonerkrankung können die unwillkürlichen Zitterbewegungen und die Bewegungsstarrheit durch Elektrostimulation der Basalganglien behandelt werden. Dazu werden 1 oder 2 Elektroden im Bereich der Substantia nigra implantiert (vgl. Bild), die ähnlich wie ein Herzschrittmacher rhythmische Signale erzeugen und dadurch Einfluss auf die Bewegungssteuerung nehmen. Für diesen Eingriff ins Gehirn kommen jedoch vor allem sehr schwere Verläufe in Frage. Große Erwartungen setzen die Forscher auch in den Ersatz der abgestorbenen Zellen durch die Transplantation von Stammzellen. Mit Hautzellen, die im Labor so behandelt werde, dass sie eine ähnliche Differenzierungsfähigkeit wie Stammzellen

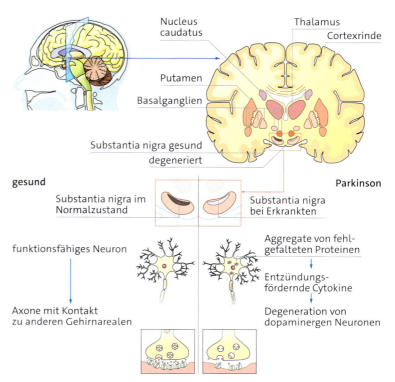

2 Dopaminerge Neuronen in der Substantia nigra bei Gesunden und an Parkinson Erkrankten. (Schematisch)

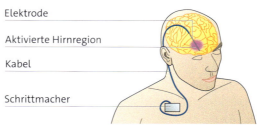

3 Behandlungsansatz durch tiefe Gehirnstimulation (Schema)

aufweisen, können im Tierversuch bereits vielversprechende Ergebnisse erzielt werden.

1 Erläutern Sie die neuronale Störung durch den Dopaminmangel bei Parkinsonerkrankten auf verschiedenen Betrachtungsebenen (▶ 🔲).

2 Recherchieren Sie individuellen Folgen der Parkinsonerkrankung für Betroffene im Alltag (▶ 🔲).

3 Entwickeln Sie verschiedene Ansatzpunkte zur Behandlung des Dopaminmangels an den Synapsen.

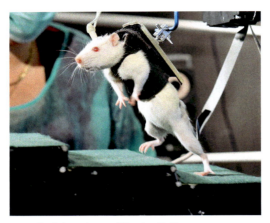

1 Lauftraining einer gelähmten Ratte

2 Spiegeltherapie

Neuronale Verletzungen • Während Parkinson durch Degeneration von Neuronen entsteht, deren Ursache erst in Ansätzen geklärt ist, können Neuronen auch durch Verletzungen direkt geschädigt werden. Druck, Dehnung und Gewalteinwirkung, zum Beispiel durch Unfälle, Tumore und Schlaganfälle, können Nervenzellen im peripheren oder zentralen Nervensystem zerstören. Je nach Ort und Ausmaß der Verletzung, der **Läsion**, treten unterschiedliche körperliche Beeinträchtigungen und Schmerzen auf. Kleinere Läsionen von peripheren Nerven können heilen, – ähnlich wie Wunden an der Haut. Die Neuronen regenerieren. Im Gehirn und im Rückenmark dagegen sterben verletzte Neuronen und vom Zellkörper abgetrennte Axone in der Regel ab. Deshalb sah man lange Zeit die Neubildung von Nervenzellen oder die **Regeneration** von Neuronen im ZNS als völlig unwahrscheinlich an.

Behandlung von Läsionen • Läsionen durch Unfälle und Schlaganfall führen zu schwerwiegenden Beeinträchtigungen, eine Behandlung ist schwierig. Bei der Erforschung der Ursachen der fehlenden Selbstreparatur von Nerven im ZNS stießen Forschende auf Hemmfaktoren, die im Narbengewebe und den umgebenden Zellen der Axone vorkommen. Ein Protein, der Wachstumsinhibitor Nogo A, das in der Myelinschicht der Axone im ZNS vorkommt, verhindert, dass Zellkörper und Axon wieder zusammenwachsen. Übertrugen die Forschenden jedoch Myelin aus dem peripheren Nervensystem in das verletzte Rückenmark, dann wuchsen die durchtrennten Axone zusammen, die Nervenzellen regenerierten – ein erster Ansatzpunkt für die Entwicklung von Medikamenten. Es fiel zudem auf, dass in den verletzten Axonen im ZNS die Mikrotubuli zerbrochen waren. Werden sie durch Medikamente wieder geordnet und stabilisiert, dann erfolgt die Reparatur des Axons leichter. Im Tierversuch konnten geschädigte Neuronen auch durch chemische und Elektrostimulation in Kombination mit einem speziellen Lauftraining (▶ 1) angeregt werden, zu regenerieren. Erste Ansätze werden beim Menschen erprobt.

Bislang gelingt es jedoch noch nicht, größere Läsionen des ZNS zu reparieren. Trotzdem können manche Fähigkeiten aufgrund der Veränderbarkeit des Gehirns, seiner **Plastizität**, von Betroffenen zurückgewonnen werden. Bei einem Schlaganfall beispielsweise sterben durch Mangeldurchblutung Neuronen ab. Je nach betroffener Gehirnhälfte kann es zu Halbseitenlähmungen kommen. Trainieren die Patienten das Greifen mit der betroffenen Hand, so gelingt dies nach intensivem Üben häufig wieder. Mit bildgebenden Verfahren kann gezeigt werden, dass die Steuerung der Handbewegung von Gehirnarealen übernommen wird, die zuvor andere Aufgaben besaßen. Eine Therapie mit der gesunden Hand vor einem Spiegel, der die gelähmte Hand verbirgt, beschleunigt den Heilungsprozess. Dem Gehirn wird durch die Spiegelung vorgetäuscht, die gelähmte Hand könne sich willentlich bewegen. Das fördert die neuronale Umorganisation des Gehirns (Abb. 2).

1 Analysieren Sie individuelle und gesellschaftliche Herausforderungen, die im Zusammenhang mit neurodegenerativen Erkrankungen und Verletzungen des ZNS entstehen.

Material

Informationsverarbeitung in Lebewesen • Neuronale Störungen

Material A Gefährliche Substitution?

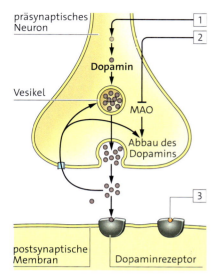

Bei der Behandlung der Bewegungsstörungen bei einer Parkinson-Erkrankung kommen verschiedene Medikamente zum Einsatz. Im Wesentlichen lassen sich drei Medikamententypen unterscheiden:

1. Vorstufen des Dopamins, zum Beispiel L-Dopa.
2. Monoaminoxidase-Hemmer. Das Enzym Monoaminoxidase, kurz MAO, befindet sich in der äußeren Mitochondrienmembran und bewirkt den Abbau von Dopamin.
3. Dopamin-Agonisten. Sie haben eine dem Dopamin vergleichbare Wirkung an bestimmten Dopaminrezeptoren der postsynaptischen Membran der Basalganglien.

1 Erläutern Sie die Wirkung von Dopamin an einer dopaminergen Synapse auf die Erregungsweiterleitung im Striatum.

2 Erläutern Sie Wirkungsort und Wirkungsprinzip der verschiedenen Parkinsonmedikamente an einer dopaminergen Synapse.

3 Stellen Sie Vermutungen über das Nachlassen der Wirkung von L-Dopa nach einigen Behandlungsjahren an.

Material B Behandlungsansätze zur Regeneration von verletzten Nervenzellen im ZNS

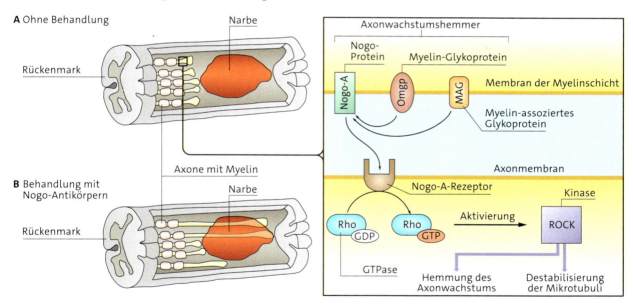

Nach Verletzungen des Gehirns und des Rückenmarks regenerieren die Axone der betroffenen Nervenzellen in der Regel nicht. Forschende konnten feststellen, dass die Selbstreparatur aufgrund verschiedener Ursache scheitert. Eine Ursache ist ein das Wachstum hemmendes Protein, das sogenannte Nogo-Protein, das in der Myelinschicht der Axone im ZNS gefunden wurde. Die Abbildung zeigt ein Modell der Wirkung. In Tierversuchen und ersten Studien an Menschen gelang es, die Wachstumshemmung durch Antikörper aufzuheben, die spezifisch an Nogo-Membranrezeptoren der Axone binden. Das anschließende Wachstum der Axone war so wirksam, dass vorher querschnittsgelähmte Ratten ihre Gliedmaßen wieder normal bewegen konnten.

1 Beschreiben Sie, wie Proteinbestandteile der Myelinschicht die Regeneration von Neuronen im ZNS unterbinden.

2 Erklären Sie die Wirkung der Nogo-A-Antikörper auf die Regenerationsfähigkeit der Axone im ZNS.

Blickpunkt

Alzheimer

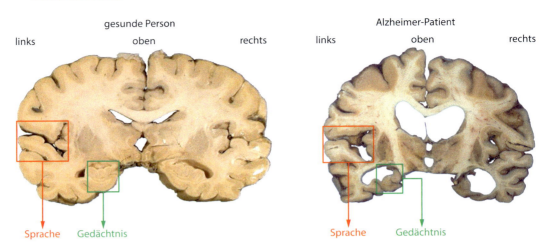

1 Querschnitt durch das Gehirn einer gesunden Person und eines Alzheimer-Patienten

Alzheimer-Krankheit • Morbus Alzheimer ist die weltweit häufigste neurodegenerative Erkrankung. In Deutschland lebten 2021 rund 1,8 Millionen Demenzkranke; zwei Drittel von ihnen waren von der Alzheimer-Krankheit betroffen. In der Altersgruppe der über 65-jährigen treten jährlich über 400.000 Neuerkrankungen auf. Da infolge der demografischen Entwicklung mehr Menschen neu erkranken als sterben, nimmt die Anzahl der an Alzheimer erkrankten Menschen kontinuierlich zu. Die Erkrankung ist bislang unheilbar, der Verlauf kann durch Medikamente verlangsamt werden.

Symptome • Als typisches Symptom tritt bei nahezu allen Betroffenen auf, dass sie sich an zeitlich nahe liegende Ereignisse wie zum Beispiel Geschehnisse vor wenigen Stunden, Teile eines Gesprächs, die eigentliche Absicht nach dem Verlassen des Hauses nicht mehr erinnern. Weitere Merkmale einer Verschlechterung der kognitiven Leistungsfähigkeit sind der Orientierung, die Einschränkung auch einfacher praktischer Fertigkeiten, Wortfindungsstörungen im Gespräch bis hin zur Unfähigkeit der Bewältigung des Alltags. Begleitend treten häufig extreme Schwankungen der emotionalen Lage auf, die von ausgelassen glücklich bis traurig und depressiv reichen können. Besonders belastend für die familiären oder weiteren Kontaktpersonen ist es, wenn Erkrankte zu aggressivem und misstrauischem Verhalten neigen. Da eine solche Wesensveränderung des erkrankten Menschen für die Angehörigen häufig nur schwer zu ertragen ist, werden Selbsthilfe- und Ge-sprächsgruppen empfohlen, um durch Erfahrungsberichte von anderen Angehörigen die eigene Situation besser einschätzen zu können und hilfreiche Verhaltens- und Reaktionsweisen kennenzulernen.

Ursachen • Der deutsche Arzt Alois Alzheimer entdeckte 1906 Veränderungen der neuronalen Struktur des Gehirns von Patienten mit Demenzerscheinungen. Das Gehirn des Alzheimer-Patienten ist im Vergleich zum Gehirn eines gesunden Menschen geschrumpft. Weite Teile der Großhirnrinde sind verloren gegangen, die Furchen und Hohlräume haben sich durch einen massiven Zellverlust vergrößert. Auch der Bereich des Hippocampus ist vom Zellsterben betroffen. Er ist ein Teil des limbischen Systems, das mit der Erzeugung, der Archivierung und dem Abruf von Inhalten des Langzeitgedächtnisses zu tun hat. Daher erkennen Alzheimer-Patienten vertraute Personen nicht mehr, können sich zunächst an die jüngsten Ereignisse und im späteren Verlauf der Erkrankung auch an Vergangenes nicht mehr erinnern.

Bei mikroskopischen Untersuchungen entdeckte Alois Alzheimer sowohl innerhalb als auch außerhalb der Nervenzellen Proteinablagerungen. Daher vermutete er, dass diese Ablagerungen für das Absterben der Nervenzellen und damit für die Erkrankung verantwortlich sind.

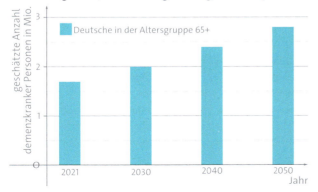

2 Geschätzte Anzahl der an Demenz erkrankten über 65-jährigen in Deutschland

Beta-Amyloid-Plaques • Heute kennt man unterschiedliche veränderte Proteinstrukturen, die Proteinablagerungen im Gehirn bilden können. Diese schränken vermutlich die Funktion der betroffenen Nervenzellen ein, so dass diese mit der Zeit verkümmern. Eine dieser auffälligen Proteinablagerungen sind die Beta-Amyloid-Plaques. Das natürlich vorkommende Amyloid-Vorläufer-Protein ist ein Bestandteil eines membranständigen Proteins in Neuronenmembranen. Es wird bei Alzheimerbetroffenen durch fehlerhaften enzymatischen Abbau zu Beta-Amyloid-Molekülen gespalten. Diese Proteinbruchstücke sind schwer weiter abbaubar, lagern sich zusammen und bilden extrazellulär amyloide Plaques. Diese aktivieren Immunzellen, die entzündlichen gewebeschädigenden Reaktionen auslösen. Plaques lagern sich häufig in kleinen Blutgefäßen ab und verschlechtern die Sauerstoff- und Energieversorgung des Gehirns. Zudem können die Plaques mit bestimmten Rezeptoren interagieren und die Kalziumionenkanäle beeinflussen. Ein hoher Kalziumionenspiegel in der Nervenzelle beeinflusst die synaptische Signalübertragung.

Tau-Fibrillen • Eine zweite typische auffällige Ansammlung von Proteinen sind die Tau-Fibrillen, die aus Tau-Proteinen bestehen. Tau-Proteine stabilisieren die Mikrotubuli, indem sie sich daran anlagern. Die röhrenförmigen Strukturen der Mikrotubuli sind als Teil des Cytoskeletts für die Stabilität der Zelle verantwortlich und wirken in Nervenzellen am Molekültransport vom Soma zu den synaptischen Endigungen mit. Bei gesunden Menschen werden defekte Tau-Proteine enzymatisch phosphoryliert. Daraufhin lösen sich die defekten Tau-Proteine von den Mikrotubuli, werden abtransportiert und abgebaut. Der durch die amyloiden Plaques ausgelöste hohe Kalziumionenspiegel hat bei Alzheimer-Patienten zur Folge, dass die Tau-Proteine deutlich stärker phosphoryliert werden. Sie lösen sich von den Mikrotubuli und lagern sich zu Neurofibrillen zusammen. Dadurch werden die Mikrotubuli instabil und brechen auseinander. Der Transport über das Axon kommt zum Erliegen und das Neuron stirbt ab. Möglicherweise stehen Tau-Fibrillen in engerem Zusammenhang mit den klinischen Symptomen als Plaques.

Diese beiden veränderten Proteinstrukturen sind zwar charakteristisch für die Alzheimer-Krankheit, allerdings gibt es auch Menschen, bei denen viele solcher Ablagerungen festgestellt wurden, die aber dennoch nicht an Alzheimer erkrankten.

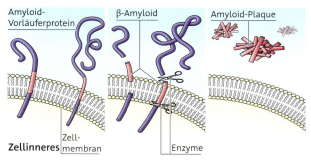

3 Bildung von Amyloid-Plaques

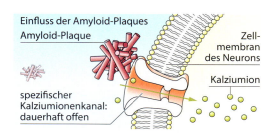

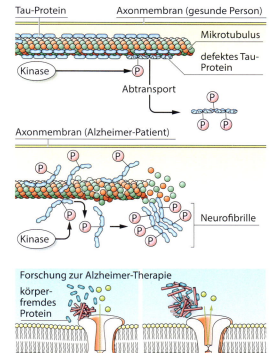

4 Einfluss der Amyloid-Plaques

1 Beschreiben Sie die Veränderungen im Gehirn bei Morbus Alzheimer und erklären Sie den Zusammenhang zwischen den Veränderungen im Bereich des Hippocampus und den Symptomen der Alzheimerkrankheit.

2 Stellen Sie eine Hypothese auf, wie eine Behandlung mit körperfremden Peptiden, die sich mit den Proteinen der Plaques verbinden, zur Heilung beitragen könnte.

4.14 Kontraktion von Muskeln

1 Freikletterin

Die Wand ragt steil in die Höhe. Eine einsame Kletterin zieht sich mit bloßen Händen am Felsen hoch. Nur die Muskelkraft bewahrt sie vor einem Fall in die Tiefe. Das erfordert höchste Konzentration, Ausdauer und jahrelanges Training. Jeder Überhang, jede Kante verlangt einen neuen, wohlüberlegten Kraftakt auf dem Weg nach oben. Wie arbeiten dabei Nervensystem und Muskeln zusammen?

innervieren
= ein Organ
mit Nerven
ausstatten

Steuerung der Muskeln durch Nerven • Bei allen Bewegungen wirken Muskeln und Neuronen zusammen, egal ob beim vorsichtigen Blinzeln mit den Augen, beim kraftvollen Haltegriff am Felsen oder beim Sprinten zum Bus. Die grundlegenden Vorgänge, bei denen elektrische Impulse zur Verkürzung der Muskeln führen, sind immer gleich.

Motoneuronen, deren Zellkörper im Rückenmark liegen, reichen mit ihren Axonen bis zu den Skelettmuskeln. Jedes Motoneuron verzweigt sich an den Axonenden und besitzt Kontaktstellen zu den Muskelzellen, die **neuromuskuläre Synapsen** oder motorische Endplatten genannt werden. Die 10 bis 100 μm starken und bis zu 10 cm langen Muskelzellen werden wegen ihrer länglichen Form als Muskelfasern bezeichnet. An den auf den Muskelfasern flach aufliegenden Synapsenendknöpfchen kommen die elektrischen Impulse an und veranlassen die Muskelfasern, sich zu kontrahieren.

Ein Motoneuron kann mehrere Muskelfasern anregen. Das Motoneuron mit allen von ihm innervierten Muskelfasern bezeichnet man als motorische Einheit. In den Fingern, die feine Bewegungen ausführen, innerviert ein Motoneuron wenige bis 100 Muskelfasern. Im großen Oberschenkelmuskel dagegen werden bis zu 1000 Muskelfasern von einem einzigen Motoneuron gesteuert. Die Größe der motorischen Einheit beeinflusst somit die Feinheit der Bewegung und die Kraftentwicklung.

Kontraktile Einheiten • In einem Skelettmuskel sind die Muskelfasern durch Bindegewebshüllen zu Muskelfaserbündeln zusammengefasst, die auch mit bloßem Auge im Fleisch zu erkennen sind. Skelettmuskelfasern sind wie alle Zellen von einer Zellmembran, dem Sarkolemma, umgeben. Sie besitzen mehrere Zellkerne, da sie während der embryonalen Entwicklung aus vielen Zellen verschmolzen sind, sowie auffällig viele Mitochondrien zur ATP-Gewin-

griech. sarcos
= Fleisch

lat. contrahere
= zusammenziehen

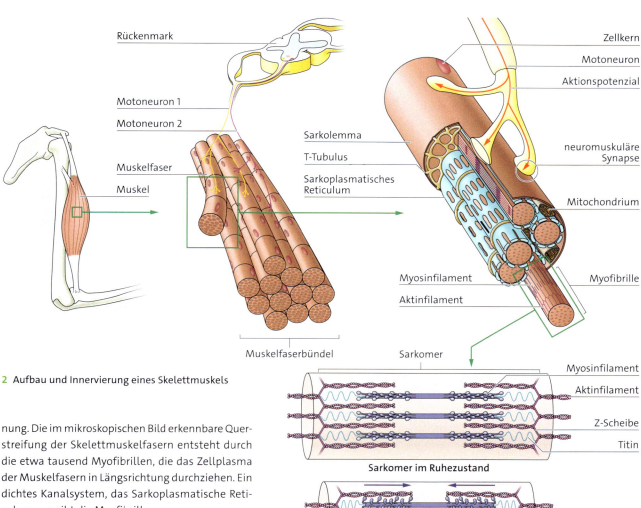

2 Aufbau und Innervierung eines Skelettmuskels

nung. Die im mikroskopischen Bild erkennbare Querstreifung der Skelettmuskelfasern entsteht durch die etwa tausend Myofibrillen, die das Zellplasma der Muskelfasern in Längsrichtung durchziehen. Ein dichtes Kanalsystem, das Sarkoplasmatische Reticulum, umgibt die Myofibrillen.

Myofibrillen enthalten etwa 2 µm lange, kontraktile Einheiten, die Sarkomere. Sie bestehen aus verschiedenen fädigen Proteinen, den Filamenten. Die dünnen Aktinfilamente sind an plattenartigen Proteinscheiben, den Z-Scheiben, befestigt und parallel zu den dickeren Myosinfilamenten angeordnet. Die Myosinfilamente werden durch ein weiteres Protein, das Titin, in ihrer zentrierten Lage gehalten.

Im entspannten Muskel überlappen sich die parallel liegenden Myosin- und Aktinfilamente nur zu einem kleinen Teil. Wenn ein Aktionspotenzial an der neuromuskulären Synapse eintrifft, gleiten kurz darauf die Aktin- und die Myosinfilamente aneinander vorbei. Dadurch verkürzen sich die Sarkomere und die gesamte Muskelfaser kontrahiert. Es kommt zu einer Einzelzuckung.

Treffen die Aktionspotenziale in rascher Folge ein, sodass die Sarkomere nicht mehr in den Ruhezustand zurückkehren, summieren sich die Einzelzuckungen zu einer dauerhaften Kontraktion, dem Tetanus. Dabei verkürzt sich die Länge aller innervierten Muskelfasern um fast 50 %. Die Spannung im Muskel kann dadurch so zunehmen, dass es einem geübten Surfer möglich ist, bei einer plötzlichen Windböe kurzzeitig starke Kräfte aufzubringen, um das Segel zu halten. Verringert sich die Frequenz der Aktionspotenziale oder ermüden die Muskelfasern, so entspannt der Muskel wieder

Sarkoplasmatisches Reticulum: spezialisiertes Endoplasmatisches Reticulum der Muskelzellen

griech. tetanos = Spannung

Elektromechanische Kopplung • Wie löst ein elektrischer Impuls des Motoneurons die Kontraktion des Sarkomers aus?

Erreicht ein Aktionspotenzial die neuromuskuläre Synapse, wird der Transmitter Acetylcholin freigesetzt. Solche Synapsen heißen auch **cholinerge Synapsen**. Der freigesetzte Transmitter führt an der postsynaptischen Membran zu einer Depolarisation, die ein Muskelaktionspotenzial, ein MP, an der Membran der Muskelfaser bewirkt. Über kanalartige Einfaltungen der Membran, die T-Tubuli, breitet sich das Muskelaktionspotenzial bis tief in die Muskelfaser aus. Calciumionen, die im Sarkoplasmatischen Reticulum gespeichert sind, strömen daraufhin in das Zellplasma ein. Durch die stark erhöhte Calciumionenkonzentration im Zellplasma werden Bindungsstellen am Aktinfilament freigelegt.

Noch im entspannten Zustand des Muskels werden die Myosinköpfe, die aus den Myosinfilamenten herausragen, in eine 90°-Stellung gebracht. Dazu ist ATP nötig, das an den Myosinköpfen enzymatisch zu ADP und Phosphat hydrolisiert wird. Die so aktivierten Myosinköpfe lagern sich unter dem Einfluss der Calciumionen an die freigelegten Bindungsstellen am Aktinfilament an und bilden Querbrücken aus. Den Vorgang der Aktivierung des Querbrückenzyklus durch elektrische Impulse nennt man elektromechanische Kopplung. Bleiben weitere Impulse aus, werden die Calciumionen aktiv ins Sarkoplasmatische Reticulum zurückgepumpt.

Verkürzung der Sarkomere • Die mit dem Aktinfilament verbundenen, aktivierten Myosinköpfe setzen ADP+P frei und ändern nun ihre Stellung. Sie knicken um etwa 45° um und verschieben dadurch das Aktinfilament um 10 nm. Die beiden Proteinfilamente gleiten auf diese Weise aneinander vorbei und die Sarkomere verkürzen sich. Dies führt zur Kontraktion des Muskels.

Unter Verbrauch von ATP lösen sich die Myosinköpfe wieder vom Aktinfilament, richten sich auf und sind bereit für den nächsten Querbrückenzyklus. Sind genügend Calciumionen und ATP vorhanden, können sich Anlagerung und Verschieben sofort wiederholen. Dabei kann jeder Myosinkopf ungefähr fünf Querbrücken pro Sekunde bilden und lösen. Diese Modellvorstellung zur Verkürzung der Sarkomere nennt man **Gleitfilamenttheorie**.

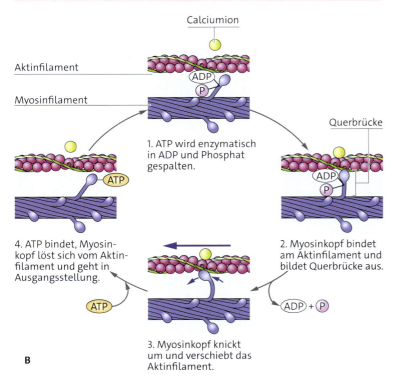

1 Wirkung eines elektrischen Impulses auf die Muskelzelle: **A** Aktivierung des Querbrückenzyklus, **B** Wechselwirkung von Aktin und Myosin

1 Erläutern Sie, wie ein Nervenimpuls die Kontraktion eines Sarkomers bewirkt.

2 Erläutern Sie, wie das Nervensystem einen Skelettmuskel zu einer möglichst starken Kontraktion veranlassen kann.

Material A Maligne Hyperthermie

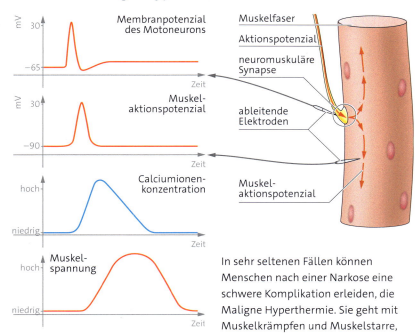

In sehr seltenen Fällen können Menschen nach einer Narkose eine schwere Komplikation erleiden, die Maligne Hyperthermie. Sie geht mit Muskelkrämpfen und Muskelstarre, Überwärmung und starker Stoffwechselaktivität einher. Ein lebensbedrohlicher Sauerstoff- und ATP-Mangel im gesamten Körper kann die Folge sein.

Die Ursache ist eine genetisch bedingte Veränderung der Calciumionenkanäle des Sarkoplasmatischen Reticulums. Sie schließen sich nach dem Einwirken des Narkotikums nicht mehr und Calciumionen strömen dauerhaft in das Cytoplasma ein.

1 Beschreiben Sie die dargestellten Messergebnisse bei Gesunden und erläutern Sie die zeitliche Abfolge.

2 Erläutern Sie, welche Folgen die genetische Veränderung bei den Erkrankten für die Abläufe in den Muskeln hat.

Material B Behandlung der Muskelschwäche Myasthenia gravis

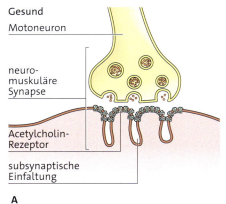

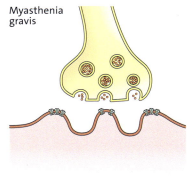

Myasthenia gravis ist eine Erkrankung, die sich durch Muskelschwäche bemerkbar macht. Die Betroffenen leiden zunächst an Doppelbildern oder einem herabhängenden Augenlid. Beim Fortschreiten der Krankheit sind immer mehr Muskeln geschwächt. Ist die Atemmuskulatur betroffen, so ist die Erkrankung lebensbedrohlich. Als Ursache wird eine Autoimmunerkrankung angenommen. Das fehlgesteuerte Immunsystem bildet Antikörper gegen die Acetylcholin-Rezeptoren an den postsynaptischen Membranen der neuromuskulären Synapsen.

1 Vergleichen Sie die neuromuskuläre Synapse eines Gesunden mit der eines Kranken.

2 Leiten Sie aus der veränderten Struktur der neuromuskulären Synapse Auswirkungen auf die Muskelkontraktion ab.

3 Begründen Sie, wie Medikamente, die den Acetylcholin-Esterase-Hemmstoff Neostigmin enthalten, Einfluss auf die Muskelkontraktion nehmen können.

4.15 Hormone regeln Lebensfunktionen

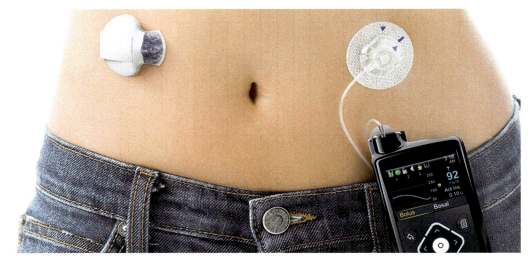

1 Insulinpumpe

Eine junge Frau trägt an ihrem Gürtel ein kleines elektronisches Gerät, das mit einem Infusionsset und einem Sensor in Verbindung steht. Der Sensor misst den aktuellen Glucosegehalt des Blutes und über das Infusionsset wird Insulin bei Bedarf mit der Pumpe injiziert. Die junge Frau ist Diabetikerin und auf die Insulingabe angewiesen. Was ist Insulin und welche Rolle spielt es in unserem Organismus?

Der Blutglucosespiegel wird umgangssprachlich als Blutzucker bezeichnet.

lat. secernere = absondern

Proteohormone • Diabetes mellitus ist eine der häufigsten Zivilisationskrankheiten. Es handelt sich um eine Stoffwechselerkrankung, bei welcher der Blutglucosespiegel ständig zu hoch ist, weil die Menge der nach Nahrungsaufnahme im Blut zirkulierenden Glucose nicht reduziert werden kann. Ursache für den Diabetes Typ I ist ein Mangel an Insulin. Als Behandlung hat sich die Injektion von Insulin etabliert, die manuell vor den Mahlzeiten erfolgt oder automatisch von Insulinpumpen gesteuert wird.

Bei Insulin handelt es sich um ein Protein aus 51 Aminosäuren, das in den β-Zellen der Langerhans'schen Inseln der Bauchspeicheldrüse sezerniert wird. Da es von spezialisierten Zellen produziert und abgegeben wird und eine spezifische Wirkung oder regulatorische Funktion erfüllt, gehört es zur Gruppe der chemischen Botenstoffe oder **Hormone**. Aufgrund der Zugehörigkeit zur Stoffklasse der Proteine oder Peptide bezeichnet man Insulin als Proteohormon oder **Peptidhormon**.

Wird Insulin über die Bauchspeicheldrüse abgegeben, gelangt es ins Blut und wird darüber leicht weitertransportiert, da es wasserlöslich ist. Zellmembranen stellen aber eine unüberwindliche Barriere dar. Daher entfalten alle Peptidhormone ihre Wirkungen indirekt, indem das Hormon zunächst extrazellulär an einen Rezeptor bindet. Durch die Bindung des Insulins an den spezifischen Rezeptor zum Beispiel einer Leber- oder Muskelzelle wird intrazellulär eine Tyrosinkinase aktiviert, die wiederum Insulin-Rezeptorsubstratproteine phosphoryliert. Darüber werden weitere kaskadenartige Reaktionswege eingeleitet und das Hormonsignal wird ver-

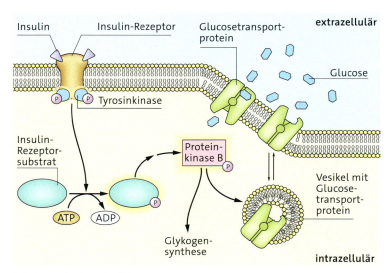

2 Schema der Insulinwirkung

stärkt. Die Aktivierung der Proteinkinase B bewirkt schließlich, dass Vesikel mit Glucosetransportproteinen mit der Zellmembran verschmelzen, Glucose in die Zelle gelangt und dort zu dem Speicherkohlenhydrat Glykogen synthetisiert wird. So sinkt schließlich durch die regulatorische Wirkung des Insulins der Glucosespiegel im Blut.

Blutglucoseregulation • Registrieren Glucoserezeptoren im Hypothalamus und in der Bauchspeicheldrüse, dass der Blutglucosewert unterhalb des Sollwerts von etwa 90 mg pro dl liegt, wird aus den α-Zellen der Langerhans'schen Inseln das Peptidhormon *Glukagon* ausgeschüttet. Es wirkt als Gegenspieler oder **Antagonist** zum Insulin. Bindet Glukagon an spezifische Rezeptoren der Leberzellen, wird der Kohlenhydratspeicher Glykogen zu Glucose abgebaut. Diese wird ins Blut abgegeben, sodass der Blutglucosespiegel steigt.

Unterstützt wird dieser Prozess durch Adrenalin, ein Hormon, das vom Nebennierenmark produziert wird. Es gehört zur zweiten Stoffklasse der Hormone, den Aminosäurederivaten, weil es sich von der Aminosäure Tyrosin ableitet. Die Ausschüttung wird vom Hypothalamus über den Sympathikus des vegetativen Nervensystems gesteuert, der gleichzeitig auch die Insulinsynthese hemmt. Außerdem regt der Hypothalamus die Hypophyse zur Abgabe eines Hormons an, das in der Nebennierenrinde die Ausschüttung des Hormons Cortisol bewirkt. Es gehört zur dritten Stoffklasse der Hormone, den Steroidhormonen, und fördert die Glucosesynthese aus Aminosäuren.

Die Blutglucoseregulation erfolgt also über zwei Regelkreise, die einerseits von den Zellen der Langerhans'schen Inseln und andererseits vom Hypothalamus als Regler gesteuert werden.

Während die Erhöhung des Blutglucosespiegels über zwei Systeme geregelt wird, ist dessen Senkung allein vom Insulin abhängig. Daher ist ein Insulinmangel durch eine Fehlfunktion der β-Zellen wie beim Diabetes Typ I oder eine mangelnde Reaktion der Zielzellen auf Insulin wie beim Diabetes Typ II mit schwerwiegenden Folgen für den Organismus wie Arteriosklerose, Infarktrisiko und Nervenschädigungen verbunden und war bis 1923 eine tödliche Krankheit.

Steckbrief

Frederick Grant Banting (1891–1941)

Dem im kanadischen Alliston geborenen Arzt Sir Frederick G. Banting gelang es 1921 erstmals zusammen mit seinem Assistenten, dem Studenten Charles Best, Insulin zu isolieren. Zu den ersten Diabetes-Patienten, die mit einem Extrakt aus tierischen Bauchspeicheldrüsenzellen behandelt wurden, gehörte der damals fünfjährige Theodore Ryder, der nach jahrzehntelanger Behandlung im Alter von 76 Jahren starb. Für die Entdeckung des Insulins erhielt Banting 1923 als erster Kanadier und bis heute jüngster Preisträger den Nobelpreis für Medizin. Aus Solidarität teilte er das Preisgeld mit Charles Best, der nicht geehrt wurde. Banting starb als Offizier im Zweiten Weltkrieg. Ihm zu Ehren wurde sein Geburtstag, der 14. November, zum Weltdiabetestag.

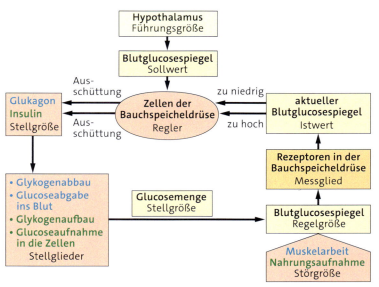

3 Regelung des Blutglucosespiegels durch Insulin und Glukagon

1 Beschreiben Sie den Ablauf des kaskadenartigen Reaktionsweges der Insulinwirkung (▶ 2).

2 Beschreiben Sie anhand des Regelkreises in Abbildung 3, wie die Erhöhung des Blutglucosespiegels reguliert wird.

3 Erstellen Sie ein einfaches Regelkreisschema zur Senkung des Blutglucosespiegels.

Endokrine Drüsen • Nur wenige Hormone werden von einzelnen Zellen sezerniert. Sie gelangen häufig über Diffusion zu ihren Zielzellen in der näheren Umgebung und werden nur selten im Blut transportiert. Man bezeichnet sie als Gewebehormone.

Die meisten Hormone werden von komplexen Drüsen gebildet und über das Blutgefäßsystem im Körper verbreitet. Da die Drüsen ihr Sekret nicht wie beispielsweise Schweißdrüsen nach außen, sondern ins Körperinnere abgeben, werden sie endokrine Drüsen genannt. Der Mensch verfügt über neun Hormondrüsen, von denen die nur kirschkerngroße Hypophyse aufgrund ihrer Funktion als Kontrollinstanz für viele Regelkreise eine besondere Rolle einnimmt.

Hypophyse • Die Hypophyse ist durch einen Stiel mit einem Teil des Gehirns, dem Hypothalamus, verbunden und stellt die Verknüpfung zwischen Nerven- und Hormonsystem dar. Sie besteht aus zwei Teilen: Der Hinterlappen wird als Neurohypophyse bezeichnet. Dort enden Axone von Neuronen aus dem Hypothalamus, die an den Synapsenendknöpfchen an einem Blutkapillarsystem Adiuretin zur Regulation der Nierentätigkeit und Oxytocin zur Auslösung von Wehen abgeben. Da diese Hormone von Neuronen produziert werden, bezeichnet man sie als **Neurohormone**. Sie gelangen über die feinen Kapillaren in die Blutbahn. Der Vorderlappen ist die Adenohypophyse. Die in ihr enthaltenen Drüsenzellen werden über winzige Mengen von Freisetzungshormonen oder hemmenden Hormonen reguliert, die von neurosekretorischen Zellen des Hypothalamus an ein feines netzartiges Blutgefäßsystem abgegeben werden. Jeder Hypophysenzelltyp sezerniert ein anderes Hormon. Einige, wie das follikelstimulierende Hormon, kontrollieren die Aktivität anderer Hormondrüsen, wie in diesem Fall die der Geschlechtsdrüsen. Solche Hormone werden als **glandotrope Hormone** bezeichnet. Andere in der Adenohypophyse produzierte Hormone beeinflussen direkt Zellen oder Gewebe wie die Endorphine oder das Wachstumshormon Somatotropin.

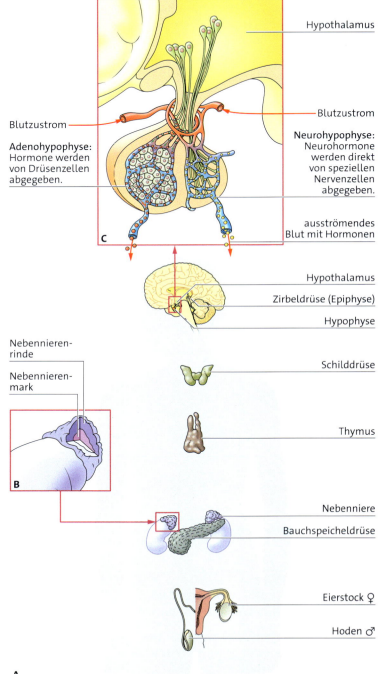

A
1 Hormondrüsen des Menschen: **A** Lage im Körper, **B** Nebenniere, **C** Hypophyse

1 Recherchieren Sie die Funktion des Thymus und der Epiphyse.

2 Erklären Sie die besondere Bedeutung der Hypophyse.

Material A Glucosetoleranztest

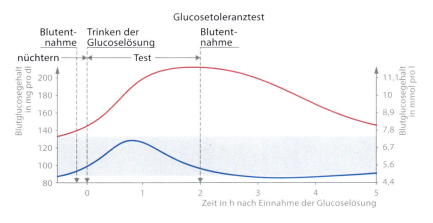

Vor einem Glucosetoleranztest darf ein Patient ungefähr 10 h lang keine Nahrung aufnehmen. Der Test dient dazu, einen Diabetes Typ II, beispielsweise bei stark Übergewichtigen oder bei Schwangeren, zu erkennen.

1 Beschreiben Sie, wie der Test durchgeführt wird.

2 Deuten Sie die Kurvenverläufe und ordnen Sie die Kurven einer gesunden Person und einem Diabetiker zu.

Material B Blutglucoseregulation

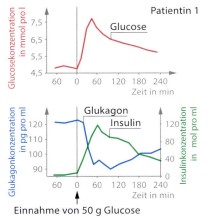
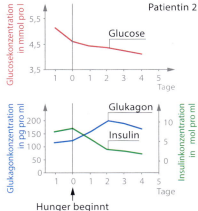

Bei Patientin 1 wurden vor und nach der oralen Aufnahme von 50 g Glucose, bei Patientin 2 vor und während eines viertägigen Fastens die grafisch dargestellten Werte bestimmt.

1 Werten Sie die Ergebnisse der Glucose- und Insulinkonzentration im Blut nach oraler Aufnahme von Glucose aus.

2 Erklären Sie den Verlauf der Glukagonkonzentration nach Glucoseaufnahme und während der Fastenzeit.

Material C Adrenalin

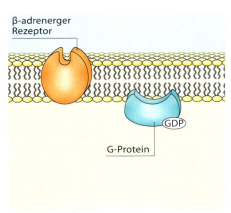
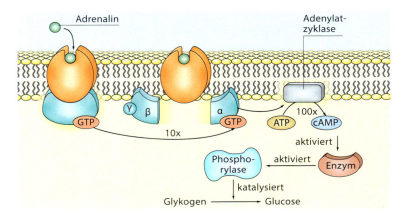

Adrenalin bewirkt in Leberzellen einen Abbau des Glykogens zu Glucose.

1 Beschreiben Sie den Prozess von der Bindung des Adrenalins an den Rezeptor bis zum Glykogenabbau.

2 Erläutern Sie die Funktion des Second-Messenger-Systems mit G-Protein und cAMP.

4.16 Steuerung der Organe

1 Bungee-Jumping

Die Vorfreude auf den Tandem-Gleitschirmsprung (Bungee-Jump) ist groß, und dann, als die Aufforderung zum Absprung kommt, beginnt das Herz zu rasen, kalter Schweiß rinnt, die Beine fühlen sich wackelig an, Angstgefühle steigen auf. Wie kommt es zu dieser überraschenden, unwillkürlichen Reaktion des Körpers?

Vegetatives Nervensystem • Alle lebenswichtigen Funktionen des Körpers werden ohne unsere bewusste Kontrolle automatisch aufrechterhalten und ständig den jeweiligen alltäglichen oder auch außergewöhnlichen Erfordernissen angepasst. Wenn der Körper durch Bewegung oder Sonneneinstrahlung erhitzt ist, aber auch wenn wir Angst haben, schwitzen wir. Wir atmen schnell, wenn wir uns anstrengen oder in Stress geraten. Tag und Nacht werden zum Beispiel die Drüsen der Haut und des Verdauungstrakts, die glatte Muskulatur der inneren Organe und des Blutkreislaufs sowie das Herz mit Informationen versorgt und gesteuert. Diese Steuerung der inneren Organe wird von einem speziellen Teil des PNS geleistet. Es wird vegetatives Nervensystem genannt, da es für die grundlegenden Lebensfunktionen notwendig ist.

lat. vegetare = beleben

Es hält die Funktion der Organe auch ohne unseren Willen, im Schlaf und sogar bei Bewusstlosigkeit selbstständig aufrecht. Deshalb heißt es auch autonomes Nervensystem. Durch seinen Einfluss werden die Körperfunktionen den unterschiedlichen Anforderungen von Ruhe und Belastung angepasst. Das vegetative Nervensystem ist somit entscheidend für die Regelung der Konstanthaltung innerer Zustände trotz äußerer Veränderungen, der **Homöostase**.

Autonomes Nervensystem siehe Seite 265.

Bau des vegetativen Nervensystems • Das vegetative Nervensystem besteht aus dem Sympathikus, dem Parasympathikus und dem Darmnervensystem, das in der Darmwand liegt und die Aktivität von Magen und Darm völlig autonom steuert. Sympathikus und Parasympathikus innervieren die meisten Organe mit jeweils zwei synaptisch verknüpften, efferenten Neuronen. Die Zellkörper der präganglionären Neuronen liegen im Hirnstamm und Rückenmark. Ihre Axone ziehen zu Ansammlungen von Nervenzellkörpern, den Ganglien, außerhalb des Rückenmarks. Dort haben sie synaptischen Kontakt zu jeweils einem postganglionären Neuron, das das jeweilige Zielorgan innerviert. Die Ganglien des Sympathikus bilden links und rechts der Wirbelsäule eine Ganglienkette, den Grenzstrang. Es wird vegetatives Nervensystem genannt, da es für die grundlegenden Lebensfunktionen notwendig und eng mit dem Hormonsystem des Körpers verknüpft ist.

Material

Informationsverarbeitung in Lebewesen • Hormone regeln Lebensfunktionen

Material A Glucosetoleranztest

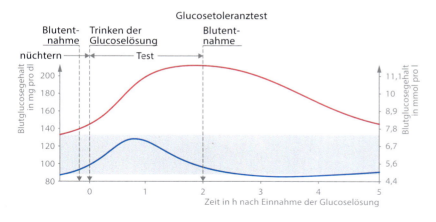

Vor einem Glucosetoleranztest darf ein Patient ungefähr 10 h lang keine Nahrung aufnehmen. Der Test dient dazu, einen Diabetes Typ II, beispielsweise bei stark Übergewichtigen oder bei Schwangeren, zu erkennen.

1 Beschreiben Sie, wie der Test durchgeführt wird.

2 Deuten Sie die Kurvenverläufe und ordnen Sie die Kurven einer gesunden Person und einem Diabetiker zu.

Material B Blutglucoseregulation

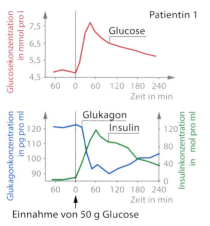
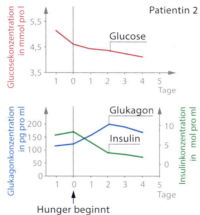

Bei Patientin 1 wurden vor und nach der oralen Aufnahme von 50 g Glucose, bei Patientin 2 vor und während eines viertägigen Fastens die grafisch dargestellten Werte bestimmt.

1 Werten Sie die Ergebnisse der Glucose- und Insulinkonzentration im Blut nach oraler Aufnahme von Glucose aus.

2 Erklären Sie den Verlauf der Glukagonkonzentration nach Glucoseaufnahme und während der Fastenzeit.

Material C Adrenalin

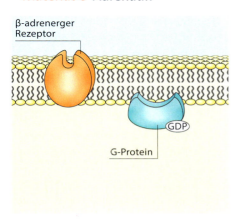
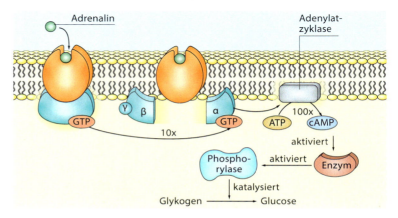

Adrenalin bewirkt in Leberzellen einen Abbau des Glykogens zu Glucose.

1 Beschreiben Sie den Prozess von der Bindung des Adrenalins an den Rezeptor bis zum Glykogenabbau.

2 Erläutern Sie die Funktion des Second-Messenger-Systems mit G-Protein und cAMP.

4.16 Steuerung der Organe

1 Bungee-Jumping

Die Vorfreude auf den Tandem-Gleitschirmsprung (Bungee-Jump) ist groß, und dann, als die Aufforderung zum Absprung kommt, beginnt das Herz zu rasen, kalter Schweiß rinnt, die Beine fühlen sich wackelig an, Angstgefühle steigen auf. Wie kommt es zu dieser überraschenden, unwillkürlichen Reaktion des Körpers?

Vegetatives Nervensystem • Alle lebenswichtigen Funktionen des Körpers werden ohne unsere bewusste Kontrolle automatisch aufrechterhalten und ständig den jeweiligen alltäglichen oder auch außergewöhnlichen Erfordernissen angepasst. Wenn der Körper durch Bewegung oder Sonneneinstrahlung erhitzt ist, aber auch wenn wir Angst haben, schwitzen wir. Wir atmen schnell, wenn wir uns anstrengen oder in Stress geraten. Tag und Nacht werden zum Beispiel die Drüsen der Haut und des Verdauungstrakts, die glatte Muskulatur der inneren Organe und des Blutkreislaufs sowie das Herz mit Informationen versorgt und gesteuert. Diese Steuerung der inneren Organe wird von einem speziellen Teil des PNS geleistet. Es wird vegetatives Nervensystem genannt, da es für die grundlegenden Lebensfunktionen notwendig ist.

lat. vegetare = beleben

Es hält die Funktion der Organe auch ohne unseren Willen, im Schlaf und sogar bei Bewusstlosigkeit selbstständig aufrecht. Deshalb heißt es auch autonomes Nervensystem. Durch seinen Einfluss werden die Körperfunktionen den unterschiedlichen Anforderungen von Ruhe und Belastung angepasst. Das vegetative Nervensystem ist somit entscheidend für die Regelung der Konstanthaltung innerer Zustände trotz äußerer Veränderungen, der **Homöostase**.

Autonomes Nervensystem siehe Seite 265.

Bau des vegetativen Nervensystems • Das vegetative Nervensystem besteht aus dem Sympathikus, dem Parasympathikus und dem Darmnervensystem, das in der Darmwand liegt und die Aktivität von Magen und Darm völlig autonom steuert. Sympathikus und Parasympathikus innervieren die meisten Organe mit jeweils zwei synaptisch verknüpften, efferenten Neuronen. Die Zellkörper der präganglionären Neuronen liegen im Hirnstamm und Rückenmark. Ihre Axone ziehen zu Ansammlungen von Nervenzellkörpern, den Ganglien, außerhalb des Rückenmarks. Dort haben sie synaptischen Kontakt zu jeweils einem postganglionären Neuron, das das jeweilige Zielorgan innerviert. Die Ganglien des Sympathikus bilden links und rechts der Wirbelsäule eine Ganglienkette, den Grenzstrang. Es wird vegetatives Nervensystem genannt, da es für die grundlegenden Lebensfunktionen notwendig und eng mit dem Hormonsystem des Körpers verknüpft ist.

Sympathikus und Parasympathikus • Alle Organe, mit Ausnahme der Schweißdrüsen, der Blutgefäße und des Nebennierenmarks, werden sowohl vom Parasympathikus als auch vom Sympathikus innerviert. Die meisten postganglionären Axone des Sympathikus setzen den Transmitter Noradrenalin frei, die Neuronen des Parasympathikus dagegen Acetylcholin. An den Zielorganen haben die beiden neuronalen Systeme häufig entgegengesetzte Effekte. Das Herz reagiert auf Noradrenalin mit einer Steigerung der Schlagfrequenz, auf Acetylcholin mit einer Absenkung. Im Verdauungstrakt hyperpolarisiert Noradrenalin die Muskelzellen der Darmwand, woraufhin die Darmtätigkeit gehemmt wird. Acetylcholin dagegen steigert die Aktivität dieser Muskeln.

Die Aktivierung des Sympathikus führt somit zur Mobilisierung von Energie und ermöglicht eine rasche Anpassung an Leistungssituationen. Die Versorgung der Muskeln wird verbessert, indem der Herzschlag beschleunigt und die Atmung vertieft wird. Gleichzeitig wird der Glykogen- und Fettabbau in der Leber gesteigert, sodass genügend Energiereserven zur Verfügung stehen. Da diese leistungssteigernde Reaktion den Organismus auf Flucht oder Angriff vorbereitet, wird sie als Flight-or-fight-Reaktion bezeichnet.

Kommt der Körper nach der Belastung zur Ruhe, so unterstützt der Parasympathikus alle Veränderungen, die zur Erholung und zur Regenerierung der Energiereserven führen: Die Magen- und Darmtätigkeit wird gefördert, Herzschlag und Atmung verlangsamt. Da die Wirkung der beiden Teile des vegetativen Nervensystems an den meisten Organen gegenläufig ist, bezeichnet man sie als **Antagonisten**. In ihrer Gesamtwirkung für die Anpassung des Organismus an die jeweiligen Bedingungen ergänzen sich die Wirkungen von Sympathikus und Parasympathikus. Sie wirken im Gesamtorganismus als **Synergisten**.

1 Fassen Sie tabellarisch die leistungs- und erholungsfördernden Wirkungen des Sympathikus und des Parasympathikus zusammen.

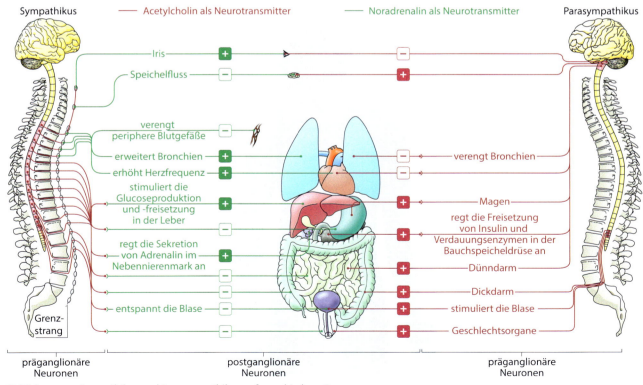

2 Wirkung von Sympathikus und Parasympathikus auf verschiedene Organe

1 Stresssituation im Straßenverkehr

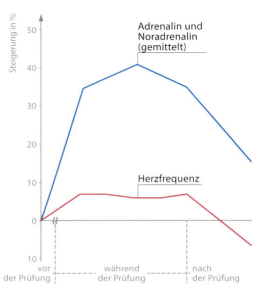

2 Körperliche Reaktionen während einer Prüfungssituation

Stressreaktion • Eine plötzlich auftauchende Gefahr wie ein schnell herannahendes Auto, psychischer Stress zum Beispiel während einer Prüfungssituation, aber auch ein Bungee-Jump lösen eine typische, immer wieder ähnliche physiologische Reaktion aus, die erstmals vom österreichischen Mediziner Hans Seyle **Stress** genannt wurde. Diese Stressreaktion versetzt den Körper in einen aktivierten Zustand, einen Alarmzustand. Typische Anzeichen sind erweiterte Pupillen, Blutdruckanstieg, bleiche Haut, Muskelanspannung und kalter Schweiß. Die Aufmerksamkeit ist ganz auf die tatsächliche oder vermeintliche Bedrohung gerichtet, wir sind hellwach. Die inneren oder äußeren Reize, die die Stressreaktion bewirken, werden **Stressoren** genannt. Durch die sehr rasche physiologische Reaktion auf Stressoren wird der Organismus auf Flucht oder Kampf vorbereitet, um die Gefahr zu bewältigen. Die Stressreaktion entwickelte sich im Laufe der Evolution als rasche Anpassungsreaktion in der Auseinandersetzung mit gefährlichen Situationen und plötzlichen Belastungen.

engl. stress = Druck, Anspannung, Beanspruchung

Während die physiologischen Abläufe einer Stressreaktion genetische Grundlagen besitzen, lernt der Organismus durch Erfahrung, welche Situationen stressauslösend sind und wie intensiv sie wirken. Bewertet das Gehirn einen Reiz als Stressor, so lässt sich eine Aktivierung des Hypothalamus, der zum limbischen System gehört, nachweisen. Der Hypothalamus hat neuronale Verbindungen zum vegetativen Nervensystem und über die Hypophyse hormonellen Kontakt zum Hormonsystem des Körpers. Der Hypothalamus steuert somit die Zusammenarbeit des ZNS, des vegetativen Nervensystems und des **Hormonsystems**.

Stresssystem • Der Hypothalamus bewirkt die Stressreaktion über zwei Wege, die beiden Stressachsen. Die **neuronale Stressachse** verläuft über Nervenverbindungen zu Neuronen im Hirnstamm, die Noradrenalin als Transmitter ausschütten. Dadurch wird der Sympathikus aktiviert. Die Nerven des Sympathikus innervieren das Nebennierenmark, das daraufhin die Hormone Adrenalin und Noradrenalin ins Blut ausschüttet. Durch die Zunahme des **Adrenalin- und Noradrenalinspiegels** im Blut wird die leistungsfördernde Wirkung des Sympathikus deutlich gesteigert. Die Versorgung von Herz, Gehirn und Muskulatur mit Sauerstoff und energiereicher Glucose wird verbessert, indem Herzfrequenz, Blutdruck und Blutglucosespiegel steigen. Gleichzeitig werden alle anderen Funktionen des Körpers reduziert. Der Organismus befindet sich in der Alarmphase.

Über die **hormonelle Stressachse** bewirkt der Hypothalamus durch die Freisetzung des Peptidhormons CRH die Ausschüttung des Peptidhor-

CRH = Corticotropin-Releasing-Hormon

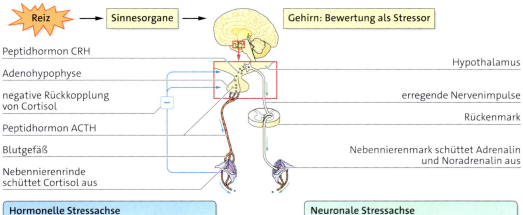

3 Neuronale und hormonelle Steuerung der Stressreaktion

ACTH = adrenocorticotropes Hormon; Synonym Corticotropin

mons ACTH aus der Hypophyse. ACTH gelangt in den Blutkreislauf und regt die Nebennierenrinde an, das Steroidhormon **Cortisol** ins Blut abzugeben. Cortisol beeinflusst nahezu alle Organe unseres Körpers. Es unterstützt die Energiebereitstellung, indem es auch längerfristig das Vorhandensein von Glucose im Blut sichert. Proteine werden unter dem Einfluss von Cortisol abgebaut. Gleichzeitig werden Entzündungsprozesse und die spezifische Immunabwehr unterdrückt. Durch die hormonelle Stressachse werden die Widerstandskraft und Leistungsfähigkeit des Körpers in belastenden Situationen über eine etwas längere Zeit aufrechterhalten. Der Organismus befindet sich in der Widerstandsphase.

Da Adrenalin, Noradrenalin und Cortisol typischerweise in einer Stresssituation ausgeschüttet werden, bezeichnet man sie als Stresshormone. Cortisol wirkt hemmend auf die Hormonfreisetzung im Gehirn. Gleichzeitig werden Stresshormone abgebaut. Dadurch sinkt die Stresshormonmenge im Blut und die Stressreaktion lässt nach. Wird die stressauslösende Situation bewältigt, zeigt das Belohnungszentrum eine höhere Aktivität und Dopamin wird ausgeschüttet. Die Anspannung sinkt, ein Zufriedenheitsgefühl entsteht.

Langzeitstress • Dauert der Stress an und wird nicht bewältigt, so bleibt die Produktion und Freisetzung der Hormone CRH und ACTH gesteigert. Die Produktion von Cortisol in der Nebennierenrinde, die sich erkennbar vergrößert, nimmt im Laufe der Zeit zu. So bleibt die Aktivierung der Stressachsen erhalten und die Menge an Stresshormonen im Blut ist erhöht. Da die Energiereserven jedoch endlich sind und das Immunsystem unterdrückt wird, führt anhaltender Stress zu einer Erschöpfungsphase. Die hormonelle Regulation der Stressreaktion bricht zusammen.

Gesundheitliche Folgen, wie Bluthochdruck und Anfälligkeit für Infektionskrankheiten können auftreten. Auch Krebserkrankungen werden mit Dauerstress in Zusammenhang gebracht. Da Stresshormone auch Einfluss auf das Gehirn haben, können die Merkfähigkeit und die Stimmung beeinträchtigt sein.

1 Beschreiben Sie am Beispiel des Sprints zum Bus, wie das vegetative Nervensystem Phasen der Leistung und der Erholung steuert.

2 Erklären Sie die Zusammenarbeit von Nervensystem und Hormonsystem an einem selbst gewählten Beispiel einer Stresssituation.

3 Erläutern Sie, weshalb das Stresshormon Cortisol bei Gesunden auch als Stressbremse bezeichnet werden kann.

Material

Material A Adrenalin

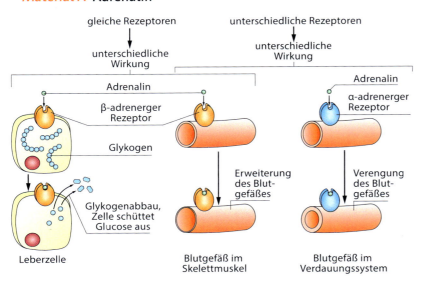

Die Zellen verschiedener Organe des menschlichen Körpers weisen unterschiedliche Typen von Adrenalin-Rezeptoren auf.

1 Beschreiben Sie die Wirkung von Adrenalin an den verschiedenen Zielorganen.

2 Erläutern Sie, weshalb die Ausschüttung von Adrenalin durch das Nebennierenmark bei Stress die Wirkung des Sympathikus unterstützt.

Material B Blutdruck- und Pulsregulation

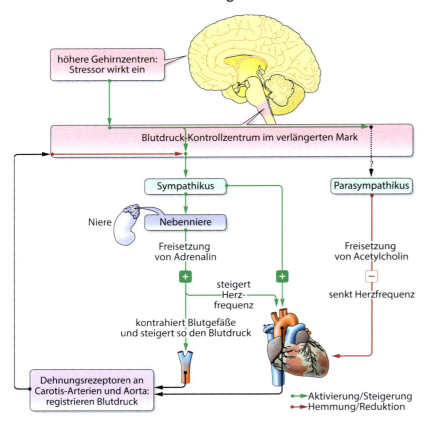

Bei jeder körperlichen und psychischen Belastung wird die Durchblutung von Gehirn und Muskeln durch Herzfrequenz- und Blutdruckveränderungen angepasst. Ein Fahranfänger zum Beispiel sieht im Rückspiegel ein Auto heranrasen, hört lautes Hupen und quietschende Reifen hinter sich. Sofort verändern sich seine Herzfrequenz und sein Blutdruck.

1 Beschreiben Sie die Wirkung des Stressors auf Blutdruck und Herzfrequenz anhand der Abbildung.

2 Erläutern Sie die Selbstregulation des Blutdrucks und der Herzfrequenz nach einer kurzen Belastung als ein Beispiel der Zusammenarbeit von Hormonsystem und Nervensystem.

3 Stellen Sie Hypothesen über die Wirkung von Stressoren auf den Parasympathikus auf.

Material C Stressreaktion

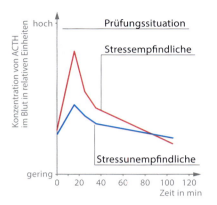
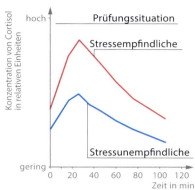
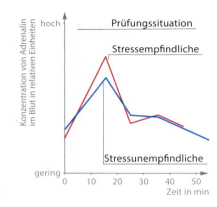

Forscher setzten Versuchsteilnehmer einer Prüfungssituation aus und bestimmten die Konzentrationen von ACTH, Cortisol und Adrenalin im Blut zu verschiedenen Zeitpunkten.

In der Untersuchung konnten die Forscher zwei Reaktionstypen auf Stress im Verhältnis von etwa 1 : 1 identifizieren: Stressempfindliche, die starke Reaktionen auf Stress zeigen, und Stressunempfindliche, deren körperliche Reaktionen auf Stress deutlich geringer waren.

1 Vergleichen Sie die Kurvenverläufe von Stressempfindlichen und Stressunempfindlichen.

2 Erklären Sie die Konzentrationsveränderungen von ACTH, Cortisol und Adrenalin im Blut während des Versuchs mithilfe der Wirkung der beiden Stressachsen.

3 Stellen Sie Vermutungen zu möglichen Ursachen unterschiedlicher Stressempfindlichkeit an.

Material D Chronischer Stress

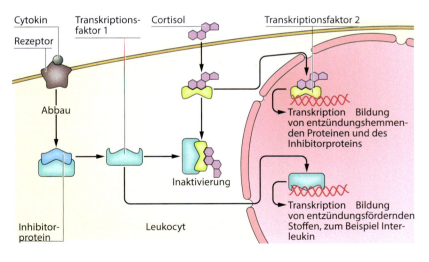

In verschiedenen Studien hat man versucht, Zusammenhänge zwischen der Stressbelastung und der Häufigkeit von Infektionskrankheiten herzustellen.

Die Schemazeichnung zeigt ein Modell der zellulären Wirkung von Cytokinen und Cortisol. Cytokine sind Proteine, die das Zellwachstum regulieren. Außerdem haben sie eine immunstimulierende Wirkung, indem sie die Transkription von Genen bewirken, die für entzündungsfördernde Proteine codieren.

1 Beschreiben Sie die Wirkung von Cytokinen und Cortisol.

2 Stellen Sie Hypothesen über den Zusammenhang zwischen Stress, Cortisol und Infektionskrankheiten auf.

3 Diskutieren Sie die Aussage, dass chronischer Stress Infektionskrankheiten verursacht.

4.17 Schmerz- und Rauschmittel

1 Schlafmohn, *Papaver somniferum*

Aus den noch unreifen Kapseln des Schlafmohns wird eine milchige Flüssigkeit gewonnen, die man Opium nennt. Dieses enthält das Alkaloid Morphin, aus dem synthetisch Heroin hergestellt wird. Morphin ist das stärkste medizinisch verwendete Schmerzmittel, welches beispielsweise bei Krebspatienten im Endstadium eingesetzt wird. Heroin zählt zu den gefährlichsten Rauschdrogen mit einem hohen Abhängigkeitspotenzial. Wie kommt es zu diesen Wirkungen eines pflanzlichen Alkaloids im menschlichen Körper?

Morphin • Schlafmohn gehört zu den ältesten Kulturpflanzen der Welt und wurde schon 4000 Jahre vor Christus zu pharmazeutischen Zwecken genutzt. Im 19. Jahrhundert wurde Morphin zum ersten Mal isoliert. Es war zwar als Schmerzmittel sehr wirksam, musste aber nach kurzer Zeit in immer höheren Dosen verabreicht werden, um dieselbe Wirkung zu erzielen. Auf der Suche nach einem Mittel, das nicht süchtig macht, wurde aus Morphin Heroin synthetisiert, das jedoch weitaus schneller in die Abhängigkeit führt. Die Wirkung beider Opioide beruht darauf, dass sie in ihrer Struktur den körpereigenen Endorphinen ähneln.

Daher können sie an die spezifischen Rezeptoren in der Membran von Neuronen im mesolimbischen System und im Rückenmark binden. Da diese Rezeptoren erstmals bei der Suche nach den Ursachen des hohen Suchtpotenzials der Opioide entdeckt worden sind, nennt man sie **Opioid-Rezeptoren**, auch wenn sie natürlicherweise für Endorphine bestimmt sind. Dennoch erzielen Opioide denselben Effekt, indem sie die Schmerzweiterleitung hemmen und euphorisierende Wirkung haben.

Modell zur Morphinwirkung • Bei Experimenten an Zellkulturen wurde entdeckt, dass für die Wirkung des Morphins das membranassoziierte Enzym Adenylatzyklase und die Menge an zyklischem Adenosinmonophosphat, kurz cAMP, eine Rolle spielen. Mit cAMP als Second Messenger bei der Signaltransduktion wurde daher ein Modell zur Opioidwirkung entwickelt.

Ohne Bindung eines Liganden am Opioid-Rezeptor katalysiert die membrangebundene Adenylatzyklase die Umwandlung von ATP zu cAMP. Dieses aktiviert einerseits Proteinkinasen, die Calciumionenkanäle in der Membran phosphorylieren, sodass diese sich beim Eintreffen eines Aktionspotenzials öffnen. Dadurch kommt es zu einem Calciumioneneinstrom, woraufhin die synaptischen Vesikel mit der präsynaptischen Membran verschmelzen und den Transmitter freisetzen. Andererseits aktiviert cAMP einen

Transkriptionsfaktor, der im Zellkern die Transkription des Adenylatzyklase-Gens hemmt.

Wenn Endorphine oder Opioide an einen Opioid-Rezeptor binden, wird das Enzym Adenylatzyklase deaktiviert und damit die Umwandlung von ATP zu cAMP unterbunden. Daher sinkt der cAMP-Spiegel nach einer Morphingabe. Dies führt dazu, dass die Calciumionenkanäle sich beim Eintreffen eines Aktionspotenzials nicht öffnen. Dadurch wird die Transmitterfreisetzung und damit die Aktivität der Nervenzelle gehemmt.

Außerdem bewirkt der cAMP-Mangel, dass der Transkriptionsfaktor deaktiviert wird und sich von der DNA löst. Dies führt dazu, dass das Adenylatzyklase-Gen abgelesen und die Proteinbiosynthese des Enzyms eingeleitet wird. Damit erhöht sich die Enzymmenge in der Membran. Der cAMP-Mangel kann kompensiert werden.

Da nun mehr Enzyme zur cAMP-Synthese vorhanden sind, muss eine erhöhte Morphindosis gegeben werden, um eine ähnliche Wirkung zu erzeugen. Denn bei der gleichen Dosis blieben noch Adenylatzyklasen aktiv und würden dazu beitragen, den cAMP-Spiegel nicht so stark sinken zu lassen. Hier zeigt sich also eine Ursache der physiologischen Abhängigkeit.

Fällt nun aber die Morphinwirkung weg, wird ein cAMP-Überschuss produziert, der einerseits zur Repression der Transkription des *Adenylatzyklase*-Gens und damit nach einer gewissen Zeit zur Wiederherstellung des Gleichgewichts führt. Andererseits kann es zu einer erhöhten Schmerzempfindlichkeit kommen, weil durch den hohen cAMP-Spiegel die Hemmung der Weiterleitung der Schmerzinformation erschwert wird. Gekoppelt mit depressionsähnlichen Zuständen führt dies zum Opioidentzugssyndrom.

1 Erläutern Sie die Rolle des cAMP als Second Messenger.

2 Erklären Sie die schmerzhemmende Wirkung des Morphins.

3 Erläutern Sie, weshalb eine Erhöhung der Morphindosis nicht zu einer gesteigerten Wirkung führt.

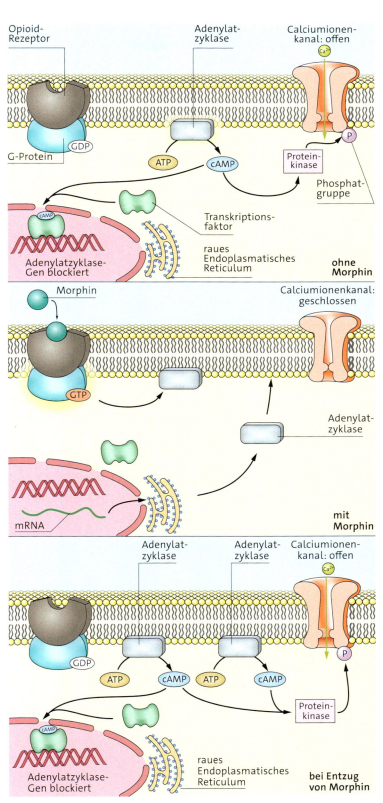

2 Modell der Opioidwirkung

Toleranz • Jeden von außen dem Körper zugeführten Wirkstoff, der auf die menschliche Psyche und das Bewusstsein wirkt, bezeichnet man als psychoaktive Substanz. Hierzu zählen sowohl Inhaltsstoffe von Genussmitteln wie Koffein als auch Rauschmittel oder Medikamente. Darunter gibt es Stoffe, welche die Leistungsfähigkeit des Gehirns steigern. Beispiele für solche Neuroenhancer sind Kokain und das in Ritalin enthaltene Methylphenidat.

Der wiederholte Konsum psychoaktiver Substanzen bewirkt häufig, dass eine konstante Dosis im Laufe der Zeit eine immer schwächere Wirkung erzielt. Es entwickelt sich eine Toleranz gegenüber der psychoaktiven Substanz. Sie ist darauf zurückzuführen, dass der Körper zur Wiederherstellung eines Gleichgewichtszustands auf das wiederkehrende Vorhandensein einer psychoaktiven Substanz reagiert. Dies geschieht beispielsweise, indem die Anzahl der Rezeptoren verändert oder die Stärke der Bindung an die Rezeptoren moduliert wird, sodass sich der Einfluss der Substanz auf die neuronale Aktivität verringert. Daher treten bei einem Entzug Symptome auf, die den von den psychoaktiven Substanzen hervorgerufenen Wirkungen entgegengesetzt sind. So führt der Entzug eines in Schlaftabletten enthaltenen Wirkstoffs zu Schlaflosigkeit. Personen, die bei Absetzen der psychoaktiven Substanz unter Entzugserscheinungen leiden, gelten als physiologisch abhängig. Das höchste Abhängigkeitspotenzial verbunden mit einem großen Schaden für den Körper resultiert aus dem Konsum von Heroin und Kokain.

Psychische Abhängigkeit • Die meisten Abhängigen fangen bald nach dem Entzug wieder mit dem Konsum an. Ein wesentlicher Grund dafür ist das Verlangen nach der angenehme Gefühle weckenden Wirkung der psychoaktiven Substanz. Das hervorgerufene Wohlbefinden wird zunehmend zum ersehnten Normalzustand und beim Ausbleiben der Wirkung bleiben negative Stimmungen und Ängste zurück. Anfangs ist diese positive Verstärkung eng mit dem tatsächlichen Befinden verknüpft, doch auch wenn sich eine Toleranz entwickelt und somit der Effekt der Droge nachlässt, bleibt die erlernte positive Verstärkung bestehen. Schon das erste Konsumerlebnis hat zu Veränderungen in bestimmten Gehirnregionen geführt. Es hat sich ein Suchtgedächtnis ausgebildet.

Dies erklärt, weshalb Abhängige trotz nachlassender Rauschzustände und der Verschlechterung ihrer Lebensverhältnisse weiter nach der psychoaktiven Substanz verlangen. Dieses Verlangen nach einem wiederkehrenden Konsum zur Erlangung eines Lustgefühls oder zur Vermeidung von Unwohlsein bezeichnet man als psychische Abhängigkeit. Als abhängig gilt, bei wem drei der folgenden Faktoren in den letzten zwölf Monaten zutreffen:

- Es besteht ein gefühlter Zwang, psychoaktive Substanzen zu konsumieren.
- Es entwickelt sich ein Kontrollverlust über das Ausmaß des Konsums.
- Entzugserscheinungen entstehen bei verringertem oder ausbleibendem Konsum.
- Es entwickelt sich eine Toleranz verbunden mit dem Wunsch nach höherer Dosierung.
- Andere Interessen werden wegen eines erhöhten Zeitaufwands zur Ermöglichung des Konsums vernachlässigt.
- Der Konsum wird trotz schädlicher Folgen fortgeführt.

Der Einstieg in die Abhängigkeit erfolgt häufig durch gruppendynamische Prozesse. Wenn soziale Kontakte immer wieder mit der Einnahme psychoaktiver Substanzen verbunden sind, entwickelt sich eine soziale Abhängigkeit, die nur durch die Vermeidung dieser Kontakte vermindert werden kann.

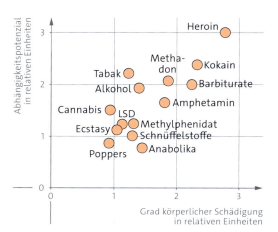

1 Wirkung verschiedener psychoaktiver Substanzen

Material A Heroin

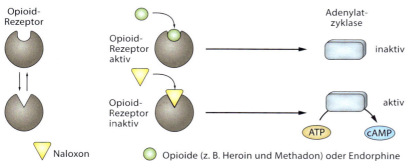
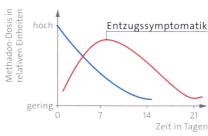

Naloxon wird bei einer Heroinvergiftung verabreicht. Methadon ist ein künstlich hergestelltes Opioid mit stark schmerzmindernder Wirkung und hohem Abhängigkeitspotenzial. Da es deutlich langsamer als Heroin in das Gehirn übergeht, erzeugt es aber keinen Rauschzustand. Methadon wird unter ärztlicher Aufsicht täglich einmal verabreicht.

1 Erläutern Sie anhand des Modells die Wirkung von Naloxon und dessen Einsatzmöglichkeit bei einer Heroinvergiftung.

2 Erläutern Sie die Wirkung des Methadons und dessen Einsatz bei einer Heroinentzugstherapie.

Material B Kokain

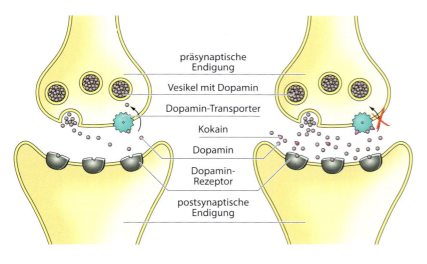

Kokain wird aus den Laubblättern des Kokastrauchs gewonnen. Es wirkt stimulierend. Konsumenten berichten von einer Welle des Wohlbefindens und einem Gefühl der Selbstsicherheit bei einem geringen Schlaf- oder Nahrungsbedürfnis.

1 Erläutern Sie die molekulare Wirkung des Kokains.

2 Erklären Sie die stimulierende Wirkung des Kokains.

Material C Koffein

	Gruppe A	Gruppe B
Beobachtung des Verhaltens	anfangs rastloses Umherrennen, nach wenigen Tagen legte sich dieses Verhalten	kein außergewöhnliches Verhalten
Anzahl der Adenosin-Rezeptoren im Gehirn	deutlich erhöht	unverändert

In einem Versuch wurden Ratten über mehrere Wochen täglich Koffeinmengen verabreicht, die der von zwei bis drei Tassen Kaffee entsprachen. Ratten der Gruppe B erhielten kein Koffein.

1 Deuten Sie die Versuchsergebnisse.

2 Recherchieren Sie die Wirkung von Adenosin auf das Gehirn.

4.18 Lernen und Gedächtnis

1 Klavierspielen üben

Ein Pianist spielt oft mehr als eine Stunde, ohne auf ein Notenblatt schauen zu müssen. Die koordinierten Bewegungen der Hände sind in seinem Gedächtnis gespeichert und können dort abgerufen werden. Wie werden solche Leistungen gelernt und im Gedächtnis organisiert?

Übung macht den Meister • Um zu einem konzertreifen Musiker zu werden, sind viele Tausend Übungsstunden notwendig. Dabei spielen viele Fähigkeiten des menschlichen Organismus in komplexer Weise zusammen.

Zu Beginn des Lernprozesses könnte die Bewegung eines Fingers stehen, der eine bestimmte Klaviertaste in bestimmter Kraftaufwendung und Geschwindigkeit herunterdrückt. Der Druck und die Bewegungsauslenkung werden über den Tastsinn haptisch wahrgenommen. Der entstandene Ton wird in Tonhöhe, Klangfarbe, Lautstärke und Dauer über das Gehör wahrgenommen. Die Augen ergänzen die haptische und die akustische um eine optische Wahrnehmung. Diese Wahrnehmungen werden über verschiedene Gehirnareale gefiltert, bewertet und nach und nach gespeichert. Hierbei arbeiten die sensorischen Zentren im Großhirn mit dem Hippocampus in einer ersten Bewertung zusammen. Unbewusst wird aufgrund von Vorerfahrungen, Erfahrungen, Emotionen und Motivation überprüft, was wichtig und was unwichtig ist. Erst nach dieser Bewertung werden die Sinnesdaten an das **Kurzzeitgedächtnis** weitergeleitet. Nach wenigen Sekunden gelangen die dort verarbeiteten Signale in das **Zwischengedächtnis**, das gemeinsam mit dem Kurzzeitgedächtnis auch als **Arbeitsgedächtnis** bezeichnet wird. Nach weiteren Sekunden bis Minuten gelangen die Signale nach und nach ins **Langzeitgedächtnis.** Von dort kann die Ausführung einer bestimmten Tonfolge von dem Musiker noch nach Jahrzehnten abgerufen werden.

An diesem Modell zeigt sich, dass Lernen allgemein als Erwerb von neuem Wissen und Verhalten bezeichnet werden kann. Bei der ständigen Wiederholung durch das Üben am Instrument bilden sich in den beteiligten Gehirnarealen neue neuronale Verknüpfungen und bereits bestehende werden ausgebaut. Das Gelernte abzurufen, macht letztlich die Gedächtnisleistung aus.

Unterschiedliche Gedächtnisleistungen • Ein weiteres Modell teilt das Gedächtnis in drei Systeme ein, deren Anteil an der Gedächtnisleistung je nach Art des Gelernten variiert. Erlebnisse und gelernte Fakten sowie Allgemeinwissen werden im deklarativen oder expliziten Gedächtnis gespeichert. Gelernte Fähigkeiten und Fertigkeiten, aber auch Gewohnheiten und Regeln werden im prozeduralen oder impliziten Gedächtnis gespeichert. Im emotionalen Gedächtnis bleiben die mit dem Gelernten verbundenen positiven wie auch negativen Gefühle haften.

Ob und wie lange Gelerntes gespeichert wird, hängt von der Verarbeitungstiefe ab. Diese nimmt zu, wenn ein Lerninhalt über möglichst viele Sinne aufgenommen, in den dazugehörigen Arealen verarbeitet und neuronal vernetzt wird. Besonders lernwirksam ist auch die Beteiligung der motorischen Gehirnareale.

Weitere mit dem Lerninhalt verknüpfte emotionale Komponenten wie Freude und Angst werden im limbischen System mit dem Gelernten verknüpft und ebenfalls dauerhaft gespeichert.

Der Pianist lernt beispielsweise neben den reinen Bewegungsabläufen seiner Finger in Takt, Tempo und Melodie auch die Hintergründe seiner gespielten Stücke sowie die Biografie des Komponisten, die Besonderheiten der musikalischen Epoche und kompositorische Prinzipien. Auch wird er sich an besonders intensiv erlebte Momente erinnern, wie seine erste Klavierstunde oder den ersten Applaus des Publikums. Die dabei empfundenen Emotionen werden gemeinsam mit dem gelernten Inhalt gespeichert. Die Fähigkeiten unseres Gehirns, neues Wissen und Verhalten zu lernen und das Gelernte aus dem Gedächtnis abrufen zu können, sind untrennbar miteinander verknüpft.

1 Denken Sie einige Minuten an Ihre Zeit in der Grundschule. Notieren Sie anschließend Dinge, die Ihnen besonders in Erinnerung geblieben sind.

2 Ordnen Sie diese Erinnerungen den drei Gedächtnissystemen zu. Benennen Sie Auffälligkeiten und gegebenenfalls Schwierigkeiten.

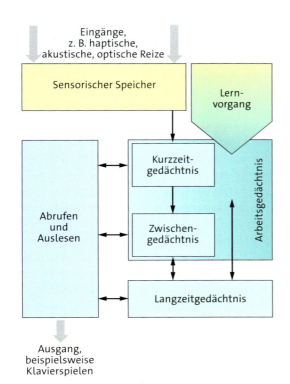

2 Modell der Gedächtnisfestigung

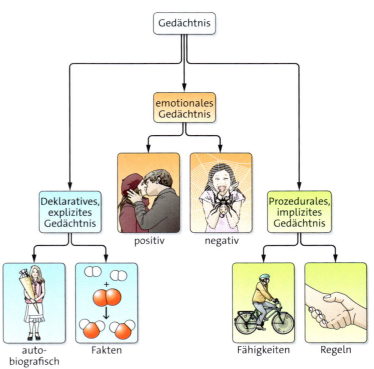

3 Modell der Gedächtnissysteme

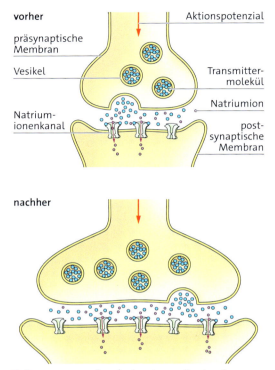

1 Synapse vor und nach einer Langzeitpotenzierung

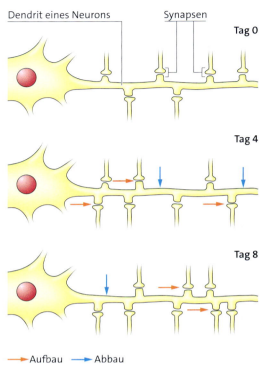

2 Entstehung neuer Synapsen innerhalb weniger Tage

Lernen auf neuronaler Ebene • Die etwa 86 Milliarden Neuronen im menschlichen Gehirn stehen durch jeweils durchschnittlich 10 000 Synapsen miteinander in Kontakt. Dabei sind Anzahl und Intensität der synaptischen Verbindungen zum Teil stark veränderbar. Immer wenn ein Neuron wiederholt an ein nachgeschaltetes Neuron Signale überträgt, vergrößert sich die Kontaktfläche der Synapse und es werden mehr Vesikel sowie mehr Ionenkanäle in der postsynaptischen Membran gebildet. Dadurch reagiert das nachgeschaltete Neuron intensiver auf jedes einlaufende Signal. Diese Steigerung der Übertragungsrate an Synapsen nennt man **Langzeitpotenzierung** oder englisch longterm potentiation, kurz **LTP**. Sie bildet die zelluläre und molekulare Grundlage des Lernens.

Werden Bewegungen, Wörter oder Sinneseindrücke ständig wiederholt, bilden sich verschiedene molekulare und zelluläre Vernetzungsmuster, die durch mehr Aktionspotenziale und mehr Rezeptoren über zelluläre Second Messenger den Informationsfluss beschleunigen. Ständig werden im Gehirn neue Synapsen gebildet und bestehende, aber wenig genutzte wieder abgebaut. Werden jedoch neue Erfahrungen gemacht und wird etwas gelernt, so werden innerhalb weniger Tage insgesamt mehr neue Synapsen gebildet als abgebaut. Wenn also ein Musiker eine neue Tonfolge lernt und ständig übt, verändern sich bestimmte Verbindungen im Gehirn. Häufig genutzte Verknüpfungen werden wie Trampelpfade ausgebaut und die Signale werden schneller übertragen. Dieses Phänomen nennt man **Bahnung**. Anhand der Messung von Gehirnaktivitäten konnte man diese häufig genutzten Verknüpfungen den gelernten Inhalten zuordnen und lokalisieren. Man bezeichnet sie als Gedächtnisspuren. So werden immer neue Dinge gelernt und bekannte Dinge in neue Zusammenhänge gesetzt. Die Fähigkeit unseres Gehirns, neue Verknüpfungen zu bilden und bestehende zu verändern, wird als **neuronale Plastizität** bezeichnet. Diese Plastizität unseres Gehirns besteht entgegen früheren Annahmen ein Leben lang. Es werden zwar viele Synapsen abgebaut, die bei Kindern und Jugendlichen noch vorhanden sind, aber die neu geknüpften Verbindungen sind geordneter verschaltet und häufiger gebahnt. Das Gehirn eines Erwachsenen enthält also weniger Synapsen, die jedoch die Informationen effektiver übertragen.

Material

Informationsverarbeitung in Lebewesen • Lernen und Gedächtnis

Material A Lernen von Wortlisten

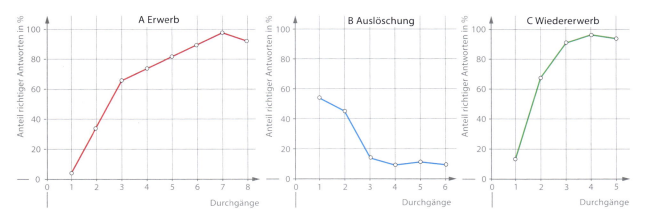

In Versuch A wurden Probanden Wortlisten zum Auswendiglernen gegeben. Sobald sie die Aufgabe bewältigen konnten, wurde ihnen eine andere Wortliste zum Lernen gegeben.

Zwischendurch, in Versuch B, wurden sie nach Wörtern der ersten Liste gefragt. Anschließend, in Versuch C, wurden sie erneut aufgefordert, sich die alte Liste einzuprägen.

1 Beschreiben Sie die Ergebnisse.

2 Deuten Sie die Ergebnisse im Hinblick auf die neuronale Plastizität des Gehirns.

Versuch B Abhängigkeit der Gedächtnisleistung von der Verarbeitungstiefe

werfen – HAMMER – leuchten – auge – RIESELN – laufen – BLUT – STEIN – denken – AUTO – zecke – LIEBEN – wolke – TRINKEN – sehen – buch – FEUER – KNOCHEN – essen – GRAS – meer – rollen – eisen – ATMEN

In einem einfach durchzuführenden Versuch lässt sich zeigen, inwiefern die Gedächtnisleistung von der Verarbeitungstiefe im Gehirn abhängig ist. Dazu wird die oben abgebildete Wortliste benutzt.

Durchführung:

Die Schülerinnen und Schüler werden nach dem Zufallsprinzip in drei Gruppen eingeteilt.

Gruppe I: Betrachten Sie nacheinander die oben abgebildeten Wörter jeweils etwa 2 s und sagen Sie leise zu sich selbst, ob das Wort mit kleinen oder mit großen Buchstaben geschrieben ist.

Gruppe II: Betrachten sie nacheinander die Wörter der Liste jeweils etwa 2 s und sagen sie leise zu sich, ob es ein Substantiv oder Verb ist.

Gruppe III: Betrachten Sie nacheinander die Wörter der Liste etwa 2 s und sagen Sie leise zu sich, ob es sich um etwas Belebtes oder etwas Unbelebtes handelt.

1 Notieren Sie nach drei Tagen die Wörter, an die Sie sich erinnern können.

2 Ermitteln Sie die durchschnittliche Behaltensleistung der Gruppen in Prozent.

3 Stellen Sie das Ergebnis grafisch dar.

4 Diskutieren Sie das Ergebnis im Hinblick auf die Komplexität der Aufgabe.

4.19 Molekulare Grundlagen des Lernens

1 Meeresschnecke *Aplysia californica*

Die Erforschung der molekularen Grundlagen von Lernprozessen bei höher organisierten Lebewesen gestaltete sich immer wieder als schwierig. Ursache hierfür ist die hohe Komplexität ihres Nervensystems. Daher suchte man nach einfacher organisierten biologischen Systemen, um die Frage, wie das Lernen auf zellulärer und molekularer Ebene abläuft, zu klären. Ein Beispiel ist Aplysia californica. *Welche Erkenntnisse über das Lernen erhielt man mithilfe dieser gehäuselosen Meeresschnecke?*

Einfache Lernformen • *Aplysia californica*, auch Kalifornischer Seehase genannt, besitzt ein vergleichsweise einfach aufgebautes Nervensystem, das gut experimentell erforscht werden kann. Es besteht nur aus etwa 20 000 Neuronen, die sehr groß und leicht zugänglich sind. Dies ermöglicht die Identifikation einzelner Neuronen und ihrer Verschaltung bei reflexartigen Bewegungen der Schnecke. Die Meeresschnecke ist deshalb ein gut geeigneter Modellorganismus zur Untersuchung der zellulären elektrophysiologischen Vorgänge. *Aplysia* verfügt über mehrere Schutzreflexe wie das Zurückziehen des Schwanzes, der Kiemen und des Siphons. Letzteres ist eine Ausstülpung oberhalb der Kieme, die zum Ausstoßen von Meerwasser dient.

Eine leichte Berührung des Siphons führt zum reflexartigen Zurückziehen des Siphons und der Kieme, dem Kiemenrückziehreflex. Durch die Berührung werden in einem sensorischen Neuron der Siphonhaut Aktionspotenziale ausgelöst, die im nachgeschalteten Motoneuron erregende postsynaptische Potenziale, kurz EPSP, erzeugen und so die Kontraktion im Kiemenrückziehmuskel bewirken. Bei wiederholter, gleichartiger Reizung werden die EPSP allmählich schwächer, weil in der Präsynapse des sensorischen Neurons immer weniger Vesikel mit Neurotransmittern vorhanden sind. Dadurch nimmt die Intensität des Kiemenrückzugs ab. Diese Gewöhnung an harmlose Reize wird als **Habituation** bezeichnet und stellt eine einfache Form des Lernens dar. Solche Vorgänge lassen sich auch bei Reflexbewegungen der Wirbeltiere und des Menschen beobachten. Deshalb ist *Aplysia* als Modellorganismus für einfache Lernformen bei höher organisierten Lebewesen geeignet.

Wird die Schnecke anschließend beispielsweise am Schwanz berührt, so wird der Reflex unter Beteiligung von Interneuronen in ursprünglicher Stärke ausgelöst. Dieses Phänomen heißt **Dishabituation** und belegt, dass der verminderte Kiemenrückzug bei der Habituation nicht nur auf Muskelermüdung beruht.

Wird der harmlose Berührungsreiz am Siphon mit einem schädlichen elektrischen Reiz am Schwanz kombiniert, fällt bei wiederholter Reizung der Reflex immer stärker aus. Diese Verstärkung heißt **Sensitivierung**. Das Tier lernt auch auf harmlose Reize heftiger zu reagieren. So eine Verknüpfung zweier Reize spielt bei vielen Lernvorgängen, wie bei der Dressur von Tieren, eine wichtige Rolle. Dabei werden in einem sensorischen Neuron des Schwanzbereichs Aktionspotenziale ausgelöst, die ein erregendes Interneuron aktivieren. Dieses Interneuron aktiviert das sensorische Neuron der Siphonhaut und führt so präsynaptisch zu einer verstärkten Transmitterausschüttung. Dadurch nehmen die EPSP im Motoneuron zu und der Kiemenrückzug verstärkt sich.

Diese einfachen Lernformen bei *Aplysia* wurden von Kandel und seinen Mitarbeitern auch auf molekularer Ebene untersucht.

> **Steckbrief Eric R. Kandel (* 1929)**
>
>
>
> Eric Richard Kandel wurde 1929 in Wien geboren. Die Familie emigrierte 1939 auf der Flucht vor den Nationalsozialisten in die USA. Nach seiner Schulzeit interessierte sich Kandel für Geschichte und Literatur. Er bekam ein Stipendium für die Harvard University. Dort begann er, sich für die Psychoanalyse Freuds zu interessieren und beschloss 1952, Psychiater zu werden. Anders als seine Kollegen wollte Kandel statt der psychologischen die biologischen Vorgänge des Gehirns näher untersuchen. Er erkannte früh, dass das Gedächtnis mit den synaptischen Verbindungen zwischen den Neuronen zusammenhängen musste. 1962 ging er nach Paris, um sich mit einfachen Formen des Lernens bei der Meeresschnecke *Aplysia* zu beschäftigen. Ab 1983 erforschte er – wieder in den USA – die molekularen Grundlagen des Lernens. Kandel erhielt bis heute zahlreiche Auszeichnungen, unter anderem den Nobelpreis für Medizin im Jahr 2000.

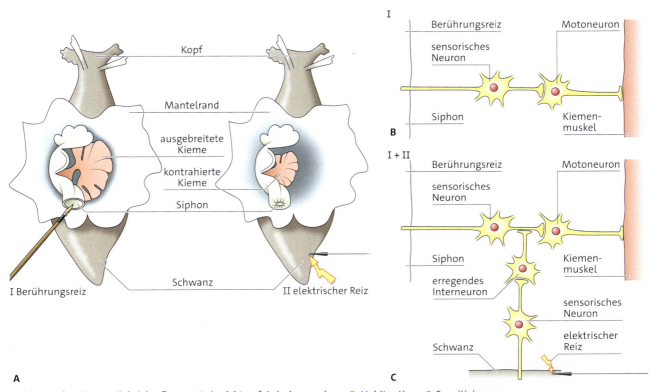

2 Schema des Kiemenrückziehreflexes: **A** Ansicht auf *Aplysia* von oben, **B** Habituation, **C** Sensitivierung

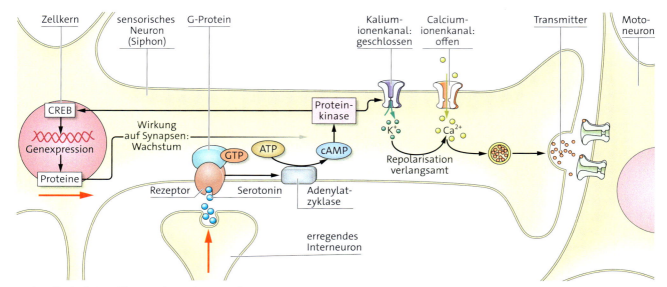

1 Signalkaskade in Zellkern und Cytoplasma während der Sensitivierung

CREB = cAMP response element-binding protein

Kurzzeitsensitivierung • Bei kurzzeitigem Training des Kiemenrückziehreflexes von *Aplysia* mittels Sensitivierung entdeckte Kandel, dass im sensorischen Neuron in der Siphonhaut eine intrazelluläre Signalkaskade durch die Wirkung des erregenden Interneurons in Gang gesetzt wird. Das erregende Interneuron schüttet den Transmitter Serotonin aus. Er bindet auf der extrazellulären Seite an einen spezifischen Rezeptor in der präsynaptischen Membran des sensorischen Neurons. An diesen Rezeptor ist auf der intrazellulären Seite der Membran ein G-Protein gekoppelt. Es aktiviert ein weiteres Membranprotein, die Adenylatzyklase. Dieses Enzym bildet aus ATP zyklisches Adenosinmonophosphat, kurz cAMP. Das cAMP aktiviert die cAMP-abhängige Proteinkinase. Durch dieses Enzym werden Kaliumionenkanäle geschlossen, woraufhin der Ausstrom der Kaliumionen stark reduziert wird. Dies hat zur Folge, dass die Repolarisationsphase der Aktionspotenziale länger dauert und somit der präsynaptische Einstrom der Calciumionen gesteigert wird. Die erhöhte Calciumionenkonzentration im Cytoplasma führt zu einer verstärkten Transmitterfreisetzung an der Synapse zwischen sensorischem Neuron und Motoneuron, weil die Calciumionen die Verschmelzung der Vesikel mit der Membran steuern.

Diese Kettenreaktionen können Minuten bis Stunden andauern, bevor sie sich abschwächen. Die auf diese Weise erzeugte Verstärkung der Signalübertragung wird deshalb als Kurzzeitsensitivierung bezeichnet.

Langzeitsensitivierung • Bei längerem Training werden durch die cAMP-Kaskade über Proteinkinasen, die in den Zellkern gelangen, transkriptionsfördernde Proteine aktiviert. Diese werden als **CREB-Proteine** bezeichnet. Sie bewirken die Genexpression verschiedener Proteine. Einige dieser Proteine führen zu einer dauerhaften Aktivierung der Proteinkinasen, andere verursachen eine Vergrößerung von Synapsen sowie die Ausbildung neuer Synapsen. Diese Effekte dauern bereits nach vier wiederholten Trainingseinheiten mehrere Tage an und können bei weiteren Wiederholungen eine Woche und länger nachgewiesen werden. Daher bezeichnet man diese Form der Verstärkung der Signalübertragung als Langzeitsensitivierung.

1 Geben Sie je ein Beispiel aus Ihrem Alltag an, bei dem der Vorgang der Habituation und der Sensitivierung wirkt.

2 Stellen Sie den Verlauf der Kurzzeitsensitivierung und der Langzeitsensitivierung in einem Flussdiagramm dar, beginnend bei der Serotoninausschüttung.

3 Erläutern Sie die Kaskadenwirkung bei der Kurzzeitsensitivierung.

Material

Informationsverarbeitung in Lebewesen • Molekulare Grundlagen des Lernens

Material A Langzeitsensitivierung bei *Aplysia*

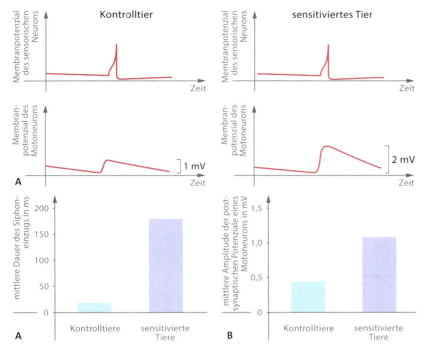

Abbildung A zeigt typische Aktionspotenziale eines sensorischen Neurons im Siphon und eines nachgeschalteten Motoneurons in der Kieme nach der Langzeitsensitivierung einer Aplysia-Schnecke im Vergleich zu einem Kontrolltier. Abbildung B stellt die mittlere Dauer für das Einziehen des Siphons als Maß für die Stärke des Reflexes dar. Abbildung C bezieht sich auf ein Motoneuron in der Kieme. Alle Messungen fanden einen Tag nach Beendigung der Langzeitsensitivierung statt.

1 Beschreiben Sie anhand der Diagramme die Auswirkungen des Trainings.

2 Erklären Sie die Trainingseffekte mithilfe Ihrer Kenntnisse über die entsprechenden zellulären und molekularen Grundlagen.

Material B NMDA-Rezeptor und das Lernen beim Menschen

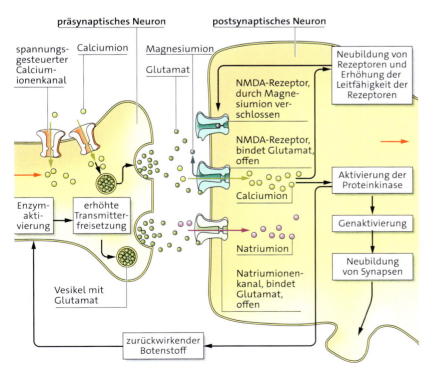

Im menschlichen Gehirn befinden sich bei einem speziellen Synapsentyp neben Natriumionenkanälen auch Ionenkanal-gekoppelte Rezeptoren, die für Calciumionen durchlässig sind. Sie werden N-Methyl-D-Aspartat-Rezeptoren, kurz NMDA-Rezeptoren, genannt. Als erregender Neurotransmitter dient für beide Ionenkanäle Glutamat. Erst wenn eine genügend hohe Depolarisation der postsynaptischen Membran durch Einstrom von Natriumionen vorliegt, werden die im Ruhezustand durch Magnesiumionen blockierten NMDA-Rezeptoren freigegeben.

1 Beschreiben Sie den in der Abbildung dargestellten Prozess.

2 Erläutern Sie, inwiefern der NMDA-Rezeptor zu einem Lernprozess beitragen kann.

Auf einen Blick

Neurobiologie

Aufbau von Nervensystemen
- Nervensysteme
- Nervenzellen

Signalübertragung
- Ruhe- und Aktionspotenzial
- Erregungsleitung
- Synapsen

Reiz und Reaktion
- Aufnahme und Verarbeitung von Reizen
- Muskelkontraktionen
- Endogene und exogene Stoffe

Neuronale Plastizität
- Lernen
- Neuronale Störungen

Informationsverarbeitung in Lebewesen

- Neuronen
- Gliazellen
- Entstehung
- Messung
- kontinuierliche
- Saltatorische
- Informationsübertragung
- Verrechnung
- Plastizität
- Wahrnehmung und Reaktion
- Hormone
- Synapsengifte
- Schmerzmittel
- Rauschmittel
- Gedächtnis
- Molekulare Grundlagen
- Neurodegenerative Erkrankungen
- Läsionen

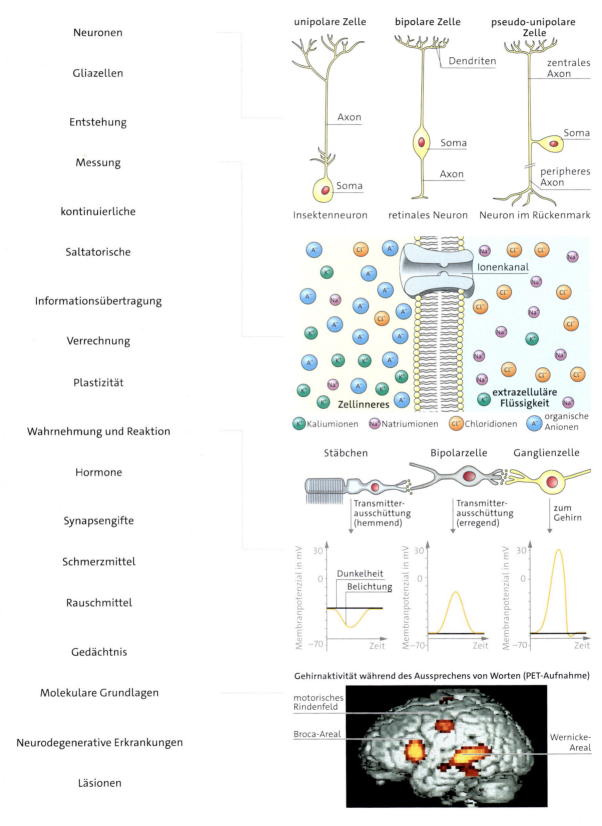

Check-Up

Neurobiologie

Mit den folgenden Aufgaben können Sie überprüfen, ob Sie die Inhalte aus dem Kapitel verstanden haben. An den Aufgaben finden Sie Angaben zu den Seiten, auf denen Sie zum jeweiligen Thema noch einmal nachlesen können

Aufbau Neuron (S. 26ff.)

1 Ein Neuron ist ein spezialisierter Zelltyp, der Informationen in Form von elektrischen Impulsen verarbeitet und weiterleitet.
   a Beschriften Sie die Strukturen.
   b Beschreiben Sie die Funktion von Dendriten, Axonen, Endknöpfchen und Myelinscheide.
   c Skizzieren und benennen Sie drei verschiedene Neuronentypen.
   d Erklären Sie den Vorgang des anterograden Transportes.

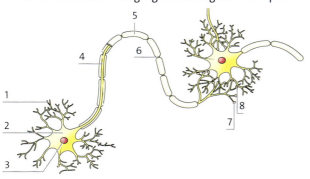

Membranpotenzial (S.30ff.)

2 Das Membranpotenzial ist die elektrische Spannung zwischen zwei durch eine Membran getrennten Räumen.
   a Beschreiben Sie das Verfahren zur Messung des Membranpotenzials am Axon.
   b Beschreiben Sie die unterschiedliche Verteilung der Ionen innerhalb und außerhalb des Axons.
   c Erklären Sie, wie es zu einem Ruhepotenzial von ungefähr -65mV kommt.
   d Erläutern Sie das Potenzial der Patch-Clamp-Technik zur Analyse membrangebundener Transportprozesse.

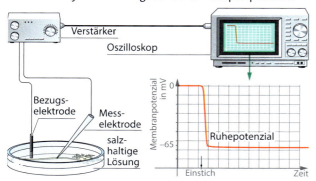

Aktionspotenzial (S.34ff.)

3 Ein Aktionspotenzial ist durch eine schnelle Änderung des Membranpotenzials an einem Axon gekennzeichnet.
   a Beschriften Sie den Ablauf eines Aktionspotenzials mit den Fachbegriffen.
   b Erklären Sie, weshalb nach einem überschwelligen Reiz Natriumionen ins Innere des Axons einströmen.
   c Erklären Sie den Unterschied zwischen absoluter und relativer Refraktärzeit.

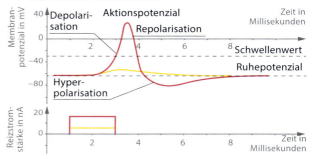

Erregungsleitung (S.40 ff.)

4 Die Erregung wird als elektrisches Potential entlang des Axons weitergeleitet.
   a Die Leitungsgeschwindigkeit bei einer Qualle mit einem Axondurchmesser von 6 bis 12 µm beträgt 0,5 m/s, während die Leitungsgeschwindigkeit einer Aβ-Nervenfaser des Menschen mit einem Durchmesser von 7 bis 15 µm bei 40 bis 90 m/s liegt. Erklären Sie die verschiedenen Leitungsgeschwindigkeiten anhand struktureller Unterschiede der Axone.
   b Nennen Sie die Vorteile der saltatorischen Erregungsleitung.
   c Erklären Sie, wie das Lokalanästhetikum Lidocain die Schmerzübertragung blockiert.

Synapsen (S.44ff.)

5 Eine Synapse ist eine Kontaktstelle zwischen zwei Neuronen oder einem Neuron und einer anderen Zielzelle.
   a Skizzieren und beschriften Sie die Strukturen an einer chemischen Synapse.
   b Erklären Sie die Vorgänge bei der Übertragung der Erregung an einer Synapse.
   c Erklären Sie, wieso die Erregungsübertragung an elektrischen Synapsen nahezu verzögerungsfrei abläuft.

Erregende und hemmende Synapsen (S. 402ff.)

6 Bis zu 10.000 Synapsen leiten Signale an ein einziges Neuron.
  a Erklären Sie den Unterschied zwischen EPSP und IPSP.
  b Erklären Sie, was man unter den Begriffen räumliche und zeitliche Summation versteht, und ordnen Sie sie den beiden Abbildungen zu.
  c Erklären Sie die folgende Aussage „Bei der Erregungsleitung im Nervensystem kommt es zur mehrfachen Umcodierung".

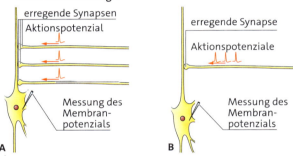

Kontraktion von Muskeln (S. 428ff.)

7 Nervensystem und Muskeln arbeiten koordiniert zusammen.
  a Erklären Sie, was man unter elektromechanischer Kopplung versteht.
  b Wenn ein Aktionspotenzial die neuromuskuläre Synapse erreicht, wird die Kontraktion des Sarkomers ausgelöst. Beschreiben Sie den Vorgang auf molekularer Ebene.

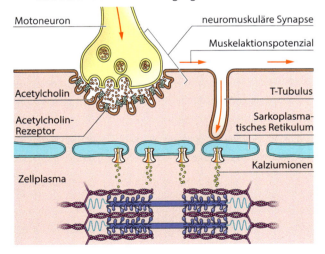

Hormone regeln Lebensfunktionen (S. 432ff.)

8 Das vegetative Nervensystem und die hormonelle Regelung wirken häufig zusammen.
  a Beschreiben Sie die Bestandteile und die Funktionen des vegetativen Nervensystems
  b Erklären Sie die Bedeutung des Hypothalamus am Beispiel der Stressreaktion.
  c Erklären Sie die Wirkung der hormonellen Stressachse.
  d Erläutern Sie die Wirkung des Insulins an den Zielzellen.

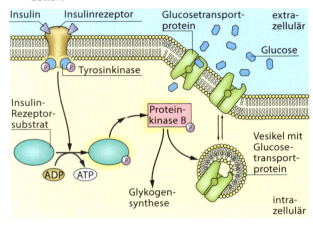

Lernen und Gedächtnis (S. 446ff.)

9 Lernen ist ein individueller und erfahrungsbezogener Prozess. Es werden Wissen und Fertigkeiten erworben, die zu einer Veränderung des Denkens, Verhaltens, und Fühlens führen.
  a Erklären Sie, wie die Steigerung der Übertragungsrate an Synapsen zustande kommt und nennen Sie den Fachbegriff.
  b Erklären Sie, was man unter neuronaler Plastizität versteht.
  c Beschreiben Sie den Vorgang der Langzeitpotenzierung auf molekularer Ebene.

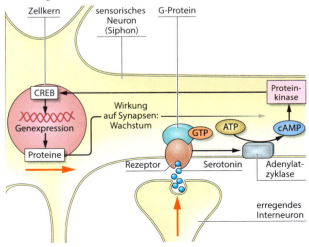

Klausurtraining

Training A Toxine der Kegelschnecke

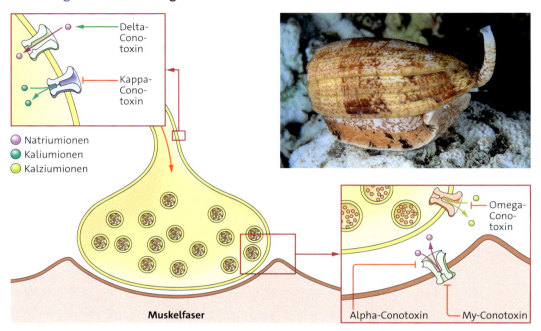

- Natriumionen
- Kaliumionen
- Kalziumionen

Toxin	Wirkung/Ort
Alpha-Conotoxin	blockiert die Acetylcholin-Rezeptoren an der motorischen Endplatte
Delta-Conotoxin	verhindert das Schließen der spannungsgesteuerten Natriumionenkanäle des Axons
Kappa-Conotoxin	blockiert die Kaliumionenkanäle des Axons
Omega-Conotoxin	blockiert die Kalziumionenkanäle an der präsynaptischen Membran
My-Conotoxin	blockiert die Öffnung postsynaptischer Natriumionenkanäle

Kegelschnecken leben im Meer und ernähren sich von Würmern und kleineren Fischen. Sie sind deutlich langsamer als ihre Beute. Im Verlauf der Evolution hat sich bei ihnen ein spezielles Jagdverhalten entwickelt: Sie graben sich im sandigen Meeresboden ein, bis nur noch ihr Schlundrohr aus dem Boden ragt. Fische halten das Schlundrohr für einen Wurm und werden dadurch angelockt. Wenn sich ein Fisch nähert, schießt die Schnecke einen Giftpfeil ab. Die gelähmte Beute wird anschließend in das dehnbare Schlundrohr gezogen und verdaut. Das Gift der Kegelschnecken besteht aus einem Cocktail verschiedener Peptide, der Conotoxine.

Obwohl die Conotoxine auch für Menschen gefährlich werden können, wird Omega-Conotoxin in der Humanmedizin erfolgreich zur Schmerztherapie eingesetzt. Neuronen leiten die Schmerzinformation über das Rückenmark zum Gehirn, wo der Schmerz wahrgenommen wird. Bei der Schmerztherapie wird Omega-Conotoxin in geringer Dosierung in die Rückenmarksflüssigkeit injiziert.

1 Erläutern Sie die Wirkung des Delta- und des Kappa-Conotoxins am Axon!

2 Erläutern Sie die Wirkung der anderen Conotoxine an der Synapse!

3 Erklären Sie die Auswirkung des Giftcocktails hinsichtlich des Beutefangs der Kegelschnecke!

4 Stellen Sie eine Hypothese auf, weshalb Omega-Conotoxin bei der Schmerztherapie direkt in die Rückenmarkflüssigkeit und nicht intravenös verabreicht wird!

Training B Autoaggressives Verhalten

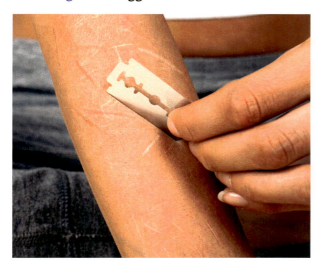
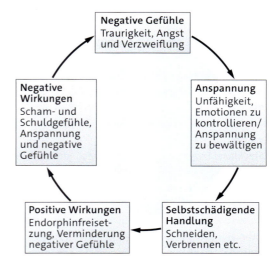

Als autoagressives oder selbstverletzendes Verhalten beschreibt man eine Vielzahl von Verhaltensweisen, bei denen sich Menschen absichtlich Wunden zufügen. Oft finden sich Schnittwunden an Armen oder Beinen, es gibt jedoch auch Selbstverletzungen durch glühende oder brennende Gegenstände, durch kochendes Wasser oder die Quetschung und Malträtierung bereits vorhandener Wunden. Autoagressives Verhalten kann ein Anzeichen für eine psychische Erkrankung sein. Es tritt häufig im Zusammenhang mit Essstörungen, dem Borderline-Syndrom und nach schweren traumatischen Erlebnissen auf. Manchmal sind auch Pubertierende während schwieriger Entwicklungsphasen davon betroffen. Obwohl die betroffenen Personen nicht selten Selbstmordgedanken äußern, steht hinter den Verletzungen meist keine direkte Selbstmordabsicht. Ein Teil der betroffenen Personen nutzt die Selbstverletzung dazu, emotionale Schmerzen besser ertragen zu können und einen kurzen Moment der Erleichterung zu erfahren. Aufgestaute Probleme und negative Gefühle gegenüber anderen Personen werden auf die eigene Person übertragen und die Verletzung als gerechtfertigte Bestrafung gesehen. Oftmals beschreiben Betroffene auch, dass sie die körperlichen Schmerzen nicht spüren. Nach einer gewissen Zeit tritt jedoch häufig eine Gewöhnungseffekt, so dass die Dosis des autoaggressiven Verhaltens erhöht werden muss. Dadurch gerät dieses Verhalten für viele zur Sucht.

1 Nennen Sie Gründe für autoaggressives Verhalten!

2 Erklären Sie die Wirkung von Endorphinen auf die Weiterleitung von Schmerzsignalen!

3 Erläutern Sie unter Berücksichtigung der zellulären Ebene, wie bei autoaggressivem Verhalten ein Suchtverhalten entstehen kann!

4 Diskutieren Sie, welche medizinischen Maßnahmen zur Behandlung autoaggressiven Verhaltens sinnvoll erscheinen und wie Sie als Freund oder Freundin betroffene Menschen unterstützen könnten!

Glossar

A

Acetylcholinesterase: Enzym, das Acetylcholin durch Spaltung in Cholin und einen Acetatrest inaktiviert.

Acetylcholin-Rezeptor: spezifischer Rezeptor der Natriumionenkanäle an der postsynaptischen Membran cholinerger Synapsen.

adäquater Reiz: spezifischer Reiz, für den ein Rezeptorempfindlich ist.

Adenylatzyklase: Enzym, das als Teil des secondmessenger-Systems die Umwandlung von ATP zu cAMP katalysiert.

afferente Neuronen: leiten Informationen von den Sinneszellen oder Sinnesorganen zum ZNS.

Aktionspotenzial: schnelle Potenzialveränderung an der Membran eines Axons, die durch einen Reiz ausgelöst wird, nachdem der Schwellenwert erreicht oder überschritten wurde.

Amyloid- Peptide: membranständige Peptide, die für die Erregungsleitung wichtig sind.

Amyloid-Plaques: entstehen durch Verklumpen von β-Amyloid-Peptiden. Sie stören die neuronale Signalübertragung und sind für neurodegenerative Krankheiten wie Alzheimer charakteristisch.

analoge Codierung: Die Stärke des Reizes wird durch die Menge des ausgeschütteten Neurotransmitters codiert.

Anandamid-Rezeptoren: Rezeptoren für THC im Hypocampus und der Großhirnrinde.

Arbeitsgedächtnis: temporäres Gedächtnis, das für die erfolgreiche Bewältigung von Tätigkeiten mit einer verzögerten räumlichen Antwort erforderlich ist.

Astrocyten: sind die häufigsten Gliazellen. Sie regulieren die chemische Zusammensetzung der Zellumgebung der Neuronen und beeinflussen ihr Wachstum.

autonomes Nervensystem, auch vegetatives Nervensystem: Es ist für alle Prozesse zuständig, die nicht willentlich beeinflusst werden können, wie die Steuerung der Eingeweide.

Axon: schmaler, bis zu 1 m langer Zellfortsatz eines Neurons. Axone werden auch als Neuriten oder Nervenfaser bezeichnet.

Axonhügel: verdickter Bereich des Axons am Übergang vom Soma zum Axon. Dort entsteht bei ausreichender Erregung ein Aktionspotenzial.

B

Bahnung: Die Wirkungen einzelner räumlich oder zeitlich getrennter synaptischer Aktivitäten können sich gegenseitig verstärken, sodass eine postsynaptische Antwort stärker ausfällt als die vorhergehende, durch die gleiche präsynaptische Aktivität hervorgerufene Antwort.

bipolare Zellen: Neuronen mit zwei Fortsätzen, zum Beispiel in der Netzhaut des Auges von Wirbeltieren.

blinder Fleck: Austrittsstelle des Sehnervs in der Netzhaut ohne Fotorezeptoren.

Blut-Hirn-Schranke: Barriere zwischen dem Blutkreislauf und dem ZNS. Sie verhindert das Eindringen giftiger Substanzen in das ZNS.

C

Cephalisation: evolutionärer Entwicklungsprozess, bei dem sich der Kopf zunehmend morphologisch vom Körper abgrenzt.

chemische Synapsen: Synapsen, bei denen die Informationsübertragung durch einen chemischen Botenstoff, einen Neurotransmitter, erfolgt.

Chemorezeptoren: dienen der Wahrnehmung chemischer Stoffe in Geruchs- und Geschmackssinneszellen.

CREB-Proteine: Sie binden an die DNA und bewirken dort die Genexpression verschiedener Proteine. Dies hat zur Folge, dass Synapsen neu gebildet und vergrößert werden.

D

deklaratives oder auch explizites Gedächtnis: zuständig für die Speicherung von Fakten und Ereignissen, die verbal wiedergegeben werden können.

Dendriten: stark verzweigte Zellfortsätze eines Neurons, die eine baumkronenähnliche Struktur aufweisen.

Depolarisation: kurzfristige Umkehr der Spannungsverhältnisse an der Axonmembran aufgrund der Öffnung spannungsgesteuerter Natriumionenkanäle und dadurch einströmende Natriumionen im Verlauf eines Aktionspotenzials.

digitale Codierung: Alles-oder-nichts-Prinzip bei Aktionspotenzialen. Die Stärke des Reizes wird durch die Frequenz codiert.

E

efferente Neuronen: leiten Signale vom ZNS zu den jeweiligen Muskeln.

elektrische Kopplung: passive Weiterleitung des elektrischen Signals aufgrund des Ionenstroms an einer elektrischen Synapse, die über Proteinkanäle, die Gap junctions, gebildet wird.

Elektro- und Magnetorezeptoren: Sie registrieren elektrische beziehungsweise magnetische Felder, beispielsweise bei Haien und Zitteraalen.

emotionales Gedächtnis: Es speichert die mit dem Erlebten oder Gelernten verbundenen Gefühle.

endokrine Drüse: Sie gibt ihr Sekret ins Körperinnere ab.

explizites Gedächtnis: Hier werden Fakten und Wortbedeutungen sowie Erinnerungen an Ereignisse gespeichert.

exzitatorisches postsynaptisches Potenzial: entsteht durch Depolarisation der postsynaptischen Membran an einer erregenden Synapse.

F

Flight-or-fight-Reaktion: Aktivierung des Sympathikus mit der Folge einer leistungssteigernden Reaktion des Organismus.

Fotorezeptor: Lichtsinneszelle in der Netzhaut des Auges. Es gibt zwei Typen Fotorezeptoren: Stäbchen sind lichtempfindlicher und für das Sehen bei Dämmerung, Zapfen für das Farbensehen zuständig.

G

Ganglion: ein aus Neuronen bestehender Knoten.

gelber Fleck, Fovea: Bereich des schärfsten Sehens auf der Netzhaut mit sehr hoher Zapfendichte.

Gewebehormon: wird nicht von einer Drüse, sondern von einer Einzelzelle produziert und gelangt meist über Diffusion zu Zielzellen in der näheren Umgebung.

glandotropes Hormon: Es kontrolliert die Aktivität einer anderen Hormondrüse.

Gleichgewichtspotenzial: berechnetes Potenzial für eine Ionenart am Neuron. Es resultiert aus dem elektrischen Potenzial und den entgegengesetzt gerichteten Anziehungskräften aufgrund des Konzentrationsgradienten.

Gleitfilamenttheorie: Modellvorstellung zur Kontraktion der Sarkomere, nach welcher Aktin- und Myosinfilamente durch die Beweglichkeit des Myosinköpfchens aneinander vorbeigleiten.

Gliazellen: Zellen des Nervensystems, die kleiner als Neuronen sind und diese unterstützen.

gonadotropes Hormon: Es wirkt auf die Gonaden, also Hoden und Eierstöcke.

G-Protein: Protein mit dem Cosubstrat GDP. Es wird durch einen Neurotransmitter aktiviert und wirkt indirekt als Second Messenger auf Ionenkanäle.

Großhirn: übergeordnetes Zentrum für die Verarbeitung von Sinneseindrücken und des Bewusstseins.

Großhirnrinde, Cortex: äußerer Teil des Großhirns und übergeordnetes sensorisches und motorisches Zentrum der Säugetiere. Der Cortex gliedert sich in Stirnlappen, Scheitellappen, Schläfenlappen und Hinterhauptlappen.

H

Hemisphären: Unterteilung des Großhirns in eine rechte und eine linke Hälfte, die durch ein Nervenbündel, den Balken, verbunden sind.

Homöostase: Konstanthaltung eines inneren Milieus durch Regulation.

Hormon: chemischer Botenstoff mit regulatorischer Funktion, der von spezialisierten Zellen produziert und über Blut und Lymphe zu spezifischen Zielzellen transportiert wird.

hormonelle Stressachse: Der Hypothalamus bewirkt über die Ausschüttung verschiedener Peptidhormone der Hypophyse die Freisetzung des Steroidhormons Cortisol durch die Nebennierenrinde.

Hyperpolarisation: kurzfristig erhöhte Spannung am Ende eines Aktionspotenzials über das Ruhepotenzial hinaus.

I

implizites Gedächtnis: Es umfasst Fertigkeiten, Gewohnheiten und Regeln.

inhibitorisches postsynaptisches Potenzial: entsteht durch Hyperpolarisation der postsynaptischen Membran an einer hemmenden Synapse.

Interneuron: Verschaltungsneuron

Ionenkanäle: Kanäle in der Zellmembran, die für bestimmte Ionen selektiv permeabel sind.

K

Kaliumionenhintergrundkanäle: ständig geöffnete Kaliumionenkanäle, die das Ruhepotenzial eines Axons besonders bestimmen.

Kurzzeitgedächtnis: primäres Gedächtnis zur kurzzeitigen Informationsspeicherung.

L

Langzeitgedächtnis: permanentes Gedächtnis, das Informationen über Tage, Monate oder das ganze Leben speichert.

Langzeitpotenzierung, LTP: Die Steigerung der Übertragungsrate an Synapsen durch Aktivierung einer bestimmten neuronalen Verbindung bildet die zelluläre und molekulare Grundlage des Lernens.

Langzeitstress: dauerhafte Aktivierung der Stressachsen. Bluthochdruck und Anfälligkeit für Infektionskrankheiten können hierdurch ausgelöst werden.

laterale Hemmung: Kontrastverstärkung durch Hemmung der Nachbarrezeptoren.

M

Mechanorezeptoren: reagieren auf mechanische Reize, beispielsweise beim Tastsinn, beim Hörsinn und im Gleichgewichtsorgan.

Membranpotenzial: gemessene Spannung am Neuron zwischen Zellaußenseite und Zellinnenseite.

Modulation: Beeinflussung der Erregbarkeit von Neuronen durch Second-Messenger-Übertragungswege.

multipolare Zellen: Neuronen mit einer starken Verästelung der Dendriten. Hierzu gehören die Purkinje-Zellen im Kleinhirn.

Myelinscheide: Lipidschicht um die Axone von Wirbeltieren, die sie elektrisch isoliert. Sie wird von spezifischen Gliazellen gebildet. Die Gliazellen umwickeln das Axon, sodass ihre Zellmembranen dicht aneinanderliegen.

Myosinfilament: Bündel von Myosinmolekülen mit kugelförmigen Köpfen und einem fadenartigen Fortsatz.

N

Natrium-Kalium-Pumpe: Carrierprotein in der Axonmembran, das Kaliumionen in das Neuron und Natriumionen aus dem Neuron unter ATP-Verbrauch herausbefördert.

negative Rückkopplung: Wirkungsprinzip, bei dem ein Stoff hemmend auf die eigene Herstellung wirkt.

neuromuskuläre Synapse, motorische Endplatte: Synapse zwischen Motoneuron und Muskelfaser.

Neuron oder Nervenzelle: ist ein spezialisierter Zelltyp, der Informationen in Form von elektrischen Signalen verarbeiten und weiterleiten kann. neuronale Plastizität: lebenslange Fähigkeit des Gehirns, neue Verknüpfungen zu bilden und bestehende zu verändern.

neuronale Plastizität: lebenslange Fähigkeit des Gehirns, neue Verknüpfungen zu bilden und bestehende zu verändern.

neuronale Stressachse: durch den Hypothalamus ausgelöste Ausschüttung des Neurotransmitters Noradrenalin im Hirnstamm.

Neurotoxine: Giftstoffe, die das Nervensystem angreifen und die Informationsübertragung stören.

O

Oligodendrocyten: Gliazellen, die die Myelinscheide im zentralen Nervensystem bilden.

Opioid-Rezeptor: Rezeptormolekül für körpereigene Endorphine und Opioide pflanzlicher Herkunft.

P

Parasympathikus: Antagonist des Sympathikus, der grundsätzlich der Erholung und Regeneration dient.

Patch-Clamp-Technik: In den 1970er-Jahren entwickelte Methode zur Messung der Spannung an einzelnen Ionenkanälen.

peripheres Nervensystem: Bezeichnung für alle Neuronen, die Informationen von den Körpergeweben zum ZNS oder vom ZNS zu den Geweben leiten.

Potenzialdifferenz: gemessene Spannung zwischen der Zellinnenseite und der Zellaußenseite aufgrund der unterschiedlichen Verteilung geladener Ionen.

Proteohormon: Es gehört zu den Proteinen, ist wasserlöslich und bindet extrazellulär an die Zielzelle.

Prozedurales oder auch implizites Gedächtnis: speichert erlerntes Wissen, das nicht verbalisiert werden kann wie Fertigkeiten und Verhaltensweisen.

psychische Abhängigkeit: Verlangen nach Drogen zur Erlangung eines Lustgefühls oder zur Vermeidung von Unwohlsein.

psychoaktive Substanz: zugeführter Wirkstoff, der auf die Psyche und das Bewusstsein wirkt.

R

Ranvier-Schnürringe: freiliegende Abschnitte der Axone zwischen den Myelinscheiden. Sie ermöglichen eine schnelle Erregungsleitung.

räumliche Summation: An mehreren erregenden Synapsen kommt es zeitgleich zu Depolarisationen, die miteinander verrechnet werden.

Reizmodalität: Art des Reizes, beispielsweise Lichtreiz oder Schallwellen. Rezeptoren sind spezifisch für jeweils eine Reizmodalität.

Refraktärzeit: Zeitraum verminderter Erregbarkeit eines bestimmten Bereichs der Axonmembran nach Durchlauf eines Aktionspotenzials.

Repolarisation: Rückkehr zu den ursprünglichen Spannungsverhältnissen am Axon durch Ausströmen der Kaliumionen nach Öffnen der spannungsgesteuerten Kaliumionenkanäle während eines Aktionspotenzials.

rezeptives Feld: Funktionseinheit kreisförmig zusammenstehender Fotorezeptoren.

Rindenfelder: Gliederung der Großhirnrinde in verschiedene sensorische und motorische Funktionsbereiche.

Rückenmark: schließt an den Hirnstamm an und verläuft innerhalb der Wirbelsäule. Es leitet alle afferenten Signale zum Gehirn und alle efferenten Signale zu den Muskeln.

Ruhepotenzial: gemessene Spannung zwischen dem Axoninneren und der extrazellulären Umgebung im Ruhezustand eines Neurons.

S

saltatorische Erregungsleitung: Aktionspotenziale springen an myelinisierten Neuronen von Ranvier-Schnürring zu Ranvier-Schnürring und werden deshalb erheblich schneller weitergeleitet als an nicht myelinisierten Neuronen.

Schwann-Zellen: Gliazellen, die die Myelinscheide im peripheren Nervensystem bilden.

Schwellenwert: Bezeichnung für die Spannung, die das Membranpotenzial mindestens erreichen muss, damit ein Aktionspotenzial ausgelöst wird.

Second-Messenger: sekundärer Botenstoff, der Signale verstärkt.

sekundäre Sinneszellen: besitzen kein Axon und können kein Aktionspotenzial auslösen. Beispiele sind Fotorezeptoren und Hörsinneszellen.

Sensitivierung: Kombination zweier Reize zur experimentellen Untersuchung von Lernvorgängen.

Signaltransduktion: Verarbeitung eines Reizes über einen Verstärkungsmechanismus zu elektrischen Signalen.

Soma: Zellkörper eines Neurons.

somatisches Nervensystem: ist für alle Prozesse zuständig, die willkürlich gesteuert werden, wie muskelkoordinierte Bewegungsabläufe.

spannungsgesteuerte Ionenkanäle: Ionenkanäle, die sich öffnen, sobald an der Axonmembran eine bestimmte Spannung erreicht wird.

Steroidhormon: Es ist lipidlöslich, gelangt daher im Blut mithilfe von Transportproteinen zu den Zielzellen, passiert leicht die Zellmembran und bindet intrazellulär an einen Transkriptionsfaktor.

Strickleiternervensystem: Zwei Nervenstränge sind über Ganglien miteinander verknüpft.

Suchtgedächtnis: Veränderungen in bestimmten Gehirnregionen nach Einnahme von psychoaktiven Substanzen halten das Verlangen nach dem Suchtmittel aufrecht.

Sympathikus: Teil des vegetativen Nervensystems, der grundsätzlich eine Leistungssteigerung des Organismus bewirkt.

Synapse: Kontaktstelle zwischen zwei Neuronen.

Synapsenendknöpfchen: verdickte Struktur am Ende eines Axons. Da Axone häufig verzweigt sind, weisen sie eine Vielzahl an Synapsenendknöpfchen auf.

synaptische Integration: Verrechnung aller an einer Synapse erzeugten Potenziale.

T

Tau-Proteine: lagern sich an Mikrotubuli an und stabilisieren diese dadurch.

Tetanus: dauerhafte Muskelkontraktion.

Tetrahydrocannabinol, THC: Psychoaktive Substanz der Hanfpflanze Cannabis.

Thermorezeptoren: temperaturempfindliche Sinneszellen.

Toleranz: Der wiederholte Konsum psychoaktiver Substanzen führt zu einer immer schwächeren Wirkung dieser Substanz.

transmittergesteuerte Ionenkanäle: Ionenkanäle, die sich nur öffnen, wenn bestimmte Neurotransmitter an ihre spezifischen Rezeptoren binden.

U

unipolare Zellen: Neuronen mit nur einem Zellfortsatz. Sie kommen bei den meisten wirbellosen Tieren vor.

V

vegetatives Nervensystem: Teil des peripheren Nervensystems, das für die unwillkürliche Steuerung grundlegender Lebensfunktionen verantwortlich ist.

visueller Cortex oder auch Sehrinde: Bereich der Großhirnrinde, der für die Verarbeitung der visuellen Wahrnehmung verantwortlich ist.

W

Wirbeltiergehirn: besteht aus fünf Gehirnabschnitten, die sich während der Embryonalentwicklung bilden: Großhirn, Zwischenhirn, Mittelhirn, Kleinhirn und Nachhirn.

Z

zeitliche Summation: Die an einer Synapse entstehenden postsynaptischen Potenziale werden miteinander verrechnet.

zentrales Nervensystem, ZNS: gliedert sich in Gehirn und Rückenmark. Hier werden alle wichtigen Informationen verarbeitet und finden wichtige Steuerungsprozesse statt.

Zwischenhirn: gliedert sich in Thalamus und Hypothalamus. Der Thalamus verarbeitet sensorische und motorische Informationen und leitet sie zum Großhirn. Der Hypothalamus reguliert das autonome Nervensystem und ist für die Regulation des Hormonhaushalts verantwortlich.

Gefahren- und Sicherheitshinweise

Auf den Materialseiten werden Experimente vorgeschlagen, die im Rahmen des Biologieunterrichts üblicherweise durchgeführt werden. Dabei wurde darauf geachtet, dass möglichst wenig Gefahrstoffe und diese in möglichst geringen Mengen zum Einsatz kommen. Alle Experimente sind als Versuch im Material gekennzeichnet und mit einer Sicherheitsleiste versehen, die mithilfe von Symbolkästen auf mögliche Gefahren, Sicherheitsvorkehrungen und Entsorgungswege hinweist. Für ein sicheres Experimentieren ist es unerlässlich, dass jede Schülerin und jeder Schüler die in den Versuchsanleitungen verwendeten Kennbuchstaben und die zugehörigen Gefahrensymbole, wie sie auf Chemikalienetiketten zu finden sind, kennt und über entsprechende Sicherheitshinweise unterrichtet ist. Sollten diese Ihnen nicht aus dem Chemieunterricht geläufig sein, machen Sie sich bitte mit den auf der Folgeseite aufgeführten Hinweisen gründlich vertraut.

Beachten Sie beim Experimentieren die speziellen Sicherheitshinweise Ihrer Lehrerin oder Ihres Lehrers genauestens und halten Sie die im Folgenden aufgelisteten allgemeinen Regeln für das praktische/experimentelle Arbeiten in Biologie ein.

Allgemeine Regeln für das praktische/experimentelle Arbeiten

— Informieren Sie sich über die Notfalleinrichtungen (Notausschalter, Feuerlöscher, Erste Hilfe) im Arbeitsraum.

— Halten Sie Ihren Arbeitsplatz sauber und ordnen Sie ihn übersichtlich.

— Essen und trinken Sie niemals während der praktischen/experimentellen Arbeit.

— Schützen Sie Ihre Augen beim Umgang mit Chemikalien grundsätzlich durch eine Schutzbrille.

— Pipettieren Sie niemals mit dem Mund, sondern immer mit einer Pipettierhilfe.

— Achten Sie außer auf Ihre eigene Sicherheit immer auch auf die Ihrer Mitschülerinnen und Mitschüler.

— Sollten Sie sich bei der Arbeit verletzen, informieren Sie bitte sofort Ihre Lehrerin/Ihren Lehrer.

— Für Experimente mit Mikroorganismen gelten besondere Sicherheitshinweise, über die Sie Ihre Lehrerin/Ihr Lehrer informiert.

— Waschen Sie sich nach praktischer/experimenteller Arbeit stets gründlich die Hände.

Einstufung von Gefahrstoffen nach der GHS-Verordnung

Mit dem neuen GHS (*Globally Harmonised System of Classification and Labelling of Chemicals*) werden die Kriterien für die Einstufung der Gefahrstoffe neu festgelegt und mit international einheitlichen Piktogrammen versehen. Neu ist auch die Verwendung der Signalwörter Gefahr und Achtung für das Ausmaß der Gefahr: „Gefahr" bei hoher Gefährdung oder „Achtung" bei geringerer Gefährdung. Das GHS gilt seit 2009. Die Übergangsfristen für die bisherigen Verordnungen sind seit dem 1. Juni 2017 ausgelaufen.

Gefahrenpiktogramm und Piktogrammcode	Mit dem Gefahrenpiktogramm gekennzeichnete Stoffe und Gemische	Signalwort
GHS02	entzündbare, selbsterhitzungsfähige und gefährliche selbstzersetzliche Stoffe und Gemische, pyrophore Stoffe sowie Stoffe und Gemische, die bei Berührung mit Wasser entzündbare Gase entwickeln	Gefahr oder Achtung
GHS05	Stoffe und Gemische, die schwere Verätzungen der Haut und/oder schwere Augenschäden verursachen	Gefahr
GHS07	Stoffe und Gemische, die Haut- und/oder Augenreizungen verursachen und/oder allergische Hautreaktionen, Reizungen der Atemwege und/oder Schläfrigkeit und Benommenheit verursachen können	Achtung
GHS08	Stoffe und Gemische, die bei Verschlucken und Eindringen in die Atemwege tödlich sein können und/oder eine Gefahr für die Gesundheit darstellen. Diese Stoffe und Gemische schädigen bestimmte Organe und/oder können Krebs erzeugen, die Fruchtbarkeit beeinträchtigen, das Kind im Mutterleib schädigen und/oder genetische Defekte und/oder beim Einatmen Allergien, asthmaartige Symptome oder Atembeschwerden verursachen.	Gefahr oder Achtung

Hinweise auf Sicherheitsvorkehrungen beim Durchführen von Versuchen

 Schutzbrille tragen

 Schutzhandschuhe tragen

Hinweise auf die korrekte Entsorgung

 Abwasser   nicht gefährliche und wasserlösliche Stoffe

 Behälter 1   Säuren und Laugen

Lösungen der Check-up-Aufgaben

Leben und Energie (Seiten 18-77)

1 a Die Energiemenge, die zum Erhalt lebenswichtiger Funktionen benötigt wird, ist der Grundumsatz. Die Energiemenge, die man zusätzlich für körperliche Aktivität benötigt, ist der Leistungsumsatz.
b Die organische Base Adenin ist mit dem Zucker Ribose und dieser mit 3 Phosphatgruppen verbunden.
c ATP → ADP +P; die endständige Phosphatgruppe kann auf ein anderes Molekül übertragen werden. Dadurch wird das phosphorylierte Molekül für chemische Reaktionen aktiviert.

2 a Glucose + 2 ATP + 2 NAD$^+$+ 4 H$^+$+ 4 ADP + 4 P$_i$
→ 2 Pyruvat + 2 ADP + 2 P$_i$ + 4 ATP + 2 NADH + 2 H$^+$ + 4 H$_2$O
b $C_6H_{12}O_6 + 6 O_2 + 6 H_2O \rightarrow 6 CO_2 + 12 H_2O$
1 mol Glucose+ 6 mol Sauerstoff+ 6 mol Wasser → 6 mol Kohlenstoffdioxid + 12 mol Wasser
c In der Glykolyse wird NADH+H$^+$ und ATP gebildet. Dafür muss NAD$^+$ und ADP zur Verfügung stehen. Ist das nicht der Fall, wird die Glykolyse verlangsamt bzw. gestoppt.
d In der ersten Phase des Abbaus der Glucose entstehen unter ATP-Verbrauch 2 Moleküle Glycerinaldehyd-3-phosphat. In der zweiten Phase entstehen beim Abbau zum Pyruvat noch einmal 4 ATP und 2 NADH+H$^+$.

3 a 1 Äußere Membran; 2 Innere Membran; 3 Intermembranraum; 4 Matrix; 5 Cristae
b Die Glykolyse findet im Cytoplasma statt, die oxidative Decarboxylierung in der Mitochondrienmatrix. Der Citratzyklus läuft in der in Matrix und die Atmungskette im inneren Membransystem der Mitochondrien ab.
   In der inneren Mitochondrienmembran ist die Atmungskette lokalisiert. Die Reduktionsäquivalente NADH+H$^+$ und FADH$_2$ werden hier oxidiert. Die Elektronen werden über eine Elektronentransportkette bis zum Sauerstoff geleitet. Dabei werden sie zum Teil gemeinsam mit Protonen transportiert. Dadurch baut sich zwischen Intermembranraum und Matrix ein Protonengradient auf. Dieser Protonengradient wird von einer ATPase genutzt, um ATP herzustellen. Insgesamt entsteht der größte Teil an ATP in der Atmungskette.

4 a Pyruvat wird zu Acetyl-CoA abgebaut. Dabei wird CO$_2$ frei und NADH+H$^+$ gebildet. (Außerdem gibt es zwei Stellen im Citrat, wo dies passiert. Bei der Umwandlung von Isocitrat und α-Ketoglutarat. → Ich weiß nicht, ob das auf der Basisseite steht.)
b → Die Reduktionselemente NADH+H$^+$ (und FADH+H$^+$) werden im Verlauf der Glykolyse, der oxidativen Decarboxylierung und des Citratzyklus gebildet. Sie werden in der Atmungskette oxidiert, indem ihre Protonen und Elektronen auf Sauerstoff übertragen werden.
c Wenn kein Sauerstoff vorhanden ist, kann NADH+H$^+$ die Protonen und Elektronen nicht auf Sauerstoff übertragen. Ein anaerobes Milieu verhindert also die Oxidation des NADH+H$^+$ und es entsteht kein NAD$^+$. Für die Glykolyse wird aber NAD$^+$ benötigt. Sie kommt bei einem NAD$^+$-Mangel zum Erliegen.

d

Organismus	Lebensmittelproduktion
Saccharomyces cerevisiae	Brot
Saccharomyces cerevisiae *Saccharomyces carlsbergensis*	Bier, obergärig Bier, untergärig
Lactobacillus (Milchsäurebakterien)	Joghurt, Kefir, Buttermilch, Käse, Sauerkraut, Salzgurken etc.
Aspergillus niger	Zitronensäure
Saccharomyces ellipsoides	Wein
Acetobacter aceti	Essig
Penicillium camemberti	Weißschimmelkäse
Penicillium roqueforti	Blau- oder Edelschimmel

5 a 1 Myosinfilament; 2 Aktinfilament; 3 Z-Scheibe; 4 Titin
b Grundprinzip der Verkürzung: Auf Nervenimpulse hin treten die Köpfe der Myosinfilamente in Kontakt zu Aktinfilamenten und bilden Querbrücken aus. Die Myosinköpfe knicken um und verschieben die Aktinfilamente aufeinander zu. Das Sarkomer verkürzt sich. Dann bindet ATP an den Myosinkopf. Dadurch löst dich das Myosin vom Aktin und verändert seine Lage. Der Myosinkopf wird neu gespannt. Der Muskel ist entspannt und für die nächste Kontraktion vorbereitet.
c Die aktuelle ATP-Menge in Muskelzellen reicht für 2-3 Sekunden Belastungszeit. Sind die Reserven verbraucht, wird ATP aus Kreatinphosphat regeneriert. Bei einer längerfristigen intensiven körperlichen Belastung wird ATP aus dem Abbau von Glucose in der Zellatmung gewonnen.
d Bei kurzfristigen hohen Belastungen, wie z. B. bei einem Sprint, wird der Energiebedarf der Muskeln durch Milchsäuregärung in der Muskulatur gedeckt. Dies kann aber nur kurzfristig erfolgen, da sich die Milchsäure im Gewebe ansammelt und den pH-Wert senkt. Der Körper braucht daher eine Erholungsphase, in der das Lactat verarbeitet und der pH-Wert auf Normalniveau gebracht wird.
e Durch Ausdauertraining vergrößern sich die Herzinnenräume und der Durchmesser der Herzmuskelzellen. Dadurch kann mehr Blut pro Herzschlag und Zeiteinheit transportiert werden. Das Atemvolumen wird gesteigert, sodass mehr Sauerstoff pro Zeiteinheit aufgenommen und transportiert werden kann. Die Kapillarisierung und damit die Versorgung der Muskulatur mit Blut werden verbessert. Auf zellulärer Ebenen wird die Anzahl der Mitochondrien und damit zusammenhängend die Anzahl an Enzymen der Atmungskette erhöht, wodurch mehr ATP pro Zeiteinheit geliefert werden kann. Weiße Muskelfasern können in rote Muskelfasern umgewandelt werden. Insgesamt erhöht sich damit die Leistungsfähigkeit im Ausdauerbereich.

6 a 1 Cuticula; 2 Epidermis; 3 Palisadengewebe; 4 Schwammgewebe; 5 Spaltöffnung

Struktur	Funktion
Cuticula	Verdunstungsschutz
Epidermis	Schutz und Stabilität
Palisadengewebe	Fotosynthese
Schwammgewebe	Fotosynthese und Gasaustausch
Spaltöffnung	Gasaustausch, Transpiration

b Buchenblätter haben die Fähigkeit, den morphologischen Aufbau ihrer Blätter zu verändern. Die Blätter, die einer hohen Lichtintensität ausgesetzt sind, zeigen den typischen Aufbau eines Sonnenblattes. Die Blätter, die einer geringeren Lichtintensität ausgesetzt sind, haben einen einfacheren Aufbau und werden als Schattenblätter bezeichnet. Diese Veränderungen, auch Modifikationen genannt, werden durch Umweltfaktoren hervorgerufen und sind nicht vererbbar.

c Der Aufbau und die Versorgung von Blattgewebe verursachen für die Pflanze Kosten in Form von Material und Energie. Diese Investition ist nur dann sinnvoll, wenn die Blätter diese Strukturen auch effektiv nutzen können. Wenn wenig Sonne an die Blätter kommt, wie das im Inneren der Baumkrone der Fall ist, ist es sinnvoll, großflächige, aber dünne Blätter auszubilden, welche die vorhandenen Sonnenstrahlen effizient nutzen können. Aufgrund ihrer geringeren Zahl an Zellen benötigen Schattenblätter auch weniger Energie für ihren Zellstoffwechsel.

7 a Es gibt die wasserlöslichen Farbstoffe, wie z. B. die Anthocyane in Blüten und Früchten von Pflanzen. Sie sind im Cytoplasma oder in der Vakuole lokalisiert. Die mehr oder weniger lipophilen Pigmente, beispielsweise die Chlorophylle und Carotinoide befinden sich in den Membranen der Chloroplasten.

b Das zu trennende Stoffgemisch wird durch das Trägermaterial transportiert. Dabei treten die verschiedenen Stoffe unterschiedlich stark mit dem Trägermaterial in Wechselwirkung und werden dementsprechend unterschiedlich schnell mithilfe des Laufmittels durch das Trägermaterial transportiert. Zudem hat die Polarität des Laufmittels und der zu trennenden Stoffe Einfluss auf die Transportgeschwindigkeit. Je stärker sich die chemischen Eigenschaften von Lösungsmittel und Stoff ähneln, desto besser wird der Stoff vom Lösungsmittel „mitgenommen".

c Bei manchen Stoffgemischen kann man die Auftrennung der Substanzen verbessern, wenn man das Gemisch punktförmig aufträgt und chromatografiert. Nachdem das Chromatogramm getrocknet ist, dreht man die Platte um 90 Grad und chromatografiert ein zweites Mal in der neuen Richtung. Die zweite Chromatografie wird in der Regel mit einem anderen Laufmittel durchgeführt.

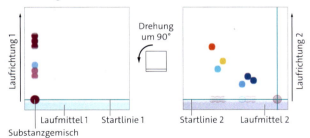

8 a Die Aufnahme von Licht bezeichnet man als Absorption. Wenn weißes Licht auf bestimmte Moleküle fällt, absorbieren diese spezifische Frequenzen. Die nicht absorbierten Wellenlängen werden reflektiert.

b Im Grundzustand haben die Elektronen den niedrigsten Energiezustand an. Durch Aufnahme von Energie können sie in einen sogenannten angeregten Zustand übergehen. Dafür ist aber genau der Energiewert nötig, der dieser Energiedifferenz entspricht. Diese Energie kann durch die Absorption von Licht einer bestimmten Wellenlänge aufgenommen werden. Da diese Energiezustände ungünstig sind, wird die Energie nach kurzer Zeit wieder abgegeben. Dabei fällt das Elektron zurück in den Grundzustand und überträgt dabei die Energie auf eine andere Verbindung.

c Erklären Sie die Funktion der als spezielles Paar beschriebenen Pigmente P700 und P680. Höhere Pflanzen besitzen zwei Fotosysteme, Fotosystem I und II, die in die innere Thylakoidmembran integriert sind. Im Zentrum dieser Fotosysteme befinden sich zwei besondere Moleküle, P680 und P700. Auf diese beiden Moleküle wird die gesamte Energie, die von den anderen lichtabsorbierenden Pigmenten aufgenommen wird, übertragen. Nur diese Moleküle haben die Fähigkeit, Elektronen an andere Nichtpigmentmoleküle weiterzugeben.

9 a Die Hypothese erklärt, wie unter Aufwand von Energie ein Protonengradient über eine Membran aufgebaut wird. Eine ATPase nutzt dann den Rücktransport der Protonen entlang des Konzentrationsgradienten zur Synthese von ATP. In der Fotosynthese wird die Lichtenergie der Sonne genutzt, um Protonen vom Stroma in den Thylakoidinnenraum zu transportieren.

b Der Begriff Fotoreaktion betont die Bedeutung des Lichts für die Fotosynthese. Hier geht es darum, dass mithilfe der Lichtenergie Elektronen über die Thylakoidmembran transportiert werden. Dabei wird $NADP^+$ reduziert und ATP synthetisiert. In der Synthesereaktion werden $NADPH+H^+$ und ATP dann genutzt, um Glucose zu synthetisieren. Die Fotoreaktion findet im Licht statt, sodass die Benutzung des Begriffs Lichtreaktion akzeptiert werden müsste, würde nicht auch automatisch der Begriff Dunkelreaktion für die Synthesereaktion ergänzt. Die Synthesereaktion findet aber nicht im Dunkeln, sondern auch im Licht statt, weil die für die Synthesereaktion erforderlichen Produkte in der Fotoreaktion entstehen. Aus ähnlichen Gründen müssen die Begriffe Primärreaktion und Sekundärreaktion abgelehnt werden. Die Fotoreaktion und die Synthesereaktion laufen gleichzeitig ab und nicht nacheinander, wie die Begriffe dies suggerieren.

c C4-Pflanzen fixieren Kohlenstoffdioxid in den Mesophyllzellen. Dabei entsteht Malat, ein C4-Körper. Das Malat wird in die Leitbündelscheidenzellen transportiert, wo aus ihm Kohlenstoffdioxid freigesetzt wird, welches im Calvin-Zyklus fixiert wird. Auch CAM-Pflanzen fixieren das Kohlenstoffdioxid vorübergehend im Malat. Das Malat wird in den Vakuolen gespeichert. Die Fixierung und Speicherung erfolgt nachts, wenn die Spaltöffnungen ohne größere Wasserverluste geöffnet werden können. Tagsüber verlässt das Malat die Vakuole, das Kohlenstoffdioxid wird freigesetzt und im Calvin-Zyklus weiterverarbeitet.

10 a $6 CO_2 + 12 H_2O \rightarrow C_6H_{12}O_6 + 6 O_2 + 6 H_2O$

b Der Lichtkompensationspunkt ist die Lichtintensität, bei der eine Pflanze genauso viel Sauerstoff durch die Fotosynthese produziert, wie sie durch Zellatmungsprozesse verbraucht. Der Lichtsättigungspunkt ist die Lichtintensität, ab der die Fotosyntheserate nicht weiter zunimmt.

c Die CO_2-fixierenden Enzyme der Fotosynthese sind bei natürlichem CO_2-Gehalt der Luft nicht ausgelastet. Eine

Erhöhung der Kohlenstoffdioxidkonzentration kann daher die Fotosyntheserate erhöhen.

Lebewesen in ihrer Umwelt (Seiten 78-175)

1 a Die Körpertemperatur und die Intensität der Lebensvorgänge poikilothermer Organismen ist von der Umgebungstemperatur abhängig. Bei niedrigen Temperaturen haben poikilotherme Organismen eine niedrige Stoffwechselrate und benötigen dann auch nur wenig Energie. Nach der RGT-Regel führt eine Temperaturerhöhung um 10 °C zu einer Steigerung der Stoffwechselleistung um das Zwei- bis Dreifache. Dementsprechend nimmt die Aktivität der Lebensvorgänge zu und es wird mehr Energie verbraucht. Zauneidechsen werden zum Beispiel erst bei einer Körpertemperatur von 35 °C aktiv.
b Auf sinkende Umgebungstemperaturen reagieren homoiotherme Tiere mit einer Erhöhung der Stoffwechselrate. Dabei wird chemisch gebundene Energie in Wärmeenergie umgewandelt. Sinkende Temperaturen bewirken zudem das Anlegen von isolierenden Fellen, Federn oder einer Speckschicht. Bei steigenden Temperaturen gibt es andere Regulationsmechanismen, z.B. Schwitzen, Hecheln oder das Aufsuchen von Schatten.
c Bei Homoiothermie kann die Intensität von Lebensvorgängen über einen breiten Temperaturbereich konstant gehalten werden. Dadurch sind die Tiere leistungsfähiger sowohl bei der Nahrungssuche als auch bei der Flucht vor Feinden. Die Aufrechterhaltung der Körpertemperatur verursacht aber einen hohen Energiebedarf und damit die Notwendigkeit, viel Nahrung aufnehmen zu müssen.

2 a 1 Lag-Phase, 2 log-Phase, 3 stationäre Phase, 4 Absterbephase
b Eine Population wächst exponentiell, solange genügend Ressourcen vorhanden sind. Bei einer steigenden Populationsdichte kommt es aber in der Regel zu einer Verknappung der Ressourcen, insbesondere der Nahrung. Dies hat zur Folge, dass die Wachstumsrate sinkt.
c Unter r-Strategen versteht man Lebewesen, die hohe Reproduktionsraten haben. Das sind z.B. Nagetiere. K-Strategen haben Populationsgrößen nahe der Umweltkapazität. Bei ihnen beobachtet man geringe Vermehrungsraten, lange Individualentwicklung, lange Lebensdauer und geringe Vermehrungsrate. Sie leben in einer Umwelt mit überwiegend konstanten Bedingungen, z.B. Rothirsche.

3 a Unter intraspezifischer Konkurrenz versteht man die Konkurrenz unter den Individuen der gleichen Art. Das liegt daran, dass das Angebot an Raum, Nahrung, Nist- und Ruheplätzen und Geschlechtspartnern in einem Biotop begrenzt sind. Das ist in Bild A dargestellt.
Interspezifische Konkurrenz ist die Konkurrenz zwischen verschiedenen Arten. Dies wird am Beispiel Löwen, Hyänen und Geier deutlich, die um einen Elefantenkadaver konkurrieren. Das wird schematisch in Bild B dargestellt.
b Wenn Individuen, die in einem Lebensraum zusammenleben, alle Ressourcen auf die gleiche Art nutzen, können Sie nicht gemeinsam dort vorkommen. Ein Beispiel für den Konkurrenzausschluss sind *Paramecium aurelia* und *Paramecium caudatum*. *P. aurelia* ist konkurrenzstärker und verdrängt *P. caudatum*. Wenn Individuen die Ressourcen in einem gemeinsamen Lebensraum unterschiedlich nutzen, vermeiden sie z.B. die Konkurrenz um Nahrung und können gemeinsam existieren. Ein Beispiel für Konkurrenzvermeidung sind *Paramecium bursaria* und *Paramecium aurelia*. Sie können gemeinsam in einem Biotop vorkommen, da sie in verschiedenen Bereichen ihre Nahrung suchen.

4 a Im Modell wird die gegenseitige Beeinflussung der Populationsgrößen von Räubern und Beuteorganismen dargestellt. Wenn sich die Beutetiere stark vermehren, steht viel Nahrung für die Räuber zur Verfügung. Dadurch vermehren sich die Räuber und dezimieren die Population der Beutetiere stark. Damit sinkt das Nahrungsangebot für die Räuber und ihre Populationsdichte sinkt.
b Erste Regel: Die Zahlen von Beute- und Räuberindividuen schwanken periodisch, wobei Maxima und Minima der Räuber denen der Beute phasenverzögert folgen.
Zweite Regel: Trotz der Schwankungen bleiben die Mittelwerte beider Populationen langfristig konstant, wobei die Anzahl der Beutetiere durchschnittlich höher liegt.
Dritte Regel: Werden Räuber und Beute gleich stark vermindert, so erholt sich die Population der Beute schneller als die der Räuber.
c Die Regeln beruhen auf einem mathematischen Modell. Sie gelten nur für idealisierte Ein-Räuber-eine Beute-Systeme. Unter natürlichen Bedingungen sind die Zusammenhänge aber komplexer, sodass man jeden Einzelfall prüfen muss. Die Lotka-Volterra-Regeln sind anwendbar, wenn die Vermehrungsrate der Räuber an die Größe der Beutepopulation gekoppelt ist.

5 a Eine Nahrungskette ist ein Modell für linear aufgebaute Nahrungsbeziehungen zwischen verschiedenen Arten, in der eine Art die Nahrungsgrundlage für eine andere Art darstellt. Am Beginn einer Nahrungskette stehen immer autotrophe Lebewesen. In einem Nahrungsnetz sind mehrere Nahrungsketten miteinander verknüpft. Es zeigt die vielfältigen Nahrungsbeziehungen, die die Lebewesen in einem Ökosystem miteinander verbindet. Für die Beispiele sind individuelle Lösungen möglich.
b und **c**

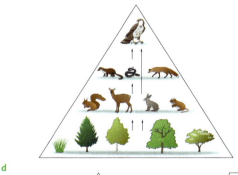

d

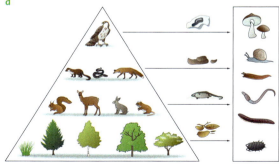

Die im Boden lebenden Bakterien, Pilze und weitere Zersetzer, die Destruenten, nehmen organische Stoffe aus allen anderen Trophieebenen auf und bauen sie vollständig ab. Diese anorganischen Stoffe sind für die Produzenten essenziell. Sie werden von ihnen aufgenommen und dadurch zurück ins System geführt.

e Beim Übergang von einer Ebene zur nächsten Ebene wird nur ein geringer Teil der in der Biomasse chemisch gebundenen Energie weitergegeben, da ein großer Teil der Energie bei der Zellatmung in Wärme oder Arbeit umgewandelt wird oder durch Ausscheidungen verloren geht. Beim Übergang zur nächsten Trophieebene werden nur ungefähr 10 % der in der Biomasse gebundenen Energie weitergegeben. Dadurch steht von Trophiestufe zu Trophiestufe weniger Energie zur Verfügung, bis schließlich nicht mehr genügend Energie für Individuen einer weiteren Stufe vorhanden ist.

6 a Erklären Sie den Begriff Kompensationstiefe.
Die Kompensationstiefe bezeichnet die Tiefe eines Sees, in der der Stoffaufbau durch die Fotosynthese durch den Stoffabbau durch die Zellatmung ausgeglichen wird. Es herrscht ein Gleichgewicht zwischen Sauerstoffherstellung und Sauerstoffverbrauch bzw. zwischen CO_2-Fixierung und CO_2-Abgabe durch die Pflanzen.
b Erklären Sie die Veränderung im Metalimnion des Sees und die sich daraus ergebenden Konsequenzen für die Zirkulationsvorgänge des Wassers im Sommer.
Im Metalimnion nimmt die Temperatur im Tiefenprofil des Sees innerhalb weniger Meter stark ab. Im Sommer ist daher im Tiefenprofil eine Temperaturschichtung erkennbar. Das Epilimnion mit dem wärmeren und leichteren Wasser liegt auf dem Metalimnion. Nur diese Schicht des Epilimnions wird durchmischt.

7 a Unter Abundanz versteht man die Zahl an Individuen einer Art in einem Lebensraum. Der Saprobienwert gibt die Zugehörigkeit eines Indikatororganismus zu einer Gewässergüteklasse an. Der Wert 1 steht für Indikatororganismen unbelasteter oder gering belasteter Gewässer und der Wert 4 für Indikatororganismen stark verschmutzter oder übermäßig verschmutzter Gewässer.
b Es gibt Indikatororganismen, deren Vorkommen charakteristisch für eine bestimmte Gewässergüte ist. Organismen mit einem niedrigen Saprobienwert, z. B. von 1,2 zeigen an, dass es sich um ein sauberes Gewässer handelt. Organismen mit einem hohen Saprobienwert, z. B. von 4,0 zeigen an, dass sie in einem Gewässer mit schlechter Gewässergüte vorkommen.
c
$$S = \frac{\sum_{\text{alle Arten}} (\text{Abulanz einer Tierart} \cdot \text{Saprobienwerte der Tierart})}{\sum \text{Abundanzen}}$$

16,1 : 10 = 1,6 entspricht der Güteklasse II (mäßig belastet)

8 a Produzenten nehmen Kohlenstoffdioxid aus dem Wasser auf und speichern den Kohlenstoff in ihrer Biomasse. Diese energiereichen Stoffe werden an die Konsumenten und Destruenten weitergegeben. Wenn Sauerstoff im Kreislauf vorhanden ist, nutzen diese die energiereichen Stoffe und setzen Kohlenstoffdioxid frei. Wenn kein Sauerstoff im Kreislauf vorhanden ist, entstehen aus der toten Biomasse der Produzenten und Konsumenten über Millionen von Jahren fossile Brennstoffe. Die fossilen Brennstoffe werden gefördert und in Kraftwerken oder im Verkehr verbrannt. Dabei entsteht Kohlenstoffdioxid, das in die Luft freigesetzt wird. Entsprechend seiner Löslichkeit im Wasser besteht zwischen dem Kohlenstoffdioxid in der Luft und Wasser ein Austausch.
b Von einem Kurzzeitkreislauf des Kohlenstoffs spricht man bei Prozessen, die innerhalb von Jahrzehnten ablaufen. Hierzu gehört der Kreislauf der Fixierung von Kohlenstoff durch Produzenten, die Weitergabe über die Trophieebenen bis zu den Destruenten und die Freisetzung des fixierten Kohlenstoffs, wodurch dieses dem Kreislauf wieder zur Verfügung steht. Ein Großteil der Kohlenstoffverbindungen ist allerdings langfristig, d. h. über Jahrmillionen festgelegt. In geologischen Prozessen sind abgestorbene Organismen in Torf, Kohle, Erdöl und Erdgas festgelegt worden. 80 % des Kohlenstoffs der Erde sind in Kalkgestein der Meere gebunden. Durch Verbrennen von Kohlenstoffverbindungen oder Lösen von Kalk wird der Langzeitkreislauf geschlossen.
c Der Mensch greift durch die Nutzung der Ressourcen in den Kohlenstoffkreislauf ein, z. B. durch den Abbau fossiler Brennstoffe wie Kohle, Öl, Gas, durch das Abholzen von Wäldern, die Trockenlegung von Mooren und Sümpfen sowie die Haltung von Nutztieren zur Nahrungsproduktion.

9 a Der demografische Übergang beschreibt die Bevölkerungsentwicklung von Gesellschaften in mehreren Phasen. Dabei nähern sich die Geburtenrate und die Sterberate an.
b Die Ziele des demografischen Überganges sind: a) Familienplanung, bessere Ausbildung und Gleichberechtigung von Frauen, c) medizinische Grundversorgung, d) gerechtere Einkommensverteilung
c Das Prinzip nachhaltiger Entwicklung stammt ursprünglich aus der Forstwirtschaft. Man versteht darunter, dass heutige Ansprüche an Wohlstand, soziale Gerechtigkeit und intakter Umwelt so befriedigt werden sollen, dass dadurch das Leben künftiger Generationen nicht eingeschränkt wird.

10 a

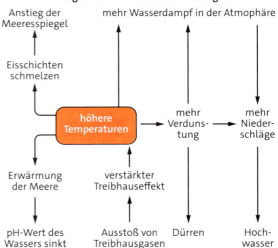

Folgen der weltweiten Erwärmung

Vielfalt des Lebens (Seiten 176–369)

1 a Die Aminosäuresequenz von Peptiden und Proteinen wird durch die Reihenfolge der Nucleotide in der DNA festgelegt. Es gibt aber nur vier unterschiedliche Nucleotide, die 20 unterschiedliche Aminosäuren codieren müssen. Durch eine Zuordnung von einem Nucleotid zu einer Aminosäure wäre das nicht möglich. Eine Informationseinheit von zwei Nucleotiden könnte 16 Zuordnungen ermöglichen, was aber auch nicht ausreichend wäre. Ein Code aus einer Einheit aus drei Nucleotiden ergibt 64 mögliche Zuordnungen. Experimente haben bestätigt, dass jede Aminosäure durch ein Triplett von drei Nucleotiden codiert wird.
b Die Triplett-Kombinationen stellen die Abfolge der mRNA-Nucleotide dar. Die Codesonne wird von innen nach außen gelesen. Das entspricht einer Leserichtung von 5′ nach 3′ auf der mRNA. Es gibt 64 verschiedene Tripletts oder Codons, die für 20 verschiedene Aminosäuren codieren. Zwei Codons codieren für den Start und drei für den Stopp der Transkription. Bei der Ableseübung sind individuelle Lösungen möglich.

Lösungen

c Die Universalität des genetischen Codes bedeutet, dass nahezu alle Lebewesen auf der Erde denselben genetischen Code besitzen. Das spricht für die Hypothese eines gemeinsamen Ursprungs aller Lebewesen.

2 a Stumme Mutation, Missense-Mutation und Nonsense-Mutation sind Punktmutationen. Hier wurde jeweils ein Nucleotid ausgetauscht. Die Mutationsformen unterscheiden sich durch ihre Auswirkungen. Aufgrund der Redundanz des genetischen Codes wird bei der stummen Mutation die gleiche Aminosäure bei der Translation eingebaut. Eine Missense-Mutation führt zum Einbau einer anderen Aminosäure in das Protein. Je nachdem wie wichtig diese Aminosäure für die Funktion des Proteins ist, führt das auch zu unterschiedlichen Auswirkungen. Ein Aminosäureaustausch im katalytischen Zentrum eines Enzyms hat mit hoher Wahrscheinlichkeit auch Auswirkungen auf die Funktion des Enzyms. Eine Nonsense-Mutation führt dazu, dass ein zusätzliches Stoppcodon eingefügt wird. Das führt oft dazu, dass das entstehende Protein funktionslos wird. Deletionen und Insertionen, die zu einer Verschiebung des Triplett-Rasters führen, nennt man Leseraster-Mutationen. In der Regel sind die entstehenden Proteine funktionslos.
b Die Mutationsrate gibt die Häufigkeit von Mutationen pro Zelle pro Generation an. Mutagene sind chemische oder physikalische Faktoren, die die Mutationsrate erhöhen. Beispiele für Mutagene sind Sauerstoffradikale, ionisierende Strahlung, Chemotherapeutika, Polyaromaten und UV-Licht.
c Mutationen, die vererbt werden, sind für die Evolution der Lebewesen von Bedeutung. Neue Allele in der Population erhöhen die genetische Vielfalt. Dabei können sich vorteilhafte Mutationen in der Population ausbreiten.

3 a Das lac-Operon besteht aus dem Promotor, der die Andockstelle für die RNA-Polymerase ist. Dahinter befindet sich der Operator, an den ein Repressor binden kann. Es folgen die drei Strukturgene, die für die Enzyme zum Abbau der Lactose codieren. Promotor, Operator und Strukturgene zusammen werden als Operon bezeichnet.
b Solange keine Lactose im Medium vorhanden ist, ist der Operator des lac-Operons von einem Repressor besetzt. Die RNA-Polymerase kann nicht am Operator ansetzen und daher auch nicht die Strukturgene transkribieren. Ist Lactose im Medium vorhanden, bindet sie an den Repressor, dadurch verändert sich seine Konformation und er löst sich vom Operator. Die RNA-Polymerase kann nun am Promotor andocken und die Strukturgene ablesen.
c Die Regulation erfolgt beim lac-Operon über die **Inaktivierung des Repressors** durch Lactose. Die Enzyme für den Lactose-Abbau werden nur dann im Vorgang der Proteinbiosynthese hergestellt, wenn auch Lactose im Nährmedium vorhanden ist. Die Regulation der Genaktivität beim try-Operon erfolgt durch die **Aktivierung des Repressors** durch Tryptophan, sodass die weitere Produktion von Tryptophan unterbunden wird. Die Enzyme für die Tryptophan-Synthese werden dadurch nur dann hergestellt, wenn auch tatsächlich Tryptophan benötigt wird. Zusatz: Beide Regulationsvorgänge erfolgen über einen Repressor, daher spricht man von einer negativen Genregulation.

4 a Plasmide sind kleine doppelsträngige DNA-Moleküle. Sie vermehren sich unabhängig vom Bakterienchromosom. Bakterien mit TOL-Plasmiden können zum Beispiel TNT abbauen. TNT wird von diesen Bakterien als Stickstoffquelle genutzt. TNT wird auch in Landminen verwendet. Um den Abbau von TNT und damit das Vorhandensein von Landminen sichtbar zu machen, hat man in die TOL-Plasmide ein Gen für ein grün fluoreszierendes Protein (GFP) eingebaut. Das rekombinante Plasmid wird in Bakterien transformiert. Es entsteht ein rekombinantes Bakterium. Kommen die Bakterien mit TNT in Kontakt, aktiviert ein Transkriptionsfaktor einen Promotor. Der Promotor initiiert die Transkription eines Genabschnittes, welcher für Enzyme für den TNT-Abbau codiert. Gleichzeitig wird aber auch das GFP-Gen abgelesen, sodass die Bakterien grün fluoreszieren, sobald sie auf TNT treffen. Auf diese Weise können Landminen lokalisiert werden.
b Die DNA wird bei 90–95 °C denaturiert, d.h. die Wasserstoffbrücken werden getrennt. Nach Abkühlung auf 65 °C binden Primer an die die Einzelstränge. Diese Hybridisierung ermöglicht der DNA-Polymerase anzusetzen. In der anschließenden Polymerisation synthetisiert die Taq-Polymerase im Temperaturbereich zwischen 70–75 °C die DNA. Auf diese Weise wird in jedem Zyklus die DNA verdoppelt.

5 a Im Zellzyklus folgen die Mitosephase, die G1-Phase, die Synthesephase und die G2-Phase zeitlich hintereinander. In der Interphase gibt es den Kontrollpunkt G1 am Übergang von der G1- zu S-Phase und den G2-Kontrollpunkt am Übergang zur Mitosephase. An den Interphase-Kontrollpunkten wird auf DNA-Schäden überprüft. Der Spindelphasen-Kontrollpunkt befindet sich in der Metaphase. Hier wird die korrekte Verteilung der Chromosomen überprüft.
b Das *ras*-Gen ist ein **Protoonkogen**. In seiner normalen Funktion sorgt es dafür, dass die Zellteilung gefördert wird. Wenn *ras* dauerhaft aktiviert wird, z.B. durch eine Mutation, kann es den Zellzyklus nicht mehr kontrollieren. Es kommt zu ungebremsten Zellteilungen. *Ras* ist dann zu einem Krebsgen geworden. Das Protein p53 ist ein **Tumorsuppressor**. Es unterdrückt die Replikation. Das zugehörige Gen wird als Tumorsuppressorgen bezeichnet. Durch eine Mutation kann die zellteilungshemmende Wirkung aufgehoben werden. Tumorsuppressorgene und Protoonkogene sind Gegenspieler. Mutationen in diesen Genen führen zu Krebs.
c Ziel ist es, dass das körpereigene Immunsystem Krebszellen als „fremd" erkennt und zerstört. Dafür werden erkrankten Personen Tumorzellen entnommen und auf Mutationen untersucht. Die mutierte DNA-Sequenz, wird in mRNA translatiert. In Liposomen verpackt wird diese dem Patienten injiziert. Die mRNA enthält die Erbinformation für ein Protein auf der Oberfläche des Virus, welches nach der Impfung vom Körper hergestellt wird. Das körpereigene Immunsystem stellt nach Kontakt mit dem Antigen passende Antikörper her. Das Immunsystem reagiert mit einer spezifischen Immunantwort auf die Krebszellen und zerstört sie.

6 a Die Paläoproteomik hat sich darauf spezialisiert, Proteine von Fossilien zu analysieren. Proteine sind 10mal länger haltbar als DNA und eignen sich daher für die Untersuchung älterer Fossilien besser als DNA. Die Proteine werden isoliert und sequenziert und die Sequenzen verschiedener Lebewesen werden miteinander verglichen. Je mehr Unterschiede in der Abfolge der Aminosäuren bestehen, desto länger liegt die Abspaltung von einem gemeinsamen Vorfahren zurück. Daraus lassen sich dann Stammbäume ableiten.
b Bei der DNA-Sequenzierung wird die Basensequenz der DNA bestimmt, z.B. mit dem Kettenabbruchverfahren nach Singer-Coulson. Die Gemeinsamkeiten und Abweichungen in der Basensequenz zwischen verschiedenen Lebewesen werden bestimmt. Je mehr Gemeinsamkeiten in der Basensequenz von zwei Lebewesen bestehen, desto näher sind sie miteinander verwandt.
c Der morphologische Artbegriff besagt, dass zwei Individuen zu einer Art gehören, wenn sie in wesentlichen körperlichen Merkmalen übereinstimmen. Dies trifft auf den Asiatischen und den Afrikanischen Elefanten zu. Sie haben eine ähnliche Körperfarbe, eine weitgehend unbehaarte Haut, ähnlich geformte Stoßzähne, eine ähnliche Kopfform und eine ähnliche

Körperform, insbesondere mit einer schwach ausgeprägten Schulterpartie. DNA-Analysen haben aber ergeben, dass der Asiatische Elefant näher mit dem Wollhaarmammut verwandt ist als mit dem Afrikanischen Elefanten. Ihr letzter gemeinsamer Vorfahre hat weniger weit zurück in der Vergangenheit gelebt.

7 **a** Populationsgenetiker bestimmen, wie häufig bestimmte Allele in einer Population vorhanden sind. Sie möchten z.B. wissen, ob Allele für eine bestimmte erblich bedingte Erkrankung oder ein anderes Merkmal in einer Bevölkerung auftreten.
b Die Berechnung nach Hardy-Weinberg gilt strenggenommen nur, wenn keine Selektion stattfindet, Panmixie herrscht, keine Mutationen auftreten, keine Migration stattfindet und (keine Gendrift) auftritt.
c Die Anzahl der homozygoten Träger des Allels für Phenylketonurie beträgt:
$$q^2 = 10.000/84.000.000 = 0{,}0001$$
$$\sqrt{p^2} \rightarrow q = 0{,}01$$
$$p + q = 1$$
$$q = 1-p = 0{,}99$$
Die Frequenz der heterozygoten Träger des Allels beträgt:
$$2pq = 2(0{,}01 \cdot 0{,}99) = 0{,}0198$$
Berechnung des Anteils an der Gesamtbevölkerung:
$$0{,}0198 \cdot 84.000.000 = 1.663.200$$
1.663.200 Menschen in Deutschland sind heterozygote Träger des Phenylketonurie- Allels. Das sind ungefähr 2% der Bevölkerung, also trägt ungefähr jede 50. Person in Deutschland das Allel für Phenylketonurie.

8 **a** Bei der Fortpflanzung von Individuen entstehen durch Rekombination und Mutation neue genetische Varianten. Die genetischen Varianten prägen sich in neuen Merkmalsvarianten aus. Dadurch entsteht eine Vielfalt an Phänotypen in einer Population, die intraspezifische Variabilität. Diese Variabilität ermöglicht Veränderungen über die Zeit, die zu einer besseren Angepasstheit der Population an die jeweils aktuell herrschenden Umweltbedingungen führt.
b Der höchste Selektionsdruck wirkt auf die großen Individuen, der geringste Selektionsdruck wirkt auf die kleinen Individuen. Die großen werden sich daher seltener fortpflanzen und dadurch seltener werden. Ihre Allele werden mit geringerer Häufigkeit im Genpool der Folgegenerationen vertreten sein. Auf die kleineren Individuen wirkt ein geringerer Selektionsdruck. Sie haben daher eine höhere Fitness und werden in den nächsten Generationen häufiger vertreten sein. Im vorliegenden Beispiel ist eine transformierende Selektion in Richtung kleinerer Individuen dargestellt
c Beim Hahnschweifwidafink wählen die Weibchen die Männchen mit den längeren Schwanzfedern zur Fortpflanzung aus. Dadurch wurden im evolutiven Prozess die Schwanzfedern der Männchen bis zu 50cm lang. Die besten Flugeigenschaften haben allerdings Männchen mit 5 cm langen Schwanzfedern. Diese hätten aber keine Fortpflanzungserfolg bei den Weibchen. Die Länge der Schwanzfedern ist damit ein Kompromiss zwischen den guten Fortpflanzungschancen von Männchen mit langen Schwanzfedern und den Nachteilen langer Schwanzfedern bei der Flucht vor Beutegreifern.

9 **a** ultimate Erklärungen: 2, 4, 6; proximate Erklärungen: 1, 3, 5
b **funktionale Erklärung** für
1: ältere Hirsche haben sich bereits bewährt
2: Eckzahndrohen imponiert Gegnern und vermeidet ggf. einen Kampf
3: Eine Paarungszeit von fünf bis sechs Wochen und wiederholte Ovulationen sichern die Besamung aller weiblichen Tiere
4: Die Absonderung von Duftstoffen dient der individuellen Erkennung zwischen Muttertier und Kalb.
5: Die Duftstoffabsonderung findet nur im Bedarfsfall statt.
6: Durch das Brunftverhalten vertreibt der Platzhirsch seine Rivalen.
Funktionale Erklärungen geben die Bedeutung oder den biologischen Sinn bestimmter Strukturen oder Verhaltensweisen an. Kausale Erklärungen geben Ursache-Wirkungsbeziehungen an. Für (kausale) proximate Erklärungen werden physikalische, chemische, genetische und stoffwechselphysiologische Ursachen zur Erklärung des Phänomens angeführt. Bei (kausalen) ultimaten Erklärungen, die evolutionsbiologische Zusammenhänge betreffen, werden die Gründe aufgezeigt, die Verlaufe der Stammesgeschichte zur Entwicklung des Verhaltens beigetragen haben. Sie beziehen immer den Selektionsvorteil, den das Verhalten hat bzw. hatte, mit ein.
c Um seine Rivalen zu vertreiben, zeigt der Rothirsch ein charakteristisches Imponierverhalten. Diese Formulierung setzt ein zielgerichtetes Verhalten des Rothirsches voraus. Das Verhalten ist aber genetisch verankert nicht das Ergebnis einer Überlegung in der Form: „Wenn ich mich jetzt laut brülle und im Boden wühle, bekommen die anderen Hirsche Angst und ich habe alle weiblichen Tiere für mich."

10 **a** Der Habicht hat bei 80% der Angriffe Erfolg, wenn die Taube als einzelnes Tier unterwegs ist. Befinden sich die Tauben im Schwarm von mehr als 50 Tieren, liegt der Jagderfolg bei unter 10%. Der Habicht entdeckt einzelne Tauben nicht so gut. Während der Habicht bei Tauben in einem Schwarm über 50 Tieren schon reagiert, wenn sich dieser in einer Entfernung von 40 m befindet, reagiert er auf eine einzelne Taube erst, wenn sie sich in einem Abstand von ungefähr 5 m befindet. Der Angriffserfolg des Habichts nimmt ab, wenn die Tauben im größeren Schwarm unterwegs sind.
b Der Vorteil des Gruppenlebens für die Tauben ist, dass das einzelne Tier vor Beutegreifern besser geschützt ist. Das liegt daran, dass der Jagderfolg der Beutegreifer abnimmt, z.B. weil die Sicherung von mehreren Tieren übernommen wird. Auch die Verteidigung zum Beispiel von Jungtieren gelingt in der Gruppe besser. Dagegen stehen die Nachteile des Gruppenlebens. Die innerartliche Konkurrenz um Ressourcen zum Beispiel um Nahrung nimmt stark zu. Auch das Infektionsrisiko gegenüber Krankheitserregern ist höher, wenn die Tiere in engem Kontakt leben.
c Die optimale Gruppengröße ist abhängig von einer Kombination aus den Faktoren Feinddruck und Ressourcen. Ändern sich die Umweltbedingungen, ändert sich die optimale Gruppengröße. Nimmt zum Beispiel der Feinddruck zu, ist die optimale Gruppengröße größer als bei geringerem Feinddruck.

Informationsverarbeitung in Lebewesen (Seiten 370-463)

1 **a** 1 Dendrit, 2 Soma, 3 Zellkern, 4 Axon, 5 Myelinscheide, 6 Ranvier-Schnürring, 7 Synapsenendknöpfchen, 8 Dendrit
b Über die Dendriten werden Informationen aus den Nachbarneuronen aufgenommen. Das Axon dient der Weiterleitung von Aktionspotenzialen vom Axonhügel bis zu den synaptischen Endknöpfchen. Über die Endknöpfchen stehen die Neuronen mit den Dendriten der Nachbarzellen oder den Zellen der Erfolgsorgane in Kontakt. Die Myelinscheide isoliert das Axon und ermöglicht eine saltatorische Erregungsleitung.

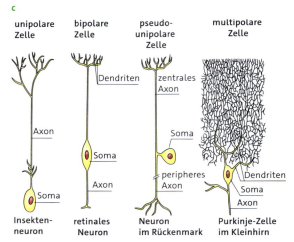

c unipolare Zelle – Insektenneuron; bipolare Zelle – retinales Neuron; pseudounipolare Zelle – Neuron im Rückenmark; multipolare Zelle – Purkinje-Zelle im Kleinhirn

d Im Soma produzierte Stoffe werden in Vesikel verpackt. Im Axon verlaufen in Längsrichtung Mikrotubuli. Ein Motorprotein, das Kinesin, bindet die Vesikel und bewegt sich unter ATP-Verbrauch entlang der Mikrotubuli in Richtung der Synapsenendknöpfchen. Das wird als anterograder Transport bezeichnet.

2 a Die Messelektrode wird in das Axon eingestochen. Sie ist mit dem Verstärker und dem Oszilloskop verbunden. Das Membranpotenzial wird gegenüber einer Bezugselektrode, die sich in der physiologischen Lösung außerhalb des Axons befindet, bestimmt.

b Im Inneren des Axons befinden sich mehr organische Anionen und Kaliumionen, im Außenmedium gibt es mehr Natriumionen und Chloridionen.

c Ein Teil der Kaliumionenkanäle am Axon, die Kalium-Hintergrundkanäle, sind ständig geöffnet. Durch diese Kanäle diffundieren Kaliumionen entlang des Konzentrationsgradienten nach außen. Es wäre zu erwarten, dass das Membranpotenzial auf -80 mV eingestellt wird, da hier das Kaliumionen-Gleichgewichtspotenzial liegt. Es wird aber nur ein Wert von -65 mV erreicht, da in geringem Umfang Natriumionen in die Zelle diffundieren und das Membranpotenzial etwas abschwächen.

d Mithilfe der Patch-Clamp-Technik ist es möglich, einen einzelnen Ionenkanal anzusaugen. Dadurch kann man die Ionenströme, die durch einen einzigen Ionenkanal erfolgen, exakt messen.

3 a 1 Ruhepotenzial, 2 Depolarisation, 3 Repolarisation, 4 Hyperpolarisation, 5 Ruhepotenzial

b Die Konzentration an Natriumionen ist im extrazellulären Raum um den Faktor 10 höher als im Inneren des Axons. Natriumionen strömen daher entlang des Konzentrationsgradienten ins Axoninnere. Außerdem besteht ein nach innen gerichteter Ladungsgradient. Beide Kräfte führen dazu, dass Natriumionen ins Axon einströmen, sobald die Natriumionenkanäle geöffnet sind.

c In der absoluten Refraktärzeit ist das Axon nicht erregbar, weil alle Natriumionenkanäle bereits geöffnet oder nicht zu öffnen sind, weil Inaktivierungstore den Kanal verschließen. Erst wenn das Ruhepotenzial wieder erreicht wird, verschließen sich die spannungsgesteuerten Natriumionenkanäle und die Inaktivierungstore öffnen sich. In diesem Zustand ist der Natriumionenkanal wieder erregbar. In der relativen Refraktärzeit ist die Axonmembran durch die geöffneten Kaliumionenkanäle noch hyperpolarisiert. Die Natriumionenkanäle sind durch das Aktivierungstor verschlossen und damit aktivierbar. Es ist aber ein stärkerer Stromimpuls notwendig, um den Schwellenwert zu erreichen.

4 a Das Axon der Qualle ist nicht myelinisiert. Dadurch ist die Leitungsgeschwindigkeit sehr viel geringer. Die Myelinscheide bei menschlichen Axonen wirkt wie eine Isolierung und verstärkt den Stromfluss im Inneren des Axons. Nur in den Ranvier-Schnürringen befinden sich Natriumionenkanäle und nur hier werden Aktionspotenziale ausgelöst. Die Geschwindigkeit dieser saltatorischen Erregungsleitung ist deutlich höher als die nicht myelinisierter Axone.

b Die Erregungsleitung ist deutlich schneller und außerdem energiesparender, weil sehr viel weniger Ionen von den Natrium-Kalium-Pumpen transportiert werden müssen.

c Das Lokalanästhetikum Lidocain diffundiert durch die Axonmembran und blockiert die schmerzassoziierten Natriumionenkanäle. Die Folge ist, dass keine Aktionspotenziale ausgelöst werden. Die durch den Schmerz ausgelöste Erregung wird nicht an das Gehirn weitergeleitet. Es wird kein Schmerz wahrgenommen.

5 a 1 Calciumionen, 2 Calciumionenkanal, 3 Acetylcholin, 4 Natriumionenkanal, 5 Natriumionen, 6 Aktionspotenzial, 7 präsynaptische Membran, 8 Vesikel, 9 Cholin-Transporter, 10 synaptischer Spalt, 11 postsynaptische Membran, 12 Acetylcholinesterase

b Erklären Sie die Vorgänge bei der Übertragung der Erregung an einer Synapse.

c Der Abstand zwischen prä- und postsynaptischer Membran ist sehr klein (3,5 nm). Spezielle Proteinkanäle, die Gap junctions, verbinden beide Zellen miteinander. Durch diese Kanäle können die Ionen direkt von einer zur anderen Zelle fließen. Die Erregungsübertragung erfolgt zehnmal so schnell wie an einer chemischen Synapse.

6 a Beim EPSP handelt es sich um ein erregendes postsynaptisches Potenzial. Es entsteht, wenn Transmitter an spezifischen Rezeptoren der postsynaptischen Membran andocken, die das Öffnen von Natriumionenkanälen bewirken. Das Einströmen von Natriumionen führt zu einer Depolarisation der Membran. Beim IPSP handelt es sich um ein hemmendes (inhibitorisches) postsynaptisches Potenzial. Hier binden Rezeptoren an Chloridionenkanäle an der postsynaptischen Membran. Daraufhin öffnen sich diese Kanäle und es strömen negativ geladene Chloridionen in das Neuron ein. Das hat eine Hyperpolarisation zur Folge. Das Potenzial wird negativer.

b Bei einer Summation werden erregende (EPSP) oder inhibitorischen Potenziale (IPSP) an einem Neuron verrechnet. Wenn an einem Dendriten mehrere Synapsen zeitgleich aktiv sind, handelt es sich um eine räumliche Summation. Wenn innerhalb weniger Millisekunden viele Aktionspotenziale von einer einzelnen Synapse an einem Neuron ankommen, werden diese summiert. Man spricht von einer zeitlichen Summation.

c Jedes Aktionspotenzial hat die gleiche Amplitude. Es handelt sich um ein Alles-oder-nichts-Signal. Bei stärkerer Erregung erhöht sich die Frequenz der Aktionspotenziale. Die Information wird **digital** codiert. Je höher die Frequenz der Aktionspotenziale, die am synaptischen Endknöpfchen ankommen ist, desto mehr Transmitter werden in den synaptischen Spalt freigesetzt. Die Transmittermenge ist **analog** zur Frequenz der Aktionspotenziale. Je mehr Transmitter an der postsynaptischen Membran ihre Wirkung entfalten, desto höher ist das postsynaptische Potenzial. Am Axonhügel wird das Potenzial wieder **digital** in Form von Aktionspotenzialen codiert. Die Aussage "Bei der Erregungsleitung im Nervensystem kommt es zur mehrfachen Umcodierung" ist richtig.

7 a Unter elektromechanischer Kopplung versteht man, dass elektrische Impulse durch ein ankommendes Aktionspotenzial

an der motorischen Endplatte bewirken, dass der Querbrückenzyklus abläuft.
b Das Aktionspotenzial bewirkt die Ausschüttung des Transmitters Acetylcholin in den synaptischen Spalt. Das Andocken von Acetylcholin an Rezeptoren der Postsynapse öffnet Natriumionenkanäle. Der Einstrom von Natriumionen führt zu einer Depolarisation der Muskelfasermembran. Das Membranpotenzial setzt sich über T-Tubuli tief in die Muskelfaser fort. Dort bewirkt es die Ausschüttung von Calciumionen aus dem Sarkoplasmatischen Reticulum in das Zellplasma. Die stark erhöhte Calciumionenkonzentration im Zellplasma setzt den Querbrückenzyklus in Bewegung.

8 a Das vegetative Nervensystem besteht aus dem Sympathikus, dem Parasympathikus und dem Darmnervensystem. Das Darmnervensystem steuert autonom die Aktivität von Magen und Darm. Sympathikus und Parasympathikus wirken auf die meisten inneren Organe. Dort entfalten sie entgegengesetzte Effekte, sie wirken als Antagonisten. Beispielsweise bewirkt der Sympathikus mit seinem Transmitter Acetylcholin eine Beschleunigung der Herzfrequenz und der Parasympathikus mit seinem Transmitter Noradrenalin verringert die Herzfrequenz.
b Wird ein Reiz im Gehirn als Stress bewertet, wird der Hypothalamus aktiviert. Der Hypothalamus steht über Neurone in Kontakt mit dem vegetativen Nervensystem und über die Hypophyse in hormonellem Kontakt mit dem Hormonsystem des Körpers. Er steuert also das Zusammenspiel von ZNS, vegetativem Nervensystem und Hormonsystem.
c Bei Stress wird im Hypothalamus das Peptidhormon CRH freigesetzt. Dies bewirkt, dass aus der Hypophyse das Peptidhormon ACTH ins Blut abgegeben wird. Über die Blutbahn gelangt ACTH zur Nebennierenrinde und regt dort die Produktion und Freisetzung des Steroidhormons Cortisol an. Cortisol wird als Stresshormon bezeichnet. Es bewirkt eine Steigerung der Leistungsfähigkeit des Körpers. Das Hormon unterstützt die Energiebereitstellung und unterdrückt gleichzeitig die Immunabwehr und Entzündungsreaktionen. Die Widerstandskraft und die Leistungsfähigkeit in belastenden Situationen werden über eine bestimmte Zeit aufrechterhalten.
d Insulin dockt an Insulinrezeptoren der Zielzellen an. Dadurch wird intrazellulär eine Tyrosinkinase aktiviert, die Insulinrezeptorproteine phosphoryliert. Über eine Reaktionskaskade erfolgt eine Verstärkung des Signals. Die Aktivierung der Proteinkinase B führt dazu, dass Glucosetransportproteine in die Zellmembran eingebaut werden. Dies hat zur Folge, dass verstärkt Glucosemoleküle in die Zelle gelangen. Dadurch sinkt der Glucosespiegel im Blut.

9 a Bei jeder Signalübertragung an einer Synapse vergrößert sich die Kontaktfläche der Synapse. Außerdem erhöht sich die Anzahl der Ionenkanäle in der postsynaptischen Membran. Der Fachbegriff für diesen Vorgang ist Langzeitpotenzierung.
b Im Gehirn werden ständig neue Synapsen gebildet und bestehende, wenig Genutzte abgebaut. Wenn innerhalb einer Zeitspanne mehr neue Verbindungen geknüpft als abgebaut werden, wurde etwas gelernt. Diese Fähigkeit unseres Gehirns, neue Verschaltungen anzulegen und nicht mehr verwendete Synapsen abzubauen, bezeichnet man als neuronale Plastizität.
c Nach einem längeren Lernvorgang wird durch G-Proteine das Enzym Adenylatzyklase aktiviert. Dieses bildet cAMP aus ATP. Das cAMP aktiviert Proteinkinasen. Gelangen diese in den Zellkern, aktivieren sie dort die CREB-Proteine. Diese bewirken die Genexpression für verschiedene Proteine. Die dauerhafte Aktivierung der Proteinkinasen führt zum Wachstum und zur Neubildung von Synapsen.

Register

A

AB0-System 256
Abhängigkeit 442 ff., 462
Absorption 58, 76
Absorptionsspektrum 60, 76
Acetylcholin 396 f., 408
Acetylcholinesterase (Enzym) 397, 460
Acetylcholin-Rezeptor 397, 407 f., 460
Acetylierung 220
Achtzellstadium 228 f.
adaptive Radiation 297, 364
adäquater Reiz 410 f., 460
Adenin 182 f.
Adenosindiphosphat *siehe* ADP
Adenosintriphosphat *siehe* ATP
Adenylatzyklase 442 f., 460
ADP (Adenosindiphosphat) 21, 27 f., 32 f., 62 f.
Adrenalin 438 f.
adrenocorticotropes Hormon (ACTH) 439
Adsorptionschromatografie 53
adulte Stammzellen 230, 364
Agrobacterium tumefaciens 250 ff.
Aktinfilament 429 f., 460
Aktionspotenzial 388 f., 392 ff., 402 ff., 460
Aktionspotenzialfrequenz 418 f.
aktives Zentrum 199
Albinismus 214, 254
Algenblüte 132, 172
Alkoholgärung 43 f.
Allele 256
Allelfrequenz 290, 364
Allesfresser (Omnivore) 104
Alles-oder-nichts-Prinzip 389, 404
Allopolyploidie 206
ALS (amyotrophe Lateralsklerose) 260 f.
Altersbestimmung 307, 336, 364
Ameisen 97
Amine 400 f.
Aminogruppe 144
Aminosäure 400 f., 432 f.
Aminosäurederivate 433
Aminosäuresequenz 195, 270
Ammonifikation 144, 172
Amniozentese 262
Amyloid-Plaques 427, 460
Amylopektin 25
Amylose 25
Anabolismus 38
Analogie 282
Anandamid-Rezeptor 460
Angepasstheit 172, 364
– anatomische 87
– evolutionäre 287
– jahreszeitliche 84
– Lebensraum 284 f., 317
– Licht 50
– physiologische 86
– Verhalten 320 ff.
– verhaltensgesteuerte 87
– Wasserverfügbarkeit 89
– Wasserverlust 86
angeregter Zustand 58
Antagonist 433, 437
anterograder Transport 380
Anthocyane 52
anthropogener Treibhauseffekt 156, 159
Anticodon 186, 199 f.
Antigen 256, 266, 364
Antigen-Antikörper-Reaktion 256
Antikörper 57, 256, 262, 265 f.
Anti-Matsch-Tomate 252
Antionkogen 264
Antiparallelität 185
Antisense-Technik 252
Anziehungskraft, elektrostatische 388
Aplysia californica 450 ff.
Arbeitsgedächtnis 446 f., 460
Arginin-Mutant 193
Artbildung 295, 364, 367, 369
Artenvielfalt 162 ff.
Artkonzept 294, 364, 367
Asiatische Marienkäfer 290 f.
Assimilation 49, 58
Assoziationsregion 374
Astrocyten 379, 396, 460
Atavismen 307, 364

Atmosphäre 116, 142 ff., 154, 156, 158 ff.
Atmungskette 32, 76
ATP (Adenosintriphosphat) 21, 27 f., 42 ff., 76, 442 f.
ATP-Bildung 32 f., 36 f.
ATP-Produktion 37
ATP-Synthase 32 f., 63, 76
ATP-Synthese 32, 63
Atropin 407
aufrechter Gang 330
Auge 414 f.
Auslese 207
Australopithecinen 331 ff., 364
Autolyse 133
autonomes Nervensystem *siehe* Nervensystem
Autopolyploidie 208
Autoradiografie 56, 247
Autosomen 254, 364
autotroph 100
Avery-Transformationsexperimente 179
Axon 378 ff., 392 ff., 460
Axonhügel 378 ff., 402 ff., 460
Axonmembran 379, 388, 427

B

Bacillus thuringensis (BT) 252
Bahnung 448, 460
Bakterien 92 f., 178 ff., 218 f., 232 ff., 242 f.
Bakterien-DNA 232, 234, 242
Bakteriengift 406
Bakterienimmunisierung 243
Bakterienimmunität 242
Bakterienkultur 93, 237, 242
Bakteriophage 234, 364
Bandenmuster 248
Bandenstruktur 238
Basalganglien 422 f.
Base-Editing 266, 364
Basenpaarung 183, 185
Basentriplett 196
Basiskonzepte 10 f.
Bates'sches Mimikry 313
Bauchspeicheldrüse 432 f.

Baumschicht 118
belebte Natur 80 f.
Benthal 129, 172
Beta-Carotin-Synthese 250
Beuteerwerb/Feindabwehr 106
Beutegreifer 104 f., 292, 313, 406
Beuteltiere 297
Bevölkerungswachstum 147 f.
Biber 80 f.
bifazial 48
Bildverarbeitung 418, 420
Bioakkumulation 151, 172
Biodiversität 162 ff., 172
Biodiversitätsstrategie 164
Biofortifikation 250
biogenetische Grundregel 307
Biogeografie 306
Biologie, Funktionen/Erklärungen 300 f.
biologische Prinzipien 10
Biomanipulation 133
Biomasseproduktion 101, 172
Biomassepyramide 102
Biomembran 25
Biozönose 172
Bipolarzellen 414 f.
Bisphenol A (BPA) 150 f.
Blackbox-Methode 26
Blastocyste 229
Blattfarbstoffe 52 f., 60
Blattpigmente 60, 76
Blattquerschnitt 49 f., 89
blinder Fleck 414 f., 418, 460
Blütenbestäubung 288
Bluterkrankheit 256
Blutglucoseregulation 432 f.
Blutgruppen 256
Blutgruppenantigene 256
Blut-Hirn-Schranke 379, 460
Bodenbildung 117, 172
Bodenfeuchte 114
Bodenhorizont/-profil 117, 172
Botox 408
Brennwert 20, 76 f.
Broca-Areal 332, 350, 375
Brutpflege 316

Register

Bt (*Bacillus thuringensis*) 252
Bt-Toxin 252

C

C$_3$-Pflanzen 64
C$_4$-Pflanzen 64
Calciumionenkanal 396 f., 442 f.
Calvin-Zyklus 57, 76
cAMP (zyklisches Adenosinmonophosphat) 412, 442 f., 452
CAM-Pflanzen 64
Capsid 234
Cap-Struktur (Capping) 203
Carotin 52
Carotinoide 59
Carrier 20
CAR-T-Zell-Therapie 266
Cellulose 25
Cephalisation 372, 460
Characeengürtel 130
chemiosmotisches Modell 63
chemische Kampfstoffe 408
Chemorezeptor 410 f., 460
Chemosynthese 144
Chemotherapie 265
Chlorophyll 52
Chloroplasten 48 f., 59, 76
Chloroplastenmembran 59
Chorionzottenbiopsie 262
Chromatid 188, 280
Chromatin 180, 188
Chromatinstruktur 189, 221
Chromatografie 53 f., 76
Chromatogramm 54
Chromosomen 188 f., 364
Chromosomenanomalie 210
Chromosomenduplikation 210
Chromosomenmutation 210, 364
Chromosomensatz 192, 206
– diploider 262, 291
– haploider 328
Chromosomenstruktur 211
Citratzyklus 30 ff., 36 f., 76
CO$_2$-Kompensationspunkt 68
Codesonne 196
Codierung, analoge/digitale 404, 460
codogener Strang 194
Codon 199
Coenzym 31 f.
Colchicin 208
Cortex (Großhirnrinde) 373 f., 378, 461
– visueller 374 f., 418 ff., 463
Corticotropin-Releasing-Hormon (CRH) 438
Cortisol 433, 439
CpG-Insel 225
CREB-Proteine 452, 460
CRISPR/Cas9 242 ff., 364
CRISPR-RNA (crRNA) 243
Cristae 32
Cro-Magnon-Mensch 338
Crossing-over 211, 280, 291
Curare 406 f.
Cuticula 48, 90
Cyanobakterien 108 f., 132 f., 144, 180
Cytosin 182
Cytosinmethylierung 225

D

Darwin, Charles 304, 306 ff., 326, 352
Darwinfinken 304
Deacetylierung 221
Decarboxylierung, oxidative 31, 39, 43
Dehnungsrezeptor 411
Deletion 210, 215
Demenz 426
Demethylierung 220
demografischer Übergang 148, 172
Denaturierung 236 f.
Dendriten 378, 402 ff., 460
Dendrogramm 328
Denisova-Mensch 342 f., 364
Denitrifikation 134
Depolarisation (Overshoot) 388, 392 f., 396 f., 402 f., 411 f., 460
Desoxyribonukleinsäure (DNS; siehe a. DNA) 182
Desoxyribose 182
Destruent 101, 172
Diabetes Typ I / Typ II 432
Dicer 222, 226
Dictyosom 56, 76
Diffusion 156, 382, 434
Dinkel 207
Dinucleotid 183 f.
Disaccharide 24
Dishabituation 451

Disk 416
Dissimilation 42, 76
DNA (Desoxyribonukleinsäure) 182 f., 194
– eukaryotische 189
– extranucleäre 180
– mitochondriale (mtDNA) 269, 338
– rekombinante 233
DNA-Analyse 248
DNA-Denaturierung 247
DNA-DNA-Hybridisierung 328
DNA-Ligase 190, 233
DNA-Lokalisation 180
DNA-Methylierung 224 f., 364
DNA-Polymerase 190, 216
DNA-Profiling 247 f.
DNA-Rekombination 227
DNA-Reparaturmechanismen 216
DNA-Replikation 190
DNA-Sequenzierung 239, 269, 328, 364
DNA-Struktur 216, 364
DNA-Verdopplung 190
Dopamin 422 f., 439
Doppelhelix 183 ff.
Down-Syndrom 212
Dreikorn 207
Dünnschichtchromatografie (DC) 54
Duplikation 211

E

Edaphon 117, 172
Ein-Gen-ein-Enzym-Hypothese 192
Ein-Gen-ein-Polypeptid-Hypothese 193
Ein-Gen-ein-Protein-Hypothese 193
Ein-Gen-ein-Transkriptionsprodukt-Hypothese 193
Einheit, kontraktile/motorische 428
Einkorn 206
Einnischung 106
Ein-Räuber-eine-Beute-System 105
Einzeller 88, 110, 164, 281
Eisvogel 112
Ektoparasit 110
Ektosymbiose 109, 172
elektrische Kopplung 398, 461

elektrische Spannung/Stromstärke 383
elektromechanische Kopplung 430
Elektronentransportkette 62, 76
Elektrorezeptor 410, 461
Elongation 195, 200, 203
Eltern-Kind-Konflikte (Tierreich) 318
Embryoblast 228 f.
Emmer 206
endergonische Reaktion 36, 76
Endkonsument 100 f., 119
Endodermis 90
endokrine Drüse 434, 461
Endonuclease 242
Endoparasit 110
Endoplasmatisches Reticulum (ER) 76, 378, 443
Endosymbiontentheorie 180
Endosymbiose 108, 172
Endproduktrepression 219, 364
Endwirt 110
Energie 58
– chemische 52, 218
– entwertete 34, 36
Energiebedarf 20 f.
Energiebereitstellung 20 ff., 439
Energiebilanz 28
Energiequellen, fossile 146
Energiespeicher 21 f.
Energiestoffwechsel 24
Energieträger 146
Energieumsatz 20, 76, 84
Engelmann-Versuch 60
Enhancer 203, 221, 444
Entwicklungsbiologie 307
Entwöhnungskonflikt (Tierreich) 318
Epidermaler Wachstumsfaktor (EGF) 264 f.
Epidermis 48
Epigenetik 224 f.
epigenetische Regulation 225
epigenetische Vererbung 224, 365
Epigenom 224, 364
Epilimnion 128 ff., 172
Erbgang
– autosomal-dominanter 255

– autosomal-rezessiver 254 f.
– gonosomaler 256
– X-chromosomal-rezessiver 257
Erbinformationsträger 178 f.
Erde
– Atmosphäre 158
– Wärmehaushalt 158, 160
– Wasserkreislauf/-vorräte 154 f.
Erregungsleitung 379, 392 f.
– saltatorische 394, 463
Escherichia coli (*E. coli*) 180, 218
Ethogramm 322, 365
Ethologie 296
Euchromatin 189, 365
Eugenik (Erbhygiene) 352, 365
Eukaryoten 180, 202 ff., 220
euryherme Arten 83, 172
eutroph 132, 134 f., 172
EU-Wasserrahmenrichtlinie 155
Evolution
– Blickwinkel 311
– Entwicklung 302 ff.
– kulturelle 348 ff.
– Langhalsgiraffe 287
– Mensch 326
– Selektion 316 f.
– Sozialsysteme 344 f.
– synthetische Theorie 306 ff.
Evolutionsforschung 326 ff.
Evolutionsmechanismen 207
Evolutionsrate 281, 365
Evolutionstheorie
– Belege 282, 307 f., 339
– Darwin 304
– Lamarck 303
– Mechanismen 284 f.
– synthetische 308
Evolutionsvorstellungen 302 ff.
Exocytose 396
exogene/endogene Stoffe
– Rausch-/Schmerzmittel 442 f.
– Synapsengifte 406 f.
Exon 203, 246
exponentielles Wachstum 92, 147, 172
Extinktion 60

F
fakultativ anaerob 44
Farbwahrnehmung 416
Feuchtlufttiere 87
Feuchtnasenaffen 327
Fingerprinting 248
Fitness
– direkte 318
– indirekte 318, 366
– reproduktive 285, 368
Flaschenhalseffekt 292, 365
FlavrSavr-Tomate 252
Flechte 108 f., 172
Fleischfresser (Carnivore) 104
Flight-or-fight-Reaktion 437, 461
Fluoreszenzdetektion 248
Fluoreszenz-in-situ-Hybridisierung (FisH) 262, 365
Fortpflanzungsstrategien 93, 316, 318
fossile Energiequellen 146
Fossilien 268, 365
Fotolyse des Wassers 62, 76
Fotophosphorylierung 63, 76
Fotopigment 416
Fotoreaktion 62
Fotorezeptor 411, 415 f., 418, 461
Fotosynthese 48, 57 ff., 76
– Abhängigkeiten 68
– Ablauf 62
– Lichtintensität 67
– Produktion 66
– Wirkungsspektrum 60
Fotosyntheseformel, -rate 66 f.
fotosynthetisch aktive Strahlung 60, 172
Fotosysteme 59, 76
Fototropismus 172
Fovea 415, 461
Freisetzungshormon 434
Frühjahrsgeophyt 118, 172
Fundamentalnische 114
funktionale Beschreibung 39
Fußspuren von Laetoli 330

G
Gabeltyp 279
Galactosidase 219
Ganglienzelle 418 f.
Ganglion 372, 461
Gap junctions 398

Gärung
– alkoholische 43 f.
– Milchsäuregärung 42 f.
Gasaustausch 49
Gaschromatografie (GC) 54
Geburten-/Sterberate 92, 147 f.
Gedächtnis 420, 426, 446 f.
– deklaratives/explizites 447, 460 f.
– emotionales 447, 461
– prozedurales/implizites 447, 461 f.
Gedächtnisfestigung 447
Gedächtnisleistung 446 f.
Gedächtnisspuren 448
Gedächtnissysteme 447
Gegenstromprinzip 86
Gehirn 420, 422, 424
Gehirnentwicklung 334, 346, 349 f., 379
Gehirngröße 349
Gehirnvolumenentwicklung 334
gelber Fleck 414 f., 461
Gelelektrophorese 238, 365
Gen 192 ff., 365
– eukaryotisches 203
– homologes 280
– konservatives 281
Genanalyse 269
Genbalance 211
Genbegriff 192
Gendrift 292, 365
Genduplikation 280
Genetik 308
– funktionelle 269
– SNPs 353
– zielgerichtete 260
genetische Variabilität 180, 280, 292, 295
genetischer Code 196, 365
genetischer Fingerabdruck 247 f.
Genexpression 194, 204, 220, 262, 365
Genfähre 234
Genfamilien 280
Genfluss 343
Genhypothese 192 f.
Genkanone 252, 365
Gen-Knockout 260, 365
Genmutation 214 f., 365
Genom-Editierung 244
genomische Prägung 257
Genommutation 208, 210, 365

Genotyp 256
Genpool 285, 290 f., 353, 365
Genregulation 220, 222
Genschere 242
Genstammbaum 281, 365
Gentechnik 243
Gentherapie 260 f., 365
Gentransfer 180, 227, 233, 365
Geruchsrezeptor 411
Gesamtumsatz 20, 76
Geschlechtszellenbildung 212
Geschwisterkonflikte (Tierreich) 318
Gesetz vom Minimum 113
Getreide 207
Gewässerstrukturgüte 155, 172
Gewässertiefe 130
Gewebeersatz 230
Gewebehormon 434, 461
Gewebestammzellen, multipotente adulte 229
GFP (grün fluoreszierendes Protein) 57, 232 f.
Gleichgewichtspotenzial 383 ff., 461
Gleitfilamenttheorie 430, 461
Gliazellen 379, 415, 461
Globine 280
Globin-Genfamilie 281
Glucose 24, 31, 433
Glukagon 433
Glykogen 21, 25, 77, 433
Glykolipide/-proteine 25
Glykolyse 26 ff., 30 ff., 77
Golden Rice 251
Gottesanbeterin 312
G-Protein 412, 443, 452, 461
Gradation 105, 172
Gradualismus 286, 365
Grenzstrang 436
Großhirn 373 f., 376 f., 419 f., 461
Großhirnrinde (Cortex) 373 f., 408, 461
Gründereffekt 292, 365
Grundumsatz 20, 77
Grundzustand 58
grüne Gentechnik 250
Gruppengröße 350
Gruppenjagd 314
Guanin 182

476

Guanosindiphosphat (GDP)   412
Guanosintriphosphat (GTP)   31, 194, 412
Guttation   89

H

Habitat   87, 172
Habitatnutzung, opportunistische   93
Habituation   450 f.
Haftwasser   90
Hämoglobin   280
Hämophilie   256
Hautfarbe   353
Heinrich-Events   342
Helikase   190
Hemisphäre   374, 461
hemizygot   256
Hemmung
– kompetitive   407
– laterale   418, 462
Heroin   442
Hershy-Chase-Experiment   179
Heterochromatin   189, 366
Hinterhauptlappen   374
Hippocampus   377, 426
Hirnstamm   374
Histone   180, 188
Histonmodifikation   225 f., 366
Hochdruckflüssigkeitschromatografie (HPLC)   54
Höhlenmalerei   348
Hominiden (Hominidae)   327, 330, 332 f., 346
Homo   327, 333, 336
Homo erectus   336 ff., 366
Homo ergaster   333 f., 336, 338 f., 366
Homo floresiensis   339, 366
Homo habilis   332 ff., 350, 366
Homo neanderthalensis   337, 366
Homo sapiens   327, 336, 338 f., 343, 366
Homoiologie   274
homoiotherm (gleichwarm)   83 f., 172
homologe Chromosomen   216, 366
homologe Gene   280, 366
Homologie   272 f., 366
Homologiekriterien   272 f.
Homöostase   320

Homöostase   436, 461
homozygot   192, 254 f.
Hormon   151, 432 ff., 461
– glandotropes   434, 461
– Neurohormon   434
Hormondrüsen   434
hormonelle Stressachse   438 f., 461
Hormonsystem   151 f., 432 ff., 438 f.
Humus   117, 172
Hybridisierung   206, 236 f.
Hydrolyse   21
Hydrophyten   89, 172
Hydroxylgruppe   183
Hygrophyten   89, 172
Hypercholesterinämie   255
hyperosmotisch   88
Hyperpolarisation (Undershoot)   388 f., 402 f., 418 f., 461
Hypolimnion   128 ff., 172
hypoosmotisch   88
Hypophyse   433 f.
Hypothalamus   374, 376, 433

I

Immunfluoreszenzfärbung   262, 366
Immuntherapie   266
Individuelle und evolutive Entwicklung (Basiskonzept)   10 f.
Industrialisierung   146
Information und Kommunikation (Basiskonzept)   10 f.
Informationsverarbeitung, visuelle   403, 420
inhibitorisches postsynaptisches Potenzial (IPSP)   402 f., 461
Initiation   194, 200, 202
Insektenneuron   380
Insektizide   252
Insertion   215
Insulin   432 f.
Insulinsynthese   56
Intelligent Design   310 f.
interchromosomale Rekombination   291, 366
Interferenz   226
Internationales Markerfeld   248
Interneuron   450 ff., 461
Interzellulare   49 f.

intraspezifische Variabilität   284, 366
Intron   203, 246
Inversion   210
In-vitro-Fertilisation   229, 366
Ionenkanal   382 ff., 387 f., 461
– postsynaptischer   406
– spannungsgesteuerter   388 f., 392, 463
– transmittergesteuerter   397, 463
Ionenkonzentration   383
Iris   414
Isolation   233, 366
Isolationsmechanismen, prä-/postzygotische   296, 366
Isotope, radioaktive   56

K

Kaliumionenhintergrundkanal   386, 389, 461
Kältestarre   83
Kanizsa-Dreieck   418, 420
Katabolismus   38
Katastrophentheorie   303
Kationen   382
kausale Erklärung   39
Kettenabbruchmethode   239
Kiemenrückziehreflex   451 f.
Kinesin (Protein)   380
Kladogramm   338
Kleeblattstruktur   186
Kleinhirn   374, 376
Klima   158
Klimaschutz   160, 173
Klimavariabilität   160, 173
Klimaveränderung   330
Klimawandel   147
Klon   180, 366
Klonierung   233 f.
Klonierungsvektor   234
Knockout-Maus   260 f.
Koevolution   288, 366
Koexistenz   97, 173
Kohlenhydrat   24
Kohlenhydratabbau   26 f.
Kohlenstoffdioxid   68, 160
Kohlenstoffkreislauf   143, 173
Kohlenstoffsenke   156
Kokain   444
Kommensalismus   110, 173
Kompensationstiefe   129 f., 173

komplementäre Basen/-paarung   185 f.
Kondensationsreaktion   24
Konditionierung, klassische/operante   324
Konduktorin   256 f.
Konjugation   180, 366
Konkurrenz
– interspezifische   96, 98, 114, 173
– intraspezifische   94, 96, 173, 286
Konkurrenzausschlussprinzip   96, 173
Konkurrenzherabsetzung   106
Konkurrenzvermeidung   106
Konstanz der Arten   302, 326
Konsument   100 ff., 173
Kontinentalverschiebung   306
Konvergenz   275, 366
Konzentrationsgefälle   20, 32, 386 f.
Konzentrationsgradient   382 f., 387, 461
Kosten-Nutzen-Verhältnis   314
Krautschicht   118
Kreationismus   310 f., 366
Krebs   212, 264 f.
Krebstherapie   265 f.
K-Selektion   317
K-Strategen   93, 122 f., 173
K-Strategie   318, 366
Kulturbegriff   349
Kulturweizen   206 f.
Kurzzeitgedächtnis   446 f., 461
Kurzzeitkreislauf   143
Kurzzeitsensitivierung   452

L

lac-Operon   218 f.
Lactat   42 f.
Lactatkonzentration   43
Laichkrautgürtel   130
Landtiere   86
Langzeitgedächtnis   426, 446 f., 462
Langzeitkreislauf   143
Langzeitpotenzierung (LTP)   448, 462
Langzeitsensitivierung   452
Langzeitstress   439, 462
Läsion   424
laterale Hemmung   418, 462

Laubblatt 48, 53
Laubwaldpflanzen 118
Laufmittel 53
LDL (low density lipoprotein) 255
lebendes Fossil 307, 366
Lebensraum 120
Lebensraum Turkana-See 333
Lederhaut 414
Leistungsumsatz 20, 77
Leitbündel 49, 90
Leitungsgeschwindigkeit 392 ff.
Lernen 446 ff., 450 f.
Leuchtproteine 57
Leukämie 212
Licht- und Schattenpflanzen 49 f., 173
Lichtabsorption 58, 60
Lichtintensität 49 f., 60, 67 f.
Lichtkompensationspunkt 67
limbisches System 377
Linker-DNA 188 f.
Linker-Histon 188 f.
Linse 414 f.
Lipid 21, 25
Lipiddoppelschicht 382
Litoral 129 f., 173
logistisches Wachstum 93, 173
lokale Strömchen 392 ff.
Lotka-Volterra-Regeln 105
Luchs und Schneeschuhhase 104
Lyse 234
lysogener Zyklus 234, 366
lytischer Zyklus 234, 367

M
Magnetrezeptor 410, 461
Malaria 110
Maltose 24
Mammut 268
marine Tiere 88
Mechanorezeptor 410 f., 462
Medulla oblongata (verlängertes Mark) 376
Meeresströmung Eiszeit 342
Meerwassertiere 88
Meiose 280, 291, 367
Melanin 214, 258
Melanocortin-Typ-1-Rezeptor-Gen (MC1R-Gen) 268 f.
Melanosom 214

Membran, postsynaptische 396 ff., 402
Membranpotenzial 388 f., 402 ff., 462
Mensch
– systematische Stellung 327
– Ursprung 326
Mesophyll 64
Mesophyt 50, 89
mesotroph 132
Messenger-RNA (mRNA) 186, 195
Metalimnion (Sprungschicht) 128 ff., 173
Metaphasechromosom 188
Metastasen 264
Methylierung 220
Methylphenidat 444
Mikrogliazellen 379
Mikro-RNA (miRNA) 222
Mikrosatelliten 248
Mikrotubuli 378
Milchsäuregärung 42 f.
Mimese 312
Mimikry 313
Mineralstoffe 117 f., 132, 134 f.
Minimumgesetz 113
Minisatelliten-DNA 246
Missense-Mutation 215
Mitochondrien-DNA (mtDNA) 269, 338, 430
Mitochondrienmatrix 31, 36
Mitochondrium 32, 77, 180
Mitose 264 f., 367
Mittelhirn 376
Modellorganismen 260, 386, 450
Modifikation 49
Modulation 404, 412, 462
molekularbiologische Methoden 268 f.
molekularbiologische Stammbäume 283, 367
molekulare Uhr 270, 281, 367
molekulare Verwandtschaft 280 f.
Molekulargenetik 352
Monogamie 345 f.
monophyletische Gruppen (Taxa) 279, 367
Monosaccharide 24
Monosomie 210
Moos 116
Moosschicht 118

Morbus Alzheimer 426 f.
Morbus Parkinson 422 f.
Morphin 442
Mosaikform 307, 367
Mosaikzyklus 123, 173
Motoneuron 428
Motorcortex 423
motorische Endplatte 403, 407, 428, 462
mRNA-Impfung 266
Müllerzellen 415
multiple Allelie 256
multiregionale Hypothese 338, 367
Muskelaktionspotenzial (MP) 430
Muskeldystrophie 257
Muskelfaser 77, 428
Muskelkontraktion 428
Mutagen 216, 367
Mutation 207, 214 ff., 290 f., 367
Mutationsrate 215 f.
Mutationstypen 215
Myelinscheide 379, 394, 462
Myelose, chronische 212
Mykorrhiza 109, 173
Myofibrille 77, 429
Myoglobin 280 f.
Myosinfilament 77, 429 f., 462

N
nachhaltige Entwicklung 148, 173
nachhaltige Wassernutzung 155
Nachhirn 373, 376
NAD⁺ (Nicotinamid-Adenin-Dinucleotid) 43 f., 77
NAD^+/$NADH + H^+$ 28, 31, 36, 39, 43 f., 77
$NADP^+$/$NADPH + H^+$ 62 f.
Nahrung 20 f., 325 ff., 349
Nahrungsbeziehungen 100, 119
Nahrungsgeneralist 105
Nahrungskette 100 f., 133, 173
Nahrungsnetz 100 f., 173
Nahrungsspezialist 105
Natrium-Kalium-Pumpe 387, 462
natürlicher Treibhauseffekt 158 f.
Neandertaler 337, 339, 342 f.

negative Rückkopplung 104, 439, 462
Neobiota 292
Neocortex 350
neolithische Revolution 206, 348, 367
Nervensystem 372 f., 378 f., 400, 450
– Erkrankungen 423 f.
– peripheres (PNS) 373, 379, 462
– somatisches 373, 463
– Strickleiternervensystem 372
– vegetatives/autonomes 373, 433, 436 ff., 460, 463
– zentrales (ZNS) 372 f., 379, 463
Nervenzelle siehe Neuronen
Neurit siehe Axon
neurodegenerative Erkrankung 423, 426 f.
Neuroenhancer 444
Neurohormone 434
Neurohypophyse 434
neuronale Plastizität 448, 462
neuronale Störungen 422 f.
neuronale Stressachse 439, 462
Neuronen (Nervenzellen) 372 ff., 378 ff., 460, 462
– afferente/sensorische 373, 460
– chonlinerge 401
– Degeneration 422
– efferente/motorische 373, 436, 461
– GABAerge 401
– prä-/postganglionäre 436 f.
– prä-/postsynaptische 398, 402
– Regeneration 424
– retinale 380
– unipolare 380
Neuronentypen 380
Neurotoxine 406, 408, 462
Neurotransmitter 396 f., 400 f., 437
Neurotransmittersynthese 401
Nikotin 408
Nischenbildung 113
Nitrifikation 144, 173
Nogo-A-Protein 424

Nonsense-Mutation 215
Noradrenalin 437 ff.
Northern Blotting 262
Nucleoid 180
Nucleolus 180
Nucleosom 188 f.
Nucleotid 21, 182, 184, 367
Nucleotidsequenz 194 f.
Nucleus 180
Nukleinsäure 182
Nützling 120

O
Okazaki-Fragmente 190
Ökologie 80 f.
ökologische Nische 112 f., 173
ökologische Planstellen 113
ökologische Pyramide 101 f., 173
ökologischer Fußabdruck 148, 174
Ökosysteme
– Biomassepyramide 102
– Meer 156
– See 128 ff., 132 ff., 174
– Stoffkreislauf 142 ff.
– Störungen 97
– Wald 116 ff., 122 f., 174
– Wattenmeer 102
Ökosystemingenieur 80, 112, 174
Oligodendrogliazellen 379
Oligonucleotide 183
oligotroph 132, 134, 174
Onkogene 264, 367
Operator 218
Operatoren (Signalwörter) 12 ff.
Operon-Modell 218, 367
Opioid 442 f.
Opioidentzugssyndrom 443
Opioid-Rezeptor 442 f., 462
Optimum, physiologisches 82, 174
optische Täuschung 418
Orang-Utan 316 f., 344
Organe, analoge 275, 364
Organsteuerung 436 f.
Osmokonformer/-regulierer 88
Osmoregulation 88, 174
Osmose 32, 88
Out-of-Africa-Hypothese 338, 353, 367
Oxidation 32, 38, 77

oxidative Decarboxylierung 31, 77
oxidative Phosphorylierung 33, 77

P
p53-Protein 264
Paarungsstrategien 344
Paarungssysteme 345
Paläontologie 307
Paläoproteomik 281, 367
Palindrom 232, 242
Palisadengewebe 48
Pantoffeltierchen 96
Papierchromatografie 53
Parallelismus 274
paraphyletische Gruppe 279
Parasit 110
Parasitismus 110, 174
Parasympathikus 373, 436 f., 462
Pasteur-Effekt 44
Patch-Clamp-Technik 384, 462
Peckham'sches Mimikry 313
Pelagial 129, 133, 174
Penetranz, unvollständige 255
Pentose 182
Peptid 400 f., 432
Peptidbindung 200
Peptidhormon/Proteohormon 432 f., 438 f., 462
Pflanzen
– Angepasstheit 50
– Artbildung 207 f.
– polyploide 208
– Symbiose 108 f.
– Temperatur 68, 90
– Wasseraufnahme/-abgabe 89 f.
Pflanzenfarbstoffe 52 f., 60
Pflanzenfresser (Herbivore) 104
Pflanzenzüchtung 208
Phagen-DNA 242
Phänotyp 192, 256
Phosphatgruppe 183
Phosphodiesterbindung 184
Phosphoenolpyruvat (PEP) 64
Phosphofructokinase (PFK) 44
physiologisches Optimum 82, 114, 174
Phytoplankton 135, 156
Pigment 52 f.

Pigmentsynthese 353
Pionierpflanzen 122, 174
Plankton 129, 156, 174
Plasmid 180, 234, 367
Plastizität
– neuronale 448, 462
– Stammzellen 230
poikiloosmotisch 88
poikilotherm (wechselwarm) 83 f., 174
Polyadenylierung 203
Poly-A-Schwanz 203
Polygenie 258
Polygynandrie 345
Polygynie 344 f.
Polymerasekettenreaktion (PCR) 236 f., 268, 367
Polymerisieren 237
Polymorphismus 246 ff., 290
Polynucleotide 183
Polypeptide 193, 196, 198, 222
Polyploidie 206 ff.
Polysaccharide 25
Polysom 198
Pongidae 327
Pons 376
Population 92, 174, 285, 368
Populationsdichte 92 ff., 104 f.
Populationsdichteregulation 94
Populationsgröße 92 f.
Positionseffekt 211
postsynaptisches Potenzial (PSP) 397 f., 402 ff.
postzygotischer Isolationsmechanismus 296, 368
Potenz, ökologische/physiologische 114, 174
Potenzial
– exzitatorisches postsynaptischel (EPSP) 402 f., 450, 461
– inhibitorisches postsynaptisches (IPSP) 402 f., 461
Potenzialdifferenz 383, 386, 462
Potenzialumkehr 388
Prader-Willi-Syndrom 257
Präferenzbereich 82
Präfrontalcortex 408
Prä-RNA 203
präzygotischer Isolationsmechanismus 296, 368

Primärkonsument 119
Primase 190
Primaten 327, 368
Prinzipien
– Alles-oder-nichts-Prinzip 389, 404
– Prinzip der einfachsten Erklärung 282, 368
– Prinzip der komplementären Basenpaarung 195, 368
– Prinzip der Oberflächenvergrößerung (biologisches Prinzip) 10
– Prinzip des „Survival of the Fittest" 306
– Überleben-Abendessen-Prinzip 104
Produktionspyramide 102
Produzent 100 ff., 119, 174
Profundal 129
Prokaryoten 180, 194, 198, 204, 218
Promotor 194, 218
Prophage 234
Protease 179, 270
Proteinaktivität 222
Proteinbiosynthese 56, 202, 204
Proteinkomplex 33
Proteintransport 56
Protonen 32, 37, 62, 77
Protonengradient 32, 77
Protoonkogen 264 f.
psychische Abhängigkeit 444, 462
psychoaktive Substanz 444, 462
Punktmutation 214 f.
Pupille 414
Purinbase 182, 184
Pyrimidinbase 182, 184
Pyruvat 27, 31
Pyruvatdehydrogenase (PDH) 44

Q
Quartärstruktur 280
Querbrückenzyklus 431

R
Ranvier-Schnürringe 379, 394, 462
Ras-Protein 264
Rassentheorie 352 f., 368
Rassismus 352
Rastermutation 215

Register

Räuber-Beute-Beziehung 104, 174
raues Endoplasmatisches Reticulum (rER) 401
räumliche Summation 403, 462
Reaktionsenergie 36
Reaktionsgeschwindigkeit-Temperatur-Regel (RGT-Regel) 68, 77, 174
Realnische 114
Redoxkette 39
Redoxreaktion 32, 38 f., 77
Reduktion 32, 38, 77
Refraktärzeit, absolute/relative 389, 462
Regelkreis Blutglucosespiegel 433
Regulatorgen 218
Reize
– adäquate 410, 460
– Aufnahme/Verarbeitung 388 f., 393 f.
– Netzhautverarbeitung 418
– Wahrnehmung 410, 418 ff.
Rekombination, interchromosomale 291
Replikation 190 f., 214, 216, 368
Repolarisation 388, 452, 462
Reportergen 233, 368
Repressor 218
Reproduktionsrate 238 f., 344
respiratorischer Quotient (RQ) 22, 77
Ressource Wasser 84, 94, 154
Ressourcennutzung des Menschen 146, 174
Restriktionsenzym 227, 233, 368
Retention 116
Retina (Netzhaut) 414 ff.
Revier 81, 105, 345 f.
rezeptives Feld 418, 463
Rezeptor 264 f., 406 f.
Rezeptorpotenzial 411
Rezeptorzelle 410
RFLP (Restriktionsfragmentlängenpolymorphismus) 246 ff.
R_f-Wert (Chromatografie) 54
Rhesusfaktor 256
Rhizodermis 90

Ribose 186
Ribosom 198, 368
ribosomale RNA (rRNA) 186, 198
Riechsinneszelle 411
Rindenfeld 377, 463
– motorisches/somatosensorisches 374 f.
Risikoabschätzung 152
RNA (Ribonukleinsäure) 266, 368
RNA-Editing 222, 368
RNA-induced silencing complex (RISC) 222
RNA-Interferenz (RNAi) 222, 226
RNA-Moleküle 186
RNA-Polymerase 202
RNA-Processing 203 f., 368
RNA-Silencing 222
RNA-Struktur 186
RNA-Synthese 194
RNA-Typen 186
Röntgenbeugungsanalyse 184
Rot-Grün-Sehschwäche 257
rRNA 186, 198, 204
r-Selektion 316
r-Strategen 93, 122 f., 174
r-Strategie 318, 368
RuBisCo 63
Rückenmark 372 ff., 463
Rudel 314
Rudimente 307, 368
Ruhepotenzial 384, 386 ff., 463

S

saltatorische Erregungsleitung 394, 463
Sarkolemma 428
Sarkomer 77, 430
sarkoplasmatisches Reticulum (SR) 429
Sauerstoffgehalt 42, 134 f.
Säugetierneuronen 386
Scheinwarntracht 313
Scheitellappen 374
Schichtenaufbau Wald 118, 174
Schichtung See 128, 174
Schilfgürtel 130
Schläfenlappen 374
Schlagflur 123
Schließzellen 49, 90
Schlüssel-Schloss-Prinzip (biologisches Prinzip) 10

Schmerzmittel 442
Schöpfungsglaube 310 f.
Schüttellähmung 422
Schwammgewebe 48
Schwann-Zellen 379, 463
Schwarmgröße/-dichte 314
Schwellenwert 388 f., 463
Second Messenger 404, 411 f., 442 f., 463
Seegliederung 129
Seepocken 98
Seerosengürtel 130
Seggengürtel 130
Sehbahn 418 f.
Sehnerv (Nervus opticus) 380, 414 f., 418 ff.
Sehnervenkreuzung (Chiasma opticum) 419
Sehrinde siehe visueller Cortex
Sehschärfe 415
Sehstrang (Tractus opticus) 419
sekundäre Sinneszellen 411, 463
Sekundärkonsument 119
Selektion
– intersexuelle 346
– K-Selektion 317
– natürliche 285, 304, 367
– r-Selektion 316
– sexuelle 287, 368
– stabilisierende 286, 369
– transformierende 286, 369
Selektionsdruck 285, 287, 368
Selektionsformen 286
Self-assembly 234
semikonservative Replikation 190
Sensitivierung 451 f., 463
Sequenzwiederholung (STR) 248
Serotonin 402, 452
Sexpilus 180
Sexualdimorphismus 344 ff., 368
sexuelle Konflikte (Tierreich) 317
Short inferfering RNA (siRNA) 222
Short tandem repeats (STR) 248
Signaltransduktion 411 f., 442, 463
Signalübertragung
– indirekte 404

– synaptische 397, 427
Sinnesreize 410 f.
Sinneszellen, primäre/sekundäre 410 f., 463
Skelettmuskel 429
Soma 378 ff., 401 f., 463
Somatotropin 434
Sommerstagnation 128
Southern Blotting 247, 262, 368
Sozialdarwinismus 352, 368
Spacer 242
Spaltöffnung 48 f., 90
Spannungsumkehr (Overshoot) 388
Spektralfotometer 60
Spelzen 207
Spermienkonkurrenz 345
spezielles Paar (Fotosystem) 59
Spiralisierung 188
Spleißen 203, 222
Spleißosom 203
Sp-minus-Syndrom 210
Sprache 337, 348, 350
Sprungschicht 128
Stäbchen 415 f.
Stagnation 128, 174
Stammbaum 254 f., 278 f., 332, 369
– Analyse 254, 257
– Cytochrom-c-Stammbaum 270
– Darstellung 278 f.
– Globin-Genfamilie 281
– molekularbiologischer 283
– Symbole 255
– Wirbeltiere 279, 282
Stammbäume beurteilen/konstruieren (Methode) 282 f.
Stammbäume verstehen (Methode) 278 f.
Stammbusch 332
Stammzellen
– adulte 230
– embryonale 229 f., 364
– medizinische Nutzung 228 ff.
– pluripotente embryonale 228 f.
Stärke 25
Startcodon 196
Steinwerkzeuge 334
stenotherm 83, 174
Sterberate 92

Register

Steroidhormon 433, 439, 463
Steuerung und Regelung (Basiskonzept) 10 f.
Stickstoffkreislauf 144, 174
Stickstoffumsatz 135
Sticky ends 232
Stirnlappen 374
Stoff- und Energieumwandlung (Basiskonzept) 10
Stoffe, hormonartig wirkende 150 ff.
Stoffkreislauf 134, 142 ff.
Stoffwechsel 42 ff., 47, 56 f., 82
Stoffwechselerkrankung 432
Stoma 49 f.
STR (*short tandem repeats*) 248
Strauchschicht 118
Stress 438
Stressachse, hormonelle/ neuronale 438 f., 461 f.
Stresshormon 439
Stressor 438
Stressreaktion 438 f.
Stresssystem 438
Strickleiternervensystem 372, 463
Stroma 59, 62 f.
Struktur und Funktion (Basiskonzept) 10
Strukturgen 218
Substratinduktion 218 f., 369
Suchtgedächtnis 444, 463
Sukkulenten 275
Sukkulenz 50
Sukzession 122 f., 174
Summation, räumliche/ zeitliche 403, 463
Süßwassertiere 88
Symbiont 108, 174
Symbiose 108 f., 174
Sympathikus 436 ff., 463
Synapsen 378, 380, 402 ff., 462 f.
– chemische 396 ff., 400, 460
– cholinerge 430
– elektrische 398
– erregende/hemmende 402 ff.
– Informationsübertragung 396 f., 401

– neuromuskuläre 428 ff., 462
– Verrechnung 403
Synapsenendknöpfchen 378 ff., 396, 428 f., 463
Synapsengifte 406 f.
synaptische Integration 402 ff., 463
synaptischer Spalt 396
Synergisten 437
Synthesereaktion 62 f.
synthetische Evolutionstheorie 306 ff., 369
System der Lebewesen 354 f.

T

Taq-Polymerase 237
Tarntracht 312
Tarnung 312 f.
TATA-Box 202, 221
Tau-Proteine 427, 463
T-DNA (Transfer-DNA) 251, 369
Teich 130
Temperatur 82
Temperaturoptimum 83, 237
Temperaturregulation 84
Temperaturschichtung See 128
Temperaturtoleranzkurve 83
temperent 234
Termination 195, 200
Territorialität 94, 105, 174
Tetanus 429, 463
Tetanustoxin 406
Thalamus 374, 376
Thermoperiodismus 83
Thermorezeptor 410 f., 463
Thylakoidmembran 59, 77
Thymin 182 f.
Ti-Plasmid (tumorinduzierendes Plasmid) 250, 369
Toleranz 82, 463
Toleranzbereich, -kurve 82, 174
TOL-Plasmid 227
Tracer 56 f.
Tragekapazität 316 f., 369
Trägermaterial 53
Transduktion 234, 369
Transfektion 251, 369
Transfer-DNA 251
Transformation 233, 369

Transformationsexperimente 178
transformierendes Prinzip 178 f.
transgene Tiere 369
Transkription 194 f., 202, 369
Transkriptionsfaktor 221, 369
Transkriptionsregulation 220
Translation 198, 200, 204, 369
Translationsregulation 222
Translokation 210, 212
Transmitter 397, 401 f., 430, 437 ff., 442
Transmitterausschüttung 411, 451 f.
Transmitterfreisetzung 418, 443, 452
Transpiration 49, 90, 175
Treibhauseffekt 175
– anthropogener 156, 158 f.
– natürlicher 158 f.
Treibhausgase 158, 175
Trinkwasserverbrauch 155
Trisomie 21 262
Triticale 208
tRNA (Transfer-RNA) 186, 194, 198 ff.
tRNA-Synthetase 199
Trockennasenaffen 327
Trophiestufen 101 f., 175
Trophoblast 228 f.
trophogene/tropholytische Zone 129
Tryptophansynthese 219
Tumor 264
Tumorsuppressorgen 264 f.
Tümpel 130
T-Zellen 266, 369

U

Überleben-Abendessen-Prinzip 104
Umweltfaktor 290
– Licht 49 f., 58
– Luftfeuchte 113
– Temperatur 82 f.
Umwelthormone 150 ff.
Umweltkapazität 92, 175
Umweltressourcen 148
unvollständige Penetranz 255
Uracil (U) 186
Urzeugung 302, 369

V

Vakuole 52, 64, 300 f.
Variabilität
– genetische 291
– intraspezifische 284
– ungerichtete 284 f.
variable Expressivität 255
Vektor 234, 369
Verdünnungseffekt 314
Vererbung 284
Verhaltensbiologie 320 ff., 324 f.
Verhaltensökologie 325
Verhaltensursachen, proximate/ultimate 321
Versauerung 156
Versuchsprotokoll (Standardgliederung) 16 f.
Verteilungschromatografie 53
Verwandtschaft, molekulare 280 f.
Vesikel 396, 401
Vesikeltransport 380
Vielfalt (Diversität) 162, 290
– biologische 163 f., 284
– genetische 163, 290, 353
– kulturelle 349
virtuelles Wasser 154
virulent 234
visuelle Informationsverarbeitung 420
visueller Cortex (Sehrinde) 374 f., 418 ff., 463
VNTR (*variable number of tandem repeats*) 246
Voltage-Clamp-Technik 384

W

Wachstum
– exponentielles 92
– logistisches 93, 173
Wachstumsfaktor 265
Wachstumsformen 92
Wachstumsrate 92, 147
Wahrnehmung 420
Waldbinnenklima 116, 175
Waldbodenprofil 117
Waldstockwerke 118
Wärmestarre 83
Warntracht 313
Wasser 154
Wasserbelastung 155
Wassergehalt 86
Wasserstoffbrücken 184 ff., 195
Wasserverbrauch 154

481

Wasserverfügbarkeit 86
Wasserzirkulation 128, 130, 132
Watson-Crick-Modell 185
Wattvögel 97
Weiher 130
Weltbevölkerungswachstum 147 f.
Wernicke-Areal 332, 350, 375
Wiege der Menschheit 332
Wildgräser 206
Wildkräuter 122
Winterruhe 84
Winterschlaf 84
Winterstagnation 128
Winterstarre 84
Wirbellose 372
Wirbeltiere 272 ff., 279, 282 f., 372 f.
Wirbeltiergehirn 373, 463
Wirbeltierneuron 379, 386
Wirkungsgefüge 112
Wirt 108, 110, 175
Wirtsspezifität 110
Wirtswechsel 110, 175
Wurzel 90
Wurzelknöllchen 108, 175
Wüstentiere 87

X
Xanthophyll 52
Xenotransplantation 244, 369
Xerophyten 50, 89, 175
Xylem 90

Z
Zapfen 415 f.
Zeigerarten 114
Zellatmung 27, 33 f., 36, 39, 42, 77
– Summenformel 31
Zellbestandteile 56
Zellbiologie 308
Zelldifferenzierung 220
Zellen
– bipolare 380, 418, 460
– Energiebereitstellung 20, 22
– multipolare 380, 462
– pseudo-unipolare 380
– unipolare 463
Zellerkennung 25
Zellkern 202 ff., 378 ff., 452
Zellkulturtechnik 230
Zelllinie 230
Zellstoffwechsel 36 f.
Zellzyklus 264 f.
Zentralfurche 374
Zirkulation 128 ff., 175
ZNS-Läsionen 424
Zooplankton 156
Züchtung 207, 291
Zucker-Phosphat-Rückgrat 184
Zuwachsrate 92
Zweikorn 207
Zwei-Schritt-Multiplex-PCR 268 f.
Zwillinge 224
Zwillingsart 294
Zwischengedächtnis 446 f.
Zwischenhirn 373 f., 376, 423, 463
Zwischenwirt 110
Zygote 291, 296
Zytostatika 265, 369

Bildquellenverzeichnis

Fotos
Cover: stock.adobe.com/Eric Isselée; **S. 1 mi.:** stock.adobe.com / Eric Isselée; **S. 3 re.:** mauritius images / Geert Weggen; **S. 3 li.:** stock.adobe.com / Eric Isselée; **S. 4 li.:** stock.adobe.com / Eric Isselée; **S. 5 li.:** stock.adobe.com / David Carillet; **S. 6 re.:** mauritius images / alamy stock photo / Life on white; **S. 8 un.re.:** Cornelsen / Inhouse; **S. 10 li.:** Marius Mihasan, Faculty of Biology, Alexandru Ioan Cuza University of Iasi; **S. 10 re.:** stock.adobe.com / Chamois huntress; **S. 11 un.mi.li.:** © Rolf Vossen; **S. 11 un.li.:** mauritius images / Flowerphotos; **S. 11 un.re.:** sciencephotolibrary / Mis, Marek; **S. 11 ob.:** Shutterstock.com / mimohe; **S. 11 un.mi.re.:** Shutterstock.com / Pasotteo; **S. 18+S.19:** mauritius images / Geert Weggen; **S. 20:** mauritius images / alamy stock photo / Matthew Chattle; **S. 22 mi.:** stock.adobe.com / WavebreakMediaMicro; **S. 26 ob.:** mauritius images / alamy stock photo / Vyntage Visuals; **S. 30:** mauritius images / alamy stock photo / Keystone Pictures USA; **S. 35 D:** mauritius images / age fotostock; **S. 41 un.li.:** mauritius images / alamy stock photo / Rob Walls; **S. 42:** Shutterstock.com / Grigoriy Pil; **S. 48 / 1:** stock.adobe.com / Lukas Gojda; **S. 49 ob.:** Cornelsen / Ulrike Austenfeld; **S. 52 / 1:** Depositphotos / Konstantinos Livadas; **S. 52 / 2:** Shutterstock.com / Danijela Maksimovic; **S. 55 un.li.+un.re.:** Cornelsen / Ulrike Austenfeld; **S. 58 / 1:** mauritius images / Pixtal; **S. 66:** stock.adobe.com / ValentinValkov; **S. 73 un.li.:** Cornelsen / Ulrike Austenfeld; **S. 79:** stock.adobe.com / Eric Isselée; **S. 80 / 2:** interfoto e.k. / Studio 19; **S. 80 / 1:** stock.adobe.com / Elena; **S. 81 / 4:** dpa Picture-Alliance / Thomas Kottal; **S. 82 / 1:** Shutterstock.com / Sean Pavone; **S. 85 A1:** sciencephotolibrary / Kinsman, Ted; **S. 86 / 1:** stock.adobe.com / Mit *HPS* auf Reisen; **S. 87 / 3:** mauritius images / alamy stock photo / Itsik Marom; **S. 87 / 5A:** mauritius images / Minden Pictures; **S. 87 / 4:** Shutterstock.com / Lubos Houska; **S. 89 / 5A:** Shutterstock.com / NOPPHARAT789; **S. 89 / 4A:** Shutterstock.com / Tomas Konopasek; **S. 89 / 3A:** Shutterstock.com / Yuriy Kulik; **S. 91 A1:** mauritius images / Pitopia; **S. 92:** Shutterstock.com / Samantha Crimmin; **S. 93 / 3:** mauritius images / Science Source; **S. 94 / 1:** interfoto e.k. / FLPA / Neil Bowman; **S. 95 B:** Schütte, N., Berlin; **S. 96 / 1:** mauritius images / alamy stock photo / André Gilden; **S. 96 / 2 un.:** mauritius images / Phototake; **S. 96 / 2 ob.:** Okapia / Roland Birke; **S. 97 / 6:** OKAPIA / Roland Birke; **S. 98 / 3:** dpa Picture-Alliance / Zoonar / Peter Himmelhuber; **S. 98 / 4:** interfoto e.k. / Bjarne Geiges; **S. 98 / 1:** mauritius images / alamy stock photo / Andrey Nekrasov; **S. 99 A ob.re.:** dpa Picture-Alliance / A. Wellm / NaturimBild / blickwinkel; **S. 99 A ob.li.:** Shutterstock.com / Ekky Ilham; **S. 100:** stock.adobe.com / haiderose; **S. 103 A:** dpa Picture-Alliance / Minden Pictures; **S. 104 / 1:** stock.adobe.com / alexzappa; **S. 105 / 5:** mauritius images / alamy stock photo / Krys Bailey; **S. 105 / 6:** mauritius images / blickwinkel; **S. 105 / 3:** sciencephotolibrary / Leeson, Tom & Pat; **S. 106 / 2:** mauritius images / alamy stock photo / A & J Visage; **S. 106 / 1:** mauritius images / Photoshot; **S. 107 A:** stock.adobe.com / Henrik Larsson; **S. 108:** mauritius images / Guenter Fischer; **S. 109 / 3A:** dpa Picture-Alliance / imageBROKER; **S. 109 / 2:** mauritius images / Alamy / Nigel Cattlin; **S. 109 / 4A:** Science Photo Library / DR JEREMY BURGESS; **S. 111 A li.:** mauritius images / AGE; **S. 112 / 1:** stock.adobe.com / Edwin Butter; **S. 114 / 2C:** Imago Stock & People GmbH / McPHOTO; **S. 114 / 2D:** Imago Stock & People GmbH / Shotshop; **S. 114 / 2B:** Imago Stock & People GmbH / Volker Preußer; **S. 114 / 2A:** stock.adobe.com / dimmas72; **S. 115 A li.:** mauritius images / Erhard Nerger; **S. 115 A mi.:** stock.adobe.com / oxie99; **S. 116:** interfoto e.k. / Bjorn Ullhagen / FLPA / Holt; **S. 119 / 4:** dpa Picture-Alliance / Manfred Danegger / OKAPIA; **S. 120 / 2:** dpa Picture-Alliance / blickwinkel / /P. Espeel; **S. 120 / 1:** picture-alliance / dpa / ZB; **S. 125 / 1+2A+2B:** Küster, Prof. Dr. Hansjörg; **S. 128:** Shutterstock.com / Kokhanchikov; **S. 132:** imago / Hans Blossey; **S. 142 / 1:** stock.adobe.com / AnnaReinert; **S. 145 C:** Dr. Luc Beaufort, CEREGE (Univ. Aix-Marseille / CNRS); **S. 145 A:** mauritius images / alamy stock photo; **S. 145 B ob.:** mauritius images / alamy stock photo; **S. 146 / 1:** NASA / GSFC, Goddard; **S. 150:** Shutterstock.com / ARTYOORAN; **S. 154:** Shutterstock.com / jimcatlinphotography.com; **S. 156 / 1:** mauritius images / alamy stock photo / Helmut Corneli; **S. 156 / 2:** Shutterstock.com / Willyam Bradberry; **S. 158:** dpa Picture-Alliance / imageBROKER; **S. 161 A1:** mauritius images / alamy stock photo / Frank Schultze; **S. 162 / 1:** Panther Media GmbH / roland brack; **S. 162 / 2:** Shutterstock.com / Amalia Gruber; **S. 162 / 3:** stock.adobe.com / Ivana; **S. 163 / 5:** mauritius images / Westend61; **S. 163 / 4 ob. 3.:** Shutterstock.com / Borisoff; **S. 163 / 4 mi. 6.:** Shutterstock.com / Drakuliren; **S. 163 / 4 mi. 2.:** Shutterstock.com / Eileen Kumpf; **S. 163 / 4 ob. 1.:** Shutterstock.com / Fotos593; **S. 163 / 4 mi. 3.:** Shutterstock.com / Kletr; **S. 163 / 4 un.:** Shutterstock.com / Ole Schoener; **S. 163 / 4 mi. 4.:** Shutterstock.com / Ondrej Prosicky; **S. 163 / 4 mi. 5.:** Shutterstock.com / papkin; **S. 163 / 4 ob. 2.:** Shutterstock.com / TSN52; **S. 163 / 4 mi. 1.:** Shutterstock / Michal Ninger; **S. 163 / 6:** stock.adobe.com / SimpLine; **S. 176 und 177:** stock.adobe.com / David Carillet; **S. 178:** stock.adobe.com / ktsdesign; **S. 180 / 1:** Science Photo Library / Fawcett, Don; **S. 182 / 1:** sciencephotolibrary / BARRINGTON BROWN; **S. 183 un.mi.:** sciencephotolibrary; **S. 183 un.li.:** sciencephotolibrary; **S. 183 un.re.:** sciencephotolibrary / NATIONAL LIBRARY OF MEDICINE; **S. 184 / 1:** sciencephotolibrary / KING'S COLLEGE LONDON ARCHIVES; **S. 184 / 2:** sciencephotolibrary / CUSTOM MEDICAL STOCK PHOTO / RICHARDSON; **S. 188:** mauritius images / Photo Researchers, Inc. / Biophoto Associates; **S. 189 B:** sciencephotolibrary / Biophoto Associates; **S. 189 C:** sciencephotolibrary / Fawcett, Don W.; **S. 192 / 1:** interfoto e.k. / Danita Delimont / Anthony Asael; **S. 192 / 2:** Shutterstock.com / Photoongraphy; **S. 194:** sciencephotolibrary / DR ELENA KISELEVA; **S. 198 / 1:** sciencephotolibrary / DR ELENA KISELEVA; **S. 202:** mauritius images / Science Photo Library; **S. 206 / 1:** picture alliance / dpa; **S. 208 2B:** Shutterstock.com / ER_09; **S. 208 / 2A:** Shutterstock.com / Kuttelvaserova Stuchelova; **S. 209 A:** Shutterstock.com / Danita Delmont; **S. 210 / 1A:** Amelie Mesecke, 5p minus Syndrom e.V.; **S. 210 / 1B re.+ li.:** Science Photo Library / Addenbrookes Hospital / Dept. of Clinical Cytogenetics; **S. 212 mi.:** stock.

Bildquellenverzeichnis

adobe.com / Tomasz Markowski; **S. 213:** sciencephotolibrary; **S. 213:** sciencephotolibrary; **S. 214 / 1:** Shutterstock.com / Rejean Aline Bedard; **S. 218 / 1:** mauritius images / age fotostock; **S. 220 / 1 un.li.:** Science Photo Library / DR. E. WALKER; **S. 220 / 1 mi.:** sciencephotolibrary / Â / CC STUDIO; **S. 220 / 1 ob.re.:** sciencephotolibrary / DR. GLADDEN WILLIS, VISUALS UNLIMITED; **S. 220 / 1 ob.li.:** sciencephotolibrary / VISUALS UNLIMITED, INC. / CAROLINA BIOLOGICAL SUPPLY CO; **S. 220 / 1 un.re.:** Shutterstock.com / Jarun Ontakrai; **S. 224 / 2:** 2005 National Academy of Sciences, USA, bearbeitet von Cornelsen / Tom Menzel, Fotos: Mario F. Fraga, Esteban Ballestar, Maria F. Paz, Santiago Ropero, Fernando Setien, Maria L. Ballestar, Damia Heine-Suñer, Juan C. Cigudosa, Miguel Urioste, Javier Benitez, Manuel Boix-Chornet, Abel Sanchez-Aguilera, Charlotte Ling, Emma Carlsson, Pernille Poulsen, Allan Vaag, Zarko Stephan, Tim D. Spector, Yue-Zhong Wu, Christoph Plass, and Manel Esteller: Epigenetic differences arise during the lifetime of monozygotic twin**s.** PNAS July 26, 2005 102 (30) 10604-10609; **S. 224 / 1:** Panther Media GmbH / Birgit Reitz-Hofmann; **S. 228:** Science Photo Library / JAMES KING-HOLMES; **S. 232 / 1C:** Environmental Sciences Division Oak Ridge National Laboratorys / Robert Burlage; **S. 232 / 1A:** Science Photo Library / DENNIS KUNKEL MICROSCOPY; **S. 233 ob.:** dpa Picture-Alliance / Yomiuri Shimbun / AP Images; **S. 236:** Shutterstock.com / Taiga; **S. 237 un.li.:** picture-alliance / dpa/Scanpix/Jeppe Wikström; **S. 238 / 1 li.:** stock.adobe.com / Eric H Cheung; **S. 241 A un.:** sciencephotolibrary / Morgan, Hank; **S. 242:** Shutterstock.com / GeK; **S. 244 / 2:** dpa Picture-Alliance / Everett Collection / James Gathany; **S. 244 / 1A:** mauritius images / alamy stock photo / Anna Cinaroglu; **S. 244 / 1B:** Shutterstock.com / SJ Travel Photo and Video; **S. 246 / 1 li.:** Imago Stock & People GmbH / United Archives International; **S. 246 / 1 re.:** picture alliance / United Archives / TopFoto; **S. 250:** Picture-Alliance / dpa / dpaweb / Universität_Freiburg / Albert-Ludwigs; **S. 254:** stock.adobe.com / Stocksy; **S. 258 / 1:** stock.adobe.com / Monkey Business; **S. 260:** Shutterstock.com / javirozas; **S. 261 / 3:** interfoto e.k. / Writer Pictures Ltd / Horst Friedrichs; **S. 262 / 1:** sciencephotolibrary / DEPT. OF CLINICAL CYTOGENETICS; **S. 262 / 2:** sciencephotolibrary / STEFANIE REICHELT; **S. 264:** stock.adobe.com / Valerii; **S. 275 / 2:** mauritius images / age; **S. 275 / 4 re.:** picture-alliance / OKAPIA; **S. 275 / 3:** sciencephotolibrary / CLAUDE NURIDSANY & MARIE PERENNOU; **S. 275 / 4 li.:** Shutterstock.com / Lindasj22; **S. 277 D:** Prof. Dr. Stanislav N. Gorb / Universität Kiel; **S. 284 / 1B:** Shutterstock.com / Henk Bogaard; **S. 284 / 1A:** stock.adobe.com / michael luckett; **S. 287 / 4:** mauritius images / alamy stock photo / Bill Gozansky; **S. 287 / 6:** Shutterstock.com / Simon_g; **S. 288 / 2:** mauritius images / alamy stock photo; **S. 288 / 1:** Shutterstock.com / Elana Erasmus; **S. 289 ob.:** Panther Media GmbH / Maximilian Buzun; **S. 290:** mauritius images / alamy stock photo / Frank Hecker; **S. 291 / 3A:** sciencephotolibrary / Omikron; **S. 291 / 2:** Shutterstock.com / aleksander hunta; **S. 294:** dpa Picture-Alliance / Glen Minikin / Solo Syndication; **S. 298 ob.li.:** Imago Stock & People GmbH / blickwinkel; **S. 298 ob.mi.:** mauritius images / age; **S. 298 un.mi.:** Shutterstock.com / Abi Warner; **S. 298 un.li.:** Shutterstock.com / Rudmer Zwerver; **S. 300 / 1:** Imago Stock & People GmbH / blickwinkel / F.xFoxx; **S. 300 / 3:** interfoto e.k. / ARDEA / Steffen and Alexandra Sailer; **S. 300 / 4:** Shutterstock.com / daphne.t; **S. 303 / 2:** Bridgeman Images / Michel Viard/Horizon Features; **S. 303 / 3:** Shutterstock.com / Mark_Kostich; **S. 306 / 1 re.:** mauritius images / Masterfile RM; **S. 306 / 1 li.:** Panther Media GmbH / Vladimir Seliverstov; **S. 307 / 2:** mauritius images / Minden Pictures; **S. 309 B li.:** dpa Picture-Alliance / AP; **S. 310:** Bridgeman Images / Luisa Ricciarini; **S. 312 / 2:** dpa Picture-Alliance / imageBROKER; **S. 312 / 4:** Imago Stock & People GmbH / blickwinkel; **S. 312 / 3:** mauritius images / Frank W Lane / FLPA; **S. 312 / 1:** mauritius images / Minden Pictures; **S. 313 / 6B:** interfoto e.k. / FLPA / Matt Cole; **S. 313 / 6A:** Shutterstock.com / Ger Bosma Photos; **S. 313 / 7:** stock.adobe.com / GeraldRobertFischer; **S. 314 / 2:** Bridgeman Images / Serengeti National Park, Tanzania.; **S. 316:** mauritius images / Gerard Lacz; **S. 317:** mauritius images / Firstlight; **S. 319 B li.:** Imago Stock & People GmbH / Nature Picture Library / imago images; **S. 320 / 1 re.:** Imago Stock & People GmbH / blickwinkel; **S. 320 / 1 li.:** stock.adobe.com / contrastwerkstatt; **S. 321 / 4:** dpa Picture-Alliance / Arco Images; **S. 321 / 3:** dpa Picture-Alliance / Arco Images; **S. 321 / 2:** Imago Stock & People GmbH / blickwinkel; **S. 322 / 1:** interfoto e.k. / ARDEA/ Jean Paul Ferrero; **S. 322 / 2B:** stock.adobe.com / gallas; **S. 322 / 2B:** stock.adobe.com / michaklootwijk; **S. 323 A li. + A re.:** Erwin Schraml, Augsburg; **S. 323 B li.:** stock.adobe.com / Daniel Hohlfeld; **S. 324 / 2:** Bridgeman Images / IVAN PETROVICH PAVLOV (1849-1936). Russian physiologist. Pavlov (center, with beard) with assistants and students at the Imperial Military Academy of Medicine, St. Petersburg, 1912-14, prior to a demonstration of his experiment on a dog. Oil over photograph.; **S. 324 / 1:** Bridgeman Images / Southern Highlands Province, Papua New Guinea.; **S. 325 / 2:** dpa Picture-Alliance / DEA PICTURE LIBRARY / United Archiv; **S. 325 / 4:** Shutterstock.com / Ken Griffiths; **S. 326:** sciencephotolibrary / PAUL D STEWART; **S. 330 / 2:** mauritius images / alamy stock photo; **S. 330 / 1:** Science Photo Library / CHRISTIAN JEGOU PUBLIPHOTO DIFFUSION; **S. 333 ob. 1+2+3. von li.:** akg-images / Hes**s.** Landesmuseum; **S. 333 ob. 4. von li.:** akg-images / Science Photo Library; **S. 337 / 2B:** Neanderthal Museum, Mettmann; **S. 344:** picture-alliance / dpa; **S. 348:** Bridgeman Images / Paleolithic; **S. 349 / 2:** bpk / Vorderasiatisches Museum, SMB / Gudrun Stenzel; **S. 349 / 3:** Shutterstock.com / Sean Pavone; **S. 351 A li.:** Ausschnitt aus: Breuer T, Ndoundou-Hockemba M, Fishlock V (2005) First Observation of Tool Use in Wild Gorillas. PLoS Biol 3(11): e380. https://doi.org/10.1371/journal.pbio.0030380.g001 lizenziert unter CC-BY 2005 https://creativecommons.org/licenses/by/3.0/de/,© 2005 Breuer et al. **S. 351 A re.:** dpa Picture-Alliance / Minden Pictur; **S. 352:** mauritius images / ACE; **S. 371:** mauritius images / alamy stock photo / Life on white; **S. 372 / 1:** mauritius images / alamy stock photo / FLPA; **S. 373 / 3A:** Imago Stock & People GmbH / Science Photo Library; **S. 378:** sciencephotolibrary / DENNIS KUNKEL MICROSCOPY; **S. 382:** Universität Bonn, Institut für Zoologie / Abteilung Neuroethologie und Sensorische Ökologie / Tim Ruhl; **S. 384 / 3:** Prof. Jürg Streit, Universität Bern, Institut für Physiologie; **S. 386 / 1:** mauritius images / alamy stock photo / Reinhard Dirscherl; **S. 387 / 2:** Science Photo Library / LAGUNA DESIGN; **S. 392 /:** Shutterstock.com / Cathy Keifer; **S. 396:** sciencephotolibrary / DENNIS KUNKEL MICROSCOPY; **S. 400 / 1:** Imago Stock & People GmbH / UIG; **S. 402:** Science Photo Library / Omikron; **S. 406:** mauritius images / alamy stock photo / Roberto Cornacchia; **S. 408 / 1:** Shutterstock.com / Olena Yakobchuk; **S. 408 / 2:** Shutterstock.com / THIPPTY; **S. 409 B li.:** Bridgeman Images / David, Jacques Louis (1748-1825), The death of Sokrates, 1787 (oil on canvas); **S. 409 A li.:** dpa Picture-Alliance / Evolve / Photoshot; **S. 409 B re.:** stock.adobe.com / emer; **S. 410:** Shutterstock.com / MikeDotta; **S. 413 A li.:** imago stock&people/blickwinkel; **S. 413 B li.:** mauritius images / Science Faction; **S. 414 / 1C:** dpa Picture-Alliance / Arco Images; **S. 414 / 1D:** Imago Stock & People GmbH / Anka Agency International; **S. 414 / 1B:** Shutterstock.com / Kristala Graphics; **S. 414 / 1A:** Shutterstock.com / Piotr Krzeslak; **S. 421 Julia Roberts:** imago images / APress; **S. 421 Halle Berry:** interfoto e.k. / Hollywood Collection; **S. 421 Barack Obama:** mauritius images / Science Source; **S. 422:** sciencephotolibrary / Zephyr; **S. 424 / 1:** dpa Picture-Alliance / Science / Dr. van den Brand / EPFL; **S. 424 / 2:** Shutterstock.com / Doro Guzenda; **S. 428:** stock.adobe.com / Greg Epperson; **S. 432 / 1:** Medtronic GmbH, MiniMed 640G Insulinpumpe; **S. 433 ob.:** mauritius images / United Archives; **S. 436:** Shutterstock.com / Strahil Dimitrov; **S. 438 / 1:** stock.adobe.com / vbaleha; **S. 442:** akg-images / Pictures From History; **S. 446:** Shutterstock.com / HQuality; **S. 450:** Shutterstock.com / NatalieJean; **S. 451 ob.:** dpa Picture-Alliance / Jörg Carstensen; **S. 458 ob.re.:** Juniors / F.Banfi / Photoshot; **S. 459 ob.li.:** mauritius images / Westend61;

Illustrationen

Cornelsen/Andrea Thiele: S. 81/3; S. 112/2; S. 146/2; S. 149; S. 153 A2; S. 155; S. 159; S. 161 A3; S. 161 A2; S. 169 un.re.; S. 198/2; S. 199/3; S. 216; S. 217 A; S. 225/6; S. 227 un.li.+un.re.; S. 267 A li.; S. 304; S. 423; S. 470

Cornelsen/Angelika Kramer: S. 41 ob.; S. 63/3; S. 64; S. 65 B; S. 73 un.re.; S. 91 A3; S. 157 B li.; S. 157 B re.; S. 398/2; S. 399 A; S. 421 alle Grafiken; S. 433/3; S. 459 ob.re.

Cornelsen/Claudia Hild: S. 38 mi.re.; S. 38/1+2; S. 39; S. 69 A2+A1 li.+A3+A1 re.; S. 360; S. 361; S. 362

Cornelsen/Esther Welzel: S. 117/2

Cornelsen/Hannes von Goessel: S. 14; S. 11 mi.; S. 16 un.li.; S. 25 li.; S. 28/1; S. 29 A re.+ A li.; S. 34 A; S. 36/2; S. 37/4; S. 40 B li.; S. 40 B re.; S. 56 un.re.; S. 72 un.li.; S. 74 un.li.+ ob.li.; S. 75 li.; S. 91 A2; S. 96/2 A+B; S. 97/7+5; S. 98/2; S. 99 A un.; S. 153 A1; S. 243; S. 284/2A+B; S. 286/1; S. 301/5

Cornelsen/Hannes von Goessel; bearbeitet durch Claudia Hild: S. 24 un.A,B,C+ob.B;+ ob.A

Cornelsen/Hannes von Goessel; bearbeitet durch Matthias Emde: S. 43/2+3

Cornelsen/Hannes von Goessel; bearbeitet durch newVision! GmbH; Bernhard A. Peter; Pattensen: S. 233/4

Cornelsen/Jörg Mair: 291/3B

Cornelsen/Karin Mall: S. 21 ob.; S. 22 ob.; S. 23 B; S. 26 un.A,B; S. 27 ob.; S. 27 mi.; S. 29 B+C; S. 31; S. 32; S. 34 B; S. 35 C; S. 72 ob.li.; S. 74 ob.re.; S. 118/2; S. 119/3; S. 144; S. 147/3; S. 171; S. 181 A; S. 182/2; S. 183 ob.; S. 184/2; S. 186/8+9+11 A+B; S. 189 A; S. 190; S. 195; S. 199/4; S. 200; S. 201; S. 203; S. 204; S. 206/2; S. 207; S. 209 B; S. 219/3+5; S. 221/3; S. 233/3; S. 235 B; S. 237 ob.; S. 239; S. 241 A ob.; S. 248/1; S. 263; S. 274; S. 292/2; S. 297; S. 309 B mi.+re.; S. 314/3; S. 315 B; S. 323 B re.; S. 337/2A; S. 338/1; S.339/3; S. 340; S. 341; S. 342; S. 350; S. 357 ob.; S. 363; S. 373/3B; S. 380/1; S. 385 A; S. 389 ob.; S. 393/2; S. 394; S. 395 A; S. 413 B mi.; S. 413 B re.; S. 417 A; S. 432/2; S. 435 C; S. 440 A; S. 443; S. 444; S. 445 A li.; S. 447/2; S. 449; S. 453 A; S. 455/1. von ob.; S. 456 mi.re.; S. 457 ob.re.; S. 466

Cornelsen/Karin Mall; bearbeitet durch Andrea Thiele: S. 267 A re.; S. 411

Cornelsen/Karin Mall; bearbeitet durch Angelika Kramer: S. 185; S. 205 B; S. 221/2; S. 314/1; S. 359; S. 400/2; S. 401; S. 412; S. 418; S. 420/1

Cornelsen/Karin Mall; bearbeitet durch Claudia Hild: S. 36/1; S. 37/3

Cornelsen/Karin Mall; bearbeitet durch Hannes von Goessel: S. 425 B

Cornelsen/Karin Mall bearbeitet durch Matthias Emde: S. 215

Cornelsen/Karin Mall; bearbeitet durch newVision! GmbH; Bernhard A. Peter; Pattensen: S. 22 un.; S. 23 A2; S. 147/5; S. 147/4; S. 186/10; S. 197; S. 223 A; S. 271; S. 287/5; S. 299; S. 336; S. 355; S. 381 B; S. 385 B re.; S. 388 ob.; S. 390 B; S. 390 A; S. 391; S. 413 A mi.+A re.

Cornelsen/Karin Mall; Tom Menzel: S. 393

Cornelsen/Matthias Emde: S. 16 mi.+un.re.; S. 44; S. 45 A1+A2; S. 46+S.47; S. 51 B2+A1+B1; S. 53/3+4; S. 54; S. 57; S. 59; S. 60/3; S. 60/2; S. 73 ob.re.; S. 115 A re.; S. 153 A3+A4; S. 214/2; S. 217 B; S. 222/1; S. 223 B; S. 225/3+7; S. 225/4+5; S. 226; S. 227 ob.li+ob.re.; S. 240 A; S. 265/5; S. 266/; S. 267 B; S. 395 B; S. 426; S. 468

Cornelsen/newVision! GmbH; Bernhard A. Peter; Pattensen: S. 23 A1+A3+B; S. 28/2; S. 40 A li.+A re.; S. 67/2+3; S. 68; S. 75 ob.re.+mi.re.+mi.un.; S. 85 B; S. 97/8; S. 99 B A+B; S. 117/3; S. 121 A+B; S. 143; S. 145 B un.; S. 151; S. 152; S. 157 A; S. 160/1; S. 164; S. 165; S. 168 ob.re.; S. 168 ob.li.; S. 205 A; S. 265 N-lost+S-Lost; S. 278; S. 279; S. 282; S. 283; S. 285; S. 286 2 A+B; S. 287/3; S. 308; S. 309 A; S. 311; S. 327; S. 338 2; S. 343; S. 357 mi. A+B; S. 380 2; S. 399 B; S. 409 A re.; S. 420/2; S. 435 B li.; S. 435 B re.+A; S. 438/2; S. 441 C re.+D re.; S. 441 C mi.+C li.; S. 445 A re.; S. 455/3. von ob.; S. 471

Cornelsen/Tom Menzel: S. 15; S. 25 re.; S. 33; S. 56 un.li.; S. 58/2; S. 60/4; S. 61 A li.; S. 71 v.ob.n.un. 4; S. 71 v.ob.n.un. 1; S. 72 ob.re.; S. 73 mi.li.; S. 84/; S. 86/2; S. 88; S. 89/4B+5B; S. 94/3; S. 95 A; S. 97/4; S. 102; S. 103 B re.; S. 104/2; S. 105/4; S. 106/3; S. 107 B; S. 109/3B;

Bildquellenverzeichnis

S. 109/4B; S. 110/1; S. 111 A mi.; S. 113/5B+/5C+5D; S. 113/4+5A; S. 114 ob.; S. 118/1; S. 124/1+2; S. 127; S. 129/3; S. 130/2; S. 133/; S. 134/; S. 135/3; S. 136; S. 138; S. 139; S. 140; S. 141; S. 142/2; S. 167; S. 168 mi.re.; S. 169 ob.re.; S. 170; S. 179; S. 180/2+3; S. 181 B; S. 187; S. 191; S. 196; S. 208/1; S. 211; S. 212 un.; S. 218/2; S. 219/4; S. 230; S. 231; S. 232/2; S. 232/1B; S. 238/1 re.; S. 240 B; S. 248/2; S. 248/3; S. 249 A; S. 252; S. 253; S. 255; S. 256; S. 257; S. 259 A ob.; S. 268; S. 269; S. 270; S. 273/2 A+B; S. 276 A; S. 277 C un.li.; S. 277 C ob.re.+C ob.li.+C un.re.; S. 280; S. 289 mi.li.+289 mi.re.; S. 293; S. 295; S. 298 un.re.+ob.re.; S. 302/; S. 307/3; S. 313/5B+5A; S. 315 A ; S. 328/1; S. 329; S. 331; S. 334; S. 345; S. 347 A; S. 353; S. 363; S. 374; S. 375 B un.; S. 376 un.; S. 377; S. 379/2; S. 381 A; S. 385 B li.; S. 387/3+4; S. 389 un.+388 un.; S. 405 B; S. 414/2; S. 425 A; S. 426; S. 427; S. 429; S. 431 B li.; S. 431 B mi.+re.; S. 437; S. 441 D li.; S. 445 B; S. 447/3; S. 448; S. 451 un. A,B,C; S. 452; S. 455/2. von ob.; S. 456 un.li.; S. 457 un.re.; S. 458 Muskelfaser; S. 459 un.li.

Cornelsen/Tom Menzel; bearbeitet durch Claudia Hild: S. 229

Cornelsen/Tom Menzel; bearbeitet durch Andre Thiele: S. 419 A

Cornelsen/Tom Menzel bearbeitet durch Angelika Kramer: S. 12 re.; S. 62; S. 63/2; S. 65 A1; S. 122; S. 123; S. 129/2; S. 137 D; S. 193

Cornelsen/Tom Menzel; bearbeitet durch Angelika Kramer und newVision! GmbH; Bernhard A. Peter; Pattensen: S. 419/3

Cornelsen/Tom Menzel; bearbeitet durch Hannes von Goessel: S. 82/2+3; S. 83/4; S. 93/2; S. 107 C; S. 113/3; S. 130/1; S. 131; S. 168 mi.li.; S. 169 ob.li.; S. 222/2; S. 258/2; S. 301/6; S. 305/A; S. 319 A; S. 319 B re.; S. 333/3; S. 347 B

Cornelsen/Tom Menzel; bearbeitet durch Hannes von Goessel und newVision! GmbH; Bernhard A. Peter; Pattensen: S. 87/5B; S. 111 B; S. 431 A

Cornelsen/Tom Menzel; bearbeitet durch Matthias Emde: S. 12 li.; S. 45 B; S. 49/4+5; S. 50/; S. 61 B; S. 71 v.ob.n.un. 3; S. 160/2; S. 272; S. 300/2

Cornelsen/Tom Menzel; bearbeitet durch newVision! GmbH; Bernhard A. Peter; Pattensen: S. 21 un.; S. 60/1; S. 61 A re.; S. 67/4; S. 71 v.ob.n.un. 5; S. 71 v.ob.n.un. 2; S. 73 ob.li.; S. 89/3B; S. 90; S. 101/; S. 103 B li.; S. 110/2; S. 111 A re.; S. 135/2; S. 137 C; S. 148; S. 212 ob.; S. 234; S. 235 A; S. 247; S. 249 B; S. 251; S. 259 A un.; S. 261/2; S. 265/2; S. 273/3 A-D; S. 276 B; S. 281; S. 292/1; S. 305 B; S. 328/2; S. 33/; S. 335 A+B; S. 357 un.; S. 358; S. 372/2; S. 373/4; S. 375 A; S. 383; S. 384/1+2; S. 397; S. 403; S. 404; S. 405 A; S. 430; S. 434; S. 439; S. 440 B; S. 453 B; S. 456 mi.li.; S. 457 ob.li.; S. 457 un.li.

Cornelsen/Atelier G, Marina Goldberg: S. 465/Warnzeichen

Sofarobotnik: S. I/ob.mi., S. 465/Schatzhandschuhe Warnzeichen, S. 465 Abwasser Warnzeichen

Bildquellenverzeichnis

Collagen/Montagen/Werkverbindungen

S. 48/ 2 A+B: Grafik: Cornelsen/VDL, Cornelsen/Tom Menzel, Foto: Science Photo Library / Biophoto Associates

S. 375/B ob., S. 455/4. von ob.: Grafik: Cornelsen/Tom Menzel, Foto: Science Photo Library/WELLCOME DEPT. OF COGNITIVE NEUROLOGY

S. 376/ ob.: Grafik: Cornelsen/ Tom Menzel bearbeitet durch newVision! GmbH, Bernhard A. Peter, Foto: mauritius images / Science Source

S. 379 3 A-D: Grafik: Cornelsen/Tom Menzel, Foto oben Science Photo Library/THOMAS DEERINCK, NCMIR , unten: mauritius images/ Photo Researchers

S. 398 1A+B: Cornelsen/Karin Mali, Foto: Josef Spacek, SynapseWeb, Kristen M. Harris, PI, http://synapseweb.clm.utexas.edu

S. 407: Cornelsen/Tom Menzel (Grafik), Spinne: mauritius images/alamy stock photo/Scott Camazine, (SEM) of Clostridium botulinum: Science Photo Library/DENNIS KUNKEL MICROSCOPY, Schlange: Shutterstock.com/CraigBurrows, Brechnuss: dpa-Fotoreport, Beeren: stock.adobe.com/vainillaychile, Tabak Pflanze: Shutterstock.com/kanusommer

S. 415: Cornelsen/Tom Menzel, Foto sciencephotolibrary/Eagle, Ralph

S. 416: Cornelsen/Tom Menzel, sciencephotolibrary/Fawcett, Don W.

S. 417 B: Cornelsen/Tom Menzel, Foto: Effigos AG Leipzig/Jens Grosche

Bildquellenverzeichnis

Textquellen
S. 245: Dabrock, Peter: Vorsitzender des Deutschen Ethikrats und Theologie-Professor an der Universität Erlangen-Nürnberg zit. nach: https://www.zeit.de/wissen/2018-11/crispr-china-geburt-zwillinge-erbanlage-genveraenderung-hiv-resistenz/seite-2; 26. 11. 2018
S. 245: Tedros Adhanom Ghebreyesus, Autor Artikel und Übersetzung: Juliette Irmer, Online unter: https://www.derstandard.de/story/2000093129040/der-tabubruch-der-ersten-manipulierten-kinder, 5.12.2018
S. 245: UNIVERSITÄTSKLINIKUM FREIBURG Institut für Transfusionsmedizin und Gentherapie, Prof. Dr. Toni Cathomen
S. 245: Prof. Dr. Jochen Taupitz (Zitierte)r, Autor Artikel: Kathrin Zinkant, Unheimliche Kinder, Online unter: https://www.sueddeutsche.de/wissen/crispr-cas-unheimliche-kinder-1.4227105, letzter Zugriff am 25.06.2020
S. 326: Darwin, Charles: Entstehung der Arten, zitiert nach der Übersetzung von Julius Victor Carus veröffentlicht bei der Schweizerbart'schen Verlagsbuchhandlung, Stuttgart, 1876
S. 352: Artikel 3 des Grundgesetzes der Bundesrepublik Deutschland
S. 352: Ernst Haeckel, Anthropogenie (1874)
S. 352: Nürnberger Gesetze 1935
S. 409: Platon, übersetzt von Friedrich Schleiermacher (1768–1834), Online unter: http://www.philosophie-der-stoa.de/sokrates-tod.php, letzter Zugriff am 25.06.2020